# 智能财务研究
# 蓝皮书

## （第一辑）

刘勤　吴忠生　等／著

立信会计出版社
LIXIN ACCOUNTING PUBLISHING HOUSE

**图书在版编目(CIP)数据**

智能财务研究蓝皮书.第一辑 / 刘勤等著. —上海：
立信会计出版社,2020.11
　ISBN 978 - 7 - 5429 - 6621 - 6

　Ⅰ.①智… Ⅱ.①刘… Ⅲ.①财务管理—管理信息
系统—研究报告—中国 Ⅳ.①F275-39

　中国版本图书馆 CIP 数据核字(2020)第 220013 号

策划编辑　　张巧玲
责任编辑　　张巧玲　冯　晶
封面设计　　南房间

**智能财务研究蓝皮书(第一辑)**
Zhineng Caiwu Yanjiu Lanpishu(Di-yi Ji)

| | | |
|---|---|---|
| 出版发行 | 立信会计出版社 | |
| 地　　址 | 上海市中山西路 2230 号 | 邮政编码　200235 |
| 电　　话 | (021)64411389 | 传　　真　(021)64411325 |
| 网　　址 | www.lixinaph.com | 电子邮箱　lixinaph2019@126.com |
| 网上书店 | http://lixin.jd.com | http://lxkjcbs.tmall.com |
| 经　　销 | 各地新华书店 | |

| | | | |
|---|---|---|---|
| 印　　刷 | 江苏凤凰数码印务有限公司 | | |
| 开　　本 | 787 毫米×1092 毫米 | 1/16 | |
| 印　　张 | 23.5 | 插　　页 | 7 |
| 字　　数 | 575 千字 | | |
| 版　　次 | 2020 年 11 月第 1 版 | | |
| 印　　次 | 2020 年 11 月第 1 次 | | |
| 书　　号 | ISBN 978 - 7 - 5429 - 6621 - 6/F | | |
| 定　　价 | 98.00 元 | | |

如有印订差错,请与本社联系调换

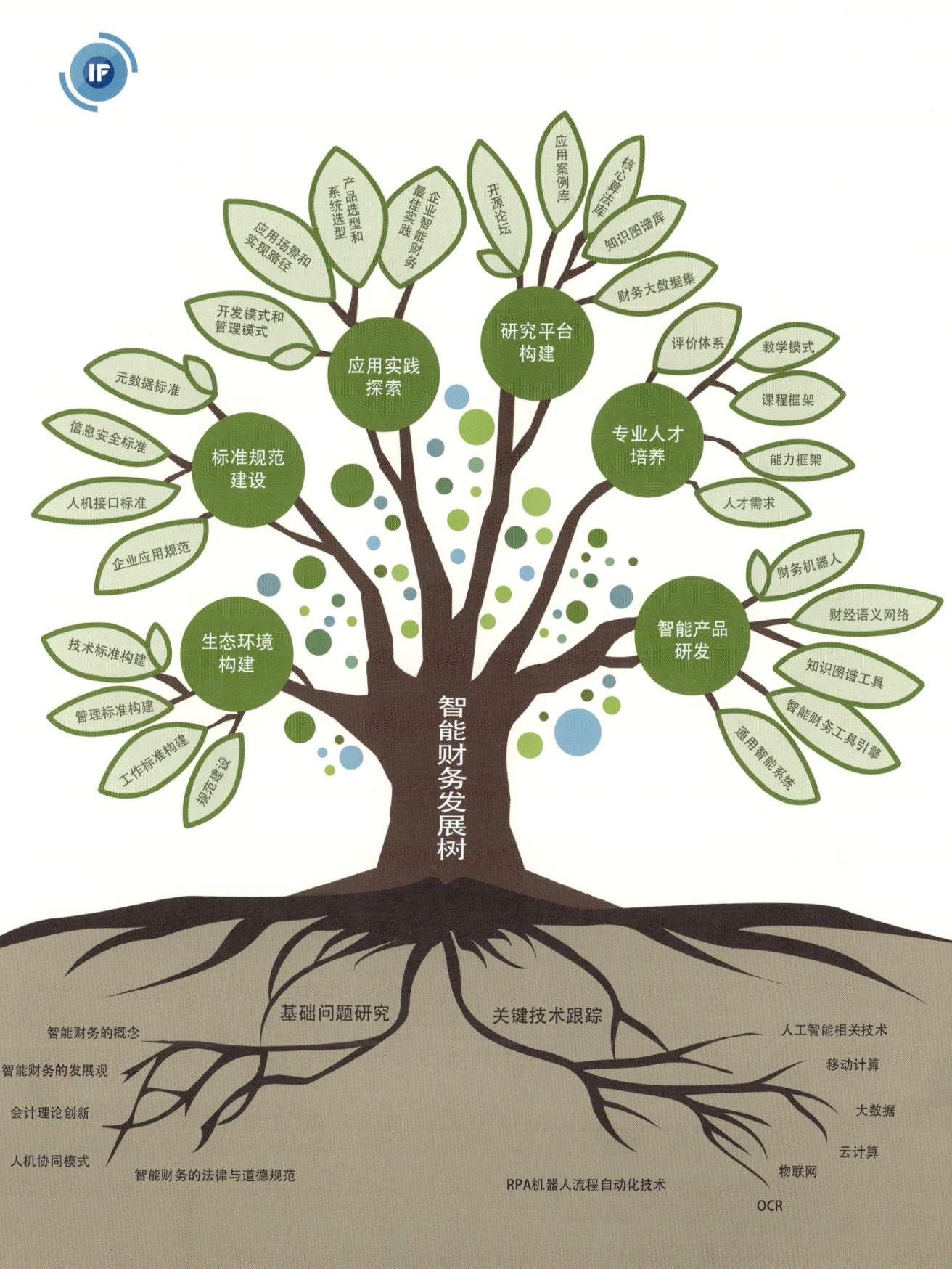

内容设计：刘勤　　图片设计：蔡昱

# 编辑委员会

# 前　　言

近年来,随着"大智移云物区"等信息技术的迅速发展,财会领域正迎来一轮新的变革机遇和挑战,会计核算、成本管理、财务分析、预测决策和风险管理等有了更先进的流程、算法、模型和工具。大数据技术可以处理更全面的经营数据,基于规则的知识系统能够汇集不同专家的优势,新一代移动计算可以帮助财务人员跨越时空演绎新的管理模式,基于RPA技术的财务机器人则在业财税等多个场合大放异彩。种种迹象表明,以人工智能为代表的新一代信息技术正在引领古老的会计行业从电算化、信息化时代向着智能化时代迈进。

2018年10月31日,中共中央政治局就人工智能发展现状和趋势进行第九次集体学习。习近平总书记在主持学习时强调,人工智能是新一轮科技革命和产业变革的重要驱动力量,加快发展新一代人工智能是事关我国能否抓住新一轮科技革命和产业变革机遇的战略问题。人工智能是引领这一轮科技革命和产业变革的战略性技术,具有溢出带动性很强的"头雁"效应。

为积极响应中共中央积极发展人工智能产业的号召,顺应财会领域智能化的发展趋势,上海国家会计学院于2018年12月携手中国石油集团共享运营有限公司、金蝶软件(中国)有限公司、元年科技股份有限公司等,联合发起成立了中国第一家跨领域、开放式、非营利的智能财务研究平台——上海国家会计学院智能财务研究中心(以下简称中心)。中心以汇智聚力、引领中国智能财务发展为己任,成立不久即迅速获得了美国管理会计师协会(IMA)、上海艺赛旗软件股份有限公司、深圳市中兴新云服务有限公司、科大讯飞股份有限公司、用友网络科技股份有限公司、浪潮集团有限公司、经邦软件技术有限公司等机构的积极响应和深度参与。与此同时,中心还积极面向社会招募研究人员,在短短的一年多时间内陆续吸引了社会各界超过150位(注:截至2020年9月)研究同道的申请加入。这些研究人员中既有高校的知名教授和企业的财务高管,又有软件公司的研发人员和著名中介机构的合伙人等。众多机构和研究人员的加入,使智能财务研究中心的发展如虎添翼,各项事业得以迅速发展。

2018年12月8日,中心成立不久,即在上海国家会计学院国际会议中心举办了第一届智能财务高峰论坛,并获得了行业管理部门、学术界和实务界热烈反响。进入2019年后,为真实了解我国企业财务的智能化水平及发展方向,中心展开了年度中国企业财务智能化现状调查,并精心制作了《中国企业财务智能化现状调查报告(2019)》。报告在网络上一经发布,便引发了大量下载与转发,获得了广泛关注与热议。此外,中心经过系统规划,形成了一套有效的科研课题工作机制,即:由中心发布年度科研课题;研究人员申请承接课题研究;中心资助并对结果进行评审;将优秀成果推荐在论坛上发表并出版专辑。2019年,中心首次发布15个重点科研课题选题,最终立项11个。2019年12月8日,中心举办了第二届智能财务高峰论坛,择优展示了年度课题的部分优秀研究成果。相较于2018年论坛,2019年论坛的会期更长,内容也更加丰富且有吸引力。本次论坛引起了媒体的广泛关注,光明日报、经济日报、文汇报、央广经济之声、中新社、第一财经、中国经济时报、中国证券报、上海证券报、财务与会计、中国会计报等知名媒体到场报道,第一财经电视台还对三位专家进行现场采访。多家网络媒体在网上进行了报道,结合发稿平台共发布了近60篇论坛报道,智能财务高峰论坛的品牌效应得到了初步显现。

在搭建平台、壮大队伍的同时,中心还意识到,人工智能技术的快速发展给会计工作和会计职业变革带来了巨大的机遇和挑战,尽管近年来与之相关的智能财务研究成果显著,但仍未形成系统化的研究体系。基于对智能财务概念的理解,结合会计信息化的发展规律,中心还对智能财务的发展体系和核心环节进行了初步探讨,认为基础问题研究、关键技术跟踪和研究平台构建是智能财务发展的基础,专业人才培养、标准规范建设、生态环境构建和智能产品研发是智能财务发展的支柱,应用实践探索则体现了智能财务发展的目标,这些核心环节共同构成了完整的智能财务发展体系。

本蓝皮书基于智能财务发展体系及其核心环节框架,汇集了智能财务研究中心成立以来的研究成果,既包括《中国企业财务智能化现状调查报告(2019)》、智能财务的发展体系及其核心环节探索,又涵盖了2019年度智能财务研究中心立项的优秀课题成果,凝聚了中国智能财务研究的新实践、新成果和新思考,具有一定的前沿性和引领性。我们认为本蓝皮书能够较为真实地反映我国企业财务的智能化水平及发展方向,同时展示当前智能财务相关领域的研究成果。我们期望本蓝皮书能够促进智能财务研究创新体系的构建,引领智能财务发展方向。智能财务研究应当具有原创性和持续性的特点,我们计划以本书为起点,每年将原创研究成果持续出版,逐步形成中国智能财务研究蓝皮书系列。

　　本蓝皮书能够成稿出版,需特别感谢社会各方的大力支持。感谢智能财务研究中心合作机构上海国家会计学院、中国石油集团共享运营有限公司、金蝶软件(中国)有限公司、元年科技股份有限公司、美国管理会计师协会(IMA)、上海艺赛旗软件股份有限公司、深圳市中兴新云服务有限公司、科大讯飞股份有限公司、用友网络科技股份有限公司、浪潮集团有限公司和经邦软件技术有限公司的共同努力。感谢智能财务研究中心"中国企业财务智能化现状调查"课题组(负责人:刘勤);感谢"基于机器学习的智能会计引擎研究"课题组(负责人:吴跃海)、"自然语言处理在财务领域的应用场景研究"课题组(负责人:宁义双)、"基于分类分级的财务机器人的风险与控制研究"课题组(负责人:王得利)、"风险管理视角下的财务机器人的风险及其控制研究"课题组(负责人:王玥)、"区块链技术在财务领域的应用研究"课题组(负责人:杨建成)、"CFO的智能财务能力框架课题研究"课题组(负责人:李憼劼)、"智能财务人才培养研究——基于问卷调查分析"课题组(负责人:王纪平)、"智能财务人才培养的培养模式与实践探索"课题组(负责人:庄学敏)、"深度学习技术在财务分析与预测方面的应用研究"课题组(负责人:朱灏)、"文本分析在财务报告分析中的应用研究"课题组(负责人:林煜恩)、"基于大数据技术的企业智能财务分析与决策"课题组(负责人:张超)、"共享模式下增值税纳税筹划智能应用研究"课题组(负责人:夜明)。感谢智能财务研究中心所有的研究人员。

　　本著作系国家社会科学基金项目"人工智能对会计工作影响与会计职能转变研究"(项目批准号:20BGL083)的阶段性成果之一。

　　感谢财政部会计司、上海国家会计学院、立信会计出版社等单位领导的大力帮助与支持,特别感谢立信会计出版社张巧玲等编辑对本书出版给予的全力支持!

刘勤

# 目　　录

# 中国企业财务智能化现状调查报告
# （2019）

【摘要】 智能财务研究中心于2019年9月启动中国企业财务智能化现状调查,在经过前期多轮调查问卷设计和讨论之后,明确调研内容涉及智能财务特征,企业财务信息系统各功能模块的采用情况、企业财务智能化程度以及提升迫切程度,企业对信息技术的采用及规划情况,同时也涵盖了企业推动智能财务的关键因素等。本次调查共收集到超过一千份的问卷,在对数据进行处理之后,分别从十二个不同角度进行了详细分析,并制作了2019年中国企业财务智能化现状调查报告,同时报告调查结果于2019年12月的智能财务研究高峰论坛进行发布。中国企业财务智能化现状调查有助于我们了解中国企业财务智能化的真实应用水平,能够为未来发展提供更有针对性的路径规划建议。

【关键词】 企业财务智能化;调查报告;智能财务研究中心

信息技术发展日新月异,已经对财务的流程、组织,乃至财务的整体运作模式产生了巨大的冲击。为了了解中国企业财务智能化的应用现状、企业管理者对智能财务的认知水平以及企业面对技术冲击采取措施等信息,智能财务研究中心组织了本次调查并发布此次调查结果。

## 一、调查问卷设计

### （一）调查内容定义

智能财务是一种新型的财务管理模式,它基于先进的财务管理理论、工具和方法,借助于智能机器(包括智能软件和智能硬件)和人类财务专家共同组成的人机一体化混合智能系统,通过人和机器的有机合作,去完成企业复杂的财务管理活动,并在管理中不断扩大、延伸和逐步取代部分人类财务专家的活动。智能财务是一种业务活动、财务会计活动和管理会计活动全功能、全流程智能化的管理模式。

### （二）调查对象分类

由于不同学历、工作年限、职位层次、岗位、所在单位类型、所在单位所有制类型、是否已经建立了共享中心等都会对投票产生影响,本调查对这些因素进行了分类设计。

### （三）项目设计说明

除了联系方式,本调查共设置了26个问题,采用单选、多选、矩阵打分、矩阵量表等多种选择打分题,以及部分填空等开放性问题相结合,以此来调查企业财务智能化的现状。

本调查平均完成时间在14分钟左右。为了减少投票人的完成时间,我们尽量采用了量表题,合并了一些有共同选项的问题。

## 二、问卷发放和数据处理

### (一) 问卷发放数据处理

从 2019 年 10 月 15 日开始到 11 月 15 日截止,我们在问卷网发布调查问卷,并通过上海国家会计学院会计信息调查中心相关微信群,以及中石油、金蝶软件、元年科技、IMA 和艺赛旗等机构的媒体渠道发放问卷,合并处理后,共回收 1 144 份问卷。

### (二) 数据处理

为保证评选数据的有效性,我们对样本数据按照如下规则进行了筛选:预留手机号重复的,保留一份问卷;预留邮箱重复的,保留一份问卷;问题 19 和问题 23 全部选择一样内容的,也按照无效样本进行剔除。通过上述处理,最后筛选出参加评选的有效问卷为802 份。

### (三) 计算依据说明

变异系数是衡量资料中各观测值变异程度的另一个统计量。变异系数的计算公式为:

$$变异系数\ C \cdot V = \frac{标准偏差\ SD}{平均值\ Mean} \times 100\%$$

## 三、调查结果分析

### (一) 对所在企业财务信息化的熟悉程度

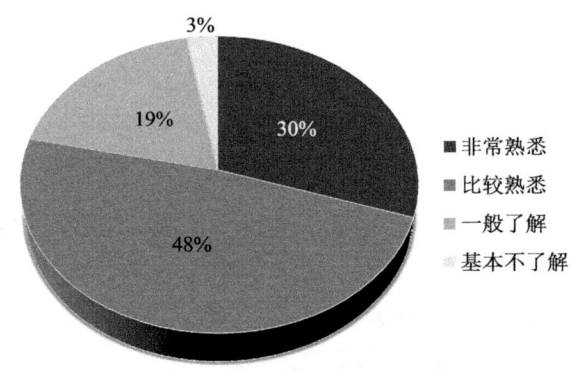

**图 1　对所在企业财务信息化的熟悉程度**

大多数投票人对所在企业财务信息化熟悉或者比较熟悉,有 30% 的投票人对所在企业财务信息化非常熟悉,48% 的投票人比较熟悉,19% 的投票人表示仅一般了解,仅有 3% 的投票人表示基本不了解。

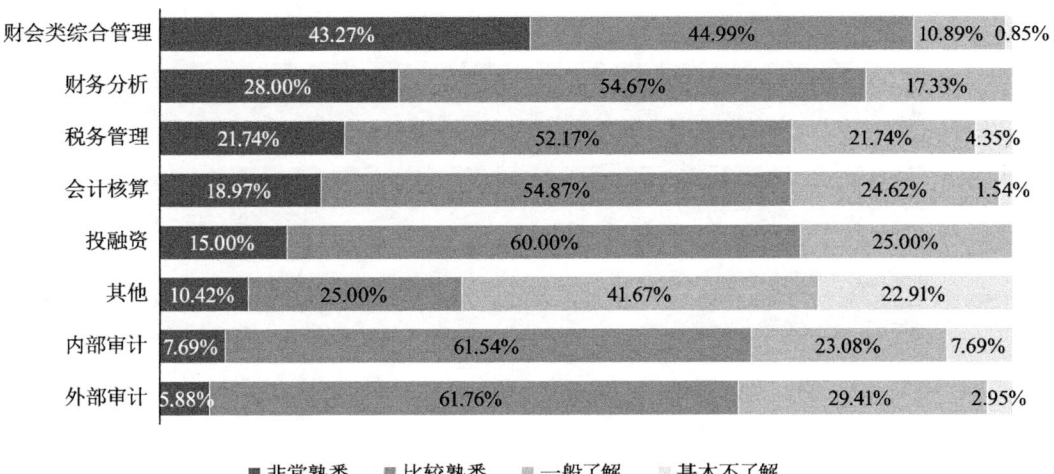

**图 2  对所在企业财务信息化的熟悉程度(不同工作岗位)**

"财会类综合管理"岗位和"财务分析"岗位的投票人对所在企业财务信息化最熟悉,最不熟悉的是"其他""内部审计"和"外部审计"岗位。

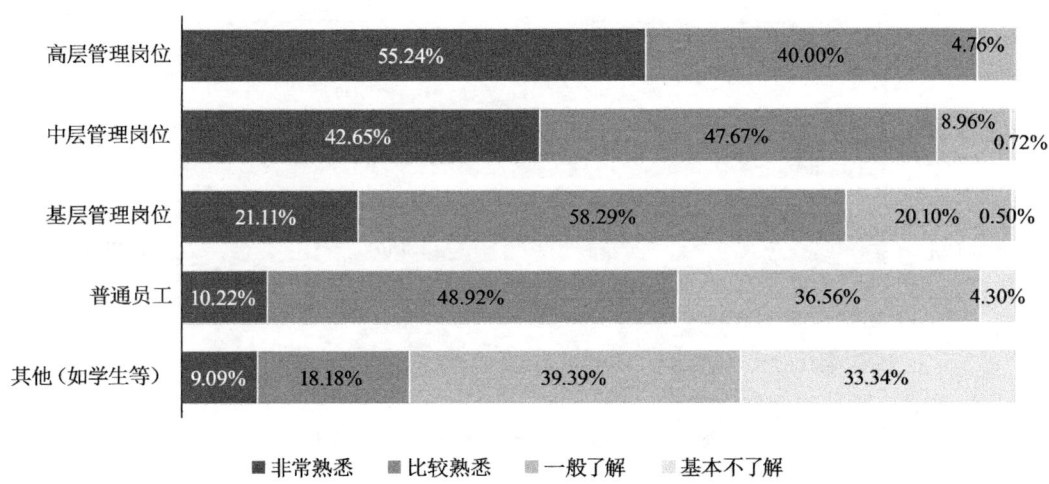

**图 3  对所在企业财务信息化的熟悉程度(不同职位层次)**

投票人的职位层次高低与其对所在企业财务信息化的熟悉程度正相关,职位层次越高,对所在企业财务信息化的熟悉程度越高。

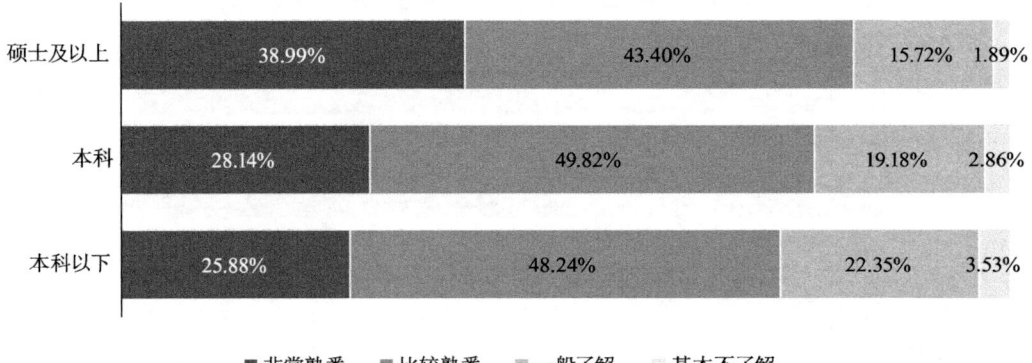

图 4　对所在企业财务信息化的熟悉程度(不同学历)

投票人的学历高低与其对所在企业财务信息化的熟悉程度正相关,学历越高,对所在企业财务信息化的熟悉程度越高。

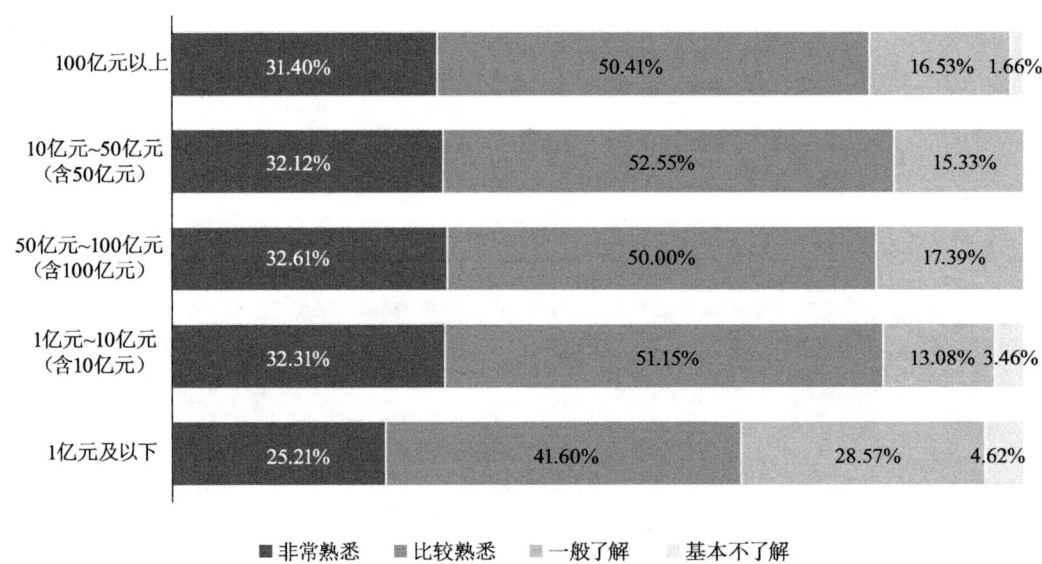

图 5　对所在企业财务信息化的熟悉程度(不同企业年收入规模)

所在企业年收入在 1 亿元以上的投票人对其所在企业财务信息化的熟悉程度差别不大,所在企业年收入在 1 亿元以下的投票人对其所在企业财务信息化的熟悉程度要略差于其他投票人。

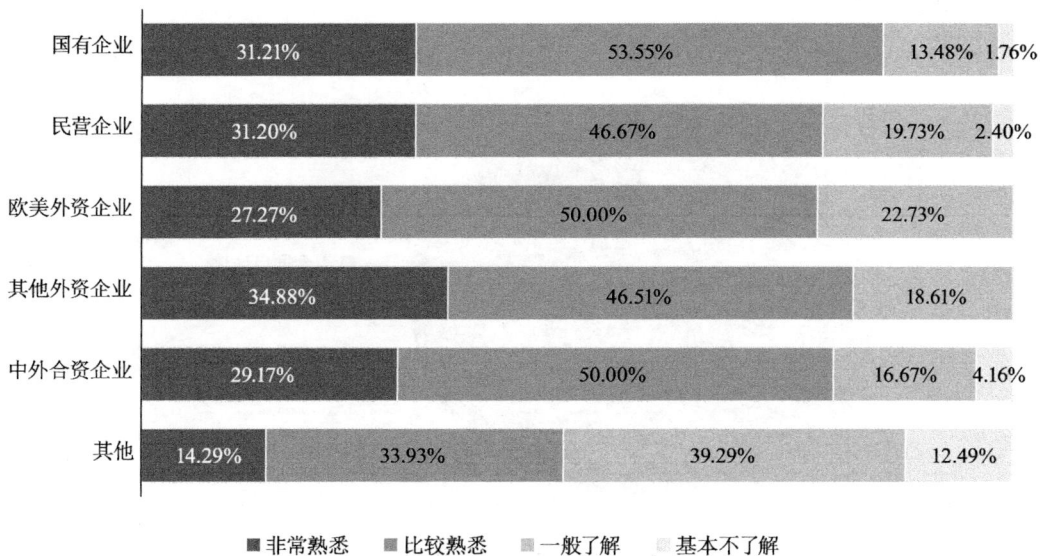

图 6　对所在企业财务信息化的熟悉程度(不同企业所有制)

"其他外资企业"和"国有企业"的投票人对其所在企业财务信息化的熟悉程度最高。

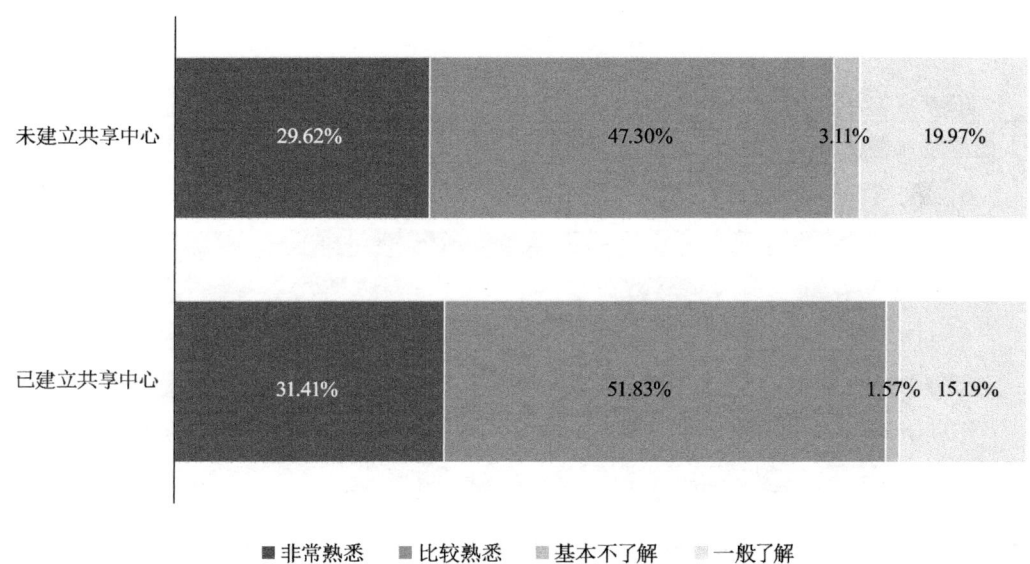

图 7　对所在企业财务信息化的熟悉程度(是否建立共享中心)

所在企业已经建立共享中心的投票人相比未建立共享中心的投票人对所在企业的信息化更熟悉一些。

## (二) 财务信息的处理方式

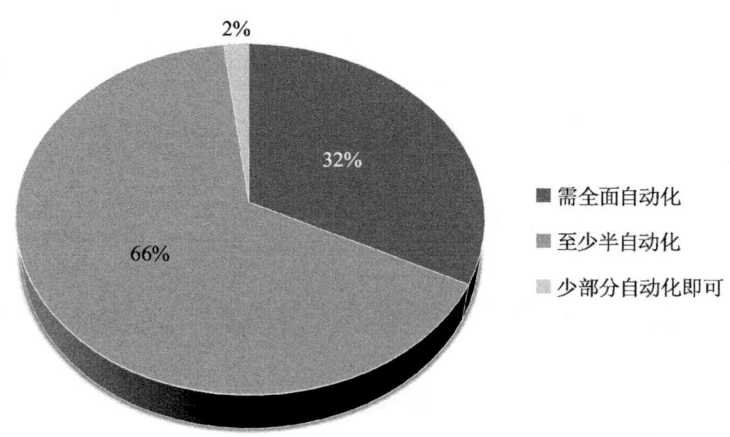

**图8  财务信息的处理方式**

绝大多数投票人认可财务信息的处理方式需要自动化,32%的投票人认为"需要全面自动化",66%的投票人认为"至少半自动化",仅2%的投票人认为"少部分自动化即可"。

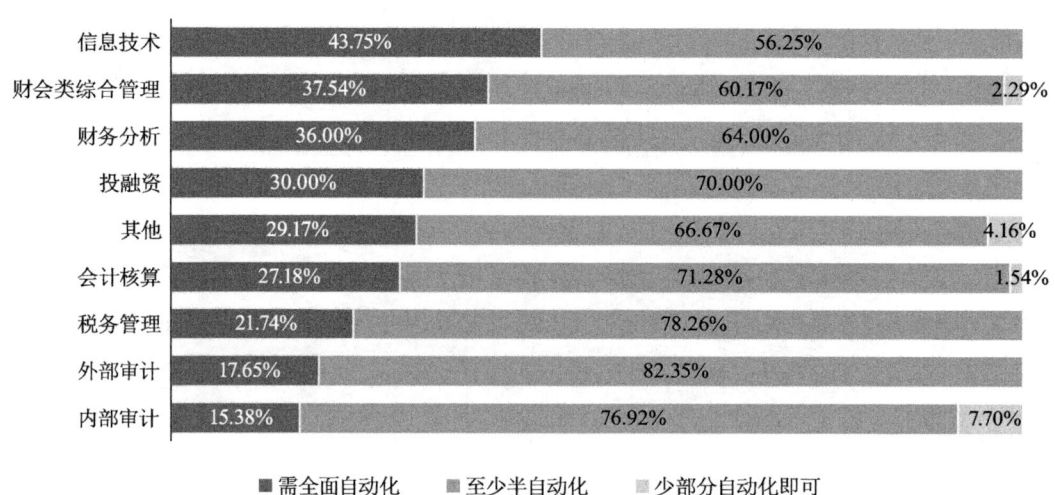

**图9  财务信息的处理方式(不同工作岗位)**

从事信息技术和财会类综合管理的投票人认为"需全面自动化"的比重最高,从事外部审计和内部审计的投票人认为"需全面自动化"的比重最低。

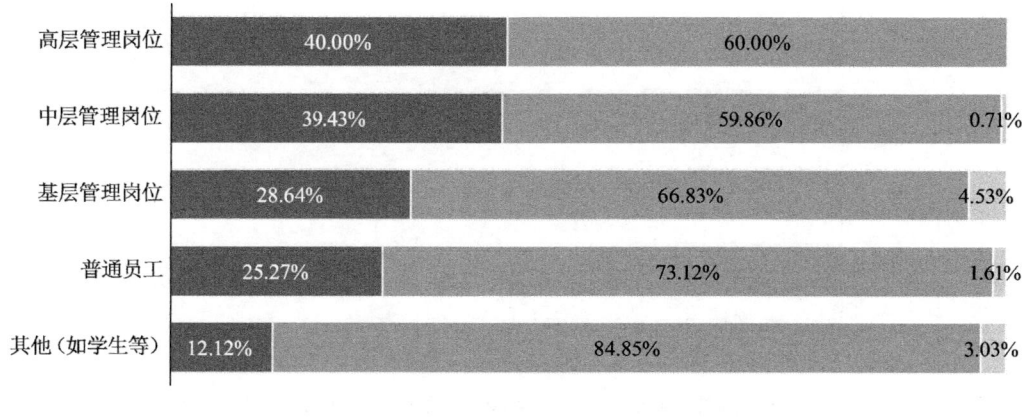

**图 10 财务信息的处理方式（不同职位层次）**

投票人的职位层次高低与对账务信息的处理方式自动化程度的期待正相关，职位层次越高，认为财务信息需全面自动化的比重越高。

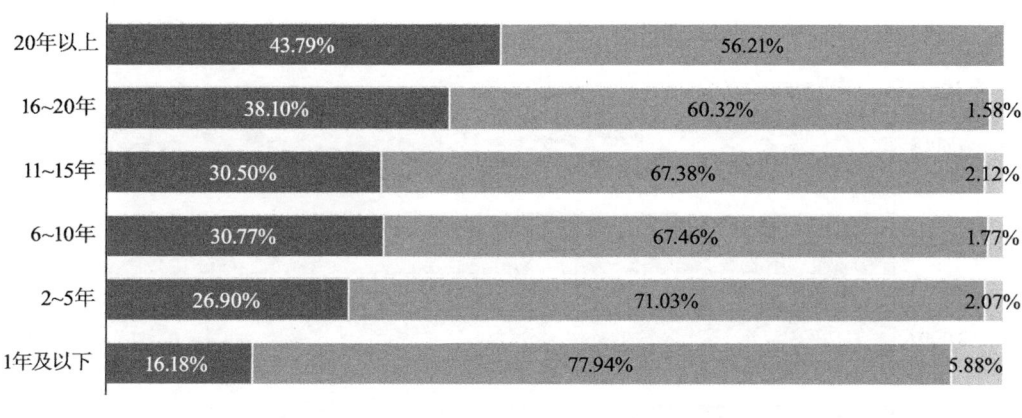

**图 11 财务信息的处理方式（不同工作年限）**

投票人的会计工作年限与对账务信息的处理方式自动化程度的期待正相关，从事会计工作的时间越长，认为财务信息的处理方式需要全面自动化的比重越高。

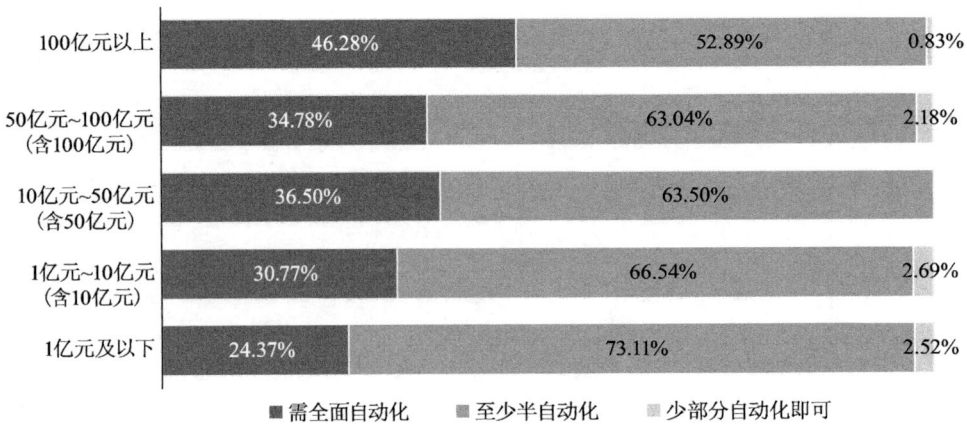

**图 12　财务信息的处理方式(不同企业年收入规模)**

　　总体来说,企业年收入规模越大,认为财务信息需要全面自动化的比重越高。但企业年收入规模在"10 亿元～50 亿元(含 50 亿元)"和"50 亿元～100 亿元(含 100 亿元)"之间差别不明显。

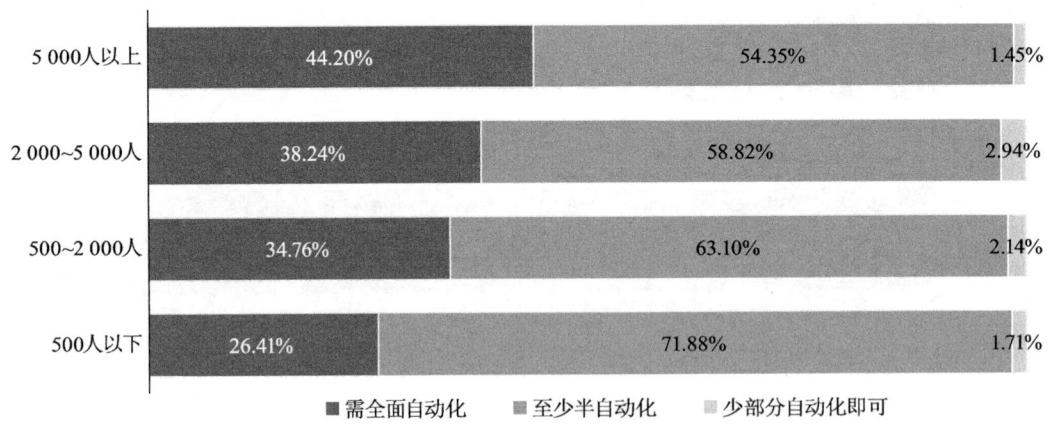

**图 13　财务信息的处理方式(不同企业人员规模)**

　　所在企业的人员规模与投票人对账务信息的处理方式自动化程度判断正相关,企业人员规模越大,认为财务信息的处理方式需全面自动化的比重越高。

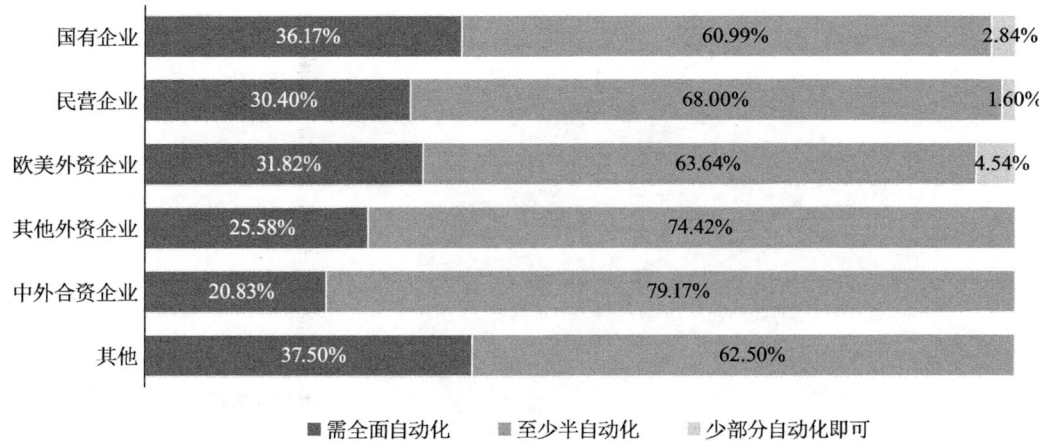

**图 14 财务信息的处理方式(不同企业所有制)**

国有企业和欧美外资企业的投票人认为财务信息的处理方式需全面自动化的比重要高于其他所有制企业。

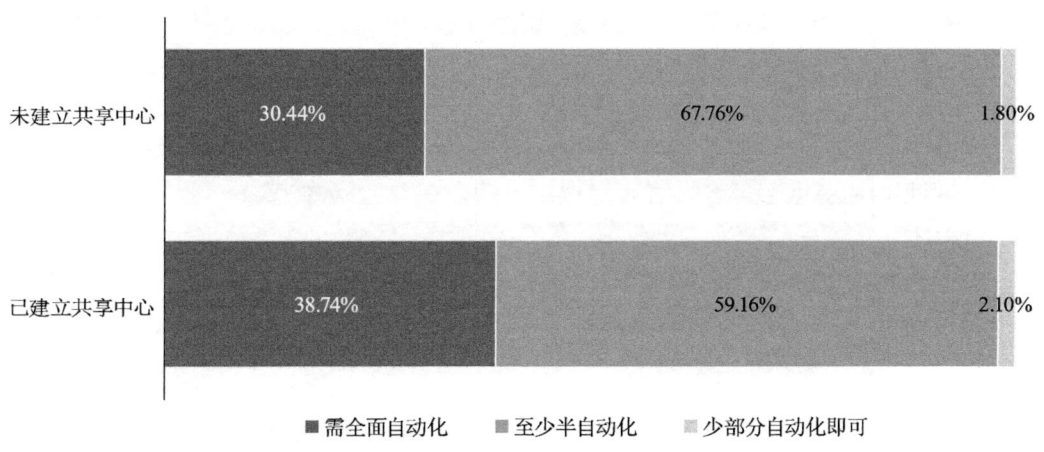

**图 15 财务信息的处理方式(是否建立共享中心)**

所在企业已经建立共享中心的投票人相比未建立共享中心的投票人认为账务信息的处理方式需要全面自动化的比重更高。

## （三）人工智能技术的使用

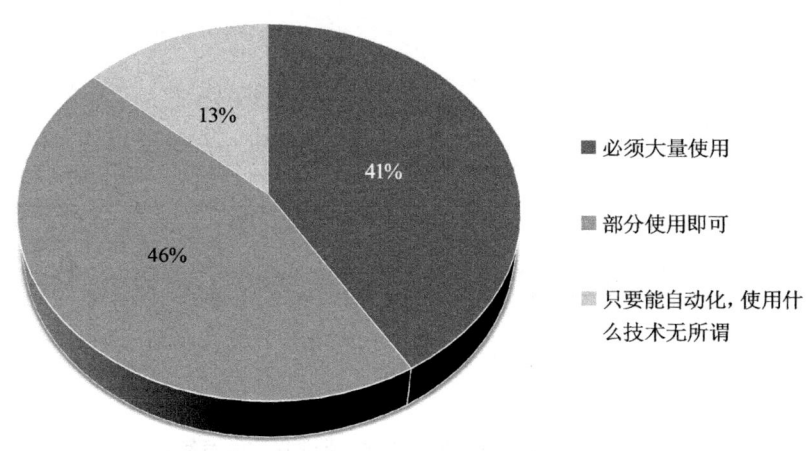

**图 16　人工智能技术的使用**

　　41%的投票人认为必须大量使用人工智能技术,46%认为部分使用即可,13%的投票人认为只要能自动化,使用什么技术无所谓。

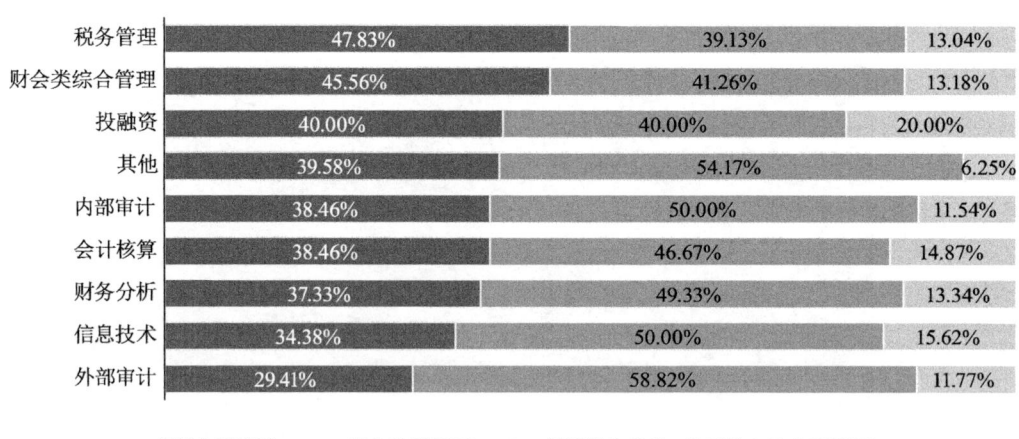

**图 17　人工智能技术的使用(不同工作岗位)**

　　从事税务管理和财会类综合管理工作的投票人认为必须大量使用人工智能技术的比重最高,从事外部审计的投票人认为必须大量使用人工智能技术的比重最低。

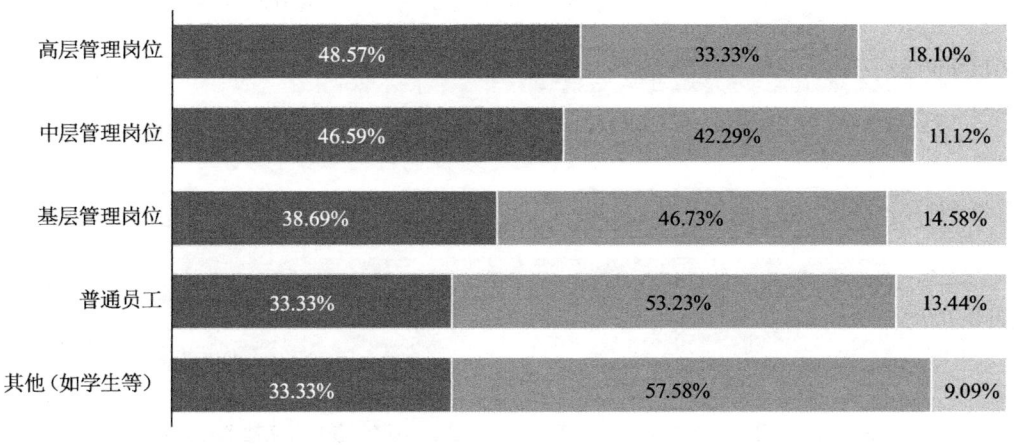

**图 18　人工智能技术的使用(不同职位层次)**

投票人职位越高,认为必须大量使用人工智能技术的比重越高。

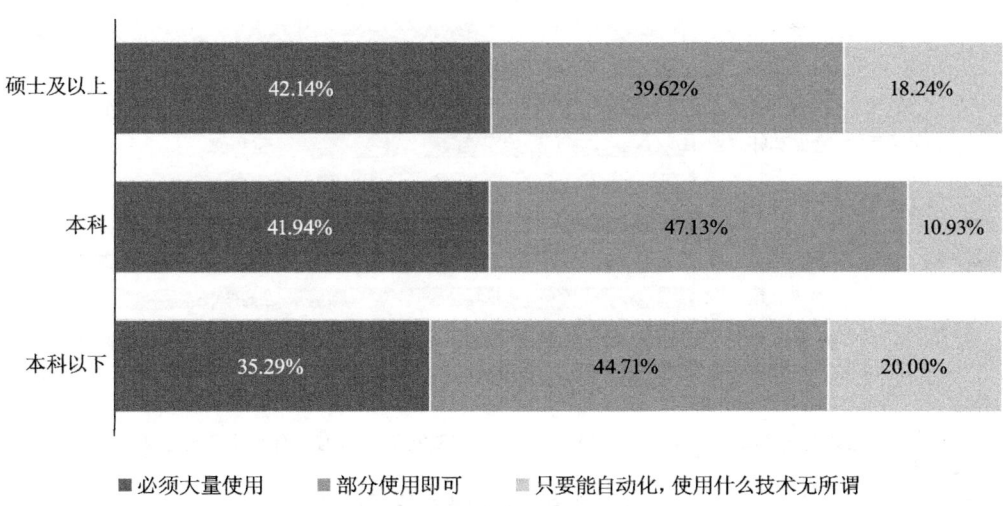

**图 19　人工智能技术的使用(不同学历)**

投票人学历越高,认为必须大量使用人工智能技术的比重越高。

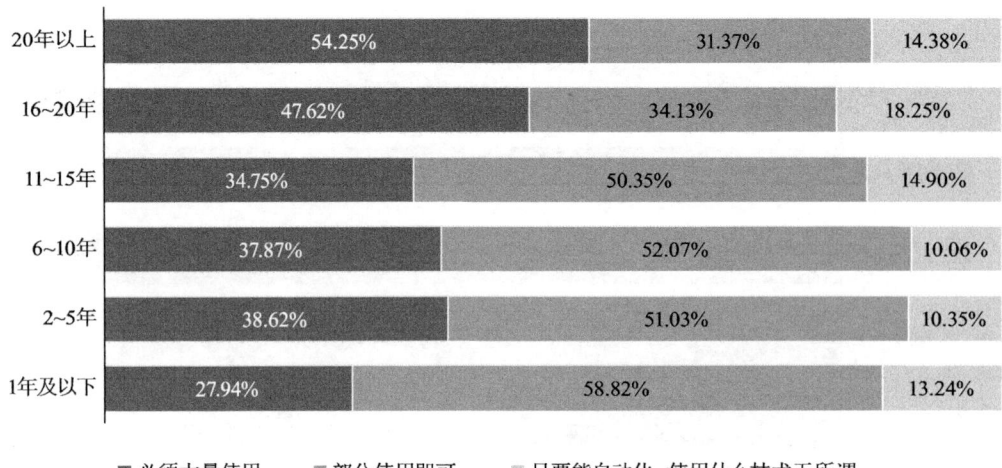

**图20　人工智能技术的使用(不同工作年限)**

　　总体来说,工作年限在1年及以下的投票人对人工智能技术的使用范围判断最保守,认为必须大量使用的只有27.94%;2~15年工作年限的投票人判断范围在34.75%~38.62%,总体差别不太明显;工作16年以上的投票人认为必须大量使用的比重明显增加,从47.62%到54.25%。

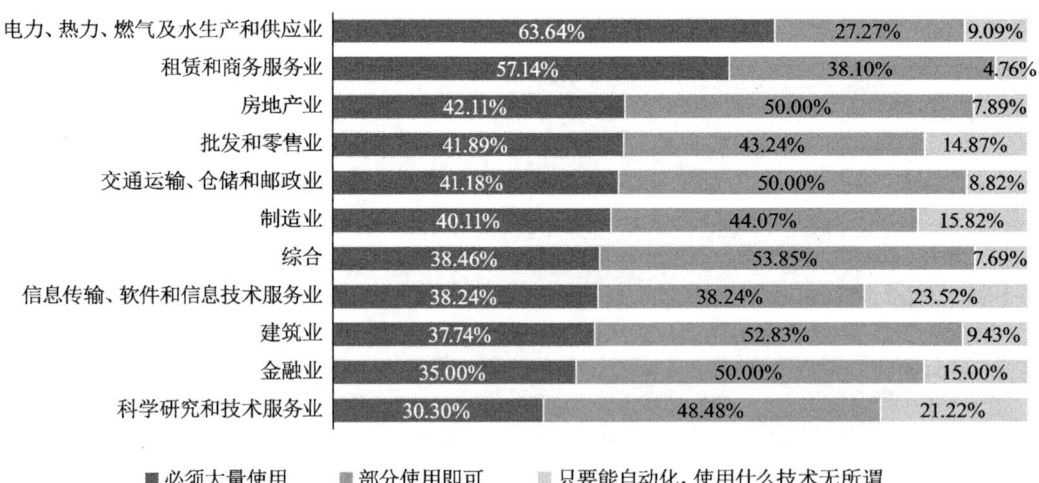

**图21　人工智能技术的使用(不同行业)**

　　图21未包含样本量小于30票的行业。"电力、热力、燃气及水生产和供应业"以及"租赁和商务服务业"的投票人认为必须大量使用人工智能的比重较高。

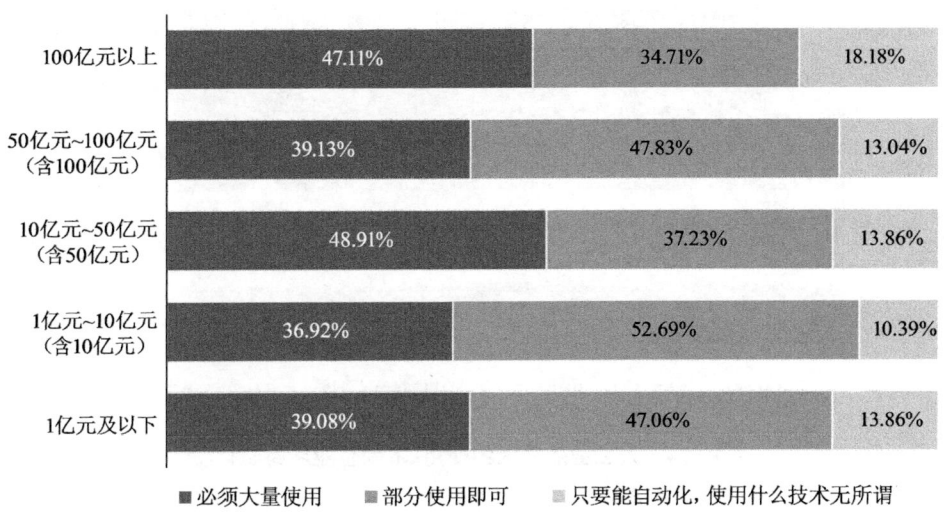

**图22 人工智能技术的使用(不同企业年收入规模)**

所在企业的年收入规模与其认为人工智能技术的使用范围大小关系并不明显。

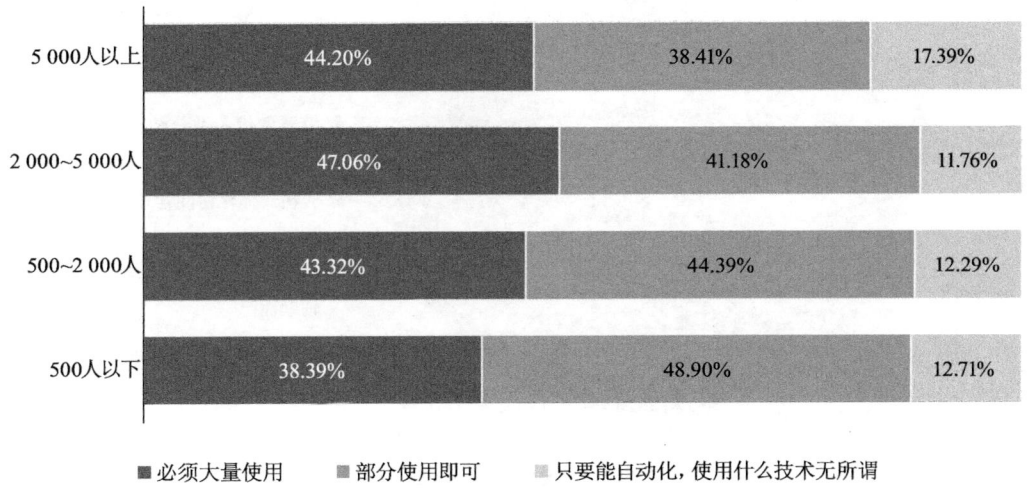

**图23 人工智能技术的使用(不同企业人员规模)**

所在企业的人员规模与其认为人工智能技术的使用范围大小关系并不明显。

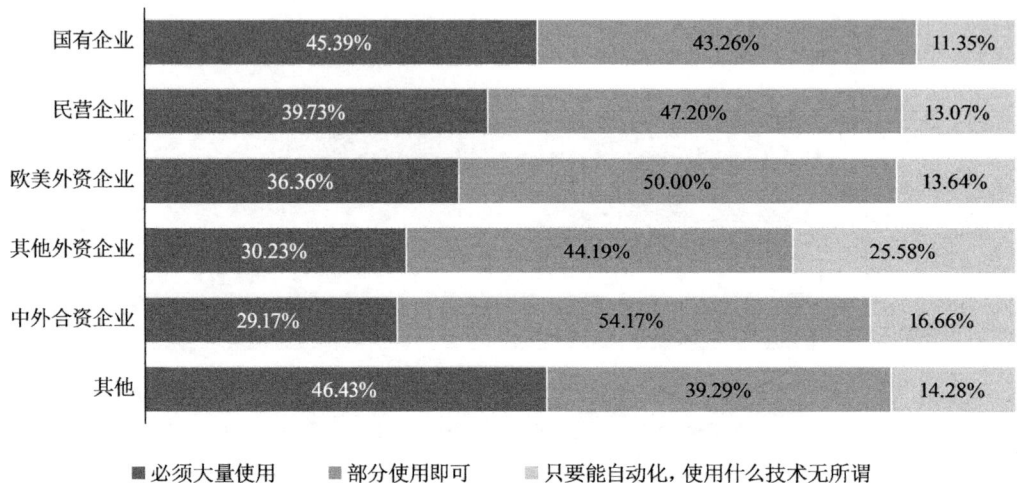

图 24  人工智能技术的使用（不同企业所有制）

国有企业的投票人认为必须大量使用人工智能技术的比重要明显高于其他所有制企业的投票人。

**（四）最终的财务管理模式**

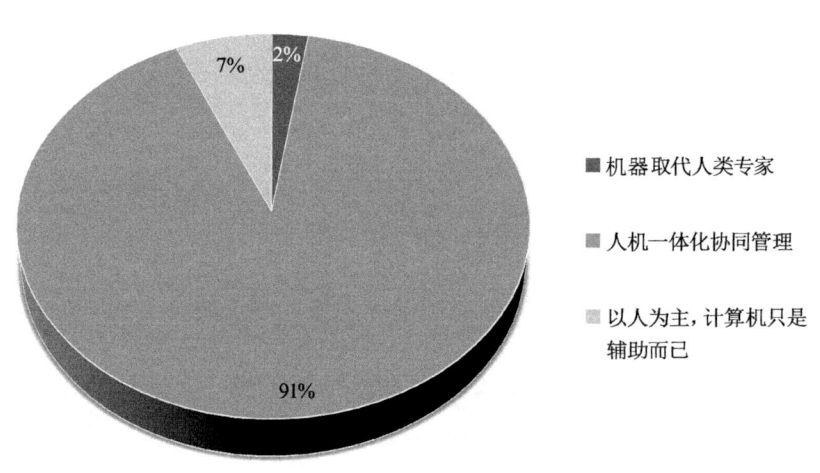

图 25  最终的财务管理模式

91%的投票人认为最终的财务管理模式将是人机一体化协同管理，这几乎成为大家的共识；7%的投票人认为最终的财务管理模式将是以人为主，以计算机为辅助；仅有2%的投票人认为机器将取代人类专家。

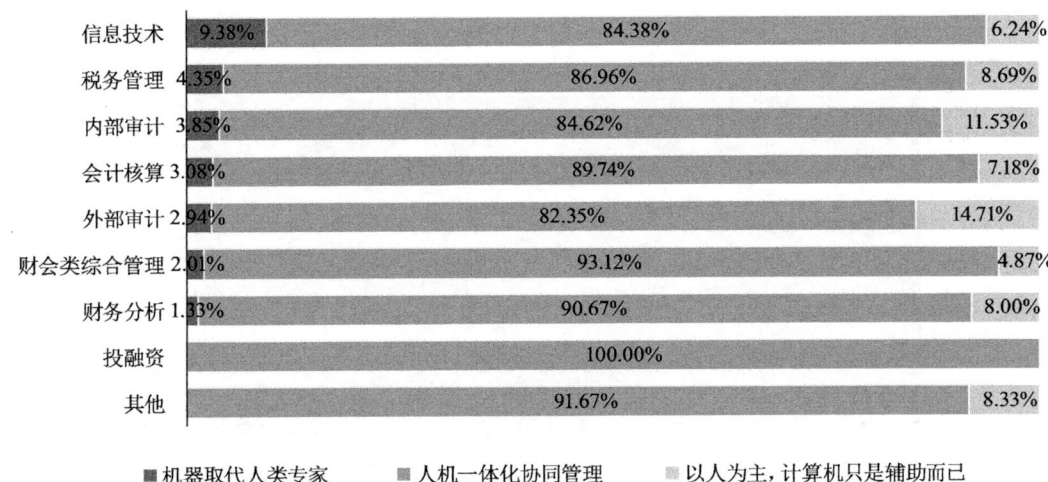

**图26　最终的财务管理模式（不同工作岗位）**

从事信息技术的投票人认为机器将取代人类专家的比重最高，但也只有 9.38%，其次是税务管理（4.35%）。所有从事投融资工作的投票人都认为未来的财务管理模式是人机一体化协同管理。

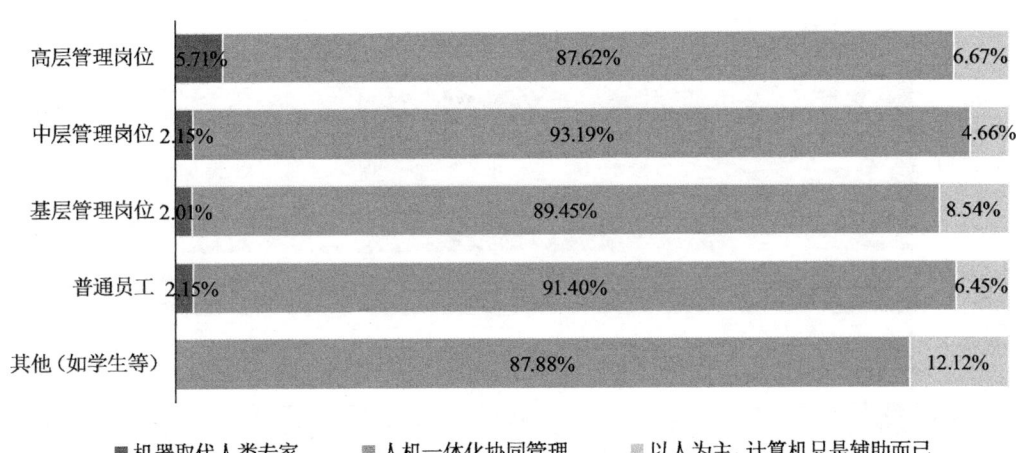

**图27　最终的财务管理模式（不同职位层次）**

在管理人员中，投票人职位层次越高，认为最终的财务管理模式是机器将取代人类专家的比重越高。

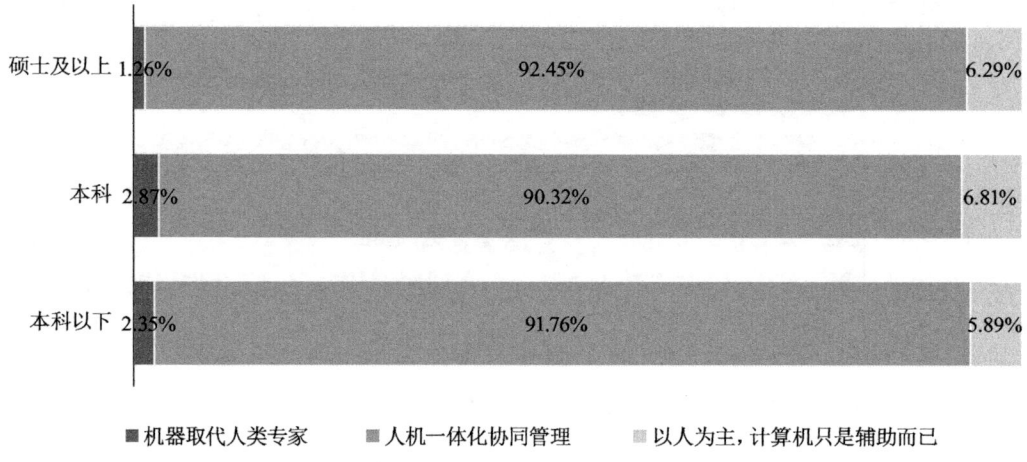

**图 28　最终的财务管理模式(不同学历)**

本科学历的投票人认为最终的财务管理模式是机器将取代人类专家的比重最高,但总体差异不大。

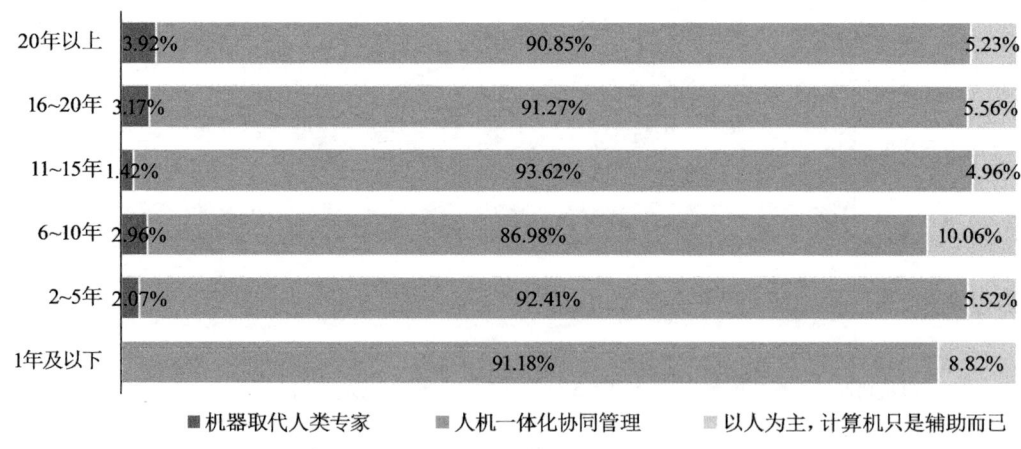

**图 29　最终的财务管理模式(不同工作年限)**

投票人的工作年限与其认为最终的财务管理模式是如何的关系并不明显。

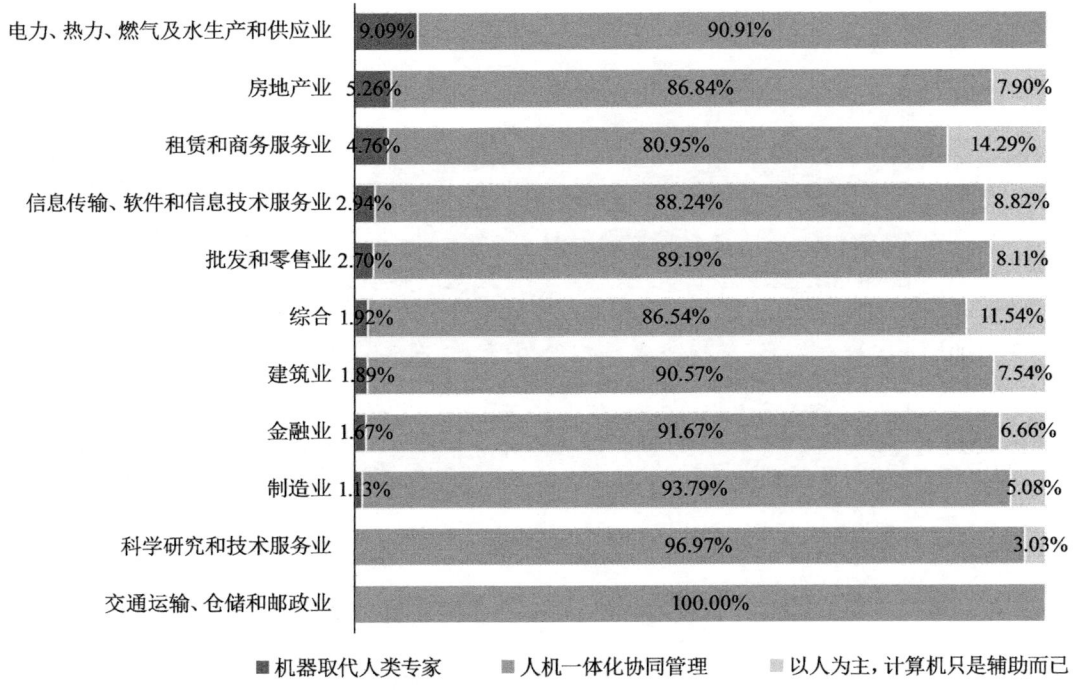

**图30 最终的财务管理模式(不同行业)**

图30未计算样本量小于30票的行业。"电力、热力、燃气及水生产和供应业"(9.09%)以及"房地产业"(5.26%)认为最终的财务管理模式是机器取代人类专家的比重较高,"科学研究和技术服务业"(0)以及"交通运输、仓储和邮政业"(0)较低。

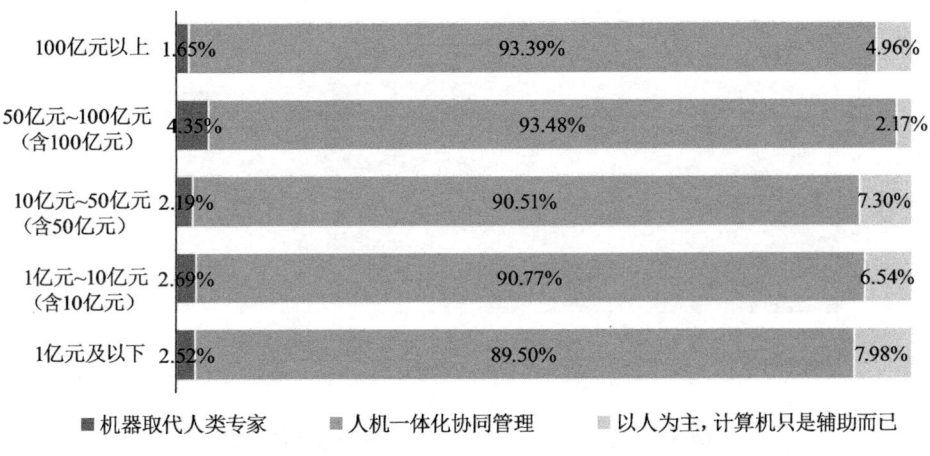

**图31 最终的财务管理模式(不同企业年收入规模)**

投票人所在企业的年收入规模与其认为最终的财务管理模式是如何的关系不大,所在企业年收入规模在"50亿元~100亿元(含100亿元)"的投票人认为机器将取代人类专家的比重最高,占4.35%。

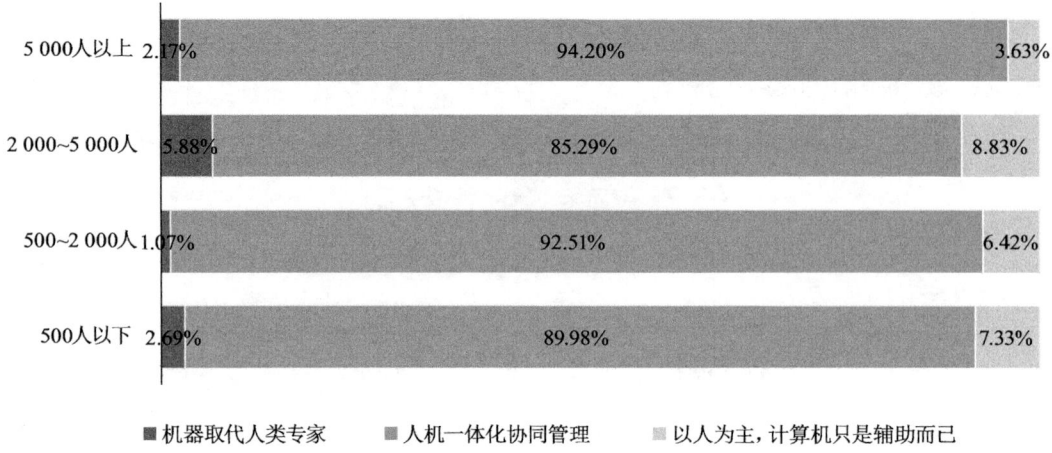

**图 32　最终的财务管理模式(不同企业人员规模)**

投票人所在企业的人员规模与其认为最终的财务管理模式是如何的关系不大。

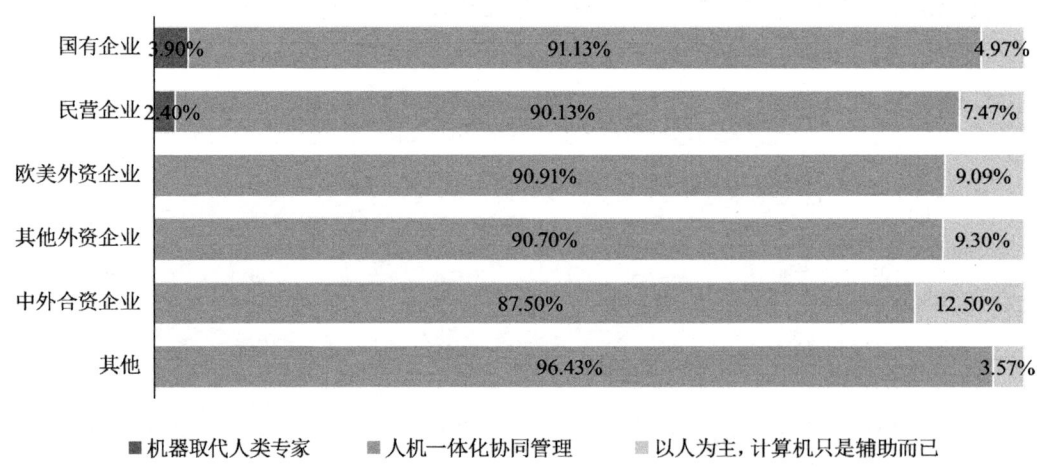

**图 33　最终的财务管理模式(不同企业所有制)**

国有企业的投票人认为最终的财务管理模式是"机器取代人类专家"的比重要显著高于其他所有制企业的投票人,认为是"以人为主,计算机只是辅助而已"的比重要明显低于其他所有制企业的投票人。

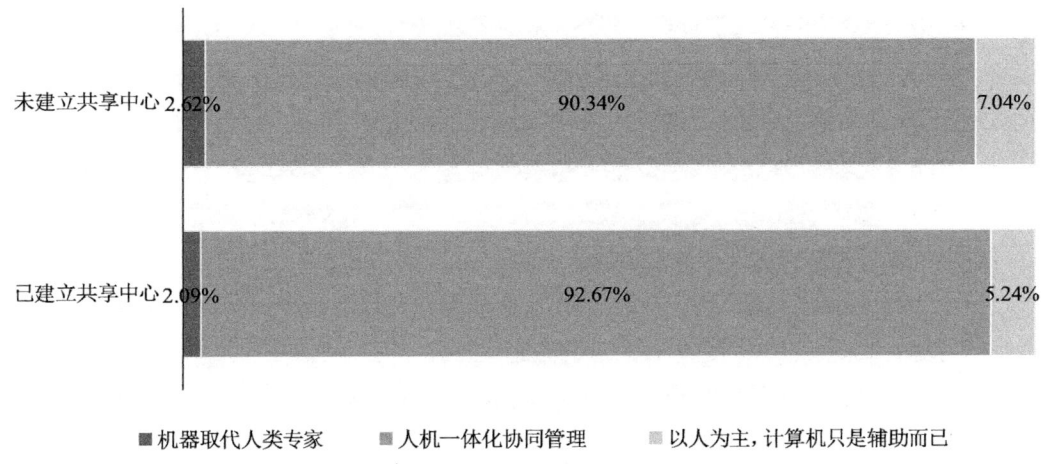

**图 34  最终的财务管理模式(是否建立共享中心)**

　　未建立共享中心的投票人认为最终的财务管理模式是"机器取代人类专家"的比重略高于已建立共享中心的投票人,并且其认为"以人为主,计算机只是辅助而已"的比重也略高。

### (五)智能财务的管理范围

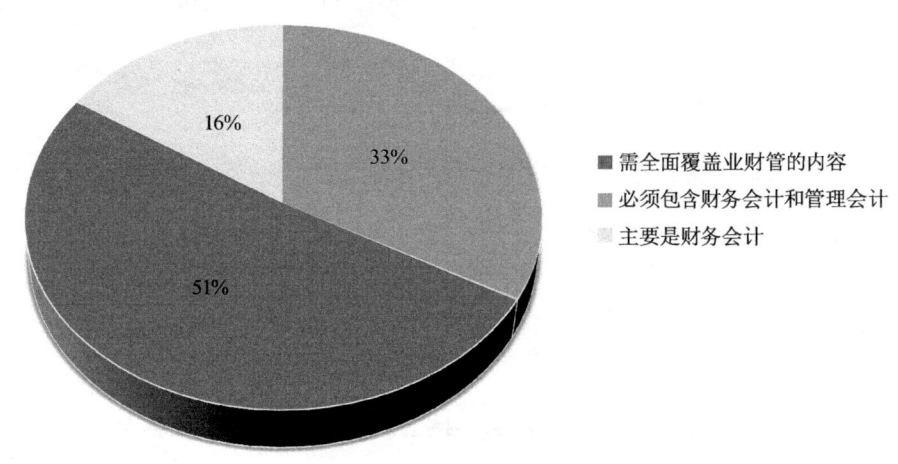

**图 35  智能财务的管理范围**

　　33%的投票人认为智能财务的管理范围必须包含财务会计和管理会计,51%的投票人认为智能财务需全面覆盖业财管的内容,只有 16%的投票人认为智能财务的管理范围主要是财务会计。

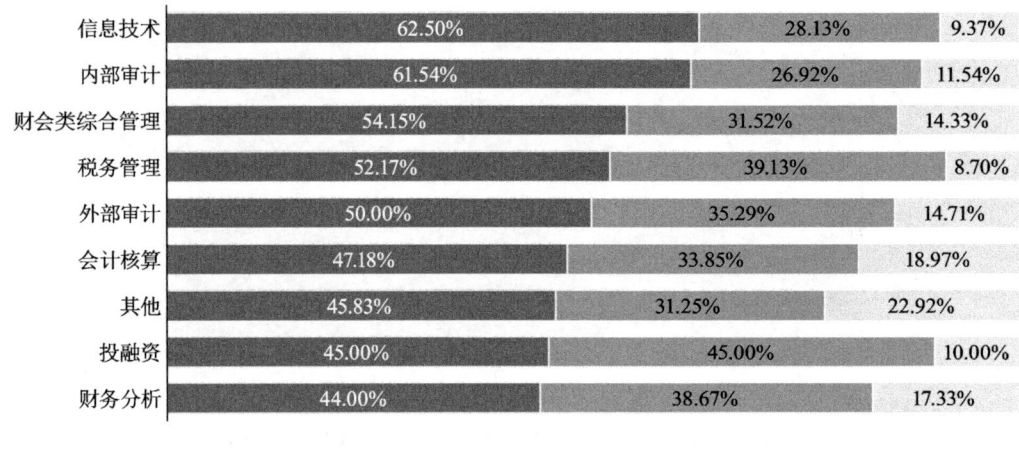

**图36　智能财务的管理范围(不同工作岗位)**

从事信息技术和内部审计的投票人认为智能财务需全面覆盖业财管的内容的比重较高,分别达到 62.50% 和 61.54%。

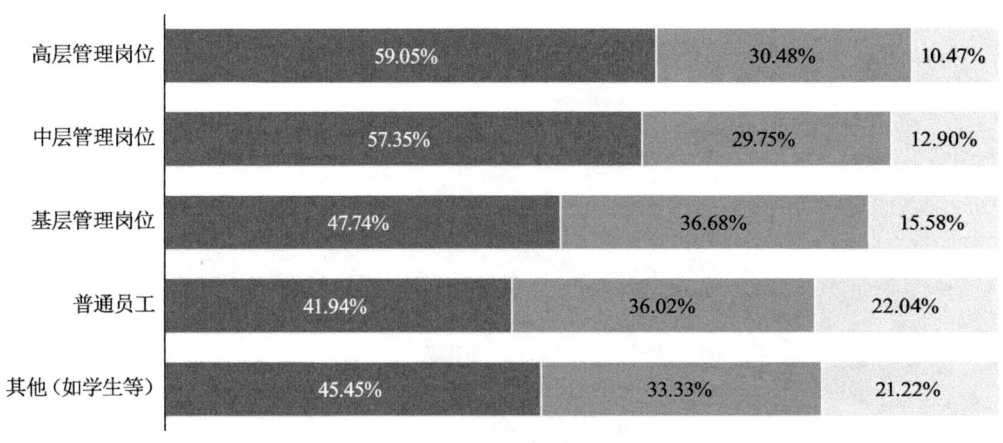

**图37　智能财务的管理范围(不同职位层次)**

对于智能财务的管理范围,职位层次越高,认为智能财务的管理范围需全面覆盖业财管的内容的比重越高,认为主要是财务会计的比重越低。总体来说,中高层管理岗位对智能财务的管理范围判断差别不太大。

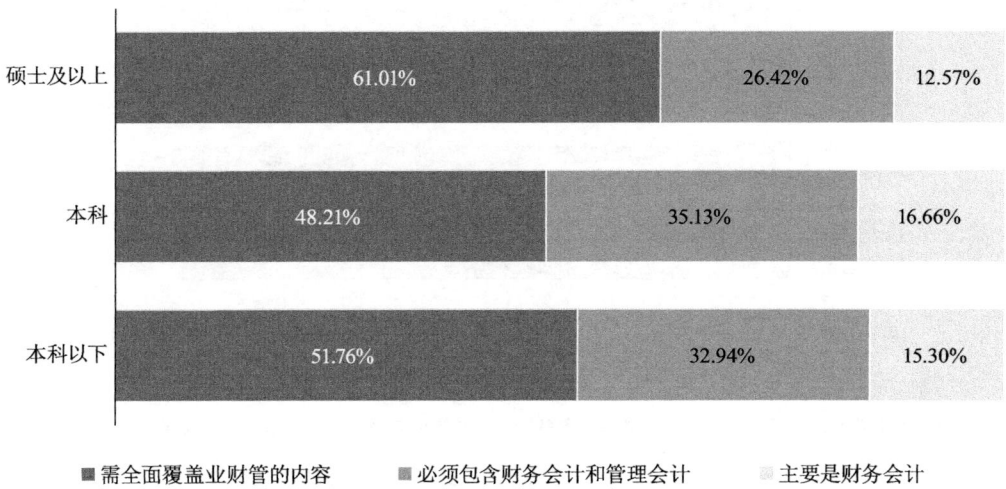

**图 38　智能财务的管理范围(不同学历)**

投票人的学历高低与其认为智能财务的管理范围大小关系并不明显。

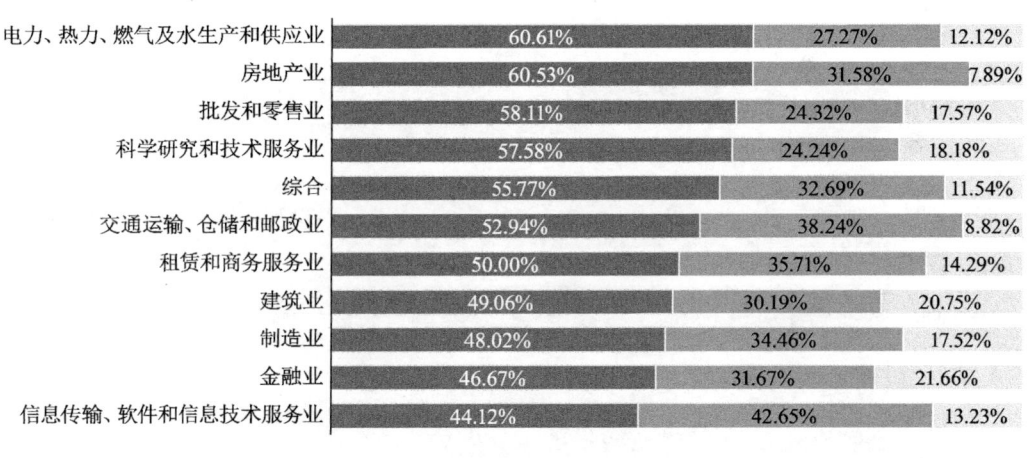

**图 39　智能财务的管理范围(不同行业)**

图 39 未包含样本量小于 30 票的行业。认为智能财务的管理范围需全面覆盖业财管的内容的比重较高的是"电力、热力、燃气及水生产和供应业"和"房地产业"的投票人。

**图40　智能财务的管理范围(不同企业年收入规模)**

　　所在企业年收入在 100 亿元以下的投票人中,企业年收入规模越大,认为智能财务的管理范围需全面覆盖业财管的比重越高,但所在企业年收入在 100 亿元以上的,这个比重又略有下降。

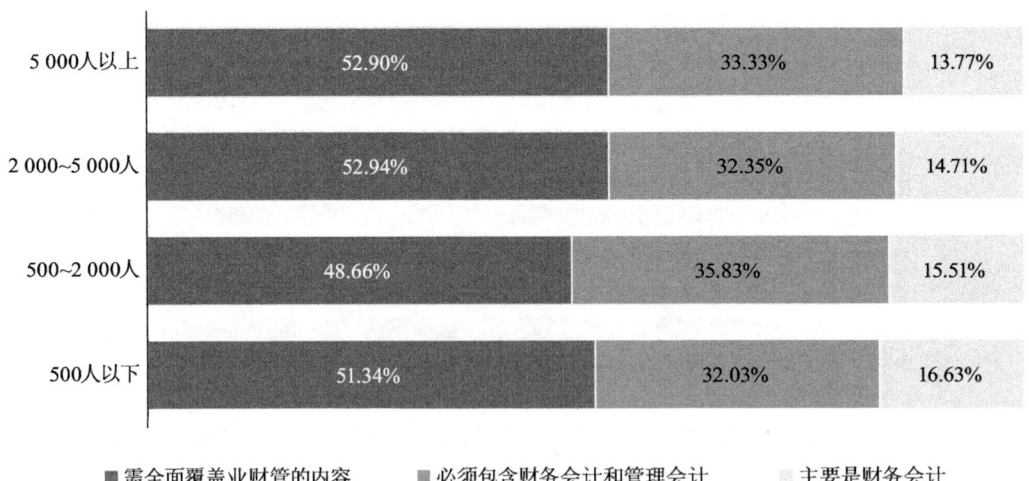

**图41　智能财务的管理范围(不同企业人员规模)**

　　投票人所在企业的人员规模与其认为智能财务的管理范围关系并不明显。

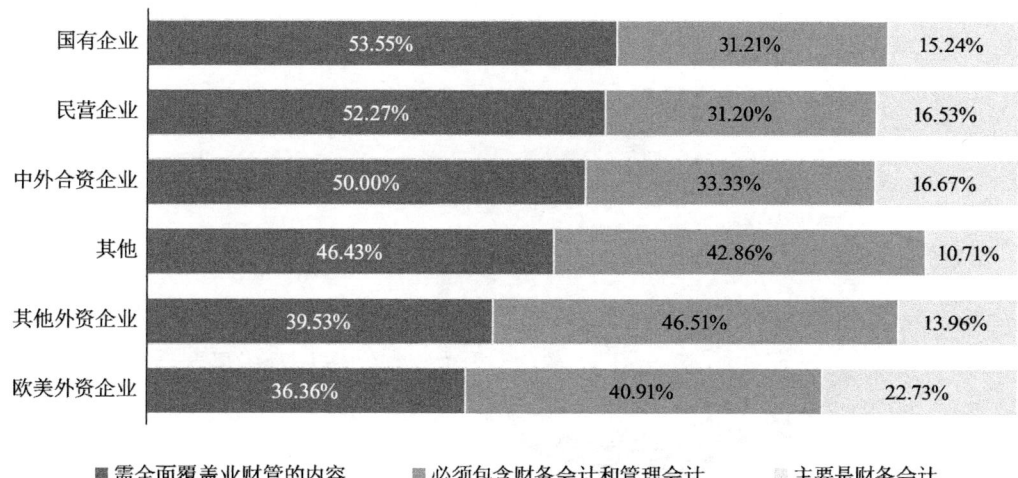

**图 42 智能财务的管理范围(不同企业所有制)**

国有企业和民营企业认为智能财务的管理范围需全面覆盖业财管的内容的比重较高，分别是 53.55% 和 52.27%。

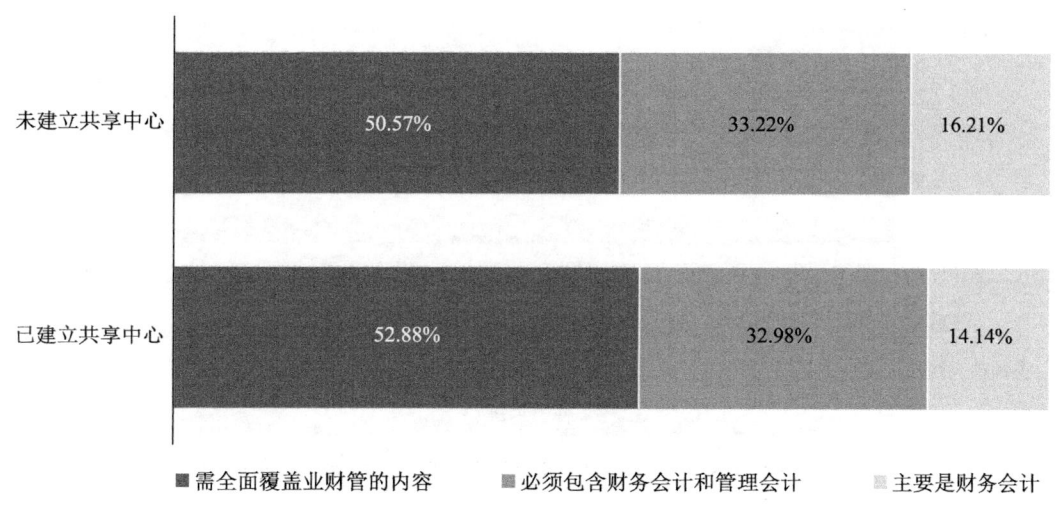

**图 43 智能财务的管理范围(是否建立共享中心)**

所在企业已建立共享中心的投票人认为智能财务的管理范围需全面覆盖业财管的内容的比重略高于所在企业未建立共享中心的投票人。

## (六) 智能财务提供的服务

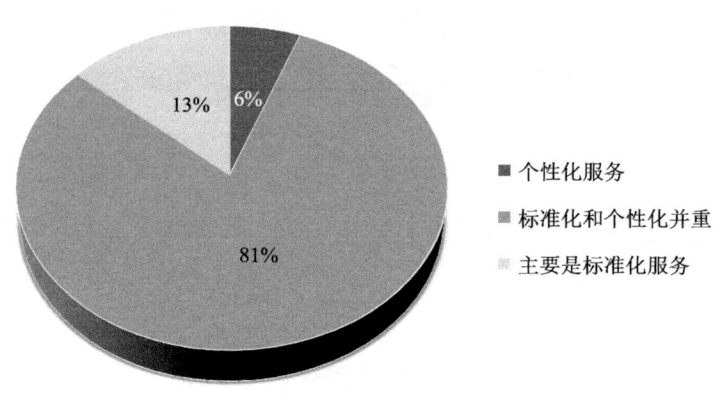

**图 44    智能财务提供的服务**

81%的投票人认为智能财务提供的服务是标准化和个性化并重,13%的投票人认为主要提供标准化服务,6%的投票人认为主要提供个性化服务。

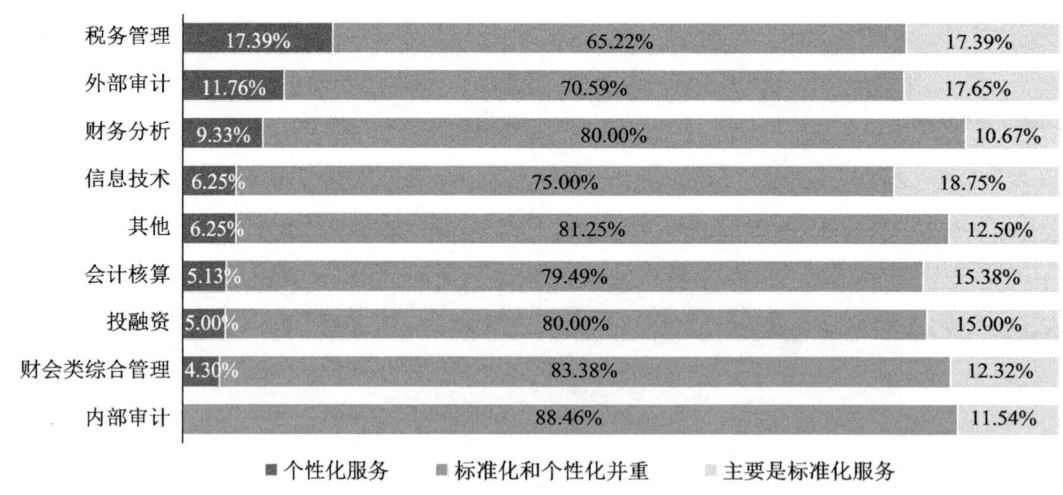

**图 45    智能财务提供的服务(不同工作岗位)**

从事税务管理和外部审计的投票人认为智能财务提供个性化服务的比重要高于其他投票人;而从事内部审计的投票人认为智能财务应标准化和个性化并重的比重最高。

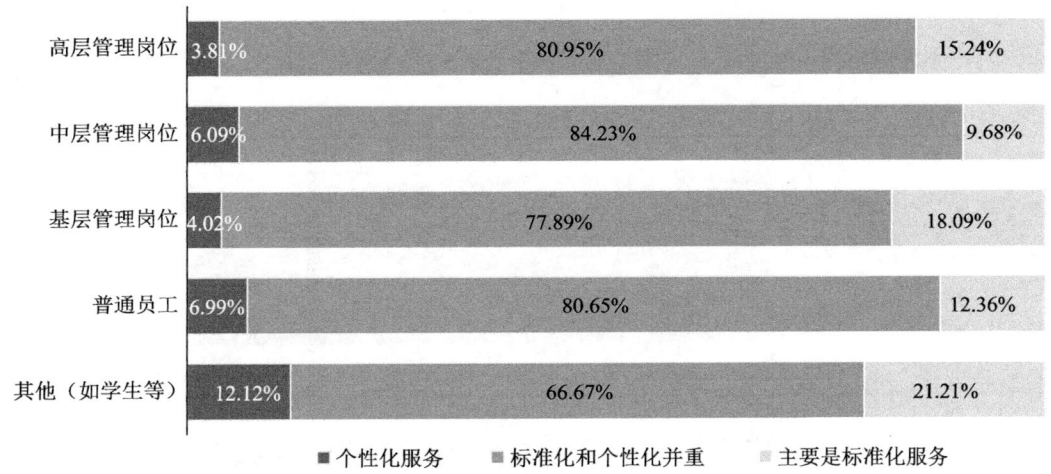

**图46 智能财务提供的服务(不同职位层次)**

投票人职位高低与其认为智能财务能提供何种服务关系并不明显。

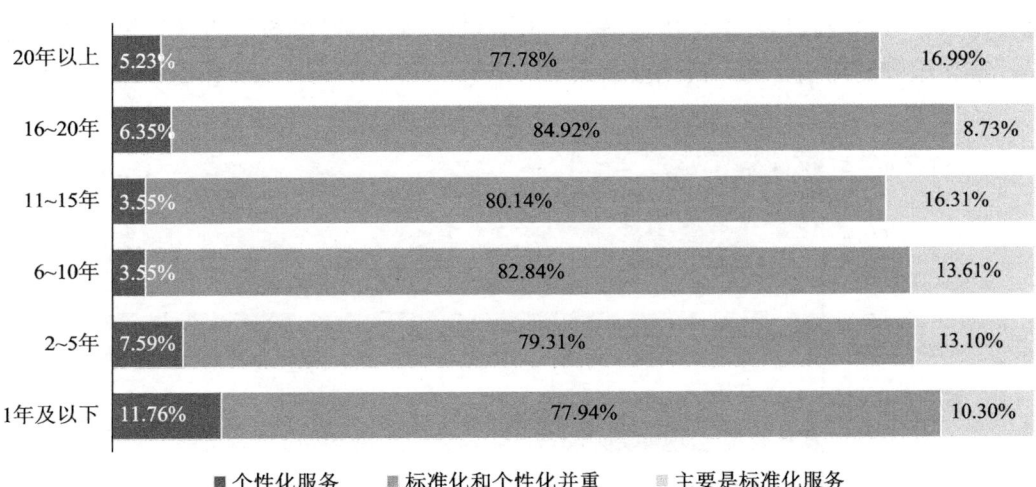

**图47 智能财务提供的服务(不同工作年限)**

工作年限在1年及以下的投票人认为智能财务提供个性化服务的比重要显著高于其他投票人。

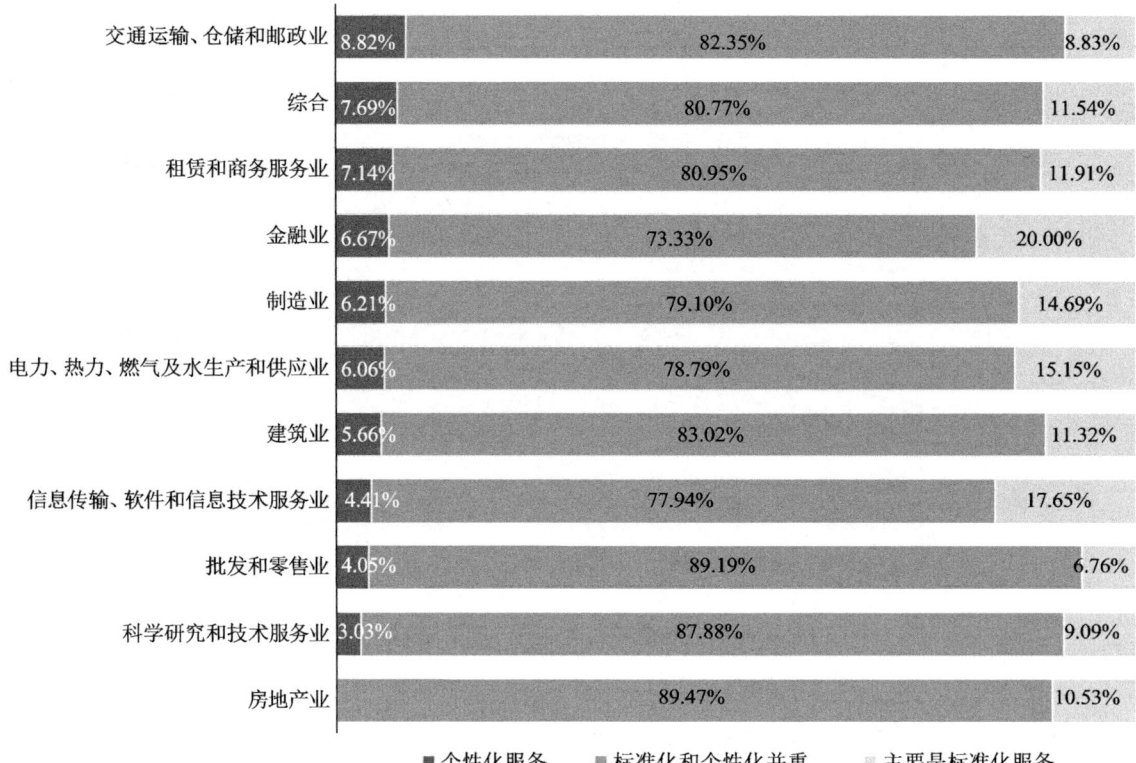

**图 48　智能财务提供的服务(不同行业)**

　　"交通运输、仓储和邮政业"的投票人认为智能财务应当提供个性化服务的比重要高于其他投票人;"金融业"以及"信息传输、软件和信息技术服务业"的投票人认为提供的服务主要是标准化服务的比重要高于其他投票人。

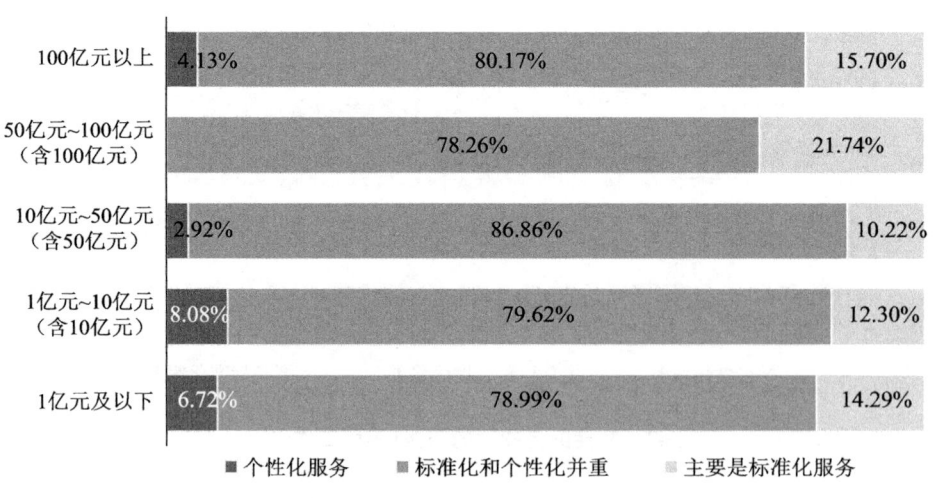

**图 49　智能财务提供的服务(不同企业年收入规模)**

　　投票人所在企业的年收入规模与其认为智能财务能够提供的服务类型关系不大。

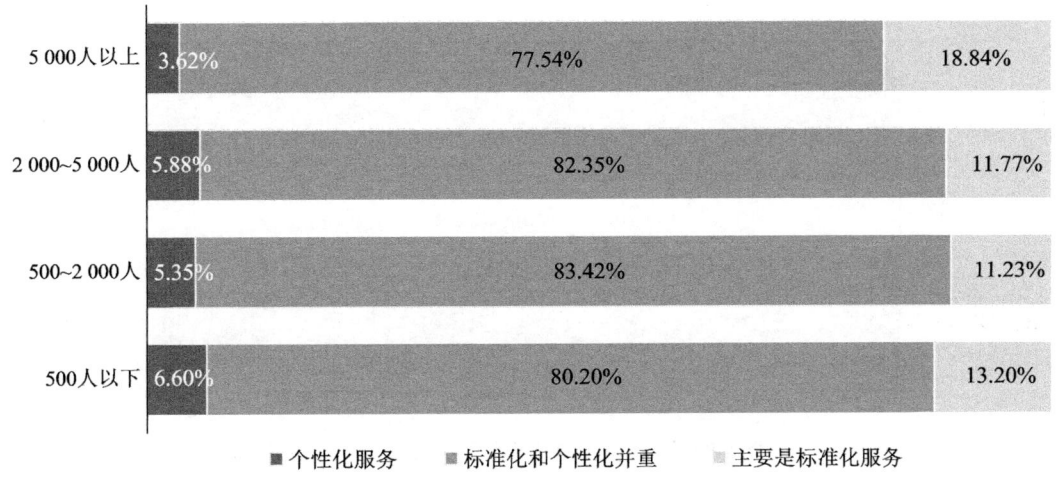

**图 50　智能财务提供的服务(不同企业人员规模)**

投票人所在企业的人员规模在 500 人以下的,认为智能财务应当提供个性化服务的比重要高于其他投票人;投票人所在企业规模在 5 000 人以上的,更认为主要是提供标准化服务。

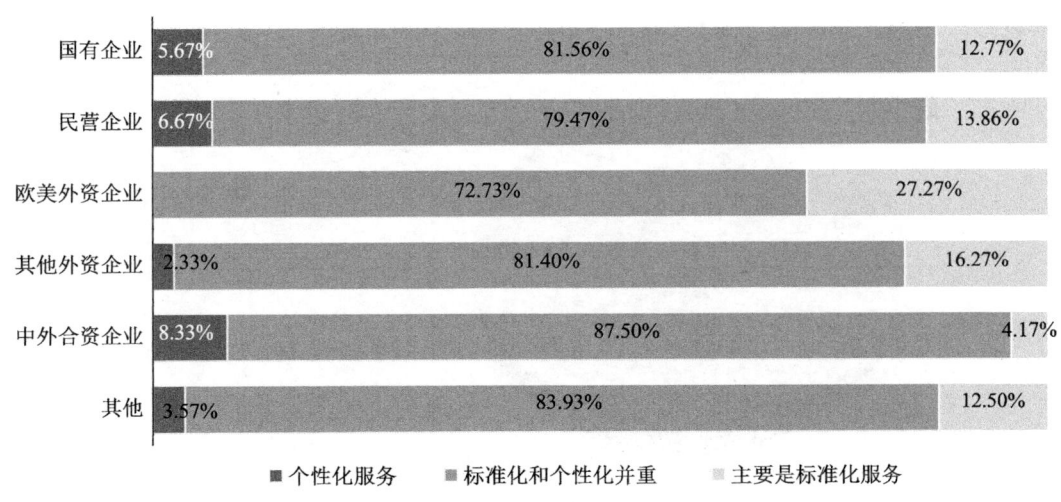

**图 51　智能财务提供的服务(不同企业所有制)**

欧美外资企业的投票人认为智能财务应当提供个性化服务的比重要低于其他投票人;中外合资企业认为应主要提供标准化服务的比重要高于其他投票人。

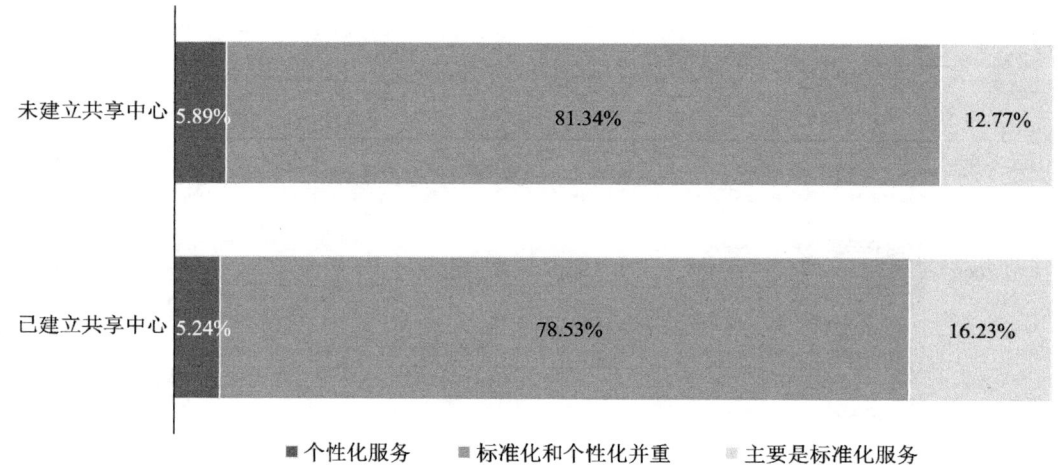

**图52 智能财务提供的服务(是否建立共享中心)**

所在企业已经建立共享中心的投票人认为应提供主要是标准化服务的比重要高于未建立共享中心的投票人。


### (七) 实现智能财务需要

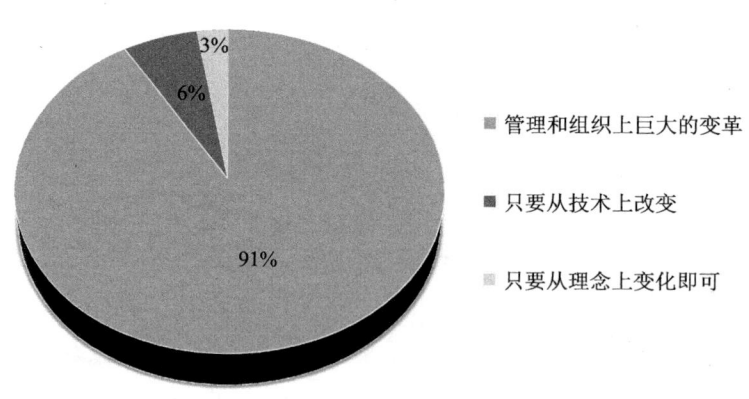

**图53 实现智能财务的需要**

91%的投票人认为实现智能财务需要从管理和组织上进行巨大变革,6%的投票人认为只要从技术上改变,3%的投票人认为只要从理念上变化即可。

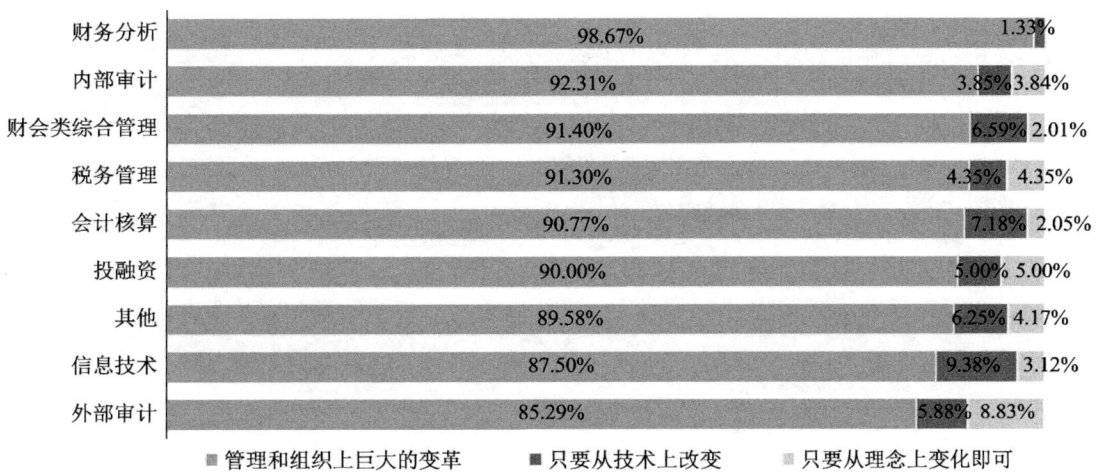

**图 54　实现智能财务的需要(不同工作岗位)**

　　从事信息技术和会计核算的投票人认为只要从技术上改变的比重要略高于其他投票人。

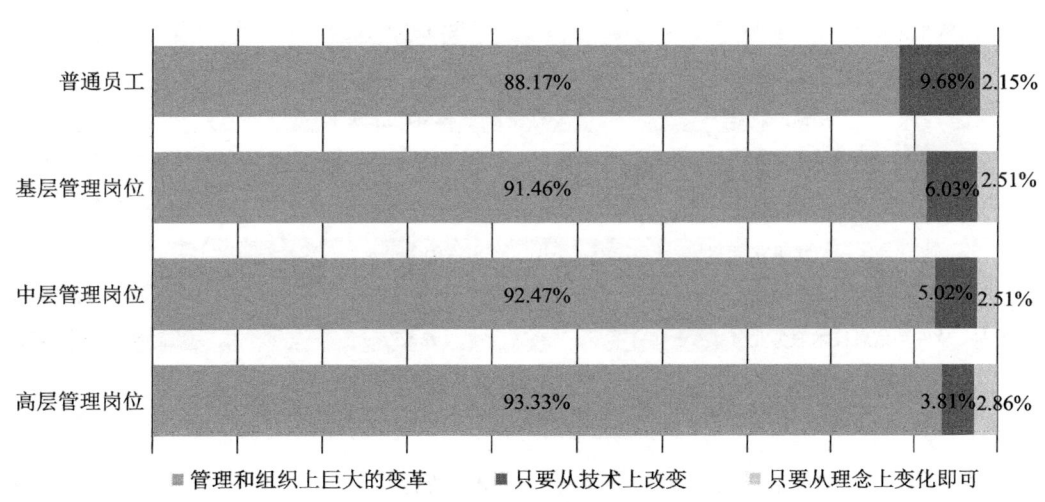

**图 55　实现智能财务的需要(不同职位层次)**

　　职位层次越高,认为需要从管理和组织上巨大变革的比重越高,认为只要从技术上改变的比重越低,但认为只要从理念上变化即可的比重变化不明显。

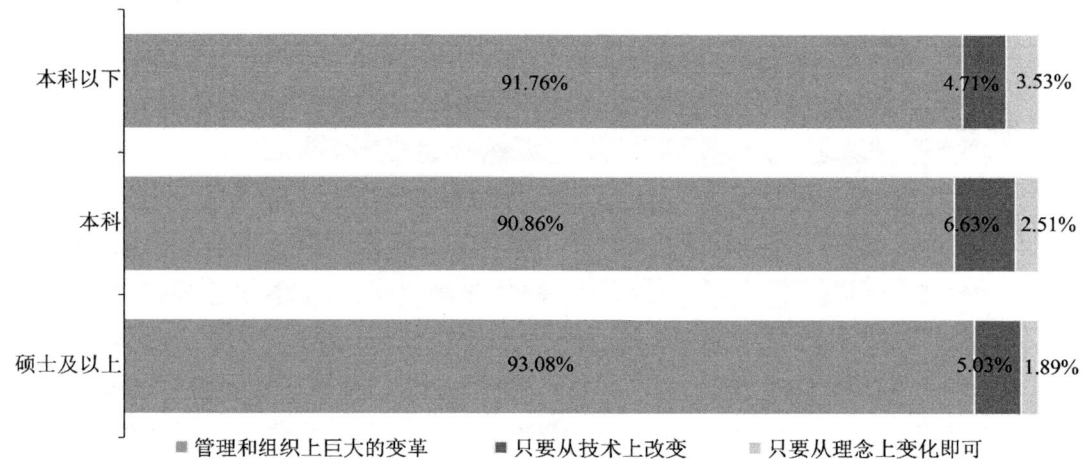

**图56　实现智能财务的需要(不同学历)**

学历越低,投票人选择"只要从理念上变化即可"的比重越高。

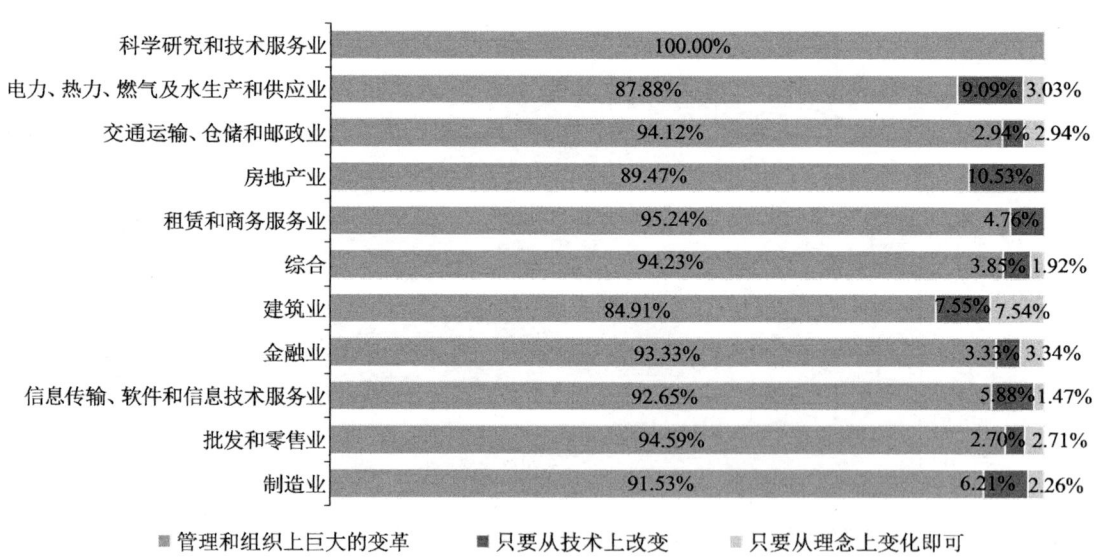

**图57　实现智能财务的需要(不同行业)**

图57未包含样本量小于30票的行业。"科学研究和技术服务业"的投票人认为实现智能财务需要管理和组织上巨大变革的比重最高。

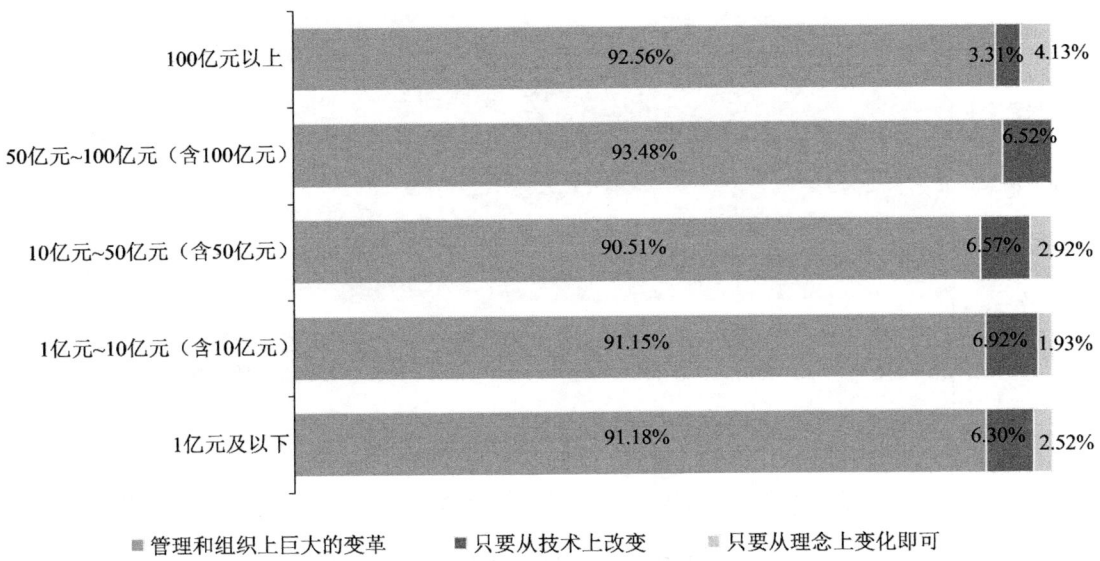

**图58　实现智能财务的需要(不同企业年收入规模)**

投票人所在企业的年收入规模与其认为实现智能财务所需要采取的措施关系不大。

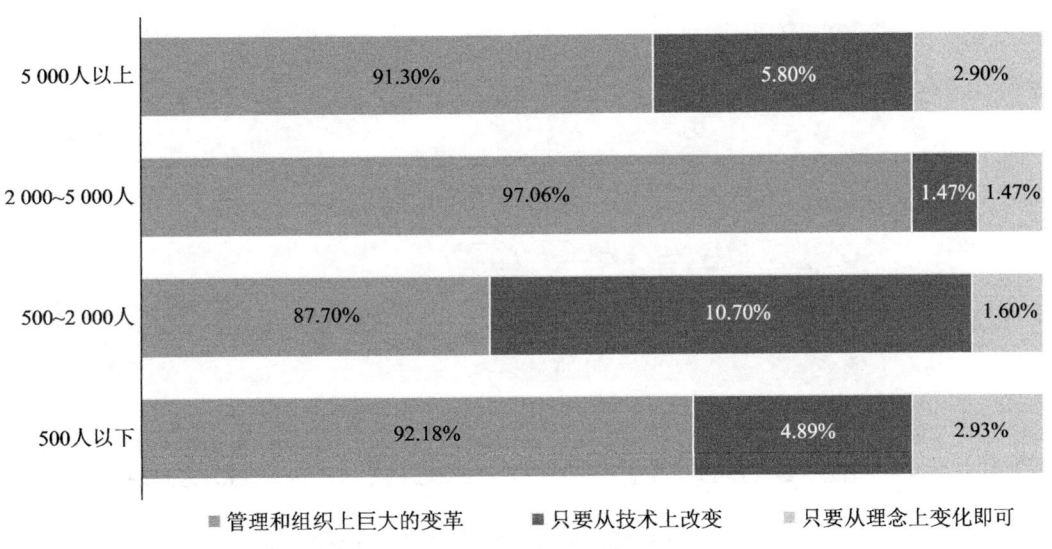

**图59　实现智能财务的需要(不同企业人员规模)**

投票人所在企业的人员规模与其认为实现智能财务所需要采取的措施关系不大。

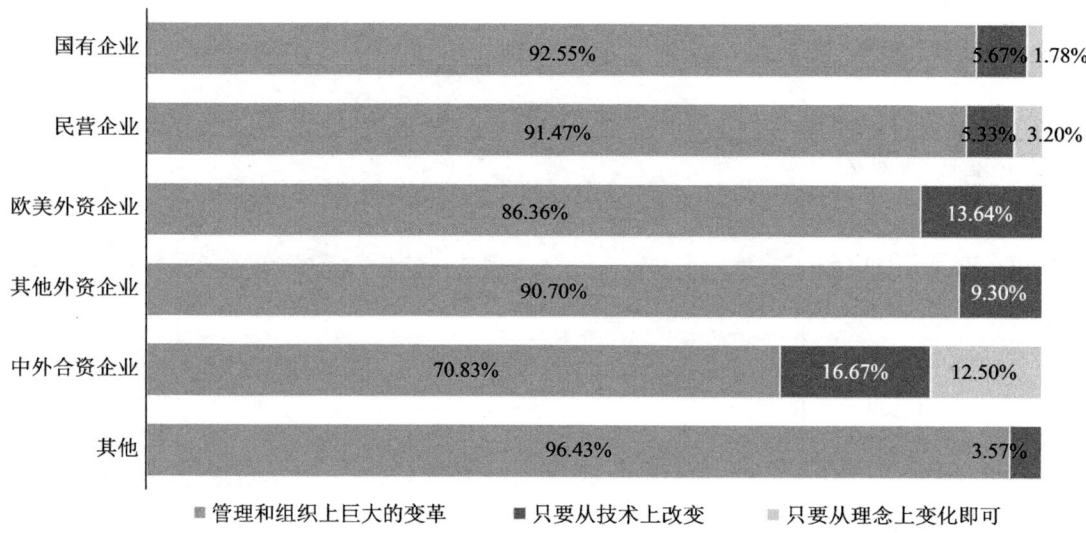

**图60 实现智能财务的需要(不同企业所有制)**

外企和中外合资企业认为"只要从技术上改变"的比重要高于国企。

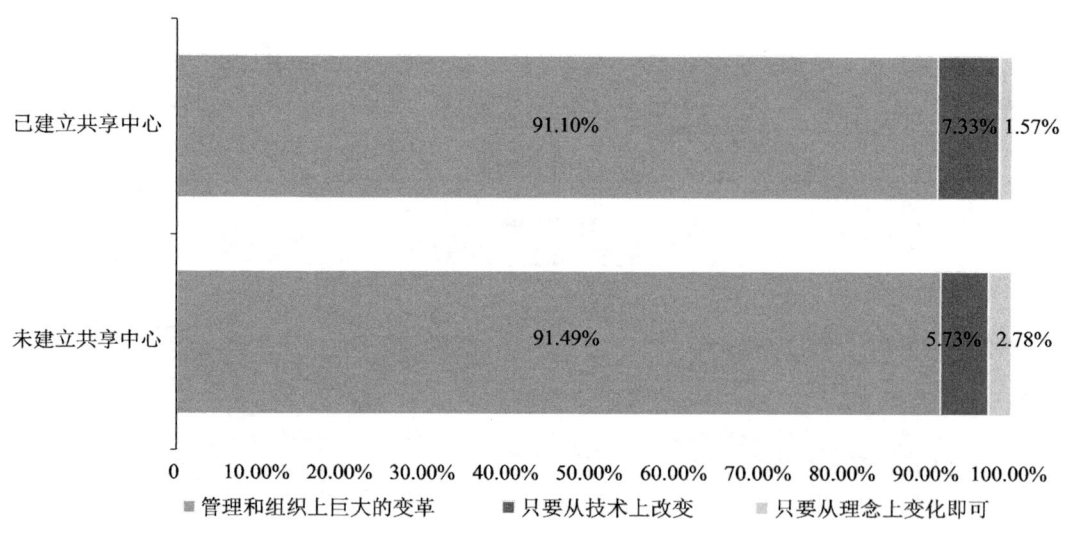

**图61 实现智能财务的需要(是否建立共享中心)**

所在企业已建立共享中心的投票人认为只要从技术上改变的比重要高于未建立共享中心的投票人。

## （八）企业已经应用的管理信息系统

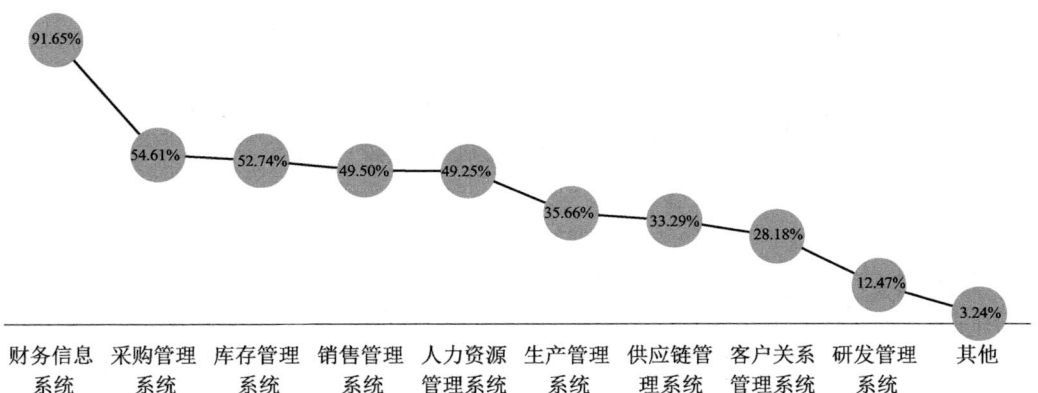

**图62　企业已经应用的管理信息系统**

企业应用最多的是财务信息系统(91.65%)、采购管理系统(54.61%)和库存管理系统(52.74%)；应用较少的是客户关系管理系统(28.18%)和研发管理系统(12.47%)。企业平均应用4.11个管理系统。

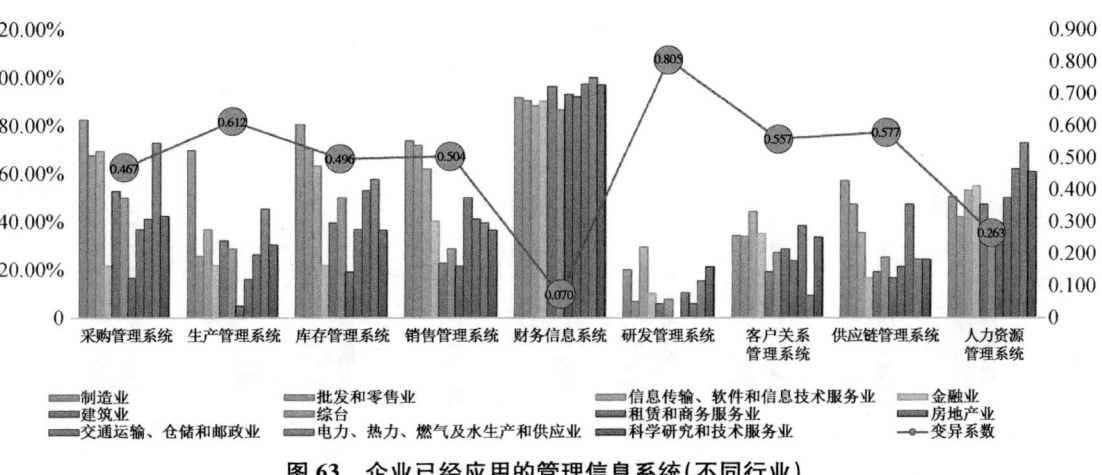

**图63　企业已经应用的管理信息系统(不同行业)**

图63不包括样本量小于30票的行业。制造业已经应用采购管理系统、生产管理系统、库存管理系统、销售管理系统和供应链管理系统的比重要高于其他行业；信息传输、软件和信息技术服务业已经应用研发管理系统和客户关系管理系统的比重要明显高于其他行业；电力、热力、燃气及水生产和供应业已应用人力资源管理系统的比重要高于其他行业。

租赁和商务服务业应用采购管理系统、生产管理系统、库存管理系统、销售管理系统、研发管理系统、供应链管理系统和人力资源管理系统的比重都要低于其他行业。

不同行业中,已应用的管理系统差异最小的是财务信息系统,变异系数是 0.070;差异最大的是研发管理系统,变异系数是 0.805。

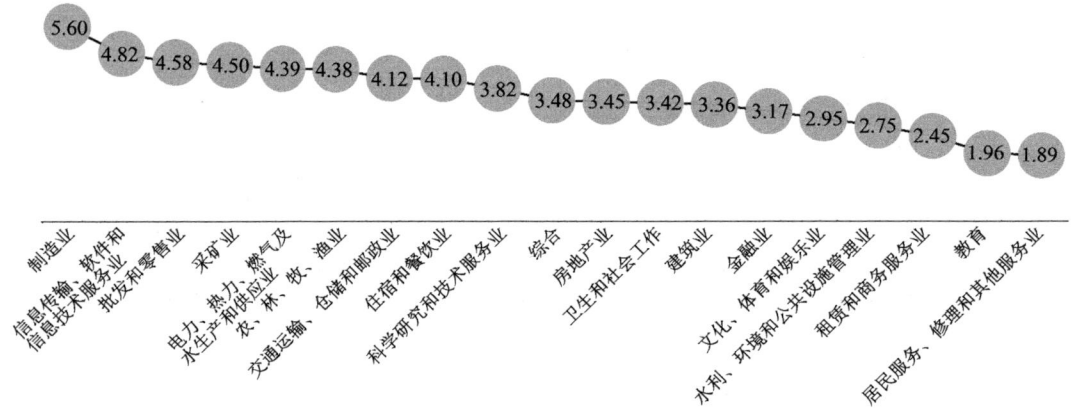

**图 64 不同行业企业已经应用的管理信息系统的数量**

制造业(5.60 个),信息传输、软件和信息技术服务业(4.82 个),批发和零售业(4.58 个)已经应用的管理信息系统数量最多;租赁和商务服务业(2.45 个),教育(1.96 个),居民服务、修理和其他服务业(1.89 个)已经应用的数量最少。

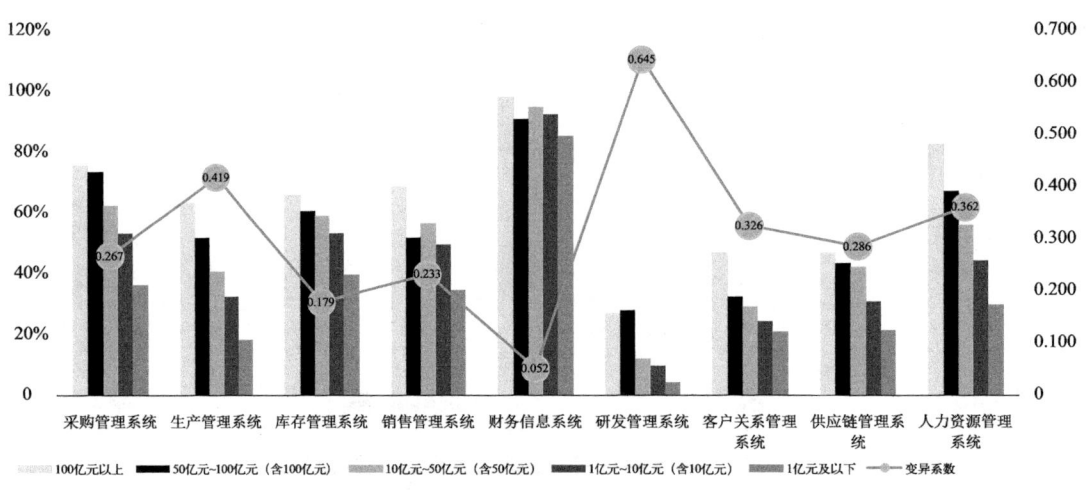

**图 65 企业已经应用的管理信息系统(不同企业年收入规模)**

不同年收入规模企业中,已应用的管理系统差异最小的是财务信息系统,变异系数是0.052;差异最大的是研发管理系统,变异系数是 0.645。企业年收入规模越大,应用采购管理系统、生产管理系统、库存管理系统、客户关系管理系统、供应链管理系统和人力资源管理系统的比重越大。

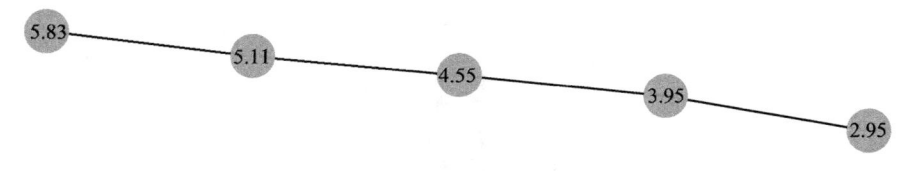

图 66 不同年收入规模企业已经应用的管理信息系统的数量

企业的年收入规模越大,其应用的管理系统数量越多。

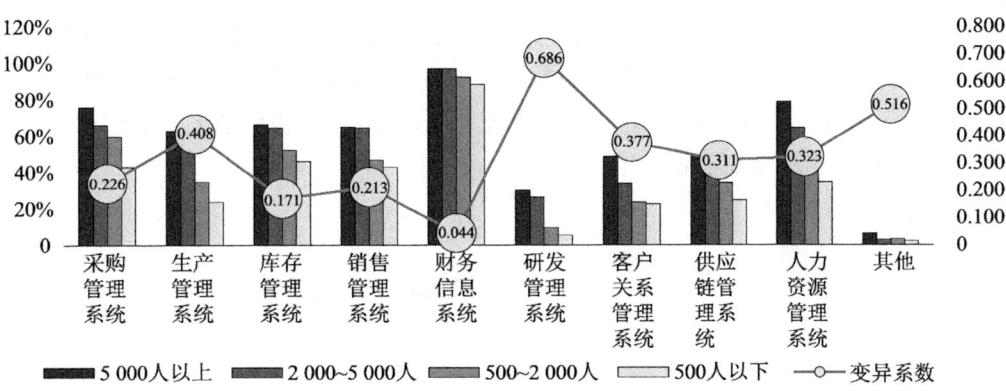

图 67 企业已经应用的管理信息系统(不同企业人员规模)

不同人员规模企业中,已应用的管理系统差异最小的是财务信息系统,变异系数是0.044;差异最大的是研发管理系统,变异系数是0.686。企业人员规模越大,已应用各项管理系统的比重都越大。

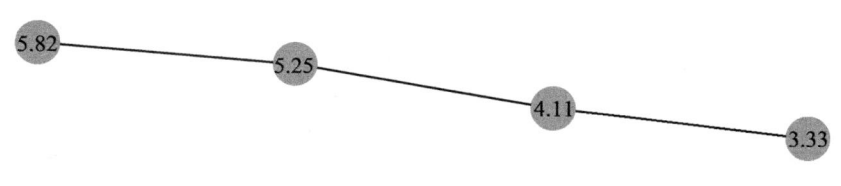

图 68 不同企业人员规模已经应用的管理信息系统的数量

企业的人员规模越大,其应用的管理系统数量越多。

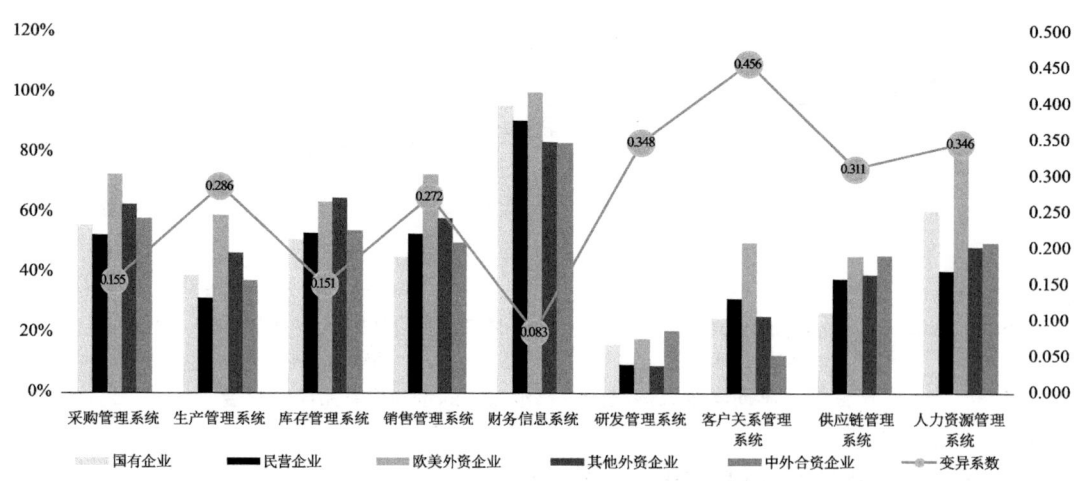

**图69　企业已经应用的管理信息系统（不同企业所有制）**

不同所有制企业中，已应用的管理系统差异最小的是财务信息系统，变异系数是0.083；差异最大的是客户关系管理系统，变异系数是0.456。欧美外企已应用采购管理系统、生产管理系统、销售管理系统、财务信息系统、客户关系管理系统、供应链管理系统和人力资源管理系统的比重都高于其他所有制企业。

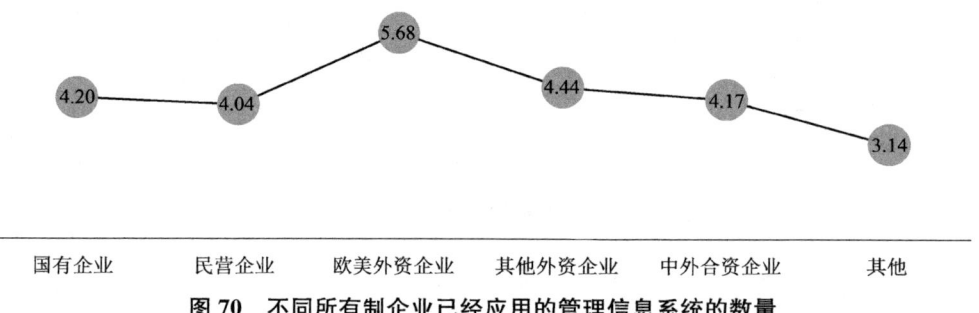

**图70　不同所有制企业已经应用的管理信息系统的数量**

欧美外资企业平均已应用5.68个应用管理系统，明显多于其他所有制企业。

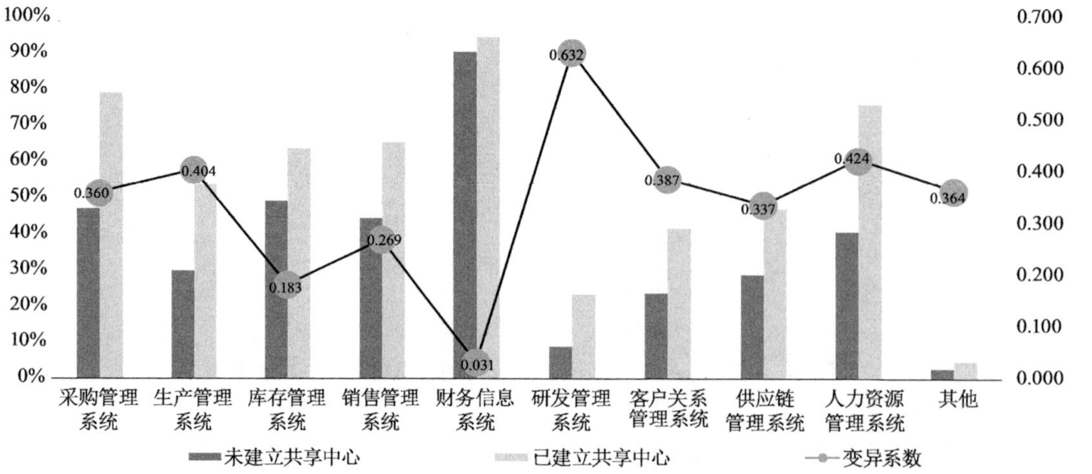

**图71　企业已经应用的管理信息系统（是否建立共享中心）**

是否建立共享中心的企业已应用的管理系统差异最小的是财务信息系统,变异系数是0.031;差异最大的是研发管理系统,变异系数是0.632。已经建立共享中心的企业对任何一项管理系统的应用比重都要高于未建立共享中心的企业。

已建立共享中心的企业平均应用了5.5个应用管理系统,显著多于未建立共享中心的企业3.67个。

**(九)所在企业的财务信息系统中各功能模块的采用情况、智能化程度以及提升迫切程度**

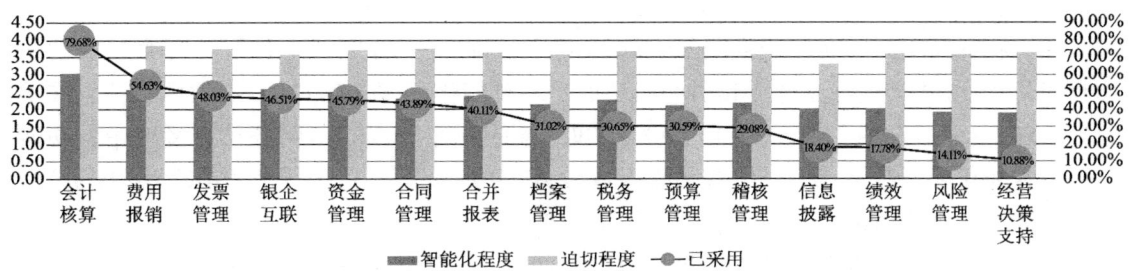

**图72 所在企业的财务信息系统中各功能模块的采用情况、智能化程度以及提升迫切程度**

在企业的财务信息系统中,企业平均采用了5.41个模块,会计核算(79.68%)和费用报销(54.63%)模块的采用率较高,风险管理(14.11%)和经营决策支持(10.88%)模块的采用率较低。

智能化程度较高的是会计核算(平均3.05分)和银企互联模块(平均2.62分),较低的是风险管理(平均1.93分)和经营决策支持模块(平均1.92分)。(智能化程度由低到高打分1～5分)

智能化提升迫切程度较高的是会计核算模块(平均3.97分)和费用报销(平均3.84分)模块,较低的是风险管理(平均3.59分)和信息披露(平均3.29分)模块。(智能化提升迫切程度由低到高打分1～5分)

**1. 所在企业的财务信息系统各模块的采用情况**(见表1～表4)

不同行业的财务信息系统的各模块中,采用率差异最小的是会计核算模块,变异系数是0.158;差异最大的是风险管理模块,变异系数是0.760。

各行业采用的模块数量的情况是:采用数量较多的有信息传输、软件和信息技术服务业(7.41个,最多),电力、热力、燃气及水生产和供应业(6.82个),水利、环境和公共设施管理业(6.73个);采用数量较少的有卫生和社会工作(3.51个),居民服务、修理和其他服务业(3.22个),文化、体育和娱乐业(2.80个,最少)。

不同年收入规模企业的财务信息系统的各模块中,采用率差异最小的是会计核算模块,变异系数是0.139;差异最大的是经营决策支持模块,变异系数是0.513。

企业年收入规模越大,平均采用的模块数越多。

不同人员规模企业的财务信息系统的各模块中,采用率差异最小的是会计核算模块,变异系数是0.106;差异最大的是经营决策支持模块,变异系数是0.792。

企业人员规模越大,平均采用的模块数越多。

不同所有制企业的财务信息系统的各模块中,采用率差异最小的是会计核算模块,变异系数是0.150;差异最大的是绩效管理模块,变异系数是0.563。

欧美外资企业采用的模块数最多,平均 7.71 个;其他外企最少,平均 4.30 个。

**2. 所在企业的财务信息系统中各功能模块的智能化程度**(见表5~表8)

我们将各模块的智能化程度按 1~5 分,由低到高打分,分别计算各行业、不同年收入规模企业、不同人员规模企业、不同行业、是否建立共享中心投票人的平均数,并且分别计算各模块的平均智能化程度。

不同行业的财务信息系统的各模块中,投票人对智能化程度意见差异最小的是会计核算模块,变异系数是 0.089;差异最大的是风险管理模块,变异系数是 0.151。

我们将各模块的智能化程度按 1~5 分,由低到高打分,分别计算各行业每个模块的平均智能化程度,并且按行业计算其所有模块的平均智能化程度。信息传输、软件和信息技术服务业(2.69 分),金融业(2.59 分)以及租赁和商务服务业(2.54 分)财务信息系统中各功能的平均智能化程度较高;文化、体育和娱乐业(2.05 分),科学研究和技术服务业(2.04 分)以及卫生和社会工作(1.87 分)平均智能化程度较低。

不同年收入规模企业的财务信息系统的各模块中,投票人对智能化程度意见差异最小的是绩效管理模块,变异系数是 0.063;差异最大的是合并报表模块,变异系数是 0.152。

我们将各模块的智能化程度按 1~5 分,由低到高打分,分别计算各行业每个模块的平均智能化程度,并且按企业年收入规模计算其所有模块的平均智能化程度。企业年收入规模越大,财务信息系统的各模块的平均智能化程度越高。

不同人员规模企业的财务信息系统的各模块中,投票人对智能化程度意见差异最小的是会计核算模块,变异系数是 0.067;差异最大的是银企互联模块,变异系数是 0.156。

我们将各模块的智能化程度按 1~5 分,由低到高打分,分别计算各行业每个模块的平均智能化程度,并且按企业人员规模计算其所有模块的平均智能化程度。企业人员规模越大,财务信息系统的各模块的平均智能化程度越高。

不同所有制企业的财务信息系统的各模块中,投票人对智能化程度意见差异最小的是风险管理模块,变异系数是 0.055;差异最大的是合并报表,变异系数是 0.136。

我们将各模块的智能化程度按 1~5 分,由低到高打分,分别计算各行业每个模块的平均智能化程度,并且按所有制计算其所有模块的平均智能化程度。

欧美外资企业的财务信息系统的各模块平均智能化程度要高于其他所有制企业。

**3. 财务信息系统中各功能模块的智能化提升迫切程度**(见表9~表12)

不同行业的财务信息系统的各模块中,投票人对智能化提升迫切程度意见差异最小的是稽核管理模块,变异系数是 0.048;差异最大的是银企互联模块,变异系数是 0.109。

采矿业(4.03),电力、热力、燃气及水生产和供应业(4.01),以及建筑业(3.99)对财务信息系统中各功能模块的迫切程度较高;租赁和商务服务业(3.54),批发和零售业(3.51)以及居民服务、修理和其他服务业(3.15)较低。

不同年收入规模企业的财务信息系统的各模块中,投票人对智能化提升迫切程度意见差异最小的是会计核算模块,变异系数是 0.020;差异最大的是信息披露模块,变异系数是 0.079。

企业年收入规模越大,对财务信息系统中各功能模块的提升迫切程度越高。

不同人员规模企业的财务信息系统的各模块中,投票人对智能化提升迫切程度意见差异最小的是会计核算模块,变异系数是 0.035;差异最大的是信息披露模块,变异系数是 0.095。

表1 所在企业的财务信息系统各模块的采用情况 (不同行业)

| 行业 | 合同管理 | 发票管理 | 档案管理 | 费用报销 | 稽核管理 | 会计核算 | 合并报表 | 信息披露 | 资金管理 | 银企互联 | 税务管理 | 预算管理 | 绩效管理 | 风险管理 | 经营决策支持 | 平均采用模块数 |
|---|---|---|---|---|---|---|---|---|---|---|---|---|---|---|---|---|
| 采矿业 | 76.47% | 58.82% | 43.75% | 70.59% | 16.67% | 75.00% | 50.00% | 11.11% | 64.71% | 57.89% | 23.53% | 47.06% | 11.11% | 10.53% | 18.75% | 6.36 |
| 电力、热力、燃气及水生产和供应业 | 64.00% | 26.09% | 22.73% | 80.95% | 50.00% | 87.50% | 73.91% | 20.00% | 60.87% | 62.50% | 31.82% | 50.00% | 22.73% | 23.81% | 5.00% | 6.82 |
| 房地产业 | 55.56% | 39.29% | 37.04% | 60.00% | 28.57% | 75.86% | 50.00% | 21.43% | 46.43% | 44.44% | 28.57% | 46.15% | 29.63% | 20.00% | 17.86% | 6.01 |
| 建筑业 | 40.54% | 52.63% | 24.24% | 55.00% | 33.33% | 79.41% | 45.71% | 27.50% | 43.24% | 39.47% | 40.54% | 36.11% | 16.67% | 9.76% | 8.33% | 5.52 |
| 交通运输、仓储和邮政业 | 25.00% | 42.31% | 24.00% | 75.00% | 21.74% | 81.82% | 47.83% | 26.09% | 54.55% | 50.00% | 33.33% | 33.33% | 20.00% | 14.81% | 21.74% | 5.72 |
| 教育 | 54.55% | 41.67% | 53.85% | 54.55% | 25.00% | 50.00% | 28.57% | 9.09% | 50.00% | 38.46% | 33.33% | 30.77% | 27.27% | 8.33% | 8.33% | 5.14 |
| 金融业 | 50.00% | 44.12% | 50.00% | 63.16% | 41.46% | 86.84% | 58.33% | 22.86% | 61.76% | 54.55% | 37.50% | 25.00% | 21.21% | 41.67% | 12.82% | 6.71 |
| 居民服务、修理和其他服务业 | 16.67% | 61.54% | 30.00% | 21.43% | 7.69% | 50.00% | 25.00% | 13.33% | 18.75% | 31.25% | 23.08% | 11.11% | 6.67% | 0.00% | 5.88% | 3.22 |
| 科学研究和技术服务业 | 45.83% | 40.00% | 31.82% | 47.83% | 24.00% | 85.00% | 34.78% | 9.09% | 33.33% | 45.45% | 14.29% | 40.00% | 9.09% | 8.70% | 8.33% | 4.78 |
| 农、林、牧、渔业 | 30.77% | 60.00% | 36.36% | 50.00% | 16.67% | 75.00% | 26.67% | 13.33% | 53.85% | 57.14% | 18.18% | 35.71% | 15.38% | 7.69% | 7.69% | 5.04 |
| 批发和零售业 | 29.82% | 44.23% | 12.96% | 47.17% | 32.08% | 73.91% | 31.37% | 19.30% | 54.90% | 52.63% | 33.33% | 28.85% | 18.87% | 16.67% | 12.73% | 5.09 |
| 水利、环境和公共设施管理业 | 62.50% | 50.00% | 50.00% | 57.14% | 40.00% | 83.33% | 50.00% | 20.00% | 50.00% | 33.33% | 16.67% | 57.14% | 50.00% | 33.33% | 20.00% | 6.73 |
| 卫生和社会工作 | 11.11% | 30.77% | 15.79% | 21.43% | 18.75% | 72.73% | 15.38% | 6.25% | 30.77% | 44.44% | 41.67% | 18.18% | 16.67% | 6.67% | 0.00% | 3.51 |
| 文化、体育和娱乐业 | 33.33% | 35.29% | 26.67% | 21.43% | 0.00% | 63.64% | 20.00% | 0.00% | 9.09% | 15.38% | 14.29% | 20.00% | 13.33% | 0.00% | 7.69% | 2.80 |
| 信息传输、软件和信息技术服务业 | 70.59% | 66.67% | 56.25% | 84.91% | 40.43% | 84.78% | 47.17% | 26.67% | 59.57% | 50.98% | 39.13% | 38.64% | 25.00% | 27.66% | 22.50% | 7.41 |
| 制造业 | 41.13% | 44.00% | 21.14% | 48.39% | 26.36% | 83.78% | 33.33% | 14.75% | 37.96% | 38.26% | 24.04% | 24.30% | 13.16% | 5.65% | 7.56% | 4.64 |
| 住宿和餐饮业 | 20.00% | 50.00% | 33.33% | 60.00% | 33.33% | 100.00% | 42.86% | 0.00% | 33.33% | 60.00% | 50.00% | 42.86% | 28.57% | 16.67% | 0.00% | 5.71 |
| 综合 | 30.00% | 46.43% | 20.69% | 37.93% | 16.00% | 77.27% | 34.48% | 25.81% | 25.93% | 40.74% | 18.52% | 21.74% | 10.71% | 7.41% | 3.70% | 4.17 |
| 租赁和商务服务业 | 51.61% | 75.00% | 51.61% | 48.15% | 37.93% | 84.62% | 42.42% | 22.22% | 50.00% | 64.52% | 51.72% | 16.13% | 19.23% | 14.29% | 10.71% | 6.40 |
| 变异系数 | 0.438 | 0.258 | 0.403 | 0.349 | 0.470 | 0.158 | 0.358 | 0.531 | 0.351 | 0.266 | 0.380 | 0.386 | 0.499 | 0.760 | 0.654 | — |

表 2　所在企业的财务信息系统各模块的采用情况（不同企业年收入规模）

| 年收入规模 | 合同管理 | 发票管理 | 档案管理 | 费用报销 | 稽核管理 | 会计核算 | 合并报表 | 信息披露 | 资金管理 | 银企互联 | 税务管理 | 预算管理 | 绩效管理 | 风险管理 | 经营决策支持 | 平均采用模块数 |
|---|---|---|---|---|---|---|---|---|---|---|---|---|---|---|---|---|
| 100亿元以上 | 74.73% | 67.39% | 53.09% | 89.41% | 56.00% | 93.02% | 65.06% | 29.87% | 84.00% | 76.74% | 49.37% | 61.11% | 30.14% | 27.85% | 22.54% | 8.80 |
| 50亿元~100亿元（含100亿元） | 60.00% | 60.00% | 44.83% | 71.88% | 48.15% | 96.77% | 80.65% | 35.71% | 77.42% | 64.52% | 37.93% | 50.00% | 28.00% | 14.29% | 8.70% | 7.79 |
| 10亿元~50亿元（含50亿元） | 48.39% | 42.86% | 27.84% | 63.64% | 26.60% | 80.49% | 38.78% | 18.09% | 46.15% | 49.46% | 28.41% | 39.13% | 14.77% | 16.49% | 9.52% | 5.51 |
| 1亿元~10亿元（含10亿元） | 38.76% | 40.00% | 25.29% | 46.95% | 22.49% | 79.11% | 34.52% | 15.30% | 34.15% | 37.71% | 24.69% | 23.13% | 16.76% | 12.85% | 9.04% | 4.61 |
| 1亿元及以下 | 27.75% | 46.63% | 25.73% | 36.26% | 22.02% | 67.86% | 27.96% | 13.77% | 33.54% | 34.59% | 27.15% | 16.96% | 13.41% | 7.91% | 8.99% | 4.11 |
| 变异系数 | 0.366 | 0.229 | 0.362 | 0.338 | 0.453 | 0.139 | 0.454 | 0.430 | 0.437 | 0.340 | 0.304 | 0.481 | 0.380 | 0.466 | 0.513 | — |

表 3　所在企业的财务信息系统各模块的采用情况（不同企业人员规模）

| 人员规模 | 合同管理 | 发票管理 | 档案管理 | 费用报销 | 稽核管理 | 会计核算 | 合并报表 | 信息披露 | 资金管理 | 银企互联 | 税务管理 | 预算管理 | 绩效管理 | 风险管理 | 经营决策支持 | 平均采用模块数 |
|---|---|---|---|---|---|---|---|---|---|---|---|---|---|---|---|---|
| 5 000人以上 | 72.63% | 70.53% | 59.55% | 89.25% | 61.73% | 92.39% | 68.48% | 40.96% | 83.33% | 79.57% | 54.12% | 68.83% | 37.50% | 30.49% | 29.41% | 9.39 |
| 2 000~5 000人 | 48.94% | 47.92% | 24.00% | 68.89% | 34.15% | 90.00% | 54.55% | 19.05% | 59.09% | 52.38% | 41.86% | 40.91% | 23.91% | 16.67% | 6.98% | 6.29 |
| 500~2 000人 | 48.84% | 47.97% | 29.17% | 56.91% | 22.13% | 79.65% | 36.97% | 13.93% | 41.44% | 44.17% | 23.58% | 25.47% | 13.27% | 10.08% | 10.00% | 5.04 |
| 500人以下 | 31.63% | 40.75% | 24.22% | 40.34% | 22.15% | 73.41% | 30.87% | 13.91% | 34.28% | 35.99% | 24.36% | 20.95% | 13.70% | 10.93% | 7.62% | 4.25 |
| 变异系数 | 0.333 | 0.250 | 0.498 | 0.322 | 0.533 | 0.106 | 0.358 | 0.587 | 0.401 | 0.357 | 0.410 | 0.554 | 0.515 | 0.553 | 0.792 | — |

表 4　所在企业的财务信息系统各模块的采用情况（不同企业所有制）

| 企业性质 | 合同管理 | 发票管理 | 档案管理 | 费用报销 | 稽核管理 | 会计核算 | 合并报表 | 信息披露 | 资金管理 | 银企互联 | 税务管理 | 预算管理 | 绩效管理 | 风险管理 | 经营决策支持 | 平均采用模块数 |
|---|---|---|---|---|---|---|---|---|---|---|---|---|---|---|---|---|
| 国有企业 | 52.45% | 50.00% | 33.33% | 60.87% | 34.90% | 83.15% | 54.17% | 20.94% | 58.38% | 54.92% | 34.83% | 41.86% | 18.68% | 18.85% | 12.92% | 6.30 |
| 民营企业 | 40.96% | 47.19% | 29.07% | 49.81% | 26.82% | 78.30% | 33.10% | 16.67% | 39.77% | 41.04% | 28.40% | 22.68% | 16.15% | 10.28% | 9.51% | 4.90 |
| 欧美外资企业 | 41.67% | 75.00% | 60.00% | 58.33% | 50.00% | 91.67% | 53.85% | 36.36% | 66.67% | 50.00% | 40.00% | 58.33% | 44.44% | 22.22% | 22.22% | 7.71 |
| 其他外资企业 | 30.77% | 28.00% | 20.69% | 61.90% | 20.83% | 90.48% | 25.93% | 7.41% | 26.09% | 40.91% | 13.64% | 25.00% | 14.29% | 10.71% | 13.79% | 4.30 |
| 中外合资企业 | 41.18% | 50.00% | 26.67% | 70.59% | 12.50% | 68.75% | 50.00% | 25.00% | 35.71% | 56.25% | 26.67% | 15.38% | 11.11% | 14.29% | 5.56% | 5.10 |
| 其他 | 28.57% | 47.37% | 34.29% | 38.71% | 21.88% | 62.07% | 20.59% | 17.65% | 34.38% | 39.39% | 35.29% | 36.36% | 24.24% | 19.44% | 8.33% | 4.69 |
| 变异系数 | 0.220 | 0.302 | 0.401 | 0.195 | 0.472 | 0.150 | 0.377 | 0.467 | 0.359 | 0.161 | 0.312 | 0.468 | 0.563 | 0.310 | 0.483 | — |

表 5 所在企业的财务信息系统中各功能模块的智能化程度（不同行业）

| 行业 | 合同管理 | 发票管理 | 档案管理 | 费用报销 | 稽核管理 | 会计核算 | 合并报表 | 信息披露 | 资金管理 | 银企互联 | 税务管理 | 预算管理 | 绩效管理 | 风险管理 | 经营决策支持 | 平均 |
|---|---|---|---|---|---|---|---|---|---|---|---|---|---|---|---|---|
| 采矿业 | 2.55 | 2.32 | 1.86 | 2.68 | 1.55 | 2.86 | 2.27 | 1.55 | 2.64 | 2.59 | 1.73 | 1.91 | 1.59 | 1.68 | 1.59 | 2.09 |
| 电力、热力、燃气及水生产和供应业 | 2.39 | 2.12 | 2.00 | 3.00 | 2.52 | 3.06 | 2.64 | 2.06 | 2.61 | 3.00 | 2.27 | 2.36 | 2.06 | 1.91 | 1.94 | 2.40 |
| 房地产业 | 2.61 | 2.34 | 2.08 | 2.68 | 2.03 | 2.47 | 2.29 | 1.87 | 2.03 | 2.21 | 1.84 | 2.00 | 1.89 | 1.68 | 1.82 | 2.12 |
| 建筑业 | 2.25 | 2.70 | 2.21 | 2.74 | 2.42 | 3.21 | 2.70 | 2.09 | 2.53 | 2.66 | 2.45 | 2.30 | 2.02 | 2.00 | 1.85 | 2.41 |
| 交通运输、仓储和邮政业 | 2.21 | 2.47 | 2.21 | 2.97 | 1.97 | 2.88 | 2.32 | 1.97 | 2.50 | 2.71 | 2.29 | 2.18 | 1.79 | 1.85 | 1.97 | 2.29 |
| 教育 | 2.48 | 2.48 | 2.35 | 2.43 | 2.17 | 2.52 | 2.39 | 2.13 | 2.52 | 2.52 | 2.39 | 2.30 | 2.35 | 2.22 | 2.30 | 2.37 |
| 金融业 | 2.40 | 2.60 | 2.50 | 2.67 | 2.48 | 3.27 | 2.90 | 2.28 | 2.97 | 2.93 | 2.55 | 2.37 | 2.38 | 2.47 | 2.03 | 2.59 |
| 居民服务、修理和其他服务业 | 2.05 | 2.63 | 2.26 | 2.05 | 1.89 | 2.84 | 2.37 | 2.05 | 1.95 | 2.21 | 2.42 | 1.74 | 1.74 | 1.47 | 1.63 | 2.09 |
| 科学研究和技术服务业 | 2.21 | 2.12 | 1.97 | 2.30 | 1.94 | 3.21 | 1.94 | 1.85 | 2.12 | 2.52 | 2.09 | 2.03 | 1.70 | 1.36 | 1.27 | 2.04 |
| 农、林、牧、渔业 | 2.25 | 2.81 | 2.25 | 2.69 | 2.19 | 2.81 | 2.06 | 1.63 | 2.56 | 2.81 | 2.00 | 1.88 | 2.00 | 1.63 | 1.63 | 2.21 |
| 批发和零售业 | 2.03 | 2.35 | 1.74 | 2.34 | 2.03 | 2.92 | 2.26 | 1.84 | 2.53 | 2.61 | 2.24 | 1.95 | 1.92 | 1.93 | 1.96 | 2.18 |
| 水利、环境和公共设施管理业 | 2.75 | 2.00 | 2.63 | 2.75 | 2.63 | 3.00 | 2.63 | 2.13 | 3.00 | 2.25 | 2.25 | 2.75 | 2.13 | 2.00 | 2.38 | 2.48 |
| 卫生和社会工作 | 1.47 | 1.84 | 1.63 | 1.79 | 1.89 | 2.42 | 2.05 | 1.42 | 1.79 | 2.21 | 2.05 | 2.05 | 2.00 | 1.68 | 1.74 | 1.87 |
| 文化、体育和娱乐业 | 2.00 | 2.05 | 2.14 | 2.10 | 1.90 | 2.86 | 2.05 | 1.95 | 2.00 | 2.10 | 1.90 | 1.90 | 2.05 | 2.00 | 1.71 | 2.05 |
| 信息传输、软件和信息技术服务业 | 2.85 | 3.07 | 2.63 | 3.37 | 2.65 | 3.19 | 2.69 | 2.29 | 2.97 | 2.88 | 2.54 | 2.47 | 2.24 | 2.19 | 2.31 | 2.69 |
| 制造业 | 2.36 | 2.50 | 1.98 | 2.46 | 2.14 | 3.24 | 2.34 | 1.97 | 2.42 | 2.47 | 2.19 | 2.05 | 2.01 | 1.75 | 1.84 | 2.25 |
| 住宿和餐饮业 | 1.90 | 2.40 | 2.00 | 2.80 | 2.20 | 3.00 | 2.50 | 1.70 | 2.50 | 3.00 | 2.40 | 2.30 | 2.10 | 1.70 | 1.90 | 2.29 |
| 综合 | 2.35 | 2.58 | 2.29 | 2.46 | 2.27 | 2.94 | 2.31 | 2.35 | 2.44 | 2.60 | 2.21 | 2.35 | 2.12 | 2.13 | 2.15 | 2.37 |
| 租赁和商务服务业 | 2.50 | 2.86 | 2.50 | 2.67 | 2.50 | 3.29 | 2.55 | 2.24 | 2.57 | 3.02 | 2.79 | 1.95 | 2.36 | 2.26 | 2.00 | 2.54 |
| 变异系数 | 0.140 | 0.130 | 0.129 | 0.142 | 0.136 | 0.089 | 0.108 | 0.132 | 0.140 | 0.115 | 0.118 | 0.118 | 0.109 | 0.151 | 0.146 | — |

表 6　所在企业的财务信息系统中各功能模块的智能化程度(不同企业年收入规模)

| 年收入规模 | 合同管理 | 发票管理 | 档案管理 | 费用报销 | 稽核管理 | 合计核算 | 合并报表 | 信息披露 | 资金管理 | 银企互联 | 税务管理 | 预算管理 | 绩效管理 | 风险管理 | 经营决策支持 | 平均 |
|---|---|---|---|---|---|---|---|---|---|---|---|---|---|---|---|---|
| 100亿元以上 | 2.87 | 2.99 | 2.60 | 3.22 | 2.58 | 3.33 | 2.83 | 2.30 | 3.15 | 3.24 | 2.48 | 2.45 | 2.24 | 2.12 | 2.13 | 2.70 |
| 50亿元~100亿元(含100亿元) | 2.59 | 2.74 | 2.46 | 2.91 | 2.61 | 3.39 | 3.11 | 2.26 | 2.96 | 3.04 | 2.30 | 2.33 | 2.20 | 2.13 | 2.26 | 2.62 |
| 10亿元~50亿元(含50亿元) | 2.34 | 2.43 | 1.93 | 2.69 | 2.15 | 2.99 | 2.30 | 1.92 | 2.39 | 2.61 | 2.12 | 2.15 | 1.94 | 1.93 | 1.85 | 2.25 |
| 1亿元~10亿元(含10亿元) | 2.32 | 2.38 | 2.09 | 2.50 | 2.10 | 3.05 | 2.32 | 1.94 | 2.29 | 2.42 | 2.24 | 2.08 | 2.02 | 1.87 | 1.83 | 2.23 |
| 1亿元及以下 | 2.05 | 2.41 | 2.06 | 2.28 | 2.10 | 2.86 | 2.24 | 1.99 | 2.36 | 2.45 | 2.30 | 2.01 | 2.00 | 1.85 | 1.87 | 2.19 |
| 变异系数 | 0.127 | 0.104 | 0.127 | 0.134 | 0.113 | 0.073 | 0.152 | 0.088 | 0.150 | 0.135 | 0.057 | 0.082 | 0.063 | 0.069 | 0.098 | — |

表 7　所在企业的财务信息系统中各功能模块的智能化程度(不同企业人员规模)

| 人员规模 | 合同管理 | 发票管理 | 档案管理 | 费用报销 | 稽核管理 | 合计核算 | 合并报表 | 信息披露 | 资金管理 | 银企互联 | 税务管理 | 预算管理 | 绩效管理 | 风险管理 | 经营决策支持 | 平均 |
|---|---|---|---|---|---|---|---|---|---|---|---|---|---|---|---|---|
| 5 000 人以上 | 2.80 | 3.09 | 2.67 | 3.17 | 2.71 | 3.41 | 2.94 | 2.38 | 3.17 | 3.36 | 2.62 | 2.61 | 2.42 | 2.29 | 2.26 | 2.79 |
| 2 000~5 000 人 | 2.34 | 2.35 | 1.96 | 2.79 | 2.25 | 3.12 | 2.68 | 2.19 | 2.53 | 2.81 | 2.31 | 2.22 | 2.06 | 1.96 | 1.99 | 2.37 |
| 500~2 000 人 | 2.40 | 2.49 | 2.10 | 2.62 | 2.18 | 3.01 | 2.29 | 1.98 | 2.33 | 2.49 | 2.19 | 2.09 | 1.97 | 1.86 | 1.90 | 2.26 |
| 500 人以下 | 2.16 | 2.35 | 2.03 | 2.36 | 2.05 | 2.93 | 2.25 | 1.89 | 2.34 | 2.40 | 2.20 | 2.00 | 1.95 | 1.83 | 1.80 | 2.17 |
| 变异系数 | 0.111 | 0.137 | 0.150 | 0.124 | 0.125 | 0.067 | 0.130 | 0.105 | 0.153 | 0.156 | 0.086 | 0.121 | 0.105 | 0.106 | 0.100 | — |

表 8　所在企业的财务信息系统中各功能模块的智能化程度(不同企业所有制)

| 企业性质 | 合同管理 | 发票管理 | 档案管理 | 费用报销 | 稽核管理 | 合计核算 | 合并报表 | 信息披露 | 资金管理 | 银企互联 | 税务管理 | 预算管理 | 绩效管理 | 风险管理 | 经营决策支持 | 平均 |
|---|---|---|---|---|---|---|---|---|---|---|---|---|---|---|---|---|
| 国有企业 | 2.39 | 2.51 | 2.15 | 2.68 | 2.33 | 3.12 | 2.56 | 2.08 | 2.65 | 2.74 | 2.26 | 2.26 | 2.05 | 2.00 | 1.90 | 2.38 |
| 民营企业 | 2.31 | 2.45 | 2.15 | 2.51 | 2.14 | 3.03 | 2.33 | 1.97 | 2.42 | 2.50 | 2.28 | 2.03 | 2.03 | 1.85 | 1.93 | 2.26 |
| 欧美外资企业 | 2.73 | 3.27 | 2.64 | 2.68 | 2.68 | 3.45 | 2.95 | 2.41 | 3.05 | 3.18 | 2.27 | 2.64 | 2.50 | 2.18 | 2.36 | 2.73 |
| 其他外资企业 | 2.19 | 2.35 | 1.88 | 2.84 | 1.95 | 2.95 | 2.12 | 1.81 | 2.33 | 2.70 | 2.12 | 2.07 | 1.84 | 1.98 | 1.77 | 2.19 |
| 中外合资企业 | 2.33 | 2.75 | 2.08 | 3.00 | 2.04 | 3.04 | 2.71 | 2.00 | 2.21 | 2.54 | 2.54 | 2.21 | 1.88 | 2.00 | 1.71 | 2.34 |
| 其他 | 2.25 | 2.61 | 2.20 | 2.39 | 2.14 | 2.68 | 2.13 | 2.09 | 2.30 | 2.52 | 2.32 | 2.11 | 2.16 | 1.95 | 1.91 | 2.25 |
| 变异系数 | 0.080 | 0.125 | 0.113 | 0.081 | 0.118 | 0.083 | 0.136 | 0.096 | 0.124 | 0.095 | 0.060 | 0.100 | 0.115 | 0.055 | 0.119 | — |

表 9 财务信息系统中各功能模块的智能化提升迫切程度（不同行业）

| 行业 | 合同管理 | 发票管理 | 档案管理 | 费用报销 | 稽核管理 | 会计核算 | 合并报表 | 信息披露 | 资金管理 | 银企互联 | 税务管理 | 预算管理 | 绩效管理 | 风险管理 | 经营决策支持 | 平均 |
|---|---|---|---|---|---|---|---|---|---|---|---|---|---|---|---|---|
| 采矿业 | 4.27 | 4.45 | 4.14 | 4.50 | 3.55 | 4.27 | 4.36 | 3.50 | 3.73 | 3.95 | 3.91 | 4.09 | 3.86 | 3.64 | 4.27 | 4.03 |
| 电力、热力、燃气及水生产和供应业 | 3.82 | 4.12 | 3.94 | 4.09 | 3.76 | 4.24 | 4.24 | 3.61 | 3.94 | 4.15 | 3.97 | 4.15 | 4.03 | 4.03 | 4.12 | 4.01 |
| 房地产业 | 3.68 | 3.82 | 3.53 | 3.79 | 3.79 | 3.95 | 3.53 | 2.92 | 3.82 | 3.42 | 3.42 | 3.97 | 3.74 | 3.53 | 3.50 | 3.63 |
| 建筑业 | 4.13 | 4.11 | 4.02 | 4.02 | 3.83 | 4.11 | 3.89 | 3.55 | 3.96 | 3.87 | 4.26 | 4.13 | 3.83 | 4.13 | 3.98 | 3.99 |
| 交通运输、仓储和邮政业 | 3.65 | 3.56 | 3.35 | 3.88 | 3.50 | 4.09 | 3.88 | 2.74 | 4.03 | 3.85 | 3.68 | 3.82 | 3.50 | 3.71 | 3.94 | 3.68 |
| 教育 | 3.78 | 3.78 | 3.52 | 4.22 | 3.87 | 4.43 | 3.70 | 3.48 | 4.17 | 3.83 | 3.74 | 4.09 | 3.91 | 3.83 | 3.78 | 3.88 |
| 金融业 | 3.85 | 3.73 | 3.77 | 3.78 | 3.55 | 3.90 | 3.62 | 3.60 | 3.78 | 3.62 | 3.75 | 3.85 | 3.70 | 3.85 | 3.52 | 3.72 |
| 居民服务、修理和其他服务业 | 3.68 | 3.42 | 3.63 | 3.89 | 3.37 | 3.47 | 2.89 | 2.63 | 2.84 | 2.53 | 2.89 | 3.00 | 3.26 | 2.79 | 2.89 | 3.15 |
| 科学研究和技术服务业 | 3.76 | 3.85 | 3.67 | 3.91 | 3.58 | 3.76 | 3.70 | 3.45 | 3.39 | 3.33 | 3.42 | 3.70 | 3.61 | 3.52 | 3.48 | 3.61 |
| 农、林、牧、渔业 | 4.31 | 3.69 | 3.94 | 3.88 | 3.94 | 4.06 | 3.38 | 3.88 | 3.81 | 3.19 | 3.75 | 3.69 | 3.56 | 3.63 | 3.88 | 3.77 |
| 批发和零售业 | 3.46 | 3.39 | 3.53 | 3.68 | 3.51 | 3.91 | 3.34 | 3.00 | 3.55 | 3.59 | 3.65 | 3.74 | 3.46 | 3.42 | 3.47 | 3.51 |
| 水利、环境和公共设施管理业 | 3.38 | 3.75 | 3.25 | 3.25 | 3.50 | 3.13 | 3.50 | 3.63 | 3.50 | 3.75 | 3.63 | 3.38 | 3.88 | 3.88 | 4.00 | 3.56 |
| 卫生和社会工作 | 3.74 | 3.95 | 3.68 | 3.95 | 3.89 | 4.05 | 3.95 | 3.42 | 4.11 | 4.21 | 3.89 | 4.26 | 4.26 | 4.05 | 4.05 | 3.96 |
| 文化、体育和娱乐业 | 3.95 | 3.67 | 3.71 | 4.10 | 3.71 | 4.14 | 4.19 | 3.62 | 4.29 | 3.86 | 3.81 | 4.14 | 3.67 | 3.62 | 3.76 | 3.88 |
| 信息传输、软件和信息技术服务业 | 3.66 | 3.79 | 3.49 | 3.78 | 3.43 | 4.07 | 3.59 | 3.16 | 3.68 | 3.51 | 3.50 | 3.78 | 3.50 | 3.37 | 3.60 | 3.59 |
| 制造业 | 3.62 | 3.71 | 3.45 | 3.76 | 3.47 | 3.86 | 3.51 | 3.20 | 3.60 | 3.48 | 3.62 | 3.73 | 3.42 | 3.36 | 3.46 | 3.55 |
| 住宿和餐饮业 | 4.20 | 3.50 | 3.60 | 4.00 | 3.80 | 3.90 | 3.60 | 3.40 | 3.20 | 3.20 | 3.40 | 4.00 | 3.60 | 3.80 | 3.20 | 3.63 |
| 综合 | 3.81 | 3.88 | 3.58 | 3.98 | 3.75 | 3.96 | 3.58 | 3.62 | 3.65 | 3.67 | 3.67 | 3.75 | 3.67 | 3.75 | 3.67 | 3.73 |
| 租赁和商务服务业 | 3.74 | 3.71 | 3.26 | 3.38 | 3.52 | 3.95 | 3.43 | 3.24 | 3.50 | 3.36 | 3.71 | 3.62 | 3.64 | 3.55 | 3.45 | 3.54 |
| 变异系数 | 0.067 | 0.067 | 0.067 | 0.071 | 0.048 | 0.073 | 0.095 | 0.099 | 0.094 | 0.109 | 0.077 | 0.079 | 0.064 | 0.084 | 0.093 | — |

表 10　财务信息系统中各功能模块的智能化提升迫切程度（不同企业年收入规模）

| 年收入规模 | 合同管理 | 发票管理 | 档案管理 | 费用报销 | 稽核管理 | 合计核算 | 合并报表 | 信息披露 | 资金管理 | 银企互联 | 税务管理 | 预算管理 | 绩效管理 | 风险管理 | 经营决策支持 | 平均 |
|---|---|---|---|---|---|---|---|---|---|---|---|---|---|---|---|---|
| 100 亿元以上 | 3.89 | 3.97 | 3.79 | 4.07 | 3.74 | 4.05 | 4.09 | 3.75 | 3.85 | 3.88 | 3.77 | 4.02 | 3.74 | 3.73 | 3.80 | 3.87 |
| 50 亿元~100 亿元（含 100 亿元） | 3.83 | 3.98 | 3.80 | 3.80 | 3.37 | 3.98 | 3.70 | 3.13 | 3.67 | 3.63 | 3.61 | 3.85 | 3.63 | 3.91 | 4.02 | 3.73 |
| 10 亿元~50 亿元（含 50 亿元） | 3.80 | 3.76 | 3.52 | 3.78 | 3.52 | 4.06 | 3.77 | 3.38 | 3.78 | 3.61 | 3.64 | 4.00 | 3.69 | 3.68 | 3.74 | 3.71 |
| 1 亿元~10 亿元（含 10 亿元） | 3.83 | 3.76 | 3.56 | 3.89 | 3.70 | 3.98 | 3.62 | 3.23 | 3.72 | 3.61 | 3.76 | 3.86 | 3.65 | 3.58 | 3.58 | 3.69 |
| 1 亿元及以下 | 3.55 | 3.63 | 3.54 | 3.72 | 3.50 | 3.86 | 3.31 | 3.11 | 3.57 | 3.41 | 3.58 | 3.58 | 3.48 | 3.42 | 3.45 | 3.51 |
| 变异系数 | 0.035 | 0.039 | 0.038 | 0.035 | 0.042 | 0.020 | 0.076 | 0.079 | 0.029 | 0.046 | 0.024 | 0.046 | 0.027 | 0.050 | 0.059 | — |

表 11　财务信息系统中各功能模块的智能化提升迫切程度（不同企业人员规模）

| 人员规模 | 合同管理 | 发票管理 | 档案管理 | 费用报销 | 稽核管理 | 合计核算 | 合并报表 | 信息披露 | 资金管理 | 银企互联 | 税务管理 | 预算管理 | 绩效管理 | 风险管理 | 经营决策支持 | 平均 |
|---|---|---|---|---|---|---|---|---|---|---|---|---|---|---|---|---|
| 5 000 人以上 | 3.84 | 3.98 | 3.75 | 4.02 | 3.70 | 4.07 | 3.93 | 3.71 | 3.83 | 3.80 | 3.74 | 3.93 | 3.77 | 3.75 | 3.79 | 3.84 |
| 2 000~5 000 人 | 3.65 | 3.72 | 3.32 | 3.60 | 3.38 | 3.84 | 3.97 | 3.13 | 3.63 | 3.76 | 3.49 | 3.88 | 3.44 | 3.54 | 3.63 | 3.60 |
| 500~2 000 人 | 4.02 | 3.93 | 3.80 | 4.05 | 3.74 | 4.12 | 3.87 | 3.56 | 3.89 | 3.83 | 3.93 | 4.09 | 3.82 | 3.78 | 3.87 | 3.89 |
| 500 人以下 | 3.62 | 3.63 | 3.50 | 3.73 | 3.53 | 3.89 | 3.36 | 3.06 | 3.58 | 3.38 | 3.57 | 3.66 | 3.50 | 3.46 | 3.46 | 3.53 |
| 变异系数 | 0.049 | 0.043 | 0.062 | 0.057 | 0.046 | 0.035 | 0.075 | 0.095 | 0.040 | 0.057 | 0.053 | 0.046 | 0.053 | 0.042 | 0.050 | — |

表 12　财务信息系统中各功能模块的智能化提升迫切程度（不同企业所有制）

| 企业性质 | 合同管理 | 发票管理 | 档案管理 | 费用报销 | 稽核管理 | 合计核算 | 合并报表 | 信息披露 | 资金管理 | 银企互联 | 税务管理 | 预算管理 | 绩效管理 | 风险管理 | 经营决策支持 | 平均 |
|---|---|---|---|---|---|---|---|---|---|---|---|---|---|---|---|---|
| 国有企业 | 4.02 | 4.09 | 3.84 | 4.09 | 3.78 | 4.19 | 3.98 | 3.50 | 3.95 | 3.95 | 3.87 | 4.12 | 3.85 | 3.86 | 3.85 | 3.93 |
| 民营企业 | 3.65 | 3.63 | 3.58 | 3.73 | 3.58 | 3.91 | 3.52 | 3.23 | 3.66 | 3.42 | 3.59 | 3.68 | 3.54 | 3.50 | 3.58 | 3.59 |
| 欧美外资企业 | 3.36 | 3.09 | 2.82 | 3.77 | 2.95 | 3.32 | 2.77 | 3.05 | 3.05 | 3.00 | 3.41 | 3.23 | 3.05 | 3.23 | 3.41 | 3.17 |
| 其他外资企业 | 3.16 | 3.30 | 2.88 | 3.42 | 2.86 | 3.56 | 3.21 | 2.67 | 3.30 | 3.37 | 3.35 | 3.49 | 3.05 | 3.02 | 2.91 | 3.17 |
| 中外合资企业 | 3.83 | 3.71 | 3.63 | 3.88 | 3.33 | 3.92 | 3.42 | 3.33 | 3.25 | 3.38 | 3.71 | 3.75 | 3.42 | 3.50 | 3.58 | 3.58 |
| 其他 | 3.66 | 3.68 | 3.36 | 3.73 | 3.66 | 3.84 | 3.34 | 3.21 | 3.54 | 3.39 | 3.64 | 3.79 | 3.68 | 3.48 | 3.48 | 3.57 |
| 变异系数 | 0.086 | 0.097 | 0.124 | 0.058 | 0.114 | 0.081 | 0.117 | 0.090 | 0.094 | 0.089 | 0.054 | 0.082 | 0.097 | 0.083 | 0.090 | — |

　　不同所有制企业的财务信息系统的各模块中,投票人对智能化提升迫切程度意见差异最小的是税务管理模块,变异系数是 0.054;差异最大的是档案管理,变异系数是 0.124。

　　国有企业对财务信息系统中各功能模块智能化的迫切程度最高,欧美外资企业和其他外企的迫切程度比较低。

### (十) 企业对各项技术的采用及规划情况

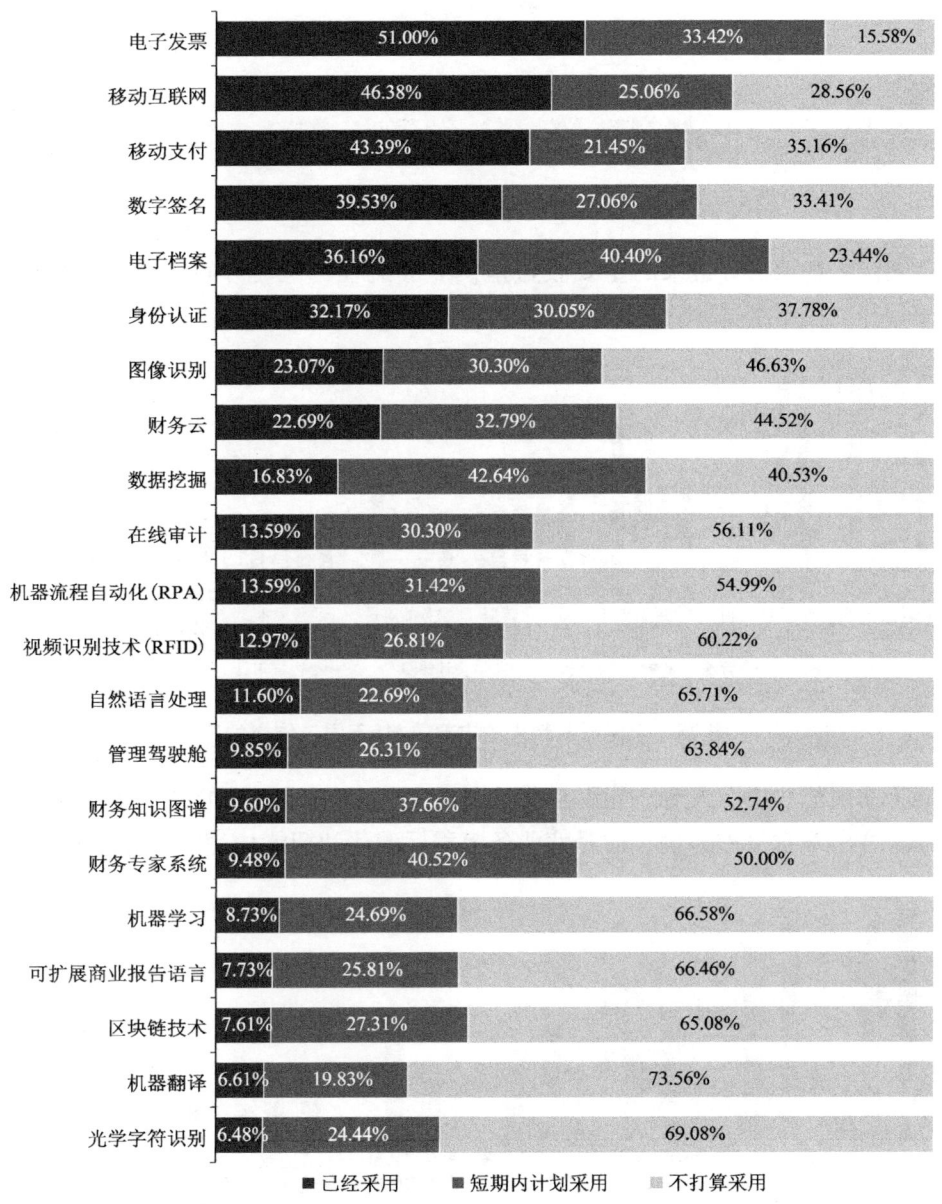

**图 73　企业对各项技术的采用及规划情况**

　　投票人已经采用最多的技术有电子发票(51.00%)、移动互联网(46.38%)和移动支付(43.39%);短期内计划采用最多的技术有数据挖掘(42.64%)、财务专家系统(40.52%)和电子档案(40.40%)。

### (十一) 智能财务带来的主要收益

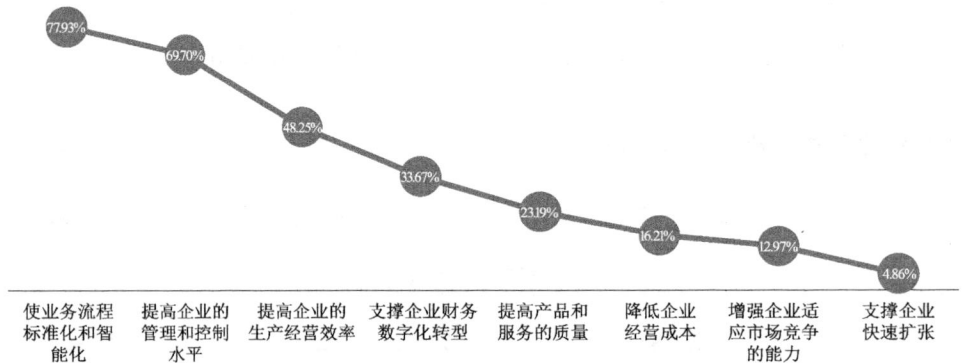

**图74 智能财务带来的主要收益**

投票人认为智能财务带来的主要收益是使业务流程标准化和智能化(77.93%)以及提高企业的管理和控制水平(69.7%)。

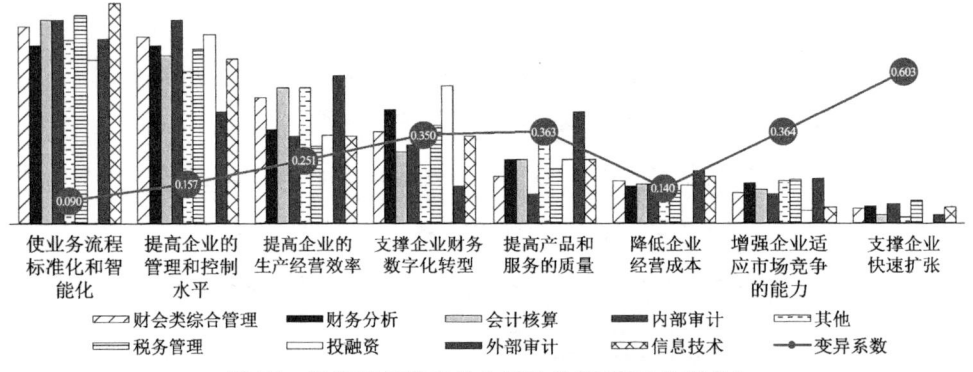

**图75 智能财务带来的主要收益(不同工作岗位)**

不同工作岗位的投票人对智能财务带来的收益意见差异最大的是支撑企业快速扩张,变异系数是0.603;意见差异最小的是使业务流程标准化和智能化,变异系数是0.090。

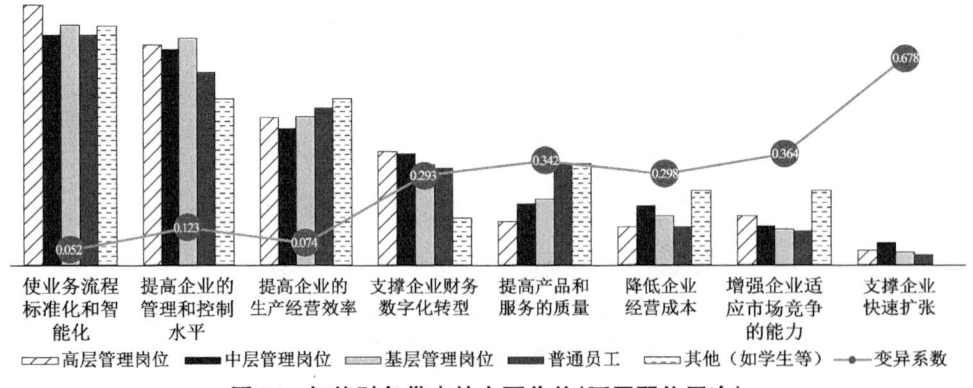

**图76 智能财务带来的主要收益(不同职位层次)**

不同职位层次的投票人对智能财务带来的收益意见差异最大的是支撑企业快速扩张,变异系数是0.678;意见差异最小的是使业务流程标准化和智能化,变异系数是0.052。

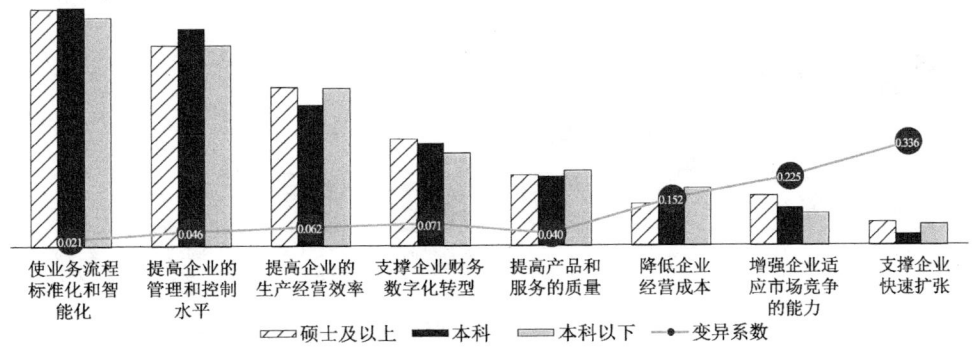

**图77  智能财务带来的主要收益(不同学历)**

不同学历的投票人对智能财务带来的收益意见差异最大的是支撑企业快速扩张,变异系数是 0.336;意见差异最小的是使业务流程标准化和智能化,变异系数是 0.021。

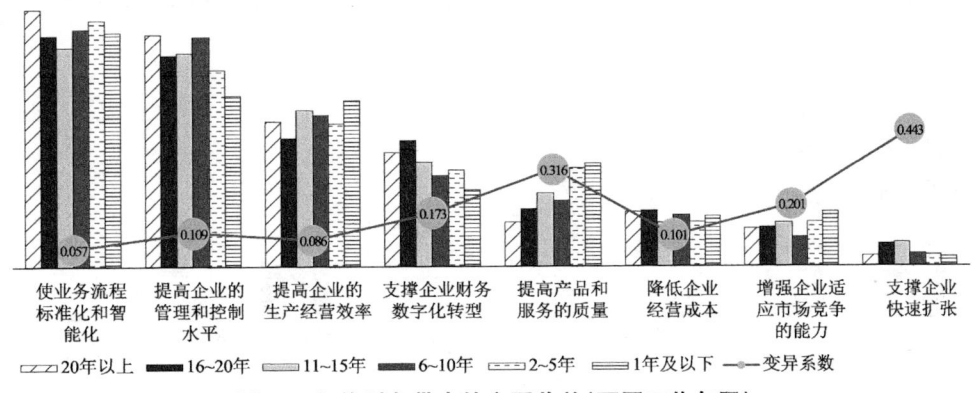

**图78  智能财务带来的主要收益(不同工作年限)**

不同工作年限的投票人对智能财务带来的收益意见差异最大的是支撑企业快速扩张,变异系数是 0.443;意见差异最小的是使业务流程标准化和智能化,变异系数是 0.057。

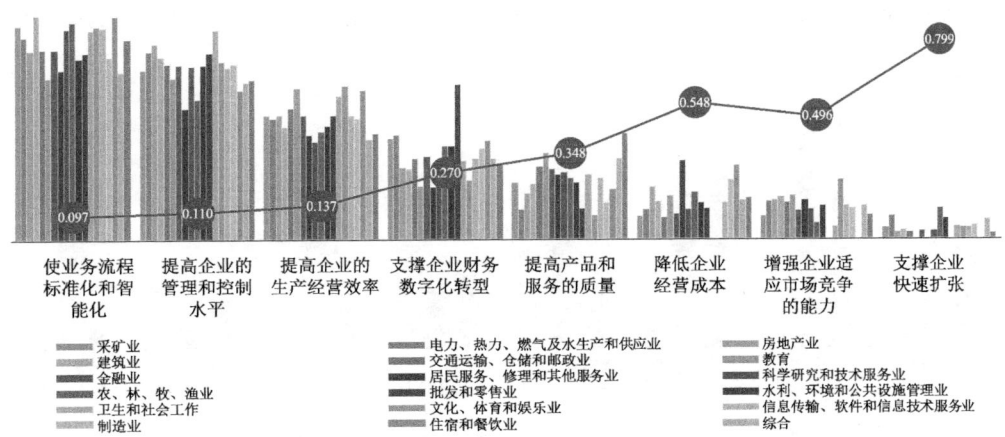

**图79  智能财务带来的主要收益(不同行业)**

不同行业的投票人对智能财务带来的收益意见差异最大的是支撑企业快速扩张,变异系数是 0.799;意见差异最小的是使业务流程标准化和智能化,变异系数是 0.097。

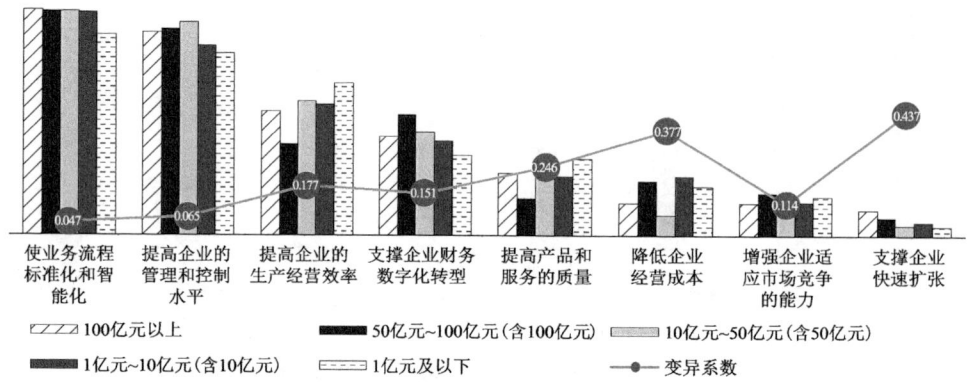

**图 80　智能财务带来的主要收益(不同企业年收入规模)**

　　不同年收入规模企业的投票人对智能财务带来的收益意见差异最大的是支撑企业快速扩张,变异系数是 0.437;意见差异最小的是使业务流程标准化和智能化,变异系数是 0.047。

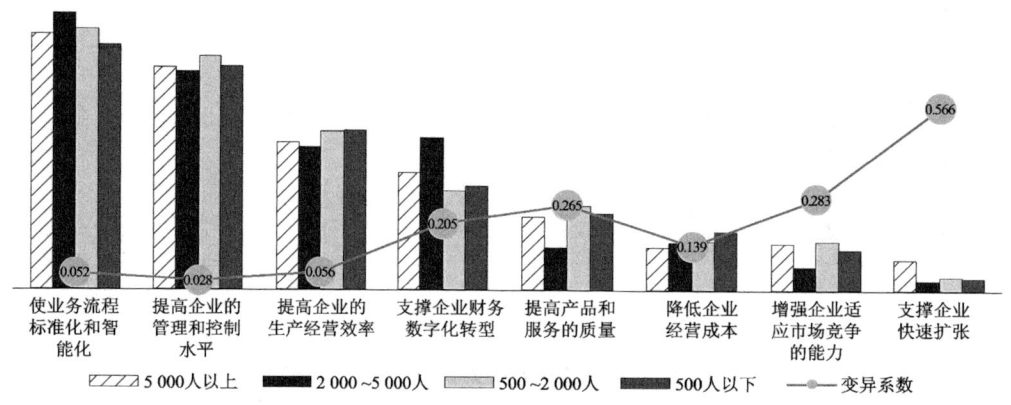

**图 81　智能财务带来的主要收益(不同企业人员规模)**

　　不同人员规模企业的投票人对智能财务带来的收益意见差异最大的是支撑企业快速扩张,变异系数是 0.566;意见差异最小的是提高企业的管理和控制水平,变异系数是 0.028。

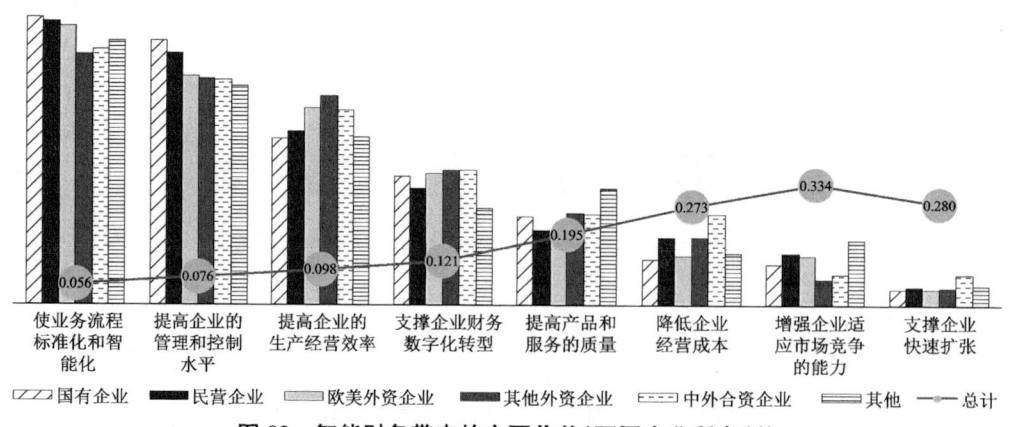

**图 82　智能财务带来的主要收益(不同企业所有制)**

　　不同所有制企业的投票人对智能财务带来的收益意见差异最大的是增强企业适应市场竞争的能力,变异系数是 0.334;意见差异最小的是使业务流程标准化和智能化,变异系数是 0.056。

## (十二) 企业推动智能财务的关键因素

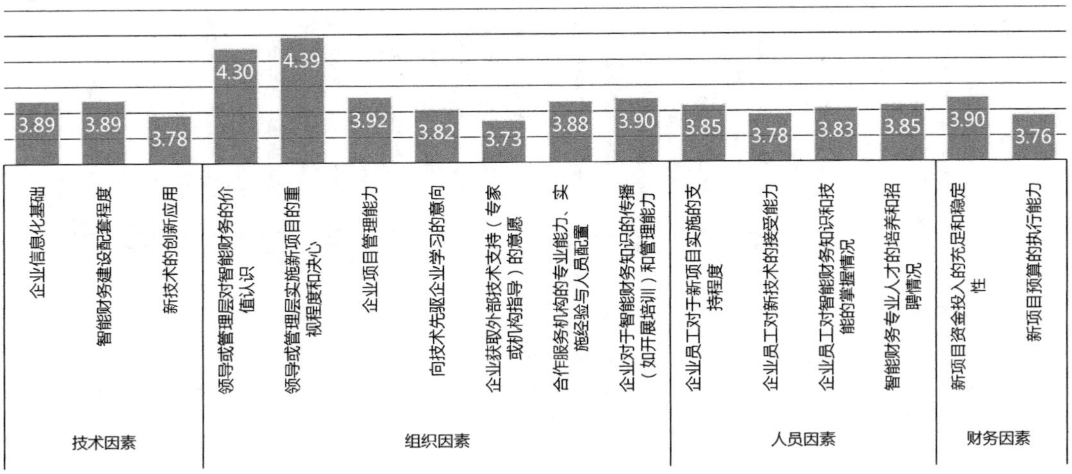

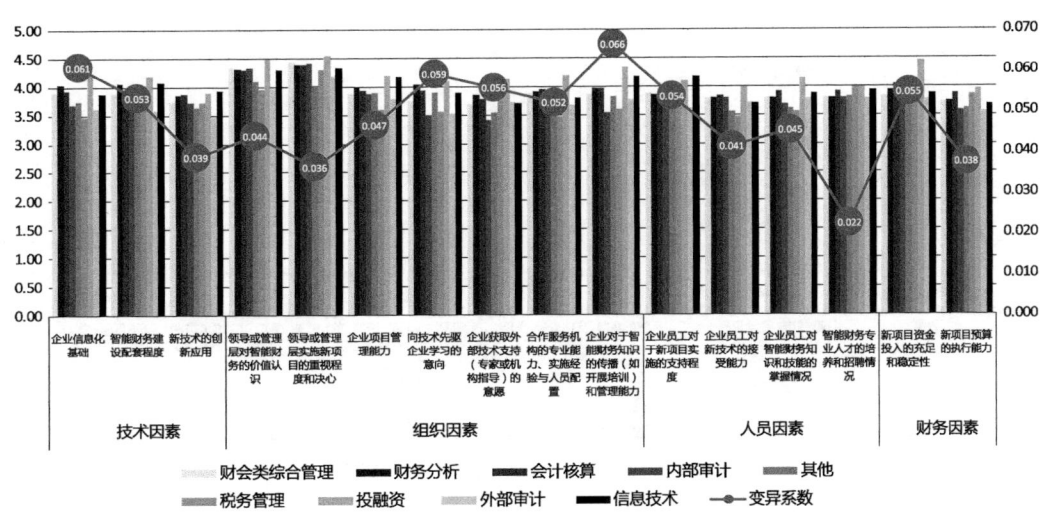

**图 83　企业推动智能财务的关键因素**

投票人认为企业推动智能财务最为关键因素是领导或管理层实施新项目的重视程度和决心(4.39)、领导或管理层对智能财务的价值认识(4.30)和企业项目管理能力(3.92),这些均为组织因素。

**图 84　企业推动智能财务的关键因素(不同工作岗位)**

不同工作岗位的投票人对推动智能财务的关键因素意见差异最大的是企业对于智能财务知识的传播(如开展培训)和管理能力,变异系数是 0.066;意见差异最小的是智能财务专业人才的培养和招聘情况,变异系数是 0.022。

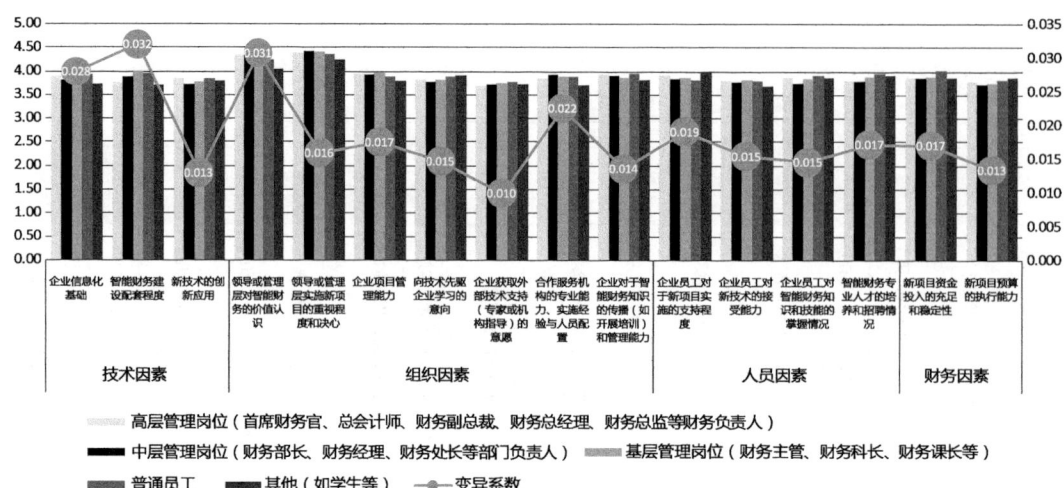

**图 85　企业推动智能财务的关键因素(不同职位层次)**

　　不同职位层次的投票人对推动智能财务的关键因素意见差异最大的是智能财务建设配套程度,变异系数是 0.032;意见差异最小的是企业获取外部技术支持(专家或机构指导)的意愿,变异系数是 0.010。

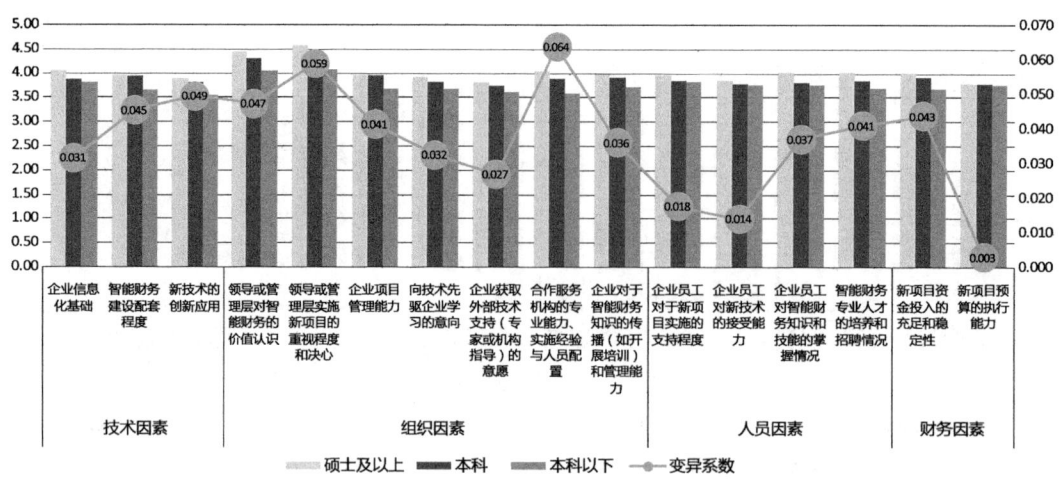

**图 86　企业推动智能财务的关键因素(不同学历)**

　　不同学历的投票人对推动智能财务的关键因素意见差异最大的是合作服务机构的专业能力、实施经验与人员配置,变异系数是 0.064;意见差异最小的是新项目预算的执行能力,变异系数是 0.003。

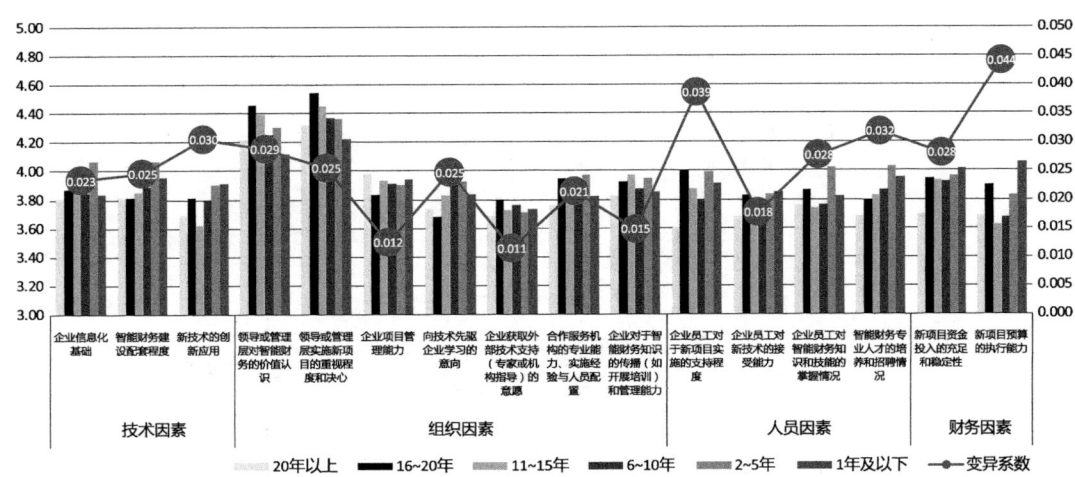

**图87　企业推动智能财务的关键因素(不同工作年限)**

不同工作年限的投票人对推动智能财务的关键因素意见差异最大的是新项目预算的执行能力,变异系数是 0.044;意见差异最小的是企业获取外部技术支持(专家或机构指导)的意愿,变异系数是 0.011。

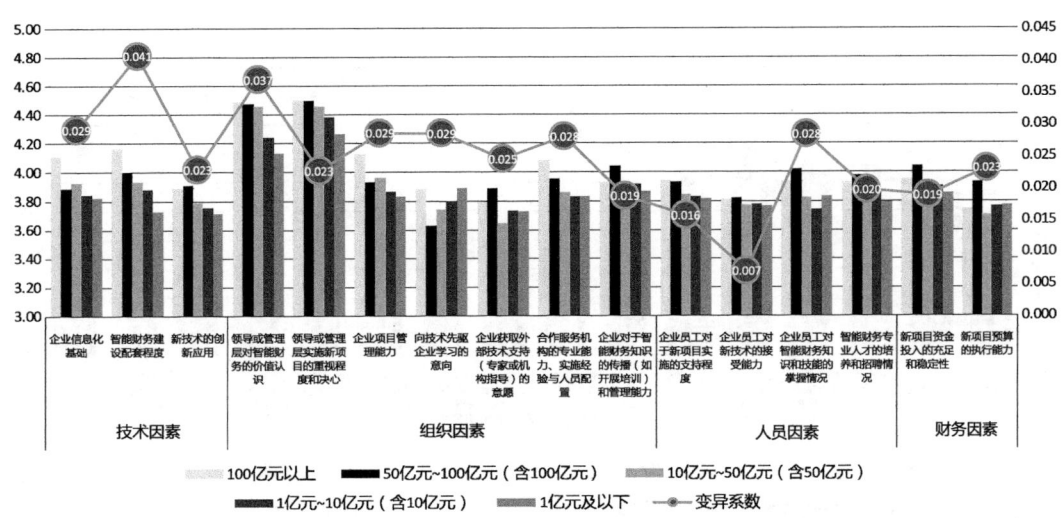

**图88　企业推动智能财务的关键因素(不同企业年收入规模)**

不同年收入规模企业的投票人对推动智能财务的关键因素意见差异最大的是智能财务建设配套程度,变异系数是 0.041;意见差异最小的是企业员工对新技术的接受能力,变异系数是 0.007。

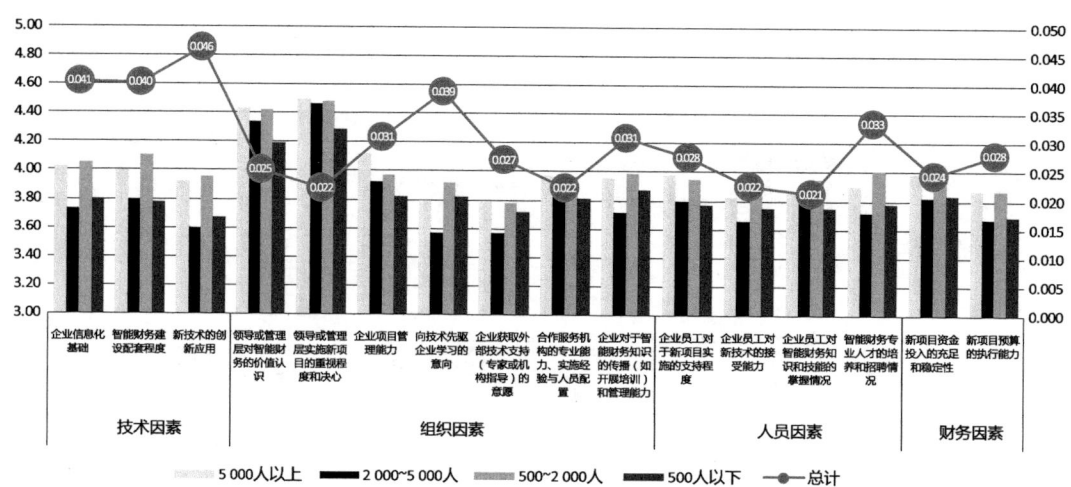

图89    企业推动智能财务的关键因素(不同企业人员规模)

不同人员规模的企业的投票人对推动智能财务的关键因素意见差异最大的是新技术的创新应用,变异系数是0.046;意见差异最小的是企业员工对智能财务知识和技能的掌握情况,变异系数是0.021。

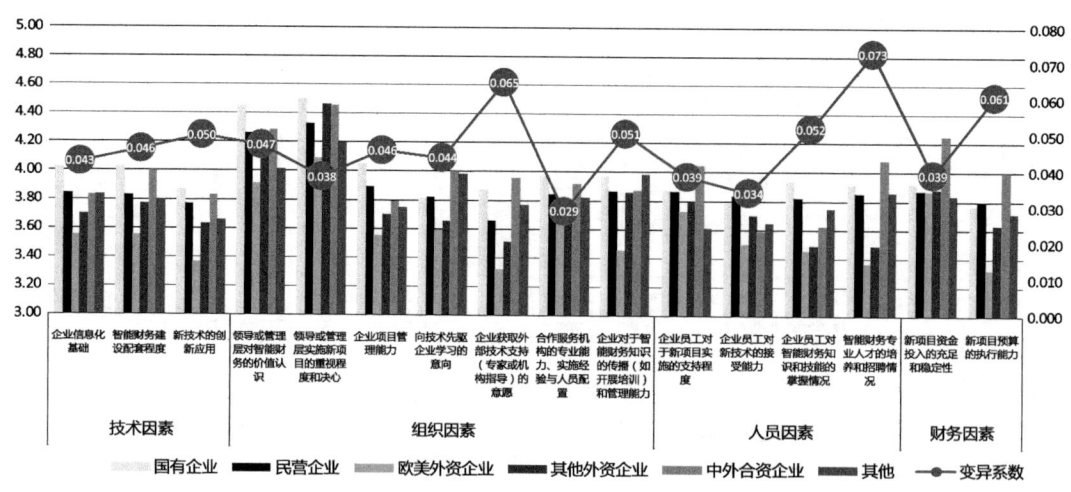

图90    企业推动智能财务的关键因素(不同企业所有制)

不同所有制企业的投票人对推动智能财务的关键因素意见差异最大的是智能财务专业人才的培养和招聘情况,变异系数是0.073;意见差异最小的是合作服务机构的专业能力、实施经验与人员配置,变异系数是0.029。

## 四、样本描述

由于不同学历、工作年限、职位层次、岗位、所在企业类型、所在企业所有制类型和是否已经建立了共享中心等都会对投票产生影响,本调查对这些进行分类设计。调查结果如图91至图98所示。

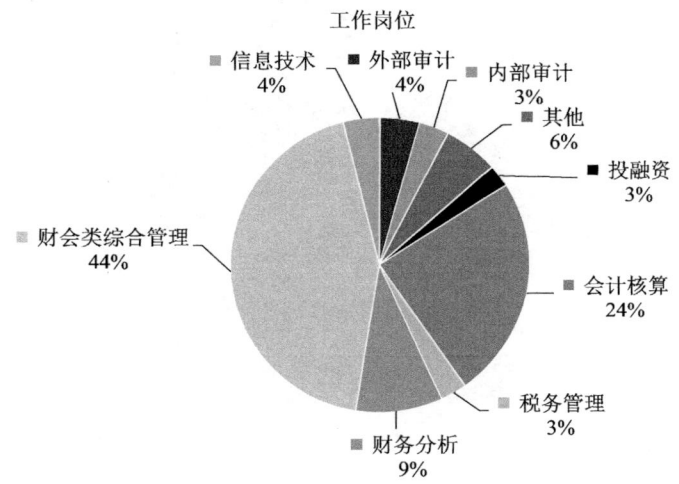

**图91 调查样本的工作岗位分布情况**

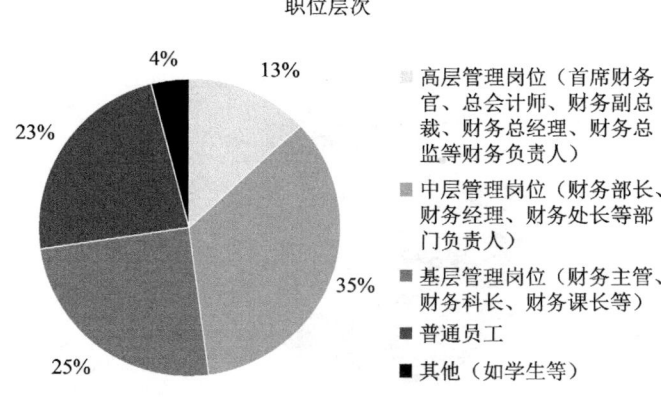

职位层次

高层管理岗位（首席财务官、总会计师、财务副总裁、财务总经理、财务总监等财务负责人）

中层管理岗位（财务部长、财务经理、财务处长等部门负责人）

基层管理岗位（财务主管、财务科长、财务课长等）

普通员工

其他（如学生等）

**图92 调查样本的职位层次分布情况**

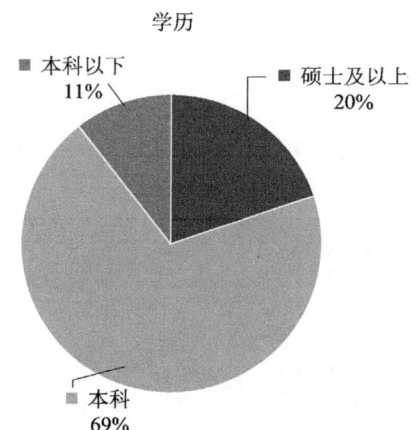

**图93 调查样本的学历分布情况**

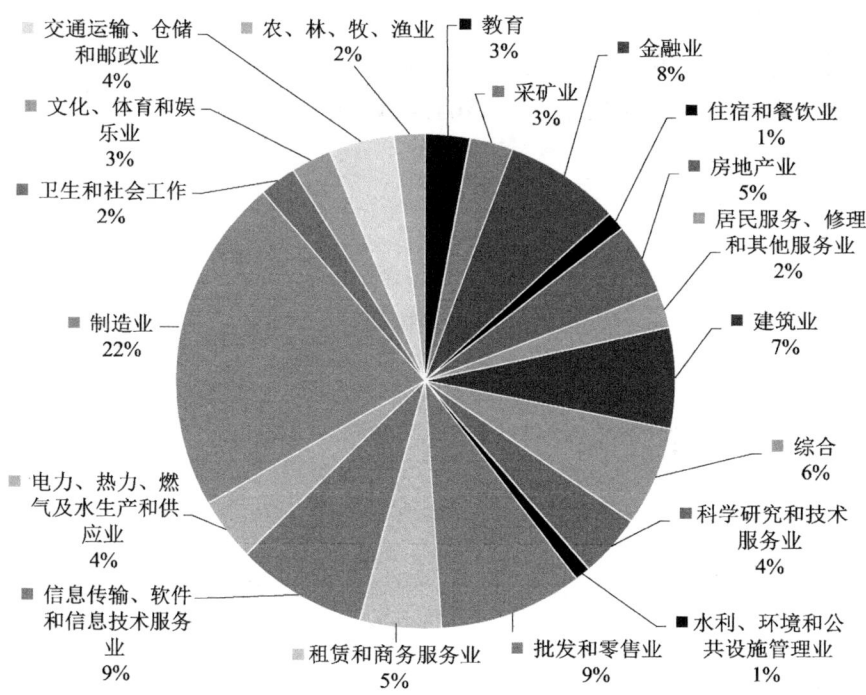

图 94  调查样本的行业分布情况

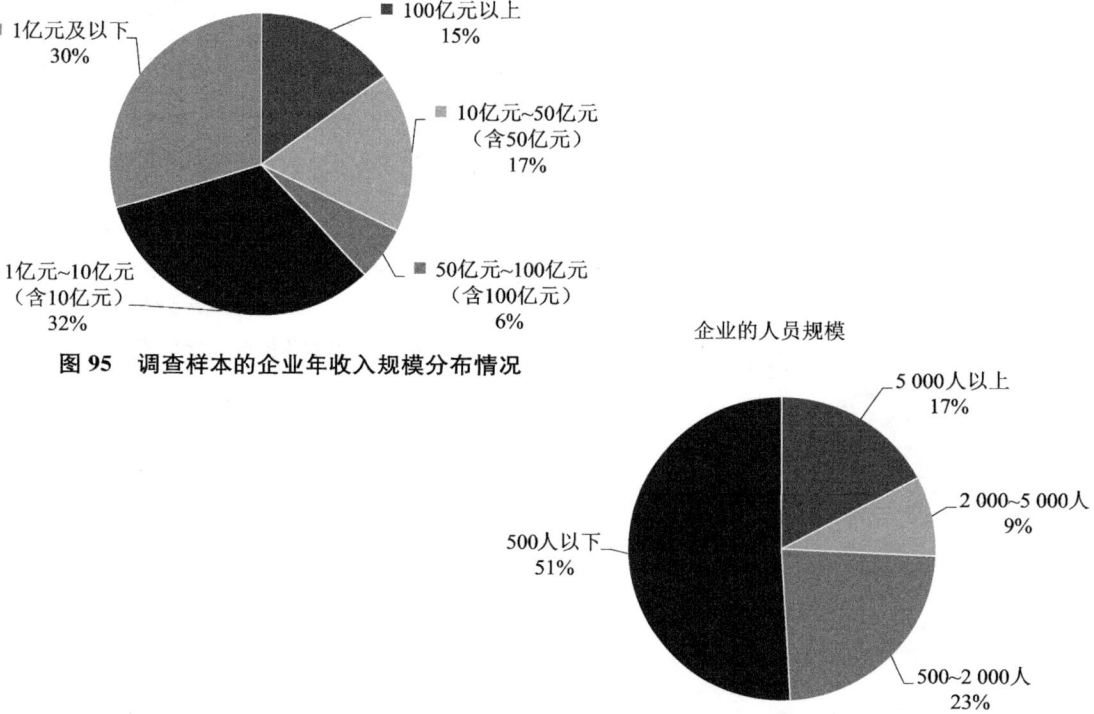

图 95  调查样本的企业年收入规模分布情况

图 96  调查样本的企业人员规模分布情况

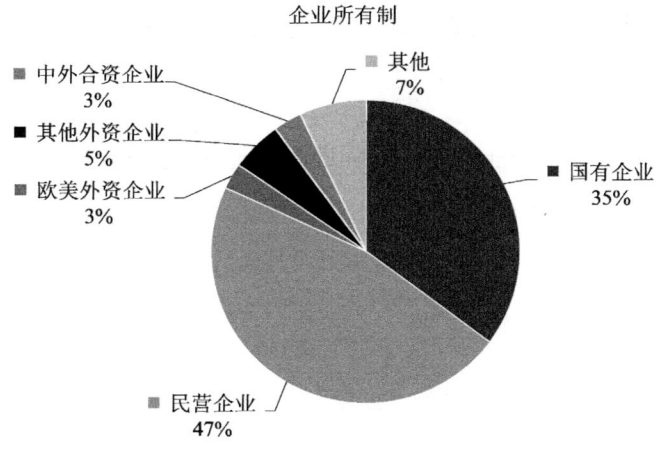

图 97    调查样本的企业所有制分布情况

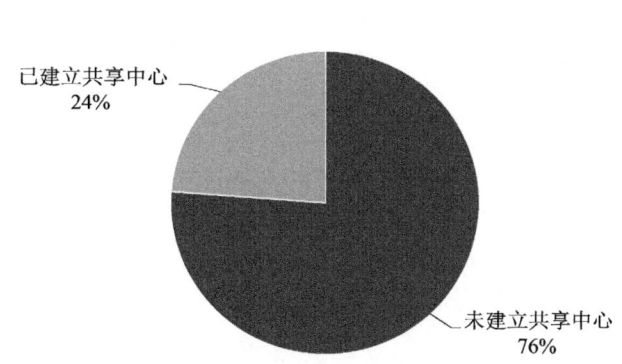

图 98    调查样本是否建立共享中心分布情况

  自智能财务研究中心成立以来,我们一直以构建国内外具有一定影响力的智能财务领域的产学研平台为发展目标,为此我们制定了较为系统的发展蓝图和路径,并部署了一系列的工作安排。其中有项工作我们认为尤为迫切和关键,就是中国企业财务智能化现状调查。我们意识到真正行之有效的智能财务研究首先应当扎根中国企业的应用实际,唯有真实了解中国企业财务智能化的应用水平,才能够让未来发展的路径和方案更加清晰且可实现。这正是我们展开中国企业财务智能化现状调查报告的初衷和意义所在。

  2019 年 9 月,智能财务研究中心开始启动中国企业财务智能化现状调查,经过前期多轮调查问卷设计和讨论之后,明确调研内容涉及智能财务特征、企业财务信息系统各功能模块的采用情况、企业财务智能化程度以及提升迫切程度、企业对信息技术采用规划及认识,同时也涵盖了企业推动智能财务的关键因素等。之后,我们充分调动各家合作机构的调查渠道,收集到超过一千份的问卷。基于此,研究中心制作了《中国企业财务智能化现状调查报告(2019)》,以期能够帮助大家较为真实地了解我国企业财务的智能化水平及发展方向。

**智能财务研究中心"中国企业财务智能化现状调查"课题组成员:** 刘勤、荆宝森、赵燕锡、韩向东、李刚、唐琦松、陈虎、段大为、付建华、吕晓雷、赵健、杨寅、刘梅玲、黄长胤、屈伊春、王纪平、胡晓栋、吴忠生

**报告撰写:** 赵　健

# 智能财务的发展体系及其核心环节探索

【摘要】 人工智能技术的快速发展给会计工作和会计职业发展带来了巨大的机遇和挑战,尽管近年来与之相关的智能财务研究成果显著,但至今尚未形成系统化的研究体系。本文基于对智能财务概念的理解,结合会计信息化的发展规律,对智能财务的发展体系和核心环节进行了初步探讨;认为基础问题研究、关键技术跟踪和研究平台构建是智能财务发展的基础,专业人才培养、标准规范建设、生态环境构建和智能产品研发是智能财务发展的支柱,应用实践探索则体现了智能财务发展的目标,这些核心环节共同构成了完整的智能财务发展体系。

【关键词】 智能财务;发展体系;核心环节;人工智能;会计信息化

## 一、问题的提出

人工智能技术的快速演进和广泛应用,对人类社会的经济发展带来了越来越显著的影响。不断迭代的智能系统、无所不在的应用场景、持续面临的变革压力以及对岗位可能被替代的担忧,给会计工作和会计人员职业发展带来了巨大的机遇和挑战。无论是实业界、教育界还是研究机构,都普遍开始把目光聚焦到智能财务这个重要的研究和应用领域。

近年来,相关学者纷纷对人工智能在会计和财务中的应用进行了相关的研究,从智能财务的本质和作用(刘勤、杨寅,2018;韩向东、余红燕,2018)到智能财务的技术和产品(谢琨,2003;彭江平,2005;李闻一等,2019);从智能财务的应用和创新(梁荣华,2001;叶焕倬等,2013;孙蕊等,2017)到智能财务的发展趋势(吴胜等,2007;刘勤、杨寅,2018);从智能财务的风险与管理(王舰等,2010)到智能财务专业人才培养(程平等,2018;章君,2019;王奕俊等,2020);等等,这些研究为智能财务事业的发展奠定了坚实的基础。

总体而言,智能财务既是一个新的财务应用领域,也是一门新的财务应用学科。它基于先进的财会理论、工具和方法以及不断发展的人工智能技术,不断扩大、延伸人类财务专家的作用以及最终使智能程序成为人类财务专家的有力助手和工具;它借助智能程序和人类财务专家共同组成的人机一体化系统,通过探索人机协同的方式,高质量地完成企业复杂的会计和财务管理活动。智能财务是一个覆盖业务活动、财务会计活动和管理会计活动的全功能、全流程的智能化应用领域和应用学科(刘勤、杨寅,2018)。

经过近几年的快速发展,以机器人流程自动化、专家系统、知识图谱、神经网络、自然语言处理、模式识别等应用技术为突破口的智能财务系统的研究、开发、应用和人才培养等工作正在神州大地上如火如荼地开展。我国一些大学在本科和研究生层次前瞻性地推出了智能财务专业或研究方向,全国性和行业性的智能财务大型论坛显著增加,有关智能财务的研究论文和专业图书如雨后春笋般涌现。种种迹象表明,智能财务的发展已逐渐提速,开始进入快车道。

　　然而,作为一个新的研究领域和一门新的应用学科,智能财务无论在基础理论研究、知识体系构建、实现路径探索、工具方法研发以及专业人才培养方面都还处在起步阶段,业界对智能财务的概念尚未达成共识,研究成果也聚焦不足,并未形成系统化的智能财务发展体系。因此,有必要对智能财务的发展体系和核心环节等中心问题进行深入的探讨。

## 二、智能财务发展体系构建

　　对智能财务的基本架构,一些学者曾从企业财务应用、信息系统构成或事业发展环境的视角进行过讨论(刘勤、杨寅,2018;韩向东、余红燕,2018),但尚未从学科研究体系视角进行剖析。

　　按照学术研究的范式,构建一个研究领域的发展体系,需明确其构建的学术逻辑和社会逻辑,应充分反映其核心概念、研究对象、发展规律、知识架构、角色关系、治理体系、社会价值等内容。因此,欲构建智能财务的发展体系,应结合财会领域的特点,仔细分析其理论基础、支撑技术、研发环节、产品结构、应用模式、资源需求、发展目标等方面,并对发展体系中的众多元素进行识别和筛选,最终明确其核心环节及其之间的关系。

　　基于智能财务的基本概念,结合会计信息化的一般发展规律,作者与智能财务研究中心的学者们共同对智能财务的相关问题进行了深入分析,认为基础问题研究、关键技术跟踪和研究平台构建是智能财务发展的基础;专业人才培养、标准规范建设、生态环境构建和智能产品研发是智能财务发展的支柱;应用实践探索则体现了智能财务应用发展的目标,上述这8个核心环节及其之间的关系共同构成了完整的智能财务发展体系(见图1)。

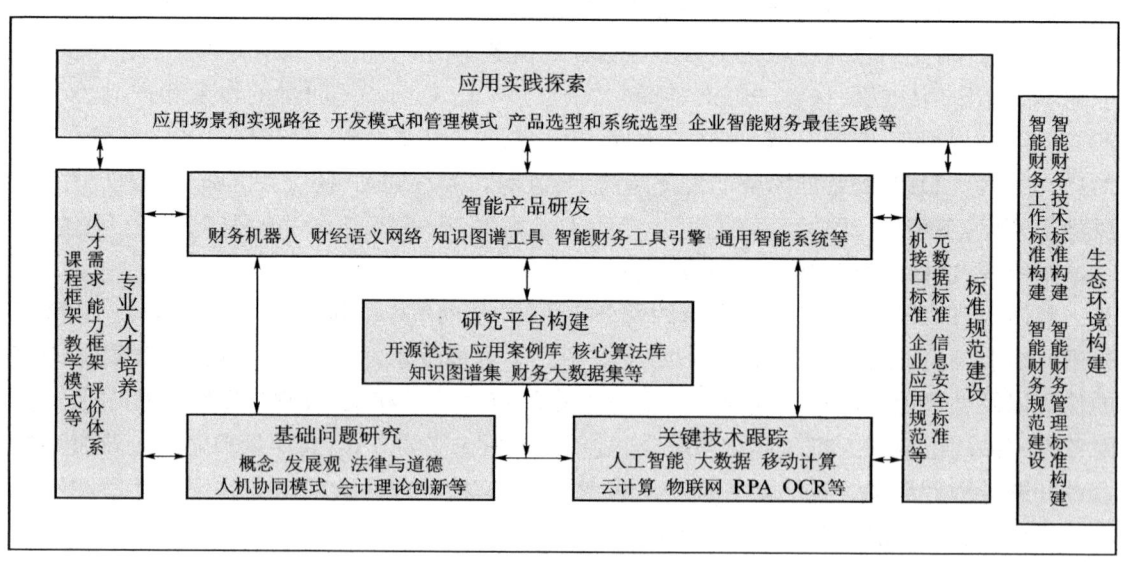

图1　智能财务发展体系

　　在智能财务发展体系中,基础问题研究为其他环节提供研究依据、界定研究范围和明确研究方向,它不以任何专门或特定的产品和应用为研究对象。该环节的主要参与者是大学和研究机构的师生。

关键技术跟踪主要聚焦信息技术发展细节，及时收集相关科技的发展动态，为其他环节提供技术应用建议。该环节的主要参与者为各机构的 IT 人员。

研究平台构建为各环节的研究人员搭建知识研究和共享平台，实现对智能财务知识的创新和管理，为产品研发和应用实践提出问题和提供动力。该环节的主要参与者是其他所有环节的研究人员。

专业人才培养主要培养其他各环节所需的专业人才，包括理论研究人才、产品研发人才、标准制定人才、供需链管理人才和智能财务管理人才等。该环节的主要参与者为大学和培训机构的教育工作者。

标准规范建设重点研究智能财务产品和服务开发及应用中所需的国家、行业或企业的标准和规范。该环节的主要参与者是政府、行业和企业的标准化建设专业人才。

生态环境构建在其他各环节之间构建良好的协调运行机制，这种生态可能以各种供需链的形式出现，每一种链连接了不同的利益主体。该环节的主要参与者是智能财务的所有相关者。

智能产品研发集聚各类专业人才和供应链上的资源，在相关技术标准和管理标准的制约下，为应用部门研发所需的智能财务产品和服务。该环节的主要参与者是 IT 厂商和咨询机构的技术人员。

应用实践探索的重点是利用良好的生态链，将 IT 企业研发的智能财务产品和服务广泛应用于各种业财管理场合，并尽可能产生最大的效用。探索人机协同的最佳应用实践同时也是智能财务事业发展的目标。该环节的主要参与者是智能财务应用机构的相关人员。

## 三、智能财务发展的八个核心环节

智能财务发展体系明确地展示了智能财务发展的核心环节和彼此间的关系，为详细揭示这些环节可能包含的具体内容，现进一步分析如下。

### (一) 基础问题研究

智能财务中的基础问题是指在智能财务发展中起着基础性作用，并具有稳定性、根本性和普遍性的核心研究问题，包括智能财务的基本概念、认知观和发展观，智能财务发展中的法律和道德规范，人机协同发展模式以及与智能财务相关的会计基础理论创新问题等。

智能财务基本概念研究主要对智能财务的内涵、外延等进行深入的探讨，揭示智能财务的本质特征和属性，界定智能财务所涉及的事物或对象。基本概念研究是智能财务发展中最基础的研究问题之一。

智能财务认知观和发展观研究主要探讨人类有关智能财务本质、智能财务应用方向以及智能财务事业发展等方面的问题。法律和道德规范研究主要探讨约束智能财务发展的社会规范问题。与标准这类技术规范不同，法律规范和道德规范是一种社会规范，主要涉及智能财务发展的底线和善恶的标准，它们与认知观和发展观共同决定智能财务的未来走向，确保智能财务沿着有利于人类发展的方向前进。

人机协同发展是人工智能发展的终极目标，也是智能财务发展的终极目标。研究人机协同发展模式可以帮助我们引导、利用和控制人工智能技术在财会领域的发展，在发展智能机器的同时,更好地发挥财务人员的作用,实现人类社会的可持续发展。

会计基础理论创新是必不可少的研究内容。智能财务的发展使会计的服务对象、服务领域、服务主体、信息系统、工作职能、技术手段、管理体制和机制等都随之发生了很大变化,这就需要对传统的会计假设、会计要素的确认与计量、会计信息披露要求以及财务的基本职能等进行重新认识和界定。

### (二)关键技术跟踪

智能财务的发展高度依赖信息技术的进步,这些信息技术不仅包含与之直接相关的人工智能技术,还包含大数据、移动计算、云计算、物联网、区块链以及机器人流程自动化等关键技术。这些技术最早的应用场景通常都不在财会领域,因此,对智能财务研究者而言,有必要持续跟踪其最新应用发展动态,并形成有效技术筛选机制,及时借鉴到智能财务领域。

目前已知的、在财会领域广泛应用的人工智能技术包括专家系统、人工神经网络、自然语言理解、图像识别、机器学习、机器人等,还有很多具有符号处理能力、适用于推理的人工智能类语言,如 Python、JAVA、LISP、Prolog 等,以及一些常用的计算机算法,如神经网络算法、动态规划算法、聚类与分类算法、预测与决策算法等。这些不同层次的技术发展日新月异,每一小步的进步都有可能极大地带动智能财务应用的发展,因此有必要实时跟踪并及时纳入智能财务动态知识库建设。

云计算、大数据、移动计算、物联网和区块链等技术尽管看上去不直接与智能财务相关联,但它们都是智能财务发展的基础技术。云计算为智能财务提供了虚拟化、动态可扩展、按需部署的计算环境;大数据不仅为智能财务提供了大量的信息源,还借助于其强大的分析工具,保证这些信息的真实性和可用性;移动计算可以改变智能财务的服务方式,实现随时随处的应用,可极大提高系统的灵活性;物联网和区块链技术为智能财务提供了无所不在的、去中心化的服务,使其灵活性、安全性和实时性都能得到很大的提高。

### (三)研究平台构建

构建研究平台是基于知识共享理念,将个人知识汇聚成团队知识的有效手段。它可以让每一个参与者都能有效利用同行的智慧和劳动成果,站在巨人的肩膀上去研究问题,用较小的代价实现系统的快速迭代,还可以帮助团队提升研究的质量,快速实现研究目标。智能财务共享研究平台管理的内容包括知识开源论坛、应用案例库、核心算法库、财经知识图谱库和企业财务大数据集等。

知识开源论坛可以给技术人员提供高效的知识分享平台,既可以帮助他们更娴熟地掌握相关知识,还可以增加其成就感,提高其知识贡献度;应用案例库可以帮助智能财务的应用机构了解已有的智能财务成功或失败的经验,以便扬长避短,提升项目的成功率;核心算法库、财经知识图谱库和企业财务大数据集是智能财务产品研发的素材库,它们可能是知识开源论坛中知识沉淀的一部分,可以帮助智能财务系统的开发者学习已研发系统中的核心技术,在快速迭代中形成新的算法、模型或系统。

构建共享研究平台并使其发挥预期的效果,必须设计好平台所需的相关软件系统、平台文化、激励与约束机制以及法律保障体系等,这样才能吸引更多的研究人员参与、产生更多的知识产品和避免研究成果被他人恶意剽窃。

### （四）专业人才培养

专业人才的培养是智能财务事业持续发展的保证。与迅猛发展的人工智能技术和丰富多彩的智能财务应用相比，智能财务的人才供给还存在较大的缺口，现有的财务人才知识结构已不能适应智能财务事业发展的需求。因此，我们需要对未来的会计工作和会计职业做深度的研究，并在此基础上重新构建财务人才的知识能力框架，重新设计培养体系、教学手段和教学模式，修订财务人才的评价体系，为未来的人机共生的智能财务管理奠定基础。

未来的财务专业人才需要了解在人工智能环境下会计和财务管理的变革的走向，明确时代发展对自己知识转型升级的要求，在熟练掌握会计、财务、管理学、经济学、战略管理等知识的基础上，还需深入了解信息系统、统计学、计算机、风险管理、供应链管理等多方面知识。

为了有效培养和评价未来的财务专业人才，教育机构和用人单位还需要按照未来人机共生的模式应对会计人才的需求，重新设计会计岗位、重新构建专业人才职称体系。

### （五）标准规范建设

标准、规范的建设程度通常是反映一个事业成熟度的重要标志。标准化和规范化建设也是现代化大生产的必要条件，是科学管理的基础。它可以支持精细化的劳动分工，可以对产品和服务进行质量的评价，可以大规模提高劳动生产率。标准、规范、规程都是标准的一种表现形式，只有在针对具体对象时才加以区别。

标准按体系划分为国际标准、国家标准、行业标准、地方标准和企业标准几大类；按标准化对象划分为技术标准、管理标准和工作标准等。智能财务的技术标准包含智能财务元数据标准、产品标准、系统监测标准、信息安全标准、人机接口信息交换标准等；智能财务的管理标准包含技术管理标准、财务管理标准、行政管理标准等；智能财务的工作标准包含财务部门工作标准、智能财务共享中心工作标准、智能会计或智能财务岗位工作标准等。

规范是无法精准定量而形成的标准，可以由组织规定，也可以非正式形成。可以预料，未来智能财务中的大部分需要大家共同遵守的准则和依据都会以标准的形式出现，非强制性要求的约定将会以规范的形式出现。

### （六）生态环境构建

智能财务的发展成效并不完全取决于企业的内部行为，往往与企业所处的环境有密切的关系。在《智能财务的体系架构、实现路径和应用趋势探讨》一文（刘勤、杨寅，2018）中，作者对智能财务发展的生态环境进行了初步的描述，智能财务的应用主体包括应用智能财务系统的企事业单位、政府主管部门、行业组织、产业链上的相关机构等。

政府主管部门主要通过法规、标准、规范、准则、指引等来指导、协调、管理和推动机构的智能财务发展；行业组织主要通过组织行业专业人员研究智能财务知识体系、收集和推广最佳实践、培训和传播相关技能等方式引导和影响企业，并对行业内机构的智能财务发展起监督和纠偏的作用。

产业链上的机构，包括软硬件厂商、咨询机构、培训机构、外包服务机构等，主要提供应用机构所需的软件、硬件、数据、信息、人才、资金等。在智能财务发展生态链的研究方面至少需要关注以下几个具体的生态链，即政府监管—行业自治—企业发展生态链、产品研发—产品制造—咨询服务生态链，以及人才培养—人才中介—人才使用生态链等。

### (七) 智能产品研发

智能财务产品和服务,特别是通用的应用产品和服务是智能财务发展最重要的成果,它可为 IT 企业乃至整个生态链带来经济效益和社会影响,并可作为抓手持续推进基础研究的发展。好的产品研发必须建立在广泛市场调研的基础上,符合相关的标准和规范,并且需要经过商业伦理的检验。

目前被广泛应用的智能财务产品有 RPA 财务机器人、票据 OCR 系统、语音交互系统、财务专家系统、智能数据挖掘系统等,正在研发并未来可能投入使用的还有财经语义网络、知识图谱管理工具、通用智能财务工具引擎、财经大数据机器学习系统、智能会计核算系统、智能财务共享服务系统以及智能财务决策支持系统等。

智能财务产品和服务的研发需要应用企业、研发企业、科研团体、政府主管部门等方面的通力合作。首先,新产品构思需要创造性思维支持,而大部分原始需求是来自应用企业;其次,不是所有的需求都能够用适当的产品满足,这需要研发企业依据科研团体的最新研究成果,对产品进行筛选、设计、制造、测试和评价,而最终拿出合适的产品,其中还需要政府主管部门的指导、激励、规范和推进。

### (八) 应用实践探索

应用实践是智能财务发展的最终目的。智能财务的发展就是要通过开发大量的产品并成功地应用到实践之中,释放财务人员从事常规性工作的精力,去从事更需社交洞察能力、谈判交涉能力和创造性思维的工作。然而,大量的事实表明,同样的产品和技术在不同的企业应用会产生不同的效果。这是因为智能财务的应用实践不仅仅与其采用的智能技术有关,还与项目实施时的组织、管理能力有关。

优秀的应用实践是那些已经在别处产生显著效果并能适用于己处的成功实践。这些实践通常都是基于对企业良好的需求分析和系统规划,并经过缜密的应用场景、实施路径、开发模式和管理模式的选择,智能财务产品和系统的选型,以及优秀的项目过程管理等。因此,观察和学习成功或失败企业的应用实践,可以避免在实践中犯同样的错误,有效提升智能财务项目的实施成功率。

应用实践探索的重点是尽可能多地深入企业,通过现场观察、一线访谈、问卷调查、文献阅读等方式了解企业在发展智能财务事业时所采用的技术、方法、流程、活动和机制等,并在此基础上梳理出关键成功因素和评价指标体系。

## 四、结束语

当前,智能财务的发展总体还处于起步阶段,无论是基础理论研究、智能产品研发、应用实践探索,还是生态环境建设、专业人才培养等均在不断探索之中。

在智能财务研究的基础环节方面,我们对智能财务内涵和外延尚缺乏清晰的界定,对智能财务的认知观和发展观、人机共生模式以及相关的会计理论创新探讨不够,对人工智能等相关技术的跟踪还不紧密,对研究共享平台的搭建研究不足,因此还需要投入大量的时间和精力。

在智能财务研究的支柱环节方面,目前市场上供应的智能财务产品种类不多、功能相对单一、技术先进性不足、通用性有待提高,相关的技术标准、管理标准和工作标准建设几乎还是空白;专业人才培养虽已引起一些高校的重视并进行了有效试点,但人才供需缺口很大是一个不争的事实。此外,智能财务发展的良好生态环境也还没有形成,这都需要各方共同努力。

在智能财务研究的应用环节,即应用实践探索方面,核心的主导力量始终是各类智能财务的应用机构,相对行政事业单位智能应用不足的现状,企业的智能财务应用水平似乎更高一点。但即使如此,目前也还未能形成有效的、便于复制的、值得大规模推广的应用模式。

总体而言,智能财务发展是一个系统工程,需要各方面的协同和推动。为此我们还专门成立了由众多机构和人员参与的智能财务研究中心,我们期望在各方力量的共同努力下,智能财务发展体系能够不断完善,相关核心环节能得到深入发展,最终使智能财务的研究和应用水平得到显著提升,为实现中国经济的高质量发展贡献我们的专业力量。

## 参考文献

[1] 钟义信.人工智能:概念·方法·机遇[J].科学通报,2017,62(22):2473-2479.

[2] 刘勤,杨寅.智能财务的体系架构、实现路径和应用趋势探讨[J].管理会计研究,2018,1(10):84-90,96.

[3] 韩向东,余红燕.智能财务的探索与实践[J].财务与会计,2018(17):11-13.

[4] 徐经长.人工智能和大数据对会计学科发展的影响[J].中国大学教学,2019(9):39-44.

[5] 刘勤,杨寅.改革开放40年的中国会计信息化:回顾与展望[J].会计研究,2019(2):26-34.

[6] 王奕俊,杨悠然.人工智能背景下专业人才培养的发展路径与方向——基于会计职业相关数据的实证研究[J].中国远程教育,2020(1):35-45,76-77.

[7] 新会计编辑部.智能财务探索开启新历程——智能财务研究中心成立暨首届智能财务高峰论坛综述[J].新会计,2019(2):10-11.

**本文作者:**刘勤,上海国家会计学院副书记、纪委书记、副院长,教授、博士生导师

# 基于机器学习的智能会计引擎研究

【摘要】 随着机器学习、大数据、人工智能等新技术的高速发展,现代化企业发展进入了数据化时代,让数据为企业赋能,成为企业的新目标和新挑战。本课题针对企业当前业务与财务系统之间的会计引擎设置规则繁多、人工配置困难、数据孤岛等问题,探讨在新时代 EBC 模式下,新兴技术(如机器学习技术等)在会计引擎中可能的运用,如何将会计引擎变得更"智能"。

【关键词】 机器学习;会计引擎;自动机器学习

## 一、引言

过去一个世纪,随着信息化技术的发展,企业逐步迈入了信息化时代。最近几年,随着基础网络设施的建设、发展和云计算的出现,现代化企业发展进入了数据化时代,处处皆数据。如何利用好这些数据,让数据为企业赋能,成为企业的新目标和新挑战。在万物互联新思潮的冲击下,企业间的业务边界逐渐模糊,这要求企业随时在线,完成内部业务处理与经营管理以及与外部事物的联接与协同。

传统 ERP(Enterpise Resource Planning)系统无法适应数字化时代企业发展需求,全球知名的信息技术研究与分析机构 Gartner 一直在跟踪分析 ERP 在业界的应用状况。近期的一份分析报告显示,以 ERP 为信息化核心的企业出现了大量的失败案例,企业用户对于信息系统的处理能力提出了更高要求。在大数据时代,需要有一种全新的系统模式来提高企业业务能力,这种新型模式需要在 ERP 核心理念的基础上,增加适用数据化新兴企业处理业务的功能。

在过去二十余年,金蝶已逐渐成长为中国本土领先的 ERP 供应商。2019 年,金蝶全线业务产品都成为支撑新兴的 EBC 模式的数据信息系统。EBC 是什么? 根据 Gartner 对 EBC 相关概念的解释,EBC 全称 Enterprise Business Capacity,即企业业务能力。EBC 是指企业将资源、能力、信息、流程和环境结合起来为客户提供一贯价值的方式,用于描述企业做什么以及企业在应对战略挑战和机遇时需要采取哪些不同措施。企业实现业务能力转型一定要以 EBC 为核心才能在大数据时代中平稳转型。

在金蝶的系列产品中,既有服务于业务流程的业务系统,也有服务于财务会计流程的财务系统,同时也有两种系统之间数据交互的技术解决方案。从财务工作的角度,财务系统最主要的功能之一就是记账,将企业日常发生的经济业务事项等业务活动和结果转换为财务会计语言,即财务凭证与财务报表。使内外部人员可以通过企业的财务数据了解原本独立的企业和企业封闭的业务活动的过程及评估其经营结果。传统 ERP 处理业务系统和财务系统之间数据转换的技术模块称为会计引擎。本文将探讨在新时代 EBC 模式下，新兴技术（如机器学习技术等）在会计引擎中的运用可能性，如何将会计引擎变得更"智能"。

## 二、机器学习在会计领域的应用现状综述

### (一) 机器学习概述

机器学习是人工智能的一个子集。机器学习（Machine Learning）最早是由阿瑟·塞缪尔（Arthur Samuei）于 1959 年提出，并将其定义为"不需要明确编程就能学习的能力"。机器学习是关于计算机系统使用的算法、统计模型的科学研究，这些算法和统计模型不使用明显的指令，而是依靠模式和推理来有效执行特定任务。汤姆·M·米切尔（Tom M. Mitchell）给机器学习领域中所研究的算法下了一个后来被广泛引用的定义："如果一个计算机程序在任务 T（由 P 来度量）中的表现随经验 E 而改善，那么我们称该程序从经验 E 中学习。"1980年，卡耐基梅隆大学举行第一届机器学习研讨会。20 世纪 80 年代，机器学习成为一个独立的学科。

数据挖掘是机器学习中的一个研究领域。数据挖掘是指从大量的数据中通过算法搜索隐藏于其中的信息和知识的过程。随着数据库技术的发展，特别是大数据技术的发展，Hadoop 生态系统的成熟，以数据库、机器学习、统计学为基础，可以从海量数据中发现知识。大数据技术为数据挖掘提供数据管理技术，机器学习和统计方法则为数据挖掘提供数据分析相关技术。

深度学习是机器学习的子集，是指基于深度神经网络的机器学习方法。神经网络起源于感知机（Perceptron）算法，2006 年，Hinton 首次提出了"深度信念网络"的概念，他赋予了多层神经网络相关的学习方法一个新名词"深度学习（Deep Learning）"。2010 年后，从神经网络上发展出的深度神经网络效果显著，在图像识别和语音识别领域达到了甚至超过人类的能力，以至于成了 AI 的代名词。

由于深度学习的广泛传播，基于统计方法的机器学习和数据挖掘被称为传统的统计机器学习。深度学习在感知领域（图像识别、语音识别等）有着出色的效果，但是由于其对训练数据和计算能力的要求远大于传统的机器学习算法，现实中工业领域的业务数据规模无法达到训练一个良好的深度学习模型所需的规模，并且深度学习模型的不可解释性的特点也限制了其在大多数工业领域的应用（大多数工业领域要求对模型必须有逻辑解释性），所以传统的机器学习算法在工业领域仍然获得更为广泛的应用。

### (二) 机器学习的基本过程

机器学习的基本过程一般定义：问题定义、数据预处理、特征工程、模型选择、模型评估和模型应用，如图 1 所示。

#### 1. 问题定义

机器学习的关键是能够提出正确的问题，或者说确定机器学习任务应该执行的操作。再多的技术技能或者统计上的严谨也无法弥补一个已经解决的无用问题。在开始之前解决问题的方法需要明确。一个"完成的定义"是一个很好的说明方式，说明了什么样的标准构成一个完整的项目，以及什么才能使项目成功（最重要的）。

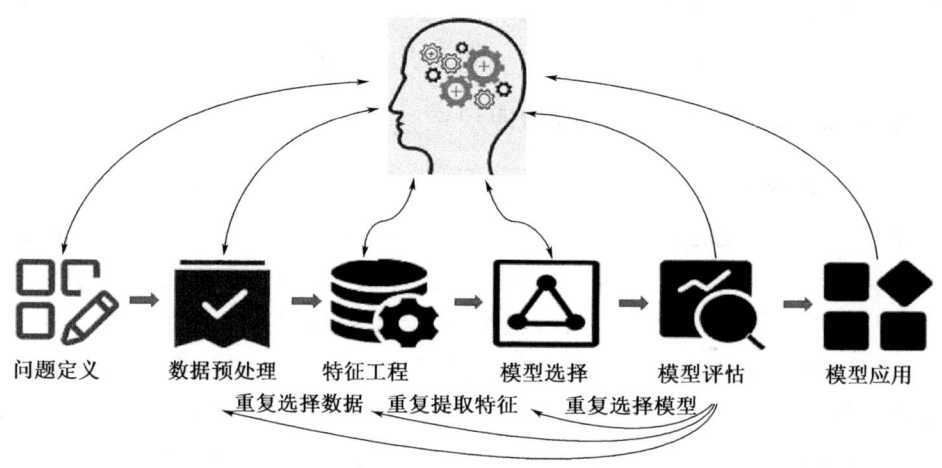

**图1 机器学习的基本过程**

**2. 数据预处理**

数据预处理主要包括数据收集、数据清洗等。

数据收集主要是收集、接入、整理解决业务问题的数据。机器学习的数据集一般会比较大,需要大数据架构的相关能力支持。数据可能会来自不同的数据源,如业务系统内部数据和外部数据等,需要统一的接入管理,入库,整理成统一的数据视图。

数据清洗是将原始数据转换为适合后续分析工作的格式。一般工业数据集总是比预想的复杂得多。数据可能存在大量的缺失或异常。数据补全、整理可能会和后续选择的模型算法相关,因此需要有专门的处理算法。

数据预处理的工作量占比是很大的,可能会占到整个机器学习工作量的60%~80%。

**3. 特征工程**

特征工程和数据清洗、数据整理的工作有很多重叠之处。一个特征实际上只是一个数字或者从一个从数据中提取的类别,描述了一些实体。正确地提取特征值对于分析工作至关重要。特征提取也是机器学习中最具创造性以及与专业领域知识紧密相关的部分。

大多数特征将用于预测某些事物,有时还需要提取预测的内容,也就是目标变量。

**4. 模型选择**

模型选择是指使用已有的数据输入到选定的模型(算法)中,调整其参数,使模型的性能和效率可以接受。调整算法的参数是这个阶段考虑的主要问题,这个过程和模型评估阶段可能会反复迭代,选择不同的模型,调整算法的参数。

**5. 模型评估**

模型评估是指从不同的维度去评估模型,具体的评价维度,依赖于模型的类型和模型的具体应用场景。过拟合和欠拟合是这个阶段考虑的重要问题。

**6. 模型应用**

机器学习的模型最后需要部署到实际工程环境中交付给用户。

传统的机器学习的过程,在数据预处理、特征工程、模型选择以及模型评估阶段需要反复迭代和不断优化才能得到一个较优的模型,这个过程非常耗时耗力,并且需要开发人员具有丰富的机器学习经验。这个门槛非常高,成本高昂,一般的企业无法承受。

**(三) 现有财务会计领域的机器学习技术应用**

黄灏在《人工智能和机器学习在金融服务市场中的发展及其对金融稳定的影响》一文中对目前应用于会计领域中的机器学习技术作了一个概述。现有的财务会计领域机器学习技术主要集中于四个方向:面向客户的前台应用(如信用评分、保险定价等),优化运营的后台应用(如资本优化、市场分析等),交易和投资组合(交易执行、投资组合分析),以及合规与监管。

随着互联网的发展,数据的来源也愈发多样化。在传统的风险评级中,工作人员往往只能通过用户提交的资料来对用户进行评测,其中存在造假与隐瞒信息的可能。而现今社交媒体的流行与发展,则从另一个角度提供了大量可以用于信用评级的信息。在 2016 年美国大选时,特朗普的团队就通过 Facebook 中用户推送的信息来实现广告的靶向投放,对最终的选举胜利产生了很大的影响。

信用评级涉及个人隐私,对于社交媒体上发送的信息是否能用于商业分析,法律方面并没有很明确的条款。许多互联网公司都会使用自己的用户数据进行分析或者趋势探讨等,但公开出售数据在现阶段较少存在。

而在分析市场趋势方面,机器学习在企业分析自身价值时,能与现有的市场分析模型实现互补。人工智能可以通过过往的市场信息进行趋势分析,对自身的各类行为所带来的价值变化作出分析。目前也存在被称为"猎豹交易员"的一类程序员,他们的工作原理就在于迅速分析市场的变化趋势,在股票或证券等产品市值下降之前立即卖出,通过海量的交易量来累积财富。这类技术曾给许多人带来红利,但也因为对交易软件施加过多压力而受到监管。

同时,资产组合管理也是一个非常重要的应用领域。和市场分析相似,机器学习可以敏锐地捕捉市场中的变化信息,再结合一些行业中具有专业知识的人的投资决策,学习两者之间的映射关系,从而为企业和个人提供资金的分配计划。这一技术如果得到适当的拓宽,将来也可能被应用于个人用户。

另外,智能客服是一类最常见的应用,在实现上实际并不困难。这种聊天机器人属于一种虚拟的人工助手,可以对用户的常见问题作出解答。这些机器人并非是通过智能理解来对用户的输入作出解答,更多的是一种基于关键字的语句匹配,但在多数场合已经足够。淘宝的客服机器人目前使用的思路就是根据关键词匹配,并在机器人无法解答的问题上提供人工服务。而且这类模型会在对话过程中不断改进,持续提升性能。随着技术的发展,机器学习已经能够用于合成语音,机器人的效用又提升了一个新的高度。

综上所述,虽然现今机器学习技术已从学术研究走向工业运用,广泛应用于各领域,但多数应用集中在金融业和服务业;同时这些应用基本只作为传统工具的一种辅助手段,较少涉足财务信息化领域,在会计的核算业务方面仍缺乏探究。

## 三、主体研究内容

**(一) 智能会计引擎的实践与探索**

**1. 会计引擎技术实现现状**

企业经营活动的一系列事项和交易,相应的数据最终会反映为财务数据。本质上,现代财务会计体系也是一种语言,将企业所有的经营结果用财务语言表述给关注企业信息的各方,如政府监管部门、外部投资者、经营决策者等。而财务工作通过识别、收集、记录、存储、加工生产经营数据,将其转换为财务数据,产出各类型数据报表,这个过程本质上也是一个信息系统的工作过程。这个工作过程可以由人使用纸笔手工完成,也可以使用信息技术。

从 20 世纪 50 年代开始,已经有公司开始使用电子计算机进行会计核算。例如,如美国通用电器公司在当时就使用电子处理系统来进行工资和成本会计核算,这个阶段也是管理信息系统逐步成型的阶段。随着技术的发展,在 20 世纪 70 年代出现了局域网和数据库技术,使数据能够在局域内集成共享,这成为 20 世纪 80 年代企业资源计划系统 ERP 发展的基础。ERP 系统通过计算机软件工具,将企业事务处理系统间的数据进行交换,实现应用间的协同工作,整合各独立的应用使其集成为一个协调的企业信息系统。直到今天,ERP 系统仍然是企业信息系统的重要组成部分,会计信息系统是 ERP 系统的重要组成工具。一开始,会计系统的数据采集是通过事件驱动,将会计信息的采集、储存、处理和传输嵌入业务处理系统中,然后在业务发生时,根据执行规则和控制规则,进行业务数据采集和财务数据提取转换。而业务信息与财务信息的数据提取转换有多种实现方式,目前主要信息系统软件厂商使用的数据处理方式被称为会计引擎(Accounting Engines)。

一般而言,会计引擎是用于采集处理输出会计相关信息的一个连接数据库和其他应用系统的数据处理器。它基于数据库语言来设定整个应用系统的运作模块的参数,除了增加、删除、更改目录、文件、字段等功能外,亦可以自行处理原有会计相关资料的过滤、转换、检查、修正字段间及文件间的连结、显示错误等,并主动引导整个设计过程。例如,物流处理过程自动产生的会计凭证经由会计引擎编译完成后,再转移到其他系统,即将所有变更的指令传送至其他各个引擎、处理器,使得整个系统可以同步更新。会计引擎与使用者之间处于一个互动性的关系,且具有很高的自主性,可以保护系统免于不当设计的损害。通过它就能够建立上下游采购或供应体系,实现各子系统的连结、实时反应系统、同步备份等。目前行业流行的解决方案大多使用 Java 与 C 语言编写的函数运算库编写基础运算,再由用户自己定义各种运算组合。这些底层语言在经过图像化后,编译为末端软件供客户使用,并允许客户根据自身需求对函数进行修改和组合,对表单进行多样化的处理。

下面以金蝶 EAS 产品的会计引擎为例,解释现有会计引擎的技术实现。

BOTP(Bill Object Transform Platform,单据转换平台)是金蝶 EAS 的特色组件,是 BOS(Business Operating System,业务操作系统)平台提供的一套用于单据间自动转换的工具方法和界面 UI 的功能集合。

目前企业业务具有多样化特性,而企业的各种业务具有一定的逻辑关系,在流程上也有一定的流转关系,而这种关系在不同的企业,甚至是在同一个企业的不同时期都是不同的。这样的业务和业务关系体现在管理软件中就是不同种类单据的数据,而某些单据的数据是依据另一类单据数据而产生的。BOTP 就主要用于解决单据和单据之间的数据转换问题。在业务系统中,因业务流程需要,系统需要涉及不同单据间转换及与第三方数据的集成,这些应用的本质都是从一种单据对象转换到另一种单据对象,BOTP 则是针对这种需求应运而生,它是在 BOS 中单独设计的一套基于元数据模型和脚本解析引擎的对象转换引擎。

BOTP 的主要功能包括定义和修改业务单据之间的转换规则、业务单据到目标单据的转换生成、业务单据关联关系的建立与维护、单据反写以及联查功能。其主要作用就是支持用户在各种业务单据间定义转换规则,自动或批量地帮助用户将源单据转换生成所需的目标单据,从而大大地减少业务人员的相关工作量,提高企业效率和企业业务的准确性,如图2所示。

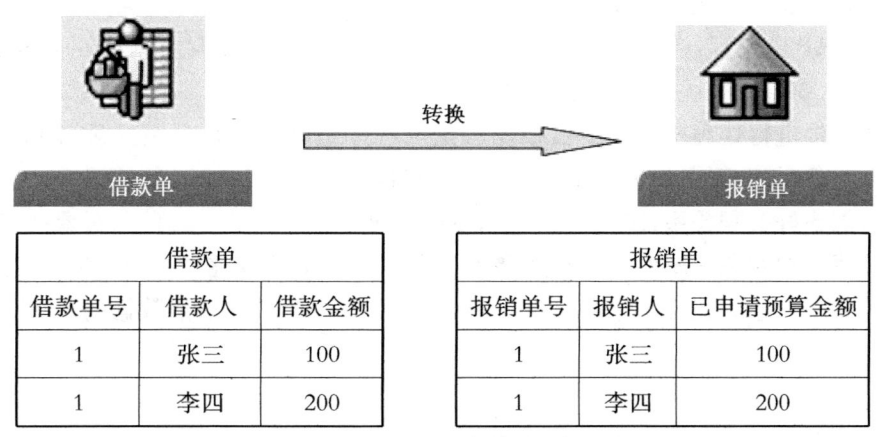

图 2　BOTP 单据转换

动态会计平台(Dynamic Accounting Platform,DAP)是BOTP转换平台的子平台,是完全针对业务单据到财务凭证这种特殊的业务对象单据的转换平台。

DAP平台可以协助业务系统让业务单据直接转换为总账系统的标准凭证对象。DAP平台可对接的系统十分广泛,包括应收应付系统、出纳系统、供应链系统、固定资产系统、管理会计系统、成本管理系统和生产制造系统等,DAP支持业务单据根据动态会计平台定义的转换规则自动或者批量生成财务凭证。

与BOTP相比,DAP平台虽然只处理目标单据为财务凭证的单据转换,但DAP在集成了BOTP主要特点的同时,还有着总账系统的部分校验和处理逻辑,能够让单据生成的凭证符合总账系统的凭证规范,大大提高了财务结算的工作效率和准确度,如图3所示。

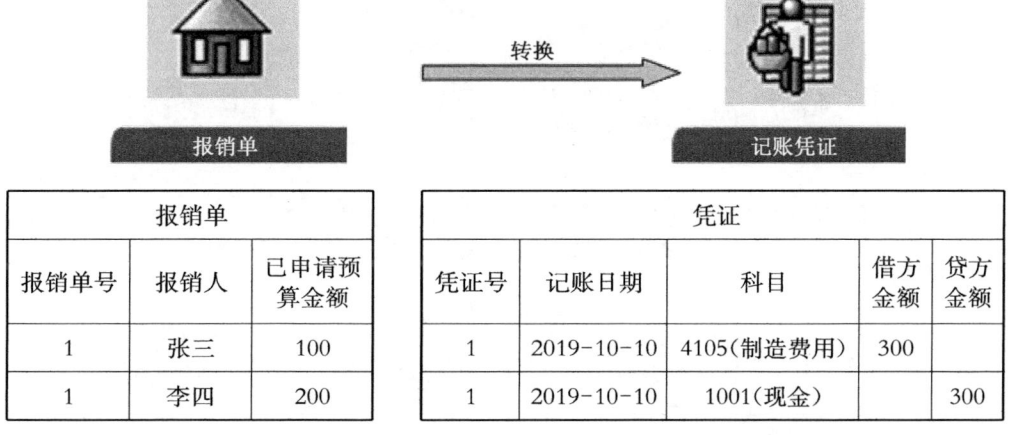

图 3　DAP 单据转换

BOTP/DAP 特点:BOTP/DAP 具有一定的灵活性,能够以参数和动态配置的方式,让固化的规则成为可以灵活调配的规则;无需编程,通过可视化界面的配置即可定义和修改BOTP/DAP 的转换规则。当业务流程和单据转换需求发生变化时,企业人员只需要根据当前业务场景和真实需求,调整已有的单据转换规则即可满足企业业务场景变化的需求,能极大程度地随着企业发展变化而灵活调整。

BOTP/DAP 主流程:企业首先需要根据自身业务进行 BOTP 转换规则的定义。在完成了规则定义后,BOTP 的运行引擎就可以根据设置好的转换规则,对单个的源对象或者是源对象的一个集合进行处理。转换平台根据规则上的分组规则进行分组处理,同时创建需要生成的目标对象,将源对象的属性值经过过滤、转换后赋值给目标对象的属性,并在源对象和目标之间创建好关联关系,以供进行关联的数据查询,对于需要反写源对象的转换,根据反写规则反写回源对象的属性。在源对象和目标对象之间的转换关系取消后,BOTP 的运行引擎会自动删除建立在源对象和目标对象之间的关联关系,并取消数据的反写,如图 4、图5 所示。

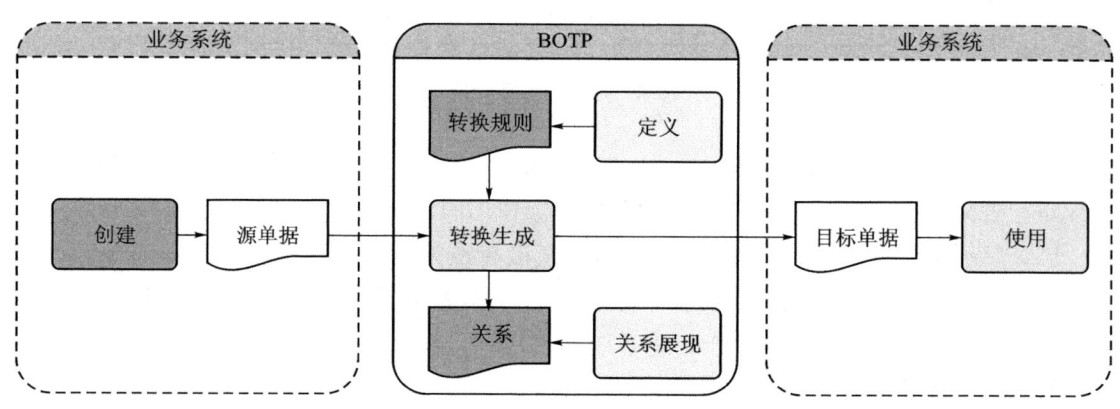

图 4　BOTP 与业务系统之间的关系

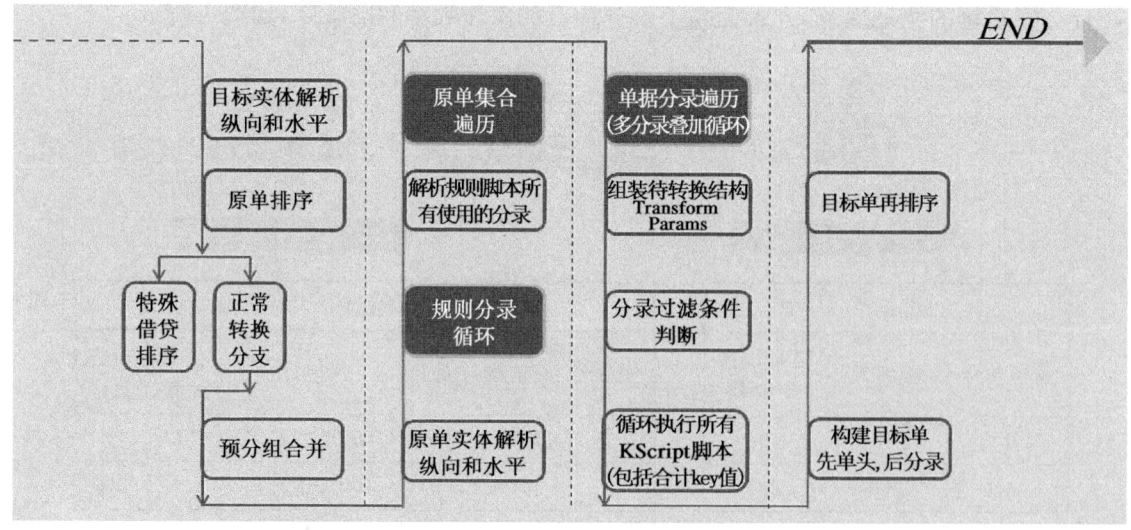

图 5　BOTP 会计引擎主流程

BOTP 主要引用技术和依赖项：BOTP/DAP 平台使用的所依赖项有业务单据元数据和 KScript 脚本解析引擎。

业务单据元数据：BOTP/DAP 规则配置界面的构建以及配置都是根据关联单据的实体对象及实体字段的字段属性进行创建的。转换平台根据实体字段的字段属性 isForMapping 的值来判定该字段是否可供进行 BOTP 配置并转换，根据实体字段的字段属性 isForGrouping 来判定该字段是否可进行分组，即实体字段需要进行相关属性设置，才能支持在 BOTP/DAP 规则配置界面进行相关取值设置，否则该字段对于 BOTP/DAP 而言即不可见的。同时，在转换过程中，转换平台会根据原单据的元数据实体解析元数据信息，也会根据目标单据的元数据属性解析和创建新的目标单据对象，从而将转换结果组装成为一个完整的目标对象。

KScript 脚本解析引擎：在单据转换的规则定义完成后，BOTP 将定义的规则以脚本的形式进行存储。在运行期间，BOTP 逐步解析出转换规则中每个字段的脚本并对每个脚本进行逐步解析和计算，而真正的计算则是依赖 KScript 脚本解析引擎。脚本解析引擎会解析脚本表达式，并从传入的对象参数中获取或计算出指定的目标字段，并将计算结果返回给 BOTP 转换平台。BOTP 转换平台依次调用脚本解析引擎计算每个脚本的值后，得到目标单据的各个字段的值，将运行结果组装成为目标单据对象并完成后续处理。

BOTP/DAP 平台的不足：目前社会处于高速发展阶段，企业都在极力扩展企业业务的宽度和深度。随着社会的发展、企业的转型和企业业务的深度扩展和横向扩张，企业业务也在不断地进行调整以适应不断发展的需要。企业业务的调整也就意味着既定的单据转换规则必须随着企业业务的变化而进行调整，否则已有的单据转换规则将会约束企业的进一步发展，将不再成为企业发展的助力，而是一种束缚。还有一种可能的场景就是企业的特殊业务。因为转换规则已经给定，转换平台将会根据既定的转换规则进行无差别处理。而当企业的某一笔业务存在特殊性或异于标准业务场景时，那转换平台就不能作出良好的反应而只能够进行人工干预。

BOTP/DAP 平台本身具有一定的灵活性，转换平台既支持客户根据现有的业务进行转换规则的调整和变更，也支持企业业务人员对目标单进行编辑调整，但是随着企业内外部环境的飞速发展和变化，也面临着如下挑战：

第一，初始化工作量大，且质量不一。初始化工作目前是由实施人员在 ERP 上线过程中实施的，可能是由实施人员根据各企业的业务流程和系统现状进行设计的。如果由实施人员根据为期若干周的企业现状调研结果进行全新设计，这部分的工作量不小，且质量几乎完全依赖于实施人员的个人水平。企业只有在后期频繁运用的时候才能够发现设计的不足从而进行修改，而这部分修改工作大概率没法反馈给实施人员促使其提高后续项目的设计水平，从而造成初始化工作量不小，但是质量可能并不尽如人意的情况。

第二，灵活性受限。具体表现在：随着业务变化或者维护人员的变化，BOTP 规则的设计标准化程度逐渐变低，很多时候有的企业随着业务变化和发展甚至有上千条规则，这其中大部分规则是由人手工新增维护的。有不同的业务场景出现时，规则管理人员设计理念不同可能会使用不同的实现方式，旧的规则随着人员变更也没法很好地得到更新维护，导致规则库臃肿，维护困难。例如，函数的编写较为复杂，容易出现定义错误或者源数据表中的冗余信息处理耗时较久的情况等。

第三,不可复用。规则库是独立的存在,在过去服务器独立部署时代,都是存储于企业的私有服务器,没有行业库。企业如果想知道行业内的标杆流程设计,往往需要购买咨询公司的服务,而咨询公司进行基础数据采集也需要花费大量的人力、物力、财力。如果能够有规则数据库,比如针对具体某个行业的规则数据库,那么有可能企业和 ERP 厂商的设计维护人员就可以利用行业数据,参考其他与自己业务流程类似的同行业流程来设计自己的数据转化方法,直接可以利用标杆方法,减少函数编写的复杂度,也能够减少初始化工作量的问题。

总而言之,BOTP/DAP 平台希望通过新技术的运用,减少人工工作量,同时提升数据信息的质量和时效性。

### 2. EBC 时代的智能会计引擎

BOTP 平台提供了定义统一的会计引擎的能力,但是由于企业业务规则的不同,仍然存在需要大量人力手工定义规则的工作。EBC 时代提出了智能化、数据驱动的需求,希望企业的业务能力能够更加自动化、更加高效。机器学习的方法,可以为 ERP 系统带来智能化的能力,但是在具体的机器学习项目过程中,需要经过问题定义、数据预处理、特征工程、模型选择、模型评估和模型应用的过程。其中数据预处理、特征工程、模型选择以及模型评估是一个迭代的过程,需要反复进行,不断优化才能得到较优的模型。这个过程是非常耗时耗力的,同时需要专家经验,门槛高,对于人员的技能要求非常高。

我们看到机器学习能够解决会计引擎业务上的痛点,但是能不能进一步提高机器学习项目的效率,更好地赋能业务,迈向 EBC 时代,这是机器学习在会计引擎方面能否真正迈向产业化的关键。金蝶基于二十多年的 ERP 领域经验和机器学习领域的最新技术发展方向,根据会计引擎业务领域的数据特征和具体业务场景,设计了基于 AutoML 的智能会计引擎环境,希望能解决机器学习能力在会计引擎应用中的效率桎梏。

智能会计引擎的 AutoML 环境将传统机器学习中的迭代过程综合在一起,构建一个自动化的过程,实现数据接入、数据预处理、特征工程、模型选择以及模型评估的自动化处理环境,从而大大减少时间和人力的成本,最终打通机器学习在智能会计引擎场景的业务应用闭环,以达到业务过程的数据及时更新,业务模型进而在统一的平台上完成的效果。

### 3. 基于 AutoML 的智能会计引擎

基于 AutoML 的智能会计引擎系统架构如图 6 所示。

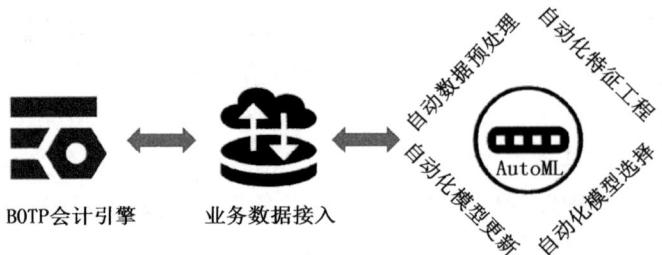

BOTP会计引擎　　　业务数据接入

**图 6　基于 AutoML 的智能会计引擎系统架构图**

智能会计引擎系统包括 BOTP 会计引擎、业务数据接入、自动数据预处理、自动化特征工程、自动化模型选择以及自动化模型更新等模块。其中，BOTP 会计引擎是部署在业务系统中规则执行引擎，其他模块是独立于业务系统的 AutoML 机器学习平台，这两部分支持私有化部署和 AutoML 机器学习平台 SaaS 服务部署方式。

AutoML 机器学习平台能够实现以下技术。

1）业务数据接入

智能会计引擎的 AutoML 系统提供业务数据的快速自动接入功能，金蝶 ERP 各类系统业务数据、财务系统业务数据，BOTP 规则业务数据自动接入 AutoML 系统的大数据平台，支持各类业务数据格式，在平台上开始后续机器学习流程。

同时，业务数据接入模块支持将 BOTP 业务规则自动导入或者手动导入企业的 BOTP 会计引擎，自动更新业务规则。

2）自动数据预处理

智能会计引擎 AutoML 平台提供自动数据预处理能力。数据预处理提供如下功能：

（1）数据的同一量纲，特征的规格不一样，不能放在一起比较。一般的处理方法是 0～1 标准化和 Z-score 等。

（2）文本数据（定性、离散数据）的定量化、数值化。对于此类数据，一般采用 oneHot 编码方式，将文本特征或者定性特征转化为 0/1 编码。

（3）缺失值处理，一般采用列平均值填充等。

（4）异常样本清洗，去除数据中的异常样本，一般要通过算法来判断异常值。

（5）处理不平衡样本问题，样本的类别不平衡，可能会影响模型的准确率。一般采用权重法或者采样法来处理。

系统提供图像可视化的操作方式，提供对数据的预置处理方法，自动对接入的业务数据进行处理。

根据历史的业务数据特征，系统自动选择合适的数据特征预处理方法。

3）自动化特征工程

特征工程是把原始数据转变成模型的训练数据的过程。基本的特征工程操作类别包括：

（1）特征变换，是使用数学映射从现有特性构建新特征。

（2）特征提取和构建，从一组观察观测数据中提取信息量高、冗余度低的派生特性集合，从而促进后续学习和泛化的步骤，增强模型可解释性。特征提取是一个降维过程。

（3）特征选择，通常包括去除无用变量、共线性变量等。

（4）特征分析与评估，是对特征的"有用程度"进行评估。

传统的机器学习过程，在特征工程阶段，主要是通过专家经验手工分析各种数据特征，其缺点主要体现在：

（1）效率低下，花费时间长。

（2）可移植性差，手工建立的特征工程只能支持特定的问题。

（3）人的创造力和耐心有限，只能建立想到的特征，并且用来建立特征的时间也是有限的。

传统的机器学习方法,需要提前做大量的特征工程工作,这个工作的工作量可能占到整个机器学习工作量的80%。特征工程的好坏会在很大程度上影响训练的效果。特征和数据决定了机器学习的上限,而模型和算法只是尽可能地逼近这个上限。

如果用深度学习的模型,则特征工程就没有那么重要,只需要对特征做些预处理工作。因为深度学习是一种端到端的方法,自动完成传统机器学习算法中需要特征工程处理的任务,但是深度学习的模型结构往往比较复杂,训练起来需要大量的数据和算力支持,虽然可以省去特征工程这个步骤,但是也失去了对特征的认识,不知道哪些特征相对比较重要,缺乏可解释性。而企业的业务场景往往对模型要求可解释性,并且在企业业务系统环境中的业务数据往往达不到深度学习模型需要的规模,所以在企业业务场景下,传统的机器学习方法获得更广泛的应用。

自动化特征工程根据智能会计引擎的具体场景自动构建特征,有效解决手工方式特征不全面和耗时的问题。

智能会计引擎的自动化特征工程,对于关系型数据库数据提供的自动化方法包括深度特征合成(Deep Feature Synthesis, DFS)和梯度提升决策树 GBDT(Gradient Boosting Decision Tree)等,对于会计引擎场景中的非结构化数据,如文本数据,还提供 NLP 相关处理能力,自动抽取特征。

DFS 方法是一种用于对关系数据和时间数据执行特征工程的自动方法。深度特征合成并不是通过深度学习生成特征,而是通过多重的特征叠加。一个特征的深度是构建这个特征所用到的基元个数。

特征主要来源是数据集中数据点之间的关系。DFS 方法处理的数据主要是关系型数据。基元是指对数据的数值执行的数据操作,和数据本身无关。基元定义了数据的输入和输出类型,通过特征基元组合,可以构造出复杂而有效的特征。

智能会计引擎的 DFS 方法使用 Featuretools 库等实现特征的自动化构造。Featuretools 是一个常用的自动执行特征工程的开源库。Featuretools 是基于数据实体和实体之间的关系,基于 DFS 算法使用特征基元等操作来实现自动化的特征提取。

(1)实体和实体集。

实体集是实体和实体之间关系的集合,实体集用来准备和结构化数据集用于特征工程。实体对应就是每个数据表。

(2)特征基元。

特征基元是 Featuretools 用来自动构建特征的基础操作,通过单独使用或者叠加使用特征基元构造新的特征。使用特征基元的意义是只要限制输入和输出的数据类型,就可以在不同的数据集复用相关的特征基元操作。特征基元有两种聚合基元和转换基元。聚合基元是根据父表和子表的关联,在不同的实体间完成对子表的统计操作。转换基元是对单个实体进行的操作,对实体的一个或者多个变量进行操作,并为该实体统计出一个新的变量。

Featuretools 提供应用程序接口(API)来定义自己的特征基元。Featuretools 库以 DFS 为核心,通过叠加使用特征基元操作,能够构建大量有效的特征,实现自动化特征工程。

梯度提升决策树(GDBT)是一种迭代的决策树算法,通过将多棵决策树的累加得到最终的结果,属于泛化能力较强的算法。GBDT 在发现多种有区分性的特征和在特征组合上效果明显。

GBDT 的基本原理是:回归决策树(Regression Decision Tree)、梯度提升(Gradient Boosting)和缩减(Shrinkage)。

(1) 回归决策树。

决策树是已知各项事件发生的概率,对不同的特征单独处理,以信息熵构建一种信息熵下降幅度最大的树形结构,通过决策树结构的预测,使得最终熵值为 0,并以此作为回归预测。决策树由根节点、非叶节点和叶节点组成。ID3 算法的全称叫 Iterative Dichotomiser 3 (迭代二叉树三代),是由 Ross Quinlan 于 1986 年提出的决策树方法。ID3 算法的核心是在决策树各个结点上应用信息增益最大准则进行特征选择,以此递归地构建决策树。C4.5 算法是对 ID3 算法的改进,只是在特征选择上有所不同,C4.5 算法在决策树生成过程中,用信息增益比来选择特征。同时正对 ID3 的缺点,提供剪枝策略,提高泛化能力。CART 决策树全称为分类回归树(Classification And Regression Tree),CART 算法构造决策树是通过基尼指数来选择最优特征的,采用二叉树来分类。CART 的基本过程有分裂、剪枝和树选择。CART 的对于大数据的计算量较小,速度较快。

(2) 梯度提升。

Boosting 是一种集成学习,通过若干个弱分类器组成强分类器。GBDT 采用的则是多个决策树共同决策。GBDT 的核心在于,将所有的树的结论累加得到最终的结果。每次决策树得到的结果不是预测的真实结果,而是与之前所有的树的结论和的残差。GBDT 虽然提到了梯度,但只是使用残差作为全局优化的方向,没有用到梯度的求导计算。梯度的提升在于,只要前一个树的损失函数是把误差作为衡量目标,残差向量就可以作为全局最优的方向,体现梯度的思想。

(3) 缩减。

缩减是 GBDT 的重要优化方法。其核心思想是为了防止过拟合,GBDT 每次都通过更小的逼近来接近结果。前一棵树学习到的结果并不是百分百准确,所以在累加时,只累加前面树的一部分,通过更多的决策树来弥补前面所有学习树的不足。

使用 GBDT 构造特征的方法是,先用已有特征训练 GBDT 模型,然后通过训练得到的 GBDT 模型的决策树来构造新特征。GBDT 是实现非线性转换和元组组合这两种方法的有效又方便的方法。GBDT 将训练得到的每棵单独的树视为一个分类特征,将落入的叶子节点作为索引,使用 1-k 编码作为特征,将二元向量通过一定权重进行线性回归,得到新的特征。

基于 GBDT 构造转换特征的思想,对不同的决策树进行特征提取,达到实现自动化特征工程的目的。

会计引擎领域会存在大量文本信息的处理的需求,如:文本纠错(用户输入错误的文本,将文本修改为正确的业务实体)、实体抽取(从文本中抽取时间、位置等实体)。系统提供 NLP 相关的处理能力,支持业务场景中对文本的处理需求。

4) 自动化模型选择

自动化模型选择的目标是自动选择一个最合适的模型,并且能够设置好它的最优参数。

用户将数据上传到 AutoML 平台,系统对数据集进行分析,执行相关自动化特征工程,选择相应的模型进行训练,最后对训练后的模型进行评估,输出效果最好的模型。选择模型的规则最具代表性的有基于贝叶斯优化和基于进化算法的。

智能会计引擎的自动化模型选择模块,根据会计引擎场景的业务规则和特定的数据集,自动分析抽取数据特征,选择适用于该数据集的模型,设置最优参数。

自动化模型选择解决的是两个核心问题:搜索空间和搜索策略。

搜索空间定义了对于分类或回归问题可选择的机器学习算法,如:KNN,SVM 等。

搜索策略定义了使用怎样的算法可以快速、准确找到最优的模型。常见的搜索算法包括贝叶斯优化、进化算法等。

智能会计引擎的 AutoML 系统基于 auto-sklearn 框架,包括元学习、贝叶斯优化器、数据预处理、特征预处理、分类器、分类器集成模块。

目前智能会计引擎的 AutoML 系统提供 KNN(k-nearest neighbor,K 最近邻算法)、SVM(support vector machine,支持向量机)、XGBoost(eXtreme Gradient Boosting,极限梯度提升算法)、LR(Logistic Regression,逻辑回归)、KNN 等 15 种基分类器,PCA(Principal Component Analysis,主成分分析)、ICA(Independent Component Analysis,独立成分分析)等 14 种特征预处理方法,独热编码(one-hot encoding onehot)、确实数据处理(imputation)、数据均衡(balancing)、归一化(rescaling)4 种数据预处理方法。

元学习从 BOTP 的以前的业务模版重新获取经验,通过推理跨数据集的学习算法来模拟这种策略。应用元学习来选择给定的机器学习框架的实例可能在新数据集中表现良好。元学习是贝叶斯优化的补充,可以通过选择基于元学习的 k 个配置并利用它们的结果来进行贝叶斯优化,与贝叶斯优化产生互补作用。

分类器集成模块通过将训练过程中产生的模型添加到集成集合中,并通过不同的权重算法来优化最终得到的集成模型,提供栈(stacking)、无梯度数值优化(gradient-free numerical optimization)和集成选择(ensemble selection)方法优化权重。前两种方法容易过度拟合验证集并且计算成本高,集成选择快速且稳健。集成选择的过程是一个算法过程,通过迭代添加模型来最大化验证集的准确率。

模型选择的过程中需要超参数的设置和优化,这是一个非常复杂和耗时的工作。

传统机器学习模型的超参数一般不多,对于这类模型,一般采用贝叶斯优化、网格搜索等方法,遍历所有的参数,获得最优超参数。深度学习的模型有大量的超参数,所以一般采用基于进化算法的神经架构搜索来获得最优超参数。这也是智能会计引擎 AutoML 平台后续功能迭代的方向。

5)自动化模型更新

针对智能会计引擎场景,系统获得最优模型,生成 BOTP 的规则,自动或者手动部署到用户业务系统的 BOTP 会计引擎。线上系统业务数据,实时或者定时更新到智能会计引擎 AutoML 环境,系统会根据新的业务数据,自动更新模型,生成新的业务规则或者删除失效的业务规则,更新业务系统,实现业务模型的自动学习的能力。

自动化模型更新是根据具体业务场景的需求,根据领域业务模型,将机器学习的算法模型转化为具体的业务模型对象。这部分需要根据具体的业务具体定制。

### 4. 应用案例——费用报销场景

目前在金蝶基于机器学习对 BOTP 业务规则进行智能干预的一个应用案例是发票信息识别和规则勾稽演化场景。

在费用报销场景中，报销人批量上传发票，业务系统调用发票识别服务，对发票信息自动识别，根据发票识别系统返回的发票信息写入表单中，然后人工选择每一张发票对应财务报销系统中的费用类型，根据企业的设置规则，可能合并或者拆分费用类型，提交费用报销凭证。

在没有使用机器学习方法前，业务面临的痛点是：虽然发票识别已经减少了不少人工操作，但是发票识别到的信息也仅仅作为费用报销单的一个附加信息，还需要人工把每一张发票和系统中对应的费用类型关联起来。这个操作的工作量也不小，而且都是重复性的。一种解决方案是设置规则模版，抽取发票信息中根据国家规定可以区分费用类型的编码，建立业务规则。如某地交通费发票的号码中前几位是某一个固定编码，那么可以归纳这种特征，以后再识别到类似特征时，规则库就可以知道是某地交通费发票。并且这是可以自动执行费用类型的对应和合并操作。但现实中，这类型特征是分散的，而且不可能在某一个具体人预设规则库时，该人员就能知道所有的业务特征；另外，当业务出现一个新的税务类型，或者企业的财务系统新定义了一个费用类型时，无法及时自动产生对应的规则，而这种新规则的设计和旧规则的更新，又是实际中经常出现的场景。

应用基于 AutoML 的智能会计引擎，可以帮助解决上面提及的新规则设计和旧规则更新问题。在建模后，系统会从实际的业务数据中抽取特征、训练模型，根据模型的分类结果，产生 BOTP 业务规则，后续财务报销提供会根据生产的业务规则，自动支持费用类型的匹配、合并等操作。

费用类型在财务系统中是一个基础资料，有唯一 ID 和名称，而且可以由管理员进行增删改。发票识别服务返回的发票识别结果中包含发票的基本信息：发票类型、发票名称、税收分类编码、开票日期、金额、税率以及纳税人编码等。一般报销时，报销人会根据发票类型或者税收分类编码这两个信息来选择系统中的费用类型。提交费用报销凭证，费用报销系统在审批完成后，会生成凭证数据和审批结果数据。这些数据会在机器学习系统中，作为一条标注数据，如果审批不通过，打回报销人重新修改费用类型后再次审批，则会生成多条标注数据，这些业务数据就是模型训练的训练数据。

在企业使用场景中，每个企业的数据不一样，同一个企业可能存在多个账套的情况，而且每个人每个部门填写费用报销单的习惯不一样，对于 BOTP 系统需要为不同的账套生成不同的 BOTP 业务规则，同样机器学习系统需要根据不同的业务数据，训练不同的算法模型，生成不同的业务规则。

在业务系统初始化时，需要为 BOTP 会计引擎生成初始化的业务规则，这是可以根据历史费用报销单的信息和行业的公共的业务数据，自动抽取特征、训练模型，创建 BOTP 业务规则。

在业务系统出现新的税务类型、费用类型，或者业务规则发生改变时，需要将业务系统的业务数据自动或者手工同步到机器学习平台，机器学习平台根据新增的业务数据，重新抽取特征、训练模型，生成新的 BOTP 业务规则，同步到费用报销业务系统。做到自动修改规则,不需要人去编写业务规则。

通过基于 AutoML 的智能会计引擎,财务报销系统可以做到根据用户的业务数据,自动创建 BOTP 业务规则,优化财务报销业务的用户体验,提高智能化的水平。

### 5. 基于 AutoML 智能会计引擎的优势与不足

1) 基于 AutoML 智能会计引擎的优势

与传统会计引擎相比,基于 AutoML 智能会计引擎实现了在 EBC 时代会计引擎的智能化以及数据驱动的需求,极大降低了人工编写 BOTP 业务规则的工作量。能够大量地节省现今的 BOTP 会计引擎所需的人力成本与时间。更重要的是减少了机器学习在业务系统中应用的实施成本,降低了门槛,真正推进业务系统的智能化。

2) 基于 AutoML 智能会计引擎的不足之处

第一,AutoML 平台支持的算法模型目前还不够丰富,不支持深度学习的模型,且支持的模型的泛化能力可能满足不了业务系统需求。模型可能会存在过拟合或者欠拟合的问题,模型的泛化能力也需要业务系统验证。

第二,机器学习的模型严重依赖数据,企业的业务数据是否能够满足 AutoML 平台对数据规模的要求要看每个企业具体业务场景的具体情况。

第三,基于 AutoML 的智能会计引擎在自动化特征工程方面,需要业务数据的标签。特别是新的业务规则的产生,是否能从财务数据中提取出业务标签;不同的业务场景存在很大的差异,还可能需要手工或者半手工方式提供相关业务标签,这部分还需要依赖数据的积累。

第四,自动化的模型在线学习需要业务系统实时或者准实时地同步业务数据到 AutoML 平台,这对传统会计引擎来说需要增加额外开发工作量,并且业务对业务数据的敏感,可能无法将数据同步到外部系统。

第五,机器学习的过程首先是对问题的定义,对业务场景的定义仍然需要业务专家人工定义。对于会计引擎场景,我们根据金蝶的业务系统,预置对业务的支持,如果要扩展到其他场景,还需要特殊定制。

3) 未来的发展方向

企业对于数据的保密性要求,存在不允许将业务数据上传到外部的 AutoML 平台的需求。这就要求系统能够支持合适的计算架构,满足企业的需求。目前,业界对于这种需求提供了差分隐私、联邦学习的解决方案,AutoML 后续要支持在联邦学习的隐私保护架构下,实现自动化的机器学习。

AutoML 平台目前没有提供深度神经网络模型,这是后续平台发展的方向。深度学习模型的自动化超参优化是一个非常复杂和耗时的过程,神经架构搜索还是学术界和工业界的研究热点。

### (二) 使用机器学习的智能会计引擎可能面对的挑战及风险

### 1. 机器学习智能会计引擎技术可能面对的挑战

从目前的技术实现和可能的机器学习算法来看,使用机器学习的智能会计引擎机器学习的算法优化需要基于数据量,尤其是有规律的标准化数据。目前大数据研究学习的第一步往往是进行数据清洗,然后初分类。如图像识别,先由人工对一定数量的图片示例进行初步分类注释,在此基础上,算法先学习初分类的结果并与人工交互,验证学习结果。只有在大量学习矫正之后才有可能建立出置信度之类的计算结果,才有可能被运用到实践之中。在这个过程中,机器学习的速度和质量会受到以下前提的影响。

1)训练数据的标准化程度

机器学习和数据挖掘技术需要进行数据的预处理,通过统计学中的归一化法首先进行样本数据标准化的筛选。而这个建模过程在会计引擎处理的数据表之间的转换过程是完全空白的,尚需要人员研究这一步模型应该如何建立合适的数据关系。另外,数据表因业务的差异也会出现不同的差异字段,目前在实践中各数据提供者和使用者还没有行业内的统一标准,之前积累的数据是否属于标准化高质量可用数据是存疑的。同时在机器学习过程中,也会对数据质量有演进的要求,字段要做到标准性统一仍然是一个需要一定时间累积和推进的挑战。

2)数据量是否足够大

另外一个来自数据的主要挑战在于训练数据的数量。算法是类似人类学习的过程,基于学习—验证—学习—修正算法—验证这样的循环,在整个循环中,需要大量的数据进行验证。甚至在前期数据标准化过程中也需要大量的数据进行收敛回归验证。而目前对大数据的运用还属于探索阶段,数据产生和存储也并没有形成统一的标准和方案。每一个企业生产的数据哪些被储存,每一家 ERP 软件供应商的数据如何存储都没有一个统一的标准,是否已经存储了足够大的学习样本,也会给机器学习带来挑战。如果学习和验证数据不够,整个学习过程无疑是非常缓慢的,同时学习质量也无法得到保障。

3)机器学习结果的通用性和可复用性

会计引擎是完全服务于财务会计系统的,目的是更简便更精确地衔接转换生产经营数据和财务数据,是真正需要产出商业运用的工具。商业工具应该具有通用性,否则只能是一种研究而无法大规模运用于商业现实。因此,基于一定样本数据进行机器学习和产出是否能够具有一定通用性还需要实践检验。到目前为止,ERP 厂商和实施咨询商在业界也暂时没有一套广受认可的、基于人工经验的、通用型的会计引擎数据转换模型,也没有基于特定行业的受到行业内认可的数据转换模型。这在一定程度上说明了会计引擎设计和使用的复杂性。同时,受限于前述两方面数据局限性的影响,机器学习的结果要能具有通用性,具有商业运用价值,还需要时间验证。如果机器学习的结果不具有足够的通用性和可复用性,那么也会在一定程度上限制通用的机器学习模型的产生。但考虑到目前商业社会的数据性,且财务会计经过多年发展,已经形成了世界通用的财务会计语言和分析体系,国际上会计准则都在走向趋同,我们对此方向的通用性持有乐观态度。

**2. 数据敏感性和知识产权风险**

进入大数据时代后,每个人每个企业都会成为数据产出者和消费者。在目前现状里,会计引擎衔接的生产数据和财务数据都属于企业。但为了训练机器学习算法,需要大量的数据,且如果需要该算法具有行业乃至更广域的通用性和可复用性,数据源必然不仅仅是属于某一家企业。如果企业对这部分数据持有敏感性保护意识,那么在获取广泛数据上将遇到困难。另外,目前做会计引擎设计的有 ERP 软件开发商和实施商,交付给企业后企业的人员也可以进行调整和设置,那么算法产生的结果和算法设计本身就将涉及数据提供方的企业和 ERP 软件开发企业,最终此算法的知识产权归属,目前也没有明确的法律界定。如发生知识产权争议,那么对于算法的发展可能是不利的。但是会计引擎作为财务软件普遍具有的特性,又应该是能够尽可能通过大量的数据来持续性地学习和修正的,这是属于数据新时代带来的新问题、新挑战,也亟待政府尽快出台针对大数据知识产权保护的相关法律,对数据信息的开放、采集、存管、交易、传输和二次利用等相关权责作出明确界定。完善侵权责任法相关规定应当建立一套民事责任、行政责任、刑事责任有机结合的数据侵权责任法律体系。

### (三) 机器学习时代对财务信息系统和财务人员的要求

#### 1. 机器学习时代对财务信息系统的要求

1) 信息化系统应建立统一的会计引擎

从目前的现状来看,我国大部分企事业单位对于会计引擎的运用还比较初级,主要体现在以下几个方面:

一方面,我国企业信息化程度发展不一,行业和企业差异都极大,导致对会计引擎的运用广泛度不一。如交易量极大的金融零售行业信息化程度相对较高,业务财务系统衔接较好,对会计引擎的运用比较频繁。由于业务复杂度决定对会计引擎的要求也比较高,业务模式相对简单的制造业,对会计引擎的运用深度就不如交易状况复杂的行业。甚至还有部分企业停留在简单的财务人员按照经验完全人工收集、手工录入财务数据的情况,这种情况下,并没有建立业务数据和财务数据的系统关系。

另一方面,会计引擎的复杂程度和应用深度也是不同的。会计引擎到今天还没有在业界出现独立产品化的应用,多数会计引擎都还是隐藏在各种各样的专业化的财务信息系统中,甚至很多都是直接内置在业务系统中或者通过实施中对接中间映射表的方式进行使用。而且会计引擎一般是从财务角度出发的设计要求,是基于财务对会计核算的要求而提出的,而不是业务系统的要求。在业财系统没有对接的情况下,传统财务通过手工录入凭证的方式靠人脑判断来进行业务数据向财务数据的转换。这种情况下,业务系统设计人员在设计时就考虑向财务语言的转换产品规划也很难做到前瞻化的规划。而一个企业往往会随着业务价值流的流转使用不止一套甚至很多套的业务系统,而财务系统却需要将每一步业务流程的业务数据都获取到,这导致目前大部分企业运用都是从业务系统出发而各自设计会计引擎。即使是一些专业的财务系统,如费用报销系统、银企系统,由于很可能采取多家 ERP厂商的多个版本系统,且分阶段上线系统,往往就因为历史原因分别各自搭建了会计引擎。这从企业内部视角来看,就是各种不同的财务业务系统中都有一些逻辑有差异、功能有差别的成熟度不同的会计引擎模块。分散在各个专业财务或业务系统中的会计引擎模块往往都是针对差异化的特定场景来开发的,因此,在设计过程中没有进行高度的抽象化归纳,这类型的会计引擎是没办法复制使用的。另外,会计引擎在不同行业的应用往往存在着一定的行业特色和特定的行业场景定制。

但在机器学习时代,为了运用最新的技术进行大数据处理和学习,企业应该首先使用一个统一会计引擎。如前论述,目前多数的会计引擎都是搭建在各种财务或业务系统中,属于相同的一个模块,或者类似 EAS、BOTP 一样为一个相对独立的子系统。而统一会计引擎则是希望能够打破其属于某个系统的从属属性,使其能够从各个系统中独立出来,形成一个专业化的系统平台。通过这样的一个平台,处理多来源但同目标的数据转换,即统一会计引擎一端获取企业内所有业务系统信息,另一端向核算系统和管理会计系统输送会计凭证或财务数据表。这样的统一会计引擎应该具有以下几个技术特点:

(1)统一或唯一。如前所述,如果是多套会计引擎,多个转换方式,不管是否处于一个集成系统之内,都会造成数据应用时数据存储多处或者数据表设计的不统一,这会给机器学习引用的数据和验证复用学习结果进行智能设定造成困扰。只有统一或唯一的引擎设计才能适应大数据机器学习对数据的要求。

(2)抽象。如前所述,企业的业务系统往往是不止一套的,而且不同行业也会具有一定的行业特征,统一会计引擎必须具有足够的抽象性才能覆盖多行业的多种多样的业务系统,承接非同一标准的业务数据。只有具有这种特性的会计引擎才能够快速运用于大数据时代,承接足够大的数据才有可能获得进一步的发展。

(3)敏捷。敏捷性的要求一方面来自业务数据提取的要求,另一方面来自算法验证和产业复用的要求。如果不能够被方便的快速使用验证,那么随着数据的积累,架构会越来越难以使用,没有变化性。而一个不能够被及时验证和灵活复用的架构,必然会被时代淘汰。

目前,金蝶 EAS 的技术架构中已经具有这样类似的技术特性。但在实际使用时,由于企业信息系统建设往往是多次分布规划建设的,再加上企业内部可能出现的各种收并购业务或者新的独立发展建设的业务,目前在中大型企业的实践中,还在逐步往强集团管控的方向走。这就涉及我们下面的第二点要求,企业应该全盘规划信息系统的搭建架构。

2)企业应全盘规划信息系统的搭建架构

中台架构是目前流行的数字化企业信息系统架构,可以避免传统烟囱式架构各自为政,数据难以流通融合的弊端,更重要的是,中台架构可以使企业具有强大的数据沉淀和管理能力。图7展示了中台结构的几个技术要求,可以看到在中台架构后,企业的数据资产更加标准、完整、即时。

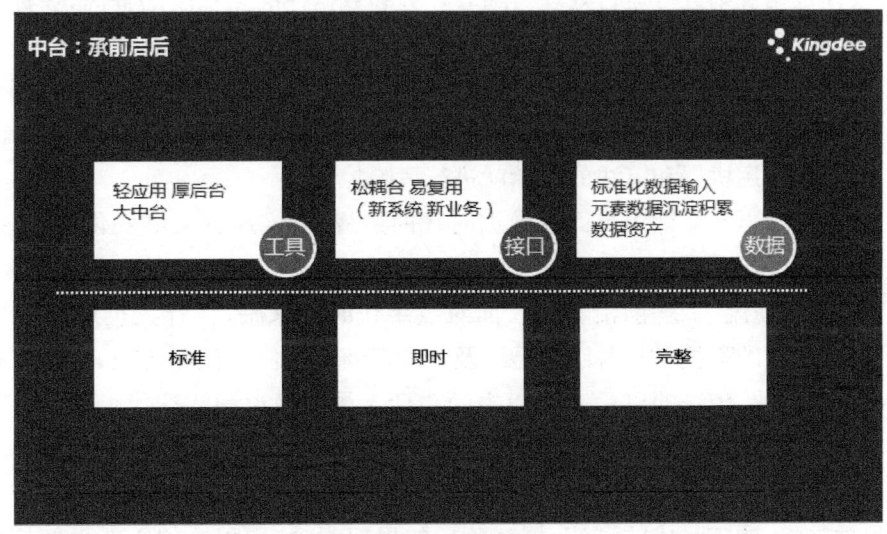

**图7　中台架构**

企业在进行信息系统搭建规划的时候,应该尽量将企业核心数据资产进行整合,使企业的信息系统具备完善的数据治理能力,能够灵活适应技术发展对于数据规划、获取、整理、输出的需求。这样随着技术发展,引入高级算法和智能化运用等新技术时就能具备坚实的数据基础。

**2. 机器学习时代对财务人员的要求**

根据目前的业界预测,未来的技术发展使得未来会计行业的基层会计大大减少,中层及以上会计人员大大增多,从纵向上改变会计人员结构。在机器学习时代,数字化企业对于财务管理和财务人员的要求与以往相比会有以下变化。

1) 会计人员结构变化

财务机器人的诞生有可能会使一大批基层会计人员面临失业。目前财务机器人仅处于初期阶段,随着其不断优化,将会有越来越多的程序性工作被取代。机器代替不了的是复杂的分析以及决策的制定,因为这些必须经过大脑复杂的思考,且过程不可复制,对人员的经验有一定要求。这些都将导致以分析和决策支持工作为主要内容的管理会计岗位在未来更具有竞争优势也更被企业所认可。随着财务人员的数据的范围可能会逐步扩大,以往局限于核算工作的财务人员向管理会计转型,所分析的数据已经不再局限于财务报表展示的财务数据,还会有更多的业务数据。管理会计人员通过对业务数据的分析进行业务活动的回顾和预测,从而能够预测未来的财务结果。这对于财务人员的数据处理能力提出了更高的要求,但也有可能产生一部分处于财务部门的专业的数据分析专家。从财务会计向管理会计转型、数据处理专家岗位出现等都将在横向上拓宽会计结构和业务能力要求。

2) 财务控制风险深入设计前端

在以往,会计职业道德指导会计人员在职业活动中遵循相关的职业行为准则和规范会计相关法律在外进行约束,会计职业道德在内进行要求。它贯穿会计工作的所有领域和全部过程,对会计工作质量至关重要,也是企业规避风险的重要措施。系统的财务机器人,虽然在会计工作中有高效率、低成本的优点,但是作为机器,不具有人类的情感与判断,亦没有道德概念,仅仅根据规则进行运行处理。随着业务和数据标准化程度的提高,在标准化流程中出现因为职业道德不同而造成的会计处理不同等影响财务结果的事件将减少。因此,随着自动化、智能化的发展,会计人员逐渐缩减时,会计职业道德将会在一定程度上被弱化。但对于设置规则和做机器训练的程序员而言,对会计法律的遵循和会计职业道德的遵从并不会减少,必须在使用机器和算法的伊始就进行风险控制。

基于上述变化,财务会计人员面对数据时代的挑战,应该拥有无惧变化,积极拥抱挑战的心态,应当做到下面几点:

(1) 顺应时代潮流,了解前沿科技。面对数字化时代来临,会计人员应当顺应时代潮流,及时了解最前沿的科技,根据社会需要,及时学习新的技能。回顾历史,计算机技术的发展催生了会计电算化,传统的以手工账为主的会计人员慢慢被淘汰迭代。只有及时掌握一定的计算机技术才能适应新的会计核算模式,才能适应社会发展。如今,技术发展带来了财务机器人、智能核算、自动化流程,面对着更加严峻的会计行业变革,会计人员更应当及时学习必需的科学技术,顺应时代的潮流,摒弃落后的思想观念,用积极的心态去迎接挑战。只有站在时代的最前沿,才能与时俱进,永不落伍。

(2)加强专业知识学习更新,提高业务水平。面对日新月异的业务发展和财务会计工作,面对具有明确规则的任务处理,人员的工作效率与不眠不休的财务机器人是无法相比的,因此会计人员应该将工作重点转向机器所不能处理的业务。这就要求会计人员加强会计理论以及会计实务的学习,成为机器的主人,规则的制定者。时刻保持危机感,不断学习,不断提高,应是新时代会计从业人员的必备特质。

(3)财务会计向管理会计转化,深入业务,提高决策能力。未来管理会计的需求大大提高。管理会计能够在财务信息甚至是业务信息的基础上,分析数据,得出结论,进而作出决策,这是一种更高层次的财务工作,也是目前我国比较短缺的一类会计人员。因此,传统的财务会计应当尽快向管理会计转化。这就要求会计人员在日常工作中贴近业务,注重分析能力的培养以及决策能力的提高,同时学习管理会计的基本理论知识和方法,从财务会计转型为管理会计,为企业带来价值。

(4)拥有足够强的业务流程抽象能力主动管理数据。财务人员一直以来都是企业数据的积极运用者,在新时代,财务人员更应该主动挖掘企业的数据价值,给企业发展添砖加瓦。而需要发掘数据的价值,就要知道数据如何产出和如何管理。财务会计引擎的使用,使财务人员开始关注和主动对业务数据进行抽取整理,而要打造机器学习时代的会计引擎,财务人员和相关的设计者必须主动对相关的数据进行管理。这就要求财务人员具有足够强的业务流程抽象能力去管理数据。财务人员要能主动推动业务流程的标准化,使数据标准统一,才能为数据运用打下坚实的基础。

## 四、结论与展望

综上所述,目前金蝶已经开始开展利用 AutoML 自动机器学习的研究,并已经有一定的应用成果。未来希望能利用此技术对会计引擎的工作产生更大的影响力,让会计引擎的人工设计和实施工作一定程度的走向自动化和智能化。尽管实际工作中仍然存在企业信息系统数据化程度不足和企业人员素质不匹配的问题,但人工智能和机器学习等技术手段一定会在不久的将来重新改造现有企业的工作流程与人员工作方式。金蝶会持续投入对AutoML 的研究,探索机器学习技术在企业数字化进程中更多的运用场景,为企业数字化转型赋能。

## 参考文献

[1]黄灏,吕士瑛,郑钧.人工智能和机器学习在金融服务市场中的发展及其对金融稳定的影响[J].金融会计,2018(05):38-44.

[2]MIRZA, MEHDI, AND SIMON OSINDERO. Conditional generative adversarial nets. arXiv preprint arXiv:1411.1784,2014.

[3]黄豪杰,段先华,黄欣辰.基于深度学习水果检测的研究与改进[J].计算机工程与应用,2020,56(03):127-133.

[4]李栋,刘萌萌,郭莎.基于改进的 K_means 算法在图像分割中的应用[J].电脑知识与技术,2016,12

(08):166-168.

[5]林一帆.基于机器学习的信用评分模型研究[D].天津商业大学,2019.

[6]ROBERT HECHT-NIELSEN. Theory of the backpropagation neural network[J]. Neural networks for perception. Academic Press,1992:65-93.

[7]Magerman D M. Statistical decision-tree models for parsing[C]. Proceedings of the 33rd annual meeting on Association for Computational Linguistics,1995.

[8]KOMBRINK S, et al. Recurrent neural network based language modeling in meeting recognition[C]. Twelfth annual conference of the international speech communication association,2001.

[9]施亭博.人工智能兴起对未来会计行业的影响[J].现代商业,2017(28).

**课题负责人:**吴跃海

**课题组成员:**胡萌利、张刚、姜集钟、陈丰

**所在单位:**金蝶软件(中国)有限公司

# 自然语言处理在财务领域的应用场景研究

**【摘要】** 云计算、大数据、人工智能等新技术的高速发展，不仅改变了企业传统的商业模式，同时也加速了企业应用的不断创新。本课题针对当前财务人员工作繁杂、重复性高和办事效率低下等问题，对自然语言处理（NLP）和人工智能技术在财务领域的应用场景进行了探索，研究了基于 NLP 的对话智能交互技术、基于 NLP 的财务智能数据处理技术和基于企业知识图谱的财务数据智能决策技术。本课题的研究具有重要的研究价值与实际的行业应用意义，可以通过成果转化与企业管理云服务进行深度融合集成，为企业财务共享管理、智能制造、协同供应链管理、移动办公和电子商务服务等业务环节提供智能服务，为我国中小型企业客户向数字化转型升级提供人工智能云服务。

**【关键词】** 自然语言处理；对话机器人；用户意图理解；机器人流程自动化

## 一、引言

### （一）研究背景

近年来，随着信息技术的发展与进步，人工智能在多个行业领域取得了重要突破和发展。财务作为影响企业发展的根本性要素，任何企业都极为重视财务领域的技术变革。人工智能的发展将根本性地提高财务的效率和服务能力，纵观整个会计领域，不难发现，由于各种会计处理软件和人工智能的应用，过去从事手工填制凭证、记账、对账、结账这些繁琐的工作的人正在悄无声息地被替代。

从人工智能发展趋势来说，我国政府高度重视人工智能的应用。习总书记在党的十九大报告中提出："加快建设制造强国，加快发展先进制造业，推动互联网、大数据、人工智能和实体经济深度融合，在中高端消费、创新引领、绿色低碳、共享经济、现代供应链、人力资本服务等领域培育新增长点、形成新动能。"早在 2017 年，国务院印发了《新一代人工智能发展规划》的通知，明确指出新一代人工智能发展分三步走的战略目标，到 2030 年使中国人工智能理论、技术与应用总体达到世界领先水平，成为世界主要人工智能创新中心。2017 年 12 月，工业与信息化部发布了《促进新一代人工智能产业发展三年行动计划（2018—2020）》，从推动产业发展的角度，结合"中国制造 2025"，对《新一代人工智能发展规划》进行了细化和落实，以信息技术与制造技术深度融合为主线，以新一代人工智能的产业化和集成应用为重点，推动人工智能与实体经济深度融合。

自然语言处理（Natural Language Processing，NLP）作为人工智能的一个重要研究方向，被广泛应用于文本处理、对话系统、文本情感分析以及智能推荐等领域。而财务数据中存在大量非结构化数据(如 Word 文档、pdf 文档等)和半结构化数据(如 Excel 表格等),使用 NLP 将从根本上改变财务系统数据采集、处理和分析的效率。国外典型案例如著名会计师事务所德勤应用人工智能改善业务流程,由德勤和美国创新部门 KIRS 系统合作,该平台利用 NLP 技术已经实现了从合同中审查并提取所有重要的相关信息,减少了繁琐费力的人类劳动。会计师事务所安永最近将人工智能应用于租赁合同的分析。该公司声称,使用人工智能可以更容易地从合同中获取重要的相关信息,如租赁开始日期、支付金额以及续约或终止选项。普华永道与硅谷公司 H2O.ai 合作开发了一种人工智能系统,利用 NLP 技术理解复杂的租赁协议,收入合同和董事会会议纪要,然后为客户形成有意义的见解。毕马威也正在使用人工智能来分析和提取租赁或投资协议中的信息,其利用 NLP 设计一个模型来预测未来的事件,甚至可以将客户来电转换成非结构化的文本,然后将其精简,以找出关键字、客户的情绪和预测未来趋势。

国内对于 NLP 在财务领域里应用还较少,一些高校在相关领域进行了前沿探索。广东工业大学的梁倬骞等针对企业财务报告中存在大量蕴含着许多重要财务信息的非结构化文本信息进行研究。这类信息难以被计算机识别、分析和处理,从词语属性描述、词语关系组织和相关知识链接 3 个维度构建财务报告领域本体,利用 NLP 工具对中文财务报告中的文本信息进行处理,将非结构化文本信息转化为结构化信息并使用可扩展商业报告语言(Xtensible Business Reporting Language,XBRL)表示,在一定程度上实现了文本信息的数据库存储与计算机分析处理。吴龙庭等提出利用 NLP 技术让计算机辨别使用自然语言描述的会计事项,借助自然语言处理技术,在会计语料分析中提出词移分析法,给出了一种判断会计事项的智能方法。

在对话式交互技术方面,随着对话式交互应用需求的不断扩大,以大数据、云计算、移动互联网和人工智能等关键技术为支撑的智能语音产业迅猛发展,并吸引着国内外广大研究机构和企业的持续关注。当前 IT 巨头以智能语音交互为切入点,积极布局人工智能领域发展。国际上 Oracle、SAP 和 Salesforce 等 ERP 企业巨头以及其他 ERP 厂商都在纷纷构建面向企业应用的对话交互平台和企业数字化 AI 助手,通过与后端财务管理系统连接,赋能企业财务管理业务的数字化转型。但就国内而言,这些场景和应用的研究仍然是一片空白。

在大数据处理技术方面,产业界目前以 IBM 提出的大数据 4V(volume、velocity、variety 和 veracity)特征为代表,分别为体积、速度、种类和准确性特征。随着大数据技术的发展,数据 2.0 时代的到来,企业大数据落地面临着诸多挑战:①传统的 4V 特性只描述大数据的基本特征,并未解决如何在企业落地大数据的应用;②企业更关注的是大数据产生的价值,与大数据的特征并无直接关系,现有方法无法适应企业对大数据应用的需求。

**(二) 研究意义**

NLP 技术对于财务领域的影响将贯穿于财务数据流转的整个生命周期,使得财务数据处理产生巨大的变革,并且具有重要的研究价值与应用前景。其对财务领域的重要意义体现在以下三个方面:

(1) NLP 将极大提高财务数据的采集效率,大量的非结构化文本可以通过 NLP 转化为结构化数据,方便检索与快速处理。

(2) NLP 将改造整个财务数据的流程,自动化程度将大为提高,将有效地提升财务数据流转的效率,节省人力成本和时间成本。

(3) NLP 将提升财务数据洞察的能力,基于 NLP 技术将融合多种数据,为实现企业智能决策奠定重要基础。

综上所述,NLP 在财务领域的应用场景具有重要的研究价值与实际的行业应用意义,可以进一步研究和探索。此外,相关技术可以通过成果转化与企业管理云服务进行深度融合集成,为企业财务共享管理、智能制造、协同供应链管理、移动办公和电子商务服务等业务环节提供智能服务,为我国中小型企业客户向数字化转型升级提供人工智能云服务。

**(三) 研究方法**

针对以上问题,本课题采用的研究方法如下:

(1) 面向企业普通员工,研究基于 NLP 的对话智能交互技术,通过构建面向企业财务管理领域的对话交互服务平台及行业解决方案,国内率先实现财务智能应用的对话式交互技术的云端协同开发和云端即时体验,以提升企业财务人员的数据交互体验,提升工作效率。例如,用户可以通过对话式或语音交互的方式提交报销或者出差申请,系统能识别请求,帮助其生成相应的单据,并能智能地生成相应的财务凭证。

(2) 面向企业专业岗位,研究基于 NLP 的财务智能数据处理技术,通过 NLP 和机器人流程自动化(Robot Process Automation,RPA)技术提高财务数据处理的效率。例如,对于财务中重复的流程,可以通过 NLP 提取财务人员的需求的数据,并利用 RPA 来执行数据处理流程。也就是 NLP 负责数据的处理,RPA 负责数据的流向控制。

(3) 面向企业管理者,研究基于企业知识图谱的财务数据智能决策技术,利用 NLP 技术融合多种财务数据来源,形成知识图谱,为管理者提供智能推理、决策和数据洞察。

**(四) 研究技术路线**

本课题根据财务数据的全生命周期分为三个阶段:第一阶段是业务系统,主要是进行财务数据的搜集,将多个业务系统的数据收集起来,进入财务共享中心,这个过程是将业务数据转变成财务凭证的过程;第二阶段是财务共享,所有进入财务共享中心的数据都将转化为账簿账表,主要面向专业岗位的会计,并进行财务数据分析形成报表项目和预算项目;第三阶段是战略财务、管理会计和资金管理,是面向高层的管理者,主要做财务数据的增值服务,为管理者提供决策支持和数据洞察。针对整个财务数据流转的生命周期,本课题将利用 NLP 技术为这三个阶段的数据处理赋能。采用的技术路线如图 1 所示。

**(五) 研究内容**

本课题针对当前财务人员工作繁杂、重复性高和办事效率低下等问题,对自然语言处理(NLP)和人工智能技术在财务领域的应用场景进行了探索,进行了如下三个方面的研究:

(1) 面向企业普通员工,研究基于 NLP 的对话智能交互技术,通过构建面向企业财务管理领域的对话交互服务平台及行业解决方案,国内率先实现财务智能应用的对话式交互技术的云端协同开发和云端即时体验,以提升企业财务人员的数据交互体验,提升工作效率。

(2) 面向企业专业岗位,研究基于 NLP 的财务智能数据处理技术,通过 NLP 和机器人流程自动化技术提高财务数据处理的效率。

(3) 面向企业管理者,研究基于企业知识图谱的财务数据智能决策技术,利用 NLP 技术融合多种来源财务数据,形成知识图谱,为管理者提供智能推理、决策和数据洞察。

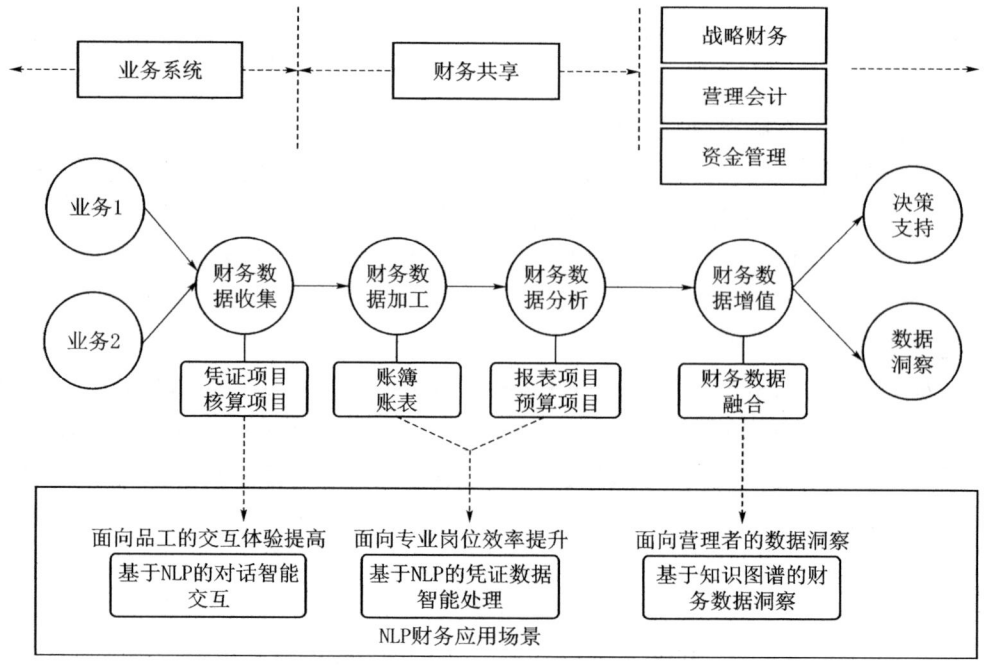

**图1　NLP财务领域应用技术路线**

### （六）研究创新点

本课题的研究创新点如下：

（1）在面向财务管理领域的对话交互方面，提出一种融合业务流程的对话管理系统架构和融合业务流程管理的对话交互服务平台架构。该架构首先对用户在特定业务需求中产生的交互数据进行分析，通过融入领域知识对用户话语的概念表征进行学习和纠正。通过对影响话语意图的社交属性（即涵盖用户多种不同表达的话语）进行分析，构建基于语义表达的释义生成模型，在此基础上，生成涵盖多种社交属性的训练数据。针对每个意图类别，在有限训练数据条件下，融入社交属性对训练数据加以扩展，通过采用海量数据训练得到的词向量捕捉词语之间的语义关系，并基于浅层神经网络提升意图识别的泛化性能和时间性能。最后将财务管理领域的业务流程融入平台的对话管理框架中，提升用户通过对话式交互的方式执行任务的完成度和交互满意度。

（2）在基于NLP和RPA的财务数据处理流程优化方面，采用主流的技术架构与设计，利用自主研发的基于社交化共享的业务流程智能重构技术、基于共享动态信用管理的智能审核技术、基于共享智能检查的智能审核技术与基于智能平衡计算的任务智能推送技术，研发出一款面向专业财务管理人员的独立RPA产品。该产品能够有效衔接企业与外部的应用，如与税务局的报税服务，与银行的交易查询、下载等服务，与各软件的数据交互，如OA、HR、CRM、EXCEL、邮箱等。该产品极大地提升财务数据处理的效率并且降低企业的成本，减少人为错误，为企业带来高回报率，并促进企业集群整体资源合理化配置与绿色利用。

（3）在基于企业知识图谱的财务数据决策方面，以财务数据洞察为突破点，研究知识图谱在财务系统处理中的应用，形成知识图谱在财务领域应用示范，使用知识图谱为企业高层管理者提供重要的决策支持,促进企业完成科学决策流程,以数据驱动的管理帮助企业提升经营业绩。

## 二、文献综述

### (一) 用户概念表征学习的研究

用户概念表征在自然语言处理领域一直是国际上普遍关注的问题。无论是学术界还是工业界都对语音交互中的用户概念表征进行了广泛的研究。早在 20 世纪 90 年代末,清华大学王作英教授就提出采用统计和规则相结合的方法实现汉语拼音到概念表征的转换方法。2006 年,Zhou 等人提出一种语音识别检错和纠错算法,对每个单独的词语,该算法生成 20 个可替换的词语,然后采用线性打分系统对每个句子进行打分,并从中选取分值最高的句子作为最终的结果。由于该方法仅针对特定领域,因此,能够被检索出来的词语非常有限。为解决该问题,Mangu 等人提出了一种基于转换的学习算法,采用困惑网络(Confusion Network)模型对概念表征存在偏差的模式进行学习。

### (二) 释义自动生成技术的研究

释义是指与源句子具有相同或相似语义的目标句子。作为自然语言处理领域的重要任务之一,释义自动生成技术被广泛应用在很多真实业务场景中,如基于检索的问答系统、语义解析和口语对话系统中的数据增强等。当前释义自动生成技术可以分为以下四个类别。

#### 1. 基于规则的方法

McKeown 使用预先设定的模板形成释义句,并从用户的问题中以信息模板的形式对词槽进行填充,以简化在解析过程中给定信息与新信息的识别;然后,将解析树中的标记翻译成相对应的单词填充在词槽中。然而,该方法采用的规则简单,难以覆盖丰富多样的句子结构。尤其是当使用的释义模式较长或较为复杂时,该方法的模式覆盖度就很低。

#### 2. 基于同义词词林的方法

对于给定的文本,该方法会在其中寻找单词或表达式,并在词林中找到对应的同义词或同义表达。该方法仅从同义词词典中找到对应的同义词或同义表达替换源句子中的单词或短语,而无法产生其他句子结构的释义。

#### 3. 基于语法的方法

Narayan 等人采用隐变量概率上下文无关文法(Latent-variable Probabilistic Context-free Grammars,L-PCFGs)对释义进行采样和生成释义。该方法通常会因为生成的解析树不唯一而产生歧义。

#### 4. 基于统计机器翻译(Statistic Machine Translation,SMT)的方法

该方法将释义生成看成单一语种的机器翻译过程,即将源句子翻译成同种语言的目标句子。其主要缺点在于当在训练语料库中没有相似的语料的文本时,就无法得到满意的翻译结果。研究具有良好性能的中文释义生成方法是本课题的重点。

### (三) 用户意图理解的研究

随着人机交互技术的快速发展,如何让计算机理解用户的话语意图逐渐成为研究热点。目前,人们对于用户意图理解的研究主要集中于口语理解(Spoken Language Understanding,SLU),即通过分析特定领域或特定业务场景的话语信息以获取其中蕴含的语义信息。近年

来,越来越多的研究者关注于使用文本信息对口语交互中的用户意图进行理解。传统方法主要趋向于将用户意图划分为有限的离散类别。例如,邓力等人将用户意图定义为多个语义类别(如询问天气、查找航班等),利用深度凸网络(Kernel Deep Convex Network,K-DCN)对交互文本的语义类别进行判别;Kim 等人将词向量作为词法特征引入意图理解中,解决了语义分析任务中数据稀疏的问题;在双向循环神经网络(Bidirectional Recurrent Neural Networks,BRNNs)中增加注意力机制来捕捉句子中重要的语义信息,提升意图理解的准确率。

此外,也有部分研究工作以声学信息为输入,利用支持向量机模型对语音意图进行判别。例如,Savino 等人采用基频形状和时长等声学特征对口语对话系统中的交互意图进行分类;Irie 等人采用说话人以及语素(Morphemes)信息提出了基于决策树(Decision Tree)的分类方法。以上方法都只是从单一模态对用户意图进行理解,却很少考虑融合多种不同模态,对影响话语意图的不同属性加以补充。因此,融合多种影响用户交互意图的相关属性,研究新的意图理解模型是本课题的研究重点。

## 三、主体研究内容

### (一) 基于对话机器人的财务数据交互

传统的财务数据输入和收集基于特定的规则和给定的字段,在输入的流程上日趋机械化,极大地影响了企业员工的体验。所谓对话式人工智能,是指通过对话交互体现出来的智能行为,智能系统通过与用户或环境进行交互,并在交互中实现学习与建模,基于自然语言的对话机器人已经成为人机交互的新趋势。在生活服务、协同工作等诸多场景中,用户越来越接受通过对话机器人跟手机、音箱等设备进行对话,来获取应用和服务。本课题通过构建面向财务领域的对话机器人服务平台,从企业语音输入、交互及应用等三个方面对相关核心技术展开深入研究,提出了领域知识增强的用户概念表征学习方法和融合社交属性的用户意图理解方法,以及融合业务流程的对话管理系统架构,提升了语音识别和意图理解的准确性与交互满意度和任务目标完成度,并使用对话机器人提升了财务数据的交互效率,加速了企业财务管理的数字化转型。

#### 1. 基于领域知识增强的用户概念表征学习建模

对企业财务管理应用而言,如何正确理解用户在交互过程中的意图是提升用户满意度和愉悦度的关键。作为语音交互系统中不可或缺的一部分,语音识别和意图识别的准确率对意图理解的准确性起到至关重要的作用。然而,由于受到环境噪声和用户说话方式以及方言习惯的影响,意图理解的能力通常无法满足真实业务的需求。

用户概念表征学习是现代认知心理学对概念研究的深化,是人类在认知过程中,从感性认识上升到理性认识,通过对信息进行加工(如输入、编码、转换、存储和提取等),将所感知的事物的本质特点加以抽象和表达的过程。对语音交互而言,这些用户概念表征信息是准确理解财务人员在交互过程中的话语意图的重要前提。当前,在语音交互系统中,用户概念表征主要随着语音识别技术产生而来的。然而,单纯的语音识别技术仅从语法和发音等层面进行建模,缺乏领域知识的相关指导。此外,在企业财务管理应用场景下,由于用户自然语言的多样性和复杂性,以及地域差异和方言习惯的不同,用户对同一件事物的概念表征通常会存在歧义。因此,这就需要我们针对特定的财务管理场景引入领域知识,在语音识别结果的基础上,对用户概念表征信息加以区分和增强。

1) 用户概念表征学习的总体框架

本课题提出的基于领域知识增强的用户概念表征学习的研究框架分为语料库处理阶段和文本纠错阶段,如图 2 所示。在语料库处理阶段,首先对每句语料进行词法/语法分析,得到分词结果。对每个分词,一方面,对该分词中的每个字,采用字级别混淆集中与该字具有相同或相似拼音的词进行替换,从而产生新的分词并将其加入分词词典中;另一方面,生成该分词的拼音并形成一个候选集-拼音对的字典。在文本纠错阶段,首先对待纠错文本进行分词处理并获取对应的拼音,然后计算该分词与候选词集中每个词的相似度分值(本文采用拼音编辑距离与语音模型分值相结合的方法),选取分值最大的候选词作为最终的结果。

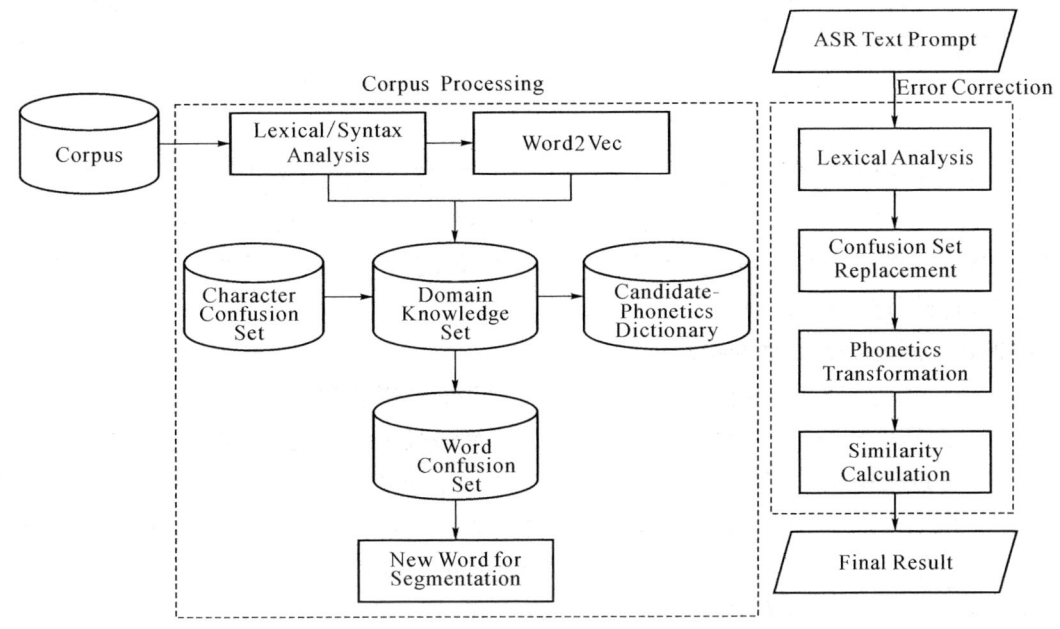

图 2　用户概念表征学习的总体框架

2) 财务管理场景交互数据处理

第一,语料库的构建。

在自然语言处理领域,语料库对模型的训练和候选集的构造起到至关重要的作用。其质量的优劣直接影响到模型的性能和用户概念表征学习的好坏。为了提升语言建模的准确性和有效性,本文采用的语料库主要来源于以下两部分:

(1) 领域无关语料库。为了构建一个用于训练涵盖用户多种表达方式语言模型的语料库,本文选用海量通用场景的维基百科(Wikipedia)数据集。该数据集包含 5 000 万条符合通用领域的正确表达。

(2) 领域相关语料库。为提升模型在特定企业场景的用户概念表征效果,本课题邀请了 5 名 ERP 领域工程师精心设计了 896 句企业场景交互数据,涵盖财务指标查询、出差申请和流程审批等财务领域的多种应用场景。

第二,领域知识库的构建。

每个行业、每个财务管理应用场景都有自己独特的领域知识。这些领域知识对解码用户话语的概念表征起到重要作用。对每个企业场景,为了构建自然文本与核心语义之间的关系,本课题首先采用依存语义分析提取句子中的核心成分,然后采用 Word2Vec 技术生成与核心成分具有相同或相似语义的同义词。最后,本课题将每个句子的核心成分和其同义词的组合构建为领域知识库,用于文本纠错的候选集。为了提升文本纠错的效率,本课题首先获取了该集合中每个词语的拼音以形成一个候选集-拼音对的字典。

第三,词级别混淆集的生成。

由于本课题提出的方法是基于词级别的,因此,词法分析或分词的有效性将会影响到用户概念表征学习的准确性。此外,对主流的分词算法(如 Jieba、HanLP 等)而言,用户字典的规模对分词的有效性具有重要作用。为了生成一个海量的分词集合,首先利用算法固有的用户字典对领域相关语料库中每个句子进行分词。对分词结果中的每个字,使用字级别混淆集中与该字具有相同或相似拼音的字依次进行替换,生成新的词语并加入词级别混淆集中。

例如,源句子"我们公司的现金还能使用多久"将首先经过分词模块处理为"我们公司的现金还能使用多久",然后对于每个词,本文采用字级别混淆集对该词中的每个词依次进行替换,如"现金"将被处理成"先进""线进""现近"和"现进"等。因此,当语音识别文本中出现"现进"时,将被分到一个词中。

第四,N-gram 语言模型的构建。

本课题首先对所有收集到的语料(包括领域无关语料库和领域相关语料库)进行分词处理,然后利用语言 N-gram 模型工具包 KenLM 训练词级别的二元语言模型(Bi-gram)和三元语言模型(Tri-gram)。以二元语言模型为例,该方法会去统计语料库中两个相邻的词在一起出现的概率,为了简化计算,概率值通常会取以 10 为底的对数值,然后将结果按行存储。例如,上述例子中的某一行可以存储为"我们公司 - 1.25"。

3) 基于领域知识增强的用户概念表征学习

本课题提出的基于领域知识增强的用户概念表征学习方法由以下两部分组成:首先基于平均绝对偏差对待纠错文本中可能存在的错误进行检测,然后采用基于语言模型与拼音编辑距离的相结合的方法对错误文本进行纠正和增强。

第一,基于平均绝对偏差的文本检错。

为了降低正确文本被错误纠正的概率,首先采用训练好的二元语言模型和三元语言模型计算识别文本的语言模型分值,以获得句子流畅度得分。若分值大于某一设定阈值 - $t_1$,则直接返回;否则,采用构造的新词集合进行分词,并对分词后的结果计算平均绝对偏差 $d$。若 $d$ 小于另一设定阈值 $t_2$,则说明该词存在错误并将其加入错误词集合中;否则直接返回。其处理流程如图 3 所示。

第二,基于语言模型与拼音编辑距离的文本纠错。

对于每个检测出来的可能存在错误的词,本课题首先获取其汉语拼音,然后依次计算该拼音与领域知识库中的每个词的拼音相似度,得到一个候选词集。对传统的编辑距离而言,

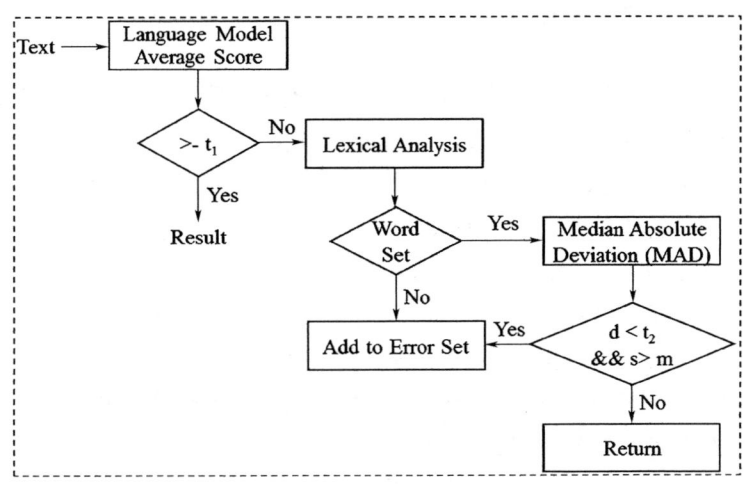

**图 3　基于平均绝对偏差的文本纠错**

如果两个拼音的长度相差很大,就无法很好地表征两个拼音之间的编辑距离。为了解决该问题,本文采用改进的编辑距离。

假定 $t_0$ 和 $t_i$ 分别为可能存在错误的词和领域知识库集中的第 $i$ 个词,则 $t_0$ 和 $t_i$ 之间的编辑距离如下式所示:

$$dis\tan ce(t_0,t_i)=\left| len(t_0)-len(t_i) \right| * \frac{\sum\limits_{w\in t_0} len_p(w)+\sum\limits_{w\in t_1} len_p(w)}{len(t_0)+len(t_i)}$$

其中, $len(x)$ 表示词 $x$ 的长度, $len_p(x)$ 表示词 $x$ 中每个字的拼音的长度。

**2. 融合社交属性的意图理解**

在企业财务管理应用场景下,语音交互系统中口语理解的终极目标是对用户在自然语言中表达的领域信息和意图进行准确识别。当前,无论是国内的 AI 平台(如百度、小米、科大讯飞和京东等)还是国外的交互平台(如 Amazon Alexa Skills 等),在训练意图识别模型时都需要将满足一定句子结构的话语手动填充到系统中。对中文意图识别而言,因其句子结构复杂以及不同用户方言习惯的差异性,意图识别的准确性显著下降。因此,针对同一种意图或问法的句子结构覆盖度对意图识别的准确性起到至关重要的作用。

释义自动生成技术是自然语言处理(NLP)领域的重要任务之一。作为 NLP 领域中的一个分支,该技术也被广泛应用于信息检索、语义解析、信息抽取、对话系统中的数据增强和机器翻译等领域中。

1)财务管理场景社交属性分析

随着社会的进步和人工智能技术的发展,企业智能语音交互逐渐成为人与机器之间沟通交流和执行任务的主要方式。口语交互的应用产生并积累了海量的口语对话数据。这些数据包含了丰富的言语表达模式,与传统人际交流的话语有着重要差别。人机口语交互中的用户话语具有如下一些鲜明特点:

(1)复杂性。内容长短不一、句子结构和表达方式多样与时序关系复杂。以出差申请为例,用户表达可能为"我明天要从深圳去往北京出差",也可能为"明天去北京出差,从深圳出发"。

(2)自然性。语句形式自由运用。例如,在企业业务数据查询中,用户表达可能为"查询这个月的财务报表",也可能为"看看这个月的财务报表"。

(3)群体性。同一个地区的用户在言语表达上存在相似性,而来自不同地区的用户对表达同一事物的方式上具有差异性。例如,来自北京的用户趋向于用很少的关键词对用户意图进行表达,而来自上海的用户倾向于采用较长的句子结构。

在人和机器进行言语交互时,用户话语通过字面的语言信息传递基本语法、句子结构和语义等不同层次的信息。这些信息共同组成了用户交互话语的社交属性。研究表明,无论在何种场景下,对这些社交属性进行分析对理解用户话语意图起到重要作用。

人机口语对话的文本内容是口语表达的基本属性,会受到业务场景、基本语法、句子结构和语义信息等社交属性的影响,具有语义关联性(即对同一种事物可以采用多种不同的表达方式)和位置关联性(即言语表达在同一区域具有共性而不同区域又有差别)等特点。因此,社交属性与言语表达之间具有复杂的映射关系。

2) 基于语义表达的社交属性生成

第一,基于语义表达的社交属性的总体框架。

本课题提出的基于语义表达的社交属性生成方法的总体框架如图 4 所示。该框架分为语料库构建、数据预处理、模型构建与释义生成等四部分。具体而言,首先利用领域无关语料库和领域相关语料库涵盖用户在各种场景下的言语表达,然后对构建的语料库进行数据预处理,对语料库中的词语进行统计并表示为数字索引形式。针对构建的大规模的涵盖各种用户言语表达的释义对,我们采用基于神经机器翻译模型建模,最后在测试环境下基于训练好的模型生成对应用户言语的释义结果。

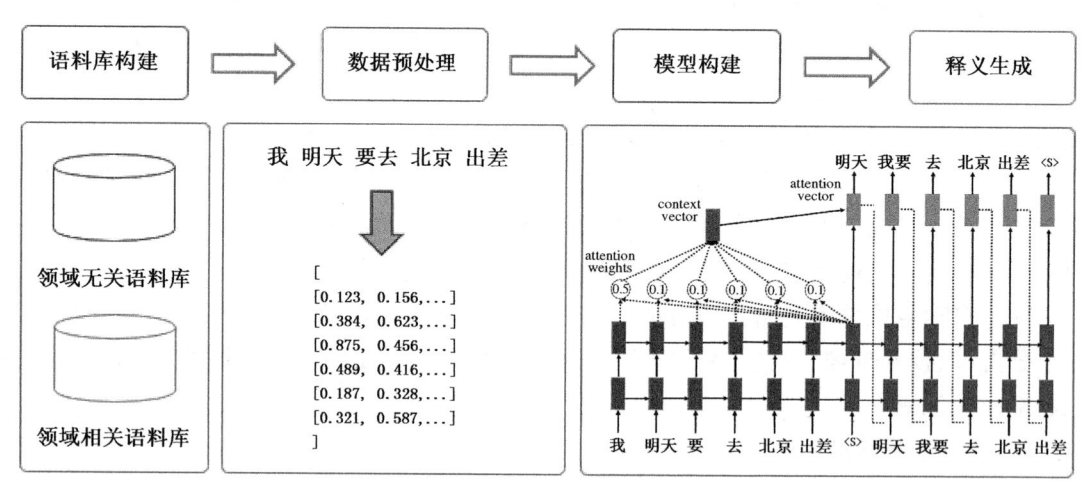

图 4　基于语义表达的社交属性的总体框架

第二,语料库的构建。

语料库质量的优劣直接影响到模型的性能和社交属性生成的好坏。为了提升释义生成模型的鲁棒性和社交属性生成的覆盖度,本课题并没有对领域或句子风格进行限制。因此,任意具有相同或相似语义的句子对都能成为训练数据的一部分。本课题采用的语料库主要来源于以下两部分：

（1）领域无关语料库。为了构建一个用于训练释义生成模型的语料库，本文选用用于英文释义生成的语料库 Para-nmt-5m-processed。该语料库经由规模庞大的语料库 Czeng1.6 处理而来，包括 530 万经过滤和分词后的英文释义对。为了得到中文释义对，我们采用亚马逊机器翻译 API 对每个数据样本进行处理，将其翻译为中文释义对。此外，为了保证释义生成的效果，本课题选取了句子长度小于 20 的数据样本作为建模使用的语料库，其规模为 500 万条。

（2）领域相关语料库。为提升模型在特定企业场景的释义生成效果，我们邀请了 5 名 ERP 领域工程师精心设计了 800 句交互语料，涵盖财务指标查询、出差申请、流程审批、商品采购和人力资源管理等多种应用场景。对每句样本，本文通过使用同义词和不同的句子结构进行改写，生成多个相同或相似语义的释义对。

第三，数据预处理。

对以上生成的语料库，本课题首先进行分词处理，统计了整个语料库词汇集的规模，并将每个词语表示成数字索引的形式。此外，本课题增加了句子的开始符号"〈START〉"、结束符号"〈END〉"、未知词符号"〈UUUNKKK〉"和填充符号"〈＊〉"的数字索引。为了提升模型的性能，我们根据句子的最大长度将语料库分为 3 组，分别为长度为 5 的、长度为 10 的和长度为 20 的。为了便于模型训练，对每个分组中的释义对，本课题都在首尾添加开始符号和结束符号，不足最大长度的在结束符号后面添加填充符号。最后，我们将其表示为句子嵌入的形式。

第四，基于神经机器翻译的释义生成。

近年来，随着深度学习技术的飞速发展和计算机硬件性能的不断提升，基于长短时记忆网络（Long Short-term Memory，LSTM）的神经机器翻译模型逐渐被应用到真实应用场景中，并表现出强大的性能。基于语义表达的释义生成本质上可以看成是同一语言的机器翻译过程，在给定源句子序列 $X=\{x_1, x_2, \cdots, x_S\}$ 的情况下，对目标句子序列 $Y=\{y_1, y_2, \cdots, y_T\}$ 的条件概率 $P(Y \mid X)$ 进行建模。本文提出一种基于神经机器翻译的释义生成方法，采用一个 LSTM 模型首先将输入的源句子序列映射为固定维度的向量表示，然后使用另一个 LSTM 模型对目标句子序列进行解码。图 5 给出了本课题提出的基于神经机器翻译的释义生成模型的研究框架。

（1）上下文信息获取。为了对源句子序列的上下文信息进行充分捕捉，本节采用双向 LSTM 模型（Bidirectional LSTM，BLSTM）进行建模。在给定源句子序列的情况下，首先将其转换为数字索引序列，然后生成其句子嵌入，并将其作为 BLSTM 模型的输入，输出一个包含模型输出和状态输出的二元组。最后，我们对模型的前向输出和后向输出进行拼接，得到一个固定维度的向量表示。

（2）目标句子序列解码。本课题使用一个单向 LSTM 模型的解码器对目标句子序列进行解码。解码器每个时间步生成一个目标词。在解码过程中的每个时间步，解码器将更新其隐含状态。解码过程如下：

首先，将目标句子序列转换成数字索引的形式，并生成其句子嵌入。

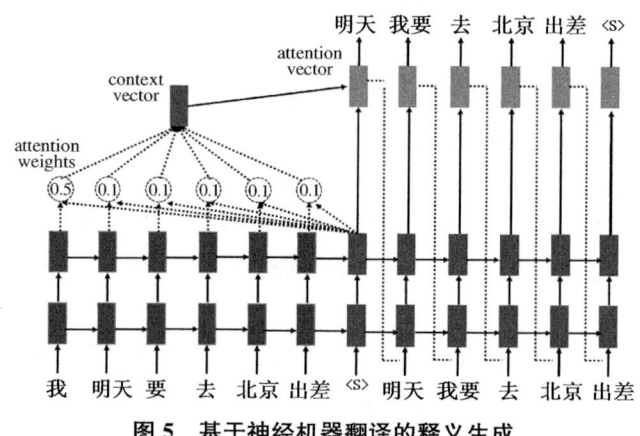

**图 5 基于神经机器翻译的释义生成**

然后,采用注意力机制(Attention Mechanism)计算得到与输入的源句子序列最为相关的上下文向量(或注意力向量)。该步骤的具体做法是:①使用目标句子序列当前时刻的隐含状态和源句子序列的隐含状态得到注意力权值。②根据计算得到的注意力权值和源句子序列的隐含状态得到上下文向量。

最后,我们将生成的句子嵌入和注意力向量作为译码器的输入,输出产生目标句子序列。

第五,社交属性生成。

在给定源句子序列的条件下,我们利用训练充分的模型生成与之具有相同或相似语义的目标句子序列。为了得到批量具有丰富句子结构的释义结果,首先将其转换为词序列和数字索引序列的形式,并将其作为模型的输入。然后,在每个时间步,依次将模型输出的所有候选词的 Softmax 概率分布组成的数组进行对数运算后除以一个采样温度(该采样温度是一个介于 0 到 1 之间的实数)。最后,采用随机采样的方法,使用一个随机数,从概率分布中随机选取某一个结果作为候选的下一个词。例如,假定产生候选词"出发"的概率为 0.8,则 10 次中将会有 8 次该词将被选取为下一个词,2 次会选取其他词。

为了去除重复的句子,我们对结果进行了归一化处理,以确保生成的所有结果都是唯一的。具体做法为:采用一个列表来存放生成的句子序列,每生成一个新的目标句子序列后,先判断列表中是否有该句子序列,如果没有,则将其加入列表中,直至生成的句子序列达到设定的值。

3)融合社交属性的意图识别建模

作为人机自然、和谐交互的重要前提,语音交互系统中意图识别的准确率直接影响到人机交互的效率与用户的满意度和愉悦度。然而,由于在特定应用场景下,每个意图类别下的训练语料非常匮乏,使得意图识别的准确率和泛化性能无法满足实际的业务需求。在此背景下,如何在有限语料下提升意图识别的泛化性能成为企业语音交互系统中的一大挑战。

本课题采用有限领域相关语料库,融入社交属性对训练数据进行扩展,构建满足特定应用场景的意图识别模型。因此,从数据层面,当用户请求中含有相似问法时,意图识别模型都能捕捉到对应的用户意图。研究表明,在有限语料库下,采用浅层网络模型能够有效提升意图识别的性能。作为业界常用的文本分类方法,FastText 在自然语言处理领域相关的任务(如意图识别、文本情感分类和词向量生成等)上都取得了很好的效果。基于此,我们采用 FastText 文本分类模型对用户在交互过程中的意图进行识别。

4) 基于约登指数的意图识别阈值选取

基于 FastText 的文本分类模型的不足之处在于当每个类别样本比例差异较大时,预测结果总是偏向样本数多的类别。此外,在企业真实的财务管理应用场景下,每个业务领域下的意图识别可以看成一个二分类问题,即当前意图类别是否识别正确(规定识别正确为正类,识别错误为负类)。为了对当前模型识别得到的意图进行取舍,通常会设定一个阈值。当意图识别置信度大于或等于该阈值时,就认为识别正确,否则认为识别错误;当阈值设置过小,能够识别出更多的正类,提高识别出的正样本占所有正样本的比例,同时,也将更多的负样本识别为正样本;当阈值设置过大,能够降低样本识别错误的比例,但同时也会降低识别出的正样本占所有正样本的比例。因此,阈值的设定对意图识别的结果具有重要影响。

本课题提出一种基于约登指数(Youden Index,YI)的意图识别阈值选取方法,通过在意图识别置信度大于或等于阈值时,确保预测正确的样本数尽可能多;并且当意图识别置信度小于阈值时,使得预测正确的样本数尽可能少,进一步提升了对话式交互中意图识别的准确率。

5) 基于多视角半监督学习结合预训练字向量的命名实体识别

命名实体识别(Named Entity Recognition,NER)是指从文本序列中识别具有特定标签的实体(一般是名词),例如时间、地点、人名、组织机构名等。NER 是关系抽取、信息检索、查自动问答、对话系统等问题的基础任务,能否准确识别关系后续的处理效果。因此,NER 是自然语言处理研究的一个基础且重要的问题。

在大量标注数据上的监督式训练效果最好,但是数据标注成本很高,这激发了人们对有效半监督学习技术的需求(半监督学习可以利用无标注样本)。半监督学习(Semi-Supervised Learning,SSL)指学习器不依赖外界交互、自动地利用未标记数据和标记数据来提升学习性能的学习方法。半监督学习是在标注数据稀少、获取困难,人工标注费时费力,但未标记数据却充足易得的客观现实条件下产生的。未标注数据在学习器建模中能发挥作用的根本原因在于它们和标注数据都是独立同分布地采样于相同的数据源。在神经自然语言处理任务中广泛使用且成功的一种半监督学习策略是预训练词向量。近期的研究训练 BLSTM 句子编码器去做语言建模,然后将其语境敏感表征纳入监督模型中。这种预训练方法先在大型无标注数据语料库上进行无监督表征学习,然后再进行监督训练。但这种预训练的一个重要缺陷在于,表征学习阶段无法利用标注数据——模型尝试学习通用表征而不是针对特定任务的表征。此外,由于预训练这样一个通用表征 LM 语言模型,对计算资源和数据规模要求比较高,在资源有限的环境下难以实现。较老的半监督学习算法(如自训练算法)没有这个问题,因为它们在标注和无标注数据上连续的学习一项任务。如何综合有效利用标注数据和未标注数据,是半监督学习需要解决的问题。

针对以上问题,本课题提出了一种基于多视角半监督学习(Muti-View Semi-Supervised Learning,MVSSL)结合预训练字向量的命名实体识别方法,具体过程如下:

(1) 在 Embedding 层使用预训练字向量模型向量化每个字符。

(2) 在标注数据上训练两层 BLSTM + Primary 模块作为序列标注模型。

（3）MVSSL 没有把整个序列标注模型作为学生模型,而是向模型添加多个 Auxiliary 模块,将向量表征转换成预测的神经网。

（4）在未标注数据上,使用序列标注模型对样本作出预测,学生模型基于预测再进行训练,每个学生模型 Auxiliary 模块输入的是模型中间表征的子集,对应于受限视角输入的未标注样本。

（5）使用维特比解码求解序列中最大概率路径。该方法没有采用大量未标注数据预训练双向 LSTM 通用表征语言模型,而是在标注数据上正常训练两层 BLSTM ＋ Primary 模块作为序列标注模型,在未标注数据上向序列标注模型添加多个 Auxiliary 模块作为学生模型,训练学生模型对相同输入的不同视角生成相同的预测结果。

此外,由于整个模型具有更好并且视角不受限的输入,Auxiliary 模块能够从整个模型的预测中学习。尽管 Auxiliary 模块的输入对应受限视角的输入样本,但它们仍然能够学习作出正确的预测,因此,能够改进表征的质量。这反过来改善了整个模型,因为它们使用的是同样的表征。该方法将在无标注数据上进行表征学习与传统的自训练方法结合了起来,大大降低标注数据的使用成本。

该模型的训练过程如图 6 所示。

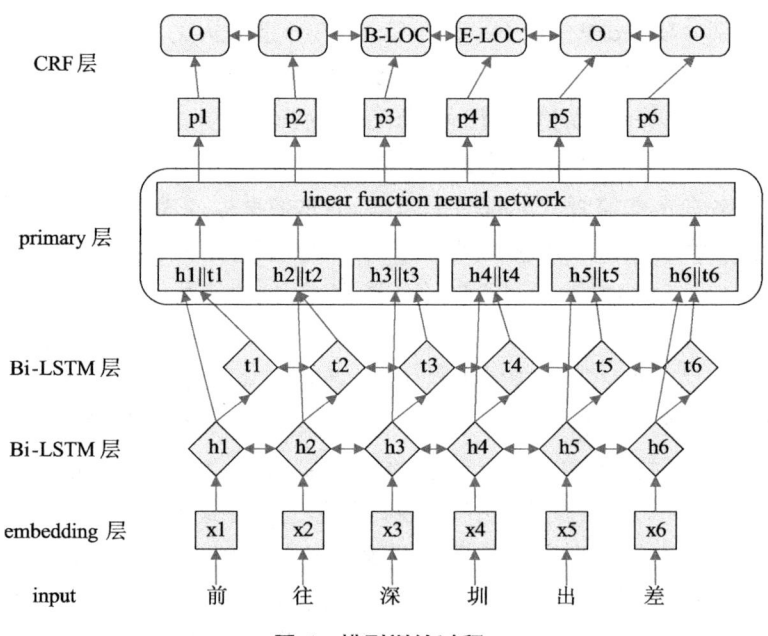

图 6　模型训练过程

### 3. 融合业务流程的对话管理架构

机器人流程自动化(RPA)是一套基于规则和结构化输入管理的业务流程自动化技术。可用于采集数据、处理事务、触发响应以及与其他数字系统进行通信。RPA 适用的场景包括财务凭证录入、审核、核算、对账、支付、开账单、记账、收款、催收、归档等。如果只有 RPA 技术,机器人只能承担初级的工作,但是有了智能语音交互技术的帮助,就可以做更加复杂的任务,真正承担起企业数字化智能助理的角色。本课题基于 RPA 的思想,通过将每个业务场景流程化,并与自然语言理解(NLU)和对话管理(Dialog Management,DM)技术相结合,真正实现解放双手、提升工作效率和缩短时间成本的终极目标,极大地推动智能语音交互技术在企业中的应用与落地。

本课题设计并实现的融合业务流程的对话管理架构,首先利用可视化编辑工具对对话交互平台中定义的技能的业务流程进行编辑和定制,并将其解析为对话管理引擎可解析的形式加载到对话管理引擎中。当用户向系统发出一句语音请求时,首先会经语音识别模块识别为对应的文本,然后对话管理引擎调用平台内置的自然语言理解服务将识别文本解析为对应的意图和词槽列表。若用户请求命中当前意图和词槽列表值(满足某一触发条件),系统将根据当前对话状态从对话策略列表中满足该触发条件的最优策略。此外,为了对第三方业务系统中的数据进行获取和服务调用以及对某些特定技能的业务逻辑进行处理,该架构中还设计了两类函数:通用函数和技能定制函数。这两类函数分别用于访问第三方业务接口和逻辑处理,并将结果返回给业务流程。

**4. 融合业务流程管理的对话交互平台架构**

本课题在现有苍穹对话交互平台的基础上,提出并设计的融合业务流程管理的对话交互平台架构共分为四层:业务流程管理层、对话管理层、对话平台层和应用服务层,如图 7 所示。

图 7　融合业务流程管理的对话交互平台架构

1) 业务流程管理层

该层包括上文介绍的业务流程定制、业务流程解析与业务流程注册等三大功能模块,主要实现企业特定应用场景业务流程的定制与解析。在企业财务管理应用中,通常由产品经理根据平台中设定的技能 ID、意图编码与词槽列表设计业务流程,以由用户话语中捕捉得到的意图编码与当前满足的词槽值为流程准入条件,以条件节点为系统满足条件,以系统节点为对话机器人的响应内容。

2) 对话管理层

该层为融合业务流程管理的对话交互平台的核心层,主要包括对话管理中的对话状态跟踪、业务逻辑处理、对话策略选择与对话管理服务的并发控制以及第三方服务的授权管理与服务发现等。具体而言,该层前三个模块主要根据自然语言理解技术得到的意图编码与词槽列表值为业务流程触发条件,采用对话状态跟踪模块对系统当前所处的状态进行跟踪,然后采用对话策略选择模块根据状态跟踪的结果从对话策略列表中选择满足触发条件的对话策略,并以当前对话策略结果输出(Output)中的内容作为系统的响应结果。对某些场景而言,有时需要从第三方业务接口中获得相关数据(如获取"请假申请"中的剩余年假额度)并传入流程中,然后根据当前结果满足的条件进入不同的子流程中。后三个模块主要对服务的运行进行管理和监控,包括:

(1)授权管理:将服务授权给用户,使用户具备服务使用权限。

(2)服务发现:其核心为服务注册中心,用于保存各个服务可用实例的相关信息,并提供管理和查询 API 的功能。

3)对话平台层

该层主要对对话交互平台进行管理和监控,包括平台管理、租户管理、数据后台管理、业务管理、机器人管理与技能管理。平台管理的首要任务就是对用户的账户信息与角色信息进行管理;租户管理是对 B 端企业而言,平台服务通常会被多个租户使用,不同租户之间需要定义的业务系统的配置数据将会不同,因此,对话交互平台需要提供不同租户的管理机制;数据后台管理主要对用户与机器人的交互数据进行管理,包括调用的机器人数据、技能数据、对话日志和已经异常日志等;业务管理主要对业务系统、业务接口以及产品线进行管理,如业务系统所属的产品线名称、产品线下的租户信息等;机器人管理主要对不同租户或用户创建的机器人进行管理,包括机器人名称、编码、所属租户以及具备的技能数等;技能管理包括任务型技能与问答型技能两部分,包含技能名称、技能编码、技能状态以及所属产品线等信息。

4)应用服务层

该层通过对接不同产品线的机器人(包括星空机器人、苍穹机器人、云之家机器人、EAS机器人、我家云机器人与 KIS 机器人等),面向用户的具体应用,针对不同的应用场景,例如智能客服、智慧助理、智慧制造、财务办公、商机搜索、智能高管、智能硬件、物联网等。最终,平台的各种功能将提供给不同的用户群,其中包括政府和行业用户,行业用户包括教育服务业、智能制造业、生活服务业、金融行业,以及电信增值业务提供商等。

**(二)基于 NLP 的财务数据智能处理**

针对第二阶段的财务数据加工和分析需求,本课题研究了基于 NLP 的财务智能数据处理,提升会计人员的财务数据处理效率。对于现有的财务系统,在一定时间段内存在大量的账簿和账表要生成的需求,财务人员的精力十分有限,但却还需要经常重复做同一套流程,从而导致财务数据处理的效率低下。

为解决财务共享阶段的财务数据处理问题,本课题研究 NLP 技术改进和优化财务数据处理流程,主要是通过 NLP 和 RPA 技术提高财务数据处理的效率,例如,对于财务中重复的流程,可以通过 NLP 提取财务人员的需求的数据,并利用 RPA 来执行数据处理流程。也就是 NLP 负责数据的处理,RPA 负责数据的流向控制。

**1. 基于 NLP 和 RPA 的财务数据处理流程优化**

为了提升第二阶段会计人员的财务数据处理效率,本课题拟研究基于 NLP 和 RPA 的财务数据处理流程优化。RPA 是机器人流程自动化的英文简称,它是一套基于规则和结构化输入管理的业务流程自动化工具,可用于采集数据、处理事务、触发响应以及与其他数字系统进行通信。RPA 适用的场景包括财务凭证录入、审核、核算、对账、支付、开账单、记账、收款、催收和归档等。如果只有 RPA 技术,计算机只能承担初级的工作,但是有了 NLP 技术的帮助,就可以做更复杂的任务,真正承担起虚拟员工的角色。如图 8 所示,它是一种联合了 NLP 和 RPA 的机器人,可以实现从出差申请到财务核算全流程数据处理。

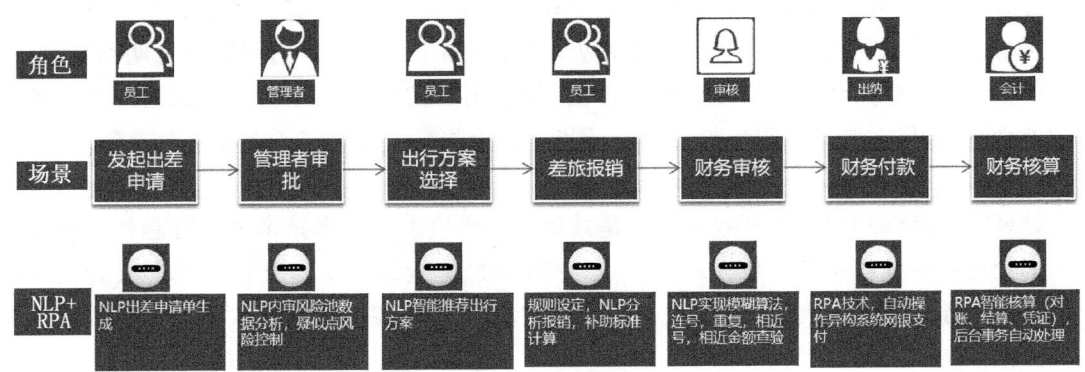

图 8　NLP＋RPA 的财务机器人

针对不同的角色和场景,本课题拟采用 NLP＋RPA 的财务机器人来优化财务数据处理流程,提升财务数据处理效率。

（1）员工在系统可以根据自然语言发起出差申请,系统将基于 NLP 抽取用户的意图自动生成出差申请单。

（2）管理者对出差申请进行审批,通过 NLP 可以自动进行内审数据分析,进行疑似点风险控制。

（3）基于员工的出行习惯数据,系统通过 NLP 技术为员工推荐最佳出行方案。

（4）当员工进行费用报销的时候,可以基于 NLP 技术提取设定的报销规则,并进行精确的补助标准计算。

（5）到财务审核阶段,系统可以基于 NLP 相似度分析算法实现模糊算法,进行连号、重复、相近号和相近金额的查验。

（6）财务付款通过 RPA 自动操作易购网银系统支付报销的款项,RPA 通过捕获屏幕上系统的控件和事件来实现无侵入的批量操作,节省出纳人员的时间。

（7）财务核算通过 RPA 操作系统,实现智能核算,包括对账、结算、凭证等后台事务的自动处理。

**2. 智能财务共享应用服务平台**

针对共享经济时代企业数字化、服务化转型过程中面临的问题,利用人工智能技术开发智能财务共享应用服务平台,使大量基础财务工作标准化、流程化,实现企业财务的转型升级。具体研究内容如下。

1）基于社交化共享的业务流程智能重构

随着信息化产业的不断发展,企业所处的经济环境出现较大变化,产品个性化需求不断提高,企业管理从原来的纵向一体化转向为横向一体化,业务流程按需重组逐步流行。同时,随着共享经济模式与众包服务模式的快速发展,企业集群内部资源周转明显加快,横向跨组织沟通协作需求明显提高。该技术主要通过基于云的平台式流程数据、业务、通讯消息智能社交化共享,根据组织内或跨组织实时智能决策结果实现业务流程重构。智能重构的新业务流程,有助于降低沟通成本,并促进企业集群整体资源合理化配置与绿色利用。

2)基于共享动态信用管理的智能审核

提高共享中心服务满意度,提升共享处理速度,为服务对象快速提供服务是共享中心的重要宗旨。本技术利用人工智能的相关算法,通过对提单人的共享信用进行长期动态考核,根据信用考核结果为智能审核提供判断依据,为信用高的提单人提供可达到无人工干预的自动处理流程,极大提升了服务处理速度,同时,也为共享中心节省了大量人力资源。

3)基于共享智能检查的智能审核

处理的准确性和提高处理效率一直是共享中心所追求的。本技术通过智能检查技术获取共享处理任务的相关各种数据对比检查结果,通过检查结果对任务自动处理或者提供检查结果给任务处理人员提供辅助参考。基于智能检查的智能审核技术大大提高了审核准确性、提升了审核的速度。

4)基于智能平衡计算的任务智能推送

高效运作是共享服务中心的重要特征也是存在的必要性之一,所以如何充分、高效利用共享中心的人力十分重要。本技术通过智能平衡算法,动态地采集实时数据,根据不断变化的实时处理效率,智能地平衡个人的任务负载能力,对处理效率高的人推送更多的任务,对效率低的任务推送相应减少。智能推送减少共享中心数据滞留时间,提高整体数据的流转速度,同时多劳多得刺激人员的积极性。

**3. 面向财务应用的 RPA 机器人**

本课题提出的面向财务应用的 RPA 机器人技术架构由三个部分组成:机器人设计平台、机器人运行和机器人控制平台,如图 9 所示。

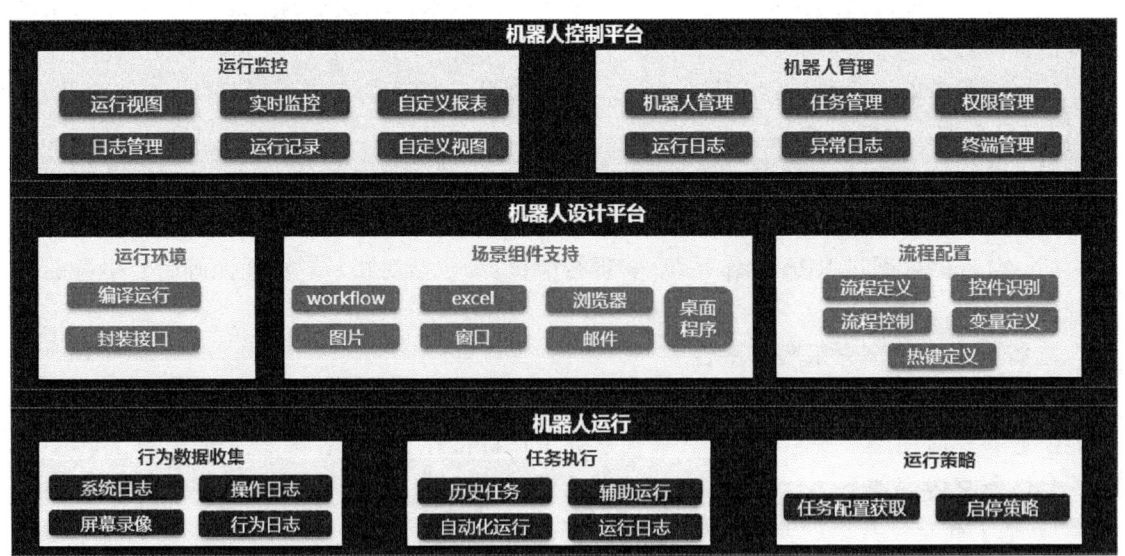

图 9　面向财务应用的 RPA 机器人技术架构

1)机器人设计平台

这是机器人的"设计工厂",用来设计每一个机器人处理的业务以及流程顺序,支持可视化的设计方案,对于非 IT 人员也能简单易学。

2）机器人运行

机器人是企业的虚拟数字化劳动力，通过设计平台设计出的机器人，在企业的各个岗位上岗作业，7×24 小时不眠不休为企业持续工作。

3）机器人控制平台

管理和监控所有机器人运行的工作台，可管理成百上千个机器人的运行任务分配、运行过程监控等活动。

三个部分相互分工又紧密合作，使得 RPA 机器人在不同规模的大中小企业中都能灵活部署与使用。

### （三）基于知识图谱的财务数据洞察

针对第三阶段企业管理者对战略财务的需求，财务数据的增值服务也就是要实现融合，为管理提供决策支持和数据洞察，本课题将基于知识图谱技术来面向管理者的数据洞察。现有财务系统，主要存在大量数据分散在各个数据库或者系统中，而无法实现有效的关联，并且多种格式的数据难以被统一利用，导致财务数据无法发挥其应用的管理价值。

为解决财务数据洞察的需求，本课题利用 NLP 技术融合多种来源财务数据，形成知识图谱，为管理者提供智能推理、决策和数据洞察。课题研究将知识图谱作为一种企业财务知识积累的表达的方式，并研究了基于 NLP 技术完成知识图谱的构建方法和流程。

**1. 基于企业知识图谱的财务数据决策支持**

企业共享财务所倡导将各组织分散的财务数据收集到财务共享中心，这为基于数据的企业管理决策奠定了重要的基础。有效地利用这些财务数据为企业经营决策服务是有巨大应用价值的。本课题将采用企业知识图谱的形式来为企业管理决策提供数据洞察，知识图谱将会融合企业多个维度的企业画像，形成立体、全方位的企业管理知识库。知识图谱是一个多关系图，由实体组成节点，关系由不同类型的边组成。边的实例是事实的三元组（实体，关系，实体）。NLP 技术将作为知识图谱构建的支撑技术，贯穿于整个知识图谱构建的生命周期之中。企业决策支持应用主要包括四个方面。

1）企业风险预测评估

基于多维度的数据，从而建立起客户、企业和行业间的知识图谱，从行业关联的角度预测行业或企业面临的风险。例如，通过对行业进行细分，根据贷款信息、行业信息建立行业间的关系模型；通过机器学习，可发现各个行业间的关联度，如果某一行业发生了行业风险或高风险事件，根据关联关系可以及时预测有潜在风险的其他行业，从而可以帮助金融机构做出预判，尽早地规避风险。除此以外，通过知识图谱，也可以将行业和企业之间数据进行连接，通过对行业的潜在风险的预测，能够及时发现与该行业风险或系统性风险相关联的企业客户。例如，某地区某行业连续出现了多笔逾期贷款，通过对行业和客户的知识图谱进行分析，可以及时发现该地区相关行业存在潜在风险的客户。

2）企业之间路径发现

在基于股权、任职、专利、采购、涉诉等关系形成的网络关系中，查询企业之间的最短关系路径，衡量企业之间的联系密切度。

3）企业最终控制人查询

基于企业股权投资关系寻找持股比例最大的股东，最终追溯至某自然人或国有资产管理部门。

4) 企业社交图谱查询

基于投资、采购、往来关系以目标企业为核心向外层层扩散,形成一个网络关系图,直观立体展现企业关联。

**2. 知识图谱的架构**

本课题提出的面向财务管理领域的知识图谱的平台架构分为四层(见图 10)。

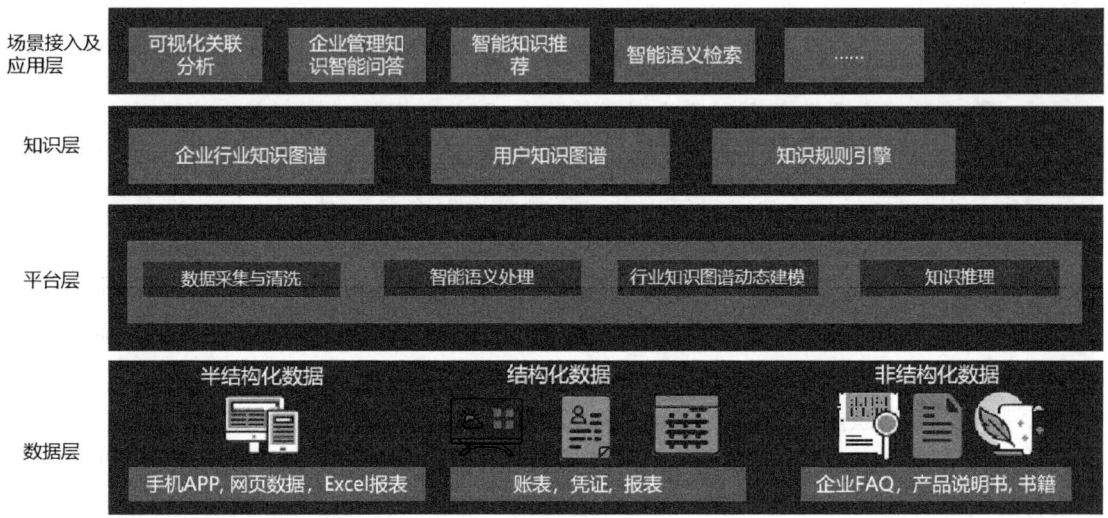

**图 10　知识图谱的架构**

1) 数据层

数据层主要来源于共享财务中心收集的财务数据,包括半结构化的数据如收集 app、网页、Excel 报表等数据,结构化的数据包括财务系统中的账表、凭证、报表等,非结构化的数据包括企业一些 FAQ 文档、产品说明书、书籍等。

2) 平台层

平台层主要完成数据采集与清洗,然后通过 NLP 技术实现智能语义处理,并对行业知识图谱进行动态建模,使用 NLP 技术提取实体和关系,形成知识推理的接口。

3) 知识层

知识层基于平台层的数据分析结果,形成企业行业知识图谱和用户知识图谱,图谱将以三元组的形式存于图数据库中。知识规则引擎可以定义知识推理规则,基于规则为上层应用接口提供服务。

4) 场景接入及应用层

场景接入及应用层基于知识图谱面向管理者提供企业决策支持服务,可以基于图谱提供可视化关联分析,并能基于图谱数据做企业管理知识问答,发现企业内部组织财务之间的关联。智能语义检索支持用户以自然语言形式检索,并且可以返回与管理者关注指标相关的财务数据。

## 四、结论与展望

本课题针对当前财务人员工作繁杂、重复性高和办事效率低下等问题，对自然语言处理和人工智能技术在财务领域的应用场景进行了探索。本部分将对全文工作进行总结，并对未来的研究工作进行进一步展望。

### (一) 研究工作总结

本课题取得的研究成果如下。

（1）在面向财务管理领域的对话交互方面，取得的技术创新点分为以下四个方面：

第一，在企业语音输入场景下，本课题提出了一种基于领域知识增强的用户概念表征学习方法和服务框架。传统的语音识别方法仅从语法和发音等层面进行建模，缺乏领域知识对用户概念表征的相关指导。针对该问题，研究工作提出一种能够充分利用领域知识的用户概念表征学习服务框架，通过融入企业场景领域知识对用户概念表征进行区分和增强，提高了语音识别的准确性。

第二，在企业语音交互场景下，本课题提出了一种融合社交属性的用户意图理解方法。针对在有限语料条件下意图理解准确率不高的问题，研究工作将影响用户意图的言语表达总结归纳为社交属性，通过融合社交属性对训练数据进行扩展，利用浅层神经网络模型提升意图识别的泛化性能和时间性能。通过对意图识别中的分类阈值进行自适应选取，进一步提升了用户意图理解的准确性。

第三，本课题构建了商业智能语音交互平台架构，为面向企业场景的业务机器人的构建奠定了基础。

第四，在企业语音交互应用场景下，本课题提出了一种融合业务流程的对话管理系统架构，并构建了融合业务流程管理的对话交互平台架构。通过将企业特定应用场景的业务逻辑融入对话框架中，为用户提供更加人性化的反馈结果，提高了智能语音交互的满意度。

（2）在基于 NLP 和 RPA 的财务数据处理流程优化方面，取得技术创新点如下：

第一，本课题提出了一种基于社交化共享的业务流程智能重构技术，可实现数据池、任务池、角色分配、工作流、多组织协作等各种信息的线上线下多渠道的安全交互，并依据协同结果实现业务流程的智能重构。

第二，本课题提出了一种基于共享动态信用管理与智能检查的智能审核技术，通过对提单人的共享信用管理和智能审核，实现了系统自动处理任务和辅助审核的流程，提高了共享审核的准确性和审核效率。

第三，本课题基于智能平衡计算的任务智能推送技术，通过智能平衡算法完成了任务的智能推送，平衡了人工的处理效率，提高了共享中心整体数据的流转速度。

（3）在基于企业知识图谱的财务数据决策方面，本课题通过对财务数据进行智能处理和分析，构建了面向财务管理领域的知识图谱，从而为企业高层管理者提供重要的决策支持，促进企业完成科学决策流程，以数据驱动的管理帮助企业提升经营业绩。

### (二) 未来研究展望

在课题工作的基础上，用户概念表征学习、用户意图理解以及对话管理等相关工作仍有很多地方值得研究。下面将对以上工作进行展望。

（1）在用户概念表征学习方面，本课题采用特定应用场景的领域知识对表现用户话语意图的概念表征进行了纠正和增强，对语音识别结果进行后处理，弥补了当前语音识别技术中存在的缺陷。然而，对于缺乏领域知识的通用交互场景，如何构建一种行之有效的用户概念表征学习方法将是未来一个重要的研究点。

（2）在用户意图理解方面，本课题聚焦在企业真实的语音交互场景中，通过融合社交属性对有限的训练数据进行扩展，提升了用户言语表达的覆盖度，以及系统对用户话语意图的理解能力。对于企业场景的语音交互系统而言，除本课题提出的社交属性外，还有很多特征有助于理解话语意图，如用户在交互文本中存在的焦点以及交互语音中存在的副语言信息（如重音、情感、语气和语调等）。因此，如何对这些信息进行联合建模也是未来值得探讨的方向。

（3）在命名实体识别方面，本课题采用半监督策略，使用由海量无标注文本训练生成的字向量对自然语言文本进行语义表征，然后利用有限有标注文本进行命名实体识别，解决了人工标注费时费力的问题。然而，如何将预训练字向量与多源知识相结合，对海量文本数据中的词法、语法及语义等信息进行学习将是未来重要的研究方向。

（4）在对话管理方面，本课题通过将特定应用场景的业务流程融入对话管理框架中，使得系统反馈更加人性化。然而，对于较为复杂的业务流程和用户多变的交互方式，该方法缺乏灵活性。因此，探索灵活多变且高效可行的对话管理技术也将是未来对话式交互及人工智能领域的重要研究课题。

## 参考文献

［1］习近平在中国共产党第十九次全国代表大会上作报告［EB/OL］.［2019-05-15］. http://cpc.people.com.cn/n1/2017/1028/c64094-29613660.html.

［2］国务院关于印发新一代人工智能发展规划的通知［EB/OL］.［2019-05-15］. http://www.gov.cn/zhengce/content/2017-07/20/content_5211996.html.

［3］工业和信息化部关于印发《促进新一代人工智能产业发展三年行动计划（2018—2020 年）》的通知［EB/OL］.［2019-05-15］. http://www.miit.gov.cn/n1146285/n1146352/n3054355/n3057497/n3057498/c5960779/content.html.

［4］Deloitte AI［EB/OL］.［2019-05-16］. https://www.kirasystems.com/partners/deloitte-alliance/.

［5］EY，Deloitte And PwC Embrace Artificial Intelligence For Tax And Accounting［EB/OL］.［2019-05-16］. https://www.forbes.com/sites/adelynzhou/2017/11/14/ey-deloitte-and-pwc-embrace-artificial-intelligence-for-tax-and-accounting/#5774794e3498.

［6］EY AI［EB/OL］.［2019-05-16］. https://emerj.com/ai-sector-overviews/ai-in-the-accounting-big-four-comparing-deloitte-pwc-kpmg-and-ey/.

［7］梁倬骞，王东，朱慧，等.基于领域本体的网络财务报告文本信息抽取研究［J］.广东工业大学学报，2017（3）.

［8］吴龙庭，肖聪.基于自然语言的会计事项智能判断方法研究［J］.财会通讯，2007(07).

［9］ALLEN J，BYRON D，DZIKOVSKA M，et al. Toward conversational human-computer interaction［J］. AI magazine，2001,22(4)，27-27.

［10］ZHANG R，WANG Z. Chinese pinyin to text translation technique with error correction used for continuous speech recognition［J］. Tsinghua University，1997.

[11] ZHOU Z，MENG H，LO W. A multi-pass error detection and correction framework for Mandarin LVCSR［C］. Proceedings of the International Conference on Spoken Language Processing（ICSLP）. 2006，1646-1649.

[12] MANGU L，PADMANABHAN M. Error corrective mechanisms for speech recognition［C］. Proceedings of the IEEE International Conference on Acoustics，Speech，and Signal Processing（ICASSP），2001，29-32.

[13] KATHLEEN R. Paraphrasing using given and new information in a question-answer system［C］. Proceedings of Association for Computational Linguistics（ACL），1979，67-72.

[14] IGOR B，ALEXANDER G. Synonymous paraphrasing using wordnet and internet［J］. Natural Language Processing and Information Systems，2004，189-200.

[15] DAVID K，REGINA B. Paraphrasing for automatic evaluation［C］. Proceedings of North American Chapter of the Association for Computational Linguistics（NAACL），2006，455-462.

[16] SHASHI N，SIVA R，SHAY B. Paraphrase generation from latent-variable PCFGs for semantic parsing ［C］. Proceedings of International Natural Language Generation Conference，2016，153-162.

[17] ZHAO S，NIU C，ZHOU M，et al. Combining multiple resources to improve SMT-based paraphrasing model［C］. Proceedings of Association for Computational Linguistics（ACL），2008，1021-1029.

[18] CHEN Y，HAKKANI-TUR D，TUR G，et al. End-to-end memory networks with knowledge carryover for multi-turn spoken language understanding［C］. Proceedings of Annual Conference of International Speech Communication Association（INTERSPEECH），2016，3245-3249.

[19] VU N. Sequential convolutional neural networks for slot filling in spoken language understanding［C］. Proceedings of Annual Conference of International Speech Communication Association （INTERSPEECH），2016，3250-3254.

[20] DENG L，TUR G，HE X. Use of kernel deep convex networks and end-to-end learning for spoken language understanding［C］. Spoken Language Technology Workshop（SLT），2012，210-215.

[21] KIM D，LEE Y，ZHANG J，et al. Lexical feature embedding for classifying dialogue acts on Korean conversations［C］. Proceedings of Winter Conference on Korean Institute of Information Scientists and Engineers，2015，575-577.

[22] LIU B，LANE I. Attention-based recurrent neural network models for joint intent detection and slot filling［J］. arXiv preprint arXiv:1609.01454，2016.

[23] 刘娇，李艳玲，林民.人机对话系统中意图识别方法综述[J].计算机工程与应用,2019,55（12）:1-7.

[24] SAVINO M，REFICE M. Acoustic cues for classifying communicative intentions in dialogue systems ［C］//International Workshop on Text，Speech and Dialogue. Springer，Berlin，Heidelberg，2000，421-426.

[25] IRIE Y，MATSUBARA S，KAWAGUCHI N，et al. Speech intention understanding based on decision tree learning［C］//Eighth lnternational Conference on Spoken Language Processing，2004.

**课题负责人:**宁义双[1]
**课题组成员:**曾晶[2],吕海峰[1],李小平[1],宁可[1],何利军[1]
**所在单位 1:**金蝶软件(中国)有限公司
**所在单位 2:**云镝智慧科技有限公司

# 基于分类分级的财务机器人风险与控制研究

【摘要】 近年来,具备非侵入式、出错率低、7×24 小时工作、快速部署等特性的 RPA 技术得到越来越多的广泛应用,财务机器人就是其中一种典型的应用。财务机器人已在凭证总账处理、会计核算、资金管理、报表处理、发票税务管理、成本预算等财务领域得到尝试与应用。与此同时,出于对监管、风控、审计等因素的考虑,对财务机器人的风险控制也日益引起重视。本课题研究从财务机器人的技术应用出发,结合其业务与管理特性,从多种维度对财务机器人进行了深度剖析,分析了不同类别财务机器人面临的风险。在风险控制方面,本课题基于"产品驱动的技术控制流"的风控理念,主张在产品层面通过技术手段对常见风险进行防控,在管理层面对个性化风险进行防控。此次研究有助于了解财务机器人应用中的关键风险所在,进而针对性地进行风险防控。

【关键词】 财务机器人;场景设计平台;机器人控制平台;基础技术控制;流程设计控制;风险

## 一、引言

### (一) 当前财务机器人的应用领域和发展方向概述

每一次计算机与信息技术的进步都会对财务工作产生重大影响,科技的进步带来了财务的多次变革。第一次变革是随着计算机的出现,传统的手工记账逐渐被转移到计算机上,也就是逐步实现了会计电算化;第二次变革是随着互联网的出现,使得财务流程和组织模式发生了重大变化,财务可以远程操作后促进了财务共享服务中心这种新的运作模式的产生;第三次变革则是信息技术正在进入一个"智能化"的时代。"革"原本指的就是一张挂起来晾晒的兽皮,而且是去除一些杂质的兽皮,看起来和未经处理的兽皮相比有些差别,和曾经活蹦乱跳的本尊相比更是相差甚远。也正因如此,技术进步即将进入财务不仅仅变革着财务工作的工作方式,也将更深层次地影响财务从业者的工作思维。

当下"财务机器人"的出现和大量应用不仅是技术进步的具象体现,更是财务工作人员工作思维方式发生变化的抽象展现。"财务机器人"背后的技术是 RPA(Robotic Process Automation),又称"机器人流程自动化",它通过 RPA 软件模拟人工对计算机电脑的操作行为,完成大量重复、琐碎的事务性工作。与传统的信息技术不同的是,RPA 具备非侵入式、出错率低、7×24 小时工作、快速部署等特性,也正是因为这些特性能够与日常财务工作重复性高、多样性、频次高等特点高度契合,使得越来越多的企业使用该技术。在这些使用的企业中,虽然每家企业的细分业务领域不同,但财务机器人都已渗透到财务工作的凭证总账处理、会计核算、资金管理、报表处理、发票税务管理、成本预算等基本板块。根据企业信息化程度水平的不同,财务机器人处理的流程自动化程度也不相同。以税务管理板块为例,流程自动化从最简单的税务机器人能够完成填报工作到较为复杂的底稿表生成工作再到最完整的缴税流程发起工作。任何技术的发展都不是一蹴而就的。财务机器人会随着当下企业本身信息化程度不同,承担的角色也会不同。未来随着信息化技术的进一步发展,"RPA + OCR"财务机器人、"RPA + AI"财务机器人会使得智能财务更加智能。同时,当下财务机器人正在逐渐被大量使用,我们可以发现在众多企业的实际使用过程中,由于信息化程度本身的不够完善,一些风险管理问题逐渐暴露。这些问题正是本课题要研究的重点。

**(二)财务机器人风险管理的必要性**

"工欲善其事,必先利其器",一个好的工具或者技术的出现必须要经过生产者、使用者、拥有者多方面的不断打磨才能称心入手。这是我们研究财务机器人应用风险管理的初衷和理念。财务机器人本身确实能够帮助财务工作者解决一些问题,但是作为日常工作业务流程"信息化系统—机器人—操作员"链条本身,要考虑的是整个链条的风险管理,这里面更是涉及厂商、业务人员、企业本身等多方因素。

以财务机器人在银企对账领域应用为例,某公司共有 69 个非直连账户,分配 9 个人力做该项工作,平均每人分配 7~8 个账户,每个账户的处理时间约为 10~15 分钟,每人每天耗费在该项工作的时间约为 1 小时(部分账户并非每日工作,该耗时为综合折算后计数)。该业务流程下手工处理工作繁复,准确性、及时性较难保障。通过引入财务机器人,利用 RPA 技术使得该企业所有的账户通过 2 个机器人并行工作对账,效率提升了 10 倍,很好地达到了企业财务工作本身"降本提效,智能转型"的意图,但是这背后需要经过大量的调研工作和多方协作才能促成该项目"高安全性、高机制性、高效率性"的落地。

对于厂商而言,选择厂商必须要确保其自动化工具 RPA 本身能够开发出相对应的密码保护加密机制以防密码泄漏的风险;软件没有安全后门则要具备相关检测报告以防核心信息泄漏风险;涉及网银的日常操作,必须要开发出对应的后台监控录像以备检查预防合规风险。对于业务人员而言,必须要反复思考操作过程,梳理出不同银行的模板,以免出现不适配发生错误的情况,同时要思考财务机器人面对未知情况下,如何进行后续工作,要参与构思容错机制应对宕机风险。对于企业而言,这种规模的使用要考虑大量 U-KEY 集中管理的安全机制,防止误拿、丢失风险;网银系统的升级工作则要考虑财务机器人如何能够快速对接、应对这种适配风险。

以上简单案例的阐述,说明了在实际财务机器人应用中,我们需要面对和处理不同角色所面对的各种风险问题,也进一步表明了风险管理对于整个财务机器人落地的重要性。当下财务机器人在全世界范围内发展速度很快,渗透场景很广,这也使得财务机器人应用风险管理的研究工作更有必要。

## 二、财务机器人应用总结分析

### (一)财务机器人概述

财务机器人是一个虚拟机器人,是借助流程自动化软件实现的财务流程的自动化处理。它可以替代人工完成很多简单重复、规则明确、逻辑清晰的财务工作,具有低成本、高效率、非侵入、易部署等优点,已被广泛应用于财务领域的各个环节。

**(二)财务机器人基本架构**

财务机器人的整体解决方案通常由场景设计平台、机器人控制平台、运行财务机器人三部分组成,机器人可单独使用,也可结合控制平台与其他机器人联动。财务机器人的整体解决方案可实现财务流程设计、财务流程执行、财务机器人调度、管控、监督等功能,可适用于各个行业。

常见的财务机器人整体解决方案的产品架构如图1所示。

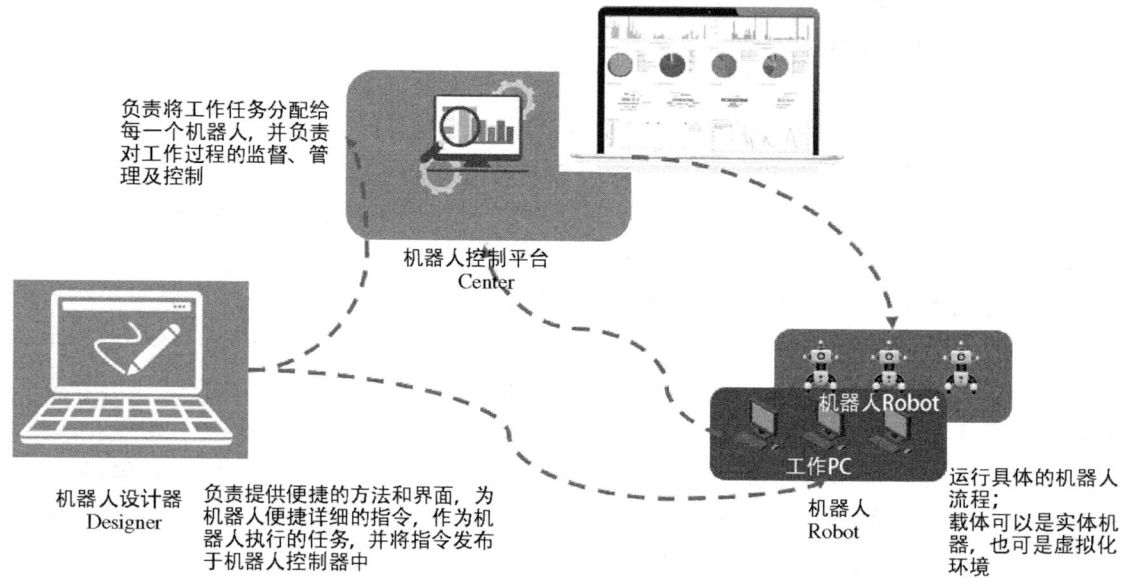

**图1 财务机器人的产品架构示意图**

机器人设计器:主要负责开发具体的财务机器人运行场景,提供便捷的方法和可视化的操作界面,内置大量标准化的组件,通过拖拉拽的可视化方式实现零代码开发设计财务机器人运行的场景。

机器人:主要部署与执行具体任务的计算机终端,可以是实体机器也可以是虚拟化环境,与具体执行的业务及流程进行交互。

机器人控制平台:主要负责管理与调度所有的机器人与完成开发的机器人流程,将工作流程分配给指定的机器人,负责对机器人的操作过程进行完整的监督、管理及控制,记录完整的格式化与非格式的日志数据,对机器人运行数据做报表分析与展示。

**(三)财务机器人当前应用的领域**

目前,在凭证总账处理、会计核算、报表处理、资金管理、发票税务管理以及成本管理和预算管控等财务工作的各个环节,财务机器人均有很多实际的应用案例,如图2所示。

凭证与总账处理领域:财务机器人能实现业务数据与财务数据的同步,可以自动生成凭证、实现业财一体化;可自动完成从凭证生成、期末结转、清账关账等日常操作以及各种明细账和总账的核对与分析等。

会计核算领域:财务机器人可以完成费用报销处理、各类账务的比对、核销、各种业财

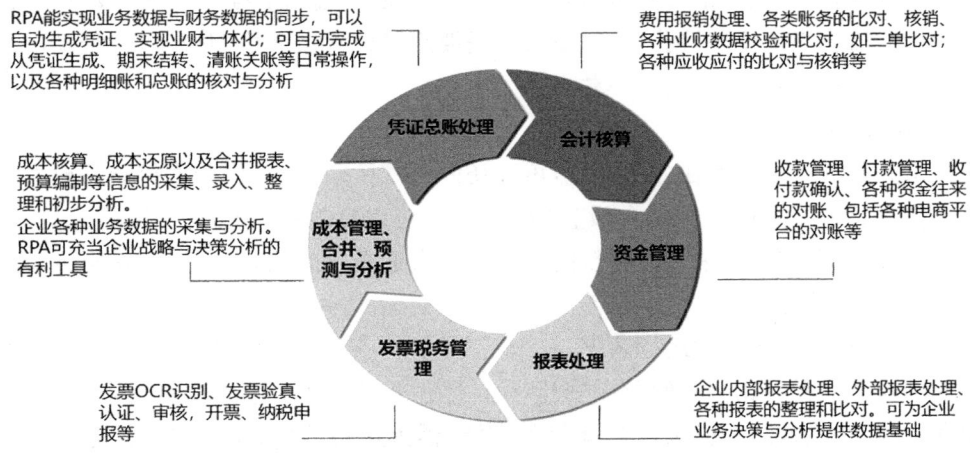

RPA能实现业务数据与财务数据的同步，可以自动生成凭证、实现业财一体化；可自动完成从凭证生成、期末结转、清账关账等日常操作，以及各种明细账和总账的核对与分析

费用报销处理、各类账务的比对、核销、各种业财数据校验和比对，如三单比对；各种应收应付的比对与核销等

成本核算、成本还原以及合并报表、预算编制等信息的采集、录入、整理和初步分析。
企业各种业务数据的采集与分析。RPA可充当企业战略与决策分析的有利工具

收款管理、付款管理、收付款确认、各种资金往来的对账、包括各种电商平台的对账等

发票OCR识别、发票验真、认证、审核，开票、纳税申报等

企业内部报表处理、外部报表处理、各种报表的整理和比对。可为企业业务决策与分析提供数据基础

**图 2　财务机器人的应用领域**

数据校验和比对，如三单比对、各种应收应付的比对与核销等场景。

资金管理领域：财务机器人可以完成收款管理、付款管理、收付款确认、各种资金往来的对账、各种电商平台的对账等。

成本管理领域：财务机器人可以完成成本核算、成本还原以及合并报表、预算编制等信息的采集、录入、整理和初步分析以及企业各种业务数据的采集与分析，可充当企业战略与决策分析的有利工具。

税务管理领域：财务机器人可以完成增值税发票、出行发票的图像识别、发票基本信息的查询与校验、发票台账的建立与管理、自动开具增值税发票以及相应的支付凭证、企业所得税等不同税种的税务信息申报等。

报表处理领域：财务机器人可以完成企业内部报表处理、外部报表处理、各种报表的整理和比对，可为企业业务决策与分析提供数据基础。

**（四）财务机器人应用分类**

综合诸多财务机器人的实际应用案例，我们可以将财务机器人按部署方式、操作场景、运行方式等标准进行分类，以便于我们针对不同类型的财务机器人，做好风险的识别与控制。

**1. 按部署方式分类**

按照机器人是否能连接外网以及是否能与其他机器人有数据交互，我们可以将财务机器人细分为公网单机财务机器人、公网联机财务机器人、内网单机财务机器人以及内网联机财务机器人四种类型。其中，联机财务机器人与单机财务机器人的区别主要是财务机器人是否部署了机器人控制平台、机器人是否与控制平台互联。

1）公网单机财务机器人

此类财务机器人是部署在公网环境，并且不与机器人控制平台互联，通常是由财务人员手工触发执行，可以访问外部互联网。由于不与控制平台互联，通常只能记录简单的机器人执行日志，无法详细记录具体的场景日志并且无法对财务机器人执行的情况进行回溯。

例如，银行余额查询机器人，它可结合一个程序可控的 USB-UUB 硬件，实现自动登录

多家银行的网站,完成银行余额查询、电子回单打印、银行流水下载等自动化流程。这些基于网银操作的流程必须要连接公网,但是又不需要跟其他机器人协同作业,这种情况适合部署为公网单机财务机器人。

2)公网联机财务机器人

此类财务机器人是部署在公网环境,可以访问外部互联网,与机器人控制平台互联。财务机器人的运行可以通过控制平台设置定时任务,可以在控制平台配置机器人日志策略。它通过文本、录屏等方式记录不同类型的财务机器人运行日志信息,以用于对财务机器人执行情况的回溯、复核等。

例如,为了提升机器人的运行效率,一个财务机器人有可能会被安排在不同的时间段去执行不同的业务流程。比如我们可以安排一个财务机器人在上午处理对账业务,在下午处理开票业务,在晚上处理银行余额查询业务,对机器人进行调度、安排定时任务以及实现数据在不同的业务流程中的交互和传递。这种情况就需要搭建机器人控制平台来部署公网联机财务机器人。

3)内网单机财务机器人

此类财务机器人是部署在客户的内网环境,不与机器人控制平台互联,通常是由财务人员手工触发执行。由于不与控制平台互联,通常只能记录简单的机器人执行日志,无法详细记录具体的场景日志并且无法对财务机器人执行的情况进行回溯。

例如,有些企业对数据安全及私密性要求较高,他们会将一些核心业务的财务机器人部署在内网。如果这个企业财务机器人数量不多,没有部署控制平台,那么这种财务机器人就是内网单机财务机器人。

4)内网联机财务机器人

此类财务机器人是部署在客户的内网环境,与机器人控制平台互联,财务机器人的运行可以通过控制平台设置定时任务,可以在控制平台配置机器人日志策略。它通过文本、录屏等方式记录不同类型的财务机器人运行日志信息,以用于对财务机器人执行情况的回溯、复核等。

例如,一些金融企业对数据安全和私密性要求较高,他们会将核心业务的财务机器人部署在内网,同时还会部署控制平台,实现对财务机器人的调度、任务派发、监管和控制。比如某银行通过部署多台内网联机版财务机器人,协同处理对账、发票处理、业务工单处理、报表处理等多种财务业务。

**2. 按操作场景分类**

财务工作往往规则明确、流程清晰、数据量大、频率高,跨平台跨系统的数据采集及数据调用的财务业务场景很多。正因如此,财务机器人已被广泛应用于财务工作的方方面面。按操作场景不同,可将财务机器人细分为查询类机器人、报送类机器人、操作类机器人、分析对比类机器人等。应对不同操作类型的财务机器人,其风险的识别与管控程度也会有所差异。

1)查询类财务机器人

常见的财务机器人查询类场景包括银行余额查询、科目余额查询、发票查验等。基于查询类财务机器人,还可扩展出处理银行余额调节表、费用报销等相对复杂业务场景的财务机器人。

　　例如,银行余额调节表机器人可自动登陆财务系统下载银行科目余额表,自动登陆网银下载银行交易流水,然后将银行科目余额表和银行交易流水进行一一比对,筛选出各种未达账项,自动生成银行余额调节表。根据相应的对账逻辑,银行余额调节表机器人可实现一些比较复杂的、一对多甚至是多对多的对账情形。当然,对于一些特殊的、非常规的交易数据,还需要人工参与最终的复核,以确保财务机器人工作的准确性。

　　银行余额调节表机器人的整体业务流程如图 3 所示。

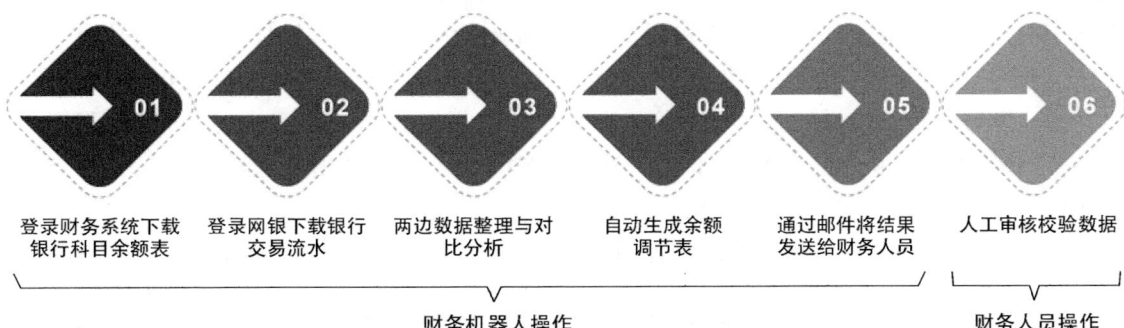

**图 3　银行余额调节表机器人流程示例**

　　2) 报送类财务机器人

　　常见的财务机器人报送类场景包括纳税申报及其他监管申报等,报送类机器人往往在报送环节之前,还需要完成报送数据的采集和整合。

　　以纳税申报机器人为例,如果企业有完善的税金管理系统,机器人可自动从税金管理系统中获取各种纳税申报表,然后自动登陆到各地的纳税申报网站,自动完成各个申报表及其附表的填报。如果企业没有税金管理系统,纳税申报机器人也可以直接从财务系统中获取财务数据,根据相应的计算规则,计算生成增值税申报表等各种纳税申报表,然后再自动登陆到纳税申报网站,完成填报工作。在申报确认的最后环节,通常都会让人工参与复核确认和提交。

　　纳税申报机器人的整体业务流程如图 4 所示。

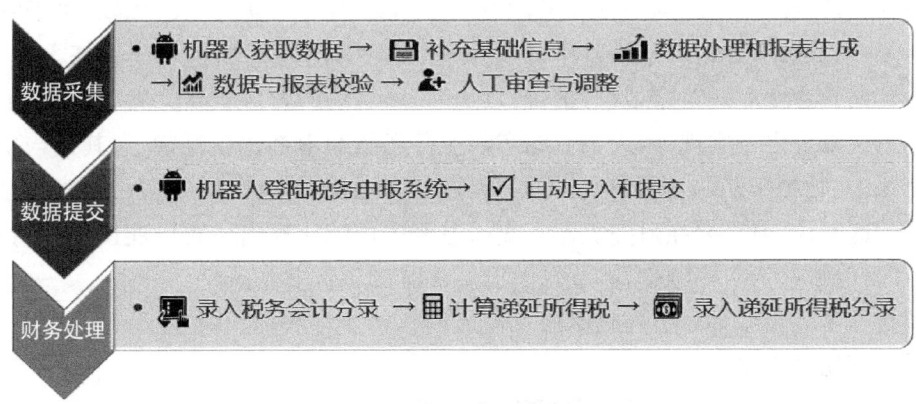

**图 4　纳税申报机器人流程示例**

3) 处理类财务机器人

常见的财务机器人操作类场景包括业务单据处理、凭证总账处理、付款流程审批、费用报销审批等,操作类机器人主要是替代人工完成一些规则明确的业务操作流程,诸如各种基于 ERP 系统操作的业务流程和审批流程。操作类机器人往往还会结合数据获取、数据核对校验等功能来实现相对比较复杂的付款审批和费用报销审批等业务操作流程。

以费用报销机器人为例,通过费用报销机器人可自动登陆企业的费用报销系统,打开电子费用报销单及对应的发票附件获取报销单信息,并通过光学字符技术(OCR)来识别发票信息,同时登陆税局网站查验发票的真伪,查验抬头、识别号、销售方信息等信息是否规范,查验报销金额、付款明细及合计是否与报销单一致。若真实性、合规性及一致性均没问题,机器人将会自动审批此报销单,并生成费用报销数据汇总表,并通过邮件发送给相应的财务人员。机器人审核出来有问题的报销单,则会转给相应的财务人员人工参与处理。

费用报销机器人的整体业务流程如图 5 所示。

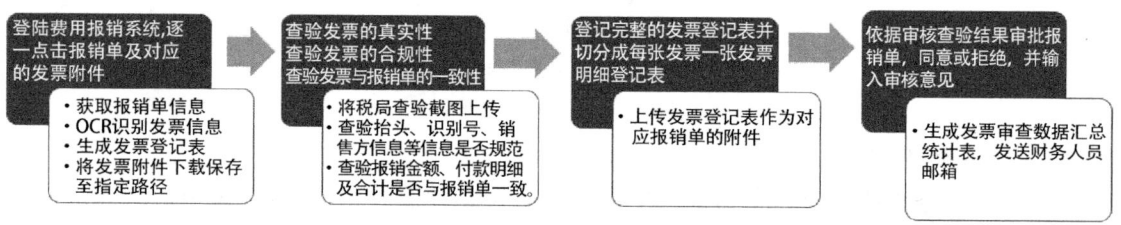

**图 5　费用报销机器人流程示例**

4) 分析对比类财务机器人

常见的财务机器人分析对比类场景包括各种对账和各种报表处理等。分析对比类机器人通常会结合数据获取、数据核对校验等功能来实现相对比较复杂的对账场景和报表处理场景。

对账机器人在财务机器人中应用非常广泛,它适用的财务对账场景很多,可以适用于企业内部的对账,比如企业内部的业务账与财务账的核对、总账与银行流水的核对,也可适用于企业与客户及供应商之间的往来账务的核对。对账场景的复杂度,关键取决于它的对账逻辑是否复杂。通常,无论对账场景中的对账逻辑是否复杂,它的主要流程基本上都是"数据下载—数据整合比对—对账结果(报告)发送"。从目前的财务机器人案例分析,财务机器人对账率无法百分之百实现,因为企业的实际业务场景通常都比较复杂,尤其是与供应商或客户的对账,会受到账期、损耗、商业折扣等因素的影响,可能会出现很多一对多甚至是多对多的情形。这时候,就需要在财务机器人实施过程中详细梳理出所有可能出现的对账逻辑。比如,对账时取哪些为对账维度,哪些是关键对账维度等都非常重要。

某银行卡中心银联多渠道还款对账机器人的整体业务流程如图 6 所示。

**3. 按运行方式分类**

按机器人的运行方式分类通常有两种:全自动型机器人和人机交互型机器人,又称无人值守型机器人和有人值守型机器人。顾名思义,无人值守机器人就是不需要财务人员的干

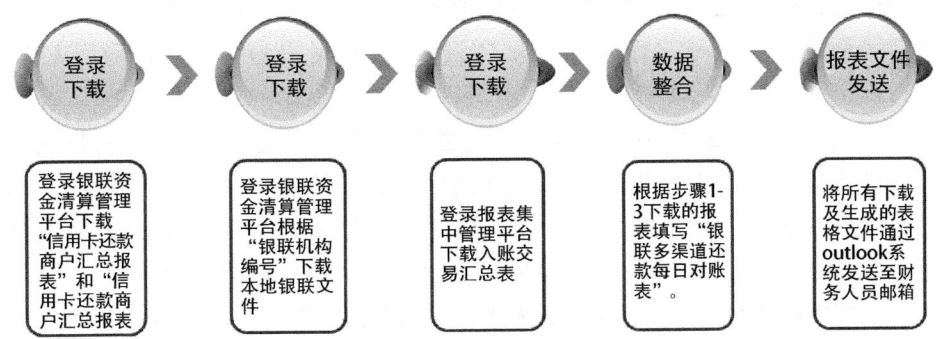

**图 6　对账机器人流程示例**

预,机器人的启动和运行均无需人工介入,全程自动化操作;而有人值守机器人则是在流程执行环节的某个节点或者是多个节点都需要财务人员的参与,参与的方式有信息确认、数据录入、指令发布等。

1）无人值守型财务机器人

无人值守型机器人,由机器人自行触发,以循环批处理模式连续不间断地执行某个业务流程。机器人可以全天候 24 小时不间断运作。可通过控制平台访问无人值守型机器人,也可在控制台中实时查看、分析、部署调度、监控和修改无人值守型机器人。

无人值守型机器人常用于可以在后台执行的业务场景,以实现大量财务数据的采集和分析。例如,发票查验机器人可设计为无人值守型机器人,可以 24 小时不间断地在后台查验发票的真伪;电商平台交易数据处理机器人也可设计为无人值守型机器人,可以 24 小时不间断地将电商平台交易数据自动下载并录入到企业内部的 ERP 系统中。

2）有人值守型财务机器人

有人值守型机器人,则是在流程执行环节的某个节点或者是多个节点需要人工的参与。

出于财务谨慎性和严谨性以及财务实际业务的复杂性考虑,目前财务机器人的实际应用案例中,绝大部分的财务机器人都是有人值守型。例如,前文提及的银行余额调节表机器人、费用报销机器人和纳税申报机器人等,均在不同的流程节点有财务人员的人工参与和确认。

无人值守型机器人和有人值守型机器人并非是对立和独立的。在同一个控制平台下,无人值守型机器人和有人值守型机器人可以实现协同作业,两种方案组合部署,既可以简化业务流程,又可以在一定程度上保证业务流程的准确性和严谨性,提高整套财务机器人解决方案的整体效率和准确率。

企业可根据自身的业务特点和实际需求,选择单独部署其中的一种机器人或者两种机器人组合部署,以实现财务机器人的效率最大化。

**（五）未来财务机器人应用的发展**

财务机器人的出现,不是为了替代财务人员,而是为了把财务人员从简单重复低价值的单一业务工作中解放出来,让财务人员有更多的时间和精力去处理一些更复杂更专业更高价值的工作。

例如,财务人员可以基于财务机器人获取的财务基础数据进行比较深入的财务分析和预测,让财务人员有时间去学习和了解企业的业务,为业财一体、业财融合奠定基础,使财务人员有机会转型成既懂财务又懂业务的复合型人才,真正成为企业战略决策与分析的生力军。

目前,财务机器人主要处理一些规则明确、逻辑清晰、流程标准的业务,对规则、逻辑、流程以及数据格式均有一定的要求。比如,纸质的发票和文件就需要通过 OCR 技术识别成电子化的数据以后才能由机器人来自动执行。而一些逻辑不够清晰的,需要很多人脑思维判断的业务流程,还不能通过机器人实现流程自动化,仍需要一些人工的参与。

随着人工智能技术的发展,那些需要人工参与、需要人脑识别和判断的相对复杂的财务流程也将会逐步实现自动化。未来的人工智能技术,将会赋予财务机器人更多的类似于人类大脑的分析判断能力,财务机器人也会像人类一样,具备能听、能看、能说、能思考的综合能力。

相信在不久的将来,财务机器人结合语音识别技术,便可读懂人的语音指令,更生动、更快捷地实现一些人机交互的财务业务流程。结合图像识别、语音识别、语义识别与分析等智能引擎,财务机器人将不仅能识别发票和标准格式的文件,还能识别非标准的合同以及各种非标准的财务报告,能根据各种智能的财务报表模板,自动生成各种不同口径的财务报告及其附注,甚至还能智能地对财报及附注进行专业性的解读与分析,并对各种异常的财务事项进行实时的监控和解读。结合机器学习和智能算法,财务机器人在被训练后将具备智能追溯数据和查找分析问题原因的能力,并可通过不断的机器学习对企业业务发展进行分析、预测和判断,还能对某些业务场景给出科学的、有针对性的建议。

## 三、财务机器人应用风险分析

### (一) 财务机器人应用风险分类分级

#### 1. 风险分类

前文提到,财务机器人可以分别按部署方式、操作场景、运行方式等进行分类。而不同的分类模式中,财务机器人应用中所面临的风险是不同的,对应的风险分类描述如表1所示。

表1　财务机器人风险分类表

| 机器人风险分类维度 | 分类描述 |
| --- | --- |
| 监管合规风险 | 财务机器人是否满足监管机构的各项要求,例如:银保监会对于银行的监管要求、证监会对上市公司的监管要求等 |
| 内部管控风险 | 基于企业内部管理,例如:信息化管理、内部控制管理、内部审计管理等,明确具体的要求事项,财务机器人需要满足各事项的要求 |
| 数据准确性风险 | 如财务机器人涉及对业务、财务数据的操作处理,需要保障或降低机器人操作导致的误操作、数据不准确等风险 |
| 信息安全风险 | 内外部人员恶意或非恶意的攻击,造成财务机器人运行受影响,或是进一步造成企业数据泄漏或相关业务财务系统不稳定等风险 |

### 2. 常见的风险事件

基于以上财务机器人风险的类型,结合行业应用实践,总结常见的风险事件如下。

1) 监管合规风险

应用架构不符合监管要求;未对财务机器人执行的情况做全程监控导致异常无法溯源;缺少对财务机器人的复核机制;未能及时向监管机构报送数据或报送的数据不准确等。

2) 内部管控风险

应用架构不符合企业内部信息管理要求;财务机器人平台不符合公司软件入网要求;财务机器人权限设置过大过小或是权限冲突。

3) 数据准确性风险

财务机器人运行环境不稳定或相关信息系统发生变更导致机器人执行异常中断;财务机器人误操作或执行不准确。

4) 信息安全风险

财务机器人被恶意攻击;财务机器人数据未加密存储和传输;财务机器人的运行载体未做安全管控,导致财务信息数据泄露;财务机器人平台存在信息安全漏洞。

### 3. 风险分级

风险分级采用 LEC 原则,根据风险点辨识确定的危害及影响程度与危害及影响事件发生可能性的乘积确定风险大小。

定量计算每一种风险类型的风险级别采用如下方法:

$$D = LEC$$

其中: $D$——代表风险值;

$\quad L$——代表发生的可能性;

$\quad E$——暴露于危险环境的情况;

$\quad C$——发生事故产生的后果。

当用概率来表示事故发生的可能性大小($L$)时,绝对不可能发生的事故概率为 0,必然发生的事故概率为 1。从系统安全角度考虑,绝对不发生事故是不可能的,所以人为地将发生事故的可能性极小的分数取值 0.1,而必然发生的事故分数定为 10,介于这两种情况之间的情况指定为若干中间值。具体如表 2 所示。

表 2　事故发生可能性分数对应表

| 分数值 | 事故发生的可能性 |
| --- | --- |
| 10 | 完全可能预料 |
| 6 | 相当可能 |
| 3 | 可能,但不经常 |
| 1 | 可能性较小,意外 |
| 0.5 | 可能性极小,但需要注意 |
| 0.2 | 极不可能 |

当确定暴露于危险环境的情况时(*E*)时,财务机器人暴露于危险环境的时间越久,则危险性越大,规定持续暴露在危险环境的情况定为10,而非常罕见地暴露在危险环境中定位0.5,介于两者之间的各种情况规定若干中间值。具体如表3所示。

表3 暴露于危险环境情况分数对应表

| 分数值 | 事故发生的时间 |
| --- | --- |
| 10 | 持续暴露 |
| 6 | 频繁暴露 |
| 3 | 偶然暴露 |
| 1 | 较小暴露 |
| 0.5 | 非常罕见暴露 |

关于发生事故产生的后果(*C*),由于每类风险最严重均会为企业造成不同程度的损失,把造成企业大型的安全/生产事件分数定为100,其他情况的数值均为1与100之间。具体如表4所示。

表4 发生事故产生的后果分数对应表

| 分数值 | 事故发生的后果 |
| --- | --- |
| 100 | 大型的安全/生产事故,为企业带来重大损失 |
| 40 | 较严重,为企业带来较大损失 |
| 15 | 严重,为企业带来一定损失 |
| 7 | 重大,为企业带来较小损失 |
| 1 | 引人注意,但无实际损失 |

根据风险值*D*进行风险等级划分。具体如表5所示。

表5 风险等级划分表

| *D*值 | 危险程度 | 风险等级 | 控制措施 |
| --- | --- | --- | --- |
| >320 | 不可容许危险 | 重大 | 立刻整改 |
| 160~320 | 高度危险 | 较大 | 立刻整改 |
| 70~160 | 中度危险 | 一般 | 适度整改 |
| <70 | 轻度可容许的危险 | 低风险 | 有条件时治理 |

### (二) 按部署方式进行风险分析

财务机器人由于其部署方式不同,面临的按照机器人的运行环境能否连接外部网络和是否与控制台和其他机器人联动,可分为公网单机财务机器人、公网联机财务机器人、内网单机财务机器人以及内网联机财务机器人四种类型。具体如表6所示。

表6　不同部署方式机器人与风险对应表

| 机器人分类 | 监管合规风险 | 内部管控风险 | 数据准确性风险 | 信息安全风险 |
|---|---|---|---|---|
| 公网单机财务机器人 | 中 | 高 | 中 | 高 |
| 公网联机财务机器人 | 低 | 高 | 中 | 高 |
| 内网单机财务机器人 | 低 | 中 | 中 | 低 |
| 内网联机财务机器人 | 低 | 中 | 中 | 低 |

由于财务机器人部署方式带来的风险中,主要集中在机器人部署的网络位置带来的数据泄露和恶意攻击风险。对于不同类型的财务机器人风险评级建议如表7所示。

表7　不同部署方式机器人风险对应表

| 财务机器人类型 | L | E | C | D | 风险等级 |
|---|---|---|---|---|---|
| 公网单机机器人 | 3 | 5 | 15 | 265 | 较大 |
| 公网联机机器人 | 3 | 6 | 15 | 220 | 较大 |
| 内网单机机器人 | 0.2 | 1 | 40 | 110 | 低风险 |
| 内网联机机器人 | 0.2 | 0.5 | 40 | 10 | 低风险 |

**1. 公网单机机器人**

公网部署的机器人是将机器人频繁暴露在互联网的环境中,在互联网的机器人无法得到诸如防火墙、防病毒、网络隔离等安全手段的保护,仅靠自身操作系统的防护,被恶意攻击、数据泄露的风险系数是比较高的。但是对于大部分企业来说,在公网的需求交互业务系统(诸如各银行系统、人行系统)都会配置专线进行业务交互,因此实际还是会像在内网环境中得到保护。而实际在完全公网中交互的业务流程一般数据价值都不会太大,所以风险事故引发的后果并不是非常严重。

**2. 公网联机机器人**

在公网单机机器人的基础上,由于存在更多的交互节点,所以频繁暴露的可能性会增加。

**3. 内网单机机器人**

内网单机机器人依赖于企业内部的安全防护情况,所以在保障内网安全的情况下数据泄露和恶意攻击发生的情况还是极小的。但企业内部的数据会更有价值、更敏感,一旦泄露将会带来较大的企业损失。

**4. 内网联机机器人**

内网联机机器人依赖于企业内部的安全防护情况,所以在保障内网安全的情况下数据泄露和恶意攻击发生的情况还是极小的。但企业内部的数据会更有价值、更敏感,一旦泄露将会带来较大的企业损失。

**(三) 按操作场景进行风险分析**

按照机器人的操作场景可将财务机器人分为查询类机器人、报送类机器人、操作类机器人、分析对比类机器人等四种类型。具体如表8所示。

表 8　事故发生可能性分数对应表

| 机器人分类 | 监管合规风险 | 内部管控风险 | 数据准确性风险 | 信息安全风险 |
|---|---|---|---|---|
| 查询类机器人 | 低 | 中 | 低 | 低 |
| 报送类机器人 | 中 | 高 | 高 | 高 |
| 操作类机器人 | 低 | 高 | 高 | 低 |
| 分析对比类机器人 | 低 | 中 | 中 | 低 |

由于财务机器人所处操作场景带来的风险，主要集中在机器人异常或环境异常等情况导致机器人未按预期的行为进行自动化操作从而触发生产事故。但在实际中，财务机器人只会按照预设的指令进行操作，且在开发阶段就会充分考虑异常情况进行容错处理，所以此类风险发生的可能是极小的。对不同类型的财务机器人风险评级如表 9 所示。

表 9　不同部署方式机器人与风险对应表

| 财务机器人类型 | $L$ | $E$ | $C$ | $D$ | 风险等级 |
|---|---|---|---|---|---|
| 查询类机器人 | 0.2 | 10 | 1 | 2 | 低风险 |
| 报送类机器人 | 1 | 10 | 15 | 150 | 一般 |
| 操作类机器人 | 1 | 10 | 7 | 70 | 低风险 |
| 分析对比类机器人 | 0.2 | 10 | 1 | 2 | 低风险 |

**1. 查询类机器人**

查询类机器人并不会产生生产事件，所以事故发生的可能性为极不可能。

**2. 报送类机器人**

报送类的机器人事故从理论上来说发生的可能性会比其余类的可能性更高，但实际上可能性仍旧极小。因报送业务多为与外部交互，事故的发生带来的影响会较大。

**3. 操作类机器人**

操作类的机器人事故从理论上来说发生的可能性会比其余类的可能性更高，但实际上可能性仍旧极小。因操作类基本围绕企业内应用，事故的发生带来的影响较小。

**4. 分析对比类机器人**

分析对比类机器人并不会产生生产事件，事故发生的可能性为极不可能。

**（四）按运行方式进行风险分析**

按照机器人的运行方式可将财务机器人分为全自动机器人和人机交互机器人两种类型。在风险类型上，两类机器人并没有较大的差异。具体如表 10 所示。

表 10　不同运行方式机器人与风险对应表

| 机器人分类 | 监管合规风险 | 内部管控风险 | 数据准确性风险 | 信息安全风险 |
|---|---|---|---|---|
| 全自动机器人 | 中 | 中 | 中 | 中 |
| 人机交互机器人 | 中 | 中 | 低 | 中 |

由于财务机器人运行方式带来的风险中,主要集中在是否存在人为介入的失误操作或者恶意操作带来的风险事故。对于不同类型的财务机器人风险评级如表 11 所示。

表 11　不同运行方式机器人与风险对应表

| 财务机器人类型 | $L$ | $E$ | $C$ | $D$ | 风险等级 |
|---|---|---|---|---|---|
| 全自动机器人 | 0.2 | 1 | 3 | 0.6 | 低风险 |
| 人机交互机器人 | 0.5 | 10 | 3 | 15 | 低风险 |

### 1. 全自动机器人

全自动机器人集中部署在数据中心或者一个安全的区域内,不会开放人为的介入,所以人为介入风险事故发生的可能性是极小的。

### 2. 人机交互机器人

虽然人机交互机器人是完全持续暴露在人为介入的环境中,但此机器人仍旧是一个以人的意志为转移的软件。只要企业对人员的管控足够安全规范,恶意操作的风险也是极低的。对于误操作,人是可以及时停止并更正的。所带来的企业损失比较小甚至无实际损失。

## 四、财务机器人应用风险控制

### (一) 整体风险控制体系

财务机器人的风险控制是一个体系化的工作,需要从全面风险管控的视角出发,充分结合风险管控的不同阶段以及风险管控的不同实现方式,形成一个完整的财务机器人风险管控体系。

### 1. 按控制阶段划分

在应用财务机器人时应该建立严格的风险控制体系。在机器人应用上我们可将机器人的运行划分为部署前、运行中和运行后三个部分,因此可以按照事前、事中、事后的风险控制体系来设计(见图 7)。

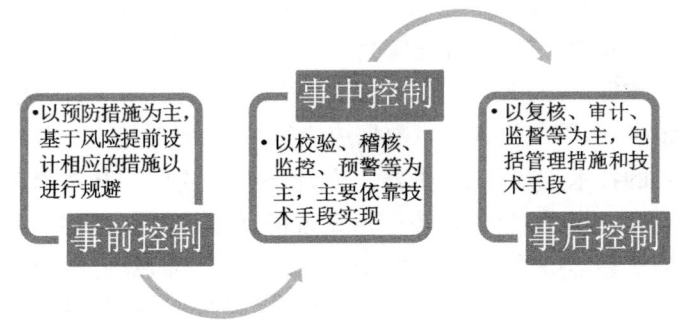

图 7　财务机器人风险的阶段控制划分

1) 财务机器人事前控制

在机器人运行之前,从价值管理的角度进行不同方案的选择、可行性研究以及对效益的评价。具有典型意义的事前控制包括预测控制和计划控制。所谓预测控制,即需要在财务机器人流程梳理与设计过程中,提前明确流程中存在的风险点或异常情况,在实际活动前制定绩效标准及偏差预警系统,在问题发生以前即进行控制程序以防患于未然。要选取适合机器人运行的财务场景,并排好机器人运行时序图。

2) 财务机器人事中控制

对进行中的生产系统作日常性控制的控制方式,是利用反馈信息实施控制的。针对过程中出现的质量问题,需要相关人员召开会议,精准定位问题、暴露问题,集思广益解决问题。对于机器人使用者以及维护人员,可采取多轮培训等方式对相关人员进行机器人相关知识技能强化。此外,监控、校验等手段也是在财务机器人执行过程中常用的事中控制措施,通过监控可对机器人执行进行完整的留痕,通过校验可对机器人操作的数据进行准确的比对。

3) 财务机器人事后控制

财务机器人事后控制是机器人运行告一段落时,通过分析各个机器人的运行情况、效率、异常等,对机器人工作流程不断进行优化,并与控制标准进行对比,检查考核其执行情况的过程。待问题偏差发生之后,采取控制程序改正问题,形成良好的回馈性控制机制。基于审计的视角,对财务机器人执行复核是常见的事后控制措施。此外,财务机器人的风险控制是持续性的过程,因此需要一个不间断的、整体性的审慎风险控制机制。

**2. 按风险控制实现方式划分**

财务机器人是通过机器人流程自动化产品开发实现的财务流程自动化处理程序,其具备软件产品与财务流程两类属性,在设计财务机器人的风险控制措施时,应充分考虑其特有的技术与管理特性。因此,可以将财务机器人的风险控制措施分为基础技术控制、流程设计控制以及管理辅助控制三类。

1) 基础技术控制

基础技术控制是依托财务机器人的软件平台来实现,需要在软件平台中内置诸多信息技术控制措施,并且技术控制在财务机器人、机器人设计平台、机器人管控平台中均需有不同的呈现。

财务机器人的技术控制要求:财务机器人作为财务流程运行的载体,应该注重在日志、安全等方面的技术控制实现。例如,首先应具备初步的日志收集功能,为财务机器人后续的复核与审计工作留有数据基础;此外,考虑财务流程运行过程中不可避免会涉及系统登录、敏感信息操作等系统事项,因此机器人对数据应进行加密、脱敏等安全处理。

机器人设计平台的技术控制要求:机器人设计平台主要用于开发财务流程。在零代码开发的前提下,应该注重对各类业务财务信息系统的适配(包括客户端程序、基于浏览器的系统等)、财务流程稳定和容错等方面的技术控制实现。例如,软件平台的封闭组件应该自带容错机制,针对常见的系统卡顿与延时、异常弹框等情况,组件能够自主识别并应对。对于一些不常见的或是流程特色的异常情况,组件应该支持通过编程逻辑或是自定义函数等方式设计个性化容错机制,以保障财务机器人运行的稳定性。

机器人管控平台的技术控制要求:机器人管控平台主要用于管理机器人与流程,是财务机器人的"心脏",其技术控制要求尤为重要。其技术控制应该注重对财务机器人的运行调度管理以及机器人运行监控等环节。例如,对财务机器人的运行一方面要记录格式化的日志数据,还需要通过录屏等技术完整的记录机器人的所有操作,精确记录用户的每一个操作动作,记录下的视频应该达到作为合法证据的要求。录屏数据作为一种最直观、精确和可信的审计证据,有着其他数据无法替代的作用。它能够无缝记录用户希望监控的所有操作行为,任何高危敏感操作动作都无所遁形。

实现财务机器人操作屏幕录像方式主要原理和优势如下:

(1)记录机器人载体(如安装机器人程序的电脑)所有的屏幕命令数据。

(2)切割机器人载体变化部分局部发送。

(3)去除机器人冗余数据保证存储文件最小。

(4)采用 Graphics Device Interface(图形设备接口,GDI)采集数据,保证电脑 CPU 性能占用低。

(5)开始记录时不会出现屏幕闪烁,记录中不会出现系统运行缓慢的现象,可以实现用户无感知的记录。

(6)多个质量级别,最低级别可以清晰显示文字。

(7)独立处理鼠标移动。

(8)增加快照便于录像跳转和拖动。

(9)专用文件存储格式,加密存储并保证完整性。

2)流程设计控制

流程设计控制是基于财务机器人的软件平台,并结合财务自动化流程的优化设计来实现的控制。财务机器人通常是采用项目化的模式进行实施,其实施的过程如图 8 所示。

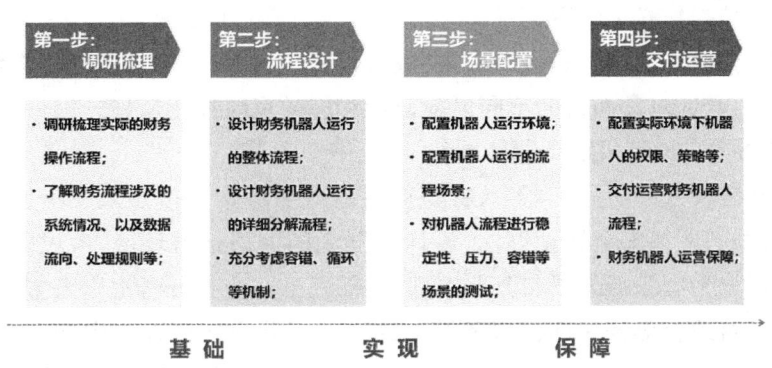

**图 8 财务机器人项目的实施进程划分**

按上述财务机器人实施进程,流程设计控制主要是在第二步流程设计环节实现。纵观所有的财务机器人项目,其实现过程并不是简单的把原有的人工处理替换为机器人软件处理,而是需要在整个自动化操作转化过程中,对原有的流程做出适当的调整,以更好地实现人与机器人之间的协同,在保证机器人运行稳定的前提下,最大限度地提升机器人工作效率。

此外,目前的财务机器人只是初步的流程自动化执行,并未发展到足够的智能。因此,需要人为地为财务机器人赋予更多的智能,使之更好地规避机器人在运行过程中面临的各类运行风险。包括但不限于以下措施：

（1）关键环节的容错机制设计：所谓容错，是指对异常事件的处理与响应。财务机器人的执行重点依托于众多信息系统，会存在很多如系统更新或升级、系统界面弹框提示等不可控的因素，针对这些异常情况需要加入容错机制。

（2）重点流程或环节的循环机制设计：所谓循环，是指当某个机器人操作指令执行不成功时，可进行重复执行直至成功为止。例如，在流程设计控制中，通常会对财务系统的登录环节设置循环机制，当一次登录不成功后，机器人会自动关掉所有的财务系统界面，之后再次打开财务系统进行登录，直至成功后执行后续操作。

（3）重要数据的校验机制设计：针对一些操作类、报送类以及图像识别与处理类的财务机器人，因为涉及对业务财务数据的处理，为降低数据的差错风险，通常会加入一些数据校验机制。例如，税务申报机器人在完成税务数据到金三系统的录入操作后，通常会再次把录入的数据提取出来，与源数据（财务系统中的报表数据或是完整的税务申报表）进行二次校验，比对一致后方进行提交操作。

（4）敏感处理的人工确认机制设计：将完整的财务机器人流程进行拆分，由机器人执行基本的数据读取与写入操作，写入完成后及时通过（可通过邮件、短信等形式）财务人员进行人工确认或人工提交。通过此类确认机制，也可极大地降低数据的差错风险。

3）管理辅助控制

对于财务机器人的风险控制，技术是重点，管理是辅助。管理控制主要包括人工事后的复核与检查等。例如，对于财务机器人的操作，安排专门的人员定期（具体频率可视对应的财务机器人场景而定）查看机器人执行录屏，并且对于机器人操作的数据进行人工复核，最后所有的人工复核操作必须保留记录。

当然，对于财务机器人的风险控制需要进行体系化的设计与考虑，还需要结合不同类型的财务机器人，以及针对其面对的不同风险设计相应的风险控制措施。

**（二）按部署方式设计风险控制体系**

对于不同部署模式的财务机器人，首先应将财务业务本身按照人工操作的网络环境进行分类，配合公司的网络安全管理办法，设计机器人的网络运行环境，考虑内外网数据传输问题。部署终端分为服务端部署和业务端部署，部署方式应充分考虑财务业务性质，应优先考虑财务业务是否适合部署在远程服务端。这样的部署方式可以集中配置和管控风险，如网银流水回单的下载、财务对账等。此类业务的特点是无需业务人员干预，在整体规划上，要保证机器人流程充分稳定的前提下再部署到服务端，做好开发机器与服务端的迁移适配。对于部署在业务终端的机器人，由于其业务本身需要人工触发或需要人工配置参数，所以比较适合部署在业务人员的终端机器，并且应给相关业务人员使用者培训相关的机器人知识，做好人机协作，防止业务人员误操作带来的操作风险的发生。

**1. 公网单机财务机器人**

此类财务机器人因其运行环境原因，部署在公网环境，并且不与机器人控制平台互联。因此，对其的风险控制以事前的、基础技术和流程设计控制为主。涉及的主要风险控制方式如表12所示。

表 12　公网单机财务机器人风险控制措施

| | 基础技术控制 | 流程设计控制 | 管理辅助控制 |
|---|---|---|---|
| 事前控制措施 | 1. 对机器人执行涉及的账号与口令等数据进行加密<br>2. 机器人具有 Debug 模式,可以提前调试流程以预知信息系统的变更 | 在设计机器人流程的过程中,应在登录、提交等关键操作环节设置容错与循环机制 | 无 |
| 事中控制措施 | 1. 机器人执行的日志记录<br>2. 机器人应支持人机交互模式,对于重要操作可由人工确认后再交由机器人继续执行 | 机器人流程执行过程中如出现异常中断,机器人应及时将异常信息通过邮件、短信等形式通知到相关人员 | 无 |
| 事后控制措施 | 无 | 机器人流程执行的结果应及时的通过邮件、短信等形式通知到相关人员 | 财务人员对机器人流程执行的结果进行人工复核并留有复核记录 |

### 2. 公网联机财务机器人

此类财务机器人是部署在公网环境,可以访问外部互联网,与机器人控制平台互联。因此,对其的风险控制以事前和事中的、基础技术和流程设计控制为主。涉及的主要风险控制方式如表 13 所示。

表 13　公网联机财务机器人风险控制措施

| | 基础技术控制 | 流程设计控制 | 管理辅助控制 |
|---|---|---|---|
| 事前控制措施 | 对机器人执行涉及的账号与口令等数据进行加密 | 在设计机器人流程的过程中,应在登录、提交等关键操作环节设置容错与循环机制 | 无 |
| 事中控制措施 | 1. 机器人执行的日志记录<br>2. 机器人控制平台应记录机器人执行的完整操作录屏<br>3. 机器人应支持人机交互模式,对于重要操作可由人工确认后再交由机器人继续执行 | 1. 机器人流程执行过程中如出现异常中断,机器人应及时将异常信息通过邮件、短信等形式通知到相关人员<br>2. 机器人流程应做标准化拆分,并设计灵活的调度机制 | 无 |
| 事后控制措施 | 机器人控制平台可对各类不同的记录数据进行检索分析 | 机器人流程执行的结果应及时的通过邮件、短信等形式通知到相关人员 | 财务人员对机器人流程执行的结果进行人工复核并留有复核记录 |

### 3. 内网单机财务机器人

此类财务机器人是部署在客户的内网环境,不与机器人控制平台互联,通常是由财务人员手工触发执行。因此,对其的风险控制以事前的、基础技术和流程设计控制为主。涉及的主要风险控制方式如表 14 所示。

表 14　内网单机财务机器人风险控制措施

| | 基础技术控制 | 流程设计控制 | 管理辅助控制 |
|---|---|---|---|
| 事前控制措施 | 对机器人执行涉及的账号与口令等数据进行加密 | 在设计机器人流程的过程中,应在登录、提交等关键操作环节设置容错与循环机制 | 无 |
| 事中控制措施 | 机器人执行的日志记录 | 机器人流程执行过程中如出现异常中断,机器人应及时将异常信息通过邮件、短信等形式通知到相关人员 | 无 |
| 事后控制措施 | 无 | 机器人流程执行的结果应及时的通过邮件、短信等形式通知到相关人员 | 财务人员对机器人流程执行的结果进行人工复核并留有复核记录 |

#### 4. 内网联机财务机器人

此类财务机器人是部署在客户的内网环境,与机器人控制平台互联。因此,对其的风险控制以事前的、基础技术和流程设计控制为主。涉及的主要风险控制方式如表 15 所示。

表 15　内网联机财务机器人风险控制措施

| | 基础技术控制 | 流程设计控制 | 管理辅助控制 |
|---|---|---|---|
| 事前控制措施 | 对机器人执行涉及的账号与口令等数据进行加密 | 在设计机器人流程的过程中,应在登录、提交等关键操作环节设置容错与循环机制 | 无 |
| 事中控制措施 | 1. 机器人执行的日志记录<br>2. 机器人控制平台应记录机器人执行的完整操作录屏<br>3. 机器人应支持人机交互模式,对于重要操作可由人工确认后再交由机器人继续执行 | 1. 机器人流程执行过程中如出现异常中断,机器人应及时将异常信息通过邮件、短信等形式通知到相关人员<br>2. 机器人流程应做标准化拆分,并设计灵活的调度机制 | 无 |
| 事后控制措施 | 机器人控制平台可对各类不同的记录数据进行检索分析 | 机器人流程执行的结果应及时的通过邮件、短信等形式通知到相关人员 | 财务人员对机器人流程执行的结果进行人工复核并留有复核记录 |

以上是针对各类部署方式的财务机器人比较常见或通用的风险控制措施,在实际的操作过程中还可根据情况进行补充。

#### (三) 按操作场景设计风险控制体系

#### 1. 查询类财务机器人

常见的财务机器人查询类场景包括银行余额查询、科目余额查询、发票查验等,基于查询类财务机器人,还可扩展出能处理银行余额调节表、费用报销等相对复杂业务场景的财务机器人。对其风险控制以事前的、基础技术控制为主。涉及的主要风险控制方式如表 16 所示。

表 16 查询类财务机器人风险控制措施

| | 基础技术控制 | 流程设计控制 | 管理辅助控制 |
|---|---|---|---|
| 事前控制措施 | 对机器人执行涉及的账号与口令等数据进行加密 | 在设计机器人流程的过程中,应在登录、提交等关键操作环节设置容错与循环机制 | 无 |
| 事中控制措施 | 机器人执行的日志记录 | 无 | 无 |
| 事后控制措施 | 无 | 机器人流程执行的结果应及时的通过邮件、短信等形式通知到相关人员 | 财务人员对机器人流程执行的结果进行人工复核并留有复核记录 |

## 2. 报送类财务机器人

报送类财务机器人会涉及与外部监管机构的数据交互,对其的风险控制以事前的、基础技术和流程设计控制为主。涉及的主要风险控制方式如表 17 所示。

表 17 报送机器人风险控制措施

| | 基础技术控制 | 流程设计控制 | 管理辅助控制 |
|---|---|---|---|
| 事前控制措施 | 对机器人执行涉及的账号与口令等数据进行加密 | 在设计机器人流程的过程中,应在登录、提交等关键操作环节设置容错与循环机制 | 无 |
| 事中控制措施 | 1. 机器人执行的日志记录 2. 机器人应支持人机交互模式,对于重要操作可由人工确认后再交由机器人继续执行 | 机器人流程执行过程中如出现异常中断,机器人应及时将异常信息通过邮件、短信等形式通知到相关人员 | 无 |
| 事后控制措施 | 无 | 机器人流程执行的结果应及时的通过邮件、短信等形式通知到相关人员 | 财务人员对机器人流程执行的结果进行人工复核并留有复核记录 |

## 3. 处理类财务机器人

常见的财务机器人处理类场景包括银行余额查询、科目余额查询、发票查验等,基于查询类财务机器人,还可扩展出能处理银行余额调节表、费用报销等相对复杂业务场景的财务机器人。因此,对其的风险控制以事前的、基础技术和流程设计控制为主。涉及的主要风险控制方式如表 18 所示。

表 18 处理类财务机器人风险控制措施

| | 基础技术控制 | 流程设计控制 | 管理辅助控制 |
|---|---|---|---|
| 事前控制措施 | 对机器人执行涉及的账号与口令等数据进行加密 | 在设计机器人流程的过程中,应在登录、提交等关键操作环节设置容错与循环机制 | 无 |

（续表）

| | 基础技术控制 | 流程设计控制 | 管理辅助控制 |
|---|---|---|---|
| 事中控制措施 | 1. 机器人执行的日志记录<br>2. 机器人控制平台应记录机器人执行的完整操作录屏<br>3. 机器人应支持人机交互模式,对于重要操作可由人工确认后再交由机器人继续执行 | 1. 机器人流程执行过程中如出现异常中断,机器人应及时将异常信息通过邮件、短信等形式通知到相关人员<br>2. 机器人流程应做标准化拆分,并设计灵活的调度机制 | 无 |
| 事后控制措施 | 机器人控制平台可对各类不同的记录数据进行检索分析 | 机器人流程执行的结果应及时的通过邮件、短信等形式通知到相关人员 | 财务人员对机器人流程执行的结果进行人工复核并留有复核记录 |

### 4. 分析对比类财务机器人

对其的风险控制以事前的、基础技术和流程设计控制为主。涉及的主要风险控制方式如表 19 所示。

**表 19　分析对比类财务机器人风险控制措施**

| | 基础技术控制 | 流程设计控制 | 管理辅助控制 |
|---|---|---|---|
| 事前控制措施 | 对机器人执行涉及的账号与口令等数据进行加密 | 在设计机器人流程的过程中,应在登录、提交等关键操作环节设置容错与循环机制 | 无 |
| 事中控制措施 | 机器人执行的日志记录 | 机器人流程执行过程中如出现异常中断,机器人应及时将异常信息通过邮件、短信等形式通知到相关人员 | 无 |
| 事后控制措施 | 无 | 机器人流程执行的结果应及时的通过邮件、短信等形式通知到相关人员 | 财务人员对机器人流程执行的结果进行人工复核并留有复核记录 |

以上是针对分析不同操作场景财务机器人比较常见或通用的风险控制措施,在实际的操作过程中还可根据情况进行补充。

### (四) 按运行方式设计风险控制体系

财务机器人按运行方式分为全自动无人值守机器人、人机交互式机器人,触发方式分别为定时触发、手工触发。其中,人机交互式机器人除手工触发外还支持外部参数输入。我们要对财务业务进行分类,在风险可控的前提下,配置不同的机器人运行方式。剖析财务业务性质,结合财务机器人的部署方式,在部署之前应将财务业务归类,进行两种不同部署方式的可行性分析以及对效益进行评价。

按照机器人的运行方式,结合具体的财务性质,可将机器人运行分为定时触发、手工触发、外部参数键入触发。按照业务执行频度,财务业务可分为每日、每周、每月。对于频度固化且操作固化的财务业务,如银行流水的下载、制单、日调节表等业务根据频度将机器人运行配置为定时运行。频度的划分应考虑财务机器人的运行方式。有些业务如回单的下载排序,对业务人员而言可将业务分散于每日,也可集中在月底一次性进行;但是对机器人运行而言,我们要在划分频度之前充分考虑机器人的运行负载风险,此类业务最好的设计应将运行分散开,防止一次性并发产生的负载过大风险,同时每日运行有助于更好地进行风险控制。在实际财务工作中,有些业务的逻辑固化但发生时间存在不确定性,如明细对账、批量付款等,此类业务的运行触发由人工灵活控制,同时人工可及时对运行结果进行风险监控,这种运行方式即为手工触发的运行方式。还有一类业务整体操作、逻辑固化,但是某些节点需要人工进行一些机器人运行的参数配置,此时需由人工判断,需要将参数进行配置。这些参数存在一些不确定性,如会计期间的选择、费控参数的配置等,此时外部参数键入的触发方式更为灵活可控。

在机器人运行过程中,对于涉及系统操作的机器人流程,对业务关键节点要进行实时监控。关键节点出现异常要及时终止机器人,防止机器人的误操作风险;同时机器人在运行过程中应输出完备的日志,形成良好的实时提醒、告警预警机制;机器人运行过程中要有录像输出,保证机器人运行记录的可追溯性。

在机器人运行后,人工要对机器人运行结果进行复核。首先确保机器人的运行是正常运行终止的,机器人非正常运行结果一般会出现逻辑错误。从结果初步分析即可得出结论,如1 000张回单的排序,排序率很低,应判断机器人运行非正常终止,此时应及时终止与此业务相关联的所有其他财务业务,及时把控关联性风险。判断机器人运行正常终止后,要对机器人运行的数据结果进行复核、检查,这里可以运用关联性检查或相关系统本身的校验机制。其中,关联性检查适用于强耦合性的财务业务流,如结转损益凭证必须进行多个会计区间的账务审核完毕,即账务审核为结转损益凭证的必要条件,此时即可通过后一个业务去检查机器人运行结果;有些财务机器人流程可通过系统本身的校验功能进行校验,如数据录入相关财务流程、税务报送、制单等,在机器人完成数据录入后,通过系统校验功能对机器人录入数据准确性进行校验。

**(五)财务机器人应用风险预防措施**

在财务机器人部署设计时,企业应制定相应的机器人制度,为机器人运行创造环境。机器人的管理一般集中于IT部门,集中管理有利于加强精细化管理,实现整体机器人运行效率最大化。IT部门应配合实际情况进行机器人的权限划分,无业务关联的机器人应相互独立运行,因机器人本身运行出现的问题IT部门应做到及时发现、定位、处理问题。同时财务部门也应制定相关的财务制度配合机器人运行,在安全合规的前提下,如网银类业务集中化管理UKey,配备属于机器人权限的相关的系统账号等。

在机器人流程设计本身,应充分考虑容错、异常情况,在安全可控的前提下,尽可能提高流程的稳定性,在稳定性的前提下尽可能提高机器人的运行效率。流程设计应在场景选取上选择适合机器人运行的场景,在机器人逻辑确认上,应结合具体业务性质找到编程逻辑,确保逻辑的准确性,使其完全适配于业务;开发人员与业务人员的对接要保证细致周到,防止因逻辑设计不全面产生后续流程运行出错的风险。在机器人流程架构设计上,应充分考虑任何流程可能出现的因素,将可能产生的异常情况进行分类,在流程中加入关键节点容错以及整体流程容错,保证机器人运行不会出错,出现非流程本身的异常能及时告警。同时还要考虑好相应的补录机制,这就需要在流程设计时精准记录相关的运行结果,保证机器人在重新运行时有连续性,不会覆盖也不会出现断点,如网银流水查询机器人,每查询完一家银行流水数据,就记录相应的状态,在机器人操作网银界面之前先读取状态,再进行相应操作;在机器人流程测试阶段应尽可能多的进行测试,在测试中不断对流程进行优化。

业务人员需要掌握基本的机器人运行原理,能够在机器人运行异常时初步分析出是由于系统或者上游数据导致机器人运行出错。流程开发人员应将详细的流程设计思路与维护人员交接并输出相应的逻辑定义文档和流程维护文档。维护人员要熟悉流程设计思路,做到精准定位问题并进行处理。

## 五、总结

行业的技术发展日新月异,企业的业务、管理等也在不断提升,监管的各项要求也随着内外的发展不断调整,财务机器人同样也会不断发展前行,随之而来的是其面对的风险也是在不断发生变化的。因此,财务机器人的风险管控是一个长期的、持续的和动态的过程,企业需要对风险管制措施进行效果评价,用以检查与评价财务机器人风险与控制过程的充分性和有效性,并根据评价结果对控制措施进行适当的优化与调整。

财务机器人的风险与控制评价可结合公司整体的风险管理模式,对现行财务机器人风险与控制体系的健全性、遵循性与有效性进行检测、分析和评定。通过风险管理与内部控制评价,不但能够发现和检测风险管理与企业内部控制制度的缺陷,而且可以了解具体执行程度和执行结果,从而提高财务机器人风险控制水平。

不管过去还是现在,信息化技术的高速发展总是一次次地刷新我们对事物的认知。正如当下财务机器人的快速应用,使得从业者或是科研工作者都在思考现在财务是这样,未来财务会是怎样。我们在享受科技进步带来的红利的同时,也要冷静思考业务本身的技术下沉。财会工作更是追求严谨、规范和精确。这也要求我们在更加关注财务机器人辅助财会工作的同时,要严格地管理财务机器人的应用风险。

本文从当下财务机器人的基本架构着手,结合实践经验,将财务机器人按部署方式分为公网单机财务机器人、公网联机财务机器人、内网单机财务机器人以及内网联机财务机器人四种类型;按操作场景分为查询类机器人、报送类机器人、操作类机器人、分析对比类机器人四种类型;按运行分全自动型机器人和人机交互型机器人两种类型,并逐一探讨剖析其中存在的应用风险。面临的风险分为监管合规风险、内部管控风险、数据准确性风险和信息安全风险四大类,我们对于风险的识别与量化,采用了 LEC 原则,D 代表风险值;L 代表发生的可能性;E 代表暴露于危险环境的情况;C 代表发生事故产生的后果。对于如上不同类型的财务机器人风险进行度量,我们发现整个应用风险控制体系设计需要借助基于"信息化系统—机器人—操作员"链条本身,在此链条的发生前、发生中、发生后,围绕事前、事中和事后,从规章制度着手,把关流程设计,建立起高效可快速流转的维护机制。只有建立起这样一整套完善的应用风险控制体系，才能使得财务机器人这项技术能够真正地帮助和服务财会人员。

**课题负责人**：王得利
**课题组成员**：耿峰、肖红、彭明齐、张伟松
**所在单位**：上海艺赛旗软件股份有限公司

# 风险管理视角下的财务机器人的风险及其控制研究

【摘要】 机器人流程自动化(RPA)近年来发展迅速,已有部分企业开始将 RPA 技术应用于财务领域,即财务机器人。财务机器人的应用,带来了财务工作效率、效果的提升和财务管理工作的转型升级,同时为了更好地利用这一技术,研究财务机器人的风险和控制措施也迫在眉睫。通过系统化的方法识别财务机器人存在的风险,并控制可能造成的负面影响,对大规模使用财务机器人具有重大的意义。本课题研究从财务机器人的实际应用角度出发,通过一套风险识别、评估、分析及应对方法,将财务机器人的风险分为系统层面风险、管理层面风险和组织层面风险。系统层面风险主要包含技术风险和应用风险;管理层面主要包括合规风险、内控风险和业务连续性风险;组织层面风险主要包括组织变革风险、可持续风险和人为风险。针对系统层面风险,主要从技术改进和优化、项目选型及事前论证分析、流程设计等角度提出应对措施;针对管理层面风险,主要对内部控制、业务规范和管理制度的考虑;针对组织层面风险,主要从实施机器人之后的公司组织结构、对财务机器人的整体规划、对组织人员的利用和培养及建立健全的危机补偿措施等方面提出应对措施。财务机器人的风险及控制研究具有很强的现实意义,本文提出了一套财务机器人风险识别及应对的方法,对各项已识别的风险提出控制措施,加强财务机器人实施过程中对其风险的相关考虑,使得财务机器人更好地为企业服务,同时减少对企业的不利影响,并且也能够为财务机器人厂商、用户、咨询服务商及投资机构提供应用参考。

【关键词】 财务机器人;风险识别;风险控制

## 一、引言

机器人流程自动化(RPA)近年来发展迅速,Gartner 在 2019 年 5 月 23 日发布的《2018年世界 RPA 市场份额分析报告》指出,RPA 软件市场份额在 2018 年增长了 63.1%,金额高达 8.46 亿美元,成为企业软件市场增长最快的部分。同样在 2019 年 5 月,Uipath 宣布完成5.68 亿美元的 D 轮融资,投后估值达到 70 亿美元。

RPA 蔚然成风,财务机器人也在这一风潮中得到了巨大的发展。财务机器人是通过对RPA(Robotic Process Automation)和 AI(Artificial Intelligence)技术的结合及应用,深耕财务领域场景的软件解决方案;是数字化的支持性智能软件,也被称为数字化劳动力(Digital Labor);是用技术来重新定义财务工作。

该技术在中国的发展才刚刚起步,诸多中国企业对于机器人流程自动化技术的应用还处于尝试阶段,不少国内软件厂商开始研发财务机器人,国外的软件也逐步向中国市场拓展,机器人流程自动化技术的应用和普及将成为中国未来财务信息化的重要组成部分。

由于国外财务机器人的成熟发展,已经有众多的厂商以及专家学者对财务机器人的风险和控制做了比较深入的研究,形成了一定的财务机器人风险理论体系。但目前国内对于财务机器人的应用还处于起步阶段,对财务机器人风险及控制的相关研究也不甚丰富。

财务机器人的应用,给我们带来了很多管理上的思考:财务机器人作为数字化员工,它与人的角色如何重新定位,工作职能应该怎么划分,责任应该怎么定义;财务机器人可以7×24小时不间断地工作,无须休息,传统模式的作息时间被打破,该如何协调及管控;财务机器人是软件工作,只要满足流程的操作环境,基于硬件设备即可,打破了传统的工作地点限制,因而在管理上,应该将RPA置于财务部门,由财务人员管理并运行,还是存放于信息部或机房,结合业务流程及内部管理职能来衡量考虑;工作内容如何分配;人机如何交互。

这些问题的背后隐藏着风险。财务机器人应用的风险包括财务机器人选型过程中的风险、财务机器人部署过程中的风险、财务机器人上线应用过程中的风险以及财务机器人更新、维护和升级改造过程中所面临的风险。而这些风险从风险造成的影响又可分为系统层面风险、管理层面风险和组织层面风险,以区分财务机器人导致风险的重要程度。在研究风险的过程中同步了解软件厂商、企业用户、财务软件工程师等各方人员在面临各类风险的时候采取的措施,从软件设计层面、企业财务机器人部署方案层面以及具体实施和操作层面,关注和了解其对应的控制风险的措施,并总结和研究出系统性的风险控制手段。

基于财务机器人在国内目前发展及应用的阶段,研究财务机器人的风险与控制具有较强的现实意义。本课题研究基于自主研发的国内财务机器人平台在众多企业用户的实践应用,深入研究财务机器人存在的风险与控制,帮助企业在建设财务机器人的过程中积极应对各种挑战,做好风险控制及应对,推动财务机器人在国内更加广泛应用和深入发展。

## 二、财务机器人介绍

财务机器人的定义已在引言中进行了介绍,接下来本文将对财务机器人运用的技术及特点作简单阐述。

### (一)财务机器人应用的技术

机器人流程自动化和人工智能在过去一直被视作相互独立的两个领域,但实际上它们高度互补,两者的关系相当于人体的大脑和肢体的关系,企业能够利用RPA机器人实现快速提升,同时引进人工智能战略以实现长期效益和持续优化。

RPA即机器人流程自动化技术,是通过使用用户界面层的技术,模拟并增强人与计算机的交互过程,执行基于一定规则的可重复任务的软件解决方案。RPA具有非侵入式的主要特点,因此,对于企业现有的信息系统不需要进行大的改造。我们可以理解RPA主要替代的是人的双手,在财务工作存在着大量单一的、重复的、并且繁琐的事务性工作,RPA可以把基础流程作业进行优化、减少失误、提高效率和降低成本。

光学字符识别技术(Optical Character Recognition,OCR)是人工智能研究领域的一个重要的分支,是以图像为基础,利用计算机对图像进行处理、分析和理解,以识别不同模式的对象的技术。传统的图像识别技术的图像提取工作一般都是手工完成的。深度学习技术的加入,使提取工作进一步精确。深度学习是从大量的图形样本中进行知识学习,识别数据特征,自动完成关键特征的提取以及分类,随着样本量的不断加大,准确程度也会越来越高。当然目前的深度学习需要大量的样本,并进行逐一标注训练,工作量较大,但随着技术的不断提升,在标注有限数据的情况下识别完整的物体是很有可能实现的。

自然语言处理( Natural Language Process,NLP)主要是研究如何让计算机处理及运用自然语言。自然语言处理广义上分为两大部分:自然语言理解(Natural Language Understanding, NLU)是指让电脑"懂"人类的语言;自然语言生成(Neural Language Generation, NLG)是指把计算机数据转化为自然语言。随着技术的不断发展,和计算机进行自然语言的对话逐渐变成可能,一方面,可以更好地进行人机交互;另一方面,在某些领域,计算机已经展现了超出人类的能力。在财务领域,有众多的合同、报告、报表和单据等非结构化的数据文档,日常的众多财务工作就是将这些文档进行分析,形成结构化的标准数据后再进行登记、填报、审批、核对、记账和分析等财务工作。通过使用自然语义处理技术,就可以很好的对非结构化数据文档进行分析,并将其中的关键要素提取出来,再转化成结构化数据,结合流程自动化、深度学习等技术可以更快、更准确地进行财务处理。

机器学习(Machine Learning, ML)是一门多领域交叉学科,涉及概率论、统计学、逼近论、凸分析和算法复杂度理论等多门学科。它通过专门研究计算机模拟或实现人类的学习行为,以获取新的知识或技能,重新组织已有的知识结构使之不断改善自身的性能。计算机的运行长期以来都是由人类给予其规则,由计算机按照规则来进行判断得出结论。经过科学技术的不断演进,现在计算机已经可以通过一系列复杂的算法,逐渐开始自主的进行学习。在财务领域,内部控制审批和风险控制领域最有机会首先运用机器学习。一是因为企业过往的管理流程为机器学习积累了大量的数据基础;二是最终的目标相对明确,相对容易对算法的准确性进行判断;三是此部分业务流程工作量较大,如果可以通过机器学习节约人工工作量,可以给企业带来巨大的经济效益。

随着移动互联网的发展,近年来大数据(Big Data)正越来越深切地影响着我们的生活,每一个人都创造着数据,也使用着数据分析得到的结果。虽然至今仍然没有一个对于大数据统一、标准的定义,但是普遍的共识是大数据是由大量异构数据组成的数据集合,可以应用合理的数学算法或工具从中找出有价值的信息,并为人们带来经济及社会效益的一门新兴学科。随着企业信息系统中积累的数据越来越丰富和庞杂,对于企业财务而言,大数据的用途也变得越来越重要。如何在纷繁的数据之中挖掘到有价值的信息是对每一家企业的挑战。企业中存在各类信息系统,如 ERP 系统、OA 系统、仓库管理系统等,这些系统中的信息难以相互流通。然而正是这些信息孤岛导致了异构信息的出现,采用大数据技术就可以尽可能地整合各类信息,形成一个大的数据仓库,使财务分析工作的信息获取更为简便,可以形成有价值的信息以支持管理者的决策。

RPA 和 AI 技术的结合,更像人的手、眼睛、耳朵和大脑的协作,从而具有自主学习能力。其通过计算机视觉、语音识别、自然语言处理等技术来拥有认知能力,并可以通过大数据不断矫正自己的行为,从而有预测、规划、调度以及流程场景重塑的能力,进而通过标准的命令执行操作。通过探索并结合财务领域场景及工作形成财务专业领域的机器人,才能更好地契合财务工作特性。

**（二）财务机器人实现的功能及特点**

传统财务工作进程的推进通过财务人员人工操作或信息系统自动化的方式来实现。在人工操作场景下，工作效率低、错误率高、人员占用效益低；而通过信息系统进行自动化操作，往往存在跨系统的数据流转需求，需要在多个异构系统间进行系统改造和 API（Application Programming Interface，应用程序编程接口）开发。虽然信息系统的打通实现了流程自动化，处理任务的效率高于财务机器人，但系统改造和 API 开发投资成本高、部署周期长、对需求响应缓慢。在系统对接较多的情况下，改造难度更是成倍增加，甚至部分系统之间不允许开放接口和源代码，改造根本无从谈起。财务机器人针对财务的业务内容和流程特点，以自动化替代手工操作，辅助财务人员完成交易量大、重复性高、易于标准化的基础业务，从而优化财务流程，提高业务处理效率和质量，减少财务合规风险，使资源分配在更多的增值业务上，促进财务转型。

在财务工作中，财务机器人能实现的功能包括（见图1）：

（1）可替代财务流程中的手工操作，特别是高重复操作。

（2）管理和监控各自动化财务流程。

（3）信息录入、合并数据、汇总统计。

（4）识别和设计出财务流程中优化节点。

（5）提高效率，部分合规审核和审计工作将有可能实现"全面检查"。

（6）通过纸质文档的识别提取，可将单据、发票、合同等信息数字化、结构化。

（7）数据检索与记录，可以跨系统进行数据检索、数据迁移以及数据录入。

（8）能够按照预先设计的路径上传和下载数据，完成数据流的自动接收与输出。

（9）数据检查、数据筛选、数据计算、数据整理、数据校验。

（10）模拟人工判断，实现工作流分配、标准文档输出、根据既定业务逻辑进行判断、自动信息通知等功能。

**图1　财务机器人主要功能示意图**

相比于传统软件，财务机器人开发周期更短、设计更加简单，同时财务机器人可以全天候工作，有效提升工作处理效率，财务机器人的应用释放了大量的基础交易处理人员转型去做高附加值的财务分析等工作，实现财务对业务的有力支撑。这主要是基于财务机器人的

技术特点:

(1) 机器处理,机器人精准度高于人工,可以 7×24 小时不间断地工作,提高工作效率。

(2) 基于明确规则,代替人工进行重复机械性操作。

(3) 非侵入式,通过前端的用户界面进行操作,不会破坏企业原有的信息系统结构。

(4) 完成任务的每个步骤可被监控和记录,从而可作为审计证据以满足合规要求。

(5) 快速上线,财务机器人技术的投资回收期短,可在现有系统基础上进行低成本集成。

(6) 机器的操作相较于人工,正确率接近 100%,极大地保障了工作质量。

(7) 财务机器人可以高效定制,工作内容和时间可以随需而变,及时响应业务需求。

(8) 财务机器人灵活、扩展性强,部署与裁撤极为容易,不需要对现有系统或流程大规模再造。

财务机器人为企业带来了众多收益,但也必须认识到财务机器人的局限性。财务机器人的技术特点也带来一些问题:

(1) 无法处理非标准事件。由于财务机器人是基于固定规则进行业务处理,企业必须明确规则、标准流程及操作机制,才能使财务机器人保持一个高速度、高质量的工作状态。

(2) 对运营保障的要求较高。财务机器人必须运行在一个稳定的运行环境下,企业需要减少环境因素对财务机器人运行的干扰,例如网络连接速度、页面打开速度、文件打开速度和人为干扰等影响。财务机器人的有效运营对系统平台的稳定性、人员的素质和技能提出了更高的要求。

(3) 当机器人运行出现异常时,难以像人工处理那样及时反应、作出应对。为了保障财务机器人正常、有序地运行,快速、高质量地响应业务需求变化,企业需要针对财务机器人设计完整、详细的跟踪优化机制。

## 三、财务机器人风险识别与控制方法论

企业在建设财务机器人项目时可能存在一定的风险。我们在对财务机器人的理解和实际应用的基础之上,从对财务机器人的运行逻辑、运行环境系统交互和实际场景的理解入手,采取将财务机器人理论与其实践相结合的方式,建立了一套财务机器人风险识别与控制方法论。

### (一) 风险的概念及特点

风险是指某一对企业目标的实现可能造成负面影响的事项发生的可能性。风险评估可以使企业了解潜在事项如何影响企业目标的实现。我们应从两个方面对风险进行评估:风险发生的可能性和风险的影响。财务机器人作为公司信息化建设的一项系统性工程,涉及多个环节,且存在一定的不确定性。同时,财务机器人作为"数字员工",需要考虑企业在运用过程中原有的内部控制规范是否能完全被遵守。

### (二) 确定风险评估程序的作用、定位

风险评估程序作为信息安全保障机制中的一种科学方法,它通过对信息系统的资产、面临的威胁、存在的弱点、存在的安全控制措施等方面进行分析,从系统、管理和组织三个层面综合判断信息系统建设面临的风险,从而使风险评估的实施者可以依据标准的判定准则,作出科学的判断。

### （三）风险识别方法

风险识别是风险管理的前期基础性工作，是风险评估的重要依据。风险识别的准确性和可靠性如何，直接关系风险评估的质量，也必然影响风险控制的手段和措施。如何全面准确识别出一个系统或一项作业的风险，必须依赖于有效的方法。

**1. 头脑风暴法**

头脑风暴法是指刺激并鼓励一群具备某领域专业背景、知悉风险情况的人员畅所欲言，开展集体讨论的方法。将头脑风暴法应用于风险识别，就是由指定的主持人提出与风险有关的问题，然后要求小组成员依次在第一时间给出对问题的看法，之后由风险管理小组对集体讨论后识别的所有风险进行复核，并且认定核心风险。

财务机器人项目需要咨询、开发、运维等不同部门的配合完成。在实际应用中可以将各个部门设成集思小组，各部门的成员可以畅所欲言，通过自身在财务机器人实施进程中的工作，阐述自己对财务机器人实施进程中风险点的认识，再通过各部门内部集体讨论，形成一致决议，最后通过对观点进行总结提炼，完成对企业信息化风险的识别。

**2. 流程图分析法**

流程图分析法是对流程的每一阶段、每一环节逐一进行调查分析，从中发现潜在风险，找出导致风险发生的因素，分析风险产生后可能造成的损失以及对整个组织可能造成的不利影响。

在财务机器人风险识别过程中，运用流程图绘制企业拟采用财务机器人项目的业务流程，可以将与特定业务的各种活动的关键点清晰地表现出来，结合业务中这些关键点的实际情况和相关历史资料，就能够明确财务机器人项目的风险状况。企业通过业务流程图方法，对财务机器人项目的风险及其成因进行定性分析。这种方法清晰明了，易于操作，且组织规模越大，流程越复杂，流程图分析就越能体现出优越性。通过业务流程分析，可以更好地发现风险点，从而为防范风险提供支持。

**3. 因素分析法**

因素分析法以作业分析或流程图为基础，运用经验、参考数据或标准，对每个事件单元进行风险分析，并进行对应的记录。因素分析法有利于集中聚焦作业的某一方面风险的倾向。此方法的有效性也依赖于具有实际经验的作业人员的专业知识、技术以及可参考的法令、标准和文件等数据群。通常，它只能进行广泛但不深入的风险识别，在风险较高且复杂的作业中，还需要后续的更有效和更有针对性的工具进行分析。如考虑技术层面的风险，我们可能首先想到现有技术是否能满足客户对财务机器人的要求以及所设计的架构是否合理等。

**4. 假设分析法**

假设分析就是依据作业或流程图分析的结果，直观形象的假设事件发生的危险因素及后果。它是风险确认工作中比较有效的方法之一，尤其对于掌握有关失败模式的危险因素比较有效。运用假设分析法，可以辅以实际业务情景思考加以扩展，以便进一步探讨作业中的危险因素。比如在财务机器人项目实施过程中，假设硬件设施出现故障、外部系统环境发生变化、客户信息遭到泄露、业务流程发生异常等，我们应该有针对性地对这些假想事件发生进行有效的控制，避免危险发生或在危险发生后将损失降到最小。

### 5. 因果分析法

因果分析法又称鱼骨法,是一种较严谨、详细的风险识别工具。因果分析法的优势在于它起源于项目管理,因此,只需要很少或者不需要经过训练就可以将它运用于识别风险的问题上。例如,当我们考虑业务连续性的风险时,可以将问题写在鱼骨头上,然后召集同事共同讨论导致问题出现的可能原因,尽可能多地找出问题。随后把相同的问题分组,在鱼骨上标出。根据不同问题征求大家的意见,总结出正确的原因后,拿出任意一个问题,研究为什么会产生这样的问题。当我们认为无法继续更加深入的讨论时,列出这些问题的原因,而后列出多种解决方法。

### (四) 风险应对

对于每一个重要的风险,企业都应考充分虑风险反应方案,为风险反应方案的选择提供广泛的空间,这也是对现状提出的挑战。有效的风险管理要求企业选择可以使企业风险发生的可能性和影响都落在风险容忍度之内的风险反应方案。企业在风险应对规划时,应采取培养人才、组建团队、制定标准、建立规范和完善安全策略等风险应对措施。

图 2  财务机器人风险应对

具体措施如图 2 所示。

### 1. 人才培养与管理

明确角色及责任,定向制订培训计划进行人才培养,包括岗前培训、产品培训、业务培训和安全意识培训,通过项目实践操作,提高人才技能,提升实践经验。

### 2. 组建联合团队,提高人员素质

组建联合团队,避免在规划阶段存在经验不足导致财务机器人实施方案不合理的风险。组建经验丰富的开发团队与运维团队,利用好相关开发工具及产品。同时,加强业务咨询与开发团队的融合,让业务懂技术、技术懂业务。

### 3. 制定完善业务咨询方法论

制定完善的业务咨询方法论,制定编码规则、统一代码存储、配备专用框架、完善组件库。

### 4. 建立相应的代码审查、部署及测试规范

建立相应的代码审查、部署及测试规范。通过遵守开发规则和不断地完善这些规则,提高财务机器人开发效率,缩短开发周期,减少出错概率。

### 5. 建立完善的安全策略

安全是信息系统建设的重中之重,需要贯穿于整个财务机器人建设的设计、开发、运维等环节。

### (五) 风险评估工作的实施

风险评估,是指在风险识别和估计的基础上,综合考虑风险发生的概率、损失幅度以及其他因素。我们应该对财务机器人生命周期各阶段实施风险评估程序,包括项目的规划阶

段、设计阶段、实施阶段与运维阶段。一般通过风险辨识、分析、评价三步骤实施风险评估。

**1. 风险辨识**

通过对业务场景的了解，运用特定的方法，辨识在财务机器人实施各阶段所面临的各种风险。

**2. 风险分析**

对识别出来的各种风险，详细分析产生风险的各种因素、发生的概率以及可能造成的损失等。

**3. 风险评价**

在风险辨识和分析的基础上，综合考虑风险发生的概率、损失幅度以及其他因素，得出系统发生风险的可能性及其程度，确定风险等级，由此来决定是否需要采取控制措施以及控制到什么程度。

**(六) 风险控制目标**

在财务机器人项目的风险与控制研究时，我们应该确定控制目标，以最小的风险管理成本获得最大的安全保障，让财务机器人项目能顺利实施并落到实处，达到价值最大化。

**1. 风险范围可承受**

确保流程的风险控制在与总体目标相适应并在可承受的范围内。

**2. 信息的真实性和可靠性**

确保流程应用部门及外部，尤其是业务关联部门、数据信息上下游、信息部门之间实现真实、可靠的信息沟通，包括流程的节点、权限、数据来源的真实性和可靠性。

**3. 流程节点的合规性**

确保流程设计及控制节点符合内控要求并合法合规。

**4. 经营管理的有效性**

保障企业经营管理的有效性，提高经营活动的效率和效果，降低实现经营目标的不确定性。

**5. 建立危机处理计划**

确保企业建立针对各项重大风险发生后的危机处理计划，保护企业不因灾害性风险或人为失误而遭受重大损失。

## 四、财务机器人的风险及其控制措施

通过上述风险识别、评估、分析、控制等一套方法理论基础，以及明确的风险控制目标，我们对企业在应用财务机器人包括选型、设计、实施、落地和运维等全过程进行了研究和探索，识别并总结了以下几个层面的风险点，同时，我们针对风险制定了控制措施。财务机器人可能带来的风险主要分为三个层面，主要是系统层面、管理层面和组织层面。系统层面风险主要包括技术风险和应用风险；管理层面主要包括合规风险、内控风险和业务连续性风险；组织层面风险主要包括组织变革风险、可持续风险和人为风险。

**(一) 系统层面风险及控制措施**

**1. 技术风险**

前文已经介绍了财务机器人的运行逻辑和运行环境，广义范围上来讲，财务机器人也属于软件，因此，也必然会具有所有软件都要面临的技术风险。本节将结合财务机器人的运行场景,对其技术风险及控制措施作简要阐述。

所谓技术风险,是指在财务机器人实施过程中,采用 IT 技术进行财务流程自动化时,由于当前的技术成熟度不足或技术应用不合理带来的风险。而技术风险也分为可用性风险、系统过载风险、信息安全风险,以及采用的技术和架构不合理的风险。

1)可用性风险

财务机器人的一个重要收益就是替代人工劳动、减少人工成本,一旦采用了财务机器人,必将对员工的职责安排作出改变,而机器人替代的人工劳动一般都是工作强度大、重复性高、耗时久的工作,且多数对于时效性要求较高。因此,如果不能够持续稳定地提供服务,便会对整个财务工作带来重大的负面影响,甚至造成较大的经济损失。

某公司采用机器人进行自动报税,共有 70 余个纳税主体,以前人工报税的时候,该公司财务部共有 10 人分担报税工作,平均每人负责 7 个纳税主体,每人需要 3~5 天时间完成报税工作。采用财务机器人报税后,仅需要 1 人对机器人的运行情况进行复核,因此,该公司财务部对部门结构和人员职责作出调整,原来负责报税的其他人员均被安排了其他工作。如果财务机器人出现不可用的情况,仅凭 1 名员工将无法在报税期内完成原来需要 10 人分担的工作量。如果不能及时报税,轻则需要缴纳滞纳金,重则受到税务部门的行政处罚,给公司其他业务带来不良影响。

影响财务机器人可用性的因素很多,如硬件设施故障、外部系统环境变化等均可能造成财务机器人不可用。为控制上述风险,可采取的措施包括:

(1)设立备份机制,将财务机器人及其涉及的信息系统及时进行备份,同时预留备用硬件,一旦在用机器人发生故障,可适用备份执行工作任务。

(2)完善机器人维护机制,确保不会出现整体功能故障。

(3)制订危机补偿计划,如在采用财务机器人后,改变部门职能部署,对机器人替代的工作进行分工,一旦机器人出现不可用,则启用危机补偿计划。

2)系统过载风险

财务工作存在一定的"潮汐规律",比如报税期集中在月初第 1~15 个工作日,报表出具集中在月末前后几个工作日,报销工作有可能基于公司业务特点集中于一个月中的某个特定时段等。财务机器人的部署和使用,需要考虑其业务高峰期和低谷期的工作量,优化服务器的资源配置,以设计合理方案对高峰时段进行限流或分流。较常规的解决方案是:在部署上线前,对日常工作的"潮汐规律"进行总结,合理规划服务器容量和机器人数量。

除了考虑机器人自身的系统资源配置问题,还需要考虑机器人对于内外部各系统服务器的冲击。以往的信息系统,通常仅考虑了人工操作状态下的承载能力,甚至某些系统在人工操作环境下,财务工作集中并发时都不能完全支持工作需求。财务机器人的作用之一是替代重复劳动、提高工作效率,所以要保证一定的运行速度,这就产生了工作效率要求与其他系统承载量之间的矛盾。为了应对报税机器人对于电子税务局系统的冲击,2019 年年初,某省电子税务局发布了关于禁止使用机器人自动报税的通知,除了对于申报数据准确性的考虑,更多考虑的是机器人频繁访问电子税务局,对其服务器造成了冲击,从而影响了申报期间电子税务局网站的访问速度。关于该项风险,更多的需要政府随着财务机器人的发展在宏观政策环境上给予一定的支持,在提升税务服务力度的目标下,也使财务机器人的宏观环境得到一定程度的改善。现阶段需要财务机器人适应各种外部系统的承载能力,据此对机器人的运行频率作出一定程度的限制。

3)信息安全风险

随着信息化水平的提升,企业的日常信息安全管理变得尤为重要,而财务工作对信息安全的要求更为严格。财务工作通常有着严格的内部控制体系和明确的职责权限划分。财务机器人执行工作任务时,虽然其系统操作权限有着严格的限制,但财务机器人的查询权限很广泛,甚至相当于一个集合了多系统的超级账户,如果不采取措施进行科学的管理,可能会产生较大范围的信息泄露,对企业运营产生不良影响。

应对财务机器人信息安全风险,首先,要建立严格的身份认证机制,加强用户权限管理。对于不同职责机器人,根据未采用机器人之前该工作对应的员工的权限,设置不同机器人的操作和数据下载权限,从而避免误操作、越权查询等易导致信息泄露的风险,要对机器人接触到的数据进行加密传输,以避免将公司各种系统账号密码、系统数据暴露于无人监管的状态之下。其次,需要对机器人运行情况进行监控和记录,如通过运行日志记录机器人运行轨迹,通过监控模块对机器人是否按预定规则运行进行监控和预警,通过截屏加视频录制的方式,把控财务机器人运行的关键节点。

为控制上述风险,可采取的措施包括:

(1)参数配置安全:将系统账号、密码等敏感信息做成配置项,加密存储在服务端,由用户专人管理,避免密码泄露等风险,同时方便用户日常管理。

(2)信息安全:对于所有的输入、过程和结果文件,需要按照统一标准的方式进行备份,为事后核查及审计要求提供支持。多重保护确保数据在存储、传输、处理过程中不被泄露、破坏或篡改,提供有效备份机制,提高系统业务连续性,避免数据丢失。

(3)网络端口与访问安全:对于需要向外部发送和接受数据的流程,需要对发出和接收的数据进行加密处理,并使用可信任的证书加载,以保证业务数据无法破译或盗取。

(4)物理环境安全:若使用实体电脑作为财务机器人载体,则需要确保存放这些电脑或相应如 Ukey 集中器等物理设备的安全,保障通顺的网络环境和供电。同时,应限制存放环境的人员出入,减少与不相干人员的接触。

(5)日志安全:在流程的关键节点添加状态日志,说明当前流程节点,为后续勘查和纠错提供支持。

(6)代码安全:在庞大复杂的财务机器人项目中,应使用 SVN(subversion)等工具进行代码管理,统一管理监控代码开发,防止代码版本错乱,代码被意外修改,代码丢失等问题。

在整个实施过程中,关键需要让管理和运营团队参与进来,以确保有效的支持、承诺以及协作。财务机器人必须确保所有操作可监控、结果可审计,提供对执行预期结果的定义与检查;提供异常中断报警机制,一旦发生流程执行异常,操作人员可即时接管故障节点进行故障处理,不需再进行故障物理定位;执行结果全程可视化,支持系统日志、流程执行、流程关键节点和操作截屏、操作全程录像,事后可以查询和审计。

4)采用的技术和架构不合理的风险

一个信息化产品的生命力与其采用的技术的生命力正相关。如果采用的技术不是较为流行的技术,或者是采用了面临淘汰的技术,会对财务机器人的研发以及后续维护造成重大的影响。首先,如果产品架构不合理,将会大大增加机器人的开发成本;其次,随着技术的进步,机器人平台也会不断升级,如果采用了一些面临淘汰的技术,将使得机器人的更新升级存在兼容性问题;最后,较为冷门的技术选型也会对后期维护造成不良影响,使财务机器人面临找不到运维人员的尴尬局面,成为"黑盒子"。

上述风险对财务机器人的研发团队提出了更高的要求,除了按照用户需求开发出高效可用的产品外,还需要对当前主流技术及未来的技术发展趋势作出深刻的理解和准确的判断,选择合理的技术和架构,保证财务机器人的可用性和可维护性,增强财务机器人的生命力。

另外,还需要建立开发规范。财务机器人的实施,首要目标是确保项目的顺利落地,一套严格的实施标准能从各个方面推进项目快速、准确、高质量的完成。设立一套开发规范与标准,从注释、日志、排版、目录、版本、命名等多个维度出发,应用在整个项目进行中,从而提高项目效率和质量。从流程步入实施阶段开始,就需要建立统一的工作目录及配置管理,构建出清晰的工作目录结构,并且在对关键文件进行版本控制时按照配置管理的要求,在更新后对关键信息进行标注。例如,针对不同部门、不同业务性质进行流程目录的设定。在独立流程中建立不同系统功能模块子目录。在模块代码的开发过程中,确保统一的文件命名以及注释的规范性,例如,参数变量的命名采用驼峰命名法或者帕斯卡命名法等,并且不能使用编程语言的保留字。标准化相同系统功能文件的词缀便于阅读,要求增加关键节点的注释说明等。

**2. 应用风险**

随着财务机器人在市场上的崛起,越来越多的企业成功地将财务机器人引入企业的财务工作中,提高了财务工作的效率,同时释放了更多的人力从事分析等高附加值的工作,大大提升了企业的核心竞争力,这其中不乏知名企业的应用实践。但是,安永在一项研究报告中指出,30%~50%的 RPA 项目都以失败告终。是否所有的财务工作场景都适合应用财务机器,为了用财务机器人而用财务机器人会带来哪些风险,这是在实施财务机器人项目之前需要充分考虑及论证的。哪些流程交给机器人做可能会产生风险,这就是财务机器人应用流程选择需要考量的关键。为了顺利实施财务机器人技术,并最大限度地发挥其影响和价值,企业或组织一定要弄清楚哪些流程适合财务机器人技术的实施。为此,企业应该针对自身需求进行详细梳理,同时评估现有业务流程,以目标需求为导向,对企业业务流程进行梳理,评估各流程的业务特性,进而选择适合实施财务机器人业务流程。

1) 应用选择的风险

理想的用来部署财务机器人的流程应该是业务量大、规则明确、重复操作、不涉及人为经验判断的流程。企业在选择财务机器人项目时,对于业务量小、影响力较低的流程几乎没有实施的动力。具有高业务影响力的流程往往都具有高成本属性,这些对企业业绩的影响非常大,这样的流程才能让财务机器人施展开拳脚,没有明确定义、规则的流程通常不适合自动化。目前阶段,财务机器人还无法胜任高级认知任务,如果在实施过程中不对应用流程充分评估,为了应用财务机器人而用财务机器人,可能会最终应用了不适合的流程,使项目达不到预期的效果其至带来相应的风险。

可能会带来以下 2 点风险。

（1）投资回报率（ROI）达不到预期。

ROI 投资回报率（Return of investment，ROI）是 RPA 项目中的一个非常关键的指标，该指标可以直接决定财务机器人项目可以在几年内回收成本和产生收益。从企业运营角度来说，投资回报率十分重要。从财务机器人的技术角度来看，许多流程要做到自动化并不难，但如何做才合乎效益，就需要谨慎评估了。例如，有些业务流程虽然标准重复，符合财务机器人的工作特性，但是属于低频操作，所节约的人工工时有限，流程收益远低于投入成本。

（2）流程不稳定。

变动频繁需要经常调整机器人程序。由于财务机器人应用的技术实现方式依赖于外部系统，以非侵入式的方式通过外部系统前端操作实现自动化，外部系统的变动、升级、改造都可能会对财务机器人程序造成影响。例如，近两年国家税务政策的变动，造成税务系统也频繁变动，那么在税务相关的业务流程中，由于系统的变动对财务机器人流程的影响需要充分评估，如果外部系统处于频繁变动的阶段，则需要根据系统的变动随时调整财务机器人程序，否则流程的运用可能达不到稳定运行的状态。

2）应用选择措施

财务机器人的应用流程需要充分论证，根据具体需求以及现有资源，进行明确的业务范围界定。对现有流程以及按照财务机器人的工作特性，对财务机器人的建设目标以及效果进行充分评估，从组织和流程的改造层面制定 ROI，为财务机器人的引入进行可行性论证。充分理解财务机器人的特性，主要围绕其特点，寻找财务机器人的落地场景。因地制宜，站在流程优化和自动化的层次上看待问题，将财务机器人项目和流程优化、业务系统自动化等结合起来，实现最优的技术解决方案。

识别出目前业务流程中可以用财务机器人代替的工作场景，工作场景的落地主要完成以下两个方面的分析。

（1）现状分析：分析流程中可以使用财务机器人的工作场景，财务机器人的主要候选任务就是那些需要大量重复的任务，相关场景具备操作流程基本规则化、重复化的工作特征。

（2）流程分析：对工作场景进行流程化分析，需要标准化的操作步骤和明确操作步骤执行结果的检查点，并且制定流程操作及检查结果的数字化标准。数字化标准包括流程的人工操作步骤、操作的输入参数、输出结果、流程执行预期结果及检查规则。

选择合适的流程可以实现低成本的投入，却能够获得快速且显著的效果。选择适合的流程来实现自动化，是财务机器人项目成功非常重要的先决条件。在流程选择时，很有必要对企业目标范围内的所有业务流程进行梳理和审阅。通过了解目标范围内的业务流程，熟悉流程当前的工作内容和工作方式，为后续选定财务机器人流程提供一个大致的方向和参考。在财务机器人实施项目中，如果为了实现 100% 业务场景自动化，从而将大部分精力花在少数场景中，并付出与之不匹配的实施成本，这其实违背了财务机器人应用的宗旨和特点。我们要清楚知道，财务机器人并不是一种全方位的解决方案，流程交由财务机器人执行并不代表企业人员便可"高枕无忧"。在决定实施财务机器人时，不能盲目地追求 100% 自动化，而是需要因地制宜，各取所长。要清楚了解，财务机器人只是一种提高企业工作管理效率和竞争力的手段，实施过程中应当遵循"合适的才是最好的"原则。

### （二）管理层面风险及控制措施

#### 1. 合规风险

1）合规风险的定义

合规风险指的是在财务机器人部署和应用过程中,由于流程设计不合规造成流程运行或产出的数据出现偏差,或平台软件未经许可而使用产生的风险。合规风险主要源自财务机器人未严格按照行业准则、规范或标准来设计和使用。

2）合规风险产生的原因及影响

财务机器人的合规风险主要产生于前期的财务标准化和机器人流程设计阶段。财务机器人执行财务工作任务对于财务标准化的要求要高于人工,原因在于人工执行财务工作任务的时候,可以随时对不标准的数据或流程进行修正,虽然影响工作效率,但在不断修正的过程中才能够确保工作结果的准确和合规。而财务机器人需要通过流程自动化提高工作效率,不规范的数据会降低产出物的准确性,造成速度提升但质量下降,因而达不到提高效率的目标。此种情况下,如果机器人无法对前期出现的各种不规范数据设计针对性的控制措施,并且不经过审核和修改就对外报出机器人的产出结果,必然会造成财务处理的不合规,从而影响财务数据的准确性。

此外,未授权或未通过资质验证的本地机器人也可能存在合规风险。出于对软件知识产权的保护,商用软件一般要求用户在获取授权情况下才能够使用。软件开发企业也需要取得一定的资质,如双软企业认定、软件行业能力资质、信息产业部安全服务资质等,这些授权或许可均对软件提出了一定的要求和标准。

3）控制合规风险的措施

为控制合规风险,我们首先需要在财务机器人需求调研阶段,对业务流程和数据逻辑规则进行详细的了解,针对了解到的内容,通过专业组织和人员的咨询服务,为财务机器人使用者提供合理有效的财务标准化方案,并对财务机器人使用者及其相关人员进行相应的培训。其次,需要在财务机器人设计和开发过程中,遵守软件许可证及其他资质及认定的约束条件,使机器人在合法合规的框架下运行。

#### 2. 内控风险

1）财务机器人内控风险的定义

财务机器人内控风险指的是在财务机器人实施过程中,由于在设计上仅考虑操作流程的自动化,未根据企业内部控制规范对机器人的工作进行设计和开发的风险。

2）财务机器人内控风险必要性及影响

财务工作不是"唯结果论",不仅要求财务数据真实公允反映日常经营成果,而且要求对内部控制也要十分重视,因为不规范的内部控制流程会给财务工作带来很大的风险。财政部编制了企业内部控制基本规范,对企业尤其是上市公司的内部控制提出了要求。财务机器人是采用信息化手段执行财务工作,是企业的"数字员工",自然也需要在企业内部控制基本规范内运行。不成功的自动化实施或者不合适的设计方案,如果未能遵循企业的内部控制规范,可能会导致企业在内部控制的执行上出现偏差,从而影响财务工作的成果。原本公司的财务和业务流程有一套完整的内部控制流程进行规范,财务机器人的介入,替代了一部分人工劳动,因此可能会打破原有的内部控制体系。在使用财务机器人以后,如何确保它不会对企业原有内部控制体系造成破坏,或者考虑如何利用财务机器人对企业原有内部控制体系进行优化,对企业控制经营风险、加强企业管理有着非常重要的意义。

国内某龙头通信行业服务商,由于业务需要,在不同省市租入大量场地用来存放服务器等硬件设备,每个月有大量租金支付申请需要在报账系统提交。由于租赁期间、出租方、租金金额、发票开具方式等因素的差异,报账申请的提交时间无法人工批量处理,该服务商计划采用财务机器人执行租金报账流程的自动化。企业原有报账流程如图3所示(出于企业保密性要求,流程存在适当简化)。

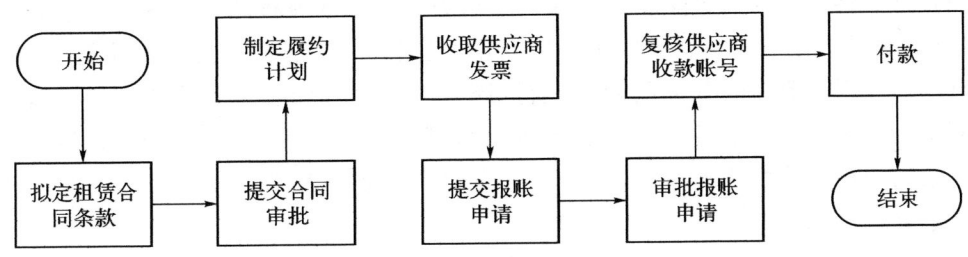

**图3 企业原有报账流程示意图**

上述流程中,在合同审批和报账申请审批环节,通过职责权限分离和授权审批制度,能有效防止虚增租赁合同、重复支付或提前支付的风险。在报账财务机器人设计阶段,有人提出财务机器人的目的是为了提高工作效率,且由于机器人错误率低,且不存在舞弊风险,可以不设置审批环节,直接提交后进入支付环节。这就是典型的因财务机器人实施打破原有内部控制规范的例子。最后经过讨论,不仅未采用该方案,还在原有流程的基础上,将审批人的审批规则进行了细化。方案最终决定,对从合同审批至付款的流程执行自动化操作,整个流程分为执行机器人和审批机器人,不仅提高了流程执行过程的准确性,还对审批规则进行了细化,最终机器人流程设计方案如图4所示。

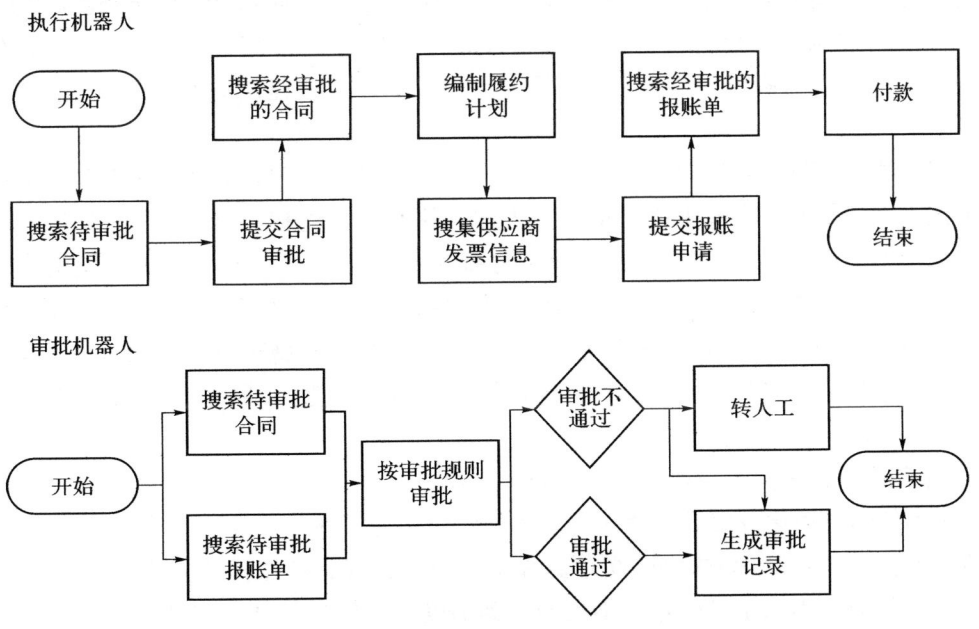

**图4 财务机器人流程及控制措施**

方案实施前,组织财务部、审计部对该流程对内部控制的遵守情况进行了评审,在实施后,再次通过财务部、审计部和信息技术部共同评审,保证机器人的运行严格按照公司内部控制管理规范进行。采用机器人执行审核还规避了提交人和审核人串通舞弊的风险。

3) 财务机器人内控风险的控制措施

任何财务数据都是对业务数据的反映,企业的内部控制也贯穿于企业整个经营活动。财务机器人的设计和实施需要从企业经营活动和与之配套的内部控制的全局考虑。因此,在财务机器人调研阶段,需要专门对包括风险评估、控制活动、信息与沟通、内部监督等多个角度进行考虑,将企业的内部控制制度内化于财务机器人的流程之中。这就要求在软件平台的选型方面,除了技术要求,还要对是否有能力满足企业内部控制规范进行考察。在实施和测试阶段,不仅需要在财务部门内部进行,还要求与该流程相关的业务部门进行并行测试,针对运行测试结果对业务流程的影响进行机器人流程的再设计。同时,在机器人实施后,还要会同公司的信息技术部门对机器人程序进行专业评审,防止因开发过程中对需求理解不当或篡改的情况发生。

**3. 业务连续性风险**

业务连续性是一种由计划和执行过程组成的策略,其目的是保证业务流程以及其他各种重要的功能在内的运营状况百分之百可用。业务连续性覆盖财务机器人技术以及操作方式的集合,其目的是保证流程在任何时候以及任何需要的状况下都能保持连续运行,不影响实际业务运营及效率。而财务机器人的切入方式影响着业务流程的设计和实现方案。

1) 财务机器人的切入方式

随着财务机器人概念作为一种"时尚"被逐渐普及,各类企业都在以不同的方式追求着时代的潮流。追求潮流的动力可能是来源于领导层参与的一次偶然的讲座,也可能是来源于上级单位的某些要求,抑或来源于基层员工对某项单一工作的厌倦情绪。通过一定案例的积累,我们发现,无论案例最终是否实施成功,都有一个共同点,就是最终实施结果与管理层所预期的有所不同,在实现方式上也存在差异。而多数情况下,这样的差异来源于业务连续性需求的影响:一方面要确保RPA技术的引入对于相关流程正常发挥其工作作用不会产生负面影响,另一方面还要通过分析现有的流程使RPA技术更易在企业中开展。

一般的情况,根据项目开发部署过程中的切入方式不同,可以分为有感切入与无感切入两种方式。无感切入的方式主要是指开发工作与原有工作流程无缝转换,员工对于新系统的介入完全不知情;有感切入是指在企业实施部署以及测试的过程中,需要大量相关人员参与并讨论的切入方式。RPA项目由于其特殊性,很难以无感的方式对现有的流程进行切入,由此一来,选择合适的切入点成为企业整个项目方案制定、实施过程中最重要的一环,一旦切入点选择错误,则不仅会对整个RPA项目部署产生巨大阻力,甚至会对其业务整体连续性产生重大影响。

2) 业务连续性风险给企业带来的影响

(1) 不佳的自动化方案设计增加了业务处理中的错误率。

在为企业制定自动化方案时,首先要考虑到企业的现有工作模式是否适用流程自动化的改革。如果对原本人工工作量并不大的流程加以自动化变革,反而会增加成本,提高错误率。另外,如果流程中存在不适合企业自身流程的内容,可能会引起与之配合的员工产生反感情绪,降低工作人员支持率,导致项目开展困难。

(2)程序的不稳定性难以保证业务持续开展。

财务机器人项目在开发工作完成后的运行过程中,如果程序类似出现崩溃、卡死等问题,并且未能及时发现,则原本计划自动运行或人为可以自动运行的流程将会出现不可预知的错误。这种错误如果出现在关键流程的关键节点上,则对整体流程的影响将会导致该程序无法运行,与程序相关的业务流程也将中断,从而导致企业经营活动受到影响。

如果上述问题出现在需要及时作出流程处理、数据反馈的业务中,比如收付款流程、审批流程等,则将会对该业务造成灾难性的打击,给企业带来不可估计的损失。

3)业务连续性风险的控制措施

从业务开展可行性的角度来说,控制业务连续性风险主要可以从财务机器人业务计划阶段开始进行事前预防,也可以在业务开展阶段通过一定的补偿机制对发生的危机进行纠正。当然,如果上述两个机制都未能够起到化解危机的作用,建立异常灾难恢复计划可以视作控制连续性风险的最后一道防线。

(1)财务机器人项目方案与业务连续性策略保持一致。

业务连续性策略,从公司管理发展角度来讲,是由一系列相关的业务流程组成的对公司发展整体负责的计划性工作;从某一个流程而言,就是从某一个流程发起到结束的穿行流程。

从具体的财务机器人流程来讲,要从一串线性的工作流中截取其中一部分并替换为RPA流程,那么在这个过程中将会产生至少两个人工与RPA技术的结合点——实际业务中这种结合点的数量则将会更多。要在方案制作的时候就对流程中的每一个结合点可能遇到的问题进行分析,尽量选择影响较小的节点作为切入点,并且确认点与点之间的流程是可部署RPA技术的,这样可以尽可能保持项目方案迎合原有的业务连续性。如果很难明确这些节点,或者这些节点间的流程无法彻底摆脱人工的介入,那么则需要在方案制定之初就对原有流程进行一定改造,明确流程开始节点和结束节点,将中间的全部流程替换为财务机器人可实现的流程。这样的做法虽然存在较大的工作量并且会耗时较长,但是从长远的角度来讲,该流程在最大限度上保持了业务连续性。

当某一个流程的全部工作都可以由财务机器人替代时,它就会作为公司战略中的一个环节,此后如何与其他环节接续也成为一个战略层面的问题。与独立流程的方案制定计划相类似,当出现整体规划中的某一个或某些非独立的流程出现RPA化的情况,需要对公司整体战略进行调整或者在制订RPA计划时,不仅要考虑单个流程的连续性问题,还要考虑整体战略的连续性风险。

(2)健全危机补偿计划机制。

当方案制定完成,一切工作准备就绪,公司在开发过程中甚至直至项目维护阶段,仍会遇到各种运行问题或设计过程中所存在的不完善的细节。此时要根据不同项目需要,制订不同的健全危机补偿计划。这种计划不仅限于流程顺序进行中可能遇到的危机,还要面对流程反向情况的未闭环环节或其他难以预知的情形建立可以化解多数危机的机制。企业要在RPA项目开展过程中随时纠偏,不断完善方案流程,降低项目连续性风险。

（3）建立异常与灾难恢复计划。

灾难恢复通常是基于创建一个备份和在一个灾难恢复的情况下从这些备份副本恢复的需要。为了满足这种需求，除了如前文提到的备份计划，还可以考虑采用虚拟机管理程序、提高容错能力以及提高应用程序弹性等方式。

就备份而言，一个简单的备份可以用来提供文件、应用程序或虚拟机级别的恢复，这取决于备份软件的复杂性。备份整个虚拟机快照会影响系统存储系统快照的功能，同时保持数据的完整性。连续的备份计划可以为程序提供持续有效的灾难恢复机制。

在执行灾难恢复/业务连续性时，可以考虑利用虚拟化的、抽象的物理硬件组件，在应用程序本身内置恢复功能。在执行灾难恢复和保持业务连续性时，需要考虑的另一件事是在应用程序本身直接内置恢复功能。

### （三）组织层面风险及控制措施

#### 1. 组织变革风险

1）财务机器人给组织结构带来的影响

组织变革是指组织根据内外环境变化，及时对组织中的要素进行调整、改进和革新的过程，包括如组织的管理理念、工作方式、组织结构、人员配备、组织文化及技术等。而组织变革是一个系统工程，涉及企业方方面面的关系。进行财务机器人的引入，往往需要企业对现有的工作模式、工作流计划等一系列工作体系进行一定规模的优化或改造。在整体优化的过程中，不仅要对其经营业务本身进行一定程度的调整，其组织结构同样也需要进行一定调整。企业之所以要进行组织变革，主要的动机还是为了提高企业组织效能。而 RPA 技术与历史上多次进行的自动化变革一样，财务机器人给某项人工工作带来效能提高的同时，也大大降低了该项工作对于人工劳动力的需求。此时，无论是减少某一部门的工作人员，或者增加新的部门以使用 RPA 技术的引入，都将给企业的组织结构带来全新变革。面对这样的变革，企业会有不同的应对方式，这些应对方式可能会给员工带来完全不同的结果，而员工的不同反应也将直接影响企业未来的发展及方向。

2）组织变革对企业影响

作为带动企业组织变革的重要外因，科技进步的影响和资源变化的影响是财务机器人能够给企业带来的最大革新。财务机器人项目的委托方与实施方在自主研发的过程中，项目主导人往往是从最大化提高工作效率、降低企业成本的角度出发，逐步推进财务机器人项目。而原本业务的直接参与人，也就是具体操作某项即将被财务机器人替代的员工，极有可能是心存抵触情绪的。因此从项目接洽、需求调研、合作实施等阶段，员工的配合程度可能会有所降低。在此过程中，员工的工作动力、团队士气都处于下降态势。如果在企业工作架构转型的过程中，没有考虑到员工工作职位转型的方向，那么当财务机器人自动化项目正式上线，也就意味着一批被机器取代的员工将面临失业的风险。

如果企业在引入 RPA 技术的同时，根据其性质特点，正确地把握了组织变革方向，则将会对企业提高工作效能带来促进作用。如果未能引导组织成员以正确的工作方式与 RPA 技术相结合，那么除这项技术本身流程的高效性以外，对企业的影响则是弊大于利的。

3）正确应对 RPA 技术带来的组织变革风险

如何全面及正确应对 RPA 技术带来的组织变革风险，是稳定公司人员结构的重要一环,下面我们就几种企业常见的应对方式进行简单介绍。

（1）管理层宣贯。

为了宣传与普及企业文化,传播新的管理经营模式等。管理层向员工的贯彻宣传工作显得尤为重要。作为一项新技术引入企业之中,RPA 技术应用的宣贯工作也同样重要。

首先,管理层自身要了解 RPA 技术对企业经营模式的影响,并且将这些可能带来的影响以积极的方式向员工进行宣传与普及。

其次,在 RPA 项目开展的过程中,选择适当的单位进行试点推行宣贯工作。选择比较容易接受的分支作为首批试点,再根据这些分支单位的试点成果向全部单位进行推广传播。

最后,无论 RPA 技术宣传或是其他宣贯活动,都要在宣贯过程中,将应贯彻的内容准确无误的传达给员工。采用宣传单册、分组讨论等方式,让员工更清晰的理解 RPA 项目是什么以及它能给日常工作带来哪些便利。

（2）提前调整企业战略。

不仅是 RPA 技术,企业在引入其他变革性技术时,都需要提前对企业未来战略计划进行调整。单就引入 RPA 技术而言,如上文中提到,新技术的引入将导致部分原本人工开展的工作变得不再需要那么多工作人员。企业可以适当引入与 RPA 项目流程相关的其他岗位,如核查、RPA 流程相关维护等;也可以引入就现有工作相比更深层次的工作内容,比如原本由出纳开展的某项财务工作,当工作岗位被 RPA 流程取代后,该出纳可以转岗至资金分析岗,从原本的基础出纳工作,深入至需要人工分析深度研究的分析岗位中去。

（3）提供员工技能培训。

新的岗位、新的流程以及新的工作内容,如果员工接受企业因 RPA 技术进行的战略性调整,那么员工就需要在新的岗位中来进行新的技能培训。

适当的技能培训可以满足员工实现其自我价值的需要,在现代企业中,相当一部分员工的工作目的更主要的是实现其自我价值。

适当的技能培训可以让员工实现自我成长,不仅让员工得到物质满足,也在一定程度上让员工得到精神满足。让员工在被新引入的 RPA 技术替代的危机中意识到,自身如果不进行自我成长及充实,则将面临被淘汰的风险。反言之,公司提供新技能培训机会,表明公司并没有放弃每一位追求上进的员工,员工在公司接触新技术并延续自己的职业生涯的同时,仍可实现其自身价值。

**2. 可持续风险**

1）财务机器人的可持续风险

财务机器人的可持续风险指的是企业在对财务信息化的长远规划中忽视财务机器人的作用,实施过程中动力和资源不足,导致财务机器人项目实施失败,或者虽实施成功但缺乏进一步规划和推动的风险。

目前很多企业实施财务机器人的直接目的就是解决财务工作中的痛点,以减少人员成本、提高工作效率。从具体的财务机器人项目实施角度,该目的无可非议。但很多企业在实施财务机器人项目之前,缺乏对于财务工作甚至整个企业运营角度流程自动化的整体思考,对于具体财务机器人项目,抱着试试看的心态,未从如今财务流程自动化的趋势和未来财务工作的愿景着眼,未对整个企业的财务流程自动化作长远规划。这必然会导致企业实施财务机器人的指导思想狭隘、投入有限、动力不足。甚至一旦首个财务机器人项目遇到困难，就会导致项目搁浅。

员工对于财务机器人的理解程度同样影响财务机器人的可持续性。如果员工不能正确认识财务机器人，会导致两个极端：一个是认为财务机器人是万能的，从而将全部工作都依赖机器人进行；另一个是由于对财务机器人的原理认识不深刻和操作不熟悉，认为财务机器人只是一个热门概念，并不能从根本上提高工作效率。

2）财务机器人可持续发展的意义

要想真正降低管理成本，提高工作效率，依靠单个场景的财务流程自动化是不够的。财务工作不仅在财务工作内部是一个复杂有序的统一整体，更和企业各个部门紧密相关。如果仅仅选取一个应用场景执行流程自动化，只是解决了具体工作执行人的痛点，并没有系统地将财务工作串联起来，形成一个成体系的流程自动化体系。持续发展财务机器人，就是以引入的第一个财务机器人为契机，持续系统地推进财务流程自动化，在完善财务信息系统、推进财务标准化的基础上，不断创造和挖掘新的适用场景，最终达到以人工劳动为指导、以信息系统为承载主体、以财务机器人为纽带的高效率、标准化和成体系的财务工作。人工劳动将主要集中于会计职能的战略部分，兼顾较为复杂的管理职能，将可以固化的管理职能及几乎全部的核算职能，均通过财务信息系统及财务机器人处理。

3）导致可持续风险的原因及应对措施

（1）项目投入不足。

此处的项目投入包含资金投入和人员投入。从资金角度来讲，财务机器人技术在中国处于刚刚起步的阶段，厂商的规模和技术均未达到高度成熟的阶段，研发成本和实施成本均较高。因此，实施财务机器人的资金需求也较高。很多企业对财务机器人应用的意义理解不深刻，不想在该项目上投入较高的资金，厂商为了实现项目如期交付，只能降低成本，减少人员配置，从而影响了机器人质量。从人员角度讲，很多企业认为财务机器人项目是一个单纯的服务采购或者软件采购项目，没有安排专门的人员或团队进行对接、参与到财务机器人的实施中来。

为控制项目投入不足而导致的财务机器人可持续风险，需要企业加强对财务机器人概念和行业的了解，深刻认识财务机器人的应用意义，事前与厂商和咨询服务商就业务场景进行充分的沟通，从而梳理清楚业务流程，明确工作需求量，形成合理的成交价格。企业在控制成本的同时，避免一味压价导致项目资金投入不足。企业应成立财务机器人小组，视情况遴选财务部、信息部和业务部等相关部门人员，适当参与需求的制定、项目的实施以及最后的测试、验收和交付，这样既可以保证单个项目的成功实施和交付，同时，也可以将项目实施作为一次财务机器人理念及应用的培训，为公司接下来的长远规划培养相关人员。这些人员将来既可以在日常工作中发掘新的财务机器人场景，又可以做进一步的知识传播。

（2）缺乏长远规划。

由于财务机器人在国内是近两年才逐渐发展，因此，很多公司在实施财务机器人之前，并未在对公司财务信息化的长远规划中加入财务机器人概念，只是在 RPA 大潮推动下，临时决定启动财务机器人项目。

推动财务机器人可持续发展，要在加强对财务机器人技术及现实意义的深入学习的基础上,将该项技术融入公司财务信息化的长远规划当中,从公司财务工作模式、组织结构、信息化手段构成、财务人员职责等多角度考虑,形成一个与当今财务信息化发展趋势相契合的规划,从而保证当前及后续财务机器人项目的可持续发展。

**3. 人为风险**

1) 人为风险的定义

人为风险指的是人对业务流程的理解、机器人的运行逻辑以及操作方式不熟悉,导致输出或接收的信息错误、操作失误的风险。虽然中国企业目前的信息化水平较以前有很大的提升,但仍有企业由于技术或者地区经济差异等各方面的原因,并未完全实现较高水平的信息化,加之财务机器人技术的不甚成熟使得财务机器人的发展也并不能保证完全的无人值守,这就必然会出现运行过程中需要人为参与的情况。

2) 产生人为风险的原因及控制措施

所有的信息系统或自动化系统的运作,都需要搭配一定的管理规则。虽然部分财务机器人流程通过设计的完善和代码的优化实现了无人值守,但只要其上下游的工作无法同时实现无人值守的运行,就必然需要有人来进行管理和干预。同时,财务机器人并不一定总是处理系统与系统间的工作,从数据的获取和产出两个方向都有可能出现需要人机交互的场景。在此情况下,就会出现下列四种人为风险。

(1) 操作失误。

由于操作人员对于财务机器人运行的逻辑不了解,有可能会出现误操作,比如在启动财务机器人的前置条件未满足的状态下启动机器人,或者在机器人运行过程中通过键盘或鼠标干预财务机器人运行过程,均属于操作失误。

针对操作失误,需要两方面的控制措施:一是在硬件管理方面,可以设置专门位置放置财务机器人的服务器和终端,避免不相关人员干预财务机器人运行;二是在管理角度,加强相关操作人员的业务培训,在财务机器人上线前,取得财务机器人操作手册,对可能出现的误操作进行提前预防。

(2) 输入数据错误。

如果企业在信息系统不完善的情况下部署和应用机器人,会出现部分数据需要手工准备。而如果手工准备的数据的格式不正确或者输入数据存在错误,就会导致财务机器人因无法处理数据导致中断,或因此产出错误数据。

针对该风险,应该在机器人运行过程中加入校验规则,使得财务机器人在处理数据之前,对关键流程节点或对关键数据做校验,并把校验结果推送给相关操作人,减少数据错误导致的财务机器人运行失败。

(3) 输出成果利用不当。

部分业务场景下,财务机器人会产出一些数据,对这些数据的利用需要使用者熟悉财务机器人的运行逻辑,理解输出数据的意义。

控制该风险,除了在财务机器人上线前加强系统性的培训外,还可以采取在输出的数据文件中添加使用说明、让部分同事在测试和验收阶段提前加入实施项目组,形成知识转移,成立内部财务机器人专家小组,以及在日常工作中建立学习小组等措施。当然,要想从根本上控制人为风险,则需要大力发展信息技术和财务机器人技术,努力减少人为干预,提高财务机器人的无人值守程度。

（4）诚信原则与道德价值。

在企业运营管理过程中，可能不可避免存在人为的"不道德"或是逆向选择的风险。在财务机器人的运营过程中，由于理解程度的差别，可能存在有员工会产生顾虑，将财务机器人认定为"威胁"，出现因不了解、不信任、不想用的情况而带来某些行为，轻则带来企业效率低下、声誉受损，重则给企业带来损失或埋下隐患。

企业应加强职业道德、诚信道德的教育和氛围培训，采取必要的措施减少错误发生的机会和可能；加强财务机器人的业务宣贯、提升人才转型、消除业务人员疑虑，以及推动更多人员参与财务机器人建设的积极性，自下而上推动数字化转型和流程优化。

## 五、成果价值说明

### （一）课题取得成果的总体情况

随着RPA市场的繁荣发展，财务机器人在这一风潮中得到巨大的发展。目前国内对于财务机器人的应用还处于起步阶段，对财务机器人风险及控制的相关研究也不甚丰富。为帮助企业在建设财务机器人的过程中轻松应对各种挑战，做好风险控制及应对，推动财务机器人在国内更加广泛的应用和发展，研究财务机器人的风险与控制就具有较强的现实意义。本文从财务机器人的应用技术着手，对RPA和AI技术的结合及应用，了解财务机器人的实现方式、功能及应用特点。同时，我们总结风险识别、评估、分析、控制等一套方法理论基础，确保流程的风险控制在与总体目标相适应并可承受的范围内；确保流程设计及控制节点遵守有关法律法规；确保企业有关规章制度和为实现经营目标而采取重大措施的贯彻执行，保障经营管理的有效性，提高经营活动的效率和效果，降低实现经营目标的不确定性；确保企业建立针对各项重大风险发生后的危机处理计划，保护企业不因灾害性风险或人为失误而遭受重大损失。此外，该研究亦能够使社会大众对财务机器人的了解更加全面，在利用财务机器人给自身带来广大收益的同时，了解其应用的风险及控制措施。在财务机器人正处于蓬勃发展的时期，财务机器人风险与控制研究能够很好地为财务机器人厂商、用户和咨询服务机构甚至投资者提供参考，以期未雨绸缪，为财务机器人事业的发展打下坚实的基础贡献一份力量。

### （二）相关课题研究成果

通过研究总结，财务机器人可能带来的风险主要分为三个层面，主要是系统层面、管理层面和组织层面。系统层面风险主要包括技术风险和应用风险；管理层面主要包括合规风险、内控风险和业务连续性风险；组织层面风险主要包括组织变革风险、可持续风险和人为风险。企业在实施财务机器人项目时，需要科学规划财务机器人的优先策略，确保项目能落到实处，能顺利落地；建立完整方法论和框架体系来识别分析财务机器人的最适合场景；需全面构建财务机器人制度流程和管理体系，建立财务机器人部署的技术标准和实施纲领；有效建立合规和安全的保障体系，评估并确保财务机器人流程的安全与合规；在不断满足财务机器人的业务需求增长的同时，还需要建立绩效评价体系和优化体制来应对各类业务，确保财务机器人运营的高效性；制定财务机器人项目管理制度及实施流程规范，形成标准财务机器人项目实施方法论。全面制定财务机器人的战略方案，规划财务机器人发展的方向，提升企业应用财务机器人的能力,需要建设相应的人才体系,制定实施财务机器人项目的人才技能标准及人员发展规划。

## 参考文献

［1］波士顿咨询有限公司.用机器人流程自动化和人工智能驱动服务型经济［R］.2018.

［2］中国电子技术标准化研究院.人工智能标准化白皮书［R］.2018.

［3］产业智能官.机器人流程自动化(RPA)概念、原理与实践［EB/OL］.(2018-04-21).https://blog.csdn.net/np4rHI455vg29yz.

［4］麦肯锡.中国工业 4.0 之路［R］.2016.

［5］陈彦,孙彦丛,等.财务机器人你——RPA 的财务应用［M］.北京:中国财政经济出版社.2019.

［6］吴文宣.大型企业全业务统一数据中心技术及应用［M］.北京:中国电力出版社 2017.

［7］尤尔根・梅菲特.企业数字化生存指南［M］.北京:上海交通大学出版社.2018.

［8］王小沐,高玲.大数据时代我国企业财务管理发展与变革［M］.长春:东北师范大学出版社.2017.

［9］国际数据公司(IDC).全数字化就绪型网络 智引数字经济未来［R］.2018.

［10］国际数字公司(IDC),中国信通院.人工智能时代的机器人 3.0 新生态［R］.2017.

**课题负责人:**王玥

**所在单位:**天职国际会计师事务所(特殊普通合伙)

# 区块链技术在财务领域的应用研究

【摘要】 本文侧重从区块链和财务工作的本质与特征出发,分析了财务领域引入区块链技术的必要性,阐述了区块链技术与财务系统的可行性、兼容性问题,主要描述了区块链技术解决财务凭证的真实性由结果证明转向过程证明的方式,并基于区块链技术对财务系统进行架构;随后以费用报销管理、运费结算、完成交易结算三个应用领域为例进行场景模拟,总结出区块链技术在财务系统中尤其是财务共享模式中具有提高财务管理效率、降低运营成本和加强业财融合的优势,并简要分析了具体实施的过程中存在的挑战;最终提出区块链技术在财务领域广泛应用的适应性,强化业务前端数据采集,真正实现财务领域自动化、智能化和业财融合。本文主要做了以下工作:一是研究国内外区块链技术对财务的影响,主要是理论研究的最新成果和实际案例的分析;二是分析区块链技术应用于财务领域的必要性、可行性,主要关注了国家关注层面、经济效益、财务系统适用性和人员调配方面的可行性;三是从财务共享概念入手,寻找区块链技术和财务共享模式的互补性,搭建基于区块链技术的财务共享系统框架,主要考虑了现有技术中比较经济简便的使用方面,实现快速落地、稳健发展的整体思路;四是分析区块链在财务领域财务共享模式下的应用,并模拟设置了差旅费核算、运费结算、往来交易的场景;五是梳理了区块链技术下财务系统可能存在的挑战,并对未来财务领域自动化和智能化应用区块链提出应用展望,主要从信息的中介为切入点对系统架构提出实施设想,建立全行业范围内的整体区块链系统。

【关键词】 区块链;财务;智能合约;业财融合

## 一、绪论

### (一) 研究背景及意义

信息通信技术是推动管理变革的强大动力。变革已经广泛存在于财务会计、社会审计、财务管理、资产管理、人事管理、公共管理等多领域,并将在未来以更快地速度和在更大范围内改变传统的以人为主导的管理活动。在财务领域,区块链技术可能引发信息化以来的下一个重大变革。区块链技术可以形成一个经过数字加密处理的分布式账本,以共识机制为基础创设一套由计算机程序自主完成交易审核、资金转移和账本生成的运行机制。在区块链技术下的交易受理、交易实现和自主记账的过程中,没有人工管理审批程序,没有中心化管理过程,没有第三方信任机构,具有匿名性、安全性和不可逆性。这些特性在财务与会计领域具有重要应用价值,将来可以最大限度地降低信息不对称和解决代理问题、信任问题。

区块链技术随着比特币的兴起而受到广泛的关注和研究,被认为是引发第五次人类社会颠覆性变革的技术。区块链技术的诞生,可以有效解决数字经济交易过程中缺乏合理信任机制导致的交易成本、行为数据无效等问题。区块链技术采用的分布式账本技术,允许经营行为中的多个参与方通过计算机网络共享同一个加密账本,通过授权解密才能查看账页,其账页的修改也需要参与各方达成共识后才能进行。区块链的这些特性,通过实现分布式账本的一致性、不可篡改性,保证了账本的权威性。

随着区块链技术的发展,其向财务领域的渗透不可避免会对会计信息大数据的应用与维护产生较大的冲击和挑战,会对会计这一传统的行业产生颠覆性的变革影响。

### 1. 拜占庭将军问题

拜占庭将军问题(Byzantine Generals Problem),是由莱斯利·兰波特于 1982 年在其同名论文中提出的分布式对等网络通信容错问题。抽象到分布式计算中,不同的计算机通过通信交换信息达成共识而按照同一套协作策略行动。但有时候,系统中的成员计算机可能出错而发送错误的信息,用于传递信息的通信网络也可能导致信息损坏,使得网络中不同的成员关于全体协作的策略得出不同结论,从而破坏系统一致性。拜占庭将军问题被认为是容错性问题中最难的问题类型之一。

由于当时拜占庭罗马帝国国土辽阔,每个军队都分隔很远,将军与将军之间只能靠信差传消息。在战争的时候,拜占庭军队内所有将军必须达成一致共识,一起行动才能克制敌人。问题是,这些将军在地理上是分隔开来的,并且在军队内有可能存在叛徒和敌军的间谍,叛徒可以任意行动以达到以下目标:欺骗某些将军采取进攻行动;促成一个不是所有将军都同意的决定,如当将军们不希望进攻时促成进攻行动;迷惑某些将军,使他们无法作出决定。如果叛徒达到了这些目的之一,则任何攻击行动的结果都是注定要失败的,只有完全达成一致的努力才能获得胜利。将军们在进行共识时,结果可能并不代表大多数人的意见。这时候,在已知有叛徒和敌军内奸的情况下,其余忠诚的将军如何在不受叛徒的影响下达成一致的协议,拜占庭将军问题就此形成。

基于这个问题,区块链技术通过采用共识机制的方式,让每个参与者都能够通过自身算力或权益机制自觉维护系统运行。

### 2. 双重支付问题

双重支付问题就是同一笔钱被重复支付两次的问题。这个问题在金属货币时代并不存在,因为黄金是无法复制的。在纸币中,由于纸币是由造纸厂发行的,各国为了防止货币被伪造,均设计有复杂的防伪技术,所以纸币的伪造成本极高,近似于无法伪造。因此,在传统的金融系统中,双重支付问题很少存在。

随着数字技术的发展,数字货币、电子发票应运而生。数字货币与电子发票不同于传统货币与发票,没有具体形态,不需要依托任何外在客观的存在形式,仅以数据存在为记录的本质手段。数字货币可被无限复制、电子发票可被重复报销,一系列新的问题相继出现。

拜占庭将军问题和双重支付问题,是互联网交易领域中关于信任问题最具代表性的表述。想要实现互联网安全可信交易,也就是要解决这两个问题。而区块链技术,诞生于数字货币系统,创新性地解决了上述两个问题,提升了用户对数字货币的信任度。本文借助对区块链技术的研究,结合现阶段财务领域业务需求,对财务系统进行升级,因而提升信息质量,提高用户信任感。

**（二）研究思路及方法**

**1. 主要研究思路**

通过先收集资料，掌握国内外区块链技术发展的现状，尤其是国内区块链技术在财务领域的应用情况及案例；通过观察、调查、分析等手段，了解现阶段财务核算模式的战略财务中心、业务财务中心、共享财务服务中心的三层架构模式，并归纳总结现有财务核算模式存在的待提升之处。在深入学习研究财务核算共享模式与区块链技术的前提下，分析现阶段财务核算引入区块链技术的必要性、区块链技术与财务共享模式的适用性，提出财务核算及共享结构和区块链技术理论架构，并将该技术架构恰当引入现有财务核算及财务共享结构，寻找一套兼容财务共享核算模式与区块链技术优势的新型财务共享架构。基于新型架构重新对某集团公司财务核算及共享中心的业务运行、职责分工、增值业务进行重梳理和再分析，完善新型财务核算共享架构细节，更好地为建设世界一流的智能型全球共享服务体系添砖加瓦。

通过以现有区块链技术在各个领域的应用为切入点，主要从电子货币和金融领域出发，采用先分解、再整合的思路，研究区块链技术的本质。透过区块链的本质，探讨超级账本和以太坊两种设计思路，确定区块链技术在财务领域的适用性及技术可行性。之后，借鉴德勤Rubix系统的设计方案，提出建设适应国内某大型集团公司的区块链财务系统，并对该系统进行模拟，并将发现的问题进行汇总修正，提出存在的挑战及未来展望。

**2. 研究方法**

1）文献研究法

通过查阅国内关于"区块链""人工智能""共享财务"的相关书籍、学术论文以及核心期刊，对共享财务模式及区块链技术相关理论研究成果进行归集和提炼，为本文的研究提供坚实的理论基础。

2）调查询问法

基于某集团公司共享中心平台，采用与中心内相关工作人员、管理人员沟通、问询等方式，了解现有该集团公司财务核算及共享中心组成、运作方式和相关内控机制，收集现有财务核算引入区块链技术的必要性。

3）信息研究方法

根据信息论、系统论、控制论的原理，通过对收集到的信息收集、传递、加工和整理获得知识，并应用于课题，以实现完成该课题报告。

4）对比分析法

对区块链发展过程的三个阶段进行纵向对比，对区块链技术进行分析，总结每项核心细节技术的适用条件、使用方法、运行及维护成本，为整合进财务共享模式提供理论准备。

5）定性分析法

首先对已应用的区块链技术应用领域进行定性分析，确认该领域区块链技术特征及优势是否得以体现并分析实际效果，之后对区块链技术在共享财务模式下的应用进行可行性分析。

6）系统科学方法

以系统论方法、控制论方法和信息论方法作为方法手段，综合研究区块链技术在财务领域的应用。

### （三）区块链技术的提出与发展

#### 1. 区块链概念的提出

区块链源自网络上化名为"中本聪"的学者首次于 2008 年年末在密码学邮件组发表的论文《比特币：一种点对点的电子现金系统》。中本聪认为，纯粹的点对点式的货币电子交易应可以实现在没有中介金融机构的情况下从一方直接流向另一方，同时，通过在交易各环节附上时间戳和字段代码，使点对点交易中形成无法更改的轨迹链条，即应用非第三方数字签名实现签名部分零成本，从根本上防止欺诈行为。

从狭义来看，区块链是一种以时间次序将数据区块相连，并以密码学方式保证已有数据不可被篡改或伪造的分布式账本。从广义来看，区块链技术是利用链式结构来验证与保存数据、利用共识算法来生成和革新数据、利用密码学保证数据安全、利用智能合约来编程数据的一种全新的分布式基础数据结构或数据库。

#### 2. 区块链技术的基础架构

一般而言，区块链系统由数据层、网络层、共识层、激励层、合约层和应用层组成，如图 1 所示。其中，数据层封装了底层数据区块以及相关的数据加密和时间戳等技术；网络层包括分布式组网机制、数据传播机制和数据验证机制等；共识层主要封装网络节点的各类共识算法；激励层将经济因素集成到区块链技术体系中来，主要包括经济激励的发行机制和分配机制等；合约层主要封装各类脚本、算法和智能合约，是区块链可编程特性的基础；应用层则封装了区块链的各种应用场景和案例。

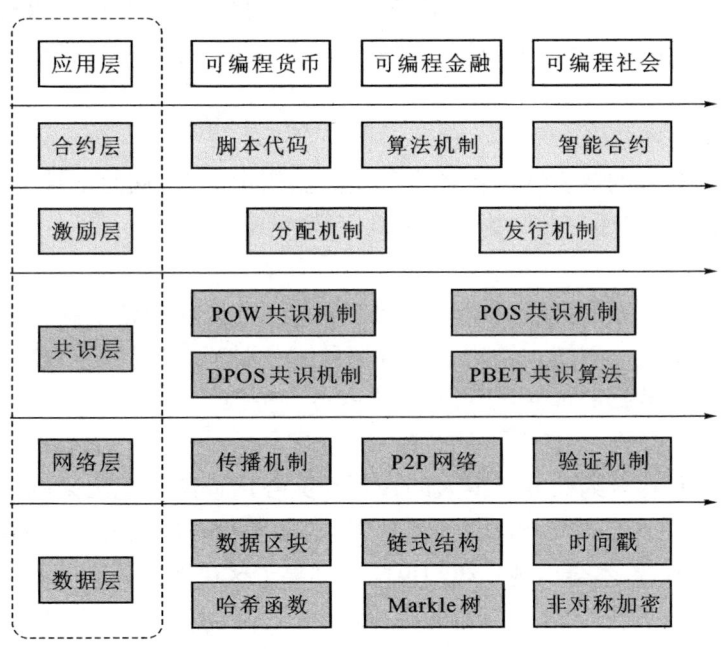

**图 1　区块链基础架构**

区块链技术是具有普适性的底层技术框架，可以为金融、经济、科技甚至政治等各领域带来深刻变革。按照目前区块链技术的发展脉络，区块链技术正经历以可编程数字加密货币体系为主要特征的区块链1.0模式、以可编程金融系统为主要特征的区块链2.0模式和以可编程社会为主要特征的区块链3.0模式。需特别指出的是,上述模式并非演进式而是平行式发展的。

**3. 区块链技术的特征**

作为比特币的基础技术,区块链技术是将数据区块按时间顺序用链表的形式组合而成的数据结构,通过网络中多个节点共同维护同一份数据,并且采用非对称密码学控制访问权限及防止篡改。区块链上的数据具有去中心、去信任、匿名性、不可篡改、可追溯性和公开透明等特点。

1) 去中心化/分布式账本

所有的交易记录皆是由基于分布式网络上多个节点共同维护的结果,每个节点均采用同一种记账法则,都拥有一份相同的独立账本,任何单一节点出错都不会影响到总账。去中心化不是真的没有中心,多中心协作才是分布式账本的精髓。

2) 集体维护/共识机制

区块链网络上的节点都是分散且独立的,如何让毫无利益相干的各节点对某项交易达成一致,就是共识机制所要解决的问题。通过共识机制的特定算法,集体共同确认同一交易事项并同时记录在自己的账本内。

3) 隐私保护/非对称密码技术

该技术有两把不同的密钥,通常称作公钥和私钥。顾名思义,公钥是公开的,私钥是保密的,它们天生一对,无论用哪把钥匙来加密必须用对应的另外一把来解密。区块链上的数据是公开化的,但是网络各节点的身份又是非公开的,我们可以开启授权机制,即把公钥公开,只有得到私钥的用户才有访问权限。该技术让区块链上的数据具有透明化的同时也保证了个人隐私。

4) 可追溯性/链式结构

它作为区块链独有的链表结构将各个区块数据依次相接,从而记录了区块链数据的完整历史,任意数据都可以通过此结构顺藤摸瓜、反本溯源。

5) 时序性/时间戳

每当节点记录一个新的交易数据的同时必须在当前区块中留下新数据写入的时间,我们把这称为加盖时间戳。当链式结构下的数据被赋予时间顺序后,不可修改和可追溯特性仿佛就变成了区块链数据的本性,使得其天生就可以防伪。

6) 可编程/智能合约

智能合约是一种将合约双方当事人的权利和义务用程序表现出来的数字编码,合约双方可以在没有第三方监管(中心机构)的前提下,自动履行合约内容。被程序化的合约只要满足条件就会自动执行,不会出现不履约风险。如果说区块链是骨架,智能合约则赋予其灵魂,有了智能合约的区块链才变得有血有肉,可以更灵活运用于现实业务处理中。

## 二、国内外区块链技术在财务领域的研究

### (一) 国外区块链技术对财务影响的研究

Lazanis(2015)认为基于区块链P2P交易、网络自动结算和记账的特点,企业可以通过区

块链网络实现资金支付与结算,绕开信用中介以降低手续费。如能进一步使用基于区块链网络产生的数字货币结算,其降低中间费用的效果显著,而且可以交易流程。

Hanson(2016)从区块链数据登记的过程分析,由于区块链网络中各区块数据在写入之前要通过半数以上节点审核,所以区块链数据登记的过程就实现了对会计信息交易、复核、确认、记账等会计行为的自动化,并且各参与方需要共同确认账目的真实性和完整性,从而规避了舞弊行为,满足了数据使用者对财务数据准确性和公允性的要求。

Tapscott(2016)提出区块链审计可以替代第三方审计服务,实现更加安全可信的"自审计"。在区块链的分布式账本网络中,所有参与节点都是信息数据的审核者和记录者。去中心化的审核机制在数据审核方面具有独特优势,相比第三方审计机构,区块链账本更能保证审计工作的独立性、客观性和公正性,企业在自己区块链财务系统上的信息数据就能保证财务报告的客观性和准确性。

**(二) 国内区块链技术对财务影响的研究**

李一硕(2016)指出区块链的去中心化分布式账本可以简化财务会计记账流程,进而改变传统的会计记账体系。区块链的节点数据记录是按时间顺序排列的,在交易产生时系统会自动排除重复交易,在交易结束时系统会自动与前期账务对接,实现自动平账,减少人工参与,从而达到简化记账流程的目的。

裴倩如(2017)认为区块链的交易确认模式会改变会计工作的确认和计量模式。在这种模式下,业务的相关方都成为会计数据的审核者和记录者,只有所有的相关节点确认,财务数据才会被记录,这样就可以最大化地避免中心化记账员的主观性造假和失误性操作。同时,这种会计确认模式可以在多环节交易过程中有效地降低时间成本和人工成本。

钟玮(2016)在分析传统互联网财务常见问题的基础上,结合区块链的特性和大数据的优势,有针对性地解决数据孤岛难题。区块链技术的运用可以完善会计的数据结构,满足社会对"互联网 + 财务"准确性、有效性的要求。

区块链技术在物联网、数字身份、电子证据存证都开展了一定的应用。区块链的不可篡改、加密等特性使得它在财务管理领域有较好的应用场景,目前区块链主要是在财务管理的对账和审计两个领域中进行了探索。

**(三) 区块链技术在经济领域应用情况介绍**

**1. 供应链管理**

区块链与物联网的结合掀起了供应链管理领域的深刻变革。传统供应链管理面临信息不对称导致的效率低下、协调困难等问题,在流程追踪和统筹安排方面困难重重。区块链能够使交易网络信息公开化、透明化,可以在很大程度上减少信息不对称、提高供应链周转效率。同时,区块链数据不可篡改和交易可追溯的特征能够有效遏制供应链管理中假冒伪劣产品问题,形成完整的供应链闭环。目前,京东已经将区块链与物流结合,用于加强食品安全;菜鸟与天猫国际共同宣布启用区块链跟踪、上传、查证跨境进口商品物流全链路信息。

**2. 保险业务**

在保险业务方面,区块链智能合约对传统保险模式的影响最大。保险公司所有的理赔记录都能够在全网公开并被集体验证,防止"双重索赔"现象发生,防范骗保行为,规范保险秩序。

### 3. 社会公益

公益事业信息的不公开、不透明成为社会公益难以发展和存在争议的重要原因。社会公益与区块链的结合集中体现在区块链不可篡改性和高透明度的特征上。区块链上存储的数据利用了分布式技术和共识算法,以共信力助力公信力,天然适用于公益场景。公益项目的相关信息,如资金流向、捐助对象、募捐明细等,都能够加入区块链节点,接受全网的验证与监督。区块链与公益的结合,让区块链真正成为"信任的机器",让社会公益的运作"在阳光下进行"。目前,腾讯"公益寻人链"、支付宝听障儿童公益基金和"心链"等项目,都是区块链与社会公益结合的成功案例。

### 4. 电子发票

2018 年 8 月 10 日,全国首张区块链电子发票在深圳诞生。区块链发票带来了"消费即开票、开票即报销",更带来了全新的全自动记账模式。根据区块链运作机制,每当一笔业务确认后,立即可实现自动生成会计凭证,并且保留所有交易线索,财务报表亦可实时生成,在保证凭证资料安全可靠的基础上更大幅度减轻了会计人员的基础核算工作负荷。

### 5. 会计审计

德勤运用自身开发的区块链平台 Rubix,构建了全球分布式账簿 Deloitte's Perma Rec,通过与 SAP、Oracle 等财务系统对接,实现了购销过程的透明度,同时革命性地实现了实时审计,能够在账簿范围内进行审计全覆盖、实时合规性监控与自动化税务合规申报,从而显著提升用户方、会计师事务所以及监管方的整体绩效。德勤应用区块链平台 Rubix 目前主要提供四项服务,包括交易对手确认、实时会计和审计、土地登记以及忠诚度积分。

通过对现有理论及应用的分析,结合理论研究,区块链技术的应用,一方面,可以对现有信息数量进行加密整理,防止篡改;另一方面,也可以对信息质量提出更高的要求,将原来难以实现的信息进行整合。区块链的核心是一个可信的分布式数据库,因此,使用区块链技术需要在用户层、服务层、核心层、基础层这四个核心层面进行架构,缺少任何一环,都会导致技术存在缺陷,不能达到可信任的目的。在对数据进行分析过程中,一方面要保证数据是用户迫切需要的;另一方面要保证数据可以应用于区块链技术,才能够通过区块链技术对现有应用进行升级,达到引用区块链技术的目的。

## 三、区块链技术应用于财务领域的必要性、可行性分析

### (一) 财务领域引入区块链技术的必要性

在实践过程中,随着企业的发展,对财务信息处理的要求不断提高,现有互联网技术已不能满足企业提出的集中化、系统化、信息化的需求。而企业对于信息的要求主要体现在以下三个方面。

第一,自动化程度要求高。一般企业财务集中系统的建设,首先是通过将众多分子公司的财务人员集中来统一核算会计业务,实现人员与业务的物理转移,在一定程度上形成规模,但是受现有技术条件的制约,被集中的财务人员依然将大部分时间用于基础会计核算。其次,支付机器人的使用大幅提高了资金支付审批效率,但是会计核算中的大量会计判断逻辑复杂,目前还没有成熟的机器人可以胜任,现有平台对于会计凭证的"自动生成"需要以业

务前端详细的信息收集为基础,而业务前端的信息收集速度和质量很难保证。因此,财务核算既要数据集中收集处理,还要保证数据质量。

第二,业务人员财务基础薄弱,需要新技术辅助将业务场景转化为财务数据。资金运行、成本流转是财务管理的重要抓手,从会计核算角度看就是企业所有的运行管理都始于资金流或者终于资金流。集中的形式将财务人员与会计核算业务集中起来,加强资金运行监控、成本精细核算的同时,也使得业务人员缺少了财务人员的指导,业务信息在流转和转化过程容易失控,业财全面融合也需要更大助力。

第三,数据安全性要求增加。账务信息全部在总部进行汇集,受制于当前会计信息系统的保密技术并不完善的情况,过于集中的数据遭到入侵的风险更高,对总部数据库安全性有极高的要求。现阶段通过不断增加安全费用支出,勉强维持信息系统的安全性。因此,急需新技术的实施以保证数据安全性要求。

基于财务系统对于新技术的要求,区块链技术很好地解决了这些问题。

首先,区块链采用的非对称加密技术,对信息打包的区块进行加密,形成的加密链条极大地增加了破解难度。同时,即使单一区块被破解,所能获取到的信息量也不多,而且信息是碎片化的,不会对整个系统的信息安全性造成影响。因此,这种加密技术的组合目前只存在理论可破解的可能。其次,区块链系统的建立,将整体性的财务信息分解,分步骤写入区块链,可以使业务人员不再需要以各种形式填写汇报信息,而是在业务发生的过程中,通过多方参与并对过程进行验证,实现发生即记录。这种方式,既实现了财务系统自动化,同时也不需要业务人员多次填制、复核表格和票据等原始单据,实现了数据的自动化传输和验证。

**(二) 区块链技术与财务领域结合的可行性**

从区块链的大环境来看,区块链作为基础技术和核心技术,国家对其重视程度非常高。另外,相关方面的研究进展也很快,为区块链技术落地企业提供了极大的便利。目前,区块链技术的应用,正在逐步从网络领域和金融领域推广至实体经济中,已经落地的电子发票技术和供应商往来管理为其他企业的技术落地提供了案例。

从技术角度来看,区块链技术的核心在于共识的建立。找到了合适的共识机制,就可以吸引各节点积极参与记账。而参与的节点越多,就越能够保证整个区块链网络的健康运转。在实体经济业务中,市场基本健全、参与方众多为区块链的搭建提供了良好的基础。同时,恰当的共识机制选择能够汇集大量有同样诉求的参与方,保证了区块链运转的良好开端。

从财务领域本身的要求来看,财务最主要的要求是数据安全、处理高效、信息对称和审计可追溯,这些要求恰好使用区块链技术都可以满足。区块链技术正是通过对业务流程分解,分步记录,保证了链条上的数据真实完整,同时,大家共同维护,因而实现了过程监督,提升了效率,简化了流程,加快了企业间结算和资金流转。

从财务信息的使用者来看,使用者主要分为企业内部人员和外部人员。因此,财务从诞生之时,就具有双重要求:一方面要满足企业内部管理需要,提供满足管理需求的集中、统一的财务信息;另一方面对于外部使用者,需要在广泛共识的基础上提供可比、有效的财务信息。

从经济角度来看,区块链技术将经济活动过程记录,相比以往的结果记录,自动化可以分步实现,过程易于监督,提高了企业的监督效率,节约了大量的监督成本。同时,降低了审计难度,节约了企业的审计成本。

而随着财务领域的发展,尤其是财务系统的升级,正在逐渐与对于系统完全性的需求相契合,正逐渐与区块链技术的特点相契合。会计信息的自动生成一直是会计自动化所努力的方向,而自动化首要就是将原本综合复杂的业务流程进行分解,逐步实现自动化,由系统取代人工,但是现有网络技术无法满足人们对会计信息可信度的要求,这是限制财务系统进一步发展的主要因素。区块链技术会驱动财务会计理论的变革,"区块链+财务"必然会在会计转型发展的变革史上起到举足轻重的作用。

## 四、基于区块链技术的财务共享系统框架及应用

### (一) 财务共享的概念及发展

#### 1. 财务共享的概念

财务共享服务中心是近年来出现并流行起来的会计和报告业务管理方式。国际财务共享服务管理协会的权威定义为:"所谓财务共享服务,是以流程化处理财务业务为基础,依托信息技术,目的是规范流程、提升流程效率、优化组织结构、降低运营成本,并以市场化的视角为内外部客户提供专业化生产式服务的管理模式。"简单地说,财务共享就是将不同区域、不同部门的会计、审计和数据业务集中到 SSC(Shared Service Center,共享服务中心)来记录、汇总和报告,最终的目的是节省人工成本,提高工作效率。现阶段财务共享服务中心多以公司长期发展战略为起点,辅以相关的组织架构、系统搭建、流程再造和运营管理。

#### 2. 财务共享的发展

20 世纪 80 年代,福特公司建立了第一个财务共享服务中心。其创立之初的目的是控制并购过程中出现的过高成本问题,以及提高操作的效率。随着全球互联网信息化的发展,财务共享模式已被广泛应用于世界各地的公司,今日的财务共享已不单单局限于对成本的控制以及操作效率的提高,已经由成本驱动逐步发展为管控驱动及战略驱动,从初始阶段的成本控制阶段逐步过渡到价值创造阶段。2000 年之后,中国公司也突破性地引进了财务共享。中兴通讯为落实成本领先战略以及满足国际化的需要,于 2005 年建立了我国第一个财务共享服务中心。继中兴通讯之后,中国移动通讯集团、中国平安集团、阳光保险集团、四川长虹电子控股集团等公司也相继建立了自己的财务共享服务中心。2013 年 12 月,财政部印发了《企业会计信息化工作规范》,其中第三十四条指出"分公司、子公司数量多、分布广的大型企业、企业集团应当探索利用信息技术促进会计工作的集中,逐步建立财务共享服务中心"。该规范的印发为中国集团公司财务转型升级指明了方向。

财务共享的实质是兼顾核算基础、增加内部管控和加强外部多元化拓展,目的是提高效率和增加收益。虽然各个公司财务共享的模式不一,但财务共享服务体系实质上由三层架构组成,即决策性质的战略财务、协同性质的业务财务以及记录与控制性质的共享财务。其架构与传统财务架构相比更加简洁。

财务共享中心作为共享理念在财务领域的应用,将企业内部基础性的会计核算工作从分散的业务部门剥离,集中到独立运营的财务共享中心来进行。财务共享中心负责企业日常会计核算与总账核算,分子公司的财务部门只保留较少的财务人员负责现场基础数据签

收工作。财务共享中心将大部分重复性的会计工作集中处理，重塑会计核算流程，通过流水线般的集中处理以实现规模效应，提升效率、降低成本、加强管控和创造价值，最终提升企业财务信息化水平。

当前，国内某知名集团公司正处于全面建成综合性国际能源公司的决定性阶段，国际合作程度日益深化。该知名石油集团公司是产炼运销储贸一体化的综合性国际能源公司，主要业务包括石油天然气勘探开发、炼油化工、油气销售、管道运输、国际贸易、工程技术服务、工程建设、装备制造和新能源开发等。近年来，在企业不断开拓国内外市场领域、市场竞争日益激烈的前提下，该石油集团公司从企业规模、管理模式、企业战略发展等多方面情况分析，认为集团公司需要积极挖掘自身财务管理潜力，寻求创新管理的突破口。因此，以财务共享为引导的战略决策、价值管理和财务分析等财务管理新模式应运而生。共享模式也在为该石油集团公司企业转型升级、增强价值创造力、提高整体管理水平等方面发挥着积极作用。

自 2016 年开始，该 X 石油集团公司通过前期调研，综合考虑产业分布、人员储备、人才吸引力等多方面因素，在组织机构上按照"1＋3＋N"的架构进行共享中心设置，即 1 个管理中心、3 个区域中心、N 个业务服务部。管理中心设置在北京，承担共享管理职能和总部、专业公司、海外、科研、金融、国际贸易的相关共享业务运营职能；3 个区域中心（西安、成都、大庆）承担共享运营交付职能，按照属地就近原则承接相关业务，在区域中心原有职能基础上赋予专项职能，如发票管理、票据清算、财务数据分析等，面向全集团公司承接业务。

2017 年，该石油集团公司首先在西安设置共享服务西安中心，并按照"先易后难、逐步推进"的原则在集团公司内 7 家驻陕企业公司全面推行财务共享模式，将涉及财务核算的各个方面都高效整合到一起，将采购至应付、销售至付款、总账至报表等职能统统纳入财务共享服务中心。通过重塑流程框架，该公司将由分散处理的交易活动转变为集中统一处理，并对其进一步标准化，逐步消除集团公司内同类经济业务的处理差异；财务共享采取标准化作业，各项业务严格按照相应操作手册处理，凭证制作准确率高达 99.98%，资金支付准确率达到 100%，大大提高了公司整体的运营效率；共享中心走出了原有格局，面对内部第三方，比如，通过共享中心强制实现标准化和流程化。共享的目的虽然是节省成本和创造价值，但是最后解决的不仅仅是节省成本和创造价值，还带来了管理水平、财务透明度、标准化程度的大幅提升。如果将来所有的财务报账通过共享中心来生成，那么会有助于科学决策。

**（二）区块链技术与财务共享的兼容性**

财务共享的"命令下达效率性"要求，正是区块链"去中心化"思想所要实现的目的；财务共享的"数据安全性"需求，正是区块链"公私钥"思想所要实现的目的；区块链交易信任由机器和算法确定，满足了财务共享所需的"交易信任"；区块链交易过程由程序自动执行，满足了交易"高效率"的需求。

通过对现有应用的研究，我们发现，区块链技术是对现有计算机技术的升级改良。因此，区块链技术是一种应用模式的创新，使用区块链技术需要在用户层、服务层、核心层和基础层这四个核心层面进行架构，缺少任何一环，都会导致技术存在缺陷，不能达到可信任的目的。在对数据进行分析过程中，一方面数据是用户迫切需要的，另一方面要保证数据可以应用于区块链技术,才能够通过区块链技术对现有应用进行升级,达到引用区块链技术的目的。区块链技术是一项极其复杂的逻辑设计,除了在设计过程中非常繁琐复杂,在运行过程中仍然会消耗大量的能量。因此,现有技术如果可以满足需要,那我们不需要为了使用而使用区块链技术。

**1. 基础层兼容方面**

(1)持续性。由于在区块链的设计过程中,要保证区块持续产生,而之前的技术因数据本身存在自我生成,保证了数据的持续性,因此,我们首先要保证这些信息在一定体量中持续生成,或者多种信息整合上链,保证信息持续生成,使区块链技术能够及时延长,达到区块链的目的。

(2)可认证。在区块链设计中,除了交易双方,还存在多个与该项交易存在关联的其他方,在数据最初认证的过程中,需要可认证的各方确认,经确认后将信息写进数据中,数据再打包编入区块链系统。

**2. 核心层兼容方面**

解决了基础层的数据问题,就需要考虑核心层的设计。共识机制决定了该区块链的运作方式。目前,区块链技术提出多项共识机制,不同的机制配合使用相应的系统。共识机制的选择是区块链系统中最为重要的一环。对于公有链来讲,排除恶意见证者,所有人公平获得参与权限,是最为重要的一个环节;而对于联盟链和私有链,由于自身权威性,信誉更强,可以减少这种问题的出现。但是,由于需要排除中心化的影响,加强联盟链的公信力,在联盟链和私有链的设置中,需要添加多个中心,对整个区块链进行编辑,保证每个区块内的信息随机由这些服务中心打包上链,提升数据的随机性,增加安全性和可信任度。同时,这也为后续不可篡改提供保证。因此,我们可以采用 PoS(Proof of Stake)和 PoA(Proof of Activity)的共识机制,放弃 PoW(Proof of Work)一类的共识机制,简化方案,以达到更广的适用性。

权益共识机制里也存在权限设置,权限设置是在各个环节来提升各部分需求的设置。根据联盟链的性质,存在多中心的概念,为了提升行业内联盟链的可信度,共识机制应尽可能符合去中心化的要求。而 PoS 权益共识机制不能满足无利益的攻击,因此,在 PoS 基础上,又提出了 DPoS(Delegated Proof of Stake,授权权益证明)共识机制,即打包和记账人设置在一定范围内,保证了范围内的记账人都是利益相关体,共同维护区块链系统的运行。PoW 工作量证明机制,即根据工作量获得收益的概率,算力越高,计算速度越快,工作量累积越多,越容易获得收益。PoS 权益证明机制,即通过持有代币的数量和时长来决定记账的概率,也即市场占有者维护整体安全。PoA 活动证明机制,不是一种独立的共识算法,属于前两者结合的混合算法。DPoS 委托权益证明机制,即类似投票机制,全体拥有代币的人,投票选举若干代理人,再由代理人互相监督记账。

**3. 服务层兼容方面**

最后,我们需要解决对于服务层面的要求。用户作为服务的主体,应当作为主要研究的重点。首先,作为以 DPoS 机制为核心的区块链技术,共享中心作为数据支撑点,既是系统维护者,也是信息的使用者,顺着该层级向下发掘,各地区公司及其员工作为单元用户为整个系统提供最主要的信息,并参与整个系统运作。因此,在服务层面需要重点考虑用户的使用权限及提供信息的分类使用。

由于区块链技术是现有多项技术的整合形成的技术集合体,因此,本文将采用分解分析法分析区块链技术与财务共享的兼容性问题。将区块链技术进行分解,对现有区块链技术根据性质进行分解,逐项分析各项技术与财务共享的兼容性,然后再整体讨论区块链技术对于财务共享的整体兼容性问题。

区块链技术是多种现有互联网技术的整合,包括数字加密技术、共识机制和智能合约等技术,为数据安全性、可信度高、简便性互动提供了强大的支撑。针对区块链技术的作用,从能否与共享系统兼容的角度进行分析。

(1)安全性。区块链技术采用的数字加密技术与现阶段银行使用的数字加密技术相一致,采用哈希算法,结合公钥、私钥的银行账户管理模式,既保证了数据用户的安全性,也使数据使用方的数据查询权限符合现有财务共享模式对于安全性的需求。

(2)简便性与自动化。区块链技术对于信息的优化主要在两方面,一方面是可以对现有信息无差别的兼容。区块链技术中,区块内的交易单元由最初的可以储存交易信息到信息包,再到图片、文件,区块链作为载体,可承载的信息种类越来越丰富,可以完成大部分财务信息承载,为财务共享提供了基层数据支持。另一方面,区块链技术独有的过程监督机制可以实现各类事项在发生时进行记录,这项技术如果运用得当,可以实现经济业务在发生的过程中进行逐步记录,促使经济事项在发生的过程中就被记录下来,使现有的财务原始凭证由结果证明向过程转变过渡,实现自动化。

(3)可信度高作为区块链技术的核心作用,是区块链系统中最为重要的部分,也是与财务共享兼容性最关键的一环。在区块链技术中,交易通过时间戳形成有序的交易包,形成区块,保证区块链内部区块数据的时序性。通过加密技术形成链条结构并不断延伸,使之前的区块只存在理论修改可能,提高了数据的可信度。在这个环节中,有两个关键节点:业务初始确认的真实性和新区块的实时产生。区块链技术在运行过程中由于特有的跟踪验证机制,保证了全链条的真实性。在运行比较成熟的电子货币区块链系统中,由于只存在网络数据信息,源头跟踪比实体经济的信息源头要简单。因而,初始确认的真实性是实体区块链技术首先要解决的问题。根据区块链技术的思维模式,想要实现真实不可篡改,就要保证交易存在监督者,监督者越多,真实性越强,可篡改性越低。因此,保证实体信息的真实性就要明确区分出交易的监督者,并作为重要的环节添加到区块链系统,也就是分布式账本技术,而分布式记账类似传统模式中存在中介的交易方式。

### (三)基于区块链技术的财务共享系统框架搭建

根据必要性要求和兼容性的适应,我们研究了财务共享中心与业务场景的融合。作为企业数据集合点,其未来可以和其他共享中心组成联盟,形成不同地区公司的跨区域信息整合。因此,信任机制、真实性、不可篡改等要求,符合区块链技术特性;兼容性里,采用分解、分类、分析的方法,对区块链技术的子技术进行研究,讨论了共享与区块链结合。

建立行业的联盟链系统,着力保证会计信息的安全性、隐私性,还有会计信息的共享性和不可篡改。智能合约可以做到当预先设定的条件得到满足时,自动触发预先设定的结果。当智能合约使用区块链的技术设定时,由于区块链防篡改的特点,信任方式将由对人的信任转变为对机器的信任,自主管理、自主制证和自主形成报告将真正得以实现。据此,我们设计图 2 所示的框架。

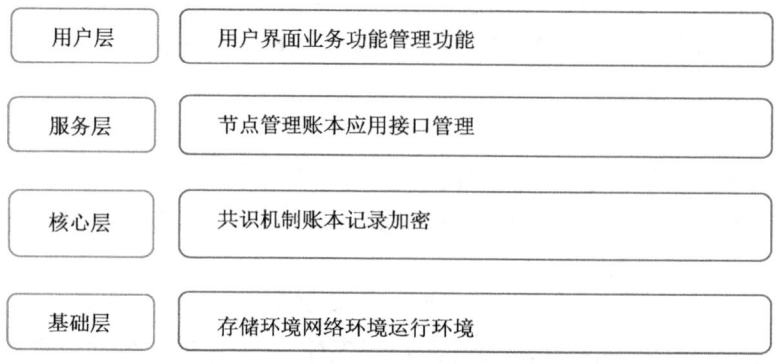

**图 2 区块链系统用户层设计及功能**

### 1. 基础层与核心层的搭建

基础层提供了区块链财务共享系统正常运行所需要的运行环境和基础组件。类似于大多数软件系统运行所依赖的资源,如数据存储、通信网络、运行容器等。该层可视作区块链系统的基础支撑。

核心层是区块链财务共享系统的核心功能层。其中,节点之间的共识机制以及在此共识机制之上的数据与账本记录,奠定了区块链财务共享系统的数据库根基。序时服务模块为区块链财务共享系统提供统一的数据时间序列;加密、摘要与数字签名等模块,保证了区块链财务共享系统的安全合规与防篡改;最重要的是,根据使用数据的具体场景不同,可以有针对性地设计和添加能自动执行预设逻辑的智能合约,来自动抓取数据、自动分析数据、自动梳理数据、自动归集数据。核心层基于基础层提供的硬件和网络基础实现功能,为服务层提供相关功能的支持和服务。

系统承载的信息是区块链系统的核心。理论上来讲,各类信息均可以通过区块链技术进行储存,但是考虑到使用区块链技术的难易程度和使用区块链技术的经济效益,对信息又进行了细化分解。根据目前技术分析,适合使用该技术的信息应包括以下特点:信息可以持续产生或持续产生状态,信息产生时存在认证者,功能强大的数据存储和加密设备。由于区块链系统在信息录入时不断加密,而信息取用时又要不断解密,同时每条信息、每个区块都存在较为复杂的数据结构,因此,区块链技术适合存在数据中心的集团企业。

由于分布式记账的存在,各个记账单元实时同步,保持账目的连续完整,可查询、防篡改等功能需要企业存在相对强大的网络中心,保持数据结果的稳定性。

### 2. 服务层与用户层的搭建

服务层为应用层提供可靠和高效的区块链财务共享系统访问服务,通过调用核心层的功能组件,提供统一接入和节点管理等服务,通过高效的缓存、可靠的存储、均衡的负载,为用户提供可靠高效的服务能力。

用户层是面向用户的入口,通过该入口进入区块链财务共享系统,使用系统的各种服务,与其进行交互,区块链财务共享系统执行客户的具体命令,满足客户的服务需求。客户也可以将服务结果输出,提供跨链支持。

企业经营与上下游企业、管理部门、消费者等都有联系,通过打通财务系统与区块链系统的数据连接形成多方公共数据勾稽关系,说明企业的财务信息在经过区块链系统确认和检验才达到最终可使用状态。从此财务报表不再仅仅通过一方,而是通过多方合力制作加工才能完成,而彼此的财务信息又相互勾稽,形成制衡,在平台上实现共享,用区块链技术打破会计核算的局限,实现去中心化的"分布式记账",使财务报表成为多方共同编制的结果。

**3. 选择以太坊的设计理念及系统架构**

在支持智能合约的区块链系统中,Linux 基金会所属的 Hyper ledger Fabric(由 IBM 贡献)和 Vitalik Buterin 所领导的以太坊基金会所创造并管理的以太坊是两个典型。这两种区块链系统具有截然不同的设计思路,充分体现了传统企业信息系统思维设计模式(Fabric)和区块链原教旨主义思维设计模式的区别。

以太坊是非常典型的受比特币架构影响的一个区块链系统,最典型的特点是——链是基础。其所有的信任都来自基于 Hash 密码学安全的链式数据结构,在这个信任基础上架构所有的功能。而对于 Fabric 来说,系统一定要有一个合理的技术架构:可插拔的模块化设计、高扩展、高内聚、低耦合。在一个合理的技术架构上,调用各个模块,来构造一个功能——链,每增加一个功能,可以使用已有的链,也可以创建一个新链。

以太坊使用了虚拟机方式实现智能合约,以太坊中的虚拟机叫作 EVM(Ethereum Virtual Machine),它是一个轻量级的沙盒执行环境。为了让智能合约更加方便,以太坊开发者创造了新的语言来编写智能合约,目前最流行的 EVM 编程语言是 Solidity。EVM 的一大特点就是只能对链上的数据进行读写,非链上的数据只能在调用智能合约的时候,由调用者通过函数参数传递到智能合约中(EVM 的这个特点确保了智能合约的结果是确定的,不会因不同的节点执行而导致不同的结果)。而智能合约本身和智能合约的调用过程(或者叫作使用智能合约的交易)都会记录在链上。因此,我们可以看出,以太坊的架构中,"链"是信任的锚点,所有的信任都来自链。而 Fabric 使用了 Docker 机制实现智能合约。相比于以太坊的 EVM,Docker 可以算是一个重量级的沙盒执行环境。由于 Docker 的特性,Fabric 可以使用很多语言开发智能合约,同时,也可以使用很多库函数和系统函数。因此,Fabric 的智能合约灵活性更高(比如可以和物联网设备通讯),但是这种灵活性也导致了不同的节点执行后可能产生不同的结果而无法达成共识的风险。而 Channel 的引入,使得 Fabric 的智能合约是直接部署在某几个节点上的。每个智能合约可以创建新的链,也可以和其他智能合约共用一个链。"链"在 Fabric 的架构里,相当于实现某个功能时,参与该功能的几个节点所共用的一个存储空间。明白了这两种智能合约的实现方式区别后,我们就会发现这两种典型的区块链的设计思路的区别——"链"到底应该位于架构的哪一层? 在区块链原教旨主义中,由于认为节点都不可信,所以只能相信由 Hash 算法串起来的一个完整的数据系统。而在面向企业间应用的联盟链中,由于节点都是需要身份认证才能加入的,可信程度高一些。所以,只要关键的一些数据达成共识实现可信就可以了。正是由于这种设计思路上的区别,在以太坊中,所有的智能合约都运行在同一个链上,大家共用一个可信的基础设施;而在 Fabric 中,一个应用对应一个链,整个系统由很多子链构成,这些子链共用一套基本互信的基础设施。

从系统架构角度看,以太坊是一个完整基础设施,不会拆散了来用。虽然以太坊内部的设计耦合性很高,各个模块依赖性极强,甚至整个系统都依赖某些基础的智能合约(例如以太币合约),但这可以看作整个基础设施的内聚性导致的。

而 Fabric 更像是一个区块链云服务平台,能够让用户在基础平台上方便地使用各个模块创建一个一个的链,进而实现一个一个的应用。所以,Fabric 是低耦合设计的一个平台。

本文设计的区块链以以太坊的设计理念为启发,结合超级账本的广泛兼容性,设计了一套适合实体企业的区块链系统,如图 3 所示。该系统初始阶段,以某一集团的财务共享中心为基础,扩容至上下游企业,形成简单的联盟链;最后,通过与集团的其他共享中心相融合,形成跨区域、跨行业的综合性区块链系统。在实现区块链系统的阶段中,不但能够逐步实现财务系统的智能化,更重要的是对现有财务认证体系的巨大革新,抛弃原始凭证的证明方式,采用过程记录对财务信息形成证明。这种系统提升了财务信息质量,减少了人工成本。

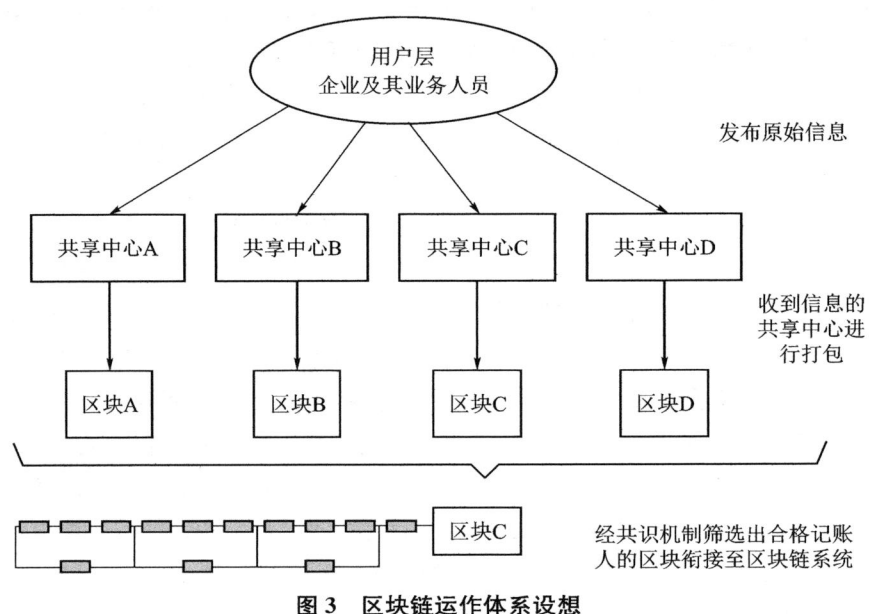

图3　区块链运作体系设想

### 4. 新系统框架的优势

由于区块链上的财务核算更凸显企业经济业务和成果的客观性,会计人员可以通过有效准确地追踪企业历史数据来评判企业的真实财务状况和经营成果。区块链技术所带来的"实时"账目,可以让会计人员很快了解企业的财务信息,甚至可以让会计人员注意到以往由于财务信息的滞后性所忽略的信息。通过分析"实时"信息,会计人员可以将更多的精力放在能增加企业价值的活动上,减少浪费的资源、冗余的操作步骤或其他可能阻碍企业发展的问题,这将促进会计人员的转型和升级。由于企业间的相互制衡,这种记账模式理论上将会大大降低企业会计造假的可能性,会计人员能向管理者和外部信息使用者报送更可靠、更及时的会计信息,这对企业管理和外部信息使用者都是有利的。

基于区块链技术的记账系统具备集体参与特性,能够在记账过程中对区块链节点数据进行整合封装,进而实现时间信息、生产信息和财务信息的同步。这种可追溯的实时联动记账方式能够在提高账务处理效率的同时,极大地丰富与财务信息相关联的业务信息,能够有效实现业务与财务活动的有机融合——财务数据不再是晦涩难懂的冰冷数字,而是有大量业务数据与之相互支撑和相互说明,丰富了会计信息的内涵与外延,为后续开展经营分析及战略决策提供高质量的数据支持,如图 4 所示。企业的共享中心将不再是一个数据生产加工孤岛,而是对企业数据进行系统管理与使用,对企业经营决策起到数据支撑与论证的价值创造中心。

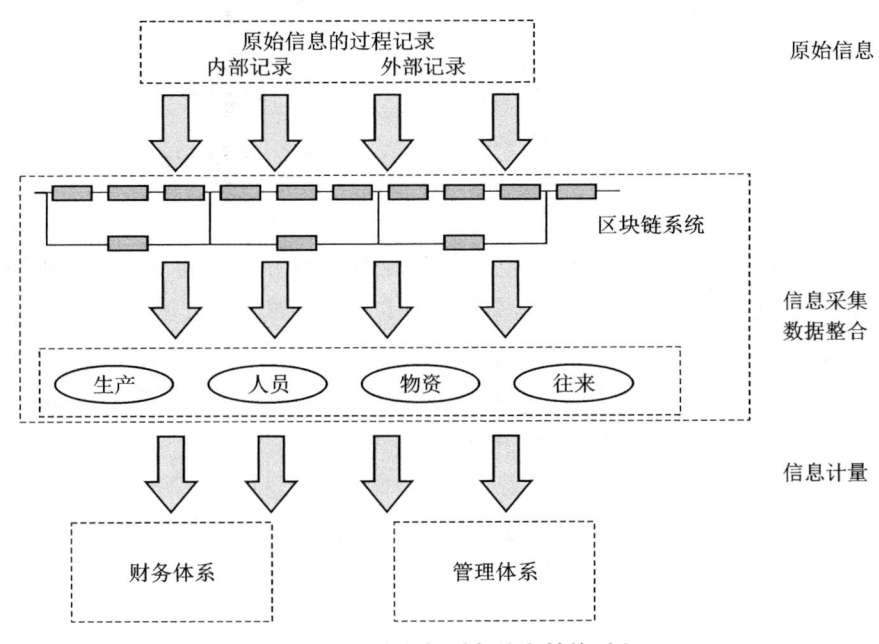

**图 4  原始信息与财务信息转换过程**

### (四) 使用区块链技术的财务场景

#### 1. 差旅费报销

原业务模式:出差人员需要因公出差时,首先在共享服务平台(或商旅平台)提交出差申请单,领导进行审批;出差回来后,出差人员在共享服务平台填写差旅费报销单并扫描上传发票等影像附件;共享平台中完成领导审批流程后,业务人员将纸质附件传至财务部门,财务部门检查表单影像与纸质附件的一致性,补录财务信息,在共享服务平台进行签收;共享接单后进行制证和审核,表单自动生成付款单,流转至付款部门付款。

引入区块链平台后:员工的出差申请会自动触发一项智能合约,当此员工购买机票时,系统自动记录机票出发地、目的地和出行时间等相关信息,当此员工正常通过安检并登记时,满足智能合约执行条件,信息传递到财务共享中心的企业整体管理系统,系统便自主生成相应会计记录完成记账过程,并将报销费用及差旅补贴自动划转至行为人银行账户完成支付过程。从企业日常活动到会计核算记录的全过程均不需要人工参与,整个过程有真实的业务数据痕迹为支撑,省去了业务人员的报销审批程序和财务人员的记账审核程序,连接了原本分割的业务活动和财务活动,真正实现了财务共享服务的自动化和业财融合,如图 5 所示。

差旅费结算的区块链系统需要结合很多其他行业进行设置,该系统对于大型集团型企业适用性较强,同时,为了能够使系统更好地为用户提供服务,使用该系统的用户应当考虑以下几个方面。

(1)集团员工的整体出行要求差旅费是企业费用中重要的组成部分,也是众多企业重点关注的方面。但是,由于众多企业自身行业性质不同,差旅次数及费用金额差别很大。而区块链技术虽然实现了差旅费自动化报销,但以目前的技术水平来看,其系统设置复杂,关联的相关行业、企业众多,对此可以用侧链解决这个问题。

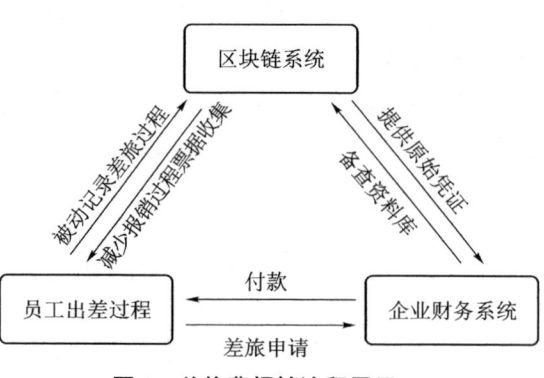

**图5 差旅费报销流程展示**

(2)差旅结算系统需要覆盖的行业范围广。现有出行方式种类繁多,各地方的客运系统不尽相同,因此,在架构区块链系统时,系统兼容以及各地方企业、运输管理部门的配合程度是该技术能否落地的重点。同时,对不满足部分行业现有管理系统的配置,可设计备用方案或可替代程序来完善区块链系统的设置,保证区块链系统采集的信息能够满足相关法律和会计准则的要求。这实现了由结果证明向过程证明的转变。

(3)员工的公私差旅区分。在区块链系统中,需要员工层面的基础用户提供一定的信息来完善整个追踪过程。而员工既存在公务出行,也会有个人差旅行为。系统需要一定设置来区分这两项内容,区块链需要从技术手段上予以调节,提升系统智能化设置。

**2. 运费结算**

原业务模式:路单作为三方发货、运输、收货及最终运费结算的重要依据,主要存在两方面问题,一方面路单本身可以被篡改、伪造和重复结算;另一方面路单、发票和合同等运费结算资料核对内容繁杂、核对耗时耗力,特别是路单信息的核对,不光要核定运输里程,还要核对盖章、车辆信息,这给财务人员及运费结算人员带来了很大的工作量。

引入区块链平台后:在考量运费结算的应用场景时,结合运输行业特点,货物运输与结算一般会涉及发货方、承运方、收货方与结算方。在发货时,发货方将运单信息数据(包括运输物品、数量、起运地、目的地、运输时间、预计到达时间)打包,上传至区块链,运单信息经过承运方、收货方审核无误,作为一个区块保存在共享系统中,当货物顺利安全运达目的地以后,收货方验收货物入库;同时,将验收入库信息上传至区块链,触发若干智能合约,运输方完成运输任务,自动开具发票,发票信息经过发货方与收货方审核通过,再作为一个区块上链,结算方读取到发票信息,触发付款结算的智能合约,系统自动结算。以上各方的凭证也将在智能合约触发以后自动生成。

根据目的要求,系统设置结合用户层、核心层、服务层和基础层四个方面设置,分成两类核心层:服务层和基础层设置在共享中心层次,多个共享中心组成区块链的核心底层架构。核心共识采用 DPoS 共识机制,基础服务器与企业其他相关系统隔离,单独运行,防止共有网络对原有数据造成安全隐患,对地区公司物资管理系统提供接口,保证数据的传输,为用户编制公私秘钥,并配置相关权限。

对路单进行分解,货物信息最开始由发货人依据采购合同填写,并在发货时与运输方共同确认,符合合同基本要求;确认无误后,区块链系统通过采集发货人出库信息和运输信息进行核对并上链;在运输环节,对车辆进行跟踪,配合政府运输管理部门提供的上链信息,如GPS定位、高速公路收费站点、铁路运输节点等信息,保证全程跟踪信息流转;货物运输至目的地时,收货方和运输方确认货物信息,同时,将车辆卸货信息和收货方入库信息作对比确认并上链。这样,在区块链系统中,三方信息互相确认,保证了数据真实,运输过程完成相关确认。结算时,仅需要通过区块链确认运费结果,办理结算。

这个系统中,三个关联方一个管理者,并存于系统中,相互验证,将原有运输流程分割成三个步骤,每个步骤至少有两个参与方,参与并提供各自信息到区块链系统上,系统首先对每一个步骤进行核对,保证每个步骤达成共识;最后,在运输业务完成时,对三个步骤的信息进行整体核对,保证货物及运输信息在流转过程中达成共识,并以此为原始凭证向四方提供共识信息。在结算时,财务人员只需根据区块链上的信息进行结算即可。结算过程无需业务人员的参与,节约了沟通成本。

相关业务流转及区块链系统设置如图6所示。

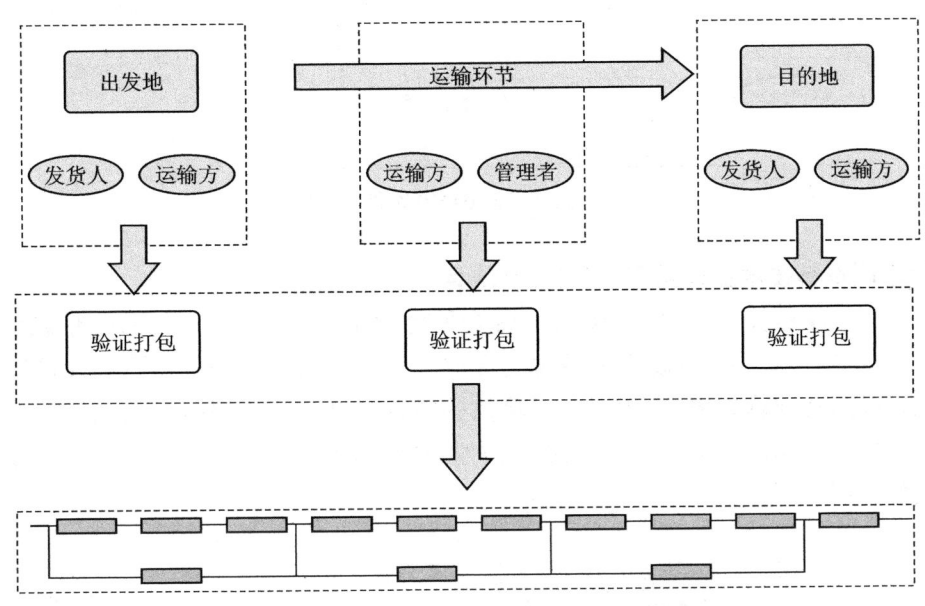

**图 6　运输过程车辆、货物等原始信息流转过程**

需要注意的是,在这个系统中比较关键的管理点有两个方面:一是除了交易关联密切的发货方、收货方和运输方外,还需要关注管理者;二是作为核心的共识机制能否作为各方信任的依据。首先,在运输环节中,收货方和发货方对于信息的需求比较高,缺少获取信息的渠道。管理者作为经济活动弱相关的一环,如何保证既提取该部分有效信息又不增加其工作量是工作的重点,比如通过GPS定位、过桥过路的通行记录等侧面合理记录是需要重点关注的方向。当前国家重点推广关于区块链技术的落地实施,为该部分系统设置提供了不少便利条件。其次,由于DPoS共识机制的限制,如何保证三方能够信任区块链系统提供的信息,并保证自身信息有足够的保密措施不被泄露进而对企业造成损害也是要重点考虑的问题。因此,数据无法单独保存在每一个地区公司,需要一个统一的数据中心对这些数据进行保存处理,共享中心作为整个体系的核心。无论是数据处理、数据安全,还是作为第三方参与整体流程提供信用见证,都是最合适的环节。

运费结算流程如图 7 所示。

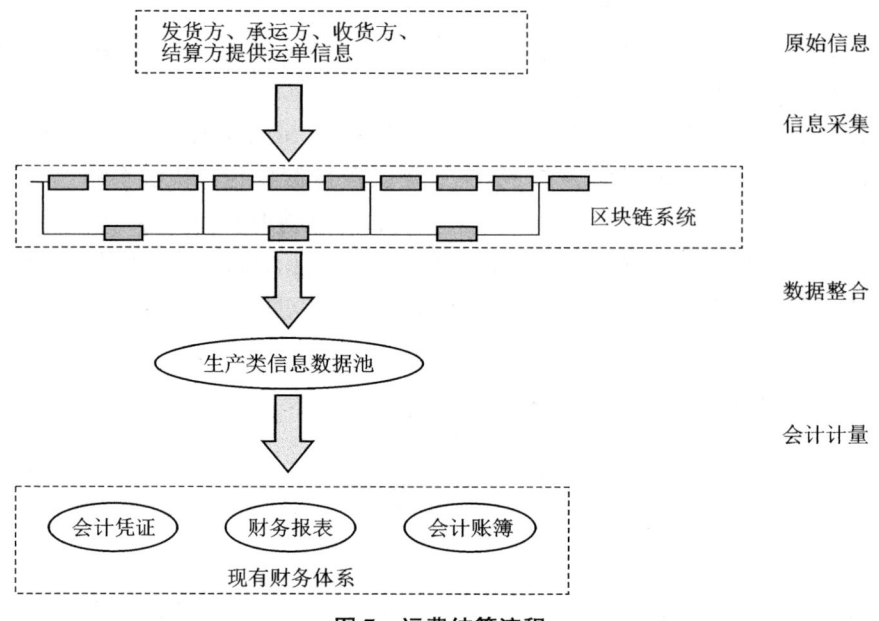

**图 7　运费结算流程**

### 3. 使用区块链技术生成凭证、完成交易结算

通过利用区块链技术开发的会计业务综合平台(见图 8)与企业核算系统、信息系统的接口对接和指令交互,就可以自动完成数据的提取,同时完成会计信息的确认、计量以及相关交易记录。以运费结算为例,X 集团内部单位的结算,生成内部交易,利用区块链技术去实现;对外部单位,完成财务结算,同时,数据通过区块链从业务前端生成。这是实现业财融合的一个很好应用。

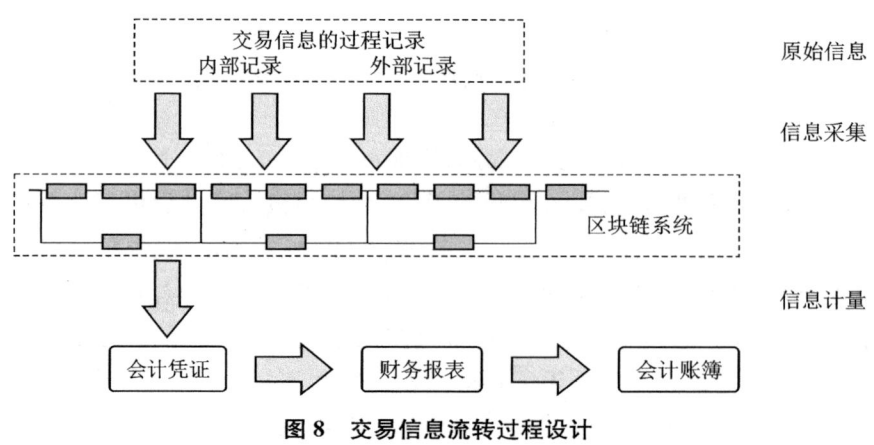

**图 8　交易信息流转过程设计**

本文基于企业供应链购销往来场景,尝试构建区块链下的会计信息化流程,并设定企业

交易由智能合约推进。本文建立一个典型的供应链购销场景：在一个相对标准化的供应链上，A 是上游企业，B 是下游企业，A 企业为 B 企业提供自产产品，C 是提供资金结算的银行，D 是承担运输任务的物流企业，E 是实施审计的会计师事务所，F 是负责税收征管的税务部门。企业 X 和 Y 是处于该供应链上的其他一般企业。该场景中关注的会计核算主体为企业 A，A 与 B 采用先付款后发货的交易形式。A 既存在于外部交易区块链当中，与外部各角色主体进行信息交互，同时本身也包含内部生产区块链，用于生产的核算和监督管理。交易区块链当中，与外部各角色主体进行信息交互，同时，A 包含内部生产区智能合约签订方为 A、B、C、D、E、F，可由 A、B 中任意一方发起要约，要约信息通过区块链传播后，有意愿的节点可以自发进行承诺。当多方同时承诺时，区块链提供了公开竞争和双向互选的透明化平台，区块链的市场发现机制降低了交易搜寻成本。A、B、C、D、E、F 共同制定智能合约条款和执行条件，基于合约条款的约束，实现货物交割、物流服务以及资金结算等物资、价值、信息流动。上述核算过程是由预先拟定的智能合约驱动的，即企业 A 的交易业务自动触发会计核算、内审、外审和纳税申报，并且企业 A 业务核算结束后自动触发其他节点以自己的算法核对 A 的核算结果。各节点借助自身配备的"财务机器人"和"会计工程师"完成查验，实现共识，各节点认证后附署电子签名，以此作为责任的标识。由于核算、核对、审计和纳税均为自动发生，这在相当程度上可排除人的主观操控，仅接受智能合约的约束。

**（五）区块链应用效果的预测分析**

与普通的企业财务管理模式不同，基于区块链技术的财务共享框架系统的优势在于其规模效应下的成本降低、财务管理水平及效率提高和企业核心竞争力上升。

**1. 有效降低运行成本**

通过分析共享服务中心人员每月处理凭证的平均张数、单位凭证的处理费用等数据，计算比传统财务运行模式减少的各类消耗。共享服务中心的效益主要通过减少人员数目和减少中间管理层级来实现，通常成本的降低效果更显著。通过在共享服务中心建立新型的组织结构和制定合理的激励制度，能显著地提高员工的工作效率，并形成不断进取的企业文化。

**2. 财务管理水平及效率提高**

例如，对所有地区公司采用相同的标准作业流程，废除冗余的步骤和流程；共享服务中心拥有的各地区公司的所有财务数据，数据汇总、分析不再费时费力，更容易做到跨地域、跨部门整合数据；财务专业人员相对集中，公司容易提供相关培训，培训费用也大幅节省，公司也可以承受招聘资深财务专家的费用，这样，共享服务中心人员的总体业务水平将会较高，提供的服务也会更专业。此外，共享服务中心的模式也使得 IT 系统（硬件和软件）的标准化和更新变得更迅速、更易用和更省钱。目前，该石油集团总体有 10 大板块，主要包括勘探开发（E&P）、炼油化工、销售、天然气与管道、海外业务等板块，这几大板块都有自己的财务，都是为了支撑板块的分析而设立的。如果将这些板块的财务核算、管理整合到统一的联盟链上，必将大大提高集团的财务管理水平与效率。

**3. 有效支撑企业集团的发展战略**

集团公司在新的地区建立地区公司或收购其他公司，财务共享服务中心能马上为这些新建的公司提供服务。同时，公司管理人员更集中精力在公司的核心业务，而将其他的辅助功能通过财务共享服务中心提供的服务完成,从而使更多财务人员从会计核算中解脱出来,为公司业务部门的经营管理和高层领导的战略决策提供高质量的财务决策支持,促进核心业务的发展。目前在海外设立的分公司正在试点共享服务中心的财务管理模式。

**4. 向外界企业提供有偿服务**

目前,成功运行财务共享服务中心的公司已经开始利用共享服务中心向其他公司提供有偿服务。例如,壳牌石油(Shell)建立的"壳牌石油国际服务公司"(Shell International Services)每年8%~9%的收入来自向外界提供服务。中国目前是世界第二大经济体,又是发展中国家,世界500强企业中的绝大多数在中国开展业务,同时,中国企业也在大力开展海外业务。在这种背景下,未来本集团如果能够成功运行基于区块链的财务共享服务中心,不仅能够提升财务管理水平,同时,也可以通过提供有偿服务形成新的盈利业务。

## 五、总结与展望

### (一)区块链财务共享系统存在的挑战

由于目前区块链技术还处于探索期和试验期,实际应用案例不多,更无法进行大规模商业化推广,各国以及各行业还缺乏对区块链技术和应用相应的深度认知。所以以区块链技术为基础的财务系统同样面临着如下严峻挑战:

第一,权威的行业标准尚未建立。区块链领域的生态体系还不健全,会阻碍区块链贸易结算的快速发展。如今,区块链网络还没有统一的业内准则,有关区块链安全的网络管理制度也没有一家权威机构牵头制定。区块链技术的生态体系整体上还比较脆弱,在这种形势之下发展区块链贸易结算业务,难以加快研发速度,难以实现大规模商业化应用。如果一段时期之内仍不能建立,可能会影响到这一技术的发展。现有传统的贸易结算方式发展历史悠久,在国际上有较为成熟的惯例条例保护,比如国际商会的《跟单托收统一规则》第522号(URC522)和《跟单信用证统一惯例》(UCP600)等。另外,国际商会设立了专门的仲裁委员会,处理国际贸易中当事各方可能出现的争端,促进贸易结算有效服务于国际贸易。而目前国际上尚未成立关于区块链技术法律保护的专门机构,因此,在区块链贸易结算发展中出现争议将面临难以解决的困境,不利于新技术的推进和贸易结算的顺利开展。用户共享账本时,区块链发挥主要作用,这就需要企业之间合作开发相应区块链;企业不愿意在网络上与竞争对手分享保密信息或企业之间的差异处理流程也会引发问题,这就需要应用企业面对新的责任和义务问题。这些可能产生的争端也需要建立一套标准化的行业准则。此外,区块链贸易结算的发展,还需要依托国际贸易参与各方的流程体系进行区块链技术初始化以及金融基础设施的建设。在此过程中,势必消耗大量社会资本和公共资源,各国政府机构是否大力支持,对全球经济的影响程度会有多深,仍需深入研究论证。

第二,相关法律仍是空白。当前,有关区块链的法律仍然少之又少。法律是市场秩序的有效保证,法律的缺失将会影响到经济秩序的正常运行。如果产生贸易纠纷,通过法律途径可以解决争端。但目前的区块链技术仍处于一个法律空白区。纵然区块链有着众多优势,但是如果没有法律的约束和规范,当纠纷产生时,仍然会损害某一方的利益,进而造成不好的结果。用区块链技术存储数字化数据是一种新的尝试,以目前法律是无法清晰说明谁拥有数据或数据存储在何处的。司法机关能否允许区块链跨境交易网络存在?法院能否承认智能合约的合法性？如果发生编码错误,司法解释依据是什么？针对智能合约的触发数据不可靠,将会发生什么情况？利用干预手段是否可以解决纠纷？完全的去中心化只会导致秩序混乱,规则和法律是保障市场经济的必要条件。因此,区块链技术距离大规模的商业应用还有很长的路要走。

### (二) 研究结论

通过对区块链技术的研究,总结出区块链技术的应用将改变我们现有的信任机制,区块链技术可以通过将现有经济业务分解,通过经济业务的过程节点,实现对经济业务的控制,由签字、文本证明等方式革新为发生即记录、记录即无法修改的过程,保证了经济业务有序推进。这个过程不但适用于企业间的信用传递,还适用于企业内部管理、审计,通过接口,完成对业务全流程的控制,真正实现通过业务的发生过程,实现经济业务的验真、防伪和防篡改。

构建联盟链的系统,在该集团公司的差旅费报销、运费业务及交易的结算场景里是可行的,可以有效降低运行成本、促进财务管理水平与效率提高、有效支撑企业集团的发展战略;而技术成熟后,该集团公司能够成功运行财务共享服务中心,不仅能够提升财务管理水平,同时,也可以通过提供有偿服务形成新的盈利业务。

同时,我们也意识到,区块链技术前景虽然客观,但是目前各个企业管理系统的不一致,各个大型集团企业的系统庞杂以及集团内部系统如何实现融合,对实现区块链技术的落地形成了挑战。如何通过技术手段完全实现融合,并且简化系统仍然是主要困难之一。同时,区块链系统的维护及应用效力仍然需要实际测试。

### (三) 展望

区块链技术的广泛应用将使得财务会计工作的参与者,如会计师事务所、财务公司和投资银行等的中介服务功能逐渐弱化,甚至被替代。利用区块链技术开发的会计业务综合平台,通过与企业核算系统、信息系统的接口对接和指令交互,就可以自动完成数据的提取,同时,完成会计信息的账务记录和报告以及相关交易记录审计和报税工作。

国务院于2016年12月15日印发并实施的《"十三五"国家信息化规划》中明确指出,加强人工智能、全息显示、大数据和区块链等新技术的基础研发和前沿布局,构筑新赛场先发主导优势,鼓励企业开展基础性前沿性创新研究。随着《"十三"五国家信息化规划》文件的逐步实施,各企业特别是国有大型企业势必会加速新技术的应用探索,区块链技术对社会各界特别是财务领域的推动作用将会快速显现出来。优先研究并搭建起"区块链+财务"系统结构的公司,很可能会在未来的财务共享领域获得较大的影响力及话语权。

当前,区块链已在全球范围内影响了企业的信息化战略布局。未来,区块链必将颠覆企业的组织和经营模式。

## 参考文献

[1] 杨涛,王斌.去中心化金融与区块链[J].金融博览(财富),2016(6):18-19.

[2] 王文嫣.安全透明的公共账本——区块链[N].上海证券报,2016-02-26.

[3] 区块链:数字世界里的公共总账本[EB/OL].(2016-01-09).http://news.esnai.com/2016/0109/126015.shtml? mobile &.

[4] 冯珊珊.区块链:信任背书大数据时代的可能性[J].首席财务官,2016(6):14-17.

[5] 彭晓英,孙珍珍.区块链在会计领域应用的探索[J].当代经济,2017(26):130-131.

[6] 樊斌,李银.区块链与会计、审计[J].财会月刊,2018(02):39-43.

[7] 姜幸克.区块链视角下会计变革展望[J].纳税,2018(06):38,40.

[8] 王光旸.区块链在会计领域的应用分析与研究[J].现代经济信息,2018(04):261.

[9] 王朋吾,吴淑琦."区块链+互联网"下电商企业财务管理问题研究[J].会计之友,2018(05):149-152.

[10] 王珍珍,陈婷.区块链真的可以颠覆世界吗——内涵、应用场景、改革与挑战[J].中国科技论坛,2018(002):112-119.

[11] 肖雯雯,王莉莉.区块链技术对科技金融创新的作用机理与对策研究[J].科学管理研究,2017,35(06):102-105.

[12] NAKAMOTO S. Bitcoin:a peer-to-peer electronic cash system[EB/OL]. 2009. https://bitcoin.org/bitcoin.pdf.

[13] 李青,张鑫.区块链:以技术推动教育的开放和公信[J].远程教育杂志,2017,35(01):36-44.

[14] 袁勇,王飞跃.区块链技术发展现状与展望[J].自动化学报,2016,42(04):481-494.

[15] 陈龙强.区块链技术:数字化时代的战略选择[J].中国战略新兴产业,2016(06):56-58.

[16] 钟玮,贾英姿.区块链技术在会计中的应用展望[J].会计之友,2016(17):122-125.

[17] 裴倩如.区块链技术对会计方法影响研究——基于区块链技术与金融业务融合案例[D].北京:对外经济贸易大学,2017.

[18] 李一硕.区块链:或将引发会计行业的颠覆性变革[N].中国会计报,2016-07-29.

[19] 钟伟.区块链技术在会计中的应用展望[J].会计之友,2016(7):122-123.

课题负责人:杨建成

课题组成员:高崇洋、沈天龙、王艳、狄国琴、郭小乐、刘继红、刘红萍、秦怀升、杨晓宏、冯婧、王少峰

所在单位:中国石油集团共享运营有限公司西安中心

# CFO 的智能财务能力框架课题研究

**【摘要】** CFO①是企业治理体系中的关键因素之一。在以"大智移云物区"为代表的新信息技术时代,CFO 将充分应用信息技术,在企业创造价值、提高效率和制定战略等方面发挥引领作用。已有的研究尚未系统性梳理新信息技术对 CFO 能力的要求,针对智能财务搭建 CFO 能力框架的研究尚属空白。因此,本课题选择 CFO 在智能财务背景下应具备的能力框架进行研究。本课题首先阐述了研究背景、研究意义、研究主要内容、研究方法、创新点以及研究成果的应用展望;其次对相关文献进行了综述和评价,在回顾智能财务相关研究文献的基础上,本课题认为智能财务具备 4 项显著特征,并提出智能财务背景下,CFO 需在 5 个方面满足新需求并全面提升能力,进而搭建了 CFO 智能财务整体能力框架;再次按照全面性、前瞻性和边界清晰的研究原则,把握搭建能力框架的逻辑,确定价值整合为 CFO 在智能财务背景下的履职目标,得出 5 项一级能力,并对每项一级能力的定位和作用进行讨论;最后通过分析 5 项一级能力包含的能力要素,得到各一级能力对应的能力要素共 24 项,并对各能力要素进行定义。本课题的研究创新点在于:一是系统梳理智能财务对 CFO 能力提出的新需求;二是提出 CFO 在智能财务背景下亟需提升的能力及逻辑关系;三是研究得出智能财务背景下 CFO 应具备的能力框架。本课题期望在一定程度上指导 CFO 在适应未来智能财务的能力要求,并在推动智能财务人才评价体系研究、指导财会专业人员的智能财务转型实践以及满足智能财务教学科研培训的需求等方面发挥作用。

**【关键词】** CFO;智能财务;智能财务能力框架;财务转型

## 一、引言

### (一) 研究背景

当前,中国特色社会主义进入新时代,开启了全面建设社会主义现代化国家新征程,正向着实现中华民族伟大复兴的宏伟目标奋勇前进。党和国家不断提高领导经济工作的能力和水平,推进治理体系和治理能力现代化,积极参与全球经济治理。党的十九大报告在总结中国经济建设重大成就时充分肯定了数字经济等新兴产业对经济结构优化的深远影响,"数字经济"首次出现在政府工作报告中。作为一种新的经济形态,数字经济在规模和创新模式方面实现了飞跃,已经成为中国经济转型升级的重要驱动力,也是新一轮全球产业竞争的制高点。

---

① CFO 指首席财务官,英文全称为 Chief Financial Officer。

云计算、大数据、物联网、人工智能等新技术的融合叠加,使得产业革命持续深入。企业数字化转型的浪潮已然来到,成为关乎企业生存与发展的必选题。在财务信息化方面,业界普遍认为中国的财务管理已经经历了电算化到信息化的发展阶段。进入 2010 年以后,由于人工智能技术的突破性进展,人们对看上去更具象征意义的智能技术应用重拾希望,不仅结合高性能计算能力和大数据分析技术将沉寂已久的机器推理、专家系统、模式识别和机器人等技术赋予了很多新的应用场景,更是对基于神经网络和遗传算法的机器学习进行了深入的研究,雄心勃勃地提出了新一代人工智能的发展目标。

会计作为全球通用的商业语言,依托于经济的发展而发展。会计是国家、政府、企业和各行政事业单位提高治理能力与水平、强化管理的重要工具和手段,是现代公共管理和公司治理的有机组成部分。CFO是企业治理体系中的关键因素之一,建设与我国经济实力和综合国力相匹配的,具有全球视野的高素质专业化CFO队伍刻不容缓。在智能财务发展阶段,CFO应该具备什么样的能力素质,如何发挥其作为单位财务团队领袖的作用成为重要议题,从企业内外部获取的数据是此次数字化转型的核心。CFO已成为企业最有价值的资产——数据的首席守卫者。CFO的职责将不仅限于整理及保护企业数据,他们还将承担更多责任。凭借数据中获取的洞察,结合人工智能、机器人流程自动化和分布式账本技术(如区块链)等,智能财务时代下的CFO将在为企业创造价值、提高效率和制定战略方面发挥引领作用。

**(二) 研究的目的和意义**

**1. 研究智能财务的特征及对 CFO 能力提出的新需求**

智能财务是人机深度融合的新型财务管理模式,是业财高度融合的管理会计信息系统阶段,是智能化时代下财务转型的终极方向。智能财务的应用将给企业数字化转型带来怎样的影响,将为企业流程、组织结构和文化带来怎样的颠覆性变化,这些因素都将影响智能财务背景下 CFO 的能力要求。CFO 需全面掌握新信息技术应用逻辑及核心应用场景,准确把握智能财务系统建设规律和方法论,精心打造业财技融合和跨学科复合型人才团队,重点关注智能化带来的商业模式创新和应用伦理挑战。

**2. 前瞻性研究智能财务背景下 CFO 的能力框架**

中国 CFO 在经济转型、社会变革、企业改革发展的大背景下正处于关键时期。信息技术革命正推动包括企业在内的社会组织形态、商业模式、管理方式的重大变革,CFO 正面临应用场景剧变带来的挑战。由于组织管理变革和信息技术的发展,在既有财务和非财务能力的基础上,CFO 的前瞻性能力要求大幅拓展,研究 CFO 在智能财务背景下应具备的能力框架,有着重要的前瞻意义。除遵从道德要求和财务专业能力外,智能财务背景下 CFO 还应具备哪些能力以适应新信息技术对企业和财务管理的影响,从而引领企业数字化变革和财务转型,这是非常值得研究的课题。

**3. 探索智能财务背景下 CFO 及财务团队的转型路径**

大数据等新信息技术已经进入实质性应用阶段。数据驱动决策将是新时代企业管理决策的特征之一。如同大数据引发的管理变革一样,大数据时代的会计也必将产生重大变革,智能财务将成为未来财务转型方向。CFO 应领导整个财务团队利用大数据技术分析方法挖掘企业内外部的结构化和非结构化数据资源,利用人工智能技术为企业经营者提供及时、准确和高效的管理会计信息,从而发挥会计服务战略、支撑决策的作用,推动企业的转型升级。

**(三)主要研究内容和研究方法**

**1.主要研究内容**

一方面,新信息技术的广泛应用只是在最近 5 年开始有了较大发展,相关应用场景还在摸索之中;另一方面,智能财务在国内外企业尚未真正落地,有效的实务案例仍相对缺乏。因此,前期相关研究未系统性论证新信息技术对 CFO 能力的要求,理论研究相对滞后。目前研究主要聚焦于企业数字化转型和 CFO 转型,全面系统有针对性的梳理信息技术对 CFO 能力的影响,特别是针对智能财务搭建 CFO 能力框架尚属空白。因此,本课题选择 CFO 在智能财务背景下应具备的能力框架进行研究,以期能填补相关研究空白。

本课题的主要研究内容包括四部分:第一部分为引言部分,主要阐述了研究背景、研究意义、研究主要内容、研究方法、创新点以及研究成果应用展望。第二部分为文献综述部分,在回顾智能财务相关研究文献的基础上,本课题认为智能财务具备 4 项显著特征,并提出智能财务下 CFO 需在 5 个方面满足新需求,全面提升能力,并从 CFO 能力相关文献得到研究启发。第三部分主要是 CFO 智能财务整体能力框架的搭建研究,按照全面性、前瞻性和边界清晰的研究原则,把握搭建能力框架的逻辑,最终确定价值整合为 CFO 在智能财务背景下的履职目标,得出 5 项一级能力,并对每项一级能力的定位和作用进行讨论。此外,这部分还对 5 项一级能力包含的能力要素进行讨论分析,得到各一级能力对应的能力要素,共 24 项,并对各能力要素进行定义。第四部分为研究结论部分,主要对本文的研究结果、研究不足和未来研究方向进行梳理和总结。

**2. 研究方法**

1)文献研究法

参考借鉴国内外智能财务、信息系统建设、财务能力、CFO 能力框架方面的探索和研究性文献,为 CFO 的智能财务能力框架研究提供理论支撑。

2)对比分析法

对国内外新信息技术方面的财务应用理论研究成果进行差异性分析,建立更适合未来 CFO 能力要求的应用架构,使得本文的研究在具备前瞻性同时,具有鲜明的实务落地特色。

3)问卷调查法

本课题充分借鉴知名咨询机构关于企业数字化转型和 CFO 应发挥作用的相关调查问卷结果,通过对前期相关课题调查问卷结果的深入分析,佐证本课题研究结论的合理性。

4)归纳分类法

本课题在梳理研究国内外与 CFO 能力相关的各类文献的基础上,充分结合智能财务的实践需求,主要采用归纳分类的研究方法,将 CFO 在智能财务背景下应具备的能力进行分层,分为一级能力和能力要素两级,分别研究不同一级能力对应的能力要素。

**(四)主要创新点和研究成果应用展望**

**1.主要创新点**

1)系统梳理智能财务对 CFO 能力提出的新需求

本课题通过对智能财务文献的梳理,归纳智能财务的特征,并提出智能财务背景下,

CFO需全面掌握新一代信息技术的应用逻辑及核心应用场景,准确把握智能财务系统的建设规律和方法论,精心打造业财技融合跨学科复合型人才团队,重点关注智能化带来的商业模式创新和应用伦理挑战,坚持"二八法则"聚焦业务洞察和价值整合,共五方面新需求。本课题依据相关新需求指导CFO财务能力框架的搭建。

2) 论证CFO在智能财务背景下亟需提升的各项能力

通过充分借鉴前期研究成果,遵循财务转型和企业数字化变革的逻辑,本课题认为CFO应在效率维度、价值维度和整合维度三个方向搭建适应智能财务要求的CFO能力框架。在效率维度上,突出新技术应用对财务效率的提升,即CFO应具备技术应用能力;在价值维度上,CFO应对整个商业模式创新和管理模式变化有深刻洞察,即CFO应具备商业洞察能力;在整合维度上,智能财务下CFO需要整合效率维度和价值维度的要求,引领企业变革和财务转型,即CFO应具备变革管理能力。

3) 搭建智能财务背景下CFO应具备的能力框架

通过文献梳理,结合智能财务特征和应用场景,在充分考虑智能财务对CFO提出的新能力要求基础上,本课题借鉴和发展了前期CFO能力框架的研究成果,得出智能财务背景下CFO应以价值整合为履职目标,且能力框架包含道德遵从能力、财务专业能力、技术应用能力、业务洞察能力和变革管理能力,共5项一级能力,24项能力要素,丰富和发展了CFO能力框架相关研究。

**2. 研究成果应用展望**

CFO的智能财务能力框架,为有效提升CFO在智能财务背景下的履职能力明确了方向和路径,具有重要的前瞻意义和应用价值。预计能力框架将在以下四个方面发挥其价值和作用。

1) 指导CFO快速适应未来智能财务的能力要求

能力框架系统完整总结了智能财务背景下CFO应具备的各项能力,对于企业CFO培养、选拔以及能力提升相关工程都有借鉴意义。CFO可根据实务需求,对照对标,有针对性地完善相应能力。

2) 推动我国智能财务人才评价体系研究

能力框架中的各项能力要素是CFO应对企业各项内外部挑战时必须具备的能力,为推动我国明确智能财务背景下CFO职责、定位和权限提供有益借鉴,为相关人才评价标准的制定和完善提供了支撑。

3) 指导财会专业人员智能财务转型实践

CFO的智能财务能力框架具有风向标作用,是广大财会人员在企业数字化转型和财务转型背景下,完善自身能力,提升自身价值,以及更好地规划职业生涯的重要参照,有利于指导企业智能财务团队建设和人才培养。

4) 满足智能财务教学科研培训等需求

高校教学、学术研究和广大的财会培训机构对智能财务背景下CFO应该具备的能力有迫切需求,能力框架有利于高校教学科研更接近单位实务,有利于培训课程设计更有针对性,将有效满足各方面的需求。

## 二、文献综述

本课题在回顾智能财务相关研究文献的基础上,讨论了智能财务的特征,并提出智能财务背景下,CFO 需全面掌握新信息技术应用逻辑及核心应用场景,准确把握智能财务系统建设规律和方法论,精心打造业财技融合跨学科复合型人才团队,重点关注智能化带来的商业模式创新和应用伦理挑战,坚持"二八法则"聚焦业务洞察和价值整合,共五方面新需求;在全面梳理和评述国内外 CFO 能力相关研究的基础上,得出区分财务专业能力和非财务专业能力,聚焦于信息技术应用、业务洞察和管理变革、道德遵从能力等搭建能力框架的启发。

### (一) 智能财务的文献回顾、特征及对 CFO 的能力新需求

本节在回顾智能财务国内外相关文献的基础上,总结提炼智能财务的特征,并从智能财务的特征出发提出智能财务对 CFO 的能力新需求。

#### 1. 智能财务的文献回顾

智能财务源于财务信息化。20 世纪 90 年代,ERP 的诞生和计算机网络的普及使财务管理进入信息化阶段(周金华,2003),企业开始利用强大的数据处理能力和网络传输能力,将业务管理和财务管理进行了初步整合,开始实现对业财信息的快速处理和实时共享,实现了财务信息的跨时空处理和利用,逐步实现了财务管理从核算型向管理型的转变(杨周南,2003)。财务共享服务、OCR(Optical Character Recognition,光学字符识别)、移动通信、云计算和大数据等技术主要针对的是财务会计流程的信息化处理(张瑞君等,2010)。在财务领域,"大智移云物区"等信息技术的应用和逐渐成熟(刘勤等,2014)。相对于财务信息化阶段注重财务和业务信息的整合以及信息的快速处理和实时共享,智能化阶段则更注重企业各类信息处理的效率、效益和智能化的程度(孙逸、董志强,2017)。基于神经网络、规则引擎、数据挖掘等技术自动实现财务预测、决策的深度支持(王海林,2017)。智能财务是一种业务活动、财务会计活动和管理会计活动全功能、全流程智能化的管理模式(张瑞君等,2004;刘岳华等,2013;高宏亮等,2005)。智能财务借助全面而非抽样的数据处理方式,自动地对财务活动进行风险评估和合规审查,通过自动研判处理逻辑、寻找差错线索和按规追究责任,最大限度保障企业的财务安全(Cavalcante 等,2016)。基于人工智能的智能财务平台,代表智能财务的深度发展(Sarvesha 等,2016;韩向东,2017)。智能财务是一种新型的财务管理模式,它基于财务管理的理论工具和方法,借助于智能机器和人类财务专家共同组成的脑机一体化的智能系统,通过人和机器的有机合作完成复杂的财务管理工作,并在管理中不断扩大、延伸和部分替代人类财务专家在财务管理当中的活动(刘勤,2018)。

通过回顾智能财务相关文献,我们发现,智能财务是财务信息化的高级阶段。前期研究主要结合新一代信息技术,特别是人工智能和大数据技术在企业财务的应用实践,从企业财务转型、管理会计创新、财务信息化等相关理论创新角度,对智能财务的定义、工具方法、信息应用和应用场景进行研究。

#### 2. 智能财务的特征

综上,本课题认为智能财务具备以下特征:

(1) 智能财务是人机深度融合的新型财务管理模式。

智能财务是借助智能机器和人类财务专家共同组成的脑机一体化的智能系统,通过人

和机器的有机合作完成复杂的财务管理工作,并在管理中不断扩大、延伸和部分替代人类财务专家在财务管理当中的活动。智能财务首先是部分财务环节自动化,然后是财务流程整体优化,最后发展到财务管理模式和理念的创新。

(2)智能财务是业财高度融合的管理会计信息系统。

从机器人流程自动化(RPA)到人工神经网络(ANN),未来智能一体化业财管融合系统主要应用的技术有大数据、物联网和机器人等,而融合是人脑和人工智能及环境之间的融合。人工智能是智能财务的核心技术,进入智能化时代后则更多注重于对知识信息最上面一个层次知识的管理和运用,并不断扩展、延伸或者部分替代人类的智能。

(3)智能财务是智能化时代下财务转型的终极方向。

智能财务是建立在云计算、大数据和人工智能等新技术的基础上并结合企业互联网模式下的财务转型升级与创新发展的实践而产生的新形态。它通过大数据技术进行建模与分析,利用人工智能的技术提供智能化服务,为企业财务转型赋能,帮助企业打造高效规范的财务管理流程,提高效率,降低成本,控制风险,从而有效促进企业财务转型。人机协同共生是智能财务未来发展的方向之一。

(4)智能技术和智能财务将重塑企业流程、组织和文化。

在企业管理领域,近年来同样感受到信息技术,特别是人工智能技术发展带来的巨大机遇和挑战。从发展战略和商业模式的颠覆,到组织架构和管理流程的再造,再到经营方式和组织文化的重塑,在信息技术高速发展的背景下,变革已成为企业运营的常态。信息技术从推动业财流程的优化再造工具向推动业务活动流程、财务会计流程和管理会计流程的全面智能化转变。

**3. 智能财务对 CFO 的能力新需求**

本课题从智能财务的特征出发,主要从智能财务应用创新对 CFO 能力需求角度,提出 CFO 应对智能财务的应用和发展需要:

(1)全面掌握新一代信息技术应用逻辑及核心应用场景。

CFO 应了解当前与智能财务发展相关的信息技术,包括模式识别(影像识别、语音识别、生物识别等)、专家系统、神经网络、知识图谱、机器人、遗传算法、自然语言理解、云计算、大数据处理和智能移动通信等,并全面掌握这些新技术在智能财务阶段的应用逻辑。同时,CFO 还应准确识别目前较为成熟和将来可预见的智能财务应用场景,比如财务核算全流程自动化、智能财务决策支持、企业智能财务共享服务、人机智能一体化业财管融合管理,并密切跟踪业界最佳实践。

(2)准确把握智能财务系统建设规律和方法论。

CFO 应结合企业实际,充分考虑自身的需要,系统地制定智能财务的发展规划,选择合适的切入点,并随着建设的逐步推进,从技术、组织和管理的角度,分阶段、分模块,有计划、有步骤地展开;超前设计智能财务顶层架构,细致周密规范底层数据标准,组好数据治理,为应用层的数据智能处理提供基础,选取适当的智能引擎系统,满足应用层各种智能处理的需要。

(3)精心打造业财技融合跨学科复合型人才团队。

目前传统财务人员的知识结构和专业背景,包括已经部分实现价值创造型财务管理体系的企业财务人才队伍,与智能财务的要求还相距甚远。CFO 作为企业财务团队的领袖,应超前谋划财务队伍结构,做好提升存量和吸引增量人才的规划;通过跨职能轮岗、内外部培训、高校和社会招聘等方式,充实智能财务团队,为智能财务建设做好人才储备。

(4)重点关注智能化带来的商业模式创新和应用伦理挑战。

由于信息技术的发展,原来的硬性环境发生很大变化,相比业务模式再造,智能技术带来的商业模式创新是颠覆性的。CFO 应重点关注智能技术应用带来的企业商业模式创新及其影响;还应关注企业智能财务实施的法律和社会影响,注意发展过程是否符合国家相关法律法规的要求和信息技术的内在发展规律,对每一项重要的变革进行伦理分析,确保智能财务向着对人类有利的方向发展。

(5)坚持"二八法则",聚焦业务洞察和价值整合。

智能财务在信息处理方面有着显著的优势:它可以借助于 RPA、模式识别、专家系统、神经网络等技术,自动、快速、精确和连续地处理财务管理工作,帮助财务人员释放从事常规性工作的精力,去从事更需社交洞察能力、谈判交涉能力和创造性思维的工作。CFO 应将精力集中在人机高度融合背景下专家人脑的决策过程,利用智能财务提供的备选方法,作好对企业发展战略、业务增长和运营效率提高有战略性影响的决策,助力企业全面提升决策质量,从而实现价值整合和可持续价值创造。

**(二) CFO 能力框架的文献回顾与评述**

**1. CFO 能力框架的文献回顾**

CFO 制度是在企业所有权和经营权相分离的背景下,以保障公司价值最大化为目的的制度安排和体制机制的总称。虽然 CFO 制度源于西方(主要是美国),中美两国的 CFO 胜任能力要求存在差异,但随着我国国际地位的提高和经济总量的跃升,对 CFO 的能力要求差距总体缩小,我国 CFO 能力要求也在向西方国家 CFO 靠近和转型。因此,西方国家 CFO 相关文献对本研究具有重要的借鉴意义。

自 20 世纪 80 年代以来,CFO 能力框架成为热门话题,随着实践的发展和理论的完善,目前关于 CFO 应当具备的能力的国内外研究成果众多。1999 年,美国注册会计师协会(American Institute of Certified Public Accountants, AICPA)发布了《进入会计职业的核心胜任能力框架》,该报告提出 CFO 的三种胜任能力:功能性胜任能力、广阔的商业视野和个人胜任能力。托马斯·沃尔瑟等(2000)在《再造金融总裁》一书中提出 CFO 的五大职责为:战略管理、管理控制、财务交易过程和体系、内部控制框架、财务管理,并构建了 CFO 办公室"房式"图以细化描述 CFO 职责。

安永于 2002 年发布的《CFOs:面向 21 世纪驱动财务转型》调查报告特别强调 CFO 的战略管理能力和对财务报告的深度应用。IBM 于 2010 年发布的《全新的价值整合者——全球CFO 调研洞察》报告指出 CFO 扮演价值整合者的角色,在管理企业风险、衡量和监控企业绩效以及从整个公司整合的信息中具有明显优势。普华永道在 2014 年发布的《未来的财务人员能力调查报告》提出未来财务人员的四原则模型,包括引导能力,即引导企业实现更好的业绩;协同能力,即协调更广泛的利益相关者,提高价值、品牌和多样化;抗御能力,即财务帮助企业在应对外部冲击时具备更强的抗御能力;整合能力,即整合组织、数据、人员和流程实现企业成功。

2006 年,上海国家会计学院发布的《成为胜任的 CFO——〈中国 CFO 能力框架〉研究报告》中,研究发现 CFO 从只从事财务工作向参与战略和决策工作转型,从监管型向经营型转型,从 CEO 的下属向 CEO 的合作伙伴转型,CFO 必须具备恰当的核心胜任能力,包括职业知识、技能和职业价值观。2016 年,上海国家会计学院发布《成为胜任的 CFO——中国 CFO 能力框架 2016》,将 CFO 应具备的能力赋予一定权重,包括知识、道德与技能。

2018 年,埃森哲发布的《数字时代的 CFO:新角色、新价值》提出为适应未来企业数字化转型,财务应用数字技术应从交易型分析型转变,深刻洞察业务;应扩大责任边界从财务型向价值型转变,充分发挥专业技能,并提出同时实现应用信息技术和扩大责任边界两方面的目标,即适应未来需求的即智能财务阶段。2019 年,埃森哲发布的《拥抱革新思维 深化数字转型》报告提出数字化转型的领军者在商业创新、主营增长和智能运营方面表现更优秀。

中国总会计师协会(简称"中总协")于 2019 年发布的《中国总会计师(CFO)能力框架》提出以价值创造、管理风险作为总会计师应是履职的最终目标,包括道德遵从能力、专业能力、组织能力和商业能力四大能力 23 项能力要素,为有效提升中国总会计师的履职能力提供了方向和路径。

另外,近年来管理会计能力框架也对 CFO 能力框架有着很大的借鉴意义。

Zehetner 等(2013)提出"IMA 根据管理会计师的成熟度建立了四阶段的模型,模型规定了不同阶段的管理会计师需要具备的硬技能和软技能"。

2014 年 4 月,CIMA 和 AICPA 联合发布《全球特许管理会计能力框架》对管理会计人才提出了全面的能力标准及要求,以道德、诚信和专业精神为基础,构建了包含技术、商业、人际和领导技能四方面的职业技能框架。

2019 年 3 月,IMA 发布了新版《IMA 管理会计能力素质框架》,针对财会专业人士应对新兴科技影响所应具备的相关技能,对 2016 年发布的管理会计能力素质框架作了相应的调整与更新。该框架聚焦战略、规划和绩效,报告和控制,技术和分析,商业敏锐度和运营,领导力,职业道德和价值观六大领域。

**2. 文献述评及研究启发**

综上,CFO 能力整体框架的相关文献呈现以下特征:一是前期研究未系统性研究新信息技术对 CFO 能力的要求。一方面,新一代信息技术的广泛应用在最近 5 年开始有较大发展变化,相关应用场景还在摸索之中,理论研究相对滞后;另一方面,全面系统有针对性地梳理信息技术对 CFO 能力的影响,特别是针对智能财务搭建 CFO 能力框架尚属空白。二是近五年研究成果主要是咨询机构对数字化转型跟踪研究。这些研究的主力是国际大型咨询公司,研究特点相比纯学术研究更贴近企业实际,并具有国际视野,但研究主题主要分布在企业数字化转型和 CFO 转型,鲜有对 CFO 能力的研究。三是技术应用和商业洞察是未来智能财务下 CFO 需要迫切提升的能力。通过梳理前期研究成果,我们发现 CFO 应用信息技术提升财务效率深刻洞察商业模式和管理方式是目前 CFO 能力欠缺的部分,也是智能财务下 CFO 急需提升的能力方向。

这些结论对本课题 CFO 的智能财务能力框架的搭建有以下启发:

(1)区分财务专业能力和非财务专业能力。

通过文献回顾和梳理,我们发现 CFO 能力总体上不外分为财务和非财务两大领域,且研究热点正从侧重财务专业能力向侧重非财务专业能力转变。另外,由于组织管理变革和信息技术的发展,在既有财务和非财务专业能力的基础上,CFO 的前瞻性能力要求大幅拓展。实践中,CFO 正在被赋予各种非传统财务的、前瞻性的使命责任,对其所具备能力提出了新的要求。

(2) 智能财务背景下 CFO 的非财务能力聚焦于信息技术应用、业务洞察和变革管理。

"大智移云物区"等新信息技术的应用,将颠覆企业管理和财务。智能财务的两大趋势:从传统的核算型向深入业务活动,即具备商业洞察力的价值创造型财务转型;从传统的记录型财务向充分应用信息技术、提升财务效率的高效型财务转型。因此,在智能财务背景下,CFO 应聚焦于提升商业洞察能力和技术应用能力。另外,智能财务是一场从业务流程再造到商业模式创新,从制度流程到理念文化的系统性变革,CFO 如何引领变革,对其变革领导能力提出更高要求。

(3) 道德遵从能力仍然重要和关键,人工智能应用的伦理问题值得关注。

美国"萨班斯•奥克斯利法案",破天荒地要求 CEO 与 CFO 共同在财务报告上签名以此承担法律责任,不可避免地对 CFO 在公司决策层的地位产生了巨大的推动力,同时,对 CFO 的职业道德要求也更加严格。这些变化拓宽了 CFO 的能力范围。职业道德在管理会计相关能力框架中也有体现。在智能财务背景下,CFO 应重点关注智能化技术应用引发的道德伦理问题。

## 三、主题研究内容

下面按照全面性、前瞻性和边界清晰的研究原则,从对能力分层、考虑智能财务特征和财务转型逻辑、突出智能财务的针对性、把握研究继承性和发展性平衡四个方面的逻辑搭建能力框架,最终确定价值整合为 CFO 在智能财务背景下的履职目标,得出道德遵从能力、财务专业能力、技术应用能力、业务洞察能力和变革管理能力,共 5 项一级能力,并对每项一级能力的定义、定位和作用进行讨论。

### (一) 能力框架搭建原则

课题组按照全面性、前瞻性和边界清晰为原则,确定能力框架的内容。

#### 1. 全面性

本课题全面梳理国内外学者观点、研究机构报告,并提炼观点:在 CFO 应具备能力领域方面,兼顾财务领域和非财务领域的能力,兼顾履行高管的职责需具备的能力和 CFO 的个人胜任能力,兼顾业务能力和遵守职业道德的能力;在时间和空间跨度上,既考虑到美国 20 世纪 90 年代开始,特别是安然事件的爆发对 CFO 能力和职业道德的反思,又考虑到当下我国经济转型和组织变革,信息技术革命对 CFO 的能力有着新需求。

#### 2. 前瞻性聚焦智能财务

首先,充分考虑财务转型逻辑,深刻洞察未来 CFO 定位。CFO 是财务团队的最高领袖,其能力框架也是财务队伍转型的风向标,CFO 应从领导价值计量记录对外报告向价值工程师转型,从传统财务领导向服务战略支持决策转型,从 CEO 的副职向 CEO 的商业合作伙伴转型。其次,充分考虑社会经济变革对 CFO 能力的新要求。核心是技术应用、业务洞察和领导变革。最后,能力框架应具备开放性。随着社会经济和企业管理的变革,企业对

CFO应具备的能力会产生新的需求,能力框架需要具备开放性,本身也是其科学性的体现。

### 3. 边界清晰

首先,能力框架是CFO的能力框架。处理好突出专业背景和需求与拓展商业能力的关系。财务专业能力是核心和基础,非财务专业能力是CFO智能财务实践中有抓手、能落地的工作职责和内容,避免能力框架应用边界泛化。其次,能力的分类相对清晰,避免出现混淆和重叠。最后,能力框架整体需要有逻辑性,强逻辑性是保证边界清晰的基础。

因此,本研究首先需要对能力框架的整体结构进行梳理。

### (二)能力框架搭建逻辑

#### 1. 对能力分层

由于能力的分类维度较多,不同分类维度下的能力种类叠加在一起,很可能对整体框架的科学性带来挑战,加之能力框架采用何种维度进行分类本身就有不同观点,所以需要找到一个较为公认的"标准"对能力分大类。同时,在每种能力大类中,尽可能列举其中主要的能力要素,以此保障能力框架的全面性和完整性。因此,将能力框架分能力大类和能力要素两个层级,这是本课题研究中一个重要能力归纳分类方法。其中能力大类侧重分类的"标准统一";能力要素侧重能力框架的全面性,尽可能列举所有重要的能力要素。

#### 2. 遵循智能财务特征和财务转型逻辑

由于前期CFO能力框架相关研究成果并未充分考虑新一代信息技术和智能财务的影响,因此,缺乏对本课题的直接借鉴意义。IBM发布的《全新的价值整合者——全球CFO调查洞察(2010)》中提出价值整合者精通两个关键领域:财务效率和业务洞察,价值整合者需要在两个领域表现卓越。埃森哲发布的《数字时代的CFO:新角色、新价值(2018)》中从利用信息技术和扩大责任边界两个维度提出,二者双高是智能财务阶段。结合以上研究成果,本课题认为在智能财务背景下,CFO应在效率维度、价值维度和整合维度三个方向搭建适应智能财务要求的CFO能力框架(见图1)。

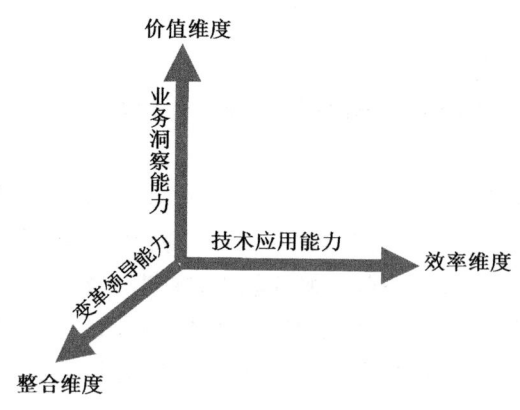

**图1　CFO的智能财务能力三维度逻辑图**

#### 3. 智能财务的针对性

在效率维度上,应强调人工智能和大数据等新一代信息技术的应用和数据治理,即CFO应具备技术应用能力;在价值维度上,由于新一代信息技术将颠覆整个企业的商业模式和管理模式,CFO对整个商业模式创新和管理模式变化的洞察相当关键,因此,CFO应具备商业洞察能力;在整合维度上,利用信息技术带来的财务效率提升和深入洞察,二者本身就有高度的相关性,智能财务背景下 CFO 需要整合前两个维度,在信息、流程、文化和团队等各方面领导企业变革,因此,CFO 的应具备变革管理能力。

**4. 继承性和发展性的平衡**

中总协于 2019 年发布的《中国总会计师(CFO)能力框架》得到了国务院国资委、大型中央企业和学术界的高度认可。因此本课题研究能力框架在中总协能力框架研究成果的基础上,重点聚焦智能财务对 CFO 提升的新要求。一是沿用中总协能力框架中道德遵从能力和财务专业能力两大一级能力,但在道德遵从能力中增加"智能伦理"能力要素。二是将信息技术应用能力单独为一项一级能力,突出智能财务对 CFO 的能力的新需求。三是对组织能力、商业能力的内涵进行聚焦。课题组认为在智能财务背景下,中总协能力框架的组织能力和商业能力可聚焦于变革领导能力和业务洞察能力。四是将 CFO 履职目标定义为价值整合。课题组认为对效率维度和价值维度的有效整合是智能财务背景下 CFO 的终极履职目标,因此效率、价值和整合三个维度协同聚焦于价值整合,即智能财务背景下 CFO 的履职目标是价值整合。

因此,本文沿用《中国总会计师(CFO)能力框架》中的财务专业能力和道德遵从能力,并充分考虑智能财务背景下,新信息技术应用、商业模式创新和数字化转型等管理变革的影响,提出 CFO 还应重点提升的三项能力,包括技术应用能力、商业洞察能力和变革管理能力。以下逐一将这三项核心能力的相关文献综述进行梳理。

**(三) 履职目标和一级能力的内容和定位**

**1. 价值整合是智能财务下 CFO 履职的最终目标**

在智能财务背景下,CFO 履职应具备的道德遵从能力、财务专业能力、技术应用能力、业务洞察能力和变革管理能力都是为价值管理和价值整合目标服务的。技术应用代表的效率维度,业务洞察代表的价值维度,需要由代表变革管理的整合维度进行价值整合。CFO 作为企业的价值工程师和价值整合者,最终目标是实现单位可持续的价值创造。因此,价值整合是本能力框架的核心位置。

**2. 道德遵从能力是根本能力**

职业道德是指 CFO 履职必须遵从的道德规范准则,道德遵从能力(Moral Compliance Ability)(A1)[①]是指 CFO 切实遵从这些道德规范准则并将其贯穿于单位实践中的能力。道德遵从能力要求 CFO 能坚持诚信操守、推进合规管理、履行受托责任、平衡利益相关者利益和遵从智能伦理规范。

道德遵从能力是 CFO 履职的根本保障。诚信操守是 CFO 立身和单位立足的根本;合规管理是 CFO 遵从道德规范和法律法规要求的重要手段;履行受托责任是 CFO 的根本要求;协调利益相关方的利益需要 CFO 遵从道德作为保障;遵循智能伦理是 CFO 在智能财务下的行为准则。因此,道德遵从能力是 CFO 履职的根基,也是 CFO 履职的根本能力。

**3. 财务专业能力是基础能力**

财务专业能力(Finance Profession Ability)(A2)是指 CFO 本身应具备的专业背景和素

---

① 为方便研究,本课题将各一级能力用 A 进行连续编号,下同。

质,是可通过知识学习、专业实践和管理活动获得的能力。财务专业能力要求 CFO 本身是财会专业的综合型实践专家,还要求 CFO 具备相应的管理协调能力和专业决策能力。

财务专业能力是基础能力。CFO 应具备预算管理、成本管理、绩效管理、投融资管理、风险管理、信息披露和纳税筹划等专业能力要素。专业能力要求精通本专业的核心工作任务,有战略性眼光,关注重大的、核心的经营管理问题,提出建设性的方案,为单位发展提供专业性意见。财务专业能力是 CFO 履职的基础,是 CFO 的基础能力。

**4. 技术应用能力是提效能力**

技术应用能力(Technical Application Ability)(A3)是 CFO 在智能财务背景下,准确研判新技术应用场景,深刻把握技术发展和应用规律,创新性应用新一代信息技术和全面提升财务工作效率的有效手段。在智能财务背景下,财务部门将成为企业数据中心,CFO 将成为深入挖掘数据价值,搭建人机协同管理信息系统的总设计师。

技术应用能力是提效能力。智能财务背景下,CFO 应具备数据分析与预测能力、数据治理能力、新信息技术应用能力和智能信息系统构建能力。CFO 应利用基于业财深度一体化的智能财务共享平台,基于商业智能 BI 的智能管理会计平台,基于人工智能的智能财务平台系统性提升企业财务效率,并洞察、预测企业发展趋势。

**5. 业务洞察能力是前瞻能力**

业务洞察能力(Business Insight Ability)(A4)是 CFO 作为单位主要负责人和商业合作伙伴应当具备的更丰富的商业能力,包括对宏观环境、行业趋势、自身业务洞察,对新一代信息技术对企业管理和商业模式影响的洞察以及与单位主要负责人及领导团队、业务团队的协作。

业务洞察能力是前瞻能力。作为单位主要负责人的商业合作伙伴,深入参与业务决策,是我国 CFO 的转型的方向。CFO 需要首先服务单位的发展战略,挖掘新业务和促进先有业务的增长,通过商业模式创新寻找新的业务增长模式和机会,进一步提升企业的智能运营水平。因此,业务洞察能力是智能财务背景下对 CFO 提出的更高要求,是 CFO 的转型方向,属于前瞻能力。

**6. 变革管理能力是整合能力**

变革管理能力(Transformational Leadership Ability)(A5)是智能财务背景下,CFO 应用技术提升财务效率和深入洞察业务的有效整合。引领数字化转型、领导财务转型、打造智能财务团队以及推动智能化组织变革,都需要发挥 CFO 的变革管理能力。

变革管理能力是整合能力。智能财务背景下,CFO 采用与商业目标和财务指标相匹配的新思维模式和新工作模式,领导组织、团队或个人,向预期愿景和目标发展。CFO 领导团队推动智能化转型,促进个人利益和单位利益的有效协同,激发单位活力。通过洞察业务和提升财务效率的有效整合,CFO 成为企业的价值整合者。因此,变革管理能力是 CFO 的整合能力。

**(四) 各一级能力对应的能力要素及具体内容研究**

本文通过分析道德遵从能力、财务专业能力、技术应用能力、业务洞察能力和变革管理能力前期研究文献成果和相关权威机构调查资料,对 5 项一级能力包含的能力要素进行讨论分析,最终得到各一级能力对应的能力要素,共 24 项,并对各能力要素进行定义。

**1. 道德遵从能力相关能力要素**

1) 道德遵从能力前期研究成果

美国注册会计师协会(AICPA)职业道德委员会主席 Frederick H. Hurdman 于 1941 年提出:"我们的职业道德标准严于其他任何职业。"塞德里克·里德等(2005)的《财务总监——作为企业整合者》,凯瑟琳·斯腾泽尔等(2005)的《财务总监生存指南——通往财务领导的必由之路》以及哈斯金斯和马克拉(2005)的《CFO 手册:修订版》中均提出 CFO 应履行受托责任,在对外披露信息中遵从职业道德。

CIMA 和 AICPA 于 2014 年发布的《全球特许管理会计能力框架》中,以道德、诚信和专业精神为基础搭建整体能力框架。美国管理会计师协会(IMA)于 2019 年发布的《IMA 管理会计能力素质框架》中提出职业道德和价值观模块包括 3 项能力,要求财会专业人士树立正确的职业价值观,遵守道德准则和法律法规。

许萍和曲晓辉(2005)认为高级会计人才应遵循法律法规与职业道德。刘勤(2018)提出应充分考虑企业智能财务产生的智能伦理和法律适用空间。

综上,遵从职业道德是 CFO 守住底线和发挥价值创造作用的必然要求。智能财务背景下 CFO 往往需要履行受托责任,坚持依法合规,遵从职业道德规范,遵从智能伦理。

2) 道德遵从能力相关能力要素的确定

智能伦理源自人工智能技术应用带来的伦理问题。CFO 应用智能财务需充分考虑法律空间和对社会的影响,时刻关注智能财务建设是否符合国家相关法律法规的要求和信息技术的内在发展规律,并对重要的变革进行伦理分析,确保智能财务向着对人类有利的方向发展。

除智能伦理能力要素外,道德遵从能力其他 4 项能力要素沿用中总协发布的《中国总会计师(CFO)能力框架》中道德遵从能力的内容。因此,本能力框架的道德遵从能力包括诚实守信、合规管理、受托责任、相关利益者平衡和智能伦理 5 项能力要素。其中:

诚实守信(B1)[①]是指坚持"诚信为本,操守为重"原则,按照准则要求提供客观、全面、准确和可靠的财务报告的能力。

合规管理(B2)是指坚持遵从道德规范准则和法律法规,有效防控单位合规风险,组织或参与合规性制度建设、合规审查、风险应对、责任追究、考核评价和合规培训等管理活动的能力。

受托责任(B3)是指 CFO 处于单位治理的重要环节,需公允反映单位绩效,以依法合规的方式有效履行受托责任,协调委托代理关系。

相关利益者平衡(B4)是指协调和平衡股东、债权人、员工、客户、政府、社区、监管部门和上下游产业链等各种相关者的利益的能力。

智能伦理(B5)是指 CFO 充分考虑人工智能技术的法律空间和对社会的影响及重要的变革进行伦理分析,确保智能财务向着对人类有利的方向发展的能力。

**2. 财务专业能力相关能力要素**

1) 财务专业能力前期研究成果

AICPA 于 1999 年发布的《进入会计职业的核心胜任能力框架》中提出功能性胜任能力

---

① 为方便研究,本课题将各能力要素用 B 进行连续编号,下同。

包括决策模型、风险分析、计量、报告、发展和加强功能性胜任能力的有效技术;史蒂文·M.布拉格(2005)的《财务总监领导手册》中指出 CFO 需要掌握财务决策能力、税务筹划能力、控制与风险管理能力;哈斯金斯和马克拉(2005)的《CFO 手册:修订版》提出 CFO 应掌握预算管理、审计、税务筹划、财务管理、风险管理等能力;凯瑟琳·斯腾泽尔等(2005)的《财务总监生存指南——通往财务领导的必由之路》提出 CFO 应具备财务管理、成本管理、业绩评估、内部控制与审计能力等胜任能力的要求;沃尔瑟(2005)的《再造金融总裁》中强调 CFO 应该具备战略成本管理的能力和战略成本管理能力。

《全球特许管理会计能力框架》中提出,技术技能包括财务会计与报告、成本会计与管理、业务规划、管理报告与分析、公司财务与财资管理、风险管理与内部控制、会计信息系统、税务策略筹划与合规等。美国管理会计师协会(IMA)2019 年发布的《IMA 管理会计能力素质框架》中提出,报告和控制模块包括 7 项能力,为财会专业人士提供以合规的方式衡量和报告组织业绩的工具;技术和分析模块包括 4 项能力,展示如何利用数据提升企业分析能力以及如何利用技术推动组织前行。

在我国的相关文献方面,刘玉廷(2004)、陈艺东和何华(2005)、邱昱芳等(2011)认为高级会计人才应具备组织和实施内部控制、专业分析判断、管理控制能力、专业知识更新等能力。

综上,财务专业能力聚焦 CFO 投入精力最多的各项领域。CFO 基本脱离了算账、报表等相对基础的工作,主要聚焦预算、成本、绩效、风险等融合业务,服务战略的管理领域。财务专业能力的提升有利于 CFO 有的放矢地提升工作中急需的能力。

2) 财务专业能力相关能力要素的确定

财务专业能力 7 项能力要素沿用中总协发布的《中国总会计师(CFO)能力框架》中专业能力的相关能力要素。但由于人工智能和大数据等新一代信息技术的应用,企业组织变革和商业模式创新等综合作用,这 7 项能力要素的应用方式在智能财务背景下都将发生颠覆性的变化。

比如在预算管理能力方面,滚动预算的情景模拟更加符合实际。未来大数据的应用将使得业务模型对业务活动的模拟无限接近实际情况,企业可以更加快捷地对经营过程中可能发生的要素变化作出响应和调整。

在成本管理能力方面,成本管理将更加精益化。一是作业成本法的推广和应用奠定基础。利用设备传感技术产生的物联网大数据,大数据使得困扰会计界的制造费用分摊成为"过去式",直接利用设备传感技术产生的时序数据支撑作业成本计量,将大大提高作业成本法大规模推广的可能性。二是实时订单成本核算成为可能。将设备物联网数据、外部大数据与企业经营管理数据进行整合,达到实施订单成本预估,达到大规模生产与个性化定制的结合。

在风险管理能力方面,在智能财务背景下,CFO 可以借助于全面而非抽样的数据处理方式,自动地对财务活动进行风险评估和合规审查,通过自动研判处理逻辑、寻找差错线索和按规追究责任,最大限度保障企业的财务安全,降低相关业务和财务风险。

因此,本能力框架的财务专业能力包括预算管理能力、成本管理能力、绩效管理能力、投融资管理能力、风险管理能力、信息披露能力和纳税筹划能力,其中:

预算管理能力(B6)是指组织全面预算管理工作,促进战略执行,全局性策划预算编制、执行、监控和评价等管理活动的能力。

成本管理能力(B7)是指关注战略性成本动因,运用价值链分析方法,建立单位长期性成本竞争优势的能力。

绩效管理能力(B8)是指参与策划单位绩效和员工绩效的目标制定和实施过程,激发和调动工作积极性,助力实现单位目标的能力。

投融资管理能力(B9)是指建立健全投融资科学决策机制,降低投融资成本,有效管理投融资风险,维持合理的资本结构和资产结构,优化资本资产配置的能力。

风险管理能力(B10)是指组织制定执行风险管理流程,培育良好的风险管理文化,建立健全风险管理体系,为实现风险管理的总体目标提供合理保证的能力。

信息披露能力(B11)是指组织编制财务报告、管理会计报告和各种经营报告,全局性审核和把握内外部报告的内容和结果,履行受托责任、报告单位绩效的能力。

纳税筹划能力(B12)是指以税收法律政策为依据,对涉税业务进行全局性策划的能力。

**3. 技术应用能力相关能力要素**

1) 技术应用能力前期研究成果

凯瑟琳·斯腾泽尔和乔·斯腾泽尔(2005)的《财务总监生存指南——通往财务领导的必由之路》、塞德里克·里德等(2005)的《财务总监——作为企业整合者》、史蒂文·M.布拉格(2005)的《财务总监领导手册》和托马斯·沃尔瑟(2005)的《再造金融总裁》均提出 CFO 应该拥有信息管理能力以提升财务效率。安永会计师事务所(2016)确定了对所有会计专业人员都很重要的 4 项技能。这 4 项技能强调培养会计人员提出数据驱动问题的能力;使用分析数据的信息系统和软件之间提取、转换和加载相关数据;使用相关统计技术和软件分析数据;并有效地解释和沟通结果。普华永道(2015)发现了类似的技能,但也包括开发交流顾问的能力、研究和识别潜在数据中的异常和风险因素的能力、挖掘新的数据源的能力和理解关系和非关系数据库的能力。

熊焰韧和苏文兵(2016)认为在业财融合时代,高级财务人员需要突破传统财务职能的束缚,尽快拥有数据可视化能力、信息展示能力、市场预测能力、信息需求规划能力、数据挖掘能力以及信息集成和整合能力等新兴能力。2018 年科锐国际的《CFO 调研报告》中发现 CEO 对 CFO 的期望包括促进企业信息整合、提供企业战略所需的信息和降低企业风险。

在西方会计专业教学中,会计课程中不断要求信息系统和技术能力的整合(如 AAA,1986;AECC,1990;AICPA,1996;Behn 等,2012;AACSB,2013;Lawson 等,2014)。会计专业人员应该具备将趋势和模式的数据可视化的技能(Ernst & Young Foundation,2016),并使用统计和分析工具来理解数据的含义(ACCA 和 IMA,2013),会计专业毕业生必须具备通过高级分析从大数据中提取价值所需的技能(PwC,2015)。会计学者面临的挑战是确定哪些技能是必要的以及如何将这些技能的教学纳入会计课程。

美国管理会计师协会(IMA)于 2019 年发布的《IMA 管理会计能力素质框架》中提出,战略、规划和绩效模块要求有预算和预测能力。技术和分析模块展示如何利用数据提升企业分析能力以及如何利用技术推动组织前行。该模块包括信息系统、数据管理、数据分析和数据可视化 4 项能力。《CGMA 管理会计能力框架(2014)》中提出管理会计需要具备技术技能。

综上,技术应用能力是 CFO 应对智能财务的必备技能。CFO 应通过整合单位信息系统的数据资源,提升财务效率。

2)技术应用能力相关能力要素的确定

(1)数据分析与预测能力。

智能财务下 CFO 不仅需要对数字具备敏感度,还将利用数字化技术获取更高层次的洞察,深刻洞察业务。CFO 将结合人工智能(AI)、机器人流程自动化(RPA)和分布式账本技术(如区块链)等相关技术,寻找企业内外部数据的内在关系,建立相关预测模型;从企业经营活动到业财管统一信息输入平台,再经过信息处理后,通过公共信息报告和展示平台送达企业内外管理者和决策者,通过建立动态的、丰富的预测模型来指导企业的经营决策。

(2)数据治理能力。

智能财务背景下,CFO 需要将先进的技术和复杂的分析方法来管理和开发数据。CFO 的数据治理能力是指组织收集整理企业内外部数据,方便、安全、快捷、可靠和敏锐地利用数据进行决策支持的能力。CFO 已成为企业最有价值的资产,即数据的首席守卫者。数字时代,CFO 需要对企业数据的采集与整合以及基于整合后的数据建模、分析及应用有深入的理解和指导能力。根据研究报告,74%的财务职能部门已经采用预测分析技术来提升他们对数据的解读能力;61%的财务职能部门已经在某种程度上开始使用人工智能[1];90%的财务管理人员认为他们将通过提供基于数据分析的洞察来提升他们在公司决策方面的影响力。[2]

(3)新信息技术应用能力。

与智能财务高度关联的新信息技术广泛应用,帮助 CFO 自动、快速、精确和连续地处理财务管理工作,帮助财务人员释放从事常规性工作的精力,通过大数据技术进行建模与分析,利用人工智能的技术提供智能化服务,为企业财务转型赋能。系统结合基于规则的财务专家系统和基于神经网络的机器学习算法,利用战略预测和决策、战略计划与控制、财务分析与报告以及绩效考核与评价等方面的模型和方法,对企业运行的业财数据和经济宏观数据进行实时自动采集、监控、挖掘和分析,为企业经营决策进行事前预测、事中控制和事后分析提供依据。

(4)智能信息系统构建能力。

在智能财务背景下,CFO 通过构建基于业财深度一体化的智能财务共享平台,夯实智能财务的初级应用;通过搭建基于商业智能 BI 的智能管理会计平台,建立智能财务的核心场景;通过搭建基于人工智能的智能财务平台,深化智能财务的高级应用。其中如何搭建财务共享中心、建设企业数据中心,从而搭建智能管理控制系统,这些都是 CFO 的智能信息系统构建能力的体现。CFO 必须精通企业信息系统的构建原理、方法和过程。

综上,技术应用能力包括数据分析与预测、数据治理、新信息技术应用和智能信息系统构建 4 项能力要素,其中:

数据分析与预测能力(B13)是指对数字具备敏感度,利用数字化技术获取更高层次的洞察,深刻洞察业务的能力。

---

[1] 数据来源:埃森哲《全球 CFO 调研(2018)》。

[2] 数据来源:埃森哲《中国 CFO 调研(2017)》。

数据治理能力(B14)是指利用信息技术,组织分析各项会计数据与业务数据(非会计数据),方便、安全、快捷、可靠和敏锐地利用数据进行决策支持的能力。

新信息技术应用能力(B15)是指广泛应用智能财务高度关联的新信息技术,自动、快速、精确和连续地处理财务管理工作,为企业财务转型赋能的能力。

智能信息系统构建能力(B16)是指推进业务流程重组和信息系统互联互通,深度融合智能技术和人脑决策,搭建综合智能化信息系统的能力。

**4. 业务洞察能力相关能力要素**

1)业务洞察能力前期研究成果

美国注册会计师协会(AICPA)于1999年发布的《进入会计职业的核心胜任能力框架》中提出商业视野能力包括战略/批判性思维、行业/部门的视野、全球/国际视野、资源管理、法律/规章视野、市场和客户关注度及发展和加强广阔的商业视野的有效技术。卡罗尔(2002)的《财务主管的角色转变》中从战略、计划、变革、资源、信息、质量和公关关系管理等方面探讨了财务主管的职能定位。凯瑟琳·斯腾泽尔等(2005)的《财务总监生存指南——通往财务领导的必由之路》、塞德里克·里德等(2005)的《财务总监——作为企业整合者》、史蒂文·M. 布拉格的《财务总监领导手册》和托马斯·沃尔瑟(2005)的《再造金融总裁》中均提出CFO应该具备信息管理能力以提升财务效率。

CIMA和AICPA于2014年发布的《全球特许管理会计能力框架》中提出,商业技能包括战略、市场与法规、流程管理、商业关系、项目管理和宏观分析。美国管理会计师协会(IMA)于2019年发布的《IMA管理会计能力素质框架》中提出,战略、规划和绩效模块包括8项能力,为财会专业人士制定领先的战略规划及评估业务发展状况指明方向;商业敏锐度和运营模块包括4项能力,展示财会专业人士如何进行跨职能协作,以推动整个组织实现运营转型。

周宏等(2007)认为高级会计人员要具备决策能力、领导能力、战略规划能力、创造性、政治与商业视野、系统分析能力、团队建设能力和人才培养能力。佟成生等(2014)认为领导能力、沟通技巧等对管理会计也非常重要。田茂永(2010)有关我国CFO生存调查的结果显示,本土CFO在重大决策上只具有建议权,拥有否决权的尚属凤毛麟角。更为重要的是,由于本土企业的资本运作无论从规模还是频度都大为增加,这对于出身于财务背景的本土CFO来说,无疑是一个巨大的挑战。

综上,业务洞察能力是CFO目前还普遍欠缺、未来急需提升的能力。CFO应通过洞察企业内外部环境,提升对宏观行业的理解,了解单位内部可配置和优化的资源和各种潜在的风险,服务好战略的制定和落地,理解企业所在价值链的位置,最终服务长期价值创造能力的提升。

2)业务洞察能力相关能力要素的确定

(1)战略管理能力。

CFO的战略管理能力指参与战略分析和规划,监控和评估战略执行情况的能力。CFO既是制订企业战略的主要参与者,也是执行企业战略的重要实践者,在参与战略、资源配置、管控防范风险、价值创造的同时。CFO还将基于财务大数据,结合AI、RPA、数据洞察等新技术,参与战略决策,发挥战略引领作用,成为"战略决策重要参谋者"。根据埃森哲商业研究院对领军企业数字转型的常年跟踪调查,借助数字化成功转型的企业,普遍以业务转型为导向建立战略格局,而非单纯以新颖的技术工具或局部流程变革驱动。

(2)业务增长能力。

面临经济转型、技术革命和管理变革,在激烈的竞争环节下,未来 CFO 需要利用新一代信息技术强化核心业务,探索新业务并增加投入。面对变化莫测的外部环境和竞争格局,抓住机遇、应对挑战,数字转型以及财务智能化已然成为中国企业家和 CFO 将外部压力内化为变革动力的首要且必然选择。其核心是利用智能财务,实现业务增长战略。根据 2019 年的相关报告,未来 1~2 年数字技术与商业的融合,是中国企业未来首要关注的外部环境变量。有 67% 的调查企业表示,首要增长动能将来自"数字技术 + 商业"。①数字化领军企业在未来的 1~2 年的战略重点是推进主营业务的增长升级,领军企业都以业务的增长拓展为核心制定自己的数字转型战略。

(3)商业模式创新能力。

CFO 的商业模式创新能力是指感知和预测客户行为的商业敏锐度,创造顾客价值,优化资源配置,提高单位可持续性价值创造的能力。人工智能技术发展带来的巨大机遇和挑战,颠覆了发展战略和商业模式。信息技术的发展使得原来的硬性环境发生很大变化,信息技术的应用是颠覆性的,是模式再造或者是变迁的发展。基于数字平台的商业模式创新包括开拓数据变现模式、数字商业模式的迭代改进、数字创投和孵化等。

(4)智能运营能力。

数字化转型背景下,企业将迎来智能运营,管控模式将智能化:依据业务需要灵活调整职能部门结构,实现数据流与业务流在各部门无缝衔接,搭建基于数据分析的决策体系与管控系统。生产和制造也将实现智能化和基于数字渠道的营销也将智能化,都对 CFO 的智能运营能力提出迫切需求。智能财务演变成基于大数据处理、商业智能、神经网络和机器学习等技术的智能管理会计综合平台,即智能财务从以处理交易性活动为主,发展到处理更多高价值管理活动。

综上,业务洞察能力报告战略管理能力、业务增长能力、商业模式创新能力和智能运营能力共 4 项能力要素,其中:

战略管理能力(B17)是指基于财务大数据,结合 AI、RPA、数据洞察等技术,深度参与战略分析和规划、监控和评估战略执行情况的能力。

业务增长能力(B18)是指利用新一代信息技术强化核心业务,探索新业务,帮助企业实现业务增长的能力。

商业模式创新能力(B19)是指准确把握智能化对商业模式的颠覆性影响,感知和预测客户行为的商业敏锐度,创造顾客价值,优化资源配置,提高单位可持续性创造价值的能力。

智能运营能力(B20)是指适应企业管控模式智能化要求,利用智能财务信息系统提升企业卓越运营水平的能力。

**5. 变革管理能力相关能力要素**

1)变革管理能力前期研究成果

史蒂文·M. 布拉格(2005)在《财务总监领导手册》中提出 CFO 作为高层领导需要 6 种

---

① 数据来源:国家工业信息安全发展研究中心、埃森哲商业研究院。

相关的能力,它们是团队合作与相互信任、多样化、认同感、道德管理实践、沟通和授权。许萍和曲晓辉(2005)强调了团队精神。陈检生(2005)提出会计人员应具备组织管理能力、创新能力。刘勤等(2014,2017,2018)提出智能财务信息系统不仅实现了财务处理的标准化、集中化、流程化和信息化,更重要的是利用上述技术实现了处理流程的智能化;还提出人机共生系统的机制设计是非常重要的,它需要考虑人和机器的组织分工、流程配套、信息传递、系统衔接、风险管控、利益均衡和伦理安全等因素;认为人工智能技术发展带来了巨大机遇和挑战,从发展战略和商业模式的颠覆,到组织架构和管理流程的再造,再到经营方式和组织文化的重塑,在信息技术高速发展的背景下,变革已成为企业运营的常态。

美国管理会计师协会(IMA)于 2019 年发布的《IMA 管理会计能力素质框架》中提出,领导力模块是指与他人合作并激励团队实现组织目标所需的能力。其中,协作、团队合作及关系管理是指与他人有效合作,为实现积极结果建立互信关系;变革管理是指通过过渡领导组织、团队或个人,向预期愿景和目标发展;人才管理是指有效地选拔、培养并奖励人才,以保证人才队伍的强大及商业成功。《CGMA 管理会计能力框架(2014)》中认为,人际技能中的协作与合作是指这是建立关系和跨职能合作的能力,通过展示诚信,为企业创造价值;领导技能中的团队建设是指推动团队绩效的能力,通过促进和鼓励参与,分享与组织战略保持一致的理念,尽可能扩大目标实现;变革管理是指认可变革需求,采用与商业目标和财务指标相匹配的新思维模式和新工作模式。

综上,变革管理能力是指 CFO 应对智能财务的领导力、推动组织变革、财务转型和企业数字化转型的变革力以及作为财务团队领袖的领导力。变革管理能力提升有利于 CFO 应对复杂工作,在未来智能财务阶段 CFO 面临单位内外部各项复杂工作任务,通过优秀的团队管理能力推动智能财务落地。

2)变革管理能力相关能力要素的确定

(1)流程整合能力。

数字化时代非常重要的特点是所有人、所有企业、所有流程等都是互联在一起的,我们在整个互联网时代产生了非常多的应用和创新。智能财务背景下,流程整合能力是通过整合业务流程,提供技术支持以及帮助企业实现业务增长和创新的能力;通过整合流程、信息、人员实现对智能运营的支撑。

(2)智能团队建设能力。

在数字时代,CFO 及整个财务职能部门的角色正被重塑。财务部门的主要职责不仅是分析和报告过去的成果,他们将成为业务部门的合作伙伴。这意味着财务部门不仅是"账房先生",还将指引企业未来的发展。财务部门挖掘和培养具备新技能和专业知识的人才,打造具备数字化转型能力财务团队。具有新型技能的财务人才的短缺,使得人才需求竞争加剧,许多财务职能部门都需要打破常规以吸引、培养并留住实现未来成功所需的人才。

(3)组织变革能力。

人工智能技术发展给各行业都带来巨大机遇和挑战,从发展战略和商业模式的颠覆,到组织架构和管理流程的再造,再到经营方式和组织文化的重塑,在信息技术高速发展的背景下,变革已成为企业运营的常态。企业应当建立健全管理体制、搭建科学的组织架构、优化合理的业务流程,确保企业管理体制、组织架构、业务流程和信息系统等与智能财务的发展相适应。

（4）文化重塑能力。

企业管理模式和管理理念进行再造。智能财务是一种新型的财务管理模式，它基于先进的财务管理理论、工具和方法，借助于智能机器（包括智能软件和智能硬件）和人类财务专家共同组成的人机一体化混合智能系统，通过人和机器的有机合作，去完成企业复杂的财务管理活动，并在管理中不断扩大、延伸和逐步取代部分人类财务专家的活动。这势必对理念和文化产生颠覆性影响，甚至是财务管理理念的革命性变化，它借助于人机深度融合的方式来共同实现前所未有的新型财务管理功能，从而推动企业文化、思想观念和知识技能转型。

综上，变革管理能力包括流程整合、智能团队建设、组织变革和文化重塑共 4 项能力要素，其中：

流程整合能力（B21）是指通过整合业务流程，提供技术支持以及帮助企业实现业务增长和创新的能力。

智能团队建设能力（B22）是指挖掘和培养具备新技能和专业知识的人才，打造具备数字化转型能力财务团队的能力。

组织变革能力（B23）是指推动组织架构和管理流程的再造，引领企业数字化转型的能力。

文化重塑能力（B24）是指引导和推动企业文化、思想观念，以适应智能时代要求的能力。

## 四、研究结论与展望

本部分内容在前文研究基础上，综合梳理得出 CFO 的智能财务能力框架，包括 CFO 履职目标、5 项一级能力和 24 项能力要素，并用示意图方式进行展示，通过思考研究局限性，提出智能财务下 CFO 各项能力面临的挑战、CFO 能力对履职效果和价值创造的影响、实证研究和大样本检验等未来研究方向。

### （一）研究结论

通过前文研究，课题组认为 CFO 的智能财务能力框架以价值整合为最终目标共包括 5 项一级能力和 24 项能力要素。CFO 的智能财务能力框架如图 2 所示。

**1. 价值整合是智能财务背景下 CFO 履职的最终目标**

在智能财务背景下，CFO 履职应具备的道德遵从能力、财务专业能力、技术应用能力、业务洞察能力和变革管理能力，都是为价值管理和价值整合目标服务的。CFO 作为企业的价值工程师和价值整合者，最终目标是实现单位可持续的价值创造。

**2. 道德遵从能力是根本能力**

道德遵从能力是指 CFO 切实遵从职业道德规范准则并将其贯穿于单位实践中的能力。道德遵从能力包括诚实守信、合规管理、受托责任、相关利益平衡和智能伦理，共 5 项能力要素。

**3. 财务专业能力是基础能力**

财务专业能力是指 CFO 本身应具备的专业背景和素质，可通过知识学习、专业实践和管理活动获得的能力。财务专业能力要求 CFO 本身是财会专业的综合型实践专家，还要求

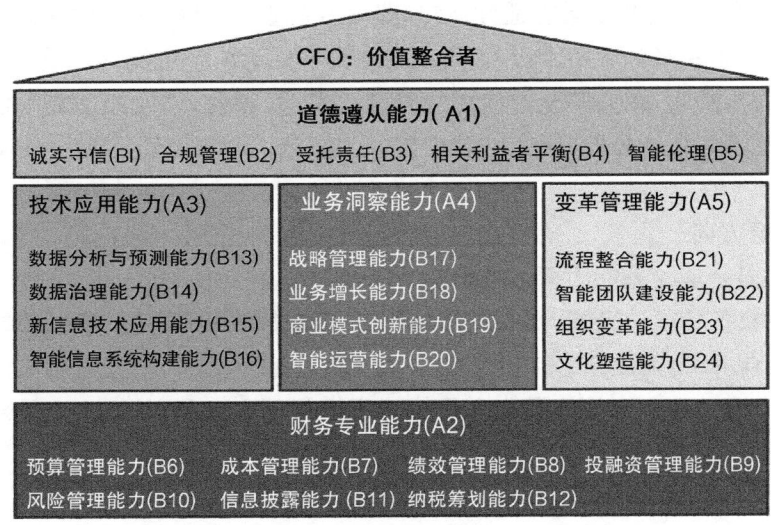

**图 2　CFO 的智能财务能力框架示意图**

CFO 具备相应的管理协调能力和专业决策能力。财务专业能力包括预算管理能力、成本管理能力、绩效管理能力、投融资管理能力、风险管理能力、信息披露能力和纳税筹划能力,共 7 项能力要素。

**4. 技术应用能力是提效能力**

技术应用能力是 CFO 在智能财务背景下,准确研判新技术应用场景,深刻把握技术发展和应用规律,创新性应用新一代信息技术,全面提升财务工作效率的有效手段。在智能财务背景下,CFO 将成为深入挖掘数据价值、搭建人机协同管理信息系统的总设计师。技术应用能力包括数据分析与预测能力、数据治理能力、新信息技术应用能力和智能信息系统构建能力,共 4 项能力要素。

**5. 业务洞察能力是前瞻能力**

业务洞察能力是 CFO 作为单位主要负责人商业合作伙伴应当具备的更丰富的商业能力,包括对宏观环境、行业趋势、自身业务洞察、新一代信息技术、企业管理和商业模式影响的洞察以及与单位主要负责人及领导团队、业务团队的协作。业务洞察能力包括战略管理能力、业务增长能力、商业模式构建能力和智能运营能力,共 4 项能力要素。

**6. 变革管理能力是整合能力**

变革管理能力是智能财务背景下,CFO 应用技术提升财务效率和深入洞察业务的有效整合,引领数字化转型、领导财务转型、打造智能财务团队和推动智能化组织变革都需要发挥 CFO 的变革管理能力。变革管理能力包括流程整合能力、智能团队建设能力、组织变革能力和文化重塑能力,共 4 项能力要素。

24 项能力要素具体内容和定义参见"附录　CFO 的智能财务框架一级能力和能力要素内容明细表"。

**(二)研究局限性和未来研究方向**

**1. 研究局限性**

本课题主要基于国内外 CFO 能力相关文献进行归纳。由于实践中智能财务处于起步阶段,CFO 对相关应用场景缺乏普适性认知,即很多企业的 CFO 实践中还未大规模应用智能技术,只处于理念和概念认知阶段,大样本问卷调查检验结果可能存在偏颇。智能财务研究领域尚处于起步阶段,相关实践及应用场景并不普遍,因此,课题组对相关能力的概括归纳可能存在不完善之处。另外,研究涉及内容较为复杂,研究时间不足,并未对相关模型进行实证检验。

**2. 未来研究方向**

1) CFO 提升智能财务能力面临的挑战

目前 CFO 具备 5 项一级能力和 24 项能力要素的掌握程度不同,实践需求也不同。不同企业、不同行业 CFO 需要结合自身实践系统性提升相关能力,但提升各项能力面临的难度和挑战并不完全一致。相关差异化和具体管理情景研究有利于 CFO 有针对性地提升相应能力,从而更好地服务企业智能财务落地和价值创造。

2) CFO 的智能财务能力对履职效果和所在企业价值创造的影响

CFO 能力和履职效果的实证研究相对薄弱,但在实践中该问题重要且紧迫。提升 CFO 能力的最终目的是未来促进其履职效果的提升,最终表现在对所在企业价值创造的影响。遗憾的是,受到信息公开和内部信息知悉范围的限制,目前 CFO 能力和履职效果以及价值创造关系的研究还处于起步阶段,急需后续深入研究。

3) 采用实证研究和大样本问卷调研验证能力框架的合理性

本课题主要采用文献回顾和逻辑推理的方式开展相关研究,未来应在有条件的情况下,开展大样本问卷调查和相关实证研究,进一步验证本能力框架的合理性,并进行相关研究的完善。

## 参考文献

[ 1 ] ROBERT GRUBER C M A. Developing management accountants[J]. Strategic Finance,2012,93(12):53.

[ 2 ] 托马斯・沃尔瑟.再造金融总裁[M].赵娟,译.北京:商务印书馆,2000.

[ 3 ] 史蒂文・M. 布拉格.财务总监领导手册 [M].刘威,译.上海财经大学出版社,2005.

[ 4 ] 马克・E.哈斯金斯,本杰明・R.马克拉.CFO 手册:修订版[M]应惟伟,译.北京:中国人民大学出版社,2005.

[ 5 ] 凯瑟琳・斯腾泽尔,乔・斯腾泽尔.财务总监生存指南:通往财务领导的必由之路[M].钱逢胜,译.上海:上海财经大学出版社,2005.

[ 6 ] 卡罗尔.财务主管的角色转变[M].郝绍伦,译.北京:电子工业出版社,2002.

[ 7 ] 塞德里克・里德,汉斯－迪特尔・朔伊尔曼.财务总监:作为企业整合者[M].王蔚松,译.上海财经大学出版社,2005.

[ 8 ] 英格兰及威尔士特许会计师协会财务管理专业技术委员会.从分析框架看财务职能:掌握财务发展方向主动权[M].上海国家会计学院全国会计领军(后备)人才培养项目(行政事业类)一期赴英国培训团,译.北京:中国财政经济出版社,2013.

[ 9 ] 邱昱芳,贾宁,吴少凡.财务负责人的专业能力影响公司的会计信息质量吗? [J].会计研究,2011,4:61-67.

[10] 周宏,张巍,宗文龙,等.企业会计人员能力框架与会计人才评价研究[J].会计研究,2007.

[11] 佟成生,许素兰,李扣庆,等.中国企业管理会计人才培养模式研究——基于中国企业财务人员的调查

问卷分析[J].会计研究,2014(9):13-20.

[12] 熊焰韧,苏文兵.新常态下中国企业需要什么样的管理会计人才?——基于江苏企业负责人的调查[J].会计研究,2016(12):9.

[13] 陈崧.变革下财务领导力和 CFO 的职业选择[R].深圳:毕马威.2018.

[14] Mark Loughridge.全新的价值整合者:全球 CFO 调研洞察[R].IBM.2010.

[15] Finance matters-Finance function of the future [R/OL].[2019-10-10].http://www.pwc.co.us/finance Finance matters Finance function future.

[16] 中国总会计师协会.中国总会计师(CFO)能力框架[EB/OL].(2019-08-27)[2019-10-10].https://cacfo.com/site/4200f6a05cff2789a32f3365cd5c2a75.pdf.

[17] 上海国家会计学院.成为胜任的 CFO:中国 CFO 能力框架 2016[M].北京:经济科学出版社.2017.

[18] 杨周南.论会计管理信息化的 ISCA 模型[J].会计研究,2003(10):30-32.

[19] 张瑞君,陈虎,张永冀.企业集团财务共享服务的流程再造关键因素研究[J].会计研究,2010(7):57-64.

[20] 杜传忠,胡俊,陈维宣.我国新一代人工智能产业发展模型与对策[J].经济纵横,2018(4):41-47.

[21] 刘勤,常叶青,刘梅玲,等.大智移云时代的会计信息化变革—第十三届全国会计信息化学术年会主要观点综述[J].会计研究,2014(12):89-91.

[22] 孙逸,董志强.RPA:财务智能化的必经之路[J].新理财,2017(11):64-65.

[23] 王海林.企业内部控制缺陷识别与诊断研究—基于神经网络的模型构建[J].会计研究,2017(8):74-80.

[24] 刘岳华,魏蓉,杨仁良,等.企业财务业务一体化与财务管理职能转型——基于江苏省电力公司的调研分析[J].会计研究,2013(10):51-58.

[25] 韩向东.智能财务"未来"已来[J].新理财,2017(12):52.

[26] 陈虎.财务就是 IT-企业财务信息系统[J].中国财政经济出版社,2017(11):96.

[27] Accounting American Accounting Association (AAA). Committee on the future structure, content, and scope of accounting education[J]. Issues In Accounting Education. 1986,1(1):168-195.

[28] Accounting Education Change Commission (AECC). Objectives of education for accountants:position statement number one[J].Issues In Accounting Education. 1990,5(2):207-312.

[29] ZEHETNER, FAHRNGRUBER, PICHLER, et al. Financial leadership transforming financial experts into CFOs[J].International Journal of Business and Management Studies, 2013, 2(2):615-621.

[30] LAWSON, BLOCHER, BREWER, et al. Focusing accounting ccurricula on students long-run careers:recommendations for an Integrated competency-based framework or accounting education[J]. Issues In Accounting Education,2014,29(2):295-317.

[31] CAVALCANTE R C, BRASILEIRO R C, SOUZA V L F, et al. Computational intelligence and financial markets:a survey and future directions[J]. Expert Systems with Applications, 2016, 55:194-211.

[32] 周金华.会计电算化与会计信息化[J].中南财经政法大学学报, 2003(2):137-140.

[33] 刘玉廷. 对我国高级会计人才职业能力与评价机制的探讨[J]. 会计研究, 2004(6):27-30.

[34] 许萍,曲晓辉.高级会计人才能力框架研究[J].当代财经,2005,(11):99-103.

[35] 陈检生. 论会计人员能力框架[J]. 邵阳学院学报:社会科学版, 2005,4(3):35-37.

[36] 陈艺东, 何华. 关于高级会计人才的培养和评估[J]. 现代企业, 2005,(10):31-32.

[37] 田茂永. 2010 中国 CFO 生存状况调查[J]. 首席财务官, 2010(7):38-49.

[38] 刘勤,杨寅. 智能财务的体系架构、实现路径和应用趋势探讨[J]. 管理会计研究,2018,1(01):84-90,96.

[39]《新会计》编辑部.智能财务探索开启新历程——智能财务研究中心成立暨首届智能财务高峰论坛综述[J].新会计,2019,000(002):10-11.

[40] American Institute of Certified Public Accountants (AICPA). Information technology competencies in accounting profession[R]. New York: AICPA. 1996.

[41] Association to Advance Collegiate Schools of Business International (AACSB). Eligibility procedures and accreditation standards for accounting accreditation[R]. Tampa, FL: AACSB.2013.

[42] SARVESHA, et al. Sequential ELM for financial markets[C]//2016 Second International Conference on Cognitive Computing and Information Processing (CCIP). IEEE, 2016: 1-6.

[43] 刘勤.我国管理会计信息化发展体系探索[J].财会通讯,2017(22):11-13.

[44] 张瑞君,邹立,封雪.从价值链管理的视角构建财务业务一体化核算模式[J].会计研究,2014,12:45-48.

课题负责人:李憨劼[1]
课题组成员:武文杰[1]、陈景峰[1]、吴花平[2]、孟庆民[1]、操群[3]
所在单位 1: 中国兵器装备集团有限公司
所在单位 2: 重庆理工大学
所在单位 3: 澳门科技大学

## 附 录　CFO 的智能财务框架一级能力和能力要素内容明细表

| 一级能力 | 能力要素 | 能力要素内容 |
|---|---|---|
| 道德遵从能力<br>(A1) | 诚实守信(B1) | 坚持"诚信为本,操守为重"原则,按照准则要求提供客观、全面、准确、可靠的财务报告的能力 |
| | 合规管理(B2) | 坚持遵从道德规范准则和法律法规,有效防控单位合规风险,组织或参与合规性制度建设、合规审查、风险应对、责任追究、考核评价、合规培训等管理活动的能力 |
| | 受托责任(B3) | CFO处于单位治理的重要环节,需公允反映单位绩效,以依法合规的方式有效履行受托责任,协调委托代理关系 |
| | 相关利益者平衡(B4) | 协调和平衡股东、债权人、员工、客户、政府、社区、监管部门和上下游产业链等各种相关者的利益的能力 |
| | 智能伦理(B5) | CFO充分考虑人工智能技术的法律空间和对社会的影响对重要的变革进行伦理分析,确保智能财务向着对人类有利的方向发展的能力 |
| 财务专业能力<br>(A2) | 预算管理能力(B6) | 组织全面预算管理工作,促进战略执行,全局性策划预算编制、执行、监控和评价等管理活动的能力 |
| | 成本管理能力(B7) | 关注战略性成本动因,运用价值链分析方法,建立单位长期性成本竞争优势的能力 |
| | 绩效管理能力(B8) | 参与策划单位绩效和员工绩效的目标制定和实施过程,激发和调动工作积极性,助力实现单位目标的能力 |
| | 投融资管理能力(B9) | 建立健全投融资科学决策机制,降低投融资成本,有效管理投融资风险,维持合理的资本结构和资产结构,优化资本资产配置的能力 |
| | 风险管理能力(B10) | 组织制定执行风险管理流程,培育良好的风险管理文化,建立健全风险管理体系,为实现风险管理的总体目标提供合理保证的能力 |

**(续表)**

| 一级能力 | 能力要素 | 能力要素内容 |
|---|---|---|
| 财务专业能力<br>（A2） | 信息披露能力（B10） | 组织编制财务报告、管理会计报告和各种经营报告，全局性审核和把握内外部报告的内容和结果，履行受托责任、报告单位绩效的能力 |
| | 纳税筹划能力（B12） | 以税收法律政策为依据，对涉税业务进行全局性策划的能力 |
| 技术应用能力<br>（A3） | 数据分析与预测<br>（B13） | 对数字具备敏感度，利用数字化技术获取更高层次的洞察，深刻洞察业务的能力 |
| | 数据治理（B14） | 利用信息技术，组织分析各项会计数据与业务数据（非会计数据），方便、安全、快捷、可靠、敏锐地利用数据进行决策支持的能力 |
| | 新信息技术应用<br>（B15） | 广泛应用智能财务高度关联的新信息技术，自动、快速、精确和连续地处理财务管理工作，为企业财务转型赋能的能力 |
| | 智能信息系统构建<br>（B16） | 推进业务流程重组和信息系统互联互通，深度融合智能技术和人脑决策，搭建综合智能化信息系统的能力 |
| 业务洞察能力<br>（A3） | 战略管理能力（B17） | 于财务大数据，结合 AI、RPA 数据洞察等技术，深度参与战略分析和规划，监控和评估战略执行情况的能力 |
| | 业务增长能力（B18） | 利用新一代信息技术强化核心业务，探索新业务，帮助企业实现业务增长的能力 |
| | 商业模式创新能力<br>（B19） | 准确把握智能化对商业模式的颠覆性影响，感知和预测客户行为的商业敏锐度，创造顾客价值，优化资源配置，提高单位可持续性价值创造的能力 |
| | 智能运营能力（B20） | 适应企业管控模式智能化要求，利用智能财务信息系统提升企业卓越运营水平的能力 |
| 变革管理能力<br>（A5） | 流程整合能力（B21） | 通过整合业务流程，提供技术支持以及帮助企业实现业务增长和创新的能力 |
| | 智能团队建设能力<br>（B22） | 挖掘和培养具备新技能和专业知识的人才，打造具备数字化转型能力财务团队的能力 |
| | 组织变革能力（B23） | 推动组织架构和管理流程的再造，引领企业数字化转型的能力 |
| | 文化塑造能力（B24） | 引导和推动企业文化、思想观念，以适应智能时代要求的能力 |

# 智能财务人才培养研究
## ——基于问卷调查分析

【摘要】 随着以"大智移云物区"为代表的新技术的广泛应用,智能财务研究已成为理论界和实务界关注的热点话题。人才培养是智能财务体系建设的基础,本研究针对智能财务人才能力框架、智能财务人才培养方案等问题进行了探讨。本研究运用文献研究法、访谈法、问卷调查法等研究方法,主要针对在职财务会计人员群体进行了广泛调查分析。在此基础上,本研究认为当前智能财务人才培养势在必行,智能财务人才培养宜采取分层级培养模式,并提出了各级别相对应的能力框架、课程体系和培养方式,同时还对我国智能财务人才培养体系的建立提出了有针对性的意见。

【关键词】 智能财务;人才培养;能力框架;问卷调查

## 一、引言

### (一) 研究背景

新一轮信息化浪潮背景下,各种颠覆性技术集中爆发并快速渗透,不仅推动了产业、业态与商业模式的快速更新和蓬勃发展,也使得数字化和智能化成为企业经营管理新常态,促使企业财务进行全方位转型及持续优化。智能财务以大数据、云计算、人工智能等技术赋能财务转型,不仅重构了企业财务的组织形式、运作流程和财务体系,也对企业经营管理、商业模式、人才培养等方面产生了深远影响,成为新时代企业提升经营管理水平和构建持续竞争力的关键所在。本课题正是基于此背景展开,期望从广大财务工作者转型需求的角度,探索一条智能财务人才培养之路。

### (二) 研究目的

智能财务作为比较新的概念,目前学术界尚未形成一致的观点。智能财务人才培养方面的研究成果主要集中在高职、本科、研究生教育教学改革方面,而以智能财务人才培养为主题进行专门研究的课题还没有展开深入研究。

为了帮助中国的会计人员积极应对信息技术不断带来的挑战,并最终成为技术大变革时代的生力军,上海国家会计学院智能财务研究中心开展了问卷调查。经过3个多月的不懈努力,调查共计收回14份专家建议、40份学生反馈和634份有效网络调研问卷。

本次研究主要从以下几个方面开展:

(1) 智能财务人才能力框架研究:包括知识体系、岗位能力模型等。

(2) 财会人员的智能财务素养研究。

（3）智能财务人才培养的重点难点研究。

（4）智能财务人才培养体系研究（框架/方式）。

**(三) 主要结果及其相关意义**

本次调研采用线上线下（Online and Offline）相结合的方式，经过对调研数据的统计分析和受访者回访，主要有如下发现。

**1. 智能财务人才能力框架**

（1）初中高智能财务人才四项核心能力。

基层智能财务人员最重要的四项能力依次是职业道德、专注力和细致力、逻辑思维能力、财税专业水平；中层智能财务经理最重要的四项能力依次是职业道德、逻辑思维能力、跨部门沟通与协调能力、财税专业水平；高层智能 CFO 最重要的四项能力依次是战略规划能力、领导力、职业道德、跨部门沟通与协调能力。

（2）职业道德是能力模型的根基。

通过调研，我们发现在初中高智能财务人才的能力框架最重要的四项能力中，职业道德都排在前三位。其中，在基层智能财务人员和中层智能财务经理，职业道德都排在第一位。

（3）编程语言的功能与运用是有效补充，而非核心技能。

通过调研，我们发现初中高智能财务人才，编程语言能力要求都在调研的 9 大能力中得分最低。

（4）管理层级的提升需要综合能力加持。

通过调研，我们发现，随着管理层级的不断提升，综合能力的要求逐步提高，高层的各项能力得分都高于基层和中层（财税专业水平除外，中层的财税专业水平能力要求最高）。

**2. 财会人员的智能财务素养**

通过调研，我们发现：

第一，对智能财务的了解与管理层级和企业收入规模成正比。

企业的规模越大，对智能财务的了解程度越高。管理层级越高，对智能财务的了解也越多，CEO 除外。这考验 CFO 的向上沟通能力。

第二，受访者想要学习智能财务知识意愿强烈，但企业提供智能财务培训不足。

第三，企业智能财务转型意愿强烈，但智能财务人才匮乏。

第四，70 后、80 后和 90 后是智能财务管理的主力军，也是智能财务学习的主力军。

**3. 智能财务人才培养的重点难点**

第一，不同层级的职业道德课程如何设计？

第二，在课程体系中如何设置计算机语言、编程工具课程？

**4. 智能财务人才培养体系**

（1）不同层级的智能财务人才所需学习的核心课程不同。

基层财务人员所需学习的四门核心课程是：智能财务报表与会计档案、资金智能会计核算、商旅和费用报销智能会计核算、资产智能会计核算。

中层智能财务经理所需学习的四门核心课程是：团队沟通与领导力、财务共享的建设与运营、数据处理和商业智能分析、智能税务管理。

高层智能 CFO 所需学习的四门核心课程是：智能财务时代的业财融合、数字领导力、智能财务平台的规划与设计、企业财务数字化转型模式与路径。

（2）不同管理层级的核心培养方式不同。

基层智能财务人员最需要的两种培养方式依次是智能财务软件实操训练和线上课程；中层智能财务经理最需要的两种培养方式依次是面授课程和企业考察；高层智能 CFO 最需要的两种培养方式依次是企业考察和面授课程。

（3）不同管理层级的培养方式需要系统性。

不同管理层级，核心培养方式不同，但总的培养方案需要线上课程、面授课程、企业考察和智能财务软件实操训练有机结合。

## 二、文献综述

### （一）国内外研究现状述评

#### 1. 智能财务的内涵

智能财务是个新生事物，当人们讨论"智能财务系统"一词时，会很自然地将其与"人工智能"一词关联。智能财务广义上是指以人工智能为代表的新技术应用于企业财务管理活动，并对财务管理理论和实务产生推动力。中国改革开放 40 余年的成功经验印证了"科学技术是第一生产力"这一论断的伟大。世界范围内的科技的迅猛发展对世界经济和社会发展的影响不断加剧，也必将对财务活动产生深远的影响。这会促使我们需要回答两个问题：第一个问题是哪些技术会对财务产生影响；第二个问题是这些技术会对财务产生怎样的影响。

技术的发展对财务会计行业和人员的影响是渐进式的，并且不是均衡的。比如，移动互联网和移动支付技术，辅之以数字签名等技术，已经改变了企业现金支付流程和现金管理的原则和方法。电子发票和电子档案技术的应用，正在改变会计核算流程和会计基本工作规范。而商务智能(Business Intelligence，BI)、自然语言处理、专家系统、知识图谱等技术，会对财务工作的组织形式、流程和控制方法产生深远的影响。基于此，财务人员的胜任能力必须随之而发生改变，财务人员的核心技能需要随着技术的发展而迭代。

目前，学术界对于智能财务的定义并不完全一致。广义的智能财务是将大数据、人工智能、移动互联网、云计算、物联网、区块链等技术在财务领域的应用统称为智能财务或者财务智能化。刘勤和杨寅(2018)认为，智能财务是一种新型的财务管理模式，它基于先进的财务管理理论、工具和方法，借助于智能机器(包括智能软件和智能硬件)和人类财务专家共同组成的人机一体化混合智能系统，通过人和机器的有机合作，去完成企业复杂的财务管理活动，并在管理中不断扩大、延伸和逐步取代部分人类财务专家的活动；智能财务是一种业务活动、财务会计活动和管理会计活动全功能、全流程智能化的管理模式。[①]

韩向东(2018)认为，智能财务主要表现为以数据发现、智能决策和智能行动为核心的智能管理系统，该系统可以帮助决策层进行智能判断、策略生成和策略选择。财务工作中大量重复性工作能够被智能替代。在智能财务阶段，信息系统已不仅仅可以进行数据收集、数据加工和数据展现，还可以直接代替管理者进行智能决策。比如，当管理者需要就

---

① 刘勤，杨寅.智能财务的体系架构、实现路径和应用趋势探讨[J].管理会计研究，2018(1)：84-90.

产品结构调整进行规划时,不再需要自己调出相关数据加以分析,系统可以快速准确地对不同产品在现有和模拟产量、销量下的利润进行计算,基于计算结果作出判断并给出结果。①

刘梅玲(2019)认为,中国各家厂商推出各种智能财务方案,是从2016年德勤和 Kira Systems 宣布将人工智能引入会计、税务、审计等工作开始的。智能财务作为比较新的概念,目前学术界对此尚未形成一致的观点。②

基于以上文献,本课题组认为,智能财务是智能技术和财务管理理论工具和方法的结合,是通过智能系统获取与判断数据、与人类财务专家合作生成策略选择,主要服务于企业内部财务管理,完成企业各项管理活动的全流程智能化的管理系统。

**2. 智能技术对财务人的职业影响**

2019年,上海国家会计学院会计信息调查中心发布《企业会计的未来》研究报告,该报告指出,未来5～10年企业会计职能范围将发生变化,总是有新的职能融合并扩大工作范围。新兴技术是影响会计人员工作职能的重要性变化的首要因素。在企业会计人员工作职能中,IT等新技术应用的重要性将最大幅度提高,而这方面又恰好是企业财会人员的能力缺口。企业财会人员实现个人职业目标的途径选择主要是参加培训和考证。

平安银行的董皓(2018)认为,智能时代的财务择业与当下相比会有更多的不确定性。技术的不确定带来商业模式的不确定,进而带来企业和行业的不确定,而不确定性正是风险的内涵。在这样一个充满风险和挑战的时代,财务人选择"拥抱"还是"远离",在很大程度上和每个人对风险和挑战的喜好有关系。并不是说喜好风险和挑战就一定是好事情,如同投资决策中的风险厌恶程度,喜好就是喜好,并不存在道义上的对错。③

**3. 智能财务人才培养**

以智能财务人才培养为主题进行专门研究的课题尚未检索到。而智能财务人才培养方面的研究成果主要集中在高职、本科、研究生教育教学改革方面。相关的文献主要如下:

程平(2018)总结了其开展研究生和本科生层次"互联网+会计"课程的经验,以重庆理工大学 MPAcc"云会计与智能财务共享"课程为例,导入 ADDIE④ 教学设计理念,建立"云会计与智能财务共享"课程的 ADDIE 教学设计模型,并在教学设计中突出了 RPA 技术在财务机器人设计中的应用。⑤

李晶(2018)认为,财务共享中心、智能财务机器人及区块链等技术层出不穷,深刻影响了财务行业的发展形式。在科技引领财务的新背景下,财务人员如果不积极进行适应性转型,必然被现实所淘汰。⑥

齐殿伟(2018)认为,财务机器人的出现,对会计人才的培养提出了更高的要求,要求培

① 韩向东,智能财务的探索与实践[J].财务与会计,2018(17):11-13.
② 王纪平,刘梅玲,吴忠生,杨寅,李昕凝.上海国家会计学院智能财务师初级教程[G].上海国家会计学院,2019:12.
③ 董皓.智能时代财务管理[M].北京:电子工业出版社,2018.
④ ADDIE 模型是一种教程系统设计模型,主要有分析、设计、开发、实施、评估五个阶段。
⑤ 程平.基于 CDIO 的"互联网+会计"财务智能化应用能力培养——以重庆理工大学 MPAcc 教育为例[J].财会月刊,2018(12):23-31.
⑥ 李晶.智能财务机器人时代财务人员自我提升[J].财会学习,2018(24):48-50.

养高端的决策型人才。①

吕磊(2018)认为,我国高等教育特别是高职院校财会人员的培养方向必须适应智能财务时代的变革,在原有的传统财务基础上进行适当的培养方向调整,才能适应新的形势和要求。智能财务背景下的财会人员培养应充分考虑高职院校"轻理论、偏实践、重应用"的办学特点,高职院校财会人员培养方向调整可以从跨学科复合型课程设计、深化应用型实践入手。②

陈小琴(2019)认为,人工智能时代下,具备较强分析能力、决策能力等综合能力的高素质会计人才是企业急需的人才。高校会计教育应针对当前企业发展对会计人才的需求现状进行分析,加快推进会计教育模式转型,以信息化引领教育理念与模式的创新,培养更多适应社会、企业发展需求的高素质综合型会计专业人才。③

秦娇(2019)认为,在人工智能时代,大数据分析将不可避免地改变会计人员的角色,但这并不意味着会计人员将会被淘汰。大数据分析为会计人员提供了机会,在结构化和非结构化数据的问题驱动分析中可以发挥主导作用,并支持数据科学家进行探索性分析以创造价值。这个论点建立在两个支柱上:一个是会计人员具有了解业务的优势;另一个是会计人员已习惯使用结构化数据并执行数据分析。事实上,我们认为会计人员的技能和知识是对大数据的补充,是通过在业务环境中使用大数据分析来实现价值最大化。④

商思争等(2018)认为,应用型高校会计专业在今后应着重加强财务会计理论或财务会计概念与框架的学习,开发能够将财务会计理论与方法融入哲学、经济学、管理学和人工智能的课程,强化对复合型人才的培养,增进其对相关财务会计理论、概念、指标等的理解,提高财务会计人员对复杂经济业务的职业判断能力、编程能力和对财务会计信息和指标解读与运用的能力。⑤

国际会计师联合会(International Federation of Accountants,IFAC)发布的《Future-Fit Accountants:CFO & Finance Function Roles for the Next Decade》⑥(适应未来的会计人)报告指出,职业会计师的角色随着世界快速变革而改变,会计人员的形象和技能都将随之发生改变。会计人员要成为数字和技术的赋能者(enabler),确保组织能够在当今竞争激烈的数字化环境中生存,并将财务的功能转型为数字化赋能的力量。具体包括:

(1)在新的数字和技术工具上占得先机(数字思维)。

(2)与IT专家有效合作以提高现有系统和工具的效率,抓住价值的新机遇(业财融合)。

(3)形成聚焦数据治理、数据建模、数据获取和数据分析工具的数据驱动的文化(大数据分析)。

---

① 齐殿伟.人工智能背景下会计人才培养模式的转型与重构——以长春理工大学为例[J].商业会计,2018(16):122-124.

② 吕磊.智能财务背景下高职院校财会人员培养方向调整研究初探[J].经济研究导刊,2018(30):145-146.

③ 陈小琴.人工智能时代会计人才培养模式[J].商业会计,2019(9):127-129.

④ 秦娇.人工智能时代会计人员面临的机会和挑战[J].商业会计,2019(7):86-88.

⑤ 商思争,陈建芸,戴华江,等.会计机器人时代应用型高校会计专业财务会计课程地位探讨[J].财会月刊,2018(5):132-136.

⑥ IFAC. Future-Fit Accountants:CFO & Finance Function Roles for the Next Decade[EB/OL].2019. https://www.ifac.org/knowledge-gateway/preparing-future-ready-professionals/discussion/future-fit-accountants-roles-next.

（4）有效地部署技术力量，助力高效率的、充足的、端到端的财务控制流程（信息系统建设）。

（5）确保系统和流程足以保护组织免受欺诈、腐败的干扰（内部控制、内部审计、风险管理）。

企业界关于信息技术对人才培养的影响的研究和实践也在进行，但没有提及智能财务人才培养的具体框架和途径，具体如下：

立信会计师事务所（特殊普通合伙）冯玉洁（2019）指出，企业应当重视信息化建设，通过外部引进和内部培养相结合的方式，建立信息技术人才队伍，为提高企业信息化程度提供充足的人才保障。同时，企业应借助互联网，搭建一个便捷高效的查询平台，以便内部相关部门及时沟通，充分利用人工智能先进技术，如大数据、云计算、财务共享等，对海量数据快速高效分析，及时转化为更多有价值的信息，帮助管理层作出决策。[①]

新松机器人自动化股份有限公司总裁曲道奎于 2015 年在上海国家会计学院举办的"全国会计领军人才大集训"的名家讲堂上提到，机器人有两大属性：一是"机器"的属性，二是"人"的属性。传统意义上的机器人，更偏向于"机器"。这种属性制约着它们从事相当一部分工作。比如，传统机器人很笨拙、不会思考，难以进行灵活性工作，与人难以协作，这使得它们大都应用在劳动密集型产业。而重新定义的机器人已经不是传统的一种可编程的机械设备、机械装置，而是一个人类在各个领域的伙伴。新一代机器人至少具备决策、交互、作业这几大能力，这几大能力面对环境、行为方式、任务、交互等方面提出新的挑战。按照这个概念，我们可以看出新一代机器人已经拥有人的很多功能。[②]

上海国家会计学院、ACCA 于 2019 年共同发布的《财务赋能创新发展》报告[③]指出，我们在 21 世纪之初所学习的内容也许保持了十年之久，但是当今世界瞬息万变，我们现在学到的知识和技能中，有一半在三四年后就可能变得无关紧要。因此，我们不仅需要快速学习，还需要更频繁地更新学习内容。

ACCA 于 2018 年在《未来学习》[④]中探讨了为满足职场需求，持续发展技能，进而建立长期竞争力的必要性。这影响的不只是那些刚刚加入本行业的职场新人，还包括在财务部门工作多年的老员工——对后者的影响或许更为重大。但是，不断更新技能、每两年到三年就完成自我重塑，这一要求无疑是巨大挑战，然而它正是我们所需要的。此报告还指出，受访者普遍坚信，CFO 仍将在企业中发挥核心作用。但是，您也许会惊讶地发现，不同地域的受访者对 CFO 未来角色变化的看法截然不同。超过 60% 的中国受访者表示，未来十年内，CFO 的角色必定会发生颠覆性的重大变革；而 57% 的英国受访者及 60% 的爱尔兰受访者则表示，CFO 的角色不太会发生任何变化。多数与会者和受访者都坚信改革的浪潮将席卷而来。随着"财务敏锐度"在整个企业内的不断进化，CFO 作为战略财务顾问对董事会的影响

---

① 冯玉洁.浅议人工智能时代财务会计向管理会计的转型［J］.商业会计，2019（5）：170-171.

② 曲道奎.机器人是敌人还是伙伴.［EB/OL］.（2015-11-02）［2020-11-04］.http://topcfo10years.snai.edu/mjjt/info_13.aspx? itemid=81.

③ 上海国家会计学院，ACCA.财务赋能创新发展.［EB/OL］.（2019-11-14）.https://cn.accaglobal.com/content/dam/acca/pi/files/finance-development.pdf.

④ ACCA.未来学习.［EB/OL］.https://cn.accaglobal.com/insights/c87/learning_for_the_future-87-898.html.

也将显得弥足轻重、不容小觑。

### (二) 智能财务的特征

#### 1. 泛智能技术应用于财务实践

泛智能技术是指包括"大智移云物区"在内的一系列新技术的集合应用。2018 年,全球领先的信息技术研究和顾问公司高德纳咨询公司(Gartner)公布了战略科技发展趋势。具体包括以下内容:

(1) 人工智能基础。

(2) 智能应用分析。

(3) 智能物件。

(4) 数字孪生。

(5) 从云到边。

(6) 会话式平台。

(7) 沉浸式体验。

(8) 区块链。

(9) 事件驱动。

(10) 持续自适应风险和信任。

在上海国家会计学院发起并持续开展的"影响中国会计人员的十大信息技术"评选活动中,对会计人员产生影响的技术包含数十项。除此之外,有许多技术已经在社会经济生活中广泛应用,如移动互联网、移动支付、光学字符识别(OCR)、无线射频识别技术(RFID)、在线审计、在线办公、区块链、会计凭证无纸化、电子发票等技术,广泛应用于资金收付和转账结算。具体技术在财务场景中的应用如表 1 所示。

表 1　技术与财务应用场景对照表

| 序号 | 技术 | 财务应用场景 |
|------|------|------|
| 1 | 二维码 | 会计档案的整理、查询 |
| 2 | 光学字符识别(OCR) | 原始凭证识别,流程联结 |
| 3 | 无线射频识别技术(RFID) | 固定资产管理 |
| 4 | 数字加密 | 电子发票,智能会计核算 |
| 5 | 财务机器人(FRPA) | 自动付款,自动对账 |
| 6 | 移动互联网 | 银企互联,银企直联 |
| 7 | 移动支付 | 资金集中,实时结算转账 |
| 8 | 在线审计 | 在线抽凭,复核、生成底稿 |
| 9 | 电子存储 | 电子档案 |
| 10 | 云计算 | 财务云,财务共享服务 |
| 11 | 语音识别 | 语音账务处理 |
| 12 | XBRL 技术 | 智能财务管理报告 |
| 13 | 数据挖掘 | 财务分析 |

（续表）

| 序号 | 技术 | 财务应用场景 |
|------|------|--------------|
| 14 | 自然语言处理 | 反舞弊,内部控制、预测 |
| 15 | 知识图谱 | 财务规则引擎 |
| 16 | 专家系统 | 会计引擎 |
| 17 | 区块链 | 保险合同,电子发票 |

**2. 业务流程、会计核算、财务管理的智能融合**

财务管理流程主要包括控制流程和管理流程。其对象都是作用于业务系统,并通过管理决策影响业务的走向。控制流程和管理流程功能的实现需要财务数据,而财务数据基于智能会计核算系统,其源头是业务数据,是对业务活动形成的数据按照会计引擎进行加工之后的产物。在流程融合的基础上,可以实现如下"两化":

第一,实现数据资产化。财务上的资产指由企业过去经营交易或者事项形成的,由企业拥有或控制的,预期会给企业带来经济利益的资源。同样,可称为资产的只是部分数据。我们也可以将数据资产类比财务资产,简要定义数据资产为由企业拥有或控制的,预期会给企业带来未来经济利益的数据资源。

第二,实现管理智能化。智能化是智能财务共享显而易见的特征。嵌入式分析、语音识别、图像识别等智能化技术因为人工智能的深度发展使财务共享系统越来越智能化。

**3. 智能财务系统建设具有渐进性**

我国会计信息化40年的发展经历了会计电算化、会计信息化(狭义)和会计智能化三个阶段。人工智能的快速发展,触发了新的应用场景。德勤和 Kira Systems 于2016年将人工智能引入会计、税务、审计等工作中,随后以"四大"为代表的会计师事务所和以金蝶、用友、元年为代表的软件厂商纷纷推出了财务机器人方案。随着"大智移云物区"技术的快速发展,企业开始应用财务云、智能决策系统、RPA等产品。全国会计专业学位研究生教育指导委员会建议在人才培养体系中增加云会计与智能财务共享、机器学习与财务智能、大数据挖掘与商业智能等课程。

智能财务从企业建立财务共享平台开始,主要建设智能会计核算系统,在此基础上,将财务管理和管理会计的管控功能智能化,建立智能财务管理系统。

**4. 智能财务系统架构**

智能财务系统是一个由多系统组成的复杂框架。信息流以企业经营活动为起源,在基础信息系统架构的基础上,依次经过信息输入、信息处理、信息输出,为企业内外部管理者提供决策支持信息。

(1)基础信息系统。智能财务需要借助智能机器和人类财务专家共同组成的人机一体化智能管理系统,因此,位于底层的智能感知系统、网络通信系统、数据管理系统和通用智能引擎是必不可少的。智能感知系统利用条码、RFID、传感器、OCR等技术,客观地感知企业内部经营活动和外部环境,自动地完成数据的搜集工作;网络通信系统通过物联网、移动互联网,以及卫星通信网络等实现数据的传递和共享;数据管理系统用于存储企业智能管理所需的元数据、业财管交易处理数据,以及规则库、方法库、模型库、知识图谱等,在数据仓库和数据挖掘等 BI 组件的支持下,为应用层的数据智能处理提供基础;通用智能引擎则通过公共的智能部件(核算引擎、流程引擎、推理引擎等),满足应用层各种智能处理的需要。

(2)位于上层的智能财务应用层描述了财务信息处理的全过程:从企业经营活动到业财管统一信息输入平台,在经过信息处理后,通过公共信息报告和展示平台送达企业内外管理者和决策者。所有这些信息处理过程都需要借助底层的通用智能引擎自动完成。

输入信息不仅来源于单位对外的经营管理活动,还来源于对外部大数据资源的自动爬取。智能信息输入平台是企业的统一信息输入平台,它通过人机合作模式,将机器客观采集到的信息和人类主观感知到的信息结合起来,按照财务信息处理的要求完成信息的输入。在信息输出方面,企业将通过底层的各种智能引擎,把机器的运算结果和人的价值判断相互匹配,动态、实时、频道化、多种形式地展示业财管融合报表信息,以满足企业内外部管理决策者的需求。

(3)信息处理系统。财务信息处理方式将体现为三个层次:基础是建立在大数据业务系统上的智能会计核算系统,中间是业财管一体化的智能财务管理系统,位于最上层的是与企业战略系统对接的智能财务战略系统。

**(三) 研究意义**

**1. 智能财务人才培养研究是会计行业人才培养的重要组成部分**

财政部发布的《关于全面推进管理会计体系建设的指导意见》指出,加快推进管理会计人才培养,力争到 2020 年培养 3 万名精于理财、善于管理和决策的管理会计人才。

2016 年,财政部发布的《会计改革与发展"十三五"规划纲要》[①]指出,探索推动行政事业单位会计信息化工作,推动基层单位会计信息系统与业务系统的有机融合,推动会计工作从传统核算型向现代管理型转变;引导企业以可扩展商业报告语言提升内部管理信息标准化,促进财务、业务数据的融合与互联;密切关注大数据、"互联网 +"发展对会计工作的影响,研究探讨会计信息资源共享机制、会计资料无纸化管理制度。

**2. 智能财务人才培养是会计行业应对技术变革的需要**

技术正在重塑商业变革。党的十九大报告提出,推动互联网、大数据、人工智能和实体经济深度融合。以人工智能、区块链、云计算和大数据为核心的新兴信息技术正在快速发展,并与传统行业实现快速融合。2017 年,国务院印发《新一代人工智能发展规划》提出新一代人工智能发展规划的重点任务是构建开放协同的人工智能科技创新体系,在前沿基础理论、关键共性技术、创新平台、高端人才队伍等方面强化部署。数字化转型之际,企业财务如何与商业模式的创新变革相结合,如何培养适应数字化时代的智能财务人才,这些都是摆在企业面前必须考虑的问题。

**3. 智能财务人才培养研究是会计人职业发展的重要参考**

智能时代的来临,对整个社会的影响是全面而深远的。在这种背景下,会计人的择业观也会受到影响和改变,也必然要进行认知升级。同时,关于人工智能是否会取代财务人员也成为近期热议的话题,也引发了会计人对未来职业的担忧。

---

① 财政部,《会计改革与发展"十三五"(2016 - 2020)规划》,财会〔2016〕19 号。

早在 2017 年 4 月召开的"全球移动互联网大会"上,霍金指出,我们无法知道我们将无限地得到人工智能的帮助,还是被藐视并被边缘化,或者很可能被它毁灭。的确,我们担心聪明的机器将能够代替人类正在从事的工作,并迅速地消灭数以百万计的工作岗位。科技企业家埃隆·马斯克也警告过人们,超人类人工智能可能带来不可估量的利益,但是如果部署不当,则可能给人类带来相反的效果。

智能时代给财务人员带来了工作的便利,但也可能带来职业的颠覆以及对职业道德的更大的考验。财务人员如何顺势而为,积极学习,成为适应技术发展的智能财务人才,是每个财务人必须考虑的问题。

**4. 智能财务人才培养是应对全球经济新周期、企业财务转型新时代的严峻形势的治本之策**

针对当前高层次复合型会计人才的缺乏,会计人才结构和布局不尽合理,教育部连续发布了"双一流""六卓越一拔尖"和"特色高水平院校及骨干专业群建设"等多项教育改革计划。2019 年 1 月 24 日,国务院正式发布《国家职业教育改革实施方案》,提出从 2019 年开始,在职业院校、应用型本科高校启动"学历证书+若干职业技能等级证书"制度试点(1＋X 证书制度试点)工作。智能财税职业技能等级证书是教育部"1＋X 证书制度试点"实施以来的第一个财会方面的职业证书。468 所高校成为第二批智能财税职业技能等级证书试点院校。[①]高校教育需对标国家发展战略和经济社会发展需求,培养面向未来的可持续发展的智能财务会计人才。

**(四) 研究方法**

鉴于本课题研究的相关领域的文献可检索性不足,因此本次课题研究重点采用专家访谈、专题调研、问卷调查等方式进行。本研究通过广泛动员、专家自荐、专家推荐、行业协会推荐等方式,邀请中国智能财务领域中的研究者和实践专家进行一对一单独访谈。同时,在针对在校研究生进行群体访谈的基础上,分析和总结两次访谈的要点,进行调研问卷的设计和研讨,再经过专家们的梳理后形成调研问卷。最后,在分级问卷调查的基础上形成本研究报告。

本次调研问卷共计 21 个问题,通过问卷星网站(网页版问卷地址:https://www.wjx.cn/jq/46431385.aspx)投放,被调查者可以在手机端和网页端进行填写问卷。

本次调研共收到 14 份专家建议和 40 份学生访谈反馈。此外,网络问卷调研起于 2019 年 10 月 8 日,止于 2019 年 10 月 19 日,共回收 634 份有效问卷。

专家访谈名单、访谈提纲和调查问卷原文请见本文附录一至附录三。

## 三、调查结果分析

**(一)受访单位的财务智能化现状**

**1. 受访者基本情况**

1)受访者的性别和年龄段

本次调研的受访者中,男性为 292 人,占比 46.06%;女性为 342 人,占比 53.94%,如

---

① 教育部,《关于第二批 1＋X 证书制度试点院校名单的公告》,教职所〔2019〕257 号。

图1所示。

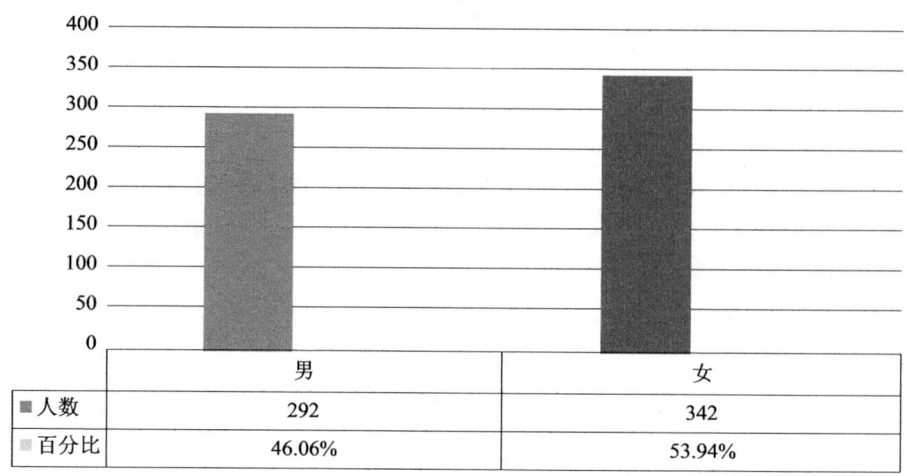

| | 男 | 女 |
|---|---|---|
| ■人数 | 292 | 342 |
| ■百分比 | 46.06% | 53.94% |

**图1　受访者的性别情况**

受访者的年龄段以70后、80后、90后为主,总占比为95.58%。其中,80后的人数最多,为241人;70后和90后次之,分别为191人和174人;60后的人数为26人,仅占4.10%。此外,还有两位00后参与调研,占比0.32%;50后及其他年龄段的占比为0,如图2所示。

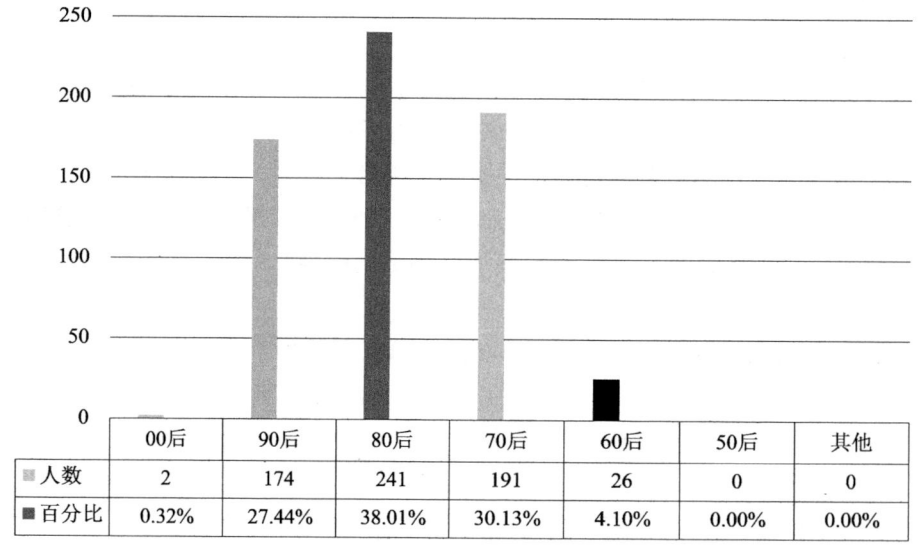

| | 00后 | 90后 | 80后 | 70后 | 60后 | 50后 | 其他 |
|---|---|---|---|---|---|---|---|
| ■人数 | 2 | 174 | 241 | 191 | 26 | 0 | 0 |
| ■百分比 | 0.32% | 27.44% | 38.01% | 30.13% | 4.10% | 0.00% | 0.00% |

**图2　受访者年龄段**

2)受访者的工作背景

本次调研的受访者中,财务类岗位参与调研人数为510位,包括财务基层、财务经理、财务总监和CFO,总占比为80.43%;CEO占比1.74%;在校生占比2.37%;其他岗位人员为98位,占比15.46%,包括合伙人、审计负责人、审计助理、项目经理、试用期员工等,如图3所示。

通过对受访者年龄段和工作背景交叉分析,我们观察到70后在财务总监、CFO和CEO

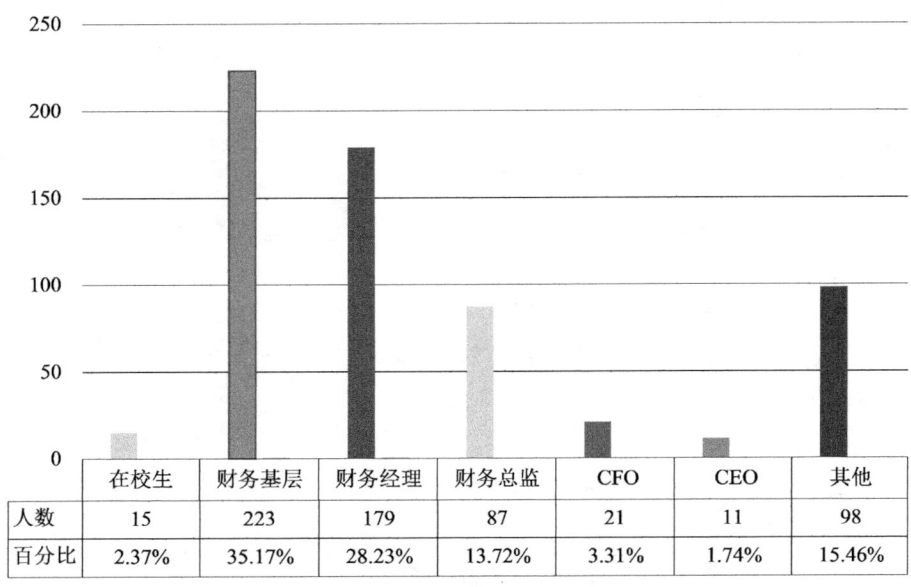

| | 在校生 | 财务基层 | 财务经理 | 财务总监 | CFO | CEO | 其他 |
|---|---|---|---|---|---|---|---|
| 人数 | 15 | 223 | 179 | 87 | 21 | 11 | 98 |
| 百分比 | 2.37% | 35.17% | 28.23% | 13.72% | 3.31% | 1.74% | 15.46% |

**图 3　受访者的工作背景**

人群中的占比最高;80 后在财务经理中占比最高;90 后在财务基层和在校生中占比最高;60 后在各个群体皆有分布,但占比非常少,如图 4 所示。

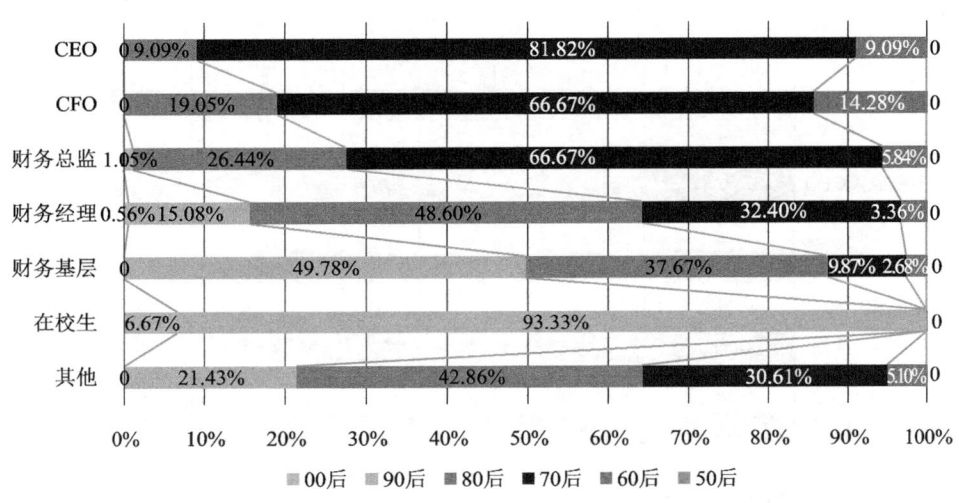

**图 4　受访者年龄段和工作背景交叉分析**

3）受访者对智能财务的熟悉程度

（1）受访者对智能财务的熟悉程度及原因。

受访者中,75%的受访者对智能财务的熟悉程度为一般以上,其中仅有 7%非常熟悉智能财务;25%的受访者不熟悉智能财务,如图 5 所示。大部分受访者熟悉智能财务的原因可能有三:一是近年来有关人工智能对会计从业人员影响的宣传不断增加;二是随着国家对人工智能的高度重视,会计人员也开始主动了解有关智能财务的信息;三是有关智能财务的研究成果逐渐发表。

（2）受访者工作背景与对智能财务熟悉程度交叉分析。

通过与受访者工作背景的交叉分析，调研发现从财务基层到财务经理，再到财务总监及 CFO，随着财务从业者管理层级不断提升，他们对智能财务的熟悉程度越来越高。这说明财务的职务层级越高，越关注智能财务发展。而公司最高层 CEO 对智能财务的熟悉程度多为一般，这对 CFO 提出了向上沟通的挑战。在校生和其他岗位人员对智能财务的熟悉在一般以上占比均超过 60%，如图 6 所示。

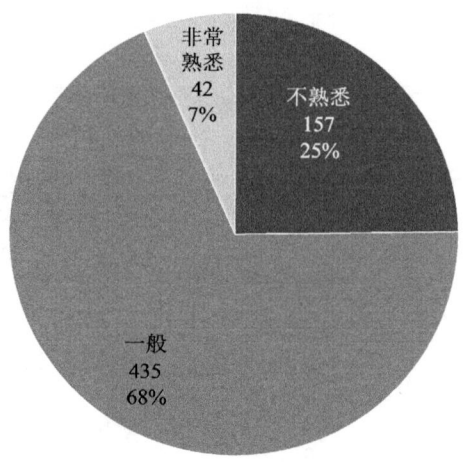

**图5 受访者对智能财务的熟悉程度**

（3）受访者所在企业规模与对智能财务熟悉程度的交叉分析。

受访者所在企业规模越大，受访者对智能财务的熟悉程度越高。对于 10 亿及以下规模的公司，受访者中对智能财务非常熟悉的仅有 3.34%；对于 10 亿~100 亿（含 100 亿）规模的公司，受访者中对智能财务非常熟悉的有 10%；对于 100 亿以上规模的公司，受访者中对智能财务非常熟悉的则有18.67%，如图 7 所示。

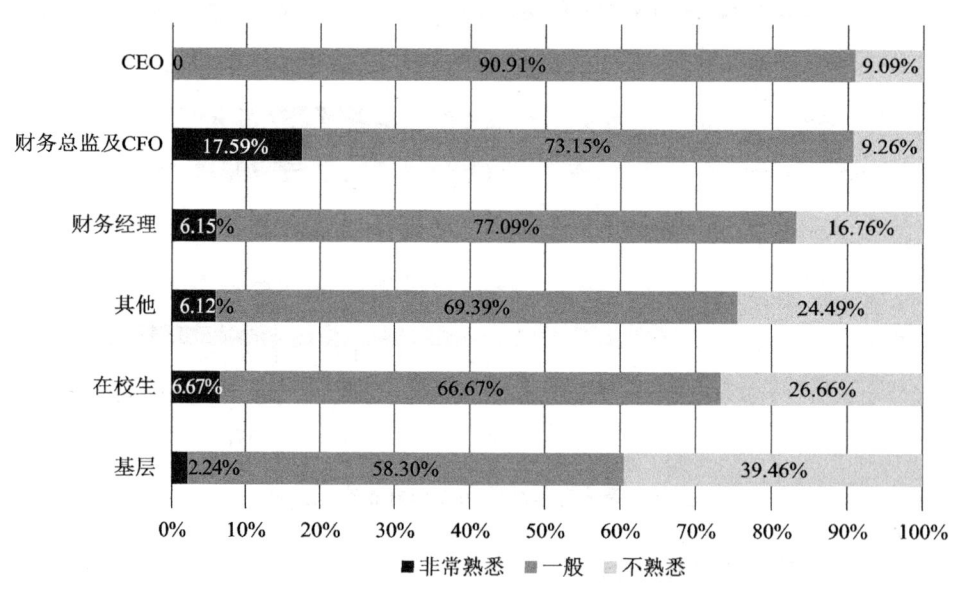

**图6 受访者工作背景与对智能财务熟悉程度交叉分析**

从另一个角度来看，30%左右的 10 亿及以下规模的公司中的受访者不了解智能财务；10 亿~100 亿（含 100 亿）规模的公司中的受访者不了解智能财务的骤减为 17.86%；而在 100 亿以上规模的公司中的受访者，仅有 4.00%不了解智能财务。

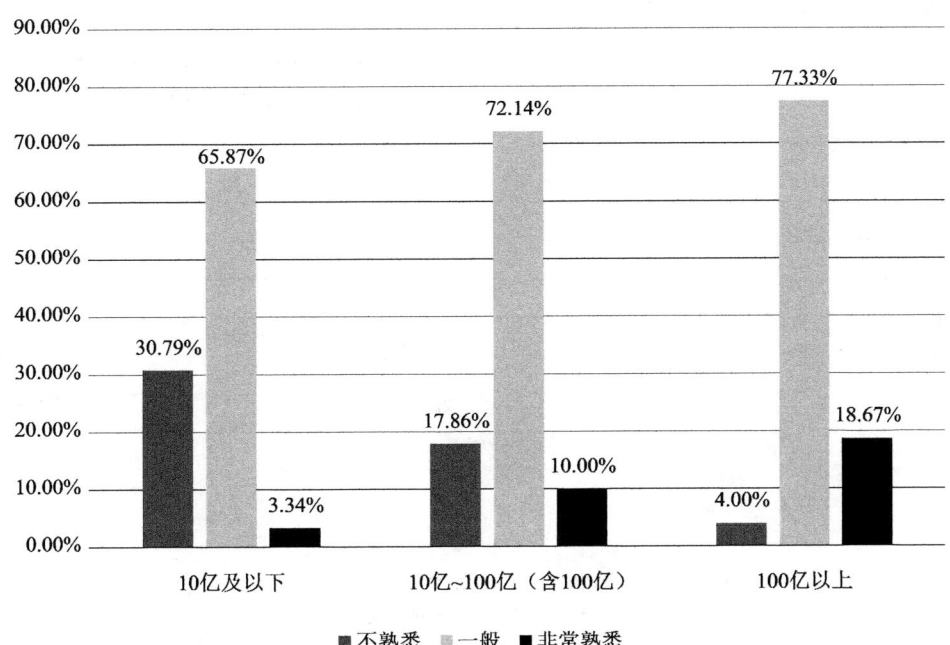

**图 7 对智能财务的熟悉程度与企业规模交叉分析**

### 2. 受访者所在单位基本情况

1）受访者所在单位行业分布及所有制类型

受访者所在单位数据构成中，单一行业及多元化经营企业共有 547 家，占比 86.28%。其中，单一行业的企业占比 53.47%，多元化经营的企业占比 32.81%。行政事业单位有 42 家，占比 6.62%。非盈利组织有 7 家，占比 1.10%。其他单位 38 家，占比 5.99%，包括准公益机构、外资企业等。如图 8 所示。

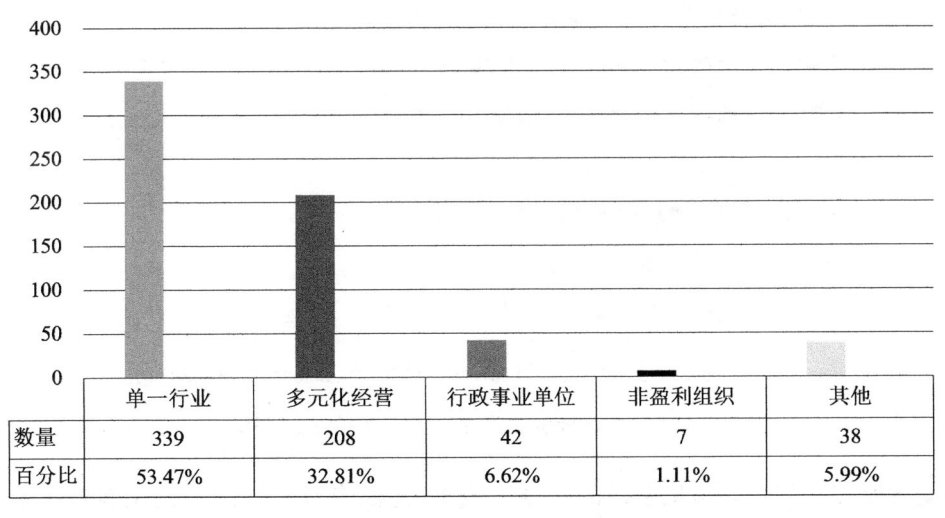

| | 单一行业 | 多元化经营 | 行政事业单位 | 非盈利组织 | 其他 |
|---|---|---|---|---|---|
| 数量 | 339 | 208 | 42 | 7 | 38 |
| 百分比 | 53.47% | 32.81% | 6.62% | 1.11% | 5.99% |

**图 8 受访者所在单位行业分布及所有制类型**

2）受访者所在单位年收入规模

受访者所在单位的年收入规模在 10 亿元以下的比较多，有 419 家，占比 66.09%；年收入规模在 10 亿以上的有 225 家，占比 33.91%，其中百亿级以上规模企业有 75 家，占比 11.83%，如图 9 所示。

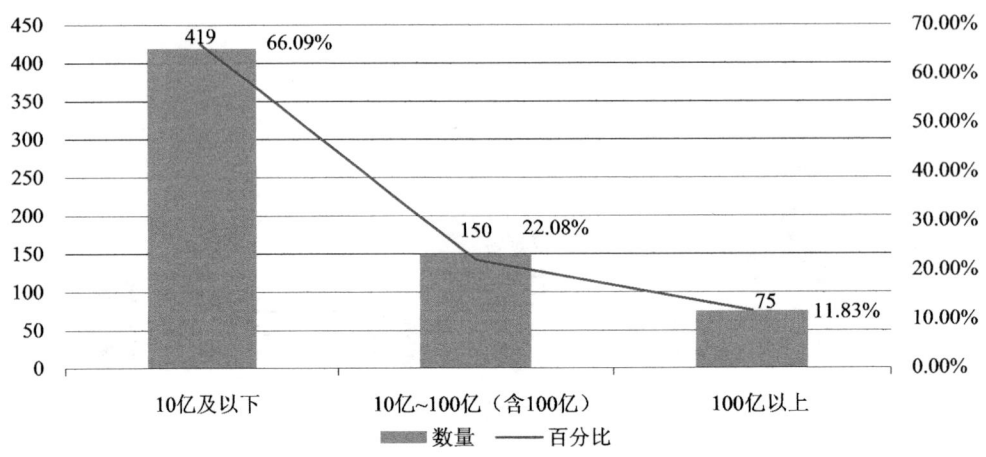

图9 受访人员所在单位年收入规模

### 3. 受访者所在单位财务智能化开展情况

1）受访者所在单位管理信息化现状

在受访者所在单位中，会计信息系统的上线率最高，为 80.44%；库存管理系统（53.79%）和资产管理系统（51.58%）次之；研发管理系统的上线率最低，为 22.24%，如图 10 所示。

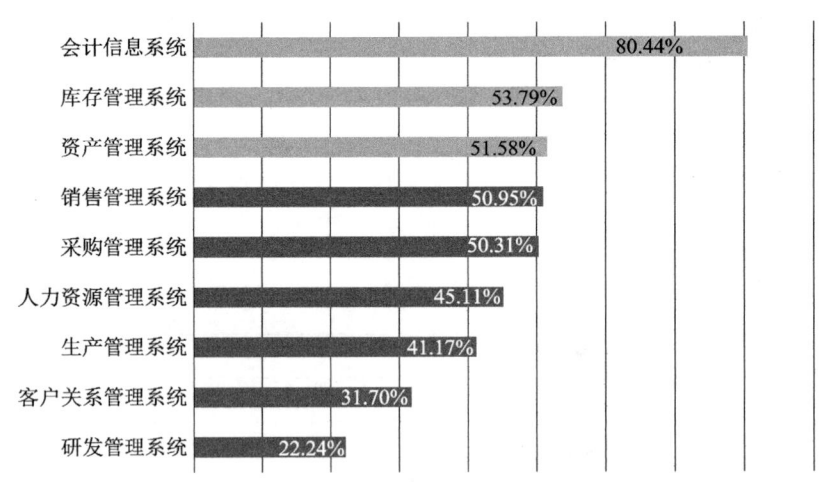

图10 受访者所在单位管理信息系统上线率

受访者所在单位管理信息系统的计划上线率，比例自高至低的依次是客户关系管理系统（8.04%）、生产管理系统（8.04%）、资产管理系统（8.04%）、人力资源管理系统（7.89%）、研发管理系统（7.10%）、销售管理系统（6.94%）、采购管理系统（6.31%）、库存管理系统

（6.15%）、会计管理系统（3.79%）。每个类型的管理信息系统的计划的上线率都没有超过10%，如图11所示。

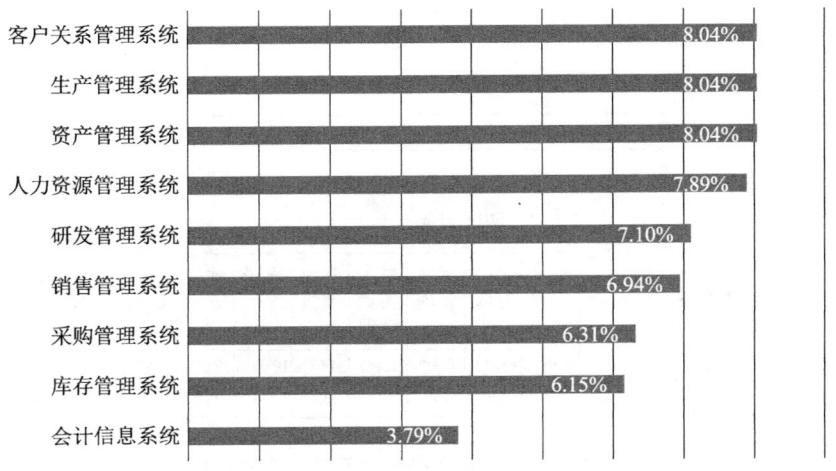

**图11 受访者所在单位管理信息系统计划上线率**

只有3.63%～11.67%的受访者对于所在单位管理信息化各系统上线情况不了解。对会计信息系统的知晓率为96.37%，对资产管理系统的知晓率为93.69%，如图12所示。上述数据说明我国会计信息化的普及类较高，另外也可以看出实施智能财务研究的基础较好。

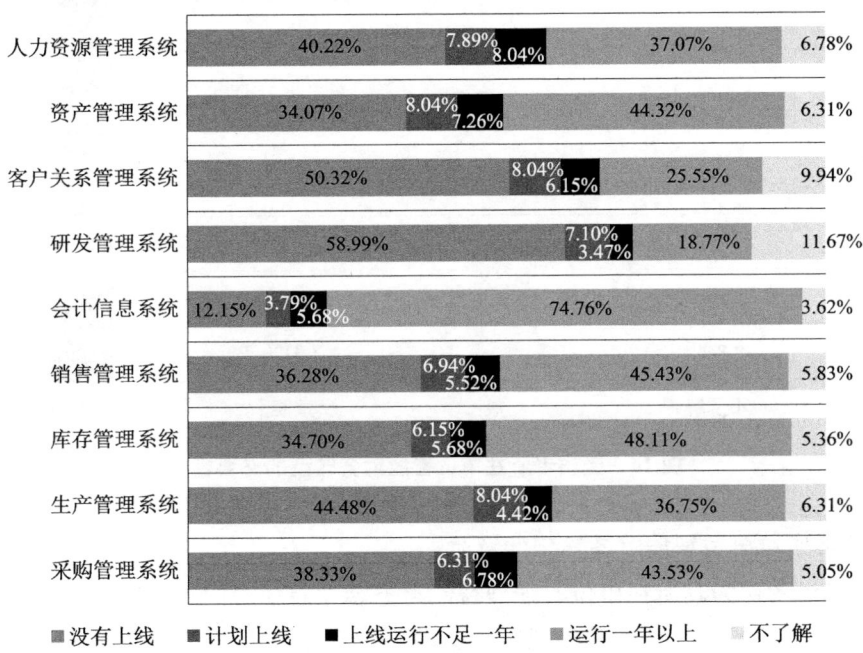

**图12 受访者所在单位管理信息化现状**

2）受访者所在单位财务信息系统已有的功能模块

通过调研可以发现，30%的受访者所在单位已上线了会计核算、发票管理、资金管理、合并报表、合同管理、网上报销、预算管理、银企互联、税务管理以及电子档案管理财务信息系统模块,如图 13 所示。

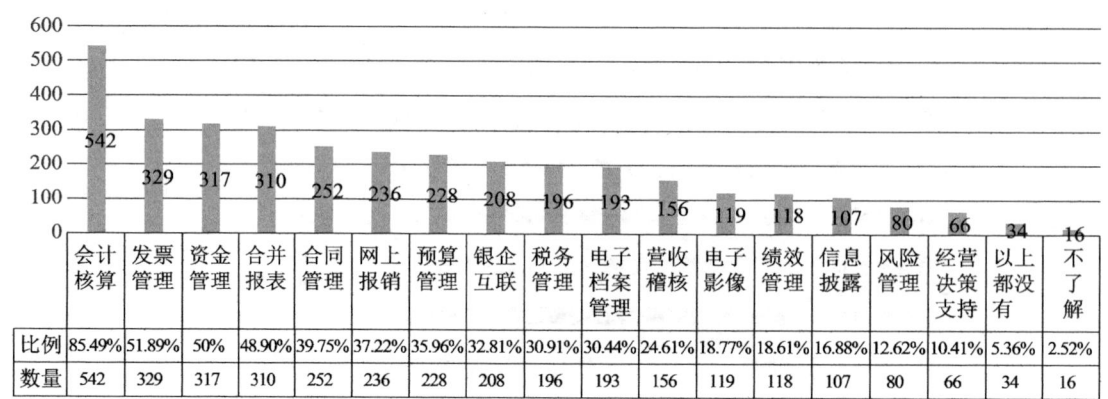

| | 会计核算 | 发票管理 | 资金管理 | 合并报表 | 合同管理 | 网上报销 | 预算管理 | 银企互联 | 税务管理 | 电子档案管理 | 营收稽核 | 电子影像 | 绩效管理 | 信息披露 | 风险管理 | 经营决策支持 | 以上都没有 | 不了解 |
|---|---|---|---|---|---|---|---|---|---|---|---|---|---|---|---|---|---|---|
| 比例 | 85.49% | 51.89% | 50% | 48.90% | 39.75% | 37.22% | 35.96% | 32.81% | 30.91% | 30.44% | 24.61% | 18.77% | 18.61% | 16.88% | 12.62% | 10.41% | 5.36% | 2.52% |
| 数量 | 542 | 329 | 317 | 310 | 252 | 236 | 228 | 208 | 196 | 193 | 156 | 119 | 118 | 107 | 80 | 66 | 34 | 16 |

**图 13  受访者所在单位财务信息系统已有功能模块**

3)受访者所在单位智能财务转型的必要性

超过 72.56%的受访者认为其所在单位进行智能财务转型重要和很重要,如图 14 所示。

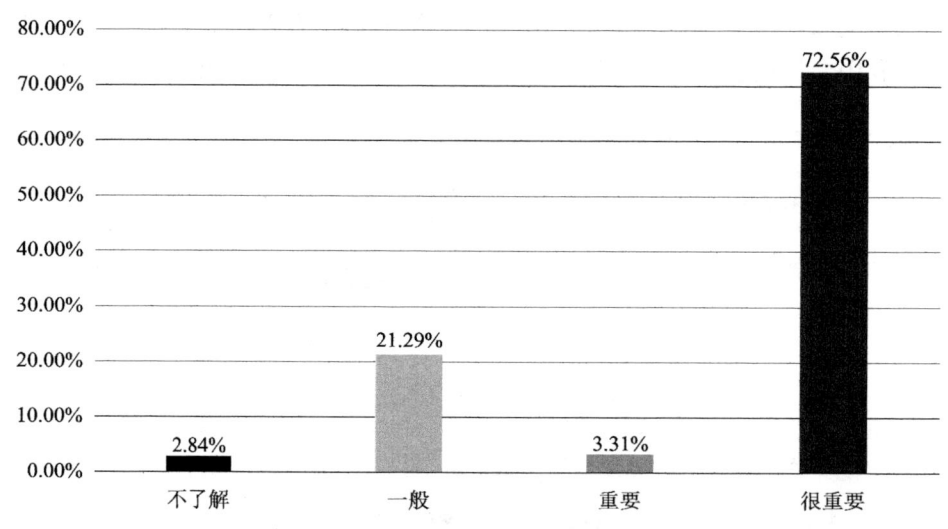

**图 14  受访者所在单位智能财务转型的必要性**

4)受访者所在单位智能财务转型的意愿

32%的受访者认为其所在单位有强烈智能财务转型意愿,并且,仍有 19%的受访者认为意愿不强烈,44%的受访者认为转型意愿一般,如图 15 所示。

通过对受访者所在单位的转型意愿与企业年收入规模交叉分析,我们发现,年收入 100 亿以上企业中,52%有强烈的转型意愿;年收入 10 亿~100 亿(含 100 亿)的企业转型意愿强烈的降低为 44.29%;而年收入 10 亿及以下企业转型意愿很强烈的仅占 25.06%,如图 16 所示。

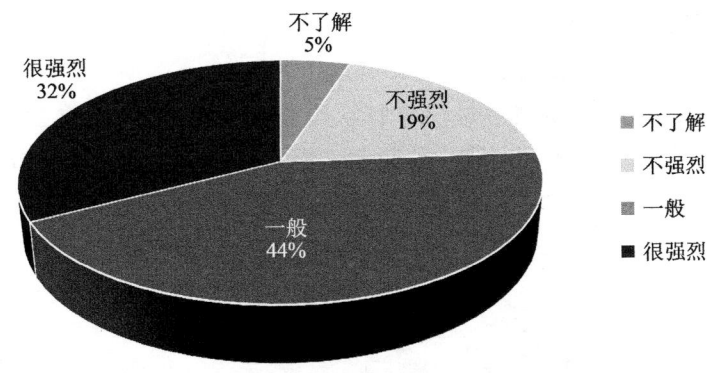

图 15　受访者所在单位智能财务转型的意愿

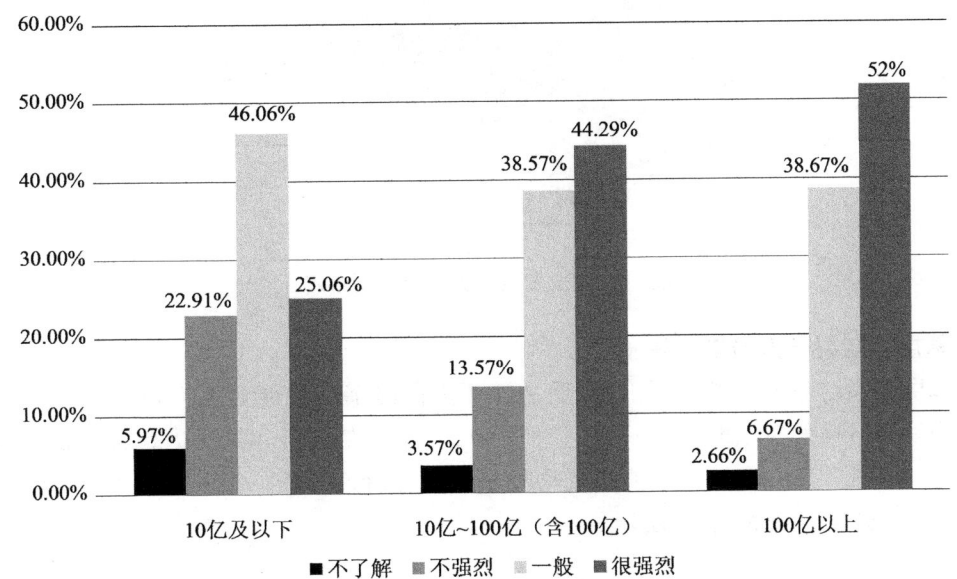

图 16　受访者所在企业转型意愿与企业年收入规模交叉分析

通过对受访者所在单位的转型意愿与企业特点交叉分析,我们发现单一行业及多元化经营企业的转型意愿最强烈,行政事业单位和非盈利组织次之,如图17所示。

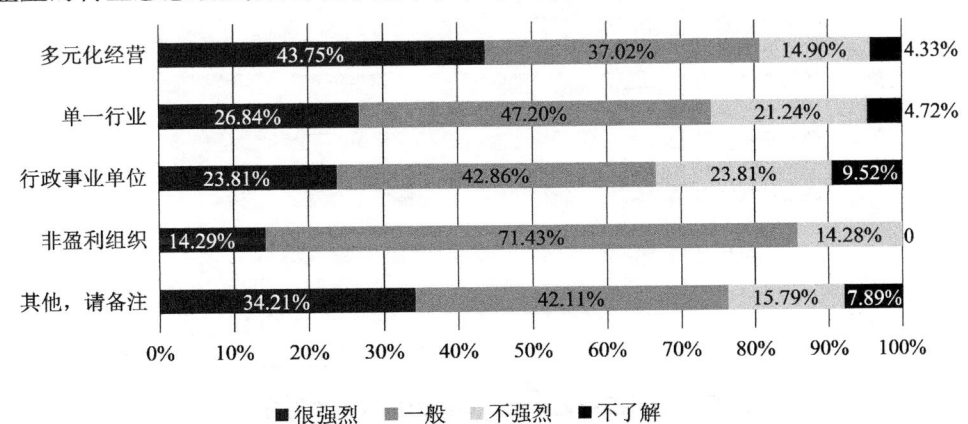

图 17　受访者所在单位智能财务转型意愿与单位特点交叉分析

## (二)智能财务人才能力评价

### 1. 企业智能财务人员配置情况

71.45%的受访者表示其所在单位没有专职的智能财务人员,仅有21.92%的受访者表示其所在单位有专职的智能财务人员。另有6.63%的受访者表示并不清楚其所在单位是否有专职的智能财务人员,如图18所示。

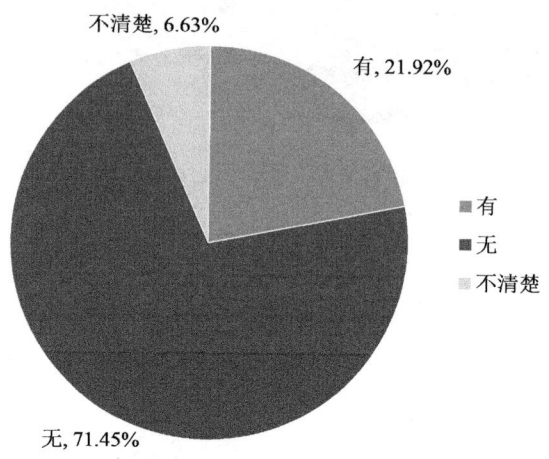

**图18　企业智能财务人员配置情况**

### 2. 基层智能财务人员能力评价

在基层智能财务人员能力评价中,受访者评价得出基层智能财务人员所需具备能力中加权平均得分最高的三项能力为职业道德(4.692 1分)、专注力和细致力(4.474 6分)、逻辑思维能力(4.375 7分);最低的三项为战略规划能力(3.865 8分)、领导力(3.686 0分)、编程语言能力(3.657 4分),如图19所示。

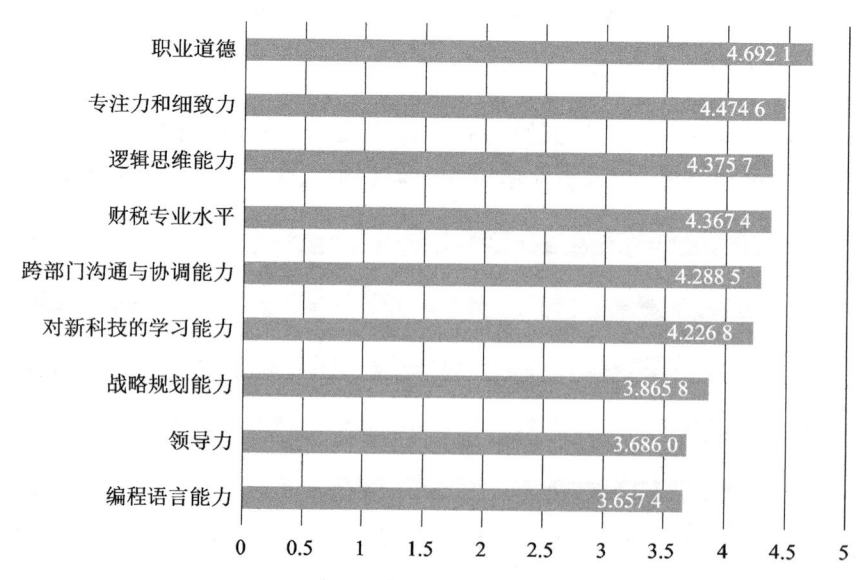

**图19　基层智能财务人员能力加权平均得分**

### 3. 中层智能财务经理能力评价

在中层财务经理能力评价中,受访者评价得出中层财务经理所需具备能力中加权平均得分最高的三项能力为职业道德(4.787 0 分)、逻辑思维能力(4.706 3 分)、跨部门沟通与协调能力(4.675 5 分);最低的三项为战略规划能力(4.518 9 分)、领导力(4.506 3 分)、编程语言能力(3.957 1 分),如图 20 所示。

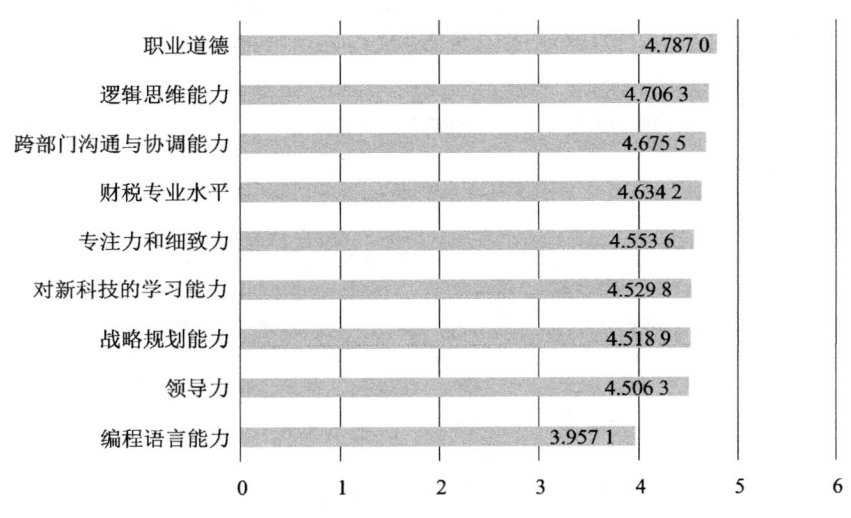

**图 20 中层智能财务经理能力加权平均得分**

### 4. 高层智能 CFO 能力评价

在高层智能 CFO 能力评价中,受访者评价得出高层智能 CFO 所需具备能力中加权平均得分最高的三项能力为战略规划能力(4.902 3 分)、领导力(4.899 2 分)、职业道德(4.883 4 分);最低的三项为财税专业水平(4.632 4 分)、专注力和细致力(4.583 6 分)、编程语言能力(3.985 7 分),如图 21 所示。

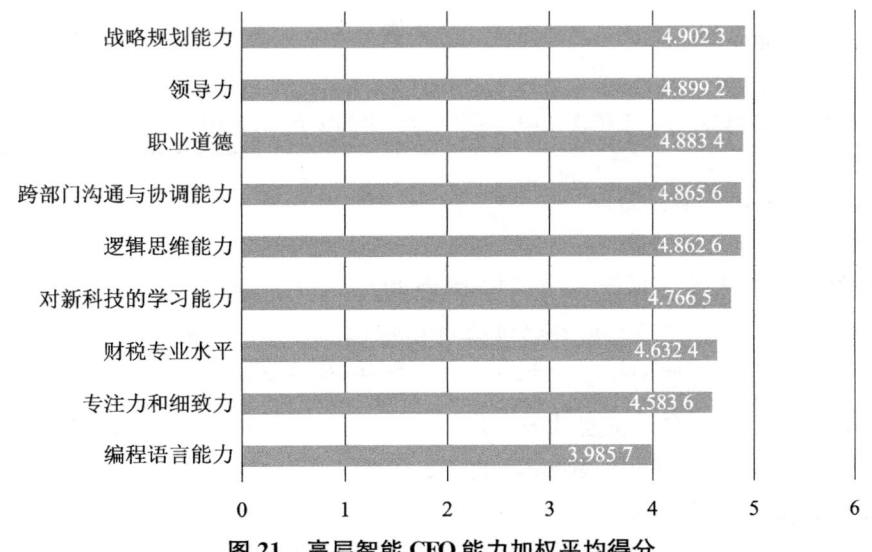

**图 21 高层智能 CFO 能力加权平均得分**

**5. 初中高智能财务人才能力对比分析**

通过对初中高智能财务人才能力对比分析(见图 22),我们发现以下几点:

(1)随着管理层级的不断提升,综合能力的要求逐步提高。高层智能 CFO 的每项能力的得分都高于基层智能财务人员和中层智能财务经理(财税专业水平除外,该项能力对中层的要求最高)。

(2)初中高智能财务人才的编程语言能力的要求都是最低。

(3)初中高智能财务人才的职业道德的要求都排在前三位。

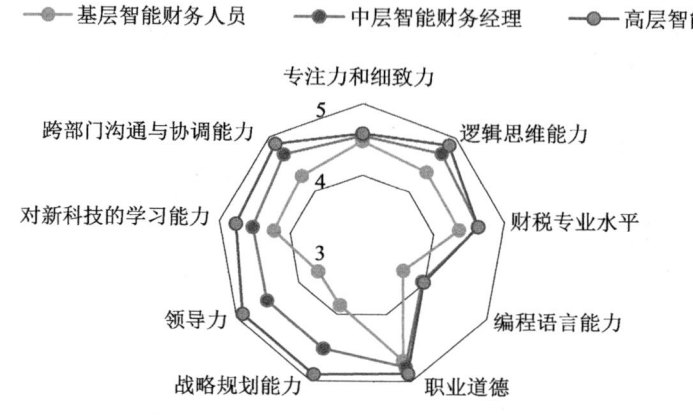

**图 22　初中高智能财务人才能力对比分析**

(4)初中高智能财务人才的能力要求中最重要的四项能力如表 2 所示。

**表 2　初中高智能财务人才能力要求**

| 级别 | 人员 | 最需具备的四项能力 |
|---|---|---|
| 高级 | 高层智能 CFO | 依次是战略规划能力、领导力、职业道德、跨部门沟通与协调能力 |
| 中级 | 中层智能财务经理 | 依次是职业道德、逻辑思维能力、跨部门沟通与协调能力、财税专业水平 |
| 初级 | 基层智能财务人员 | 依次是职业道德、专注力和细致力、逻辑思维能力、财税专业水平 |

**(三)智能财务人才培养方案**

**1. 基层智能财务人员培养**

在基层智能财务人才所需学习的课程中,加权平均得分最高的三门课程依次是智能财务报表与会计档案(4.116 7 分)、资金智能会计核算(4.109 0 分)、商旅和费用报销智能会计核算(4.101 1 分);得分最低的三个课程依次是财务共享服务概述(3.711 2 分)、智能财务体系概述(3.613 7 分)、财务会计信息化发展历程(3.335 9 分),如图 23 所示。基层智能财务人员培养方案的课程呈现"轻理论,重实践"的特点。

**2. 中层智能财务经理培养**

在中层智能财务经理所需学习的课程中,加权平均得分最高的依次是团队沟通与领导

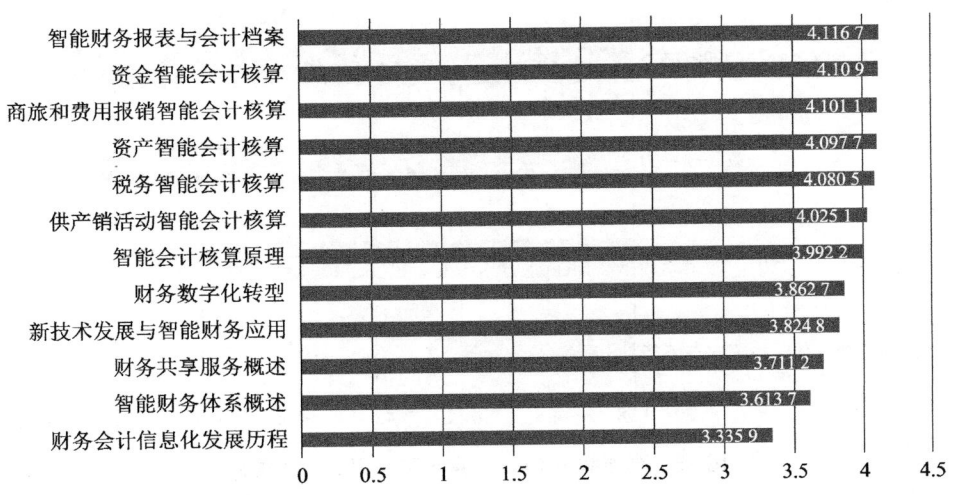

**图 23 基层智能财务人才所需学习课程加权平均分**

力（4.391 1分）、财务共享的建设与运营（4.369分）、数据处理和商业智能分析（4.337 5分），其他依次是智能税务管理（4.331 2分）、大数据与财务决策支持（4.321 6分）、智能审计（4.266 9分）和初级计算机编程（3.763 3分），如图24所示。

对于中层智能财务经理的培养而言，除初级计算机编程外，其他课程的加权平均分差异性不大。

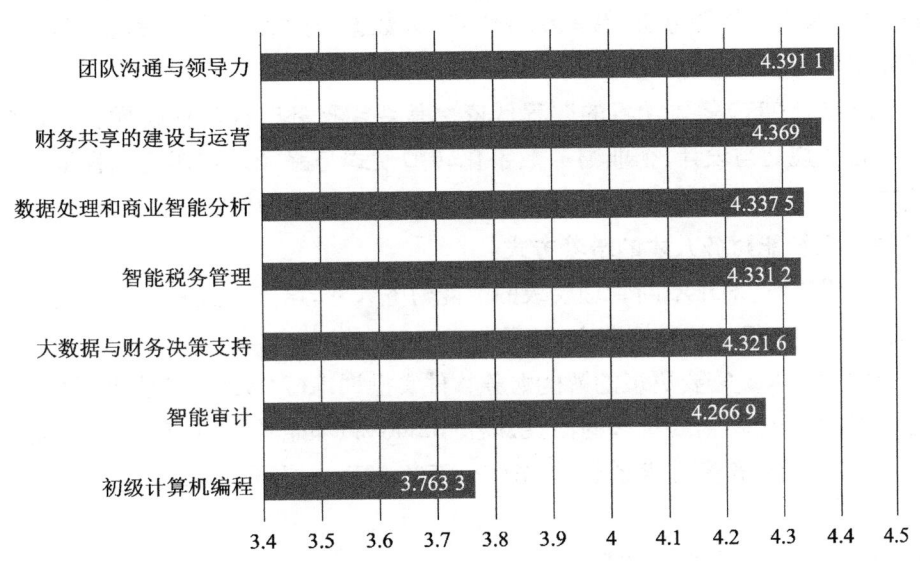

**图 24 中层智能财务经理所需学习课程加权平均分**

### 3. 高层智能CFO培养

在高层智能CFO所需学习的课程中，加权平均得分从高至低依次是智能财务时代的业财融合（4.709 5分）、数字领导力（4.705 4分）、智能财务平台的规划与设计（4.679 9分）、企业财务数字化转型模式与路径（4.628 1分），如图25所示。以上四门课程虽然加权平均得分有高有低，但总体差异不大。

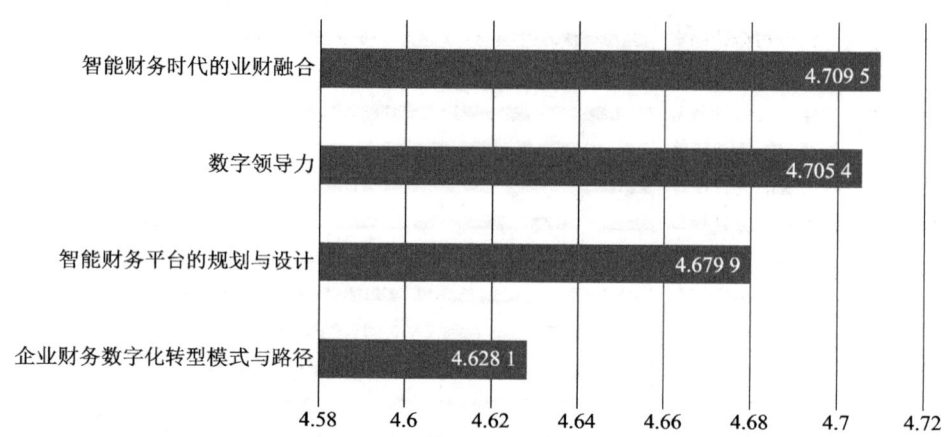

**图 25　高层智能 CFO 所需学习课程加权平均分**

**4. 不同层级智能财务人才的培养课程对比**

通过对初中高智能财务人才培养课程的调研,我们发现以下内容:

(1)基层智能财务人员的培养需要注重实务方面的会计核算,尤其是智能财务报表与会计档案、资金智能会计核算、商旅和费用报销智能会计核算这些适应性比较广的会计核算,是必备知识。

(2)中层智能财务经理需要学习的课程依次是团队沟通与领导力、财务共享的建设与运营、数据处理和商业智能分析、智能税务管理、大数据与财务决策支持、智能审计。其中,初级计算机编程的得分最低。

(3)高层智能 CFO 需要学习的课程低依次是智能财务时代的业财融合、数字领导力、智能财务平台的规划与设计、企业财务数字化转型模式与路径。这四门课程虽然加权平均得分有高有低,但总体差异不大,都是高层智能 CFO 培养方案中的核心课程。

**5. 不同层级智能财务人才的培养方式**

从调研结果来看,对于不同管理层级的智能财务人才,培养方式有如下特点:

(1)不同管理层级的核心培养方式不同。

基层智能财务人员需要更多的智能财务软件实操训练(74.45%)和线上课程(54.42%);对于中层智能财务经理,需要更多的面授课程(62.46%)和企业考察(56.31%);对于高层智能 CFO,企业考察的培养需求遥遥领先(76.97%),其次是面授课程(54.42%),如图 26 所示。

(2)不同管理层级的培养方式需要系统性。

正如前文所讲,不同管理层级的核心培养方式不同,但总的培养方案需要系统构建,线上课程、面授课程、企业考察和智能财务软件实操训练要有机结合。

**(四)受访者所在企业智能财务人才培养现状及学习智能财务的意愿分析**

**1. 受访者所在企业智能财务人才培养现状**

通过调研,我们发现仅有 20.50%的企业已经开展智能财务人才培养,有高达 66.88%的企业还未开始智能财务人才培养工作,如图 27 所示。

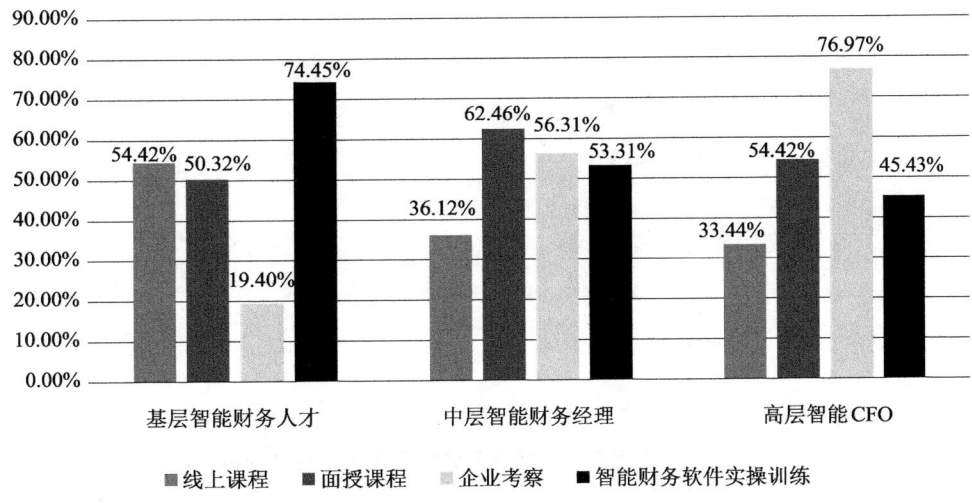

**图26 不同层级的智能财务人才的最佳培养方式**

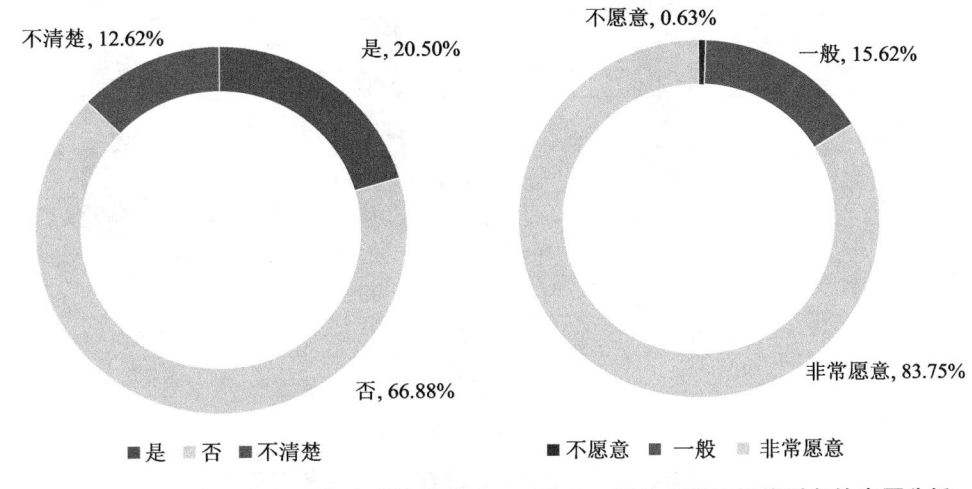

**图27 受访者所在企业智能财务人才培养情况**　　**图28 受访者学习智能财务的意愿分析**

## 2. 受访者学习智能财务相关知识意愿分析

通过调研,我们发现,高达 83.75% 的受访者表示非常愿意学习智能财务相关知识;15.62% 表示学习意愿一般,如图 28 所示。

通过受访者学习智能财务的意愿与年龄交叉分析发现,智能财务学习的主力军是 70 后(29.38%)、80 后(40.11%)和 90 后(26.37%),如图 29 所示。

通过受访者学习智能财务的意愿与企业规模的交叉分析发现,就职于年营业额在 10亿～100 亿(含 100 亿)的企业的受访者学习意愿最强烈(87.86% 的受访者选择非常愿意),其次是年营业额在 100 亿以上企业的受访者,其次是年营业额在 10 亿及以下企业的受访者,如图 30 所示。

通过受访者学习智能财务的意愿与工作背景的交叉分析发现,受访者中 CEO 的学习意愿最高(100.00%),财务基层、财务经理、财务总监和 CFO 的意愿相当,在校生的意愿最低(73.33%),如图 31 所示。

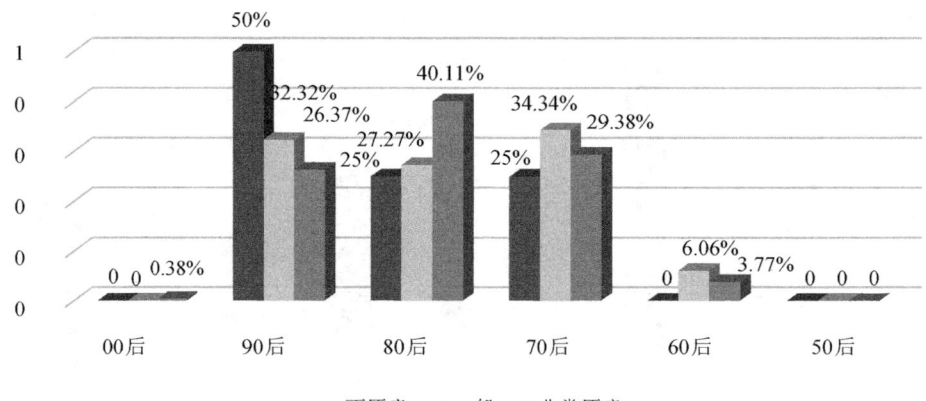

图 29  受访者学习智能财务的意愿与年龄交叉分析

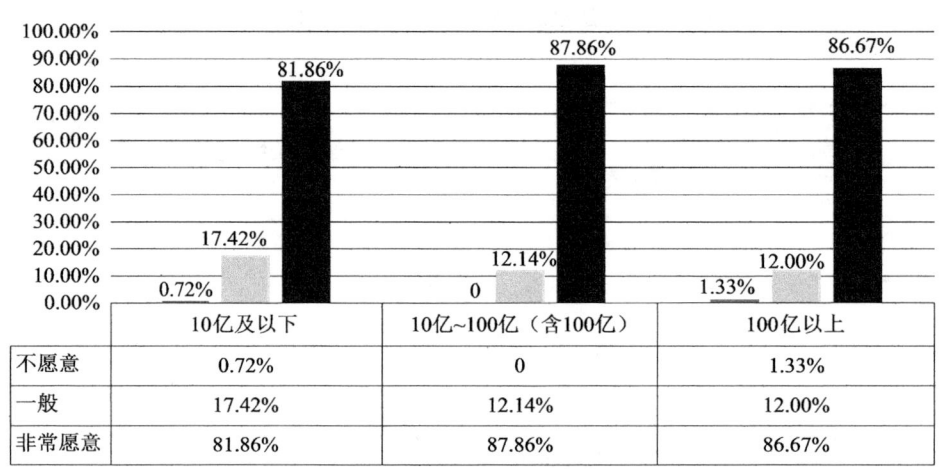

| | 10亿及以下 | 10亿~100亿（含100亿） | 100亿以上 |
|---|---|---|---|
| 不愿意 | 0.72% | 0 | 1.33% |
| 一般 | 17.42% | 12.14% | 12.00% |
| 非常愿意 | 81.86% | 87.86% | 86.67% |

■不愿意  ■一般  ■非常愿意

图 30  受访者学习智能财务意愿与企业规模的交叉分析

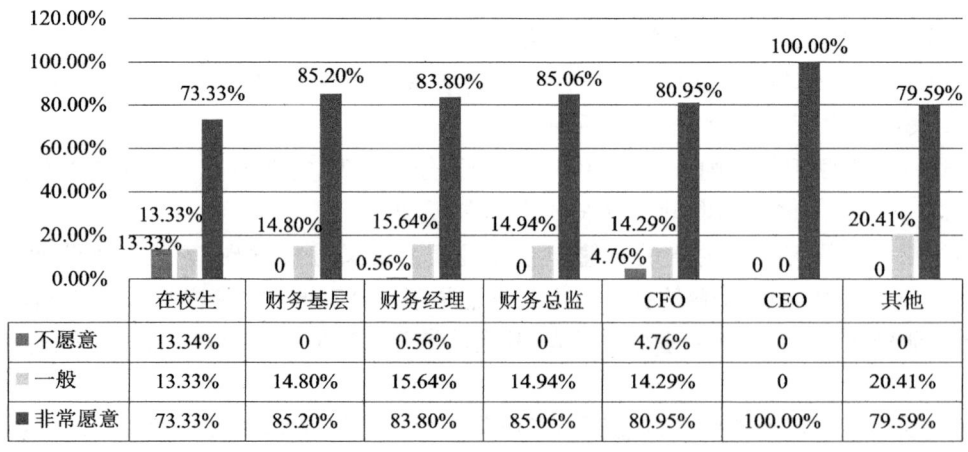

| | 在校生 | 财务基层 | 财务经理 | 财务总监 | CFO | CEO | 其他 |
|---|---|---|---|---|---|---|---|
| ■不愿意 | 13.34% | 0 | 0.56% | 0 | 4.76% | 0 | 0 |
| 一般 | 13.33% | 14.80% | 15.64% | 14.94% | 14.29% | 0 | 20.41% |
| ■非常愿意 | 73.33% | 85.20% | 83.80% | 85.06% | 80.95% | 100.00% | 79.59% |

■不愿意  ■一般  ■非常愿意

图 31  受访者学习智能财务的意愿与工作背景交叉分析

### （五）结论与建议

**1. 智能财务人才培养是大势所趋**

从以上调研数据分析可知，大部分受访者认为其所在单位智能财务转型很有必要，智能财务转型意愿非常强烈。然而，与此相对的是，受访者所在单位的智能财务相关岗位相对空缺，且受访者均表达了比较强烈的学习意愿。

随着科学技术对社会经济发展的推动力越来越强，国家对企业数字化转型、人工智能的发展进行顶层设计，传统行业数字化转型箭在弦上，人工智能在各个领域的应用如火如荼，企业迫切需要对其财务管理进行转型升级。无论是基于过去企业实行智能化共享平台的经验，还是理论界对智能财务系统的理性设想，更兼财会人员面对上述环境的转型，都对智能财务人才培养提出了迫切的需求。

**2. 智能财务人才培养须实行分级培养体系**

鉴于企业构建智能财务体系的渐近性，不同规模、行业、发展背景的企业的差异性，企业对智能财务人才的需求的紧迫性不同。智能财务人才培养宜采取分级培养体系，对智能财务人才划分为初、中、高三级，各个级别的培养目标有所区别。

（1）初级智能财务满足基于智能财务共享平台的业财一体化交易处理需求。

（2）中级智能财务满足基于商务智能平台的管理会计决策支持的需求。

（3）高级智能财务满足基于企业智能管理平台的智能财务体系建设的规划设计的需求。

不同级别的培养方式宜采取线上培训、面授、实地考察访问和实际操作等相互组合模式。

**3. 智能财务知识体系的内容尚需深入研究**

从以上调研数据分析可知，受访者对智能财务人才的能力框架、课程体系的意见和专家意见尚有出入，企业智能财务体系建设的经验与智能财务理论体系之间还有一定的差距。值得强调的是，鉴于技术的飞速发展和更新，智能财务不同层级的培养目标和方案宜根据情况不断迭代和完善。智能财务人才培养体系的建立需要循序渐进，在实践中不断完善。

## 参考文献

［1］刘勤，杨寅.智能财务的体系架构、实现路径和应用趋势探讨［J］.管理会计研究，2018（1）：84-90.

［2］王纪平，刘梅玲，吴忠生，等.上海国家会计学院智能财务师初级教程［G］.上海国家会计学院，2019：12.

［3］董皓.智能时代财务管理［M］.北京：电子工业出版社，2018.

［4］韩向东.智能财务的探索与实践［J］.财务与会计，2018（17）：11-13.

［5］程平.基于CDIO的"互联网＋会计"财务智能化应用能力培养——以重庆理工大学MPAcc教育为例［J］.财会月刊，2018（12）：23-31.

［6］李晶.智能财务机器人时代财务人员自我提升［J］.财会学习，2018（24）：48-50.

［7］齐殿伟.人工智能背景下会计人才培养模式的转型与重构——以长春理工大学为例［J］.商业会计，2018（16）：122-124.

［8］吕磊.智能财务背景下高职院校财会人员培养方向调整研究初探［J］.经济研究导刊，2018（30）：145-146.

［9］陈小琴.人工智能时代会计人才培养模式［J］.商业会计，2019（9）：127-129.

［10］秦娇.人工智能时代会计人员面临的机会和挑战［J］.商业会计，2019（7）：86-88.

［11］商思争，陈建芸，戴华江，等.会计机器人时代应用型高校会计专业财务会计课程地位探讨［J］.财会月

刊,2018(5):132-136.

[12] 冯玉洁.浅议人工智能时代财务会计向管理会计的转型[J].商业会计,2019(5):170-171.

**课题负责人:**王纪平

**课题组成员:**刘梅玲、杨寅、李昕凝、杨艺、秦萌、郑思敏、吴启超、宋晓雁

**所在单位:**上海国家会计学院

## 附录一　专家访谈名单

| 序号 | 姓名 | 性别 | 单　位 |
| --- | --- | --- | --- |
| 1 | 刘　勤 | 男 | 上海国家会计学院党委副书记兼纪委书记、副院长 |
| 2 | 杨周南 | 女 | 中国财政科学研究院博士生导师 |
| 3 | 胡仁昱 | 男 | 华东理工大学会计系教授、研究生导师 |
| 4 | 金　源 | 男 | 资深 CFO、上市公司高管 |
| 5 | 王纪平 | 男 | 上海国家会计学院副教授、硕士生导师 |
| 6 | 俞　洋 | 男 | 简约费控创始人兼 CEO |
| 7 | 刘凤委 | 男 | 上海国家会计学院教授、硕士生导师 |
| 8 | 刘梅玲 | 女 | 上海国家会计学院副教授、硕士生导师 |
| 9 | 吴忠生 | 男 | 上海国家会计学院副教授、硕士生导师 |
| 10 | 欧阳峰 | 男 | 简约费控 CFO |
| 11 | 李昕凝 | 女 | 上海国家会计学院讲师、硕士生导师 |
| 12 | 杨　寅 | 男 | 上海国家会计学院副教授、硕士生导师 |
| 13 | 庞金伟 | 男 | 上海国家会计学院副教授、硕士生导师 |
| 14 | 黄长胤 | 男 | 上海国家会计学院讲师 |

## 附录二　智能财务人才培养需求调研——访谈提纲

**说明:**

1. 访谈对象:该提纲主要面向研究生、本科生,如果访谈对象是职场人士,可以进行针对性调整,以更多了解对方对智能财务人才培养的认知和建议为准。

2. 智能财务的定义:智能财务是一种新型的财务管理模式,它是基于先进的财务管理论、工具和方法,借助智能机器(包括智能软件和智能硬件)和人类财务专家共同组成的人机一体化混合智能系统,通过人和机器的有机合作,完成企业复杂的财务管理活动,并在管理中不断扩大、延伸和逐步取代部分人类财务专家的活动。智能财务是一种业务活动、财务会计活动和管理会计活动全功能、全流程智能化的管理模式。

3. 初中高智能财务人才的区别:初级是智能财务基础工作的交易执行层、中级是智能财务系统的管控层、高级是公司智能财务发展规划的战略规划层。

访谈提纲：

1. 您听说过智能财务吗？

2. 您认为什么是智能财务？

3. 您认为什么是大数据？

4. 您认为什么是财务共享中心？

5. 老师上课的时候讲过智能财务吗？讲过大数据吗？讲过财务共享中心吗？

6. 您实习单位是什么情况？有没有涉及智能财务的部分？如果涉及智能财务，目前是个什么情况？

7. 您还有其他实习或者了解的企业吗？他们的财务管理状况是什么样的？涉及智能财务吗？

8. 您接触过财务信息系统吗？可以分享下吗？

9. 您了解财务机器人吗？可以分享下吗？

10. 您是否知道德勤财务机器人？

11. 智能时代，传统的财务会计会不会消失？如果需要转型，应往哪个方向转型？

12. 如果未来人工智能会取代传统的会计工作，您有没有危机感？有了危机感，您会做些什么？

13. 作为智能财务从业人员，您觉得他需要具有哪些能力？除了学习会计知识，还需要学习什么内容？

14. 刚才您提到编程，您认为智能财务人员了解编程的目的是什么？了解到什么程度比较合适？

15. 从学院角度来看，您认为培养智能财务人才，需要从哪些角度进行培养？安排什么课程？

16. 对于初中高三个层级的智能财务人才，您觉得他们分别需要什么学历背景方可胜任工作？

17. 初中高三个层级的智能财务人才，您觉得他们分别需要具备什么能力？

18. 您觉得智能财务人才的收入和传统财务人员的收入相比，会有什么不同？职业通道呢？

## 附录三　　　　"大智移云物区"时代①

### ——"智能财务人才培养研究"调查问卷

您好！

我是上海国家会计学院智能财务研究中心"智能财务人才培养研究"项目组。邀请您和

---

① "大智移云物区"时代是指大数据、人工智能、移动互联网、云计算、物联网和区块链等信息技术交融渗透，不仅改变着人们的生活，也有望掀起新一轮产业变革的时代。

我一起,完成此问卷。

　　这是一个颠覆的时代,技术的变革不断催生新的经济模式,并为企业带来指数级增长。变革时代中的财务人员如何转型,前路迷茫,充满挑战!

　　为了科学地培养面向未来、直面数字化浪潮的智能财务人才,财政部直属上海国家会计学院砥砺创新,不断开拓,开展此次"智能财务人才培养研究"。您对于此问卷的认真填写,将为国家智能财务人才的培养作出杰出贡献。

　　特别说明:

　　本问卷涉及的"智能财务",是指在大数据、人工智能、移动互联网、云计算、物联网、区块链等最新科技基础上的财务工作转型。

　　感谢您的耐心填写!

## 一、单位信息化现状

1. 贵单位管理信息化的现状是?[矩阵单选题] *

| | 没有上线 | 计划上线 | 上线运行不足一年 | 运行一年以上 | 不了解 |
|---|---|---|---|---|---|
| 采购管理系统 | ○ | ○ | ○ | ○ | ○ |
| 生产管理系统 | ○ | ○ | ○ | ○ | ○ |
| 库存管理系统 | ○ | ○ | ○ | ○ | ○ |
| 销售管理系统 | ○ | ○ | ○ | ○ | ○ |
| 会计信息系统 | ○ | ○ | ○ | ○ | ○ |
| 研发管理系统 | ○ | ○ | ○ | ○ | ○ |
| 客户关系管理系统 | ○ | ○ | ○ | ○ | ○ |
| 资产管理系统 | ○ | ○ | ○ | ○ | ○ |
| 人力资源管理系统 | ○ | ○ | ○ | ○ | ○ |

2. 贵单位的财务信息系统已有的功能模块?[多选题] *

□合同管理　　　□发票管理　　　□电子档案管理　　□电子影像
□网上报销　　　□营收稽核　　　□会计核算　　　　□合并报表
□信息披露　　　□资金管理　　　□银企互联　　　　□税务管理
□预算管理　　　□绩效管理　　　□风险管理　　　　□经营决策支持
□以上都没有　　□不了解

3. 您认为贵单位智能财务转型的必要性?[单选题] *
○不重要　　　　○一般　　　　○很重要　　　　○不了解

4. 您认为贵单位智能财务转型的意愿?[单选题] *
○不强烈　　　　○一般　　　　○很强烈　　　　○不了解

## 二、智能财务人才能力评价

5. 贵单位是否有专职的智能财务人员？［单选题］＊

　　○是　　　　　　○否　　　　　　○不清楚

6. 您认为"基层智能财务人员"应该具备的哪些能力？［矩阵单选题］＊

|  | 1（不重要） | 2（不太重要） | 3（一般重要） | 4（比较重要） | 5（很重要） |
|---|---|---|---|---|---|
| 专注力和细致力 | ○ | ○ | ○ | ○ | ○ |
| 逻辑思维能力 | ○ | ○ | ○ | ○ | ○ |
| 财税专业水平 | ○ | ○ | ○ | ○ | ○ |
| 编程语言能力 | ○ | ○ | ○ | ○ | ○ |
| 职业道德 | ○ | ○ | ○ | ○ | ○ |
| 战略规划能力 | ○ | ○ | ○ | ○ | ○ |
| 领导力 | ○ | ○ | ○ | ○ | ○ |
| 对新科技的学习能力 | ○ | ○ | ○ | ○ | ○ |
| 跨部门沟通与协调能力 | ○ | ○ | ○ | ○ | ○ |

7. 您认为"中层智能财务经理"应该具备的哪些能力？［矩阵单选题］＊

|  | 1（不重要） | 2（不太重要） | 3（一般重要） | 4（比较重要） | 5（很重要） |
|---|---|---|---|---|---|
| 专注力和细致力 | ○ | ○ | ○ | ○ | ○ |
| 逻辑思维能力 | ○ | ○ | ○ | ○ | ○ |
| 财税专业水平 | ○ | ○ | ○ | ○ | ○ |
| 编程语言能力 | ○ | ○ | ○ | ○ | ○ |
| 职业道德 | ○ | ○ | ○ | ○ | ○ |
| 战略规划能力 | ○ | ○ | ○ | ○ | ○ |
| 领导力 | ○ | ○ | ○ | ○ | ○ |
| 对新科技的学习能力 | ○ | ○ | ○ | ○ | ○ |
| 跨部门沟通与协调能力 | ○ | ○ | ○ | ○ | ○ |

8. 您认为"高层智能CFO"应该具备的哪些能力？［矩阵单选题］＊

|  | 1（不重要） | 2（不太重要） | 3（一般重要） | 4（比较重要） | 5（很重要） |
|---|---|---|---|---|---|
| 专注力和细致力 | ○ | ○ | ○ | ○ | ○ |
| 逻辑思维能力 | ○ | ○ | ○ | ○ | ○ |
| 财税专业水平 | ○ | ○ | ○ | ○ | ○ |
| 编程语言能力 | ○ | ○ | ○ | ○ | ○ |
| 职业道德 | ○ | ○ | ○ | ○ | ○ |
| 战略规划能力 | ○ | ○ | ○ | ○ | ○ |
| 领导力 | ○ | ○ | ○ | ○ | ○ |
| 对新科技的学习能力 | ○ | ○ | ○ | ○ | ○ |
| 跨部门沟通与协调能力 | ○ | ○ | ○ | ○ | ○ |

9. 您认为智能财务人员还需具备什么能力？[填空题]

_____

### 三、智能财务人才培养方案

10. 您认为"基层智能财务人员"应学习哪些课程？[矩阵单选题] ＊

| | 1分<br>(不需要) | 2分<br>(了解) | 3分<br>(熟悉) | 4分<br>(掌握) | 5分<br>(精通) |
|---|---|---|---|---|---|
| 财务会计信息化发展历程 | ○ | ○ | ○ | ○ | ○ |
| 智能财务体系概述 | ○ | ○ | ○ | ○ | ○ |
| 财务共享服务概述 | ○ | ○ | ○ | ○ | ○ |
| 财务数字化转型 | ○ | ○ | ○ | ○ | ○ |
| 新技术发展与智能财务应用 | ○ | ○ | ○ | ○ | ○ |
| 智能会计核算原理 | ○ | ○ | ○ | ○ | ○ |
| 供产销活动智能会计核算 | ○ | ○ | ○ | ○ | ○ |
| 税务智能会计核算 | ○ | ○ | ○ | ○ | ○ |
| 资金智能会计核算 | ○ | ○ | ○ | ○ | ○ |
| 资产智能会计核算 | ○ | ○ | ○ | ○ | ○ |
| 商旅和费用报销智能会计核算 | ○ | ○ | ○ | ○ | ○ |
| 智能财务报表与会计档案 | ○ | ○ | ○ | ○ | ○ |

11. 您认为"中层智能财务经理"应学习哪些课程？[矩阵单选题] ＊

| | 1分<br>(不需要) | 2分<br>(了解) | 3分<br>(熟悉) | 4分<br>(掌握) | 5分<br>(精通) |
|---|---|---|---|---|---|
| 数据处理和商业智能分析 | ○ | ○ | ○ | ○ | ○ |
| 初级计算机编程 | ○ | ○ | ○ | ○ | ○ |
| 团队沟通与领导力 | ○ | ○ | ○ | ○ | ○ |
| 财务共享的建设与运营 | ○ | ○ | ○ | ○ | ○ |
| 大数据与财务决策支持 | ○ | ○ | ○ | ○ | ○ |
| 智能税务管理 | ○ | ○ | ○ | ○ | ○ |
| 智能审计 | ○ | ○ | ○ | ○ | ○ |

12. 您认为"高层智能CFO"应学习哪些课程？[矩阵单选题] ＊

| | 1分<br>(不需要) | 2分<br>(了解) | 3分<br>(熟悉) | 4分<br>(掌握) | 5分<br>(精通) |
|---|---|---|---|---|---|
| 企业财务数字化转型模式与路径 | ○ | ○ | ○ | ○ | ○ |
| 智能财务时代的业财融合 | ○ | ○ | ○ | ○ | ○ |
| 智能财务平台的规划与设计 | ○ | ○ | ○ | ○ | ○ |
| 数字领导力 | ○ | ○ | ○ | ○ | ○ |

13. 不同层级的智能财务人才的最佳培养方式是?［矩阵多选题］ *

|  | 线上课程 | 面授课程 | 企业考察 | 智能财务软件实操训练 |
|---|---|---|---|---|
| 基层财务人才 | □ | □ | □ | □ |
| 中层智能财务经理 | □ | □ | □ | □ |
| 高层智能 CFO | □ | □ | □ | □ |

14. 您本人愿意参加智能财务相关专业知识学习吗?［单选题］ *
○不愿意　　　　　○一般　　　　　○非常愿意

15. 您所在的单位是否已经开始实施智能财务人才培养?［单选题］ *
○是　　　　　○否　　　　　○不清楚

**四、单位基本概况**

16. 贵单位的行业分布及所有制类型为?［单选题］ *
○单一行业　　　　　　　　　○多元化经营
○行政事业单位　　　　　　　○非盈利组织
○其他,请备注_____

17. 贵单位的年收入规模(单位:人民币元)为?［单选题］ *
○10 亿及以下　　　　　　　○10 亿~100 亿(含 100 亿)
○100 亿以上

**五、您的基本情况**

18. 您的性别?［单选题］ *
○男　　　　　　　　　　　　○女

19. 您的年龄段?［单选题］ *
○00 后　　　　　　　　　　○90 后
○80 后　　　　　　　　　　○70 后
○60 后　　　　　　　　　　○50 后
○其他

20. 您的工作背景?［单选题］ *
○在校生　　　　　　　　　　○基层
○财务经理　　　　　　　　　○财务总监
○CFO　　　　　　　　　　　○CEO
○其他_____

21. 您对智能财务的熟悉程度?［单选题］ *
○不熟悉　　　　　　　　　　○一般
○非常熟悉

# 智能财务人才的培养模式与实践探索

**【摘要】** 数字化时代,越来越多的传统行业趋于智能化,在这样的大时代背景下,智能财务应运而生。新时代下对智能财务的要求不同于传统财务,传统财务的培养模式也相应的不再适应于智能财务人才,所以传统财务变革势在必行。本文主要通过了解研究现阶段财务人才培养模式的缺点,然后根据当今社会对智能财务人才在素质和能力的要求,提炼出一套能力体系,并在此基础上提出新设课程体系,最后以西南财经大学、重庆理工大学和广东财经大学的人才培养课程体系为例,综合得出以上三所大学在提出的新设课程体系下是如何进行变革的,以此作为其他高校改革人才培养模式的范例。

**【关键词】** 智能财务人才;人才培养模式;培养课程体系

## 一、引言

### (一) 研究背景

随着近几年来大数据、人工智能、移动互联网、云计算、物联网、区块链等技术与各行各业的快速融合,新产业、新业态也随之产生。2017 年,四大会计师事务所陆续投入财务机器人以实现财务流程自动化操作,加之会计从业资格证的取消以及初级会计职称的改革,一场针对传统会计行业的变革浮出水面。在变革的进程中,数字化时代也对传统财务人才所拥有的能力提出了新的要求,传统的财务人才在熟练掌握会计财务专业理论知识的基础上,还应拥有数据采集和处理分析等能力。

新时代对传统财务人才提出的新要求,使得目前高校中的财务人才培养模式不再适应时代。因此,高校会计人才培养急需改革创新。我国为了全面提高人才培养能力,加快形成高水平人才培养体系,陆续推出了《关于加快建设高水平本科教育全面提高人才培养能力的意见》等一系列政策,旨在培养出一批符合时代要求的复合型人才。而自从跨进"大智移云物区"的时代,国内许多高校便开始了人才培养模式改革的探索之路,但是在财务人才培养模式方面大多数还是处于理论探讨阶段,并没有大力推行实践操作。

### (二) 研究意义

通过查阅国内外相关学术网站,发现虽然目前有大部分学者在人工智能对财务人才培养模式的冲击这一方面有大量的研究,但是已有研究并不深入,大部分是以智能财务对传统财务的冲击为论点,来阐述一些财务转型的方向,并给出现阶段高校培养财务人才的理论做法。本文在阐述传统培养模式下的一些缺陷之后,进而提出在数字化时代下,高校应如何培养智能财务人才及其理论依据,并提出可行性建议。

现阶段,我国大部分高校在培养财务人才时,还是按照传统的培养模式,以了解会计准则、掌握会计分录为主要要求,以会填"票证账表税"为主要技能,以强化"课堂教学"为主要抓手,但是这样所培养出来的财务人才并不能适应目前企业所需的财会人才要求。本文所描述的数字化时代下智能财务人才的素质和能力要求,可以为高校转变传统的人才培养模式提供理论依据并有针对性地做一些课程的铺设,同时可以为高校在改革财务人才培养模式时,提供一些可行性较强的措施。

### (三) 研究内容及思路

#### 1. 研究内容

本文第一部分主要叙述了研究背景、研究意义及方法等;第二部分则阐述了智能财务的具体研究情况和传统财务人才培养模式现状;第三部分详细阐述了数字化时代智能财务人才能力体系,包括道德素养、理论知识以及实践能力等方面的要求;第四部分在前面传统模式培养现状的基础上结合提炼出能力体系,并提出了数字化时代智能财务人才培养模式的改革方案;第五部分引用了三所高校的培养方案改革情况以提供案例借鉴;最后一部分阐述了本文结论。

#### 2. 研究思路

本文的研究思路是通过了解当今社会智能财务的发展,分析传统财务人才培养模式适应不了的原因。因此,我们需要从当今的智能财务的现状分析得出智能财务人才所需的能力体系,结合高校的人才培养模式,来思考智能财务人才的培养模式。

本文的研究路线如图 1 所示。

### (四) 研究方法

#### 1. 文献研究法

本文利用校园资料室、国内知名的学术网站以及新闻网站,对智能财务、财务人才培养模式以及两者结合的相关文献资料进行收集、整理、归纳以及分析,得出相关理论依据以及智能财务人才的素质与能力要求。

#### 2. 描述性研究法

本文通过对已有现象、规律和理论的观察和思考,叙述并总结出智能财务人才培养模式的新型改革方案以及各高校的培养模式状况。

### (五) 创新之处

本文的创新之处在于,在总结传统财务人才培养模式缺陷的前提下提取出了现阶段智能财务人才的能力要求,并重点介绍了几所高校拟实施的智能财务人才培养模式,来为现阶段其他高校的财务人才培养模式的转变提出一些可行性参考,这是目前国内研究所欠缺的部分。

## 二、研究综述

### (一) 何为智能财务

近些年来,随着人工智能、云计算等科学技术的迅速发展,以及机器人流程自动化的试水成功,智能财务这一词不断地在冲击财会领域。那么,究竟何为智能财务呢?

吕磊(2018)认为,智能财务,指的是以人工智能为应用平台实现财务流程的智能化。它包括三个层次:首先是业财一体化的智能财务共享平台,其为智能财务的基础;再者就

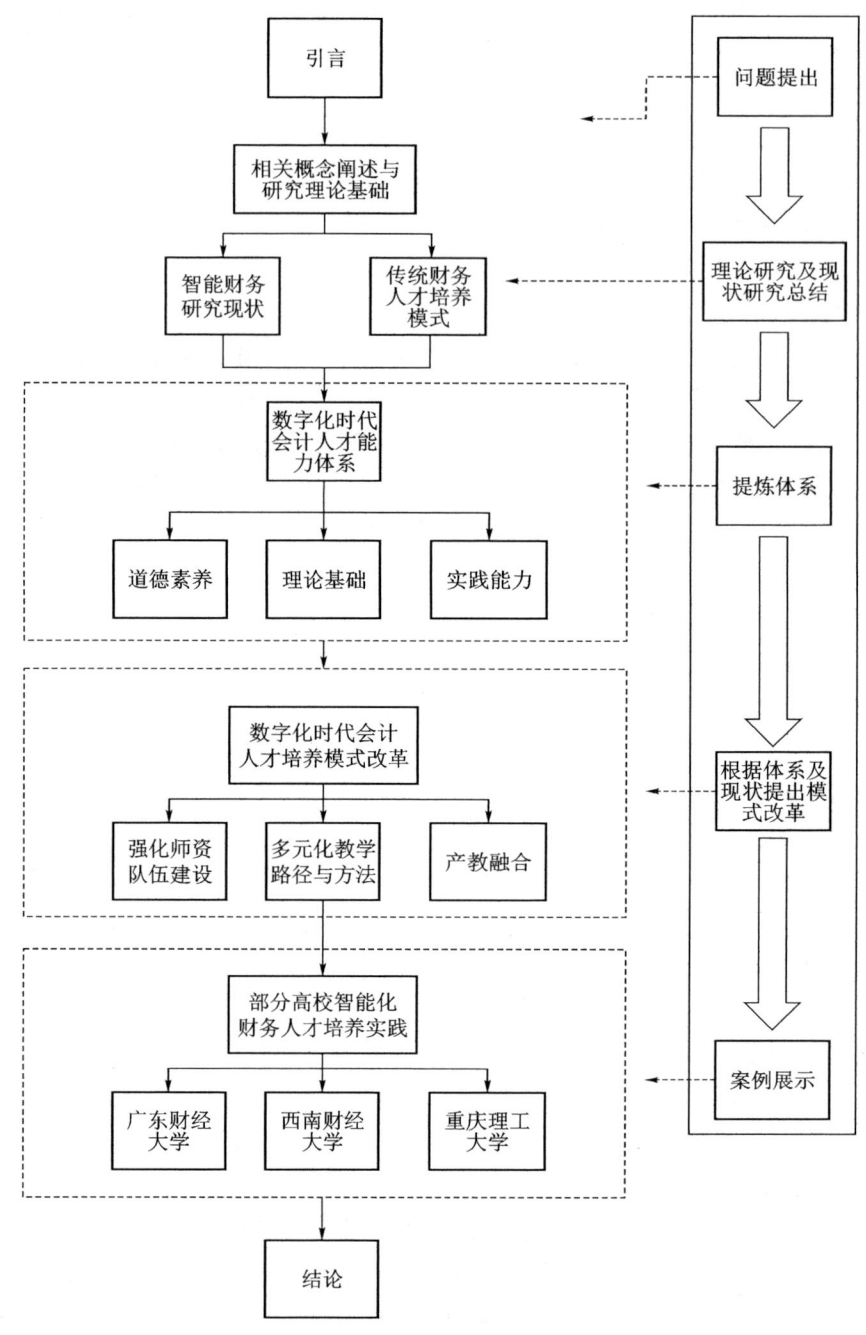

**图 1　研究路线图**

是基于商业智能的智能管理会计平台,其是智能财务的核心;最后是基于人工智能的智能财务平台,代表了智能财务的发展。而李润玲(2019)则认为,智能财务是覆盖财务流程的智能化,是以大数据、人工智能、云计算等为代表的新技术,是对财务信息模式和自动化等方面的技术赋能。刘勤和杨寅(2019)对智能财务的定义则是:智能财务是一种新型的财务管理模式,它基于先进的财务管理理论、工具和方法,借助于智能机器(包括智能软件和智能硬件)和人类财务专家共同组成的人机一体化混合智能系统,通过人和机器的有机合作,去完成企业复杂的财务管理活动,并在管理中不断扩大、延伸和逐步取代部分人类财务专家的活动。

综上,本文给智能财务的定义就是以智能技术为基础,结合财务管理的相关理论,将企业财务方面的功能和流程全智能化的活动。

**（二）高校财务人才发展模式现状与问题**

在对智能财务进行定义之后,接下来我们需要解决的问题是应该怎样培养智能财务人才,应该采取怎样的培养方式。

刘泽荣等(2019)认为高校的传统财务人才培养模式目前存在一定的缺陷,包括:①学习理论重于实践训练。②老师教学照本宣科。③课程体系以及协同教学不足。④教与学的不对等。

刘晓玲(2018)认为传统的财务人才培养目标是企业财务数据的加工者,而智能财务需要的人才是具备互联网思维的复合型、创新型人才,所以其传统的人才培养目标与智能化时代财务人才的要求并不匹配,而这也间接反映出目前高校对会计课程体系设置并不适应智能化发展的需要。

郭飞(2019)则认为现阶段高校的人才培养方式存在着以下几个问题:①人才培养同质化明显,难以适应市场的多样化需求。②缺乏信息类课程,实践类课程又偏少,基础课程用力过猛。③教学方法陈旧,案例教学法及分组谈论教学等创新方法未得到重视,效果不佳。

综上所述,目前传统的财务人才培养方式已不再适应智能时代的财务人才要求。目前,传统的财务人才培养方式存在的缺陷大部分还是集中在以下几个方面:①理论重于实践。②课程设置并未加入一些信息类的课程,导致所培养的财务人才并不能适应企业所需要的智能财务人才要求。③考核方式方面过于单一,考试多以客观题为主,难以反映学生的综合素质能力。④教师教学方式过于陈旧。

显而易见,如果高校还是运用目前的财务人才培养模式,则将无法培养出一名符合企业现阶段所需的智能财务人才。

## 三、数字化时代财务人才能力体系

数字化时代财务人才素质和能力的培养通常取决于两方面的因素:一是社会的需要,二是学校的专长。

从社会的需要来看,近30年来,我国工商业的发展取得了显著成效,许多先进技术和管理手段被纷纷引入,造就了经济的持续繁荣,同时,技术水平和管理水平也显著提升,财务规范和数据对于管理的支持作用也提升到前所未有的高度。随着财务管理在企业管理中起到越来越重要的作用,财务人才的培养方向也在发生改变。通过和财务总监的持续讨论和外部咨询机构的调查显示,企业对于传统记账式财务的需求逐步下降,而对具备经营管理思维、熟悉数据建模、善于分析问题和解决问题的复合型财务人才的需求逐年上升。外部显性化的需求正在倒逼学校进行改革,培养具有解决复杂问题能力和高阶思维的复合型人才。

　　从学校的专长来看,高校在顺应大趋势和大背景的前提下,需深入评估学校的发展战略、特色和专长、优质的师资力量等因素,细化适合本校特色的会计专业人才的培养目标,认清形势,发挥优势,做成实事。

　　总而言之,智能财务人才需集会计学、统计学和计算机科学等专业知识和技能于一体,要求学生掌握扎实的多学科基础知识和理论方法,具备系统的理性思维和较高的科学素养,同时具备较高的人文素养和道德品质,能够在财务、会计、审计等基础知识的基础上娴熟地掌握大数据处理所需的计算机技术,并形成利用大数据思维方法解决财务分析、决策、预测等实际问题的能力,以适应当前财务共享、业财融合、财务信息一体化等会计教育变革的要求。

　　因此,普通财务人员向智能财务人才转型,应满足具备与时俱进的知识、具备扎实的实践能力、具备优良的道德素质等方面的要求,具体如图2所示。

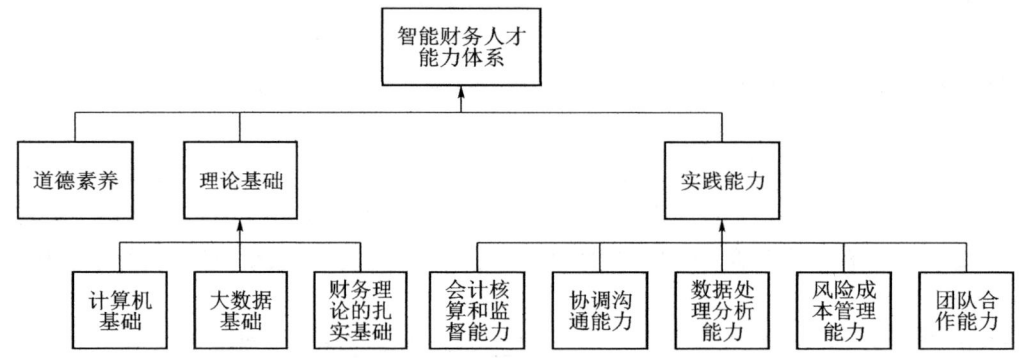

**图2　智能财务人才能力体系图**

**(一) 智能财务人才的道德素养**

　　在法治社会中,虽然道德素养不具备强制性,但是作为一名财务人才还是应该具备一定的道德素养,其应该具有较高的思想政治素质、良好的心理素质、较强的事业心以及较强的法律意识和社会责任意识,同时遵循会计职业道德的8项内容,分别为爱岗敬业、诚实守信、廉洁自律、客观公正、坚持准则、提高技能、参与管理以及强化服务。

**(二) 智能财务人才的理论知识**

**1. 扎实的财务理论基础**

　　智能财务人才需要掌握经济学、管理学、会计学、财务管理学和审计学等学科的基本理论、基本方法和基本技能,形成扎实的基础知识,具备比较广博的专业知识体系。

　　比如,经济学主要是一门研究如何将有限或者稀缺的资源进行合理配置的社会科学。经济学中常用的边际效用、有效需求、制度经济学、外部效应等经济学理念,都有助于智能财务人员加深对经济运行和企业管理的理解。再如管理学这一门研究人类社会管理活动中各种现象及规律的学科。它是管理人员必备的理论基础,对于新时代的智能财务人员来说,更是必不可少。

**2. 计算机基础**

　　智能财务人才需要具有扎实的数理统计和计算机技术基础。

数理统计基础很重要。例如统计学,它是应用数学的一个分支,主要通过概率论建立数学模型,收集所观察系统的数据,对其进行量化的分析、总结,并进而进行推断和预测,为相关决策提供依据和参考。它被广泛应用在各门学科,从自然科学和人文社会科学,甚至应用在工商业及政府的情报决策。现今,数据爆炸式增长,不会统计学谈何大数据分析,并且如果缺乏数据处理分析能力,那就只能了解到表层信息,在这个信息处于核心资源的时代则更加难以存活。

再如金融数学,它主要运用现代数学理论和方法(如随机分析、随机最优控制、组合分析、非线性分析、多元统计分析、数学规划、现代计算方法等)对金融(除银行功能之外,还包括投资、债券、基金、股票、期货、期权等金融工具和市场)的理论和实践进行数量的分析研究。其核心问题是不确定条件下的最优投资策略的选择理论和资产的定价理论。套利、最优和均衡是其中三个主要概念。近二十几年来,金融数学不仅对金融工具的创新和对金融市场的有效运作产生直接的影响,而且在对公司的投资决策和对研究开发项目的评估(如实物期权等)方面以及在金融机构的风险管理中得到广泛应用。

再到最关键的计算机技术基础。现今,5G 和人工智能不仅是时代热点,也是趋势所向。会计作为当今时代三个最受人工智能影响的行业之一,新型智能财务人才必须要直面问题根源。既然会有被替代的风险,那何不就通过学计算机技术基础,来迎接人工智能的挑战?没有一成不变的知识真理,只有不断更新替代的学习能力。

**3. 大数据基础**

智能财务人才需要掌握大数据分析所涉及的基本理论、方法、技能,并需要具备良好的数据科学思维素养。以下是大数据的作用,也是智能财务人才要掌握大数据的原因。

第一,对大数据的处理分析正成为新一代信息技术融合应用的节点。移动互联网、物联网、社交网络、数字家庭、电子商务等是新一代信息技术的应用形态,这些应用不断产生大数据。云计算为这些海量、多样化的大数据提供存储和运算平台,并通过对不同来源数据的管理、处理、分析与优化,将结果反馈到上述应用中,将创造出巨大的经济和社会价值。大数据具有催生社会变革的能量,但释放这种能量,需要严谨的数据治理、富有洞见的数据分析和激发管理创新的环境(Ramayya Krishnan,卡内基・梅隆大学海因兹学院院长)。

第二,大数据是信息产业持续高速增长的新引擎。面向大数据市场的新技术、新产品、新服务、新业态会不断涌现。在硬件与集成设备领域,大数据将对芯片、存储产业产生重要影响,还将催生一体化数据存储处理服务器、内存计算等市场。在软件与服务领域,大数据将引发数据快速处理分析、数据挖掘技术和软件产品的发展。

第三,大数据利用将成为提高核心竞争力的关键因素。各行各业的决策正在从"业务驱动"转为"数据驱动"。大数据分析可以使零售商实时掌握市场动态并迅速作出应对;可以为商家制定更加精准有效的营销策略提供决策支持;可以帮助企业为消费者提供更加及时和个性化的服务。在医疗领域,大数据分析可提高诊断准确性和药物有效性;在公共事业领域,大数据分析也开始发挥促进经济发展、维护社会稳定等方面的重要作用。

第四,大数据时代科学研究的方法手段将发生重大改变。例如,抽样调查是社会科学的基本研究方法,但在大数据时代,可通过实时监测、跟踪研究对象在互联网上产生的海量行为数据,进行挖掘分析,揭示出规律性的东西,提出研究结论和对策。

### (三) 实践能力

#### 1. 会计核算和监督能力

无论是传统型财务人才,还是智能财务人才,都应具备一个会计人员最基本的职业要求,就是对本企业的日常经济活动进行会计核算,及时提供真实可靠的、能满足各方需要的会计信息,同时运用自己的专业知识对本单位进行会计监督。作为一名财务人员,应该熟悉一个企业的会计实际操作如何,并不能对此毫无头绪。智能财务人才是在传统的财务运作基础上,采用智能技术进行相关活动的,所以其会计核算和监督能力不可或缺。

#### 2. 协调沟通能力

一个合格的财务人才的协调沟通能力不可或缺。因为在一个企业里,财务基本上会和企业的所有部门打交道,如果不具备良好的协调沟通能力,将会使自己的工作不能高效地完成,甚至会影响公司的整体运作,再加上目前企业在大力推进业财融合,协调沟通能力会变得更加重要。此外,在企业外部,财务人员需要跟工商、税务、金融等机构部门打交道,如果缺少协调沟通能力,便会影响其之间的工作。

#### 3. 风险成本管理能力

一方面,企业在经营过程中会遇到各类风险,作为一名财务人才要对宏观和微观的经济环境变化有所关注,同时具备良好的风险管理和预估能力,帮助企业在规避风险的同时找寻发展机会;另一方面,财务人才具备成本管理能力可以帮助企业在现阶段竞争激烈的时代做到精细化成本管理,同时财务人才要对企业经营管理的基本运作流程有所了解,要对重大事件在商业社会中起到的影响有所思考,要能够利用人工智能技术进行数据信息的处理与分析,能通过合理的职业判断与专业分析作出恰当的决策,为企业解决实际问题。

#### 4. 数据处理和分析能力

智能财务人才需要掌握数据处理和分析能力。随着计算机的日益普及,在计算机应用领域中,数值计算所占比重很小,通过计算机数据处理进行信息管理已成为主要的应用。智能财务人才应该具备将大数据理论和分析技术用于搜集和分析各类财务数据、面向超大财务数据预处理、数据统计与计算、数据管理的基本理论、基本方法和基本技能,并能够准确有效地展示和诠释数据处理结果。

数据处理系统已广泛应用于各种企事业单位,内容涉及薪金支付、票据收发、信贷、库存管理、生产调度、计划管理和销售分析等。它能产生操作报告、金融分析报告和统计报告等。数据处理技术涉及问卷系统、数据库管理系统、分布式数据处理系统等方面。此外,由于数据或信息大量地应用于各种各样的企事业单位,工业化社会中已形成一个独立的信息处理业。数据和信息,本身已经成为人类社会中极其宝贵的资源。信息处理技术对这些资源进行整理和开发,借以推动信息化社会的发展。

#### 5. 团队合作能力

要想激发团队的合作精神,前提条件是要先组织一个好的团队。组织一个好的团队并不是随随便便将成员组合到一起,而是为实现一个共同的目标,确定团队成员的特性。组织一个好的团队,乃是激发团队合作精神的关键和起点。好的团队就是要挖掘出团队成员潜能,激发每位成员的潜能。潜能是一种爆发力,是一种来自内部,或者来自外部的一切可以调用的资源。其中以精神潜能最为重要,即一个人的意志、态度、性格。通过相互的沟通,找到每个人的正确方向和树立真实的理想,来激发团队成员的激情和斗志。同时,我们必须还要克制每一个人都有的消极、安逸、犹豫、懒惰、各自为政、容易满足等人性的弱点。

一个优秀的团队,所有成员之间必须相互信任,彼此之间要开诚布公、互相交心,做到心心相印、毫无保留。只有团队的每一个成员彼此之间紧密合作,才能真正做到整个团队的紧密合作。真正的团队合作必须以"别人心甘情愿与你合作"作为基础,而你也应该表现出你的合作动机,并对合作关系的任何变化抱着警觉的态度。团队合作是一种永无止境的过程,因为合作的成败取决于各成员的态度,所以,维系成员之间的合作关系也是每个人责无旁贷的工作。

## 四、数字化时代财务人才培养模式改革

当今"大智移云物区"时代(大数据、智能化、移动互联网、云计算、物联网和区块链),智能财务人才的培养必须是要适应会计类专业的融合、重构以及业务发展的需要。培养具备会计财务的专业理论知识、大数据采集和处理分析能力以及掌握计算机人工智能和信息系统管理的应用型、复合型专业人才,成为智能财务人才的培养目标。如何进行人才培养模式改革是智能财务人才培养的核心,一方面,学校要加强师资队伍建设,注重引进高端人才与培养提高现有师资质量相结合方式,不断提升教师教学水平,打造更加高端专业的教学团队;另一方面,学校还要创新教学方式,结合优质教学资源,致力于打造符合时代发展要求,同时又适合学生认知水平的教学模式、教学方法,从而建立有效的产教融合机制,将先进的行业理念、实践技能融入高校专业基础教育中。

### (一)强化师资队伍建设

#### 1. 顺应数字化时代要求,引进高端人才

教师队伍的建设是提高教学质量的关键因素,针对高校师资力量薄弱的现象,学校应当重视国内外优秀财务人才的引进,不断为教师队伍注入新鲜血液。在人工智能背景下,无论是财务软件在工作中的运用还是财务机器人的开发、运营和维护,均需要具备扎实的会计基础知识并熟练掌握财务机器人使用方法的专业会计人员与计算机研究人员紧密配合,协同开发和维护系统程序。人工智能和会计学科不再是相互独立、互不相容的两个学科,相反,它们之间联系日益紧密,"人工智能 + 会计"无疑是会计人员转型的新方向。因此,学院在引进人才方面,可以考虑引入具有会计学、计算机、数学或统计学交叉专业的博士,熟悉Python、R 语言、SQL 编程环境,有 Java、Hadoop 工作背景的优先;对于高端人才采取引进和培养相结合的方式,加强高端人才队伍建设,鼓励高校聘请来自企业行业一线高技能人才,强化师资队伍的教学能力和服务能力,着力打造更为高端、专业的教学团队。

#### 2. 提升师资力量,紧跟"大智移云物区"时代

"大智移云物区"即大数据、人工智能、移动互联网、云计算、物联网和区块链的简称。在"大智移云物区"以及全球化进程加快的背景下,掌握信息技术是财务人才必不可少的技能。因此,对高校会计教师不仅要求其具备扎实的会计基础知识,还要求其要熟练应用计算机技术及双语教学模式。当前,我国高校会计教师队伍力量明显较为薄弱,大部分高校会计教师队伍普遍存在问题。首先,教师内部专业水平参差不齐;其次,大部分教师只注重本专业的研究,基本不能熟练掌握一门外语,也不能熟练应用计算机技术,双语教学模式基本不能实现。学院可通过选拔优秀教师出国深造、进修培训并通过社会实践、教学比武、教学研究、科

技开发和奖励政策等,重点培养骨干教师,利用暑假、寒假等时间积极开展对外交流,参加大数据课程的培训,同时尝试将大数据技术和科研结合起来,实现产学研一体化。总之,通过进修提高、实践锻炼、教学研究,形成教学水平高、顺应智能财务时代的师资队伍。

**3. 人工智能催生"双师素质、专兼结合"的师资队伍**

基于人工智能要求,高校对财务会计专业学生的培养可参考 MPAcc 的"双导师制",实行校内外双导师制度,并推进校企合作模式。校内导师负责理论知识的考核,企业导师紧跟智能财务人才背景,负责实践学习的考核,双管齐下,对学生最终的专业素质和能力进行综合测评。相较于传统的、单一的校师授课制,"双导师制"能够加强会计本科教育的实践性,与企业的人才需求紧密结合,为"智能财务"背景下会计教育提供了很好的思路。此外,大力聘请来自企业、工厂、社会一线等熟悉和掌握社会对人才培养需求的第一手资料的兼职教师,可以促进实现校内外、课内外、教学与科研相结合的模式,开展基本技能、综合能力、财会应用能力和创新能力的多层次培养,塑造适合人工智能背景的创新型财务专业人才。

**(二) 多元化教学路径与方法**

**1. 结合新型教学方法与优质教学资源,培养符合智能时代要求的复合型人才**

2019 年教育部高教司要求打造线上线下混合式金课;新时代高教40 条中提出混合式教学、翻转课堂、智慧课堂等教学模式;《普通高等学校会计学本科专业教学质量国家标准》也提出案例分析、情景模拟、现实世界问题分析、报告与演讲等多种形式的新型教学方式。政策已经向我们传达,传统的传授知识为主的讲授方式正在逐步淘汰,以资源为中心、适合人才培养的创新型教学模式正在逐步发展壮大。

第一,"互联网+"环境下的教育是开放的,学生可以用各种网络化的教学资源学习有关知识。微信、微博等新媒体,慕课、云课堂、微课等网络课堂,这些途径都可以帮助学生学习知识。

第二,教学要充分发挥互联网的作用,开发多种形式的精品在线课程和实践教学云平台,通过线上线下课程、翻转课堂等形式,为学生提供开放式学习环境,让学生在动态中学习,让学习不再枯燥乏味,让学生在学习中体会知识的乐趣。

第三,引进优质教学资源管理系统,在资源研发的基础上,结合创新的教学方式、教学模式进行课程教学的整体设计。例如,通过使用五星教学法进行知识点的整体布局,引导动画、微案例进行课堂即时互动引导;通过思维导图、标准课件进行知识结构梳理;通过六顶帽思考法、世界咖啡法等指导案例教学,深入应用场景;通过随堂练习、课堂课后测试、案例分析报告指引学生致用,融会贯通。通过大量教学资源做支撑,教师在启课程智慧教学支持系统上可以按照教学设计进行资源的编排,做好课前、课中、课后的教学计划,并可以把学校的慕课资源在教学支持平台上搭配使用,实施翻转课堂、慕课、SPOC混合课堂教学等新型教学模式。

第四,教学要注重提高财务会计专业大学生应对现代社会复杂环境经济业务的职业判断能力,使他们能够适时作出重要的经济决策,或者能为企业管理者提供恰当的决策建议,还要注重培养财务会计专业大学生的简单编程能力和对财务指标的解读与运用能力,培养适应智能时代要求的复合型人才。

**2. "双导师制"与特色教学活动**

积极引入"双课堂",为每位同学配备全程"双导师制"。"双课堂"是指外部课堂与内部课堂。其中,内部课堂要求构建具有高校特色的会计创新人才培养模式。其主要方式是配备一位校内学业导师,全面引领学生的学习和发展,学生参与导师的科研活动,为读研或出国奠定良好基础,同时为每位学生配备企业高管或专家作为校外导师,负责学生调研和实践。同时,开展互动式教学活动,开展校外拓展夏令营活动,开展奖学金制度,借此培养动手能力强,胜任会计数据分析与决策建模等财务管理和财务决策工作的人才。另一方面,邀请社会上专业水平较高的人员传道解惑,以专家自身经验来真实地传授学生知识。要做到实践教学并行,辅助和体验课程共同实施。校内教室和校外教室共同培养的方式,加大学生的实际工作体验和模拟教学。专业导师可根据学生的学习情况以及性格特点,进行针对性的辅导,全面提升学生的学习能力,以适应"智能财务"的时代特征。

**3. 借助智能技术,逐步提高学生的财务管理意识**

由于大数据技术以及财务机器人的使用可以代替人类进行基础会计核算,因此,对于财务人才而言,更重要的是会计理论以及财务管理思想的运用,并且有效地利用机器人帮助我们处理繁琐而重复性的工作,减轻工作负担,节省人力成本。例如,高校或企业可以借助智能技术,发展"人机"互动以辅助实验教学,提高财务工作者与机器人的协作能力,将人类的思考与机器人的信息计算处理有机结合,实现财务管理的智能化与高效率。在高校进行管理型财务人才的培养时,需要重点培养财务人才的全局型管理意识。另外,在高校根据社会的需要与时代的发展变化重新设定人才培养目标和人才培养方案时,需要引导教师在进行财务知识的课堂讲授时,逐步渗透管理会计意识,使学生学会用全局、整体的观点看待财务管理;需要教师多进行试验与案例教学,逐步培养学生的高端财务管理意识。

**(三)"产教融合"的教学内容与方法**

智能财务人才培养需要建立有效的"产教融合"机制,高校可与大型企业、政府部门、专业机构合作,建立智能财务人才培养实践基地,进行必要的教学改革,为社会培养智能财务人才。

在智能人才培养的"产教融合"机制战略中,"校企联合"是这一战略中最重要的环节之一。通过与企业、行业的合作,将先进的行业理念、实践技能融入高校专业基础教育中;通过与企业的深度合作,不仅能够完善专业教师的企业实践技能,还可增加企业兼职教师的比例,进而提高整体师资水平。

**1. "校、培、企"三产互融并举,实行产学研结合**

在智能财务人才培养战略中,高校与企业间的协同作用可以通过多种形式实现。通过与行业企业的密切合作,在优秀教师团队中培养并建设一支能够服务地方经济的专家型服务团队,为学校所在地区的企业提供各类服务。

一方面,高校可以针对智能财务背景下企业财务及管理中出现的新问题,开展不同类型、不同层次的培训、宣讲以及继续教育工作,从而帮助企业提高其自身信息化水平、业财融合及财务机器人的实际应用能力;另一方面,高校可以以市场为导向,积极鼓励学生进行自主创业,帮助其制定合理的企业经营目标和发展思路以适应人工智能时代的发展,并指导其提高创办企业的智能财务工作规范。同时,高校应积极与政府和企业建立产学研合作关系,承接政府和企业委托的各类与会计信息化和云技术革新等相关的课题,开展综合系统分析与研究,提供咨询服务和解决方案。

**2. 加强实践基地建设,促进财务人员理论与实践的有机结合**

加强实践基地建设能有效提高学生的实践能力。通过行业、企业、学校多方共建共享实训基地,突出培养适合数字化时代会计行业发展的高素质、高技能人才。同时,专业教师团队与企业共同依据实际所需的"人工智能"技能,开发有针对性的实训项目及业务课程,从而全面提升学生的智能时代综合职业能力。另外,深度的校企联合可以将企业在财务智能化建设中遇到的问题与需要解决的技术,交由教师、企业、学生共同进行攻关解决。以项目集成训练的模式对企业进行服务,这样既可提高教师的实践能力,也可解决企业的实际问题,还有助于学生实际工作技能的培养。例如,将中大型企业、事务所、研究所等作为实践基地,将实习和理论教学相结合,将专业实习和毕业论文相结合,同时积极引进国外先进的人工智能实践项目,促进智能财务人才的培养的实践化、多样化,并促进智能财务人才培养与国际会计教育接轨。

**3. 健全鼓励教师和学生创建实体公司的激励措施**

教师和学生开办的实体公司,紧密联系财会行业所处的大环境,将人工智能嵌入教学实践中。这种模式旨在培养掌握基础计算机技术,能够与专业人工智能编程开发人员在业务处理层面上无障碍交流、掌握基本的会计处理流程、了解会计处理的痛点、恰当运用人工智能技术处理业务的复合型财务人才。教师和学生开办实体公司,可以为社会提供各类服务,同时也可以作为依托开展学生实践和社会服务相融合的经营机制创新,成为学生信息管理和会计服务创新创业的孵化平台。例如,学校创立会计服务公司等平台,既可以为在校学生提供代理记账实战、智能化软件应用推广等实践训练,同时又可以作为"产教融合"的场所,将企业实际的运营资料作为学校的项目化案例,并应用于学生会计核算和财务管理综合分析能力等方面的训练。

## 五、部分高校智能化财务人才培养实践

### (一)西南财经大学模式

**1. 西南财经大学会计学院简介**

1)学校和学院概况

西南财经大学(以下简称"西财")是教育部直属的国家"211 工程"和"985 工程"优势学科创新平台建设的全国重点大学,也是国家首批"双一流"建设高校。其中,会计学院历史悠久,其前身会计系始建于 1938 年。西财的会计学院是我国首批设置会计学本科专业(1952年)、较早获得管理学(会计学)硕士学位授权点(1981 年)和会计学博士学位授权点(1996年)的院校之一,也是全国首批开设会计硕士(MPAcc)专业学位(2004 年)、资产评估硕士(MV)专业学位(2010 年)、审计硕士(MAud)专业学位(2013 年)和设置注册会计师(CPA)专门化专业方向的院校(1994 年)之一。目前,西财的会计学科是国家级重点学科。西财的会计学院现有会计学、财务管理、审计学三个专业,覆盖本、硕、博人才培养各层次学位,设有会计学博士后流动站。学院下设"三系三所三中心",其中,三系分别是会计系、财务管理系和审计系;三所分别是现代会计研究所、现代财务研究所和现代审计研究所;三中心分别是专业学位教育中心、外语教学研究与交流中心和实验教学中心。同时拥有"中国上市公司财务指数研究中心""中国政府审计研究中心""中国管理会计研究中心"和"中国上市公司信息形式质量研究中心"四个研究基地。

2）雄厚的师资队伍和特色的师资培养模式

西财的会计学院的专业教师队伍学历层次较高，职称结构、年龄结构和学科背景合理，拥有2个国家级教学团队。多位教师入选"会计名家培养工程""新世纪百千万人才工程国家级人选"等国家级和省部级荣誉。

在此次调研中，西财的马永强院长指出，目前，为了减少优秀师资的流失，培养自己的师资队伍，西财会定期从本科生中选拔具有科研能力的优秀学生，由学校资助出国培养，最后签订长期服务合同，留校成为在编人员。这些青年教师在国外学成归来后，形成可持续性师资，对学校和学院有较大的认同感，有助于科研成果的转化。

3）大数据会计实验班的设立背景和目前情况

（1）设立背景。

随着信息及数据在企业经营活动中发挥着越来越重要的作用，大数据的重要性也被提到了前所未有的高度。而目前在财务领域中，大数据财务的应用和基于大数据的人才培养越来越受到重视。

从近几年的高考招生情况来看，人文财经类专业的高考招生分数在下降，迎合大数据以及人工智能的发展趋势，以数据为中心的人才培养可能会成为主流。会计、数据和信息技术的融合会加速，会计会向经管大类融合，经管大类会向人文类、理工类融合。这一变化趋势势必会对会计核算的范式产生影响，从原来的事后报表转向实时化信息，从人工会计转向计算机会计，而且数据来源更加多元化（增加了非结构化数据和非财务数据等）、数据更加海量。目前在全国财经大学中，会计专业的研究和相关论文中对数据分析技术的运用还是偏弱的。因此，在这一变化趋势下，西财的会计学院在2015年开始考虑重构人才培养模式和课程设置的规划。由于近年来国家对专业数量严格限制，专业目录上没有的，自主新增专业非常困难，西财的会计学院采用会计学（大数据方向）实验班的形式作为试点，并在2018年正式招生。未来，西财的会计学院计划逐步把财务人才转向科技化培养。

（2）招生情况。

会计学（大数据方向）实验班从2018级全校理科新生中择优录取（经济学基地班、中外合作办学项目学生、外国语中学推荐保送生等国家和学校规定不能转专业的学生除外），来自不分文理科生源地者均可报名。具体的选拔方案见表1。数据显示，实验班共接受报名300多人，最后招生50人。目前实验班的课程特点是数学类的课程多，会计信息系统类的课程较少，数学类的课程由数学与统计学院的老师来授课。学院对实验班的人才培养模式还在摸索中，定期开会修订方案，以根据学生的反馈情况对教学计划进行合理调整，并试图将试点的经验在以后推广到整个学院。

**表1  会计学（大数据方向）试验班选拔方案**

| 考试形式 | 具体内容 |
| --- | --- |
| 笔试 | （1）科目：英语（50分）、数学（100）；（2）考试时间：数学120分钟，英语60分钟；（3）题型：客观题、主观题；（4）考试内容：数学为高中数学知识范围，英语为逻辑推理、阅读理解及写作等。<br><br>笔试总成绩＝数学成绩＋英语成绩 |

（续表）

| 考试形式 | 具体内容 |
|---|---|
| 面试 | (1)面试时间:每位学生面试 10～15 分钟;(2)面试资格:按照笔试总成绩从高到低确定进入面试名单;(3)面试内容:主要考察英语口语能力和综合素质测试;(4)分制:100 分。其中英语口语满分 30 分,综合素质测试满分 70 分;(5)面试方式:英语口语能力测试为全英文测试,综合素质测试为中文测试。面试不可携带任何资料。<br><br>面试成绩＝英语口语能力测试成绩＋综合素质测试成绩 |
| 录取方式 | 综合成绩＝笔试总成绩×60%＋面试成绩×40%,按照综合成绩从高到低录取(如最后一名成绩出现并列,首先按照笔试成绩高低取舍,在笔试成绩并列的情况下按照高考成绩中数学英语的平均成绩高低取舍) |

（3）人才培养方案。

在培养目标方面,会计学(大数据方向)旨在培养德、智、体、美全面发展,适应 21 世纪社会主义市场经济建设需要和当今人工智能与大数据时代会计业务需要以及会计信息日益呈现海量数据处理、实时云计算化、会计智能决策等新型会计业务特征,具备会计财务专业理论知识、大数据分析处理技术、计算机人工智能与 IT 信息技术"文理工"专业知识的新型高端复合型会计人才和会计财务领导者。

在培养要求方面,在学习结束时,学生应全面掌握以下重要课程的专业知识:财务会计、成本会计、财务管理、审计学、会计信息系统、货币金融学、统计学、经济学、机器学习与数据挖掘、程序设计与数据库应用。学生还应学习以下选修课程:数据库与数据仓库、审计学、计量经济学、大数据与会计智能及其他社会科学课程等一系列专业课程。

在课程特点方面,会计学(大数据方向)课程设置保留会计的基础课程,如初级财务会计、中级财务会计和高级财务会计等,而去除一些会计类的延伸课,大量增加数据和统计课程(如用数据分析代替高数、用高等代数代替线性代数等,与数学专业的课程很相似),增加少量信息系统课程(如数据库与数据仓库等),并要求学生掌握 SQL、Python、Stata、R 语言等的运用。在第六、第七学期,设置数据挖掘和机器学习课程,以及大数据与会计智能课程(专题形式)进行学生综合能力的训练。

（4）未来的发展规划。

财务管理系主任杨志军老师指出,未来的发展规划会分三个层面:在本科层面,以后的会计学院只招理科生。在整个学院层面,进行大数据的课程替换,专业名不变,但是融入大数据。本科生毕业时,要求提交"毕业论文＋毕业设计",其中毕业设计要求学生设计一个有智能化的信息系统;在硕士层面,会计学院将与数学和统计学院对接;在博士层面,会计学院将与国外学校联合培养,实现双语和国际化。

以后的会计学(大数据)试验班可以考虑制定流动机制。比如,若目前"数学分析"课程的期中考试结果中分数的标准差较大,可考虑让难以适应高强度数学课程的同学退回到原来的普通班。

**2. 调研的启示和思考**

（1）完善课程体系。针对 2018 年的人才培养方案修订后新增的两门大数据的课程——"大数据技术与运用"和"非结构化数据分析和挖掘"课程,选择合适的课程负责人,在课程负责人的带领下形成清晰的课程设计(包括制订教学计划和教学大纲),并在第一年开始后对学生的学习情况进行调查,包括教学方式和教学难度是否合理等,从而不断优化课程内容。

(2)进一步完善和应用"大数据数量经济研究中心"的大数据 Hadoop 平台。目前,西财针对大数据与财务会计融合的实训课程中,将实现大数据和财会知识结合起来应用于实务操作中,如在大数据平台上,进行大数据财务预测、大数据财务分析等。

(3)注重师资的培养。学院在后续引进人才方面,可以考虑引入具有会计学、计算机、数学或统计学交叉专业的博士,熟悉 Python、R 语言、SQL 编程环境,有 Java、Hadoop 工作背景的优先。同时,目前学院大数据系现有的老师,也需利用暑假、寒假等时间积极开展对外交流,参加大数据课程的培训,同时尝试将大数据技术和科研结合起来,实现产学研一体化。

(4)邀请专家论证,明确申报新专业(方向)或是调整现有系内部的方向结构。例如,可以将信息系统审计方向纳入大数据与会计信息化系,或邀请相关的校内外专家进行论证,对目前拟定的"会计学(大数据方向)人才培养方案(讨论稿)"进行可行性论证,进而申报试验班的招生。

**(二)重庆理工大学模式**

**1. 本科生教育的会计专业下设会计信息化方向**

1)主要特色和重要支撑

该校的会计信息化综合改革实验班单独制定培养方案进行重点培养。会计信息化人才培养模式改革作为会计学"国家级特色专业""国家级综合改革试点专业"和重庆市"三特专业"的重要支撑,拥有重庆市级教学团队,建设了会计信息化国家级精品课程和国家级精品资源共享课程,带动着会计信息化方向的开设和发展。重庆理工大学的"会计信息化"课程开设时间早、历史长,是国内最早开设该课程的学校之一。该校于 1986 年正式将"会计信息化"课程纳入教学计划(早期课程名称为"会计电算化")。伴随着我国会计信息化的发展,"会计信息化"课程不断优化更新课程内容、完善课程体系、改革教学方法。目前,该课程获得"国家级精品课程"的称号。

2)培养方案和主干课程

该校在会计学专业下开设会计信息化综合改革实验班,该班学生从本院会计学专业学生中选拔产生。学生应具备扎实的经济学、管理学、会计学和计算机科学等方面的知识和能力,能够适应信息化环境下的会计及财务管理工作,并能够从事企事业单位和其他经济组织的会计信息化与企业信息化方面的管理和维护工作。该专业方向的主干课程包括:管理学、经济学、统计学、会计学基础、中级财务会计、数据库技术、高级财务会计、管理信息系统、财务管理、管理会计、成本会计、审计学、会计信息化、会计软件开发技术、会计信息系统分析设计与开发、管理会计信息化、信息系统审计、经济法、税法等,涵盖了专业基础课程、专业核心课程和专业限选课程。

3)主要实践环节

重庆理工大学会计专业的主要实践环节包括:专业实习、工程训练、会计学基础课程实习、财务会计课程实习、财务管理课程实习、会计软件开发技术课程设计、会计信息系统分析与设计课程设计、企业经营实战沙盘模拟、毕业实习、毕业设计。除以上外,学校还专门安排企业参观与认识实践、学科竞赛活动、开放式实验、创新创业大赛等实践教学活动。

4) 会计信息化综合改革实验班特色

会计信息化综合改革实验班是会计学的理论知识与计算机科学的先进技术有机结合的边缘性专业,以会计学的理论知识为基础,开设计算机科学的相关课程,培养能够从事会计业务处理,进行会计信息化软件的使用与维护,进行会计软件二次开发和网页制作,辅助财务经理进行会计信息化的建设和实施的工商管理学科高素质应用型专门人才。学生毕业后可在工商和金融企业、行政事业单位、会计师事务所、软件公司等从事会计实务、财务分析、会计信息化管理与维护等工作。

**2. 研究生教育开展"互联网＋会计"MPAcc 教育综合改革**

1) 专业开办背景

重庆理工大学"互联网＋会计"MPAcc 教育综合改革,在全国会计专业学位研究生教育指导委员会对深化会计专业学位研究生教育综合改革的统一部署下,根据重庆理工大学会计学科的优势和会计信息化 30 年的发展成就,以及其 MPAcc 的培养目标、定位和培养特色,在分析 MPAcc 招生、培养、学位、就业和应用示范五个方面的现状和存在问题的基础上,深入研究"互联网＋会计"对会计专业学位研究生教育的综合改革的影响,全面实施重庆理工大学"互联网＋会计"MPAcc 综合改革及其应用示范体系。

2) 专业设置的支撑

会计学院 MPAcc 教育中心利用"国家级特色专业""国家级综合改革试点专业""三特专业""国家级精品课程"等优势资源,配备优良师资、提供各种理论和实践学习平台,致力于培养道德高尚、能力突出、素质卓越、知行结合,既具有国际视野与竞争力,又深谙本土实践和精通本土运作的未来社会会计精英。

3) 专业特色

"互联网＋"、大数据、云技术时代,结合社会发展对高层次、应用型、复合型财务人才需求,重庆理工大学重新构建了全新的 MPAcc 培养体系,全面实行模块化、信息化、案例化教学,通过 MPAcc 大讲堂、会计人生、我的精彩、移动课堂和行动学习等特色模块,为社会培养具备应对复杂的商业环境的学习能力和战略意识,具有较强解决实际问题能力的高层次、高素质、管理型、领导型的财务人才。

**3. 开展产教研协同发展之路**

1) 以项目带动研究

通过与重庆市海事局等单位的深度合作,重庆理工大学教师带领学生开展科研开发活动,开发流程梳理、内控系统等,并与学生共同撰写云系统的流程梳理、内控及审计等系列文章。

2) 以项目带动教研

通过与海事局等单位的深度合作,教师带领学生开展科研开发活动,并将开发流程梳理和内控系统开发的案例作为教学系统的案例,以帮助开发教学辅助系统。

**4. 调研思考和启示**

重庆理工大学会计学院"互联网＋会计"本科生和研究生教育综合改革上已经在教学、科研和生产服务上取得一定成绩,可为开办新专业以及已有专业开设和改革信息化课程提供参考。

（1）在会计学院各专业的信息化课程设置上,重庆理工大学已经开设了会计信息化、管理会计信息化、审计信息化和信息系统审计等系列课程,其信息化系列课程内容建设和改革的教学经验值得我们学习,如会计信息化国家级精品课程等。

（2）在创新性人才培养体系方面,重庆理工大学的会计信息化专业方向并不满足于帮助学生系统的学习,而是致力于培养学生会计系统开发设计能力和数据分析模型设计实施的能力。

（3）重庆理工大学并不满足于课程体系、人才培养发表几十篇会计和审计信息化研究论文和获得多项横向和纵向课题,而是按照产学研深度融合的思路进行改革,值得我们学习。

**（三）广东财经大学模式**

**1. 学院概况**

会计学院是广东财经大学设立最早的教学单位之一。1983 年,广东财经大学会计教研室成立;1985 年,会计系成立;1999 年会计系改名为会计学院。该校会计学院现设会计系、财务管理系、审计系、大数据与信息化系四个系,开设会计学、财务管理、审计学三个本科专业,拥有一个国际会计（ACCA）人才培养省级创新实验区和首批广东省协同育人平台"国际化应用型会计人才协同育人平台"。该校会计学专业为国家级特色专业、广东省名牌专业;财务管理专业为广东省应用型人才培养示范专业;审计学专业为广东省综合改革试点专业。所属一级学科工商管理为省级优势重点学科,该校具有会计学硕士、会计专业硕士（MPAcc）、审计专业硕士（MAud）学位授予权。该校会计学院现有全日制在校本科生 2 143 人,硕士研究生 282 人。

该校会计学院拥有广东省普通高校人文社会科学重点研究基地"广东财经大学粤港澳大湾区资本市场与审计治理研究院"、广东省反垄断执法与大数据分析研究中心、广东财经大学瑞华审计研究院和广东财经大学会计与财务研究院。

该校会计学院具有良好的教学条件,拥有中央财政资金支持的广东财经大学复合型应用型审计专业人才综合能力提升和实践基地（"审计智慧教室"）,拥有校外实习基地 40 多个,已形成"手工会计模拟实验——会计、财务管理、审计电算化模拟实验——校内企业仿真综合实习——校外实地实习"等完整的实践教学体系。国际会计（ACCA）人才培养创新实验区被 ACCA 英国总部认定为华南地区高校首个"黄金级培训机构"。

该校会计学院在 30 余年的办学实践中形成了"高素质、复合型、应用型"的人才培养模式。学生在全国大学生英语竞赛、全国"挑战杯"大赛、全国大学生电子商务"创新、创意及创业"挑战赛、ACCA"就业力大比拼"、美国大学生数学建模竞赛、美国管理会计师协会校园管理会计案例大赛等国内外高水平大赛中取得优异成绩。该学院团委获评 2016—2017 年度"广东省五四红旗团委",学院学生工作团队获评"2016 年广东省高校学生工作优秀团队"。近 5 年毕业生就业率保持在 99% 以上。

该校会计学院将以学校"建设有特色高水平财经大学"的发展战略为引领,立足本科教育,提升研究生教育,以教学和科研为抓手,坚持应用型与研究型相结合、专业教育与全面育人相结合,努力建设成为省内一流、国内知名的会计学院。

**2. 现有专业(方向)培养方案的课程修订**

1) 新增两门大数据课程

广东财经大学会计学院针对会计学、审计学和财务管理学三个专业2018年的人才培养方案进行了修订,新增了两门大数据的课程——"大数据技术与运用"和"非结构化数据分析和挖掘",如表2所示。以会计学专业为例,"大数据技术与运用"课程在第四学期开设,为专业选修课,内容为大数据基础理论,如大数据和云计算概论、人工智能、机器学习等的工作逻辑,财务共享中心的构建和价值创造等;"非结构化数据分析和挖掘"课程在第七学期开设,为专业选修课,主要介绍Python技术、R语言数据分析。"非结构化数据分析和挖掘"课程要求学生了解计算机程序设计语言,初步掌握其编码方式、语法,实现爬虫。

表2 广东财经大学会计学院新增课程

| 课程名称 | 课程类型 | 性质 | 学分 | 实验实践学时/总学时 | 开课专业(方向) |
|---|---|---|---|---|---|
| 大数据技术与运用 | 专业基础课 | 必修/选修 | 3 | 16/48 | 会计学院所有专业 |
| 非结构化数据分析与挖掘 | 专业基础课 | 选修 | 2 | 16/32 | 会计学院所有专业 |

2) 对现有的信息化课程的升级改造

目前,考虑到部分信息化课程中教学内容重复、教学软件陈旧等问题,广东财经大学对部分信息化课程进行了重新优化设计,具体如表3所示。

表3 部分信息化课程优化升级表

| 信息化课程 | 优化升级思路 |
|---|---|
| 会计信息系统 | 该课程理论与实验内容都较为成熟,但软件可作升级,增加金蝶云会计等内容 |
| ERP课程 | (1)面向非会计学院学生:ERP软件I,软件可作升级,选用用友或金蝶等大型ERP软件。(2)面向会计学院学生:会计学院三个专业的ERP软件课程将目标转向财务业务一体化应用,总学时设为48学时,课程设置在第5学期,将企业经营中的业务流程、财务会计流程、管理流程有机融合,针对企业生产链、供应链和财务链开展预算和成本管理,让学生体验财务业务一体化的财务管理思想。软件可对原有的用友和金蝶ERP系统升级,或者选用金蝶云及其他品牌的大型ERP系统,或者选用财务共享服务系统和其他财务管理工具系统 |
| 信息系统控制与审计 | 目前,审计对象已逐步从传统的账务审计转向信息系统审计,为适应形式需要,建议将该课程在审计专业改为必修课,课程可设置在第6学期,在非审计专业可增设为限选课 |

# 六、结论与展望

传统本科会计教育目的是培养具备扎实的理论知识,能在各大企业进行财务管理和会计事务实践工作的高素质财务人才。这种培养模式在现今"大智移云物区"的时代里不能一成不变。高校应比学生更清楚地认识到随着"互联网＋"时代的到来,高校会计专业的人才培养应有新的思路。高校应通过将会计知识与信息技术紧密融合,将"互联网＋"的理念与技术应用到会计课程体系中,明确"互联网＋"环境下的人才培养目标,改进和创新多种教学手段,优化课堂,充分调动学生的学习积极性,顺应时代发展,培养出适应社会需求的财务人才。在人工智能背景下,财务机器人在财务工作中的大力推广不仅对会计人员职业规划和发展转型提出新的要求,而且对各高校以往的财务人才培养模式提出新的挑战。面对时代发展,各高校应当本着一切为了学生的原则,构建符合实际需要的会计复合型人才培养模式,发挥高等教育在高层次财务人才培养中的基础性作用。本文认为传统的会计培养模式是难以跟上经济科技的发展的,所以各高校迫切需要根据自身情况改变培养模式,进而培养出智能化财务人才。

本文论述的智能财务人才能力体系及培养模式改革可以作为高校培养方案变革的参考,但是各个高校的实际情况不同,在参考本文观点的同时,更需要根据实际情况进行调整。同时,随着经济的发展,对财务人才的能力仍会不断出现新的要求,再加上会计教育改革并不是一成不变的,所以我们在会计教育模式改革道路上仍应不断进行变革和调整。

## 参考文献

［1］郭飞.人工智能时代会计人才培养模式[J].合作经济与科技,2019(22):148-149.

［2］刘泽荣,张慧敏,高若瑜."大智移云"背景下关于会计本科教育的若干思考[J].教育教学论坛,2019(41):77-79.

［3］李瑞玲.智能财务时代做"会思考"的财务人[J].中国市场,2019(16):141-142.

［4］刘晓玲.智能化对会计教育的冲击与应对[J].会计师,2018(23):8-9.

［5］吕磊.智能财务背景下高职院校财会人员培养方向调整研究初探[J].经济研究导刊,2018(30):145-146.

［6］刘勤,杨寅.智能财务的体系架构、实现路径和应用趋势探讨[J].管理会计研究,2018,1(01):84-90,96.

［7］李振东.关于新阶段我国本科教育人才培养模式的思考[J].继续教育研究,2010(10):134-137.

［8］刘献君,吴洪富.人才培养模式改革的内涵、制约与出路[J].中国高等教育,2009(12):10-13.

［9］赵莉,马继刚.构建研究型大学本科人才培养模式探索[J].高等工程教育研究,2007(06):88-90.

［10］刘金星,李萃茂.现代大学教育理念与全面发展人才培养模式的构建[J].黑龙江高教研究,2006(11):114-115.

**课题负责人:** 庄学敏[1]

**课题组成员:** 朱胤[2]、李海燕[3]、吴松钜[1]、陈杰滨[1]

**所在单位 1:** 广东财经大学

**所在单位 2:** 中山大学孙逸仙纪念医院

**所在单位 3:** 广东省商业职业技术学校

# 深度学习技术在财务分析与预测方面的应用研究

**【摘要】** 2018 年,中国数字经济总量达 31.3 万亿元,占 GDP 比重 34.8%。数字经济的蓬勃发展引领了商业变革热潮、冲击了传统产业链模式,同时海量数据资产的产生也使得企业经营决策更加多维化、复杂化。如何在越来越复杂的企业经营环境、越来越严苛的监管要求以及财务运营风险全面上升的现状下,深入挖掘数据资产价值,及时发现企业潜在的财务运营风险,是每个企业都需要面对的重要挑战。本课题研究通过采用深度学习技术,对上市公司的财务数据、业务数据、其他另类数据等进行全方位、多维度的指标体系搭建,筛选出 16 个指标,然后利用神经网络模型最终反馈上市公司发生财务风险的可能性,在达到精准财务分析及财务预测目的的同时进行财务风险预警。此外,本课题研究通过利用德勤的五层架构体系,分别从数据、技术、模型、应用、商业场景五大层面,赋能深度学习技术,助力企业在数字经济的浪潮中立足与发展。本课题的研究结果有效拓宽了深度学习的应用领域,同时为财务分析与预测提供了科学、合理的数据理论支持,在优化企业的内部管理、助力管理层进行及时风险预警并合理规划战略方针的同时,推动企业实现数字化转型。

**【关键词】** 深度学习;神经网络;财务分析与预测;数字化转型

## 一、引言

### (一) 研究背景和意义

当前,数字经济正成为驱动我国经济发展的重要力量。2016 年,中国数字经济总量达 22.6 万亿元,占 GDP 比重首次突破 30%;2017 年,中国数字经济总量达 27.2 万亿元,占 GDP 比重 32.9%;2018 年,中国数字经济总量达 31.3 万亿元,占 GDP 比重 34.8%。2019 年,李克强总理在《政府工作报告》中提出"智能 +",互联网新技术从消费端到产业端的深度迁移和升级,标志着中国"数字经济"进入新的发展纪元。数字经济的定位不只局限于新兴产业层面,它还是驱动传统产业升级的国家战略。数字经济的蓬勃发展引领了商业变革热潮、冲击了传统产业链模式。海量数据资产的产生也使得企业决策更加多维化、复杂化。因此,如何在数字经济的浪潮中立足、发展,是每个企业均需要面对的重要课题。然而,据 2018 年埃森哲发布的《2018 年中国企业数字转型指数》报告,中国各行业的数字能力建设目前仍处于初级阶段,仅有 7% 的企业突破业务转型困境,成为"转型领军者",数字能力建设仍是众多企业在数字经济中将会面临的严峻课题。如何有效运用创新型数智化技术提高企业数字能力建设,推动企业进行数字化变革,是每个企业需关注的重点。

同时中国金融市场不断完善,上市公司数量剧增,公司之间的相互竞争更加符合市场规律,更多的机遇也意味着更大的风险。在越来越复杂的企业经营环境、越来越严苛的监管要求以及财务运营风险全面上升的现状下,如何深入挖掘数据资产价值,及时发现公司潜在的财务运营风险,是每个企业都将面临的重大挑战。

当前,利用深度学习技术进行财务分析和预测,进而执行公司财务预警的理论基础,仅局限于单纯对财务数据的覆盖。本课题研究采用深度学习技术,通过全方位覆盖公司财务数据、业务数据和其他另类数据等构建复杂指标体系,利用神经网络模型最终反馈财务指标,在达到精准财务分析及财务预测目的的同时进行财务风险预警。此外,本课题研究在对公司业务数据、财务数据和其他另类数据的收集清洗和治理过程中,引入机器人流程自动化(RPA)、光学字符识别技术(OCR)、自然语义分析(NLP)等创新型数智化技术,在优化底层相关数据质量的同时大幅提高财务处理效率,为企业财务分析和预测以及风险管理提供了科学有效的数据支撑。本课题的研究结果有效拓宽了深度学习的应用领域,既可以对企业的内部管理提供帮助,助力管理层合理规划未来发展,又可以助力企业在数字化经济的浪潮中推动自身的数字化建设和变革。

**(二) 研究的主要内容**

基于数据的可获得性以及数据准确性,本课题主要的研究对象为上市公司。研究的主要内容包括以下四个方面。

**1. 核心指标体系构建**

本课题研究通过财务数据、业务数据和其他另类数据等,多维度、全方位构建目标公司核心指标体系,并在此基础上执行财务预测与分析、评估企业当前财务风险。其层级式的指标体系、全方位的指标维度、多元化的数据来源,为企业分析与决策提供全面、科学的支持。

**2. 深度学习模型构建**

本课题研究构建了数理神经网络模型,使用大量上市公司数据对深度学习网络进行训练,并执行相关回测,构建具备实际应用解决能力的深度学习网络模型。其基于规则和基于人工智能的分析引擎模型,跨越历史、实时和预测三大时间维度,实现自我迭代升级和对企业财务运营风险的全面揭示。

**3. 五层架构体系建设**

本课题研究通过数据、技术、模型、应用、商业场景五层架构,赋能深度学习技术,从底层数据出发,结合相关的数智化创新技术及神经网络模型,应用于不同商业场景下上市公司的财务预测与分析,最终达到财务分析与预警的效果。

**4. 案例分析与对比**

本课题研究选取新零售行业、传统制造业和其他行业的代表公司作为案例进行分析,使用深度学习的神经网络模型,对企业进行财务分析及预测,并与传统财务分析进行对比分析,总结出优势与不足之处。

**(三) 研究的主要方法**

**1. 文献综述法**

阅读大量国内外文献,搜集关于深度学习技术以及财务分析与预测相关领域的理论文献,阅读、分析、整理、提炼关于深度学习技术和财务分析与预测相关研究专题的学术见解和最新进展,并在此基础上进行指标体系以及深度学习模型的初步构建。

**2. 模型研究法**

在阅读、分析、整理相关文献后,结合上市公司实际情况区分财务数据、业务数据和其他另类数据,完善财务评价指标体系,同时搭建并运行深度神经网络模型,识别相关风险,利用模型对企业财务进行预测与分析。

**3. 实证研究法**

实证研究法包括数理实证与案例实证。本课题研究选取具有代表性的上市公司,通过获取的多维数据执行模型实证研究,确定深度网络模型的准确性和实用性,并运用相关案例进行检验,得出最终的研究结论。

**(四) 研究的创新点**

**1. 构建全面科学的指标体系**

层级式的指标体系,根据重要性、普适性等原则,通过对底层的 300 + 指标的筛选,最终选取合适的全方位的指标维度,从财务绩效、运营绩效、商业信息、市场舆论情绪等维度全方位的对企业的现状进行剖析;多元化的数据来源,包括企业内部的业务财务数据、外部的德勤行业数据、市场公开数据和独立第三方数据,其中也包含了结构化和非结构化数据,为指标体系提供了多元化数据来源。

**2. 构建深度学习神经网络模型**

基于规则和基于人工智能模型的分析引擎,跨越历史、实时和预测三大时间维度,全方位对投资及并购标的的风险进行揭示。其处置结果也将记录在历史风险库中,并自动更新对应的规则引擎以实现模型自我迭代升级。

**3. 建设五层架构体系**

分别从商业场景、应用、模型、数据和技术五个维度出发,从上至下进行问题剖析,从下至上进行问题解决。这种层层递进又相辅相成的五层架构体系,是企业数字化转型中的最佳实践框架。

# 二、文献综述

## (一) 国内外研究现状评述

财务分析和财务预测的发展,是一个复杂的渐进式过程。从最初 Fitzpatrick 于 1931 年提出的单变量方法到经典的 Altman 于 1968 年提出的多变量方法,进而发展到近代的 Logistic 回归模型以及 BP(Back Propagation)神经网络,其不断的变革深入,使得分析及预测结果越发具备可参考性。目前,深度学习作为机器学习领域的热门学科,被各国学者关注。深度学习技术相对于 BP 神经网络来说,具有更深层次的神经网络,对于复杂函数关系的刻画有着更加显著的作用。根据宋歌等对上市公司财务风险预警模型的研究显示,基于深度学习构建的神经网络模型对所有上市公司是否陷入财务危机的预测准确率可以达到 72% 以上。深度学习是一个复杂的机器学习算法,因其模拟人脑多层次的处理信息结构,被用于对复杂结构和大样本的高维数据进行学习,其学习样本数据的内在规律和表示层次,覆盖了如计算机视觉、自然语言处理、生物信息学、自动控制等研究领域,且在人像识别、机器翻译、自动驾驶等现实问题中取得了巨大成功。

**（二）财务分析及预测领域**

企业财务分析即以财务报表以及其他辅助资料为出发点，以其为依据，采用特定的方法，对公司过往财务状况、目前经营现状、未来公司发展趋势、现金流情况等指标作出分析与评价。归根结底，企业的财务分析是对公司"过去、现在以及未来"三个阶段的情况进行评价、衡量与预测。财务分析的最终目的在于全面、准确、客观地对企业的财务与经营现状进行揭示与评价，并对企业目前已有资源的利用状况与获取的经济效益的优劣作出较为合理的评价。而要达到最终目的，简单而又独立的财务比例的分析往往是无法考察出企业真实、合理的财务现状的，只有将代表企业的盈利能力、偿债能力、营运能力、合规性以及未来发展趋势的各种指标有机结合起来，构建出一套完整的体系，才能对企业的各方面成果作出合理判断。

在对企业财务状况与经营现状的分析中，各项指标与因子都是相互关联以及相互制约的，财务综合分析能够有效揭露出数据与数据之间、指标与指标之间存在的横向与纵向关联，对企业的经济活动本质归因。因此，企业财务分析即运用一系列特定的、科学的方法从成果指标体系过渡到因素指标体系，并解释因素指标的变动对于成果指标的敏感性变动的分析。通过财务分析及预测控制并尽量消除企业财务风险，是每个企业都希望达成的结果。在这一领域，已有诸多学者进行了理论研究。

在一元判定流行时期，Fitzpatrick DA 在 1931 年最早利用单个财务比率对 19 组破产和非破产公司的财务数据进行研究，发现两种类型公司的财务比率显著不同，其中，"净利润/股东权益"和"股东权益/负债"具有最好的预测能力，自此开创了财务危机预警实证研究的先河。而后，Beaver W H(1966)使用了单变量分析法，对 1954—1964 年存在危机和正常的企业中选择了 79 家公司作为样本，最终发现"现金流量/负债总额"这个指标最能直观对企业财务危机进行预警。

在多元线性回归的多变量分析模型中，常用的模型包括 Logistic 回归、Fisher 判别、Bayes 判别、违约距离判别等。其中比较经典的有 Altman E I(1968)年建立的 Z-score 模型。为了弥补一元判定模型的缺陷，其首次引入多元线性判别法到财务危机预警研究领域，选择了各 33 家破产公司和非破产公司作为研究样本。其多元线性判定模型为：$Z = 1.2x_1 + 1.4x_2 + 3.3x_3 + 0.6x_4 + 1.0x_5$，5 个变量作为判别变量，判别变量分别为营运资本/总资产，留存收益/总资产，息税前收益/总资产，股票市值/债务的账面价值，销售收入/总资产。企业的 Z 值越小，越有可能发生财务风险，Z 值越大，财务状况越良好。而 Ohlson J 以及 Laitinen E 等，也通过运用深度学习技术以及 Logistic 回归模型，基于多维度的财务指标，模拟预测公司未来破产清算的概率。

Odom 和 Sharda(1990)首次将神经网络引入财务风险预警领域，应用三层神经网络采用多元判断方式，进行实证分析并对比结果，验证了神经网络的准确性。其研究以 129 家企业(65 家破产企业、64 家非破产企业)作为研究样本，以 Z 模型中的 5 个财务变量作为输入变量，建立预警模型，结果发现所建模型的预测效果要优于判别分析模型的预测效果。

国内杨保安等(2001)首先应用神经网络进行财务预警，其准确率得到相应提高，他们提出基于 BP 神经网络的企业还款能力分析方法，讨论了财务指标的预处理问题、网络隐含层神经元数选取问题和网络连接权值的初值选取问题等,并将之实际应用到还款能力的财务分析中,取得了较满意的结果。但其并未细化模型研究,且由于选取的样本研究对象较少,研究结果不具有普适性。

牛怡然(2011)通过构建中小企业预警指标体系,引入了工作环境、内部控制、外部环境、经营环境等变量,同时结合传统财务定量指标进行分析。由于没有引入具体的数据进行论证说明,该体系仍然没有接受可操作性的检验。

曹彤和郭亚军(2014)以山东 67 家制造业上市公司作为研究对象,构建了财务指标和非财务指标体系,并运用因子分析和 BP 神经网络模型对数据进行了训练与测试,有效地提供了预警信息。

财务预测与分析最终过渡至财务预警的研究,在国外已历经四十多年的发展,理论基础相对完善。然而,国内直到 20 世纪 90 年代才开始此类研究。同时,由于国内外会计体系的差异,直接套用国外的研究模型来应对中国公司的财务状况显然不能客观公允地反映现实的情况。这就使我们迫切需要更适合中国公司的研究模型来应对当下的情况。

此外,由于公司数量的不断增加,公司的财务管理不断细化,可被获取的数据相比以前有了爆发式的增长,利用传统手段难以对数据进行深入透彻的研究。幸运的是,随着对深度学习研究的深入,利用学习模型构建动态且复杂的学习过程,在当下不断变化的外部环境中对公司财务状况进行合理准确分析成为可能,这也是未来财务领域全新的发展方向。

**(三)深度学习领域**

深度学习(deep learning)网络相较于传统的神经网络,能够处理低层次的特征来识别高层次的结果。深度学习网络在经过训练以后,可以分析输入的数据,识别输入层所代表的特征,经过中间深层网络中隐含多层的赋值和反馈,最终形成输出层。简单来说,深度学习是学习样本数据的内在规律和表示层次,其最终目标是让机器能够像人一样具有分析学习能力,能够识别文字、图像和声音等数据。深度学习是一个复杂的机器学习算法,在语音和图像识别方面取得的效果,远远超过先前相关技术。深度学习作为一种机器学习语言,因其模拟人脑多层次的处理信息结构,被用于对复杂结构和大样本的高维数据进行学习,覆盖了如计算机视觉、自然语言处理、生物信息学、自动控制等研究领域,且在人像识别、机器翻译、自动驾驶等现实问题中取得了巨大成功。

深度学习网络的概念起源于 20 世纪初,但直至 Hinton 于 2006 年发表论文才正式开启了深度学习的新纪元。该文指出深层次的神经网络可以对事物的特征进行良好的学习,所得的学习结果能对数据进行更本质的解释,同时也提出了底层递进初始化方式来解决训练难度的问题。

Deselaers 等(2009)利用深度置信网络(Deep Belief Network,DBN)可以进行多任务学习的特点,对深度学习应用到机器翻译进行了研究。该算法的优势在于,可以获取训练样本的标签的联合概率分布,可以较为准确估计先验概率和后验概率。Erhan 等通过实验验证了使用各层次非监督训练的方式可以对复杂函数进行较好的刻画,避免训练导致的过度拟合。Mohamed 等(2011)使用五层 DBN 深度学习代替 GMM-HMM,对语音识别模型进行了探索与改良。Dahl 等(2012)使用深度学习构建了可以应用于大量词汇语音识别系统的模型,降低了至少 16%的误差率。

相较于国外对深度学习的深入研究，国内的研究相对较少。余凯等(2013)从实物角度，对深度学习的过去形成、当前进度及未来发展作出提纲性阐述，更加偏向学习应用，对于深度学习的历史与未来的发展趋势有很好的学习作用。赵旻昊（2013）结合深度学习与数据融合技术，构建了可以应用于 FPSO 系统的网络模型，该模型具备较高的效率和准确性，对风险预警有一定的参考价值。杨杰群(2015)将深度学习网络应用于股指期货交易预测中，利用自动编码器等建立模型，并根据最终交易抉择构建了用于交易的网络预测系统，扩展了深度学习在金融交易领域的应用。

当前国内对于深度学习的研究，更加注重综述与实际应用，缺乏对相关理论的深入探讨；而国外对深度学习网络的研究则注重理论与实际并行。然而，利用深度学习技术进行财务分析和预测，进而执行公司财务预警的理论研究，当前也仅局限于单纯对财务数据的覆盖，缺乏相应拓展性。财务数据以外的资料，如公司的业务类指标和其他另类数据等，也缺乏合适模型进行覆盖。在衡量一家公司的数据维度不断细化的今天，如何利用好这些常规和另类的数据，也是当下深度学习和公司财务分析与预测相结合这一领域的理论研究工作重点。

### 三、分析模型构建

#### (一) 核心指标体系构建

指标体系的建立是模型评估的基础，关系到最终模型结果的可信程度。构建一个科学、合理的指标评价体系，必须要遵循科学性、系统性、综合性、层次性、动态性等各种不同的原则。本课题组基于各类指标的重要性、普适性和数据的可获得性，构建核心指标体系，如图 1 所示，并将获取的财务指标、业务指标、其他另类指标分为以下几类，组成三维一体的分析结构。

(1) 财务类指标。该类指标从公司的财务数据出发，衡量企业的盈利能力、运营能力以及偿债能力以及对应的风险。该类指标主要包括基本每股收益 EPS(Earning Per Share)、流动比率、资产负债率、流动资产/总资产、流动负债/负债合计、归属母公司股东的权益/负债合计、经营现金流量净额/负债合计、总资产净利率等。

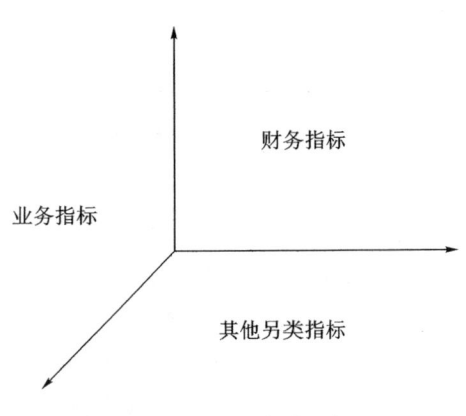

图 1　核心指标体系架构

(2) 业务类指标。该类指标针对企业收入结构、成本结构底层的业务数据，能够从根本上反映出企业财务数据的业务驱动来源，能够更直观、真实地识别企业运营和发展的稳定性和驱动性。该类指标主要包括产品销量的增长率、销售人员的增长率、研发人员的投入增长率、公司专利数量等。

(3) 其他另类指标。该类指标是在企业财务和业务类指标的基础上，综合了我国数百家 IPO 失败企业的原因而得出的。该类指标涵盖了企业除业务与财务以外的其他各方面数据，有助于衡量企业潜在的运营成本与风险。该类指标主要包括银行存贷比、股权质押比、对外担保金额、诉讼赔偿金额、是否在近三年频繁变更律师事务所和会计师事务所等。

通过分析非 ST 与 ST 上市企业的财务报表,我们通过因子分析筛选相对更重要的变量。过程中一次因子筛选的可释方差为 60.759%,两次为 82.288%,第三次为 90.175%,我们也进行了第四次筛选,可释方差下降为 86.223%,所以我们认为经过三次因子分析筛选得到的变量为更重要的变量。表 1 是经过三次因子分析之后我们挑选的十五个变量。

**表 1　变量筛选**

| 指标类型 | 指标 |
| --- | --- |
| 财务类指标 | 每股收益（元） |
| | 流动比率 |
| | 资产负债率(%) |
| | 流动资产/总资产(%) |
| | 流动负债/负债合计(%) |
| | 经营现金流量净额/负债合计(%) |
| | 总资产净利率(%) |
| 业务类指标 | 员工增长(%) |
| | 本科及以上学员工增长(%) |
| | 本科及以上员工占比(%) |
| 其他另类指标 | 合规风险 |
| | 股权质押 |
| | 对外担保 |
| | 诉讼赔偿 |
| | 更换律师事务所 |

### (二)深度学习模型构建

### 1. 深度学习模型选择

相比于传统的财务分析,深度学习的优势在于其具有更强的容错性。当上市公司存在对财务报表的修饰时,深度学习算法更不易受到异常行为结果的干扰,仍然可以对企业风险进行预警。并且,深度学习模型学习指标库可以纳入更多非财务指标,如业务指标、其他另类指标和反舞弊指标等。因此深度学习算法相对于传统的财务分析,在财务分析与预测方面具有更广泛的应用场景和容错性。

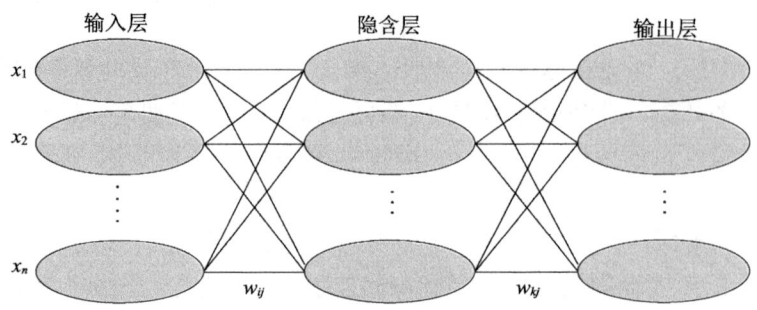

**图 2　结构模型**

同时,深度学习网络相比传统神经网络模型具有更高的准确性以及对复杂输入值的处理能力。使用深度学习网络进行财务分析与预测的应用,可以提高对财务风险的预警能力。本课题研究选择卷积神经网络模型作为预测上市公司被特别处理风险的算法。卷积神经网络(Convolutional Neural Networks,CNN)为一类仿造生物视知觉构建的、包含卷积计算的前馈神经网络,是深度学习的代表性模型之一。卷积神经网络结构与其他神经网络模型相同,大致包括输入层、隐含层(中间层)和输出层,但隐含层中又可分为卷积层、池化层和全连接层三个层面。

如图2所示,我们设定1代表输入神经元,$m$代表隐藏神经元,$n$代表输出神经元。在这三层关系之中,输入层是模型的刺激,输出层是神经网络运行的结果,而中间的隐含层决定了输入层与输出层间的映射关系。

我们假设对此深度模型的输入为:

$$I_p = (I_{p1}, I_{p2}, \cdots, I_{pm}), \quad p = 1, 2, \cdots, N$$

在输入第一层(即输入层后)它们的值将保持不变,即:

$$O_{pi} = I_{pi}, \quad i = 1, 2, \cdots, N$$

在经过隐层处理后,我们得到了它的输出:

$$O_{pj} = f(NET_{pj}) = f\left(\sum_{i=0}^{1} W_{ji} O_{pi}\right), \quad j = 1, 2, \cdots, m$$

数据最终到达输出层,我们得到了:

$$O_{pk} = f(NET_{pk}) = f\left(\sum_{i=0}^{1} W_{kj} O_{pj}\right), \quad k = 1, 2, \cdots, m$$

卷积神经网络适用于监督性和非监督性学习。它们的区别在于深度学习的过程中,无监督学习模型可以输入未经标记的训练数据,并试图使学习者在其中找到隐藏的结构;而监督学习模型必须使用经过标记的训练数据。由于此处我们输入的数据已经标明了公司财务数据所对应的上市公司股票是否属于 ST 或 * ST 股票,应当采用监督学习模型,卷积神经网络在本文的模型应用场景是适用的。

同时,卷积神经网络相比于传统神经网络的优点在于卷积神经网络通过局部感知、共享权重和下采样三种主要策略,能够达到减少特征提取的复杂度、降低对高维数据的处理压力、降低人工参与程度和降低传统神经网络易于过拟合缺点等目的。

在财务分析与预测应用中,财务指标具有内在含义和关联复杂度高、特征提取难度大、指标类型维度大等特征,难以直接判断对上市企业的风险,应用传统神经网络模型难以达到有效的预测效果,因此,本文应用卷积神经网络模型进行财务分析与预测算法。

**2. 深度学习模型算法实现**

实现基于深度学习的财务风险与预测模型的主要程序包括建立数据集、数据预处理、模型搭建和模型结果验证四个部分。其中,建立数据集包括建立全量样本数据集合,并将其划分为训练集与测试集。数据预处理为将数据转化为更便于输入卷积神经网络的标准化数据的归一化过程;模型模块及参数初始化为设置卷积神经网络的模型结构、设置基本参数的过程,主要包括设置卷积层数、权重、激活函数等。

模型训练过程为通过参数调整与迭代,不断调整模型中的各项权重,以得到更低的总体错误比例。对于深度神经网络,我们通常会使用梯度下降算法,在这一模型中同样如此。梯度是对于可微分函数求方向导数最大值的过程,当方向导数与梯度方向相同时,方向导数能够取得最大值;同时,计算的速度也最快。我们将真实值与神经网络中产生的预测值的差值定义为损失函数,则通过梯度下降算法,我们将得到最小化损失函数与模型参数。迭代终止的标志是梯度向量为 0,此时函数取得极值,我们也获取到了建立模型所需的最优参数值。

模型结果验证过程为将测试集输入项代入训练获得的模型,并将模型预测结果与测试集输出项对比以验证模型准确性的过程,以达到对模型有效性进行评估的目的。

**3. 建立数据集**

在构建并调试神经网络的过程中,我们需要使用到两个数据集,分别是训练集和测试集。在对数据进行标记之后,我们抽取了其中一部分作为测试集,并利用其余数据作为训练集。训练集用于对模型中的各项参数与权重进行调试,获取到使模型输出的结果与真实情况拟合程度最高的参数;而测试集用于验证我们先前利用训练集测试得到的参数是否对其他的输入结果同样有效。具体步骤如下:

第一步,本课题研究从 2015—2018 年 3 640 家上市公司中分两类获取样本集,以 2016 年至 2018 年出现被特别处理(ST)的公司作为风险企业样本集,以未被特别处理(非 ST)的公司作为无风险正常企业样本集。样本数据来源于 WIND 数据库,最终获得了 3 484 例无风险企业样本,156 例风险企业样本。

第二步,以 80∶20 的比例选取训练集样本和测试集样本,训练集和训练集独立不重合。最终获得训练集样本共 2 982 个,获得测试集样本共 658 个。

第三步,根据核心指标库体系选取出的代表性指标和指标对,对各样本企业建立风险指标库,将每个企业样本的风险指标作为模型输入值 $x_i$,其风险判别结果(ST 或非 ST)作为模型输出值 $y_i$。

**4. 数据预处理(归一化)**

为了将数据更便于输入卷积神经网络,本课题研究将收集到的所有数据进行归一化处理。归一化是一种将数值的绝对值关系转化为某种相对值关系的无量纲处理手段,通常将数据转化为[−1,1]之间的小数。在神经网络模型实践过程中,归一化处理可以在一定程度上降低输入变量的数量级差异带来的权重和数值问题,以及模型求解和收敛速度问题。

在卷积神经网络中,当使用梯度下降时,由于其总是按照一个单位进行,而不同指标下降时使用的步长并不相同,我们需要使用归一化将各个指标在进行梯度下降时变动的单位与该指标的数量级对应起来。本课题研究使用 StandardScaler 函数将训练集和测试集的输入值进行归一化。该函数所用公式如下,归一化处理后的结果如图 3 所示。

$$z = \frac{x - \mu}{s}$$

其中，$u$ 为样本集平均值，$s$ 为样本值标准差。

| | 0 | 1 | 2 | 3 | 4 | 5 | 6 | 7 |
|---|---|---|---|---|---|---|---|---|
| 0 | 0.108102 | -0.55088 | 0.594737 | -1.18295 | -1.20857 | -0.538502 | -0.240424 | -0.0836975 |
| 1 | -0.140641 | -0.177744 | 0.0275645 | -0.384578 | -1.43864 | -0.350892 | -0.0623582 | 0.0668535 |
| 2 | 0.316955 | -0.262548 | -0.207935 | -0.420505 | 0.176544 | -0.124079 | 0.497279 | 0.261596 |
| 3 | 0.0870071 | 0.402312 | -0.293091 | 0.133367 | -1.72623 | -0.0344742 | 0.0902701 | 0.178456 |
| 4 | 0.316955 | 0.402312 | -0.399594 | 1.56645 | 0.580927 | 0.127935 | -0.621995 | 0.464578 |
| 5 | -1.11282 | -0.55088 | 0.535288 | -1.54921 | -1.92226 | -0.516101 | -0.214986 | -1.32106 |
| 6 | 0.616886 | -0.42537 | -0.171898 | -2.13351 | -2.82199 | -0.174482 | -0.393053 | 0.0960649 |
| 7 | 0.742858 | -0.530527 | 0.469183 | -0.339171 | 0.657812 | -0.493699 | -0.342177 | 0.142504 |
| 8 | -0.306203 | 0.0325689 | 0.742326 | 1.56894 | -2.13531 | -0.566503 | -0.698309 | -0.130136 |
| 9 | 1.35672 | 0.168255 | -0.492784 | 0.125383 | 0.495824 | 0.312745 | 0.726221 | 0.605392 |
| 10 | -1.48264 | -0.17096 | 0.284181 | 1.32045 | -0.265401 | -0.465698 | -0.698309 | -0.0544861 |
| 11 | 0.596891 | -0.438939 | 0.150823 | -0.273804 | 0.574471 | -0.420895 | 0.0139559 | 0.247365 |
| 12 | 0.179986 | -0.184528 | -0.215969 | 0.212206 | 0.762283 | -0.33129 | 1.18411 | 1.37762 |
| 13 | 0.736859 | -0.191313 | -0.275188 | -0.0986605 | 0.649596 | -0.0876771 | -1.10532 | -0.43723 |

图 3　归一化结果（部分）

### 5. 模型搭建

本课题研究在模型搭建过程中自定义了卷积神经网络模型，之后调用了自定义的神经网络模型并输入相应参数以应用模型。本课题研究在模型参数调整过程中，主要针对于每一层的神经元数量、学习率以及初始权重的配置。自定义卷积神经网络模型过程大致包括初始化神经网络、设置神经网络训练模型以及设置神经网络计算模型三个部分。

第一步，神经网络模型初始化。本课题研究自定义的神经网络模型为三层神经网络，初始化过程中在输入层、隐含层、输出层每层分别设置神经元和学习率，然后根据正态分布设置权重矩阵，并链接权重矩阵，最后设置激活函数。

第二步，神经网络训练模型设置。设置了从输入层到隐含层再到输出层的计算函数，并计算预期值与实际计算值之间的误差，再根据隐含层的权重来分配误差、调整隐含层与输出层之间的权重、调整输入层与隐藏层之间的权重，以此来迭代训练模型。

第三步，神经网络计算模型设置。定义神经网络模型的 Query 函数，该函数用于接收神经网络的输入，传递来自输入层节点的输入信号，通过隐含层，最后返回输出层。该计算过程中，当神经网络信号传输至给定的隐含层或输出层节点时，我们使用链接权重和激活函数来调节及抑制信号。

我们用以下三个指标来计算预测结果是否精确：一类错率、二类错率以及整体错率。其中，一类错率代表模型在预测无风险企业为无风险企业的过程中的失效率；二类错率代表预测有风险企业的失效率；整体错率代表"一类错率 + 二类错率"。下列公式和表 2 可直观表现一类和二类错率的意义。

$$一类错率 = \frac{B}{C}, \quad 二类错率 = \frac{D}{F}, \quad 三类错率 = \frac{B+D}{I}$$

本模型的设计目的为辅助投资者进行财务分析,从而作出投资决策。从降低投资风险角度出发,在训练模型时以降低二类错率为导向进行训练,而非单纯追求更低的总体错误比例。通过调试模型,我们将不断调整模型中的各项权重,经过数十次迭代后,我们得到一个较为理想的模型,其在测试集上的表现结果如表3所示。

表2 预测状态表

| | | 预测状态 | | 总和 |
|---|---|---|---|---|
| | | 无风险 | 有风险 | |
| 真实状态 | 无风险 | A | B | C |
| | 有风险 | D | E | F |
| | 总和 | G | H | I |

表3 模型结果表

| | 测试集 | |
|---|---|---|
| | 无风险 | 有风险 |
| 准确率 | 95.05% | 86.66% |
| 平均准确率 | 90.855% | |

### (三) 五层架构体系建设

德勤的数字化架构体系如图4所示,分别从技术、数据、模型、应用和商业场景五大层级出发,为企业利用深度学习技术解决财务分析与预测方面的应用问题提供了最佳的解决方案,同时也为企业建立商业信任链并制定甚至重塑未来战略规划打下了坚实的基础。

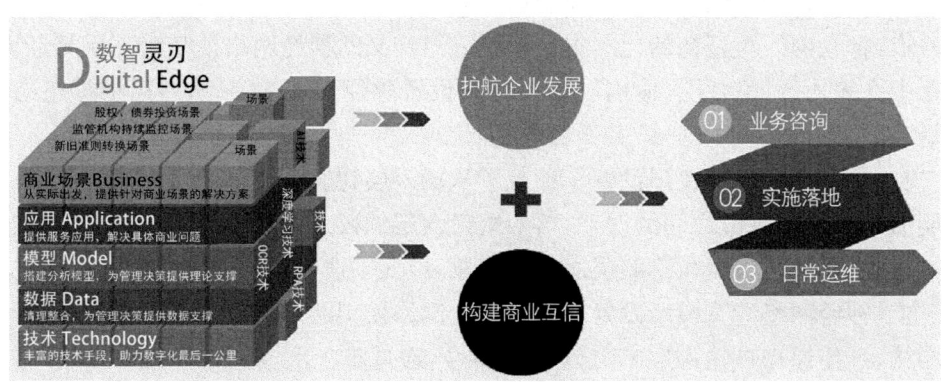

图4 五层架构体系

商业场景:从企业面临实际问题出发,精准的细分商业场景识别结合德勤的丰富行业经验,为企业提供极具针对性的解决方案,满足企业发展与商业信任链构建的全方位需求。

应用:针对具体细分商业场景,交付智能财务预测报表、风险地图、调查报告、压力测试报表等多样化定制产品,以模型为依托满足企业在具体商业场景下具体问题的解决需求。

模型:内置风险智能引擎、流程模型、数理模型、神经网络模型、业务模式等模型类型,为产品交付提供坚实理论基础,以数据为依托满足企业对风险快速定位、发展路径探寻的需求。

数据：实施数据治理，整合结构化与非结构化数据；构建指标体系，对关键绩效指标分类研究；挖掘数据资产价值，以技术为依托，满足企业对数据质量、数据应用需求。

技术：利用 RPA、OCR 等技术快捷、准确地抓取财务指标数据、业务指标数据以及其他另类指标数据，助力企业提高财务流程效率，减少账务计算错误率，为企业实现更进一步的数字化转型打下坚实基础，有助于企业更精准地执行财务分析与预测，并预警对应财务分析，实施战略决策。

### （四）预警 ST 模型构建

以核心指标体系、神经网络模型及五层架构体系为基础，构建最终的财务分析与预测模型，助力企业完成实时财务预警。

从技术角度来看，利用 RPA 技术协助完成大量财务数据、业务数据和其他另类数据的采集；利用 OCR 技术对相关合同进行图像切分、特征提取及匹配，将关键分析信息转化为可编辑的文本信息进行自动录入，将物理世界的图片信息转化为数据世界的可分析数据，可以降低手工录入的错误率。数据获取过程如图 5 所示。

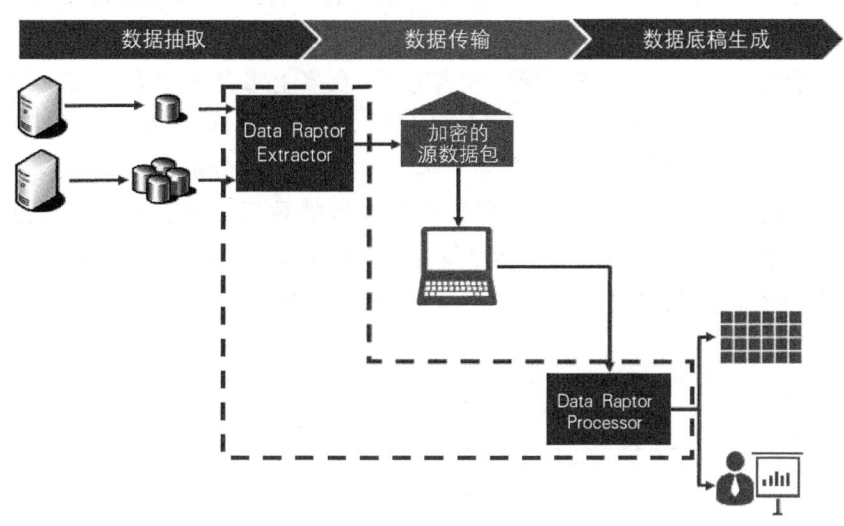

**图 5　数据获取过程**

从数据角度来看，将利用 RPA、OCR 等技术搜集得到的数据，统一整合成结构化与非结构化数据，并对数据实施一定的清理工作，将缺失值、异常数据均剔除。在保证数据的良好质量后，将数据分类为训练集与测试集，为下一步的模型分析构建必要的基础。数据清理与治理过程如图 6 所示。

从模型角度来看，通过对财务、业务、其他另类数据的梳理，基于其重要性、普适性和可分析性等原则，构建特殊的指标对分析体系，三维一体，从不同的维度出发，最终对上市公司预警 ST 作出相应分析；利用德勤自身搭建的三层卷积神经网络模型，将指标对分析体系输入模型并加以训练，调整参数构建隐含层，得出 ST 公司特定指标对应的合理权重，并运用测试集数据评估训练结果，做出 ROC 曲线。

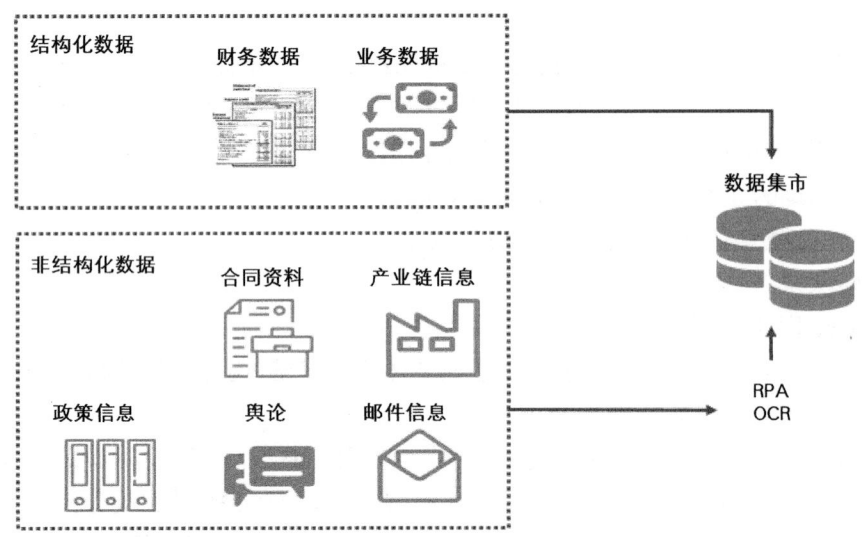

**图 6　数据清理与治理**

从应用服务来看,最终通过对黑盒的指标体系与卷积神经网络模型的交付,从多维度助力投资者实施财务分析与预测,并及时作出财务预警。

从商业场景来看,在全球经济下行的大背景下,众多上市公司遇到经营困境,更有甚者其不断的经营亏损导致不得不面临退市的巨大风险,而财务数据、业务数据和其他另类指标等数据的分离也使得企业很难将其整合为一体并实施有效的分析来洞察风险。因此,如何成功搜集并利用财务、业务、其他另类指标等不同维度的数据实施财务分析与预测,同时采用深度学习等技术及时发出财务预警,精准评估 ST 风险,并针对特定领域实施战略转型或重塑,是未来数字化时代每个企业都需要努力的方向。指标体系与卷积神经网络模型搭建如图 7 所示。

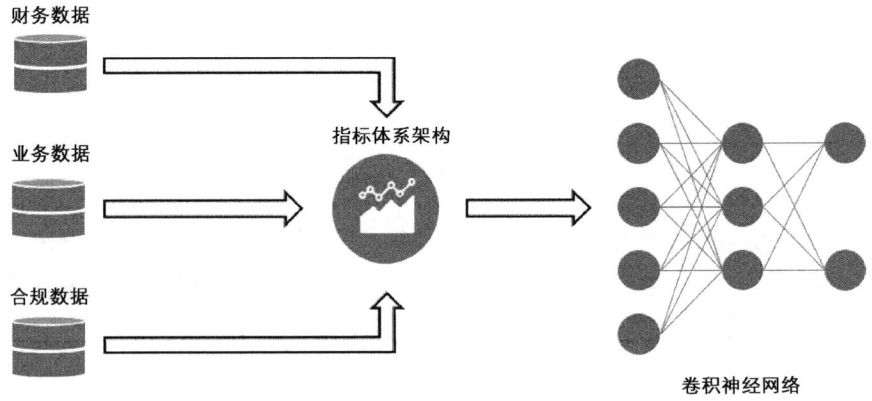

**图 7　指标体系与卷积神经网络模型搭建**

## 四、案例分析

在这一部分中,我们将利用前文中构建的深度学习模型进行实验,使用训练集调整模型参数,将相关行业的公司数据代入模型中获取结果,并将其与现实发生的数据对照,验证模型的准确程度。由于在训练集中我们使用了大量新零售行业的数据,我们首先选取了新零售龙头企业的苏宁云商作为测试案例。随后,为了验证该模型对于传统制造业企业的贴合程度,我们也选取了山东墨龙作为测试案例来测试模型。最后,我们将657家各行业的公司混合输入该模型中,获取该模型对于各个行业的平均准确程度,验证模型在面对大量数据时是否仍然能保持相对的准确性。

## (一)案例一

### 1. 公司概况

苏宁云商集团股份有限公司(简称"苏宁云商")创办于1990年,总部位于南京。2004年7月,苏宁电器(002024)在深圳证券交易所上市,成为国内首家家电连锁行业的上市公司。2013年,其发布公告称,基于线上线下多渠道融合、全品类经营、开放平台服务的业务形态,苏宁拟将公司名称变更为"苏宁云商销售有限公司"。其线上商城苏宁易购在国内B2C企业中稳居前三,是典型的线上与线下融合发展的新零售企业。

### 2. 选取理由

苏宁云商是我国新零售行业且A股上市的企业中,无论是市场份额还是知名度都位居前列的企业,且多年以来都处于良好的财务状况之中。它对于我们先前通过同行业企业的财务数据训练产生的神经网络模型应当具有良好的适应性。我们将先通过这一公司来验证利用本课题研究构建的卷积神经网络模型,预测公司财务风险的可行性。

### 3. 传统财务分析与预测

1)主营业务收入分析与预测

从公司营业收入来看,苏宁云商自2013年以来,每年均实现了营业收入的上涨,具体金额与增长比率如表4所示。

**表4　2013—2015年苏宁云商主要会计数据与财务指标**　　单位:千元

|  | 2015年 | 2014年 | 2013年 |
|---|---|---|---|
| 营业收入合计 | 135 547 633 | 108 925 296 | 105 292 229 |
| 营业收入增长率 | 24.44% | 3.45% | 7.05% |
| 归属股东净利润 | 872 504 | 866 915 | 371 770 |
| 净利润增长率 | − 16.98% | 133.19% | − 86.11% |

从营业收入增长率来看,尽管苏宁云商处于良好的业务增长之中,但每年的营业收入的增幅波动较大,收入的增长不够稳定。此外,虽然归属股东净利润每年都为正,但每年的波动却非常大。对于这样的公司,传统财务分析方法难以给出较为准确的数据。

2)偿债能力分析与预测

通过对表5的数据分析可以得出,苏宁云商自2013年更名以来,流动比率与流动资产/总资产等数据波动不大,处于微小的波动之中,短期偿债能力的变化并不大。从长期来看,流动负债与总负债的比例略有波动但幅度不大。通常,国际上认为资产负债比的合理区间为40%至60%之间,且60%为最佳数值。观察上述数值后可以发现,2013—2015年,苏宁云商的资产负债比正在向 60% 靠拢,长期偿债能力得以佐证,如表 5 所示。

表 5 苏宁云商 2013—2015 年间偿债能力的数据指标　　　　　单位:千元

| | 2015 年 | 2014 年 | 2013 年 |
|---|---|---|---|
| 流动资产 | 56 751 867 | 50 647 414 | 53 502 463 |
| 资产合计 | 88 075 672 | 82 193 729 | 82 251 671 |
| 流动负债 | 45 734 659 | 42 116 912 | 43 414 384 |
| 负债合计 | 56 150 606 | 52 656 927 | 53 548 764 |
| 所有者权益 | 31 925 066 | 29 536 802 | 28 702 907 |
| 流动比率 | 1.24 | 1.20 | 1.23 |
| 流动资产/总资产 | 0.64 | 0.62 | 0.65 |
| 资产负债比 | 63.75% | 64.06% | 65.10% |
| 流动负债/总负债 | 81.45% | 79.98% | 81.07% |

3) 盈利能力分析与预测

从表 6 中可以看出,苏宁云商的应收账款周转率不断上升,周转资金效率较高。虽然应收账款余额有所波动,但资金周转压力并没有增加,反而是应对收账费用与坏账成本的压力有所缓解。在应对供应商赊销方面,苏宁云商的风险没有出现显著变化。此外,随着存货周转率上升,该企业资产运营水平也有所提升。

表 6 2013—2015 年苏宁云商经营效率概况　　　　　单位:千元

| | 2015 年 | 2014 年 | 2013 年 |
|---|---|---|---|
| 销售收入 | 157 526 056 | 126 542 150 | 120 912 384 |
| 期初应收账款余额 | 535 579 | 671 075 | 1 270 502 |
| 期末应收账款余额 | 705 617 | 535 579 | 671 075 |
| 应收账款周转率 | 253.83 | 209.74 | 124.55 |
| 销售成本 | 115 981 182 | 92 284 572 | 89 279 061 |
| 期初存货余额 | 16 038 522 | 18 258 355 | 17 222 484 |
| 期末存货余额 | 14 004 797 | 16 038 522 | 18 258 355 |
| 存货周转率 | 7.72 | 5.38 | 5.03 |

4) 业务指标分析

从下列表格中的业务指标上来看,苏宁云商人员变动最为显著的是 2015 年员工数量几乎发生了一倍的增长,人员增长主要发生在运营体系、采购体系和终端作业之中。这表明公司的电商业务当年正在蓬勃发展,对人员的需求旺盛,但也存在人员冗余的风险。从员工学历的情况来看,新增人员绝大多数为高中及以下学历。这可能对公司未来在快速爆发式过后的稳定增长带来不利影响,如表 7 和表 8 所示。

表 7　2013—2015 年苏宁云商公司员工专业结构概况

| | 2015 年 | 2014 年 | 2013 年 |
|---|---|---|---|
| 运营体系人员 | 5 276 | 3 086 | 904 |
| 信息体系人员 | 3 118 | 2 683 | 1 635 |
| 采购体系人员 | 2 760 | 1 463 | 531 |
| 职能体系人员 | 1 322 | 1 142 | 2 662 |
| 财务体系人员 | 1 451 | 965 | 2 325 |
| 服务体系人员 | 780 | 778 | 1 001 |
| 终端作业人员 | 10 244 | 3 274 | 3 392 |
| 合计 | 24 951 | 13 391 | 12 450 |

表 8　2013—2015 年苏宁云商公司员工学历概况

| | 2015 年 | 2014 年 | 2013 年 |
|---|---|---|---|
| 本科及以上 | 8 621 | 7 464 | 6 699 |
| 大专 | 8 890 | 4 172 | 3 730 |
| 高中及以下 | 6 577 | 1 339 | 1 546 |
| 其他 | 863 | 416 | 475 |
| 总计 | 24 951 | 13 391 | 12 450 |

5）其他另类指标分析

继财务指标以及业务指标之外,我们还参考了企业上市 IPO 被否原因归集总结出的上市公司的另类指标。该类指标涵盖了企业除业务与财务以外的其他各方面数据,有助于衡量企业潜在的运营成本与风险,其中主要包括了企业合规风险、质押担保、诉讼赔偿,以及是否频繁变更律师事务所。如表 9 所示,苏宁云商在该项指标中表现良好,并无重大另类指标风险。

表 9　2013—2015 年苏宁云商其他另类指标概况

| | 2015 年 | 2014 年 | 2013 年 |
|---|---|---|---|
| 合规风险 | 0 | 0 | 0 |
| 股权质押 | 0 | 0 | 0 |
| 对外担保 | 0 | 0 | 0 |
| 诉讼赔偿 | 0 | 0 | 0 |
| 更换律师事务所 | 0 | 0 | 0 |

**4. 利用卷积神经网络模型预测结果**

1）提取数据

从苏宁云商 2015 年公司年度财务报告中提取 8 个关键财务指标、3 个业务指标与 5 个另类指标,数据如表 10～表 12 所示。

表 10　2015 年苏宁云商关键财务指标数据

| 名称 | 每股收益(元) | 流动比率 | 资产负债率 | 流动资产/总资产 | 流动负债/负债合计 | 权益/负债合计 | 经营现金流量净额/负债合计 | 总资产净利率 |
|---|---|---|---|---|---|---|---|---|
| 苏宁云商 | 0.12 | 0.75 | 63.75% | 64% | 81.45% | 56.85% | 0.15% | 0.85% |

表 11　2015 年苏宁云商业务指标数据

| 名称 | 员工增长 | 本科及以上学历员工增长 | 本科及以上员工占比 |
|---|---|---|---|
| 苏宁云商 | 86.32% | 15.5% | 34.55% |

表 12　2015 年苏宁云商其他另类指标数据

| 名称 | 合规风险 | 股权质押 | 对外担保 | 诉讼赔偿 | 更换律师事务所 |
|---|---|---|---|---|---|
| 苏宁云商 | 0 | 0 | 0 | 0 | 0 |

2) 代入模型

将数据进行归一化处理后代入之前训练得到的卷积神经网络模型,得出预测结果为"1",即模型认为该公司具有在获取数据的未来三年内发生重大财务问题(被标为 ST)的风险。

3) 结果分析

截至 2019 年,苏宁云商已经改名为苏宁易购,近年来依然保持每年盈利财务状况,没有被打上 ST 的标志。这是否意味着我们的模型出现了问题呢?从年报上来看,该公司自 2014 年以来,连续 5 年每年的主营业务收入均小于主营业务成本,这也意味着苏宁云商在事实上已经连续亏损多年,扣除非经常性损益后的收益已经连续多年为负。而进一步研究该企业的年报可以发现,该企业每年均通过财务手段实现盈利,弥补主营业务带来的亏损。例如,该公司将自己的物流公司高价出售给实际控制的非关联第三方并售后回租,以实现不菲的投资收益;将手中阿里巴巴的股票套现并对外投资赚取收益;将效益不好的子公司通过关联方交易变为非并表公司;等等。近 6 年,苏宁仅通过处置资产便获得了 380 亿元的利润,使公司每年的财报扭亏为盈。在没有母公司的协作与高水平的财务操作的情况下,该公司很有可能已经成为 ST 股票。

由此可见,该神经网络模型预测得出的结论对于预测企业扣减非经常性损益后是否会发生长期亏损依然准确,甚至能洞察常规财务分析无法预见的问题,但无法避免财务操作对于公司盈利水平的影响。在下文中,我们将会验证该模型对于其他行业的公司是否依然适用。

(二)案例二

1. 公司概况

山东墨龙石油机械股份有限公司(以下简称"山东墨龙")始创于 1986 年,2001 年经山东省政府批准改制成为我国石油机械行业的一家股份制有限公司。2004 年 4 月 15 日,山东墨龙增发境外上市外资股(H 股),每股面值为 0.1 元,发行价格为每股港币 0.7 元,共发行 134 998 000 股,从而成功在香港联合交易所创业板上市,由此成为国内该行业第一家在境外上市的公司,更是潍坊市民营企业中首家境外上市公司。2007 年 2 月 7 日,山东墨龙由 H 股创业板转至主板,在香港创业板 H 股 134 家公司中拔得头筹,首次成功转板,并于 2010 年 10 月 21 日在深圳证券交易所挂牌上市,成为第一家回归深交所的 H 股公司(H 股代码:00568,A 股代码:002490)。

山东墨龙及其子公司属于机械制造业,主要从事石油机械专用设备制造。近年来,山东墨龙在科技创新方面有所建树,共获得 9 项专利,共有 14 种产品列入山东省省级技术创新项目。凭借雄厚的科研实力及创新能力,该公司的技术中心被认定为山东省省级企业技术中心。通过经济规模的扩张、生产链条的延伸,山东墨龙的经济效益实现了连年的跨越式发展,其在业内的影响力也显著提高了,其在山东省石油机械行业中独占鳌头。

2017 年 2 月 3 日,山东墨龙对 2016 年的业绩报告发布了修正预告,预计 2016 年亏损 4.8 亿元至 6.3 亿元,同时向投资者警示公司存在被实施退市风险。而在此前披露的全年业绩预告中,山东墨龙对 2016 年的收益持乐观态度,认为当年实现了 600 万元至 1 200 万元盈利。2017 年 3 月 22 日,中国证券监督管理委员会指出因山东墨龙涉嫌违反证券法律法规,决定对山东墨龙进行立案调查。经调查发现,由于此前已经遭受亏损,为了避免连续亏损而"戴帽",山东墨龙从 2015 年开始通过调增主营产品的销售单价来虚增暂估收入,同时减少了对销售成本的结转来对报表进行粉饰,从而使得山东墨龙 2016 年前 3 个季度报告中归属于母公司所有者的净利润从亏损调整为盈利。随后,山东墨龙对这 3 份季度报告进行了重述,其财务重述涉及内容均与公司净利润的大幅变化相关联。2017 年 4 月 6 日,山东墨龙在披露 2016 年年报时承认,2016 年前 3 个季度在确认营业收入、结转营业成本时没有严格执行有效的内部控制流程,导致前 3 个季度的财务报告中营业收入和营业成本存在重大会计差错。山东墨龙对重大错报的承认,确认了投资者索赔的依据。

**2. 选取理由**

山东墨龙是近期受关注度较高的企业,也具有一定的代表性,其在 2016 年披露财报时承认在前 3 个季度的财务报告中存在重大差错。对于此类企业,使用本文构建的深度学习网络模型进行预警是否能得到准确的结果,也是对该方法适用性的证明。

**3. 传统财务分析与预测**

1)主营业务收入分析与预测

在表 13 中,从行业维度来看,公司 2014 年营业收入同比增长 10.20%;从产品维度来看,油套管、三抽设备、石油机械部件等在 2014 年均实现不同比例的增长;从地区维度来看,国内及国际地区均实现增长,且以国外地区的增长为主,增长 34.06%,绝对数达 294 201 864.64 元。

但公司 2015 年营业收入却面临大幅下滑。从行业角度来看,同 2014 年相比,营收下降比例达 36.01%,且降至比 2013 年还低的水平;从产品维度来看,主要产品线收入均面临下滑;从绝对数来看,与 2014 年相比,油套管下降最甚,达 786 081 299.26 元;从相对数来看,石油机械部件下降最多,达 50.63%;从地区维度来看,国内地区销量下降尤为明显,与 2014 年相比,绝对数达 572 648 837.82 元,占比达 41.98%。3 年内公司主营业务收入涨跌的巨大波动,使得财务预测的精度愈发低,按照传统财务预测的方式,很难提供相对准确的财务预测。

表13  2013—2015年山东墨龙主营业务收入概况  单位:元

| | 2015 年 | 2014 年 | 2013 年 |
|---|---|---|---|
| 营业收入合计 | 1 613 917 735.08 | 2 522 102 479.29 | 2 077 014 318.40 |
| 分行业 | | | |
| 专用设备制造业 | 1 613 917 735.08 | 2 522 102 479.29 | 2 077 014 318.40 |
| 分产品 | | | |
| 油套管 | 1 455 669 482.04 | 2 241 750 781.30 | 1 874 652 254.34 |
| 三抽设备 | 44 075 407.13 | 69 191 280.09 | 55 229 919.26 |
| 石油机械部件 | 80 706 851.84 | 163 457 880.46 | 119 752 314.72 |
| 其他 | 33 465 994.07 | 47 702 537.44 | 27 379 830.08 |
| 分地区 | | | |
| 国内地区 | 791 549 269.47 | 1 364 198 107.29 | 1 213 311 811.04 |
| 国外地区 | 822 368 465.61 | 1 157 904 372.00 | 863 702 507.36 |

2) 偿债能力分析与预测

在表14中,从绝对数值的角度来看,公司的流动资产在3年内逐年下滑,流动负债在3年内不断上升;而从相对比率的角度来看,公司流动比率、流动资产占比不断下降,说明公司资产的流动性程度不断降低,其偿债能力逐年减弱,而资产负债比、流动负债占比不断上升,也从另一面说明了公司的流动性程度逐年下滑,内部情况逐年劣化;从财务杠杆的角度来看,公司财务杠杆也在逐年上升。无论从整体,亦或是比率来看,公司的整体偿债能力不断下滑,而纵观3年内数据,预测公司未来偿债能力仍会持续不断下滑,经营状况很有可能不断恶化。

表14  2013—2015年山东墨龙偿债能力概况  单位:元

| | 2015 年 | 2014 年 | 2013 年 |
|---|---|---|---|
| 流动资产 | 2 117 023 440.67 | 2 474 506 875.54 | 2 583 204 250.58 |
| 资产合计 | 5 851 180 723.61 | 6 044 500 696.03 | 5 793 466 052.68 |
| 流动负债 | 3 298 519 212.84 | 2 783 416 841.27 | 2 546 157 995.36 |
| 负债合计 | 3 313 096 127.71 | 3 294 253 220.43 | 3 057 344 576.17 |
| 归属于母公司权益 | 2 433 157 226.21 | 2 694 285 331.17 | 2 674 103 955.73 |
| 所有者权益 | 2 538 084 595.90 | 2 750 247 475.60 | 2 736 121 476.51 |
| 流动比率 | 64.18% | 88.90% | 101.45% |
| 流动资产/总资产 | 36.18% | 40.94% | 44.59% |
| 资产负债比 | 56.62% | 54.50% | 52.77% |
| 流动负债/总负债 | 99.56% | 84.49% | 83.28% |
| 归母公司权益/负债合计 | 0.734 405 865 | 0.817 874 386 | 0.874 649 19 |

### 3) 盈利能力分析及预测

从表 15 中净利润的绝对数来看,公司在 2014 年实现盈利,但在 2015 年面临大幅亏损;从比例来看,公司 2013—2015 年,只有 2014 年的净利率为正,2015 年的净利率更是下降到了-16.08%,且总资产净利率也不断降低,每股收益更是达到-0.33 元。公司 2013—2015 年的盈利数据显示,其盈利业绩大幅波动,盈利能力表现出不稳定的态势,从财务的角度来看存在一定的风险,且无法进行有效且有精度的财务预测。

表 15　2013—2015 年山东墨龙盈利能力概况　　　　单位:元

| | 2015 年 | 2014 年 | 2013 年 |
|---|---|---|---|
| 营业收入合计 | 1 613 917 735.08 | 2 522 102 479.29 | 2 077 014 318.40 |
| 营业成本合计 | 1 936 568 687.67 | 2 509 982 965.81 | 2 491 933 547.21 |
| 净利润 | -286 498 946.90 | 14 256 665.62 | -177 608 273.33 |
| 归母净利润 | -259 565 004.32 | 20 233 190.77 | -175 722 248.47 |
| 净利率 | -16.08% | 0.80% | -8.46% |
| 总资产净利率 | -4.44% | 0.33% | -3.03% |
| 每股收益 | -0.33 | 0.03 | -0.22 |

### 4) 营运能力分析与预测

在表 16 中,从存货周转率的角度来看,公司 2014 年存货周转率为 3 年中最高,2015 年降低到较低水平,比 2013 年更低。这对于传统的制造企业而言,表明当年库存积压较为严重,营收环境较差。从应收账款周转率来看,虽然在 2014 年应收账款周转率有所回升,但在 2015 年仍存在大量未收回的账款。从总资产周转率来看,虽然公司总体资产的周转率有所上升,且 2015 年达到新高,但大部分原因是 2015 年的营业收入大幅下降。纵观 3 年内的运营数据,其波动起伏较大,很难进行有效财务预测分析。

表 16　2013—2015 年山东墨龙营运能力概况　　　　单位:元

| | 2015 年 | 2014 年 | 2013 年 |
|---|---|---|---|
| 营业收入合计 | 1 613 917 735.08 | 2 522 102 479.29 | 2 077 014 318.40 |
| 营业成本合计 | 1 936 568 687.67 | 2 509 982 965.81 | 2 491 933 547.21 |
| 存货 | 903 784 288.00 | 817 174 405.99 | 898 794 179.36 |
| 应收账款 | 497 239 999.28 | 852 857 480.28 | 562 804 031.40 |
| 资产合计 | 5 851 180 723.61 | 6 044 500 696.03 | 5 793 466 052.68 |
| 存货周转率 | 2.142 733 298 | 3.071 538 887 | 2.772 529 69 |
| 应收账款周转率 | 0.308 095 009 | 0.338 153 381 | 0.270 967 815 |
| 总资产周转率 | 3.625 451 655 | 2.396 611 853 | 2.789 324 08 |

在采用传统的财务分析对山东墨龙 2013—2015 年的财务数据进行分析后,可以发现,公司这 3 年间业绩波动幅度较大,2013 年面临亏损,2014 年又实现一定程度的盈利,而 2015 年又面临巨额亏损。公司业绩的大幅度不稳定波动,使得单纯依靠财务数据进行分析和预测的方法失去了现实意义,因为该方法并没有综合考虑业务指标、其他另类指标、外部大环境等众多因素。因此,仅通过财务数据进行分析与预测,不仅缺乏同类公司之间的相互参考,也可能会与现实产生较大的偏差,不利于对风险的把控。

5)业务指标分析

从业务指标上来看,该公司于 2013 年到 2015 年间在不同职能范围均有不同程度的调整,其中比较突出的是在 2015 年企业大规模地减少了技术、财务、物流、质量以及行政方面的人员,可预见公司在成本方面会有一定程度的降低,而在销售方面则会有下滑。并且,由于减少了技术人员,公司本科及以上的员工占比从 2014 年的 13.83% 降低至 7.04%,可以预见这会对公司未来业绩造成影响。

此外,观察公司专利技术也可以对公司未来业务发展预测进行参考。公司专利权增长在 2015 年陷入了停滞,很可能会对公司日后的业务发展带来不良影响。

6)其他另类指标分析

同案例一一样,我们参考了山东墨龙的其他另类指标,采集数据如表 17~表 20 所示。

**表 17　2013—2015 年山东墨龙公司员工专业结构概况**

| | 2015 年 | 2014 年 | 2013 年 |
|---|---|---|---|
| 生产人员 | 2 057 | 2 189 | 2 122 |
| 销售人员 | 53 | 47 | 59 |
| 技术人员 | 27 | 71 | 77 |
| 财务人员 | 18 | 33 | 39 |
| 行政人员 | 19 | 132 | 163 |
| 物流人员 | 0 | 59 | 29 |
| 质量人员 | 0 | 144 | 143 |
| 总计 | 2 174 | 2 675 | 2 662 |

**表 18　2013—2015 年山东墨龙公司员工学历概况**

| | 2015 年 | 2014 年 | 2013 年 |
|---|---|---|---|
| 本科及以上 | 153 | 370 | 333 |
| 大专 | 449 | 812 | 833 |
| 高中及以下 | 1 572 | 1 493 | 1 496 |
| 总计 | 2 174 | 2 675 | 2 662 |

**表 19　2013—2015 年山东墨龙公司专利技术金额概况**　　　单位:元

| | 2015 年 | 2014 年 | 2013 年 |
|---|---|---|---|
| 专利权增长 | 0 | 471 698.11 | 3 900.00 |

表 20  2013—2015 年山东墨龙其他另类指标概况

|  | 2015 年 | 2014 年 | 2013 年 |
|---|---|---|---|
| 合规风险 | 0 | 0 | 0 |
| 股权质押 | 0 | 0 | 0 |
| 对外担保 | 0 | 0 | 0 |
| 诉讼赔偿 | 0 | 0 | 0 |
| 更换律师事务所 | 0 | 0 | 0 |

### 4. 利用卷积神经网络模型预测结果

1）提取数据

从山东墨龙 2015 年公司年度财务报告中提取了 8 个关键财务指标（见表 21）、3 个业务指标（见表 22）和 5 个另类指标（见表 23）。

表 21  2015 年山东墨龙关键财务指标数据

| 名称 | 每股收益（元） | 流动比率 | 资产负债率 | 流动资产/总资产 | 流动负债/负债合计 | 权益/负债合计 | 经营现金流量净额/负债合计 | 总资产净利率 |
|---|---|---|---|---|---|---|---|---|
| 山东墨龙 | 0.115 9 | 0.75% | 69.52% | 47.16% | 90.16% | 0.42% | 0.08% | 1.60% |

表 22  2015 年山东墨龙业务指标数据

| 名称 | 员工增长 | 本科及以上学员工增长 | 本科及以上员工占比 |
|---|---|---|---|
| 山东墨龙 | − 18.7% | − 58.64% | 7.03% |

表 23  2015 年山东墨龙另类指标数据

| 名称 | 合规风险 | 股权质押 | 对外担保 | 诉讼赔偿 | 更换律师事务所 |
|---|---|---|---|---|---|
| 山东墨龙 | 0 | 0 | 0 | 0 | 0 |

2）代入模型

将数据进行归一化处理后代入之前训练得到的卷积神经网络模型，得出预测结果为"1"，即模型认为该公司具有在获取数据的未来三年内发生重大财务问题（被标为 ST）的风险。

3）对比与总结

在实证分析部分，本研究运用传统财务分析和卷积神经网络分析两种方法预测山东墨龙在获取数据后三年内是否会出现重大财务危机（以被标为 ST 股为标志），并对两种方法的优劣处进行比较。

本研究首先运用传统财务分析方法,选取山东墨龙 2014 年的和 2015 年的财务数据进行预测,预测结果难以得出该公司在获取数据的后续三年是否存在发生重大财务危机的风险的结论。

而后本研究按照构建的神经网络的 8 个财务指标获取了相关数据并输入模型进行计算。输出的运算结果是"1",即该公司在获取数据的后续三年存在发生重大财务危机的风险。

根据实证考察,山东墨龙在 2017 年的确被标记为 ST,故神经网络模型预测结果均是准确的。

传统财务分析的优点在于判断人可根据自身经验作出判断,不易受极值数据的影响,但也存在较大的缺点,如判断结果受个人主观影响较大,容易受 1~2 个关键指标的影响而产生系统性偏差。用财务分析方法预测财务风险很难利用业务数据、另类数据等财务报表以外的数据作出判断,且依赖个人进行判断的效率较低。

利用神经网络模型进行判断的优势在于,神经网络模型是基于大数据的模拟计算,除去财务数据之外,还可以采用德勤的五层架构模型,利用其他另类数据、业务数据等,将更多对财务状况有影响的因素涵盖进模型,减少由于判断者主观因素对判断结果造成的偏差。此外,神经网络模型是自学习模型,随着样本量变大和训练次数的增加,模型的准确度会越来越高。同时,利用神经网络模型进行自动预测可以大幅提高预测的效率,且保持预测的准确性。

山东墨龙在 2015 年通过虚假会计处理,修饰了财报里的利润相关数据,但是使用深度学习网络进行预判仍然得到了准确的结果,这说明该方法具有一定的容错能力。企业为了符合上市规定的要求会修饰部分财务指标,但是通过本课题研究建立的财务风险预警指标体系,可以较全面地反应企业状况,也因此预测出了正确的结果。这也证明了本方法的有用性。

本课题研究之所以选取山东墨龙作为案例企业,是因为其具有一定的代表性。该企业对财务报表进行了修饰,但是依旧被监测出具有危机,说明本课题研究构建的卷积神经网络模型具有很强的容错性。而对财务报表的修饰或多或少会存在于上市公司中,因此本模型相对传统方法是具有一定优势的。该方法可以拓展到更多的企业中进行预警。

除山东墨龙案例之外,我们利用神经网络模型分析并预测了 200 家公司,发现在传统制造业、初步具备数字化转型的新零售行业,以及医疗、医药健康行业等有大量财务、业务和其他另类指标数据的企业中表现较好,在半年的范围内有 60% 以上的准确度。

## (三) 案例三

### 1. 样本选取和预测

我们同样收集了 657 家非传统制造业和新零售行业的上市公司数据,并输入模型之中。这些数据包括股票代码、股票名称、流动比率、资产负债率、流动资产/总资产、流动负债/总负债、负债/权益、经营现金流量净额/总负债、总资产净利率等财务数据,以及每年的员工增长率、本科及以上学历员工的增长率、本科及以上员工占比等另类数据。运行结果与真实结果对照,用 ROC 曲线展示预测准确度,以便获取最终结论。本案例用大数据量验证集的方式验证模型在多领域的预测表现。

### 2．实验结果分析

验证结果发现,测试集 657 个企业样本中,深度学习神经网络模型预测结果与样本真实值一致的有 539 例,不一致的有 118 例,综合预测准确率为 82.04%,未与测试集结果产生明显差异,模型在实际应用中对各行业公司的预测表现均良好。

为了分析深度学习模型的预测效果,我们使用 ROC 曲线来衡量其准确性。

ROC 曲线是反映敏感性与特异性之间关系的曲线。横坐标 X 轴为 1-特异性,也称为假阳性率(误报率),X 轴越接近零准确率越高;纵坐标 Y 轴称为敏感度,也称为真阳性率(敏感度),Y 轴越大代表准确率越好。我们依次将各行结果作为阈值来判断企业财务状况的结果为 1 或是 0,并依次计算这些情况下模型的一类、二类错率,分别将他们作为横纵坐标,依次在平面上绘制出这些点,并用平滑的曲线将他们连接起来。根据该神经网络预测绘制的 ROC 曲线图 8,该曲线较为陡峭,可见预测准确性良好。

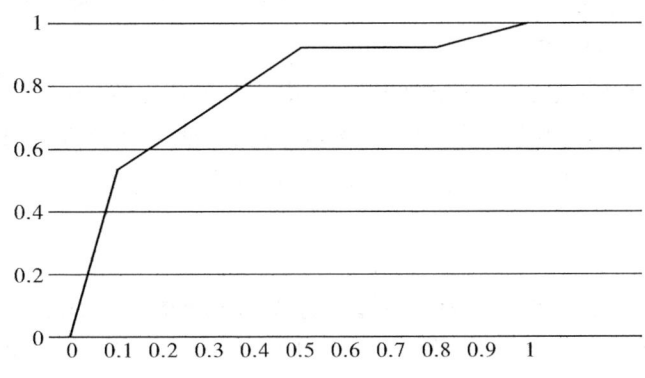

图 8　ROC 曲线

该案例目的是检验该模型对于多行业样本的预测准确程度。经大量数据验证,该模型在面对多行业样本时仍然能保持相对的准确性。

## 五、结论与展望

### (一) 研究结论及建议

本课题对于"深度学习技术在财务分析与预测方面的应用"的研究存在极大的现实意义。通过利用五层架构整体框架,从技术、数据、模型、应用、商业场景五大层级出发,首先使用 RPA、OCR 等底层技术收集相关结构化与非结构化数据,实施数据清理与治理保证用于分析的数据的质量,其次,从财务、业务、其他另类指标出发,从三维角度构建指标核心体系,并利用自建的卷积神经网络模型对企业的财务数据进行分析与预测,判断未来产生 ST 风险的可能性,助力各行业的企业及时预警风险,做出有效的战略决策或转型。

本次研究结合了五层架构框架、新兴技术工具、多维数据体系分析、卷积神经网络模型等亮点,与传统的财务分析与预测结果相比更加精确与及时。在数字化来临的今天,企业面对的经营环境瞬息万变,"强者恒强"的道理已不再适用于这个时代,唯有积极拥抱变化,才能在未来的商业市场上占据一席之地。传统财务分析显然已经不能满足企业对于未来分析及预测的需要。在数字化时代的今天,一切皆是数据,数据即商机,企业只有采用新兴的技术工具,打破传统单纯财务分析的壁垒,有机结合业务等多维数据,利用如深度学习等人工智能技术,才有可能及时发现风险,并实施针对性的战略转型。企业数字化转型的脚步已然纷至沓来,德勤将利用其先进的技术和丰富的经验,为企业在转型道路上披荆斩棘,来巩固市场地位。

**（二）研究价值说明**

本次研究的主要成果反映了数字化转型时代下,企业可以通过利用新兴技术手段、人工智能技术等,从多维角度对财务分析及预测作出更加精准的判断,及时预警风险并有针对性地改变战略方针。无论是对实际工作,还是对学术研究,都具备一定的参考价值。

**（三）研究的不足**

本次研究虽然拥有较大的现实意义,但仍存有一定的不足,主要为以下几点：

（1）模型训练和分析用的上市公司样本数据过少,非财务数据分析占比较小。

（2）三层卷积神经网络的分析偏简易化,现实商业环境中需要更为复杂的模型进行训练,以得出更准确的预测结果。

（3）非财务数据中仅考虑了业务数据和有限的其他另类数据,但仍存有大量可供分析的数据。在数字化时代,一切皆可用数字表达,皆可为企业创造价值、预警风险。

如有可能,我们希望在进一步的深入研究中,探究更具关键性的内容。

# 参考文献

［1］埃森哲,国家工业信息安全发展研究中心.中国企业数字转型指数［R］,2018.

［2］宋歌,马涛.基于深度学习的上市公司财务风险预警模型研究［J］.价值工程,2019,38(01):53-56.

［3］CHEN W S, DU Y K. Using neural networks and data mining techniques for the financial distress prediction model,2009,36(292):4075-4086.

［4］谭梦羽.基于支持向量机回归与学习的金融数据预测与分类［D］.西安电子科技大学,2014.

［5］FITZPATRICK D A. A comparison of the ratios of successful industrial enterprises with those of failed companies［M］. Washington: The Accountants Publishing Company, 1931.

［6］BEAVER W H. Financial ratios as predictors of failure, empirical research in accounting: selected studies ［J］. Journal of Accounting Research, 1966, Supplement: 71-111.

［7］ALTMAN E I. Financial ratios, discriminant analysis and the prediction of corporate bankruptcy［J］. The Journal of Finance, 1968, 23: 589-609.

［8］OHLSON J. Financial ratios and probabilistic prediction of bankruptcy［J］. Journal of Accounting Research, 1980, 18: 109-131.

［9］LAITINEN E, LAITINEN T. Bankruptcy prediction: application of the Taylor's expansion in logistic regression［J］. International Review of Financial Analysis, 2000, 9: 327-349.

［10］ODOM M, SHARDA R. A neural networks model for bankruptcy prediction［R］. Proceedings of the IEEE International Conference on Neural Network, 1990: 163-168.

［11］杨保安,季海,徐晶,等.BP神经网络在企业财务危机预警之应用［J］.预测,2001(02):49-54,68.

［12］牛怡然.中小企业财务风险预警指标体系的建立［J］.河南科技,2011(09):41-42.

［13］曹彤,郭亚军.基于神经网络模型的上市公司财务风险预警研究——来自山东省制造业数据［J］.财会通讯,2014(09):89-92.

［14］卢慕超.基于深度置信网络的商业银行信用风险预测实证研究［D］.太原理工大学,2017.

[15] HINTON G. A practical guide to training restricted Boltzmann machines[R]. Toronto：University of Toronto，2010.

[16] DESELAERS T，HASAN S，BENDERO，et al. A deep learning approach to machine transliteration [C]//Proc of the 4th Workshop on Statistical Machine Translation，2009：233-241.

[17] ERHAN D，BENGIO Y，COUVILLE A，et al. Why does unsupervised pre-training help deep learning [J]. Journal of Machine Learning Research，2010，11(3)：625-660.

[18] MOHAMED A R，SAINATH T N，DAHL G E，et al. Deep believe networks using discriminative features for phone recognization[C]//Proc of IEEE International Conference on Acoustics，Speech，and Signal Processing，2011：5060-5063.

[19] DAHL G E，YU D，DENG L，et al. Context-dependent pre-trained deep neutral networks for large-vocabulary speech recognication[J]. Audio，Speech，and Language Processing，IEEE Transactions on，2012，20(1)：30-42.

[20] 余凯，贾磊，陈雨强，徐伟.深度学习的昨天、今天和明天[J].计算机研究与发展，2013,50(09)：1799-1804.

[21] 赵旻昊. 基于深度学习的数据融合在 FPSO 监测预警系统上的应用[D].天津大学,2013.

[22] 杨杰群. 基于深度学习之股指期货交易[D].中国科学技术大学,2015.

**课题负责人**：朱灏
**课题组成员**：周麟、谢天意
**所在单位**：德勤华永会计师事务所

## 附　录　　　　卷积神经网络源代码

```
＃导入不同的计算模块
import numpy as np
import scipy.special


＃神经网络的 class definition
class neuralNetwork：
＃初始化神经网络
def __init__(self,inputnodes,hiddennodes,outputnodes,learningrate)：
＃在每一层设置不同的神经元,这里分为输入层、隐藏层、输出层,最后设置学习率
        self.inodes = inputnodes
        self.hnodes = hiddennodes
        self.onodes = outputnodes
        self.lr = learningrate
＃根据正态分布设置权重矩阵,并链接权重矩阵
        self.wih = np.random.normal(0.0,pow(self.hnodes, - 0.5),(self.hnodes,self.inodes))
        self.who = np.random.normal(0.0,pow(self.onodes, - 0.5),(self.onodes,self.hnodes))
```

```
        pass
        #设置激活函数
            self.activation_function = lambda x:scipy.special.expit(x)
        pass


        #设置神经网络训练模型
        def train(self,inputs_list,targets_list):
        #将矩阵转置
            inputs = np.array(inputs_list,ndmin = 2).T
            targets = np.array(targets_list,ndmin = 1).T


        #计算输入层到隐藏层到输出层
            hidden_inputs = np.dot(self.wih,inputs)
            hidden_outputs = self.activation_function(hidden_inputs)
            final_inputs = np.dot(self.who,hidden_outputs)
            final_outputs = self.activation_function(final_inputs)


        #计算预期值与实际计算值之间的误差
            output_errors = targets - final_outputs
        #根据隐藏层的权重来分配误差
            hidden_errors = np.dot(self.who.T, output_errors)
        #调整隐藏层与输出层之间的权重
            self.who += self.lr * np.dot(output_errors * final_outputs * (1 - final_outputs), np.transpose
        (hidden_outputs))
        #调整输入层与隐藏层之间的权重
            self.wih += self.lr * np.dot(hidden_errors * hidden_outputs * (1 - hidden_outputs), np.transpose
        (inputs))
        pass


        #设置神经网络计算模型
        def query(self,inputs_list):
        #将输入矩阵转置
            inputs = np.array(inputs_list,ndmin = 2).T
        #计算输入层到隐藏层到输出层
            hidden_inputs = np.dot(self.wih,inputs)
            hidden_outputs = self.activation_function(hidden_inputs)
            final_inputs = np.dot(self.who,hidden_outputs)
            final_outputs = self.activation_function(final_inputs)
        return final_outputs
        pass
```

```python
# 模型计算
import pandas as pd
from sklearn.preprocessing import StandardScaler

input_raw_data = pd.read_excel('InputData.xlsx')
input_raw_data.dropna(inplace = True)
input_raw_data.shape # 查看表格形状
input_raw_data.iloc[3710:,-4]

# 训练集与测试集划分
x_train, x_test, y_train, y_test = input_raw_data.iloc[:2982,2:-1], input_raw_data.iloc[2983:,2:-1],
input_raw_data.iloc[:2982,-1], input_raw_data.iloc[2983:,-1]

# 标准化
stdScaler = StandardScaler().fit(x_train)
x_stdtrain = stdScaler.transform(x_train)
x_stdtest = stdScaler.transform(x_test)

# 输入每一层的神经元数量和学习率
input_nodes = 8
hidden_nodes = 6
output_nodes = 2
learning_rate = 0.3

# 定义神经网络的事件
n = neuralNetwork(input_nodes, hidden_nodes, output_nodes, learning_rate)

# 训练集 训练模型
# y_train = y_train.T
n.train(x_stdtrain, y_train)

# 测试模型
output = n.query(x_stdtest)
print(output)
output = output.T
output = pd.DataFrame(output)
output.to_excel('output.xlsx')
```

# 文本分析在财务报告分析中的应用研究

**【摘要】** 随着"大智移云物区"时代的来临,云计算、大数据、区块链等技术迅速席卷社会各界,商业环境发生了剧变。财务、会计与智能技术融合成为重点研究方向,财务机器人、智能财务等成为热门词汇。智能财务是一套完整的财务解决方案,它通过使用智能管理系统,配合财务信息使用者在不同场景下进行财务信息判断、财务决策的生成与选择。分类、聚类、回归、决策树、贝叶斯估计、深度学习、强化学习等与智能相关的技术为企业带来的是什么? 答案是预测。智能财务的核心是预测,预测可以辅助财务决策者进行更准确、更有价值的财务决策。

本课题探究智能技术在上市公司财务报告中的应用,挖掘智能技术在上市公司财务报告中的应用场景和价值。标准化的财务数字与复杂的高管表达语意使得财务报告的使用者仅能从表面数据中提取对解读企业的经营状况有用的信息,而增量信息财务结合智能财务分析方法能够增加财务数字的信息量以及财务数字的预测能力,更容易被信息使用者理解和接受。

本课题结合高管讨论语调对财务数字预测能力的影响,以2008—2015年我国沪深两市A股上市公司为研究样本,对企业财务报告管理层讨论与分析进行文本分析,探讨高管讨论语调对财务数字预测能力的影响。利用监督学习、强化学习的分析技术,预测公司是否存在短视近利定价行为。短视近利定价公司会减少创新活动,降低企业的创新水平。

**【关键词】** 智能财务;预测;财务报告;高管语调

## 一、引言

### (一) 研究背景

党的十九大报告强调,加强互联网、大数据、人工智能与实体经济深度融合。因此,大数据信息处理技术成为研究的重点方向。2015年7月,国务院出台《关于积极推进"互联网＋"行动的指导意见》,首次提出培育发展人工智能产业;2017年7月,国务院发布《新一代人工智能发展规划》,同年12月,工业和信息化部印发《促进新一代人工智能产业发展三年行动计划(2018—2020年)》,在进一步对人工智能产业发展进行规划的同时,提出加快推进人工智能产业和其他各类产业融合。

伴随着智能时代的到来,各行各业的工作发生了巨大变化。对于财务人员而言,以会计电算化为标志的第一次财务变革和以财务共享中心的建立为标志的第二次财务变革即将远去,以大数据、人工智能、移动互联网、云计算、区块链等新技术为标志的第三次财务变革已经到来。财务变革不再以节约劳动力和成本为目标,而是以实现财务数据的应用价值为目的,智能财务是未来会计行业重要的研究和发展方向(刘勤,2018)。随着我国上市公司数量逐年增加,股东、债权人、投资者等信息使用者对公司披露的大量文本信息进行分析利用的难度也与日俱增。这种情况亦对当下财务领域的研究提出了新的挑战。以往有关企业信息披露内容的研究多聚焦于财务数字的分析,然而报告中的财务数字仅仅占据财务报告的 10%左右,标准化的财务数字与复杂的高管表达语意使得财务报告的使用者仅能从表面数据中提取解读企业的经营状况的有用信息,而结合可视化分析工具的智能财务分析方法能够增加财务数字的信息量以及财务数字的预测能力,更容易被信息使用者理解接受。基于此,如何利用现在发达的计算机技术对企业披露内容进行智能分析计算并将其可视化,从而使信息使用者更好地理解并运用所披露的信息也将成为下一个重点研究的方向。

在谈论人工智能的时候,不可忽视人工智能的方法。弱人工智能是对输入信息的一种反馈;强人工智能是让机器在学习之后可以自主思考,从而协助人类完成项目。人工智能浪潮的袭来为我们带来了何种影响? 人工智能并未带来智能,带来的是廉价的预测,人工智能的关键组成部分是预测技术,有关于人工智能的技术如分类、据类、回归、决策树等,每一种技术都与预测有关。预测是决策的输入端,准确的预测可以降低不确定性,提高决策的准确率和降低决策的错误率(Ajay,2018)。预测技术也是智能财务的核心技术,通过文献梳理,本课题研究认为,智能财务是一套完整的财务解决方案,它通过使用智能管理系统,配合财务信息使用者在不同场景下进行财务信息判断、财务决策的生成与选择。

本课题探讨高管讨论语调对财务数字预测能力的影响,以 2008—2015 年我国沪深两市 A 股上市公司为研究样本,对企业财务报告管理层讨论与分析进行文本分析,研究管理层语调与企业创新的关系。首先,以预测技术为课题研究核心,在监督学习模型的部分使用过去 T 季得到预测模型的系数值之后,代入当季数值得到预测盈余。然后,将长期预测与短期预测带入强化学习模型,得到强化学习的结果。年报数据特性可以分为文本型信息(管理层讨论)以及数值型信息(公司研发支出)。投资人可以借由年报中的文本型信息以及数值型信息来更新对公司未来有关市场环境以及报酬率的估计,并且借针对该公司进行新的报酬率预测;而高管则可以借由新形态的信念,改变公司的风险控制以及资金管理决策。由于投资人对于公司的报酬率的预期会改变其对公司股票回报率的要求,进而改变公司的权益资金成本,高管有动机使用管理层讨论来影响或者发射公司未来的信号。

**(二) 研究目的**

本课题的研究目的在于通过对年报中的管理层讨论进行文本分析,挖掘出管理层的语调情绪,其分析结果为公司高管人员、投资人的决策提供参考。本课题研究检验两个重要的问题:第一,高管的管理层讨论的信息是否发射了未来研发产出的信号;第二,投资人对公司的情绪是否提供了高管迎合的机会,导致对企业的创新产生了抑制作用。

**(三) 研究意义**

智能财务是财务领域未来发展的重要方向,财务报告的文本信息、财务数据公开披露具有极高的研究价值。使用智能分析技术,探讨智能财务的应用价值和财务专业领域如何创新。本课题在研究中加入监督学习、强化学习的部分,为实证研究提供新思路;将文本分析技术融入财务研究中,充分挖掘财务信息,为实务界提供参考。

### (四) 研究方法

**1. 文献研究法**

本课题总结了大量国内外与智能财务相关的研究文献,总结得出了智能财务的定义、研究范围和内容。

**2. 实证研究法**

本课题通过文本分析以及机器学习的监督学习、强化学习等方法,构建了短视近利定价的预测模型,在上市公司财务报告中采用智能财务分析技术,并结合高管讨论语调对财务数字预测能力的影响。

### (五) 技术路线

本课题通过采集财务数据结合监督学习的方式在高管讨论语调的场景中,得到既定模型,利用预测结果来反馈进入强化学习阶段,可以得到多套反馈的策略,如图 1 所示。

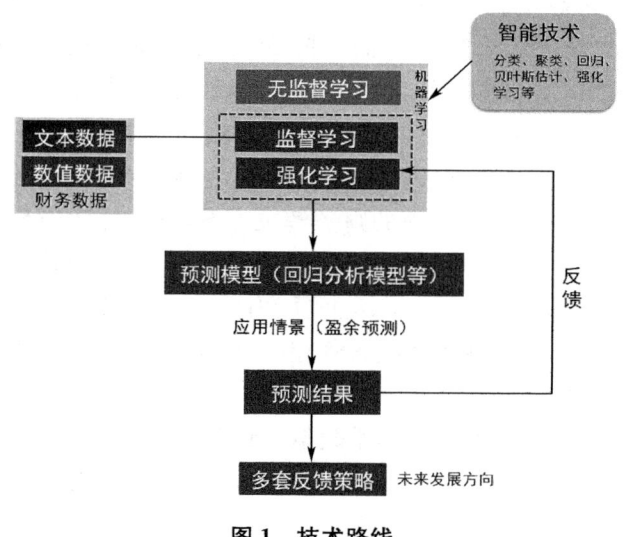

图 1　技术路线

### (六) 创新点

第一,本研究使用智能分析技术探讨年报中管理层讨论的语调信息,探究财报语调对企业研发成果的输出效率。

第二,现有的研究较少考虑当公司被投资人短视近利定价后对高管情绪的影响。但事实上当投资人短视近利定价后,可能会导致高管的决策会偏向投资人的行为,因此我们将公司是否遭受投资人短视近利定价作为调节变量,试图发现年报中管理层讨论语调与企业创新真正的关系。

## 二、研究综述

### (一) 智能财务定义

目前,诸多学者与实务工作者更多地将关注点放在运用最新的大数据智能技术实现财务的智能决策与专家群决策,为相关利益者提供更有效的决策信息(张超等,2019)。智能财务的含义是什么？业界学者对此未有定论。目前,围绕着智能财务的含义主要有两种定义,分别是新型财务管理模式与智能财务系统。从财务视角看,智能财务是一种新型的财务管理模式。刘勤和杨寅(2018)认为智能财务是一种新型财务管理模式,它通过人和机器的有机合作,去完成组织复杂的财务管理活动,并在管理活动中不断扩大、延伸和部分替代人类财务专家在财务管理中的活动。

从智能技术视角出发,智能财务是基于新时代的商业模式,采用物联网、大数据、云计算、人工智能和人机自然交互等新技术,实现结构化和半结构化会计工作的数据自主采集、自主计算、自主处理、自主报告和自主修正,提供非结构化会计工作的智能决策支持,为内外部利益相关者提供信息服务的共享系统(李闻一,2018)。智能财务主要表现为以数据发现、智能决策和智能行动为核心的智能管理系统,可以帮助决策层进行智能判断、策略生成和策略选择。

智能技术与财务结合,并非仅仅是财务数据或者是智能技术的应用,而是将智能技术和财务活动有机地融合,从而实现智能财务目标,实现财务数据的应用价值。本课题研究认为,智能财务是一套完整的财务解决方案,通过使用智能管理系统,配合财务信息使用者在不同场景下进行财务信息的判断、财务决策的生成与选择。

智能财务与数据管理密不可分。对于任何一个企业来说,有效管理其内部结构化数据(小数据)极为重要。数据的大小是相对而言的,基于应用场合、处理方式的不同,数据有了"大"与"小"的概念之分。大数据体现规律,小数据体现个性。通过大数据寻找规律,随后采用小数据去匹配企业,企业的财务决策可以得到推动。人工智能技术的实现,依赖于特定场景和条件,可以下棋的机器人无法直接转型为投资机器人。人可以通过技术实现管理和控制人工智能,AI智能体的模型结构虽然是标准化的,但其实现方式不同,使用者和开发者可以对该模型进行创造性的设计。人工智能以"有界最优化"为理论基础,即在给定的时间资源条件下寻求一个最优的结果。小数据可以完美地适用于人工智能使用场景化、多元化和有界化的特点,从而打造多样化、个性化的人工系统。

在小数据和人工智能系统的支持下,智能财务能够更好地协助财务决策者进行财务决策。财务数据、智能系统、财务活动的融合可以将智能财务升华至企业决策层面的战略思想,如图 2 所示。智能财务的核心功能是通过更准确、更可靠的预测辅助企业高管进行决策。管理层通过采集相关数据,通过智能分析后,进行预测可帮助管理层更准确地进行决策。

**(二) 智能财务模型**

随着计算机技术的蓬勃发展,数据的范畴也在不断延伸,那些从前不被认为是数据的图片、文本等信息开始渐渐进入研究者的视野。无论数据是"大"还是"小",在财务研究中,广泛存在的数据大致都可分为两类:一类是研究者最常使用的数字型信息,另一类是尚未被充分利用的文本型信息。对于数字型信息,研究者可以通过一般的方法进行数据处理,然而对于财报中占比较高的文本,研究者常常没有很好的办法使用其包含的内在信息。常见的文本信息使用方法仅有词频的计数统计,这种方法在词义的理解上存在较大缺陷。幸运的是,随着计算机技术的发展,作为人工智能核心领域的机器学习提供了更好的文本信息处理方法,它允许我们深度挖掘文本信息的内涵。例如,连续词袋模型(Continues Bag of Words,

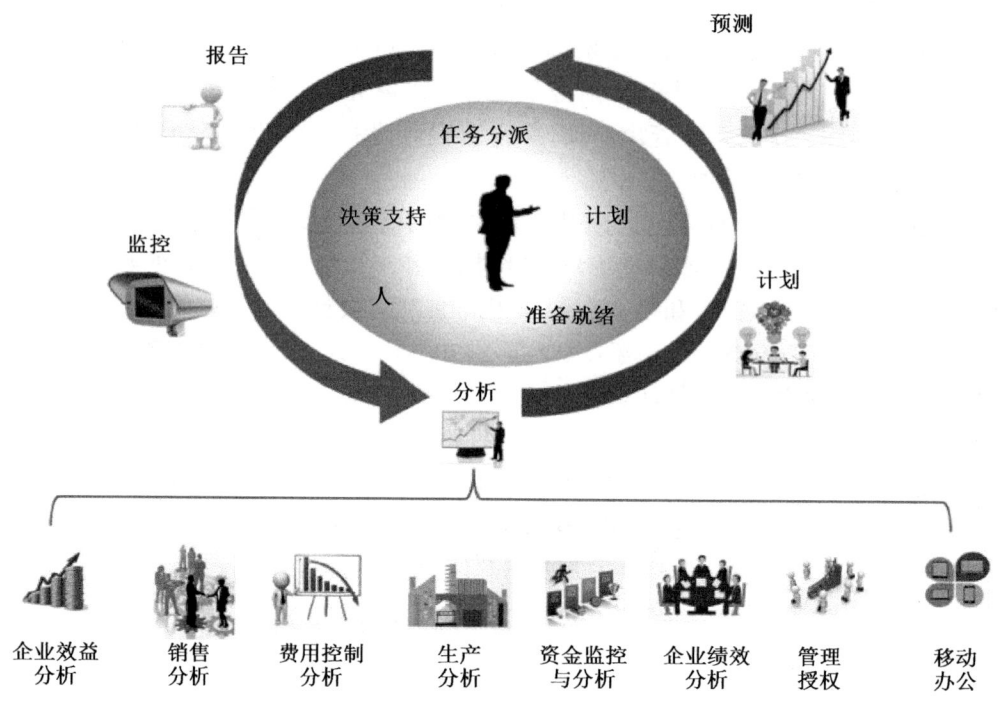

图2 基于小数据的智能财务系统

CBOW)、循环神经网络,以及 Google 团队在 2017 年提出的 transformer 模型等,均提供了基于训练样本的、可识别语义环境的词汇分析方法。虽然这些方法尚未被应用在财务领域,但使用人工智能的方法处理问题必然是未来财务发展的新方向。也就是说,更深入地挖掘财务领域的各种数据信息要求财务研究者充分运用计算机技术的优势。

在智能时代来临之际,财务研究的智能化显得尤其重要。如何对财务信息进行智能化处理成为我们亟需关注的内容。为了构建一个适合财务研究的智能化模型,我们参考了机器学习的相关理论。机器学习被定义为用数据或以往的经验优化计算机程序的性能标准。将机器学习应用到财务领域,即通过机器学习的算法处理财务问题,以实现智能财务的目标。

机器学习的算法有以下三个层次:一是无监督学习,即给定的数据只有特征没有标签,机器需要通过数据之间的相似性将其聚类。无监督学习使用的主要方法包括贝叶斯神经网络、深度学习以及文体挖掘等。二是监督学习,即给定数据特征和标签,使机器能找到特征和标签之间的联系,进而预测数据标签。监督学习可用来解决回归问题、分类问题以及训练问题等。三是强化学习,它由行动网络和评估网络两个神经网络模块构成。强化学习与无监督学习最显著的区别在于强化学习通过"试错"进行学习,即根据外部环境的反馈改进行动方案。目前,一些评估网络甚至可自行形成对外部环境的预测,从而不需要获取反馈信息。这种机器学习方式主要被应用于策略的选择。三种机器学习的输入、输出和主要应用如图3所示。

限于当前背景,财务研究应用于监督学习和强化学习过程,可通过如下的流程实现:

首先,从各类数据库获取的财务小数据必须经预处理后才能进一步使用。预处理的主要目的在于处理缺失数据和提取数据特征,其中,数据特征包括公司经营净现金、负债率等

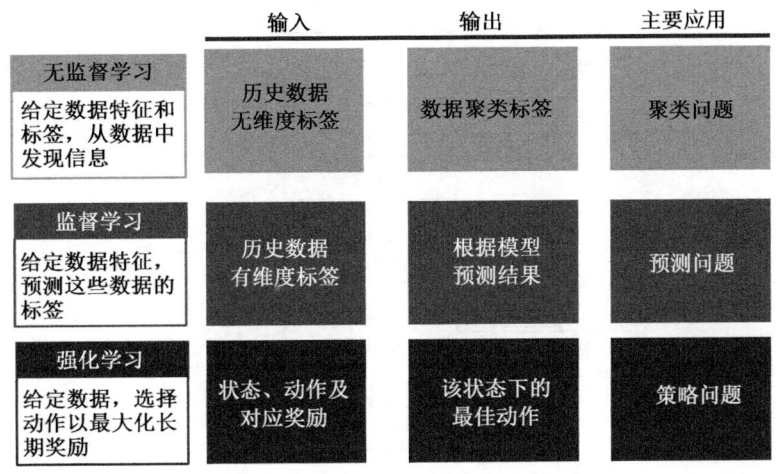

| | 输入 | 输出 | 主要应用 |
|---|---|---|---|
| **无监督学习** 给定数据特征和标签，从数据中发现信息 | 历史数据 无维度标签 | 数据聚类标签 | 聚类问题 |
| **监督学习** 给定数据特征，预测这些数据的标签 | 历史数据 有维度标签 | 根据模型 预测结果 | 预测问题 |
| **强化学习** 给定数据，选择动作以最大化长期奖励 | 状态、动作及 对应奖励 | 该状态下的 最佳动作 | 策略问题 |

**图 3 机器学习的三类典型问题**

反映财务状况的特征，也包括员工人数等反映公司规模的特征。之后，我们可以根据数据特征将预处理后的样本分为训练数据集和测试数据集，其中，训练数据集用于训练模型，测试数据集用于评估最终模型性能。

其次，对训练数据集的第二次预处理要求我们重新筛选数据特征，并进行降维操作。此处的降维可理解为删除数据集内反映重复信息的数据列。需要注意的是，对训练数据集和测试数据集所做的两次预处理方式必须相同。

再次，根据不同的学习算法训练样本并进行参数优化后，我们能得到几个不同的分类方式或回归模型，研究中可根据不同研究的要求选择最终的分类或回归模型。

最后，使用最终的分类或回归模型以及测试数据集评价模型拟合优度。待模型通过准确率检定后，即可使用本模型进行分类预测或回归预测。在这个流程中，交叉验证的目的在于提高模型的预测准确率。具体的流程模型如图 4 所示。

**（三）智能财务预测**

预测着力于填补缺失信息，着力于运用现在已经掌握的信息生成未知的信息。在财务领域内应用智能财务模型是为了在进行研究时更好地预测未来值，并且以此作为决策依据。

智能财务预测的特点是引入了反馈强化的过程，即在多种回归模型中，有选择地选用不同的小数据，利用 $t$ 期的数据预测第 $t+1$ 期的数据，再将每一个预测值与实际值相比较，选出最佳预测值，利用该值反选出的最佳预测模型就成为下一期决策的依据。这就是智能财务的反馈强化的过程。这种反馈是对数百个可用变量、数个模型进行选择的过程。最终变量彼此之间可以按照意想不到的方式进行组合，模型也具备了灵活性。

智能预测的应用将带来深远的影响。首先，这种反馈强化会降低数据集的噪声因素。在这个过程中，我们利用了多种预测模型来进行决策，使原有的数据中的有效信息被更大程度地提取，并且进一步剔除了噪音，计算机在学习的过程中区分了信息与噪声，从而最大化小数据这一信息资产的使用价值和效率。和传统的财务研究相比，这种预测方法的优势更加得以凸显。过去的财务研究都是在单一预测模型以及特定假设的基础上，对因变量进行解释，在简单判断拟合优度之后进行新数据的预测，而这种研究范式的问题在于预测力度难

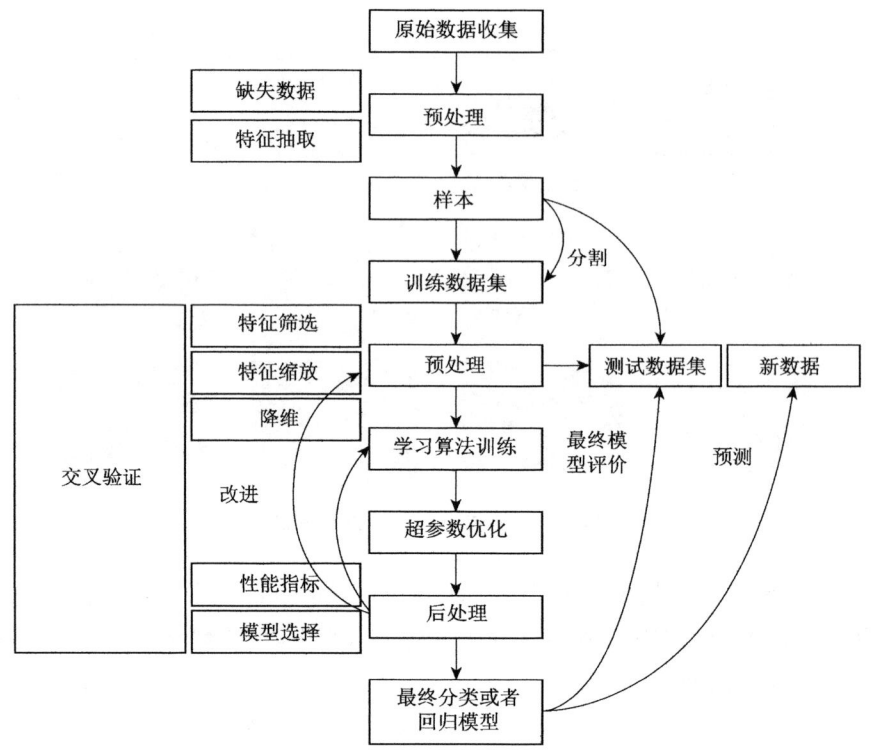

**图4 监督学习流程图**

以判断,忽略了不同条件下变量与模型的变化。因此,高效的反馈机制十分必要,这也正是智能财务的突破点。

其次,与人工智能结合的智能财务还会使预测变得廉价,甚至唾手可得。这一切都是人工智能的技术变革所带来的:运算的成本变得足够低,如果把预测看成一件商品的话,那么它的价值也就降低了,这使得预测的应用被大大拓宽,需求急速上升。在这种情况下,更多的预测会出现,更多的预测互补品,这两种变化又为预测机器的发展提供了动力。预测机器不仅仅是代替人去完成任务,进而节省成本,其关键在于它能够提高决策的质量,进而改变组织运作的方式,改变策略本身。

我们在这部分概述了智能财务的概念、模型与预测的原理,并且通过和传统预测模型的比较,发现传统财务研究以多元回归为主,同时,解释变量的选择需要理论基础,结果依据均值波动,只能寻求误差最小的模型。这种传统预测模型在大数据时代来临之前的预测力度都是强于智能预测模型的,但是在大数据时代下,智能预测模型逐渐居于上风。这是因为智能预测模型并不"盯住"均值,而是允许波动但追求最低误差。在这种导向下,智能预测模型并不需要限定解释变量,而是扩大数据集,力求囊括所有变量以进行预测。此外,智能预测并非是一个静态的过程,智能预测模型在进行预测之后,还会通过机器学习来对预测结果作出反馈,确定最低误差的预测值与模型。深度学习也是智能预测模型与传统预测模型的重要区别。

考虑智能预测模型的优势和课题组实际操作的限制,我们采用"小数据"和智能预测模型相结合的方法,对智能财务这一领域进行深入研究。和采用大数据来进行研究的不同,本课题研究基于一定的理论基础,选择了噪声含量较小的解释变量(即小数据),力求提高信息质量。下面本文以高管讨论语调为主题的文章举例,在得出结论的同时验证智能财务预测模型的优越性。

本课题在正式研究前,阅读和梳理了近年来有关于智能、智能财务等相关文献,完成了文献调研;在写作过程中,使用 CMDA 数据库提供的"词袋法"词汇统计结果进行净语调的定量分析;不同于以往财务实证研究模型,本课题在研究中加入了监督学习、强化学习的模型和预测的部分,为未来的财务实证研究模型提供进一步的参考。

本课题将智能技术融入财务研究中,充分挖掘财务报告中的文本信息,增加了财务信息披露的价值;在具体场景中使用智能财务分析,区分管理层语调是"迎合"还是"信号",更准确地判断企业价值,为实务界提供参考。

### 三、高管讨论语调对财务数字预测能力的影响

#### (一)应用场景

随着我国上市公司数量的逐年增加以及强制信息披露项的日益扩充,企业公开的财务信息数量呈几何形式上升,股东、债权人、投资者等信息使用者对公司披露的大量文本信息进行分析利用的难度也与日俱增。同时,这也对当下财务领域的研究提出了新的挑战。以往有关企业信息披露内容的研究多聚焦于数值型财务数据的分析,然而相比于仅占据财报篇幅 10%左右的标准化的财务数字,占据财报篇幅达到 90%左右的文本内容更为丰富,更容易被信息使用者理解接受。基于此,如何利用现在发达的计算机技术对企业披露的文本型信息进行分析计算,从而使信息使用者更好地理解运用所披露的信息也成为下一个重点研究的方向。人工智能为文本型信息处理提供了一系列的方法。

近年来,财务领域的研究不断深入,一些学者逐渐关注到"语调"这一文本信息的重要特征。语调,是由积极和消极两种对立感觉形成的情绪表达,更容易为信息使用者感知(Loughran 和 McDonald,2011;Price 等,2012;Davis 等,2012)。尤其在我国这种语境高度传播的环境下(Hall,1976),对语调的研究更是有着极大的意义。对于管理层语调的研究,学术界目前已经有了一定的基础,主要得到了关于语调的结论。大部分研究结果得到了关于管理层语调积极含义的"信号"作用,发现语调具有增量信息的含义,语调是对财务数据很好的补充,有助于预测企业未来的业绩(Tetlock 等,2008;Li,2010;Demers 和 Vega,2011;Bochkay 和 Levine,2013;谢德仁、林乐,2015;林乐、谢德仁,2016,2017)。然而,也有少部分研究结果证实企业会对信息披露所展示的文本语调进行管理,迎合投资者,影响投资者判断,从而达到相应的自利性目的(曾庆生等,2018;朱朝晖、许文瀚,2018)。

那么,在我国复杂的资本市场环境下,管理层语调究竟被企业当作"信号"向外部信息使用者提供的增量信息,还是被企业当作一种"迎合"操纵手段进行自利性目的的实现呢?本课题基于沪深两市 A 股上市公司 2008—2015 年度财务报告中的"管理层讨论与分析"部分进行文本分析,使用"词袋法"进行管理层语调的构建,通过监督学习和强化学习模型,研究管理层语调与企业创新水平的关系,进一步探究管理层语调的信息涵义。

企业的创新水平作为企业竞争优势的来源,对企业的生命力和成长性十分重要。当企业创新活动进展顺利,新产品、新技术发展顺利时,管理层可能对未来公司的发展前景十分自信,从而在文本信息中以积极正面的情绪进行披露,向外部投资人发射"信号",以便于投

资者感知并更好地了解公司的发展状况。但若企业创新发展停滞不前,无法比邻市场中竞争者的快速发展,竞争力下降,那么管理层也有动机操纵信息披露的语调,以诱导投资者的价值判断。

**(二)理论与假设**

**1. 管理层语调与企业创新**

随着社会对企业管理披露透明度兴趣的增加,包括投资者在内的各种利益相关者对信息透明度的需求变得更加清晰。企业为增加管理透明度,减少信息不对称,会通过各种形式来披露企业经营发展的相关信息。在人工智能技术飞速发展的今天,"人工智能+"开始进入研究者的视野,尤其是随着语言分析技术及数据处理能力的发展,基于管理层披露信息语调的"人工智能+财务实证"研究成为国内外相关学者的关注焦点。管理层语调是指上市公司信息披露中的语言特征,相比传统财务信息中刻板的数值比例,非标准化的文本型信息在信息披露中占有更大的比例,具有更丰富的表达形式,传播渠道也更为广泛,并且更有助于信息使用者对信息的理解与接受。尤其在我国表达信息高度依赖于语境的环境下,投资者对间接信息的解读能力普遍较强(Hall,1976;林乐、谢德仁,2016),因此对管理层语调的研究十分有价值。

国内外学者对管理层语调已经有一定的研究基础。其中,国外学者的相关研究较为丰富。在相关研究兴起之际,大部分学者得到的都是关于管理层语调积极意义的结论。就如信号传递理论所论述的,在市场中,由于信息不对称的存在,拥有更多信息的企业内部人员会向投资者等拥有信息较少的外部人员发射信号,以缓解信息不对称,便于投资者更好地了解企业运营状况及发展趋势,而管理层在文本信息披露中所展示的语调特征就起到了信号的作用(李秉承等,2019)。例如,Li(2010)基于管理层讨论与分析中的未来展望部分(FLS)的文本研究发现,积极的管理层语调往往预示着未来良好的业绩。Bochkay 和 Levine(2013)的研究也得到了相似的结论,他们发现相较于使用财务数值使用 MD&A 的语调信息预测未来的盈利更为准确,这说明了管理层语调是一种增量信息。此外,Loughram 和 Mcdonald(2011),Demers 和 Vega(2011);Baginski 等(2012)及 Ferris 等(2013)分别就年度报告、季度盈余公告、管理层盈余预告及招股说明书等不同的文本信息进行研究,均发现管理层语调对企业未来业绩有一定预测作用,并且资本市场会对管理层语调反映出的相关信息作出显著反应(Henry 和 Leone,2009;Davis 和 Tran,2012;Davis 等,2012)。我国关于管理层语调的相关研究还处于起步阶段,相关研究较少。林乐与谢德仁两位学者基于业绩说明会的语调信息先后研究了管理层语调对未来业绩及分析师荐股的影响(谢德仁、林乐,2015;林乐、谢德仁,2016,2017),同样得到了管理层语调积极意义的结论。他们发现业绩说明会语调与未来业绩正相关,投资者会"听话听音",对相关语调信息作出反应,并且管理层语调也会影响分析师评级行为。

然而,也有学者对信息披露语调的真实性与动机产生一定的怀疑。语言表达虽然有其独特优势,但是因为这种披露信息的方式更加灵活,较少会受到法律和规则的制约。这使得管理层有机会进行语调操纵,迎合投资者从而影响投资者判断来达到相应目的。Davis 等(2012)认为相较于财务数字信息,管理者对语言或文本披露拥有更大的酌情权,这也为企业提供了出于私利动机进行语调管理的机会。Demers 和 Vega(2012)提出由于语言语调信息的难以核实,并且传播无需成本,所以是一种"廉价交谈"。Huang 等(2014)的研究在一定程度上证实了管理层语调的负面影响。他们的研究结果表明管理层会通过战略性的语调管理误导投资者对公司基本面的认识。尤其是对于中国来说,目前我国正处于转型经济的新兴资本市场状态,信息披露相关法律法规的制定还不完善,且公司治理问题较为严重,这种信息披露的酌情权给企业带来了操纵语调以达到自利性目的的机会。朱朝晖和许文瀚(2018)的研究发现,积极的管理层语调经常配合着盈余管理的行为,验证了管理者可能通过这种受约束程度较低的披露方式向投资者传递错误信号,通过语调的乐观或悲观来影响投资者对公司未来前景的判断,从而配合管理者私人动机的实现。曾庆生等(2018)基于年报语调的研究表明,管理层存在通过战略性管理语调而进行内部人交易以谋取私利的现象。

虽然学术界对管理层语调已有一定的研究,但是少有研究关注语调信息与企业创新水平之间的关系。企业创新水平作为企业发展的源动力,是企业保持竞争优势的关键,有助于公司降低生产成本与新市场的开拓,是企业生命力和成长性的保证。企业创新行为的失败可能性高、未来现金流波动性大,往往需要大量资金,并且收益较慢、研发周期较长、短期收效不明显,对企业短期业绩影响较大。

当企业创新活动进行十分顺利,新产品、新技术发展迅速,且竞争力充沛时,公司会对未来发展充满信心,在进行文本信息披露的内容中,管理者可能更多地偏向于使用正面乐观的积极词汇,使文本呈现积极语调,起到向投资者传递利好信号的作用。但若企业创新水平不足、新产品的研发停滞、专利技术的发展无法匹配市场的竞争压力,管理层也可能出于迎合投资者对短期业绩需求的动机操纵语调,更加正面地进行信息披露来影响投资者价值判断或掩盖创新水平不足的情况。

管理层语调究竟是企业为减少与投资者间信息不对称,为外部信息使用者增加信息透明度而发射出的利好信号,还是企业为迎合投资者对业绩追求,以积极正面语调掩盖创新不足? 本课题拟选取年报管理层讨论分析部分作为文本分析的对象,对管理层语调进行衡量,研究管理层语调与企业创新的关系。并基于以上讨论,提出如下假设:

假设 1a:管理层语调与企业创新水平正相关(信号发射理论)。

假设 1b:管理层语调与企业创新水平负相关(迎合理论)。

### 2. 管理层语调、短视近利定价与企业创新

有关股票市场对企业价值的定价误差是否会影响公司决策的研究一直是学术界关注的焦点。股票价格包含非理性的重要因素(Shiller,2003)。众所周知,公司的市场定价可能偏离其基本价值(Baker 等,2009),并且市场无法通过套利消除所有的定价误差。因此,定价误差可能存在并持续很久,从而对公司决策产生影响。市场错误定价影响公司决策的程度取决于临时市场定价对公司管理的重要性。管理者越关注公司股价的短期升值,对市场定价的关注就越大。当公司需要外部股权来为其边际投资提供资金,或者寻求短期回报的投资者所拥有的股权更大,以及管理者的薪酬更多地取决于短期股票价格表现时,管理者就会更多地去迎合市场定价(Baker 和 Wurgler,2002,2004a,2004b;Baker 等,2003,2009;Derrien 等,2013;Polk 和 Sapienza,2009)。

短视的股票市场会高估短期预期现金流,这是因为短视近利定价公司的市场价值更多地取决于短期预期收益。Garel(2017)提出了一种公司层面衡量短视近利市场定价的方法,

并发现这种存在短视近利定价的公司会较少进行创新活动以增加短期预期收益。

对于存在短视近利定价的公司来说,管理层更容易去迎合市场对短期利益的追求从而表现为管理者短视,即产生为了最大化短期财务绩效或股价表现而牺牲公司长期利益的行为。因此,在存在短视近利定价的公司中,企业的管理者可能会减少创新活动的进行,影响企业整体创新水平。相比于正常定价公司,短视近利定价公司管理层语调对于企业创新的积极信号作用可能有所减弱。例如,短视近利公司会减少研发投入甚至不进行研发,基于此,本课题提出假设 2a。

假设 2a:短视近利定价公司管理层语调积极的信号作用有所减弱,即表现为短视近利定价负向调节管理层语调与企业创新水平之间的关系。

此外,在上文中,本课题还从迎合理论的角度去思考语调的信息涵义,如果语调信息更多地表现为迎合动机,那么在更注重短期财务绩效的短视近利定价公司中,管理层迎合动机亦会有所增强。基于此,本课题提出假设 2b。

假设 2b:短视近利定价公司管理层语调迎合操纵动机有所增强,即表现为短视近利定价正向调节管理层语调与企业创新水平之间的关系。

根据以上假设的提出,本课题绘制研究框架图,如图 5 所示。

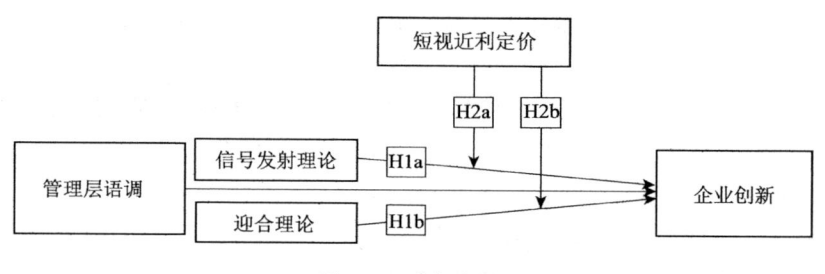

**图 5 研究框架图**

### (三) 数据输入与训练

#### 1. 数据处理

本课题以 2001—2017 年沪深两市 A 股上市公司数据作为初始观测对象,研究管理层语调、短视近利定价与企业创新水平之间的关系。由于进行短视近利定价计算时需要利用过去季度数据进行移动窗口回归,最后计算得到关于短视近利定价相关数据的初始年度为 2008 年。另外,由于回归时对被解释变量创新水平需要进行领先一年处理,最终得到进行回归分析的样本年区间为 2008 年至 2015 年。

本课题构建管理层语调的相关数据来自管理层讨论与分析数据库(CMDA),其余相关数据均取自 CSMAR(China Stock Market & Accounting Research Database)数据库。因此这些数据都是有维度标签数据,所以下文使用的模型为监督学习模型。为了应用机器学习模型,我们需要对原始数据进行预处理。其具体方法为删除缺失值和数据缩尾。根据研究需要,本课题删除了以下观测值:年度绩效被定为 ST 类公司;银行、保险等金融类,属于特殊行业的公司;相关数据为缺失值的公司。经处理后,最终得到公司年度样本共 4 373 个。为减少异常数值对回归结果的影响,本课题对所有连续型变量进行了上下程度为 1% 的缩尾处理,对缩尾后数据使用的分析方法为监督学习中的回归分析,并在所有回归分析中控制了年度及行业固定效应。

**2. 智能财务分析模型**

机器学习使用的回归与统计学在财务应用中的回归,有什么不同之处呢?如式(1)、式(2)、式(3)、式(4)所示,在监督学习中使用的回归当 $x=t$ 时,使用 $t-1 \sim t-T$ 进行回归分析,使用既定变量,所以受监督、反馈,所以有强化的效果,本课题使用利用 $\hat{Y}$ 进行决策,得到 $t+1$ 期最优和最差的结果,然后反馈,同时可以得到不同的数据。

以往的回归分析如下所示:

$$Y = \alpha + \beta_1 X_1 + \beta_2 X_2 + \varepsilon \tag{1}$$

$$Y = \alpha + \beta_1 X_1 + \beta_2 X_2 + \beta_3 X_3 + \varepsilon \tag{2}$$

$$\cdots\cdots$$

$$Y = \alpha + \beta_1 X_1 + \beta_2 X_2 + \beta_3 X_3 + \cdots\cdots + \beta_n X_n + \varepsilon (n)$$

监督学习使用的回归分析如下所示:

$$Y = \alpha + \hat{\beta}_1 X_1 + \hat{\beta}_2 X_2 + \varepsilon \tag{3}$$

$$Y = \alpha + \hat{\beta}_1 X_1 + \hat{\beta}_2 X_2 + \hat{\beta}_3 X_3 + \varepsilon \tag{4}$$

$$\cdots\cdots$$

$$Y = \alpha + \hat{\beta}_1 X_1 + \hat{\beta}_2 X_2 + \hat{\beta}_3 X_3 + \cdots\cdots + \varepsilon (n)$$

使用 $t$ 时的 $x$ 代入得到

$$\cdots\cdots \hat{Y}_1 、 \hat{Y}_2 、 \hat{Y}_3 \cdots\cdots$$

如今,人工智能已经能够预测命令型文本。比如,小米公司的小爱音箱可以预测你要买的东西;淘宝的推荐界面,也会预测和推荐你想购买的商品。但这些人工智能都尚不能执行一套完整的工作流程。它们提供的是预测的内容,以方便决策。如何确定人工智能工具执行企业的特定任务呢?每一项任务都有一组核心决策和预测要素。图6将决策的各个部分

| 预测 | 判断 | 行动 | 结果 |
|---|---|---|---|
| $mm_1 = \left\| \dfrac{m_1}{m_2} \right\|$ | 变量 $mm = 1$,代表该公司为短视近利定价公司<br>变量 $mm = 0$,代表该公司为非短视近利定价公司 | 短视近利定价公司迎合投资者<br>非短视近利定价公司传递出管理层信号 | 是否可以更准确地预测财务报告数据? |

| 输入 | 训练 | 反馈 |
|---|---|---|
| • 2001—2017 年沪深两市 A 股上市公司数据<br>• 利用过去季度数据进行移动窗口回归,对被解释变量创新水平需要进行领先一年处理,所以最终得到进行回归分析的样本年区间为 2008—2015 年<br>• CSMAR 数据库 | (1) 监督学习<br>$E_{i,t+\tau} = \alpha_0 + \alpha_1 A_{i,t} + \alpha_2 E_{i,t} + \alpha_3 NegE_{i,t} + \alpha_4 AC_{i,t} + \varepsilon_{i,t+\tau}$<br>(2) 强化学习<br>$Price_{i,t} = m_0 BPS_{i,t} + m_1 STE_{i,t} + m_2 LTE_{i,t}$ | $mm_1 = \left\| \dfrac{m_1}{m_2} \right\|$<br>运用结果改变算法 |

**图 6　智能财务分析画布**

分解为预测、判断、行动、结果、输入、训练、反馈(Ajay Agrawal,2018)。在监督学习中,使用过去 T 季得到预测模型的系数值,代入当系数值得到 $t+\tau$ 的预测盈余,在强化学习中,将长期预测与短期预测代入。本部分重点关注数据的第二次预处理,主要根据经典文献提出的变量衡量方法,对已有数据集进行特征筛选和特征缩放,获取主要变量,形成适用于回归的最终训练数据集,这整个变量构建过程通过 SAS 来实现。

**3. 智能财务分析变量**

1)短视近利定价公司的预测

在计算短期及长期预期贴现收益时,以往研究多用分析师预测的相关数据进行计算。然而并非所有公司均有分析师追踪预测,如果采用分析师预测的相关数据可能会导致样本选择偏差,筛除掉部分有研究意义的样本。因此,本课题参考 Hou 等(2011)进行盈余预测计算的做法,具体见公式(5):

$$E_{i,t+\tau} = \alpha_0 + \alpha_1 A_{i,t} + \alpha_2 E_{i,t} + \alpha_3 NegE_{i,t} + \alpha_4 AC_{i,t} + \varepsilon_{i,t+\tau} \tag{5}$$

其中 $E_{i,t+\tau}$ 为第 $t+\tau$ 季 $i$ 公司的收益,$A_{i,t}$ 为第 $t$ 年的 $i$ 公司总资产,$E_{i,t}$ 为第 $t$ 季的 $i$ 公司收益,$NegE_{i,t}$ 定义为虚拟变量,若 $i$ 公司 $t$ 年收益为负值则该值为 1,$AC_{i,t}$ 为应计项目。本课题参考该文做法,估计短期及长期预期贴现收益从而代替分析师的相关预测数据,避免样本有所缺失,由(5)式中每一季都根据过去 10 季的数据,求得回归系数,并且带入当季度的数值求得一两年后的盈余预测,并且与一两年后的实际盈余进行相减,得到一两年后的短期异常收益(长期异常收益),最后将该数值代入式(6),

对于短视近利定价公司的判定,本课题借鉴了 Garel(2017)对于短视近利定价公司的计算方法。首先对每个公司的每个季度,以股票价格(Price)为因变量,对过去 20 个季度的实际账面价值(BPS)以及短期和长期贴现预期异常收益(STE 和 LTE)进行回归,以估算短期异常收益的权重($m_1$)和长期异常收益的权重($m_2$)。

$$Price_{i,t} = m_0 BPS_{i,t} + m_1 STE_{i,t} + m_2 LTE_{i,t} \tag{6}$$

为了避免前瞻性误差(looking ahead bias),在式(6)中,本研究使用 $t-3$ 到 $t-22$ 共 20 季的数据得到 $m_1$ 以及 $m_2$ 的数值,接着代入式(7):

$$mm_1 = \left| \frac{m_1}{m_2} \right| \tag{7}$$

借由计算 $m_1$ 与 $m_2$ 比率的绝对值 $mm_1$,可以判断投资人是否短视近利,如果 $mm_1$ 大于 1,则认为该公司在此时间点被短视近利定价。

基于此,本课题定义虚拟变量 $mm$ 来表示短视近利定价公司,当 $mm_1$ 大于 1 时,变量 $mm_1=1$,代表该公司为短视近利定价公司,否则变量 $mm_1=0$,代表该公司为非短视近利定价公司。

借鉴谢德仁和林乐(2015)、朱朝晖和许文瀚(2018)等人的研究,本课题建立了如下的研究模型来检验提出的假设。

$$innovation_{i,t+1} = \beta_0 + \beta_1 tone_{i,t} + \beta_2 size_{i,t} + \beta_3 lev_{i,t} + \beta_4 div_{i,t} + \beta_5 top1_{i,t} + \beta_6 dual_{i,t}$$

$$+\beta_7 soe_{i,t} + \beta_8 anaattention_{i,t} + \sum ind + \sum year + \varepsilon_{i,t} \qquad (8)$$

$$innovation_{i,t+1} = \beta_0 + \beta_1 tone_{i,t} + \beta_2 tone_{i,t} * mm_{i,t} + \beta_3 size_{i,t} + \beta_4 lev_{i,t} + \beta_5 div_{i,t}$$
$$+ \beta_6 top1_{i,t} + \beta_7 dual_{i,t} + \beta_8 soe_{i,t} + \beta_9 anaattention_{i,t} + \sum ind$$
$$+ \sum year + \varepsilon_{i,t} \qquad (9)$$

其中,式(8)所示模型用来检验假设 1,式(9)所示模型用来检验假设 2。被解释变量 Y 为企业创新水平,计算为企业当年申请的发明专利,实用新型专利和外观设计专利的数量和,并在回归中进行了领先一年的设计。解释变量 X 为管理层净语调,并进一步区分积极语调与消极语调进行分析。本课题重点考察在控制了公司特征对企业创新水平的影响后,管理层语调(tone)的系数 $\beta_1$ 和管理层语调与短视近利定价的交互项系数 $\beta_2$ 的方向与显著性。如果假设 1a 成立,则管理层语调与企业创新水平正相关,$\beta_1$ 应该显著为正;如果假设 1b 成立,则管理层语调与企业创新水平负相关,$\beta_1$ 应该显著为负。此外,若短视近利定价存在调节作用,则管理层语调与短视近利定价的交互项系数 $\beta_2$ 也应该存在显著性。

2) 管理层语调的度量

目前国内外有关研究主要有两种衡量语调的方法。第一种为 Price 等(2012)、谢德仁和林乐等(2015)定义的净语调,计算方法为正面词汇和负面词汇的差与正面词汇和负面词汇之和的比值。第二种则为曾庆生等(2018)在年报语调的相关研究中界定的语调衡量方法,即为正面词汇和负面词汇的差占文本总词汇数的比值。综合两种计算方法来看,第一种语调衡量的方法为更多学者所用,本课题也主要选用第一种方法来界定管理层净语调。

对于文本信息的选择,本课题选取财务报告中管理层讨论与分析部分作为语调分析程度来源。其原因如下:首先,管理层讨论与分析作为财务报告的一部分,具有强制性披露的特性,在年报编撰的过程中会经过完善与修订,能帮助投资者更好地了解有关公司的相关信息;其次,由于在文本信息披露的过程中对语言的选择空间较大,管理层拥有一定的酌情披露权,管理层讨论与分析部分的信息同时还属于自愿性披露。以往研究表明,自愿性披露有助于缓解信息不对称,管理层讨论与分析部分作为对企业其他财务数据的重要解释和补充,能更好地帮助投资者了解信息,改善信息不对称的环境(Muslu 等,2015)。

此外,本课题进一步以正面词汇占正面词汇与负面词汇之和的比例作为积极语调的衡量方法,以进一步区分积极语调与消极语调,研究语调与企业创新水平的关系。具体计算公式如下所示:

$$tone = \frac{posnum - negnum}{posnum + negnum} \qquad (10)$$

$$tone\_2 = \frac{posnum - negnum}{charnum} \qquad (11)$$

$$postone = \frac{posnum}{posnum + negnum} \qquad (12)$$

其中,posnum 为企业财务报告管理层讨论与分析部分中正面语调词汇的数目,negnum 为企业财务报告管理层讨论与分析部分中负面语调词语数目,charnum 为词汇中的总词汇,

tone 表示净正面语调的概念,取值范围为 $-1 <= \text{tone} <= 1$。若正面词汇数量相对负面词汇数量越多,tone 越大,说明管理层用词越积极正面。正面词汇、负面词汇及总词汇数目的数据均来自管理层讨论与分析数据库(CMDA)。CMDA 数据库对于正面词汇与负面词汇的统计基于财务领域文本分析较为广泛使用的"词袋法",首先根据 Loughran 和 McDonald (2011)的英文正负面词典,将其中的正面词汇和负面词汇翻译为中文,并结合中文语境进行扩充和完善,得到后续统计分析的基准词袋;然后采用分词包围 Python 开放源"结巴"中文分词模块对管理者讨论与分析全文文本进行自动分词,进行词频统计,从而最终得到正面词汇数量(posnum)及负面词汇的数量(negnum)。

本课题在模型中控制了可能影响企业创新水平的公司规模(size)、资产负债率(lev)、股利发放(div)、股权集中度(top1)、两职合一(dual)、产权性质(soe)及信息透明度(anaattention)等因素,并在模型中加入了行业固定效应及年度固定效应。模型中所有变量的详细定义如表 1 所示。

**表 1　变量定义表**

| 变量名称 | 变量定义 |
|---|---|
| *tone* | 净正面语调:上市公司财务报告中管理层讨论与分析部分(MD & A)积极词汇数与消极词汇数之差占积极词汇数与消极词汇数之和的比例。净正面语调取值越大,说明管理层用词越积极 |
| *tone_2* | 上市公司财务报告中管理层讨论与分析部分(MD & A)内积极词汇数与消极词汇数之差占总词汇数的比例 |
| *postone* | 积极语调:MD & A(Management's Discution & Analysis)内积极词汇数占总词汇数的比例 |
| *innovation* | 创新水平,计算方法为该公司该年度内申请的发明专利、实用新型专利及外观设计型专利的数量之和 |
| *mm* | 短视近利定价公司,虚拟变量;若 *mm* = 1,则该公司为短视近利定价公司,否则为非短视近利定价公司 |
| *size* | 公司规模,取值为该公司资产总额的自然对数 |
| *lev* | 公司的资产负债率,取值为该公司负债与资产总额的比值 |
| *div* | 是否发放现金股利,虚拟变量。若 *div* = 1,则该公司在该年度有现金股利发放,否则没有 |
| *top1* | 股权集中度,计算为第一大股东持股比例 |
| *dual* | 两职合一,虚拟变量;若该公司董事长兼职 CEO 则 *dual* = 1,否则为 0 |
| *soe* | 产权性质,虚拟变量;若该公司为国有企业则 *soe* = 1,否则为 0 |
| *anaattention* | 该年度内对该公司进行过跟踪分析的分析师(团队)数量加 1 的对数值 |
| *fcf* | 自由现金流量,计算为企业经营活动产生的现金流量与资本性支出的差额 |
| *anaerror* | 分析师预测误差,计算为分析师对企业该年度每股收益预测的均值减去真实每股收益的差与真实每股收益的比例的绝对值 |
| *roa* | 资产收益率,计算为净利润与总资产的比值 |
| *altmanz* | 企业破产风险,根据 z-score 模型计算 |

3) 创新水平的衡量

目前对于企业创新水平的研究主要从创新投入和创新产出两个方面进行研究。对于创新投入,目前学术界比较一致的运用研发支出作为创新投入的代理变量。但企业创新的投入不止有研发费用,还伴随着其他实物与人力资本管理者与员工的努力程度及创造性等,这些要素之间本身存在替代性(Atanassov,2013),加之即使在研发投入需在报表附注披露的情况下,仍有大量企业存在未披露或披露不充分的情况( Koh 和 Reeb,2015)。因此,本课题以创新产出衡量企业的创新水平。国内外学者主要以专利申请量及授权量两种方法表示企业创新产出,考虑企业专利申请数量相对于授权量可以避免受行政审批效率等不可控因素的影响,因此能够较为准确地反映企业的创新水平,所以本课题最终以企业当年申请的发明专利、实用新型专利和外观设计专利这三类专利数量之和作为企业创新水平的代理变量。(Aghion 等,2013;Fang 等,2014;杨道广等,2017)

### 4. 反馈结果

#### 1) 描述性统计分析

表2列示了全样本下主要变量的描述性统计结果。从表2中可以看出,我国上市公司在进行管理层讨论与分析部分信息披露时所表现出的净语调是偏积极的,有些公司信息披露所采用的情绪词汇完全为正面词汇($tone = 1$),但也有些公司进行信息披露时使用的负面词汇多于正面词汇($tone < 0$);两种净语调的计算方法 $tone$ 和 $tone\_2$ 从数据分布上看较为一致,大致符合样本正态分布。不同企业创新水平差异较大,就专利数量来看,最大值为2 414,而最小值为0。短视近利定价公司的代理变量 $mm$ 的均值为0.489,标准差为0.500,可以看出正常公司占总样本量的51.1%,短视近利定价公司占总样本量的48.9%。两职合一公司占总样本量的19.1%,国有企业占总样本量的54.0%。对于总样本量来说,每家公司平均每年有2.17个分析师或团队对该公司进行分析,此外,总样本的资产、负债情况、股权集中度及股利发放情况均大致符合正态分布。

表 2　描述性统计结果

|  | MEAN | STD | MIN | Q1 | MEDIAN | Q3 | MAX |
|---|---|---|---|---|---|---|---|
| $tone$ | 0.526 | 0.273 | −0.600 | 0.390 | 0.556 | 0.692 | 1.00 |
| $tone\_2$ | 0.039 | 0.021 | −0.035 | 0.027 | 0.040 | 0.052 | 0.10 |
| $postone$ | 0.763 | 0.137 | 0.200 | 0.695 | 0.778 | 0.846 | 1.00 |
| $innovation$ | 81.694 | 225.573 | 0.000 | 4.000 | 18.000 | 57.000 | 2 414.00 |
| $mm$ | 0.489 | 0.500 | 0.000 | 0.000 | 0.000 | 1.000 | 1.00 |
| $size$ | 22.514 | 1.273 | 19.921 | 21.595 | 22.286 | 23.253 | 27.35 |
| $lev$ | 0.468 | 0.186 | 0.033 | 0.328 | 0.470 | 0.614 | 0.87 |
| $div$ | 0.790 | 0.407 | 0.000 | 1.000 | 1.000 | 1.000 | 1.00 |
| $top1$ | 0.367 | 0.151 | 0.081 | 0.242 | 0.357 | 0.474 | 0.77 |
| $dual$ | 0.191 | 0.393 | 0.000 | 0.000 | 0.000 | 0.000 | 1.00 |
| $soe$ | 0.540 | 0.498 | 0.000 | 0.000 | 1.000 | 1.000 | 1.00 |
| $anaattention$ | 2.170 | 0.861 | 0.693 | 1.386 | 2.197 | 2.890 | 4.19 |

#### 2) 相关性分析

表3列示了主要变量之间相关系数及其显著性。其中,左下部三角为皮尔森相关系数

表 3　相关系数表

| | (1) | (2) | (3) | (4) | (5) | (6) | (7) | (8) | (9) | (10) | (11) | (12) |
|---|---|---|---|---|---|---|---|---|---|---|---|---|
| tone | | 0.801*** | 1.000*** | 0.095*** | -0.021 | 0.021 | -0.075*** | 0.158*** | -0.017 | 0.034** | -0.064*** | 0.173*** |
| tone_2 | 0.836*** | | 0.801*** | 0.087*** | -0.015 | 0.005 | -0.067*** | 0.126*** | -0.008 | 0.010 | -0.008 | 0.136*** |
| postone | 1.000*** | 0.836*** | | 0.095*** | -0.021 | 0.021 | -0.075*** | 0.158*** | -0.017 | 0.034** | -0.064*** | 0.173*** |
| innovation | 0.048*** | 0.048*** | 0.048*** | | -0.008 | 0.214*** | 0.077*** | 0.126*** | -0.017 | 0.055*** | -0.074*** | 0.211*** |
| mm | -0.018 | -0.010 | -0.018 | -0.010 | | -0.016 | 0.017 | -0.011 | -0.032** | -0.017 | -0.012 | 0.002 |
| size | 0.019 | 0.007 | 0.019 | 0.398*** | -0.027* | | 0.508*** | 0.094*** | 0.275*** | -0.156*** | 0.305*** | 0.318*** |
| lev | -0.058*** | -0.060*** | -0.058*** | 0.152*** | 0.016 | 0.501*** | | -0.171*** | 0.119*** | -0.125*** | 0.267*** | -0.045*** |
| div | 0.159*** | 0.137*** | 0.159*** | 0.066*** | -0.011 | 0.089*** | -0.174*** | | 0.058*** | 0.008 | -0.078*** | 0.269*** |
| top1 | -0.021 | -0.014 | -0.021 | 0.051*** | -0.040*** | 0.303*** | 0.121*** | 0.058*** | | -0.132*** | 0.268*** | 0.058*** |
| dual | 0.030** | 0.010 | 0.030** | 0.027 | -0.017 | -0.142*** | -0.128*** | 0.008 | -0.133*** | | -0.264*** | 0.009 |
| soe | -0.049*** | -0.005 | -0.049*** | -0.041*** | -0.012 | 0.315*** | 0.273*** | -0.078*** | 0.265*** | -0.264*** | | -0.048*** |
| anaattention | 0.164*** | 0.139*** | 0.164*** | 0.205*** | 0.002 | 0.326*** | -0.042*** | 0.268*** | 0.062*** | 0.008 | -0.047*** | |

注：*、**、***分别代表10%、5%、1%的显著性水平。本表格的左下部为Pearson相关系数,右上部为Spearman相关系数。

矩阵,右上部三角为斯皮尔曼相关系数矩阵。管理层净语调与创新水平的皮尔森相关系数为 0.048,斯皮尔曼相关系数为 0.095,且两者均在 1% 的水平上显著正相关。这初步说明了管理层语调的信号发射效应,为进一步回归分析奠定了基础。短视近利定价与企业创新水平负相关,但在统计上缺乏显著性。三种语调衡量的方式 *tone. tone_2* 及 *postone* 均在 1% 的水平上互相显著正相关,且相关系数均达到 0.8 以上,几乎完全线性,这也为结果的稳健性奠定了基础。此外,为更加准确地研究管理层语调和短视近利定价及企业创新的关系,本课题还控制了公司规模等其他因素。从变量系数表中可以看出,企业规模越大,创新水平越强;国有企业创新水平相比私有企业创新水平较低;信息透明度越高的公司语调越积极,且创新水平也越高。

　　3) 多元回归检验结果及分析

　　表 4 中展示了以企业 $t+1$ 年申请的发明专利、实用新型专利及外观设计专利的数量和为因变量,以管理层净语调(*tone*)为自变量,以短视近利定价(*mm*)为调节变量进行回归得到的实证结果。在回归中,因为专利申请数具有非负整数的特性,所以模型均采用 Poisson 模型进行估计,且均控制了行业和年度固定效应。

表 4　管理层语调、短视近利定价与企业创新

| | (1) | (2) | (3) |
|---|---|---|---|
| *Intercept* | $-15.307^{***}$<br>$(-357.46)$ | $-15.312^{***}$<br>$(-356.97)$ | $-15.283^{***}$<br>$(-355.05)$ |
| *tone* | | $0.014^{**}$<br>$(2.07)$ | $0.075^{***}$<br>$(8.54)$ |
| *tone * mm* | | | $-0.134^{***}$<br>$(-10.70)$ |
| *mm* | | | $0.017^{**}$<br>$(2.15)$ |
| *size* | $0.706^{***}$<br>$(399.40)$ | $0.706^{***}$<br>$(399.38)$ | $0.704^{***}$<br>$(397.77)$ |
| *lev* | $0.076^{***}$<br>$(6.07)$ | $0.076^{***}$<br>$(6.09)$ | $0.091^{***}$<br>$(7.31)$ |
| *div* | $0.157^{***}$<br>$(30.22)$ | $0.156^{***}$<br>$(29.87)$ | $0.157^{***}$<br>$(30.02)$ |
| *top*1 | $-0.471^{***}$<br>$(-42.09)$ | $-0.472^{***}$<br>$(-42.14)$ | $-0.478^{***}$<br>$(-42.71)$ |
| *dual* | $0.273^{***}$<br>$(64.16)$ | $0.273^{***}$<br>$(64.15)$ | $0.279^{***}$<br>$(65.47)$ |
| *soe* | $-0.113^{***}$<br>$(-27.22)$ | $-0.113^{***}$<br>$(-27.22)$ | $-0.116^{***}$<br>$(-27.87)$ |
| *anaattention* | $0.286^{***}$<br>$(108.58)$ | $0.285^{***}$<br>$(108.16)$ | $0.289^{***}$<br>$(109.14)$ |

(续表)

| | (1) | (2) | (3) |
|---|---|---|---|
| ind | YES | YES | YES |
| year | YES | YES | YES |
| Pseudo $R^2$ | 45.15% | 45.14% | 45.24% |
| N | 4 373 | 4 373 | 4 373 |

注:*,**,***分别代表10%,5%,1%的显著性水平。

在表4的列(1)中,模型只纳入了控制变量及被解释变量,企业规模在1%的水平上与企业创新显著正相关,这说明资产规模会在一定程度上对企业创新起促进作用。第一大股东持股比例越高,企业创新水平越低,这说明股权集中在一定程度上显著抑制了企业的创新活动。此外,企业性质负向显著影响企业创新,这说明相较于私有企业国有企业的创新能力有所欠缺。分析师追踪人数正向影响企业创新,这说明企业信息透明度的提高对于创新能力的提升也有所助力。从控制变量的研究结果来看,基本与现有文献得到的结论一致。

在表4的列(2)中,模型纳入解释变量管理层净语调(tone)。在控制了公司层面的相关因素后,管理层净语调(tone)在5%的显著性水平上正向影响企业创新水平,且系数为0.014,这表明在信息披露时,管理层表达出的语调信息越积极正面,企业创新水平越高。这证实了本课题所提出的假设1a,即管理层语调更多地表现出一种信号发射的作用。企业的创新活动开展顺利会使管理层对未来企业发展充满希望,从而通过信息披露时情绪语言的表达向外部信息使用者传递出正向积极的信号,以此作为企业财务数据的补充,使投资者更好地了解企业发展。

表4的列(3)则展示了短视近利定价的调节作用。在控制相关公司层面因素后,管理层净语调(tone)的系数为0.075,且在1%的水平上显著;管理层净语调(tone)与短视近利定价(mm)的交互项系数为-0.134,同样在1%的水平上显著。从回归结果可以看出,管理层净语调(tone)正向影响企业创新水平,表现出信号发射的作用;管理层语调负向短视近利定价负向调节语调与企业创新间的关系,这是因为短视近利定价公司更注重短期现金流量,减少创新活动进行盈余管理以实现短期绩效的提高,而缺乏对企业长期价值的考虑。因此,在短视近利定价公司中,管理层语调的信号发射作用被削弱,表现为短视近利定价的负向调节作用,假设2a得以证实。

4)进一步检验

本课题上述结果表明,当企业创新水平较高时,管理层对未来前景会充满信心,从而在信息披露的语调信息中发射出信号,并表现出管理层语调与企业创新水平之间的正向关系。但以往研究也有结果表明管理层有操纵语调从而达到迎合动机,因此,为进一步研究管理层语调的信息涵义,本课题首先区分积极语调(postone)与消极语调(negtone),以替代净语调(tone)进行回归验证上述结果,并从代理问题、信息不对称问题及行业特征角度出发,考虑不同情况下语调的信息涵义。

（1）区分语调方向进行验证。

本课题为进一步研究语调的积极含义，以正面词汇占总情绪词汇的比例作为积极语调（postone）的计算方法来替代净语调进行回归。在回归中，本课题只纳入正面语调 postone 作为自变量，而未放入负面语调 negtone。这是因为 postone 和 negtone 相加为1，所以在模型中同时纳入这两个变量没有意义。因此，本课题只在模型中纳入积极语调作为解释变量进行回归，所得结果如表5所示。

表5　分语调回归

|  | (1) | (2) | (3) |
|---|---|---|---|
| *Intercept* | −15.307*** (−357.46) | −15.326*** (−350.05) | −15.358*** (−343.93) |
| *postone* |  | 0.027** (2.07) | 0.151*** (8.54) |
| *postone * mm* |  |  | −0.268*** (−10.70) |
| *mm* |  |  | 0.151*** (7.61) |
| *size* | 0.706*** (399.40) | 0.706*** (399.38) | 0.704*** (397.77) |
| *lev* | 0.076*** (6.07) | 0.076*** (6.09) | 0.091*** (7.31) |
| *div* | 0.157*** (30.22) | 0.156*** (29.87) | 0.157*** (30.02) |
| *top*1 | −0.471*** (−42.09) | −0.472*** (−42.14) | −0.478*** (−42.71) |
| *dual* | 0.273*** (64.16) | 0.273*** (64.15) | 0.279*** (65.47) |
| *soe* | −0.113*** (−27.22) | −0.113*** (−27.22) | −0.116*** (−27.87) |
| *anaattention* | 0.286*** (108.58) | 0.285*** (108.16) | 0.289*** (109.14) |
| ind | YES | YES | YES |
| year | YES | YES | YES |
| Pseudo R² | 45.15% | 45.14% | 45.24% |
| N | 4 373 | 4 373 | 4 373 |

注：*，＊＊，＊＊＊分别代表10%,5%,1%的显著性水平。

从结果来看，以积极语调代替净语调作为解释变量后的结果与之前并无明显差异。积极语调(postone)的系数为 0.027,在 5%的显著性水平上正向影响企业的创新水平,短视近利定价与积极语调的相乘项系数为 − 0.268,并在 1%的水平上显著,这验证了管理层语调信号发射的意义及短视近利定价的负向调节作用。

(2)代理问题。

本课题综合以往研究,发现学术界对管理层语调的研究结果不甚一致,所以本课题拟探究管理层语调的信息涵义。在管理层语调与企业创新水平的关系中,语调信息究竟是作为信号向外部投资人提供信息,还是作为操控手段迎合投资人偏好呢? 在前文全样本的实证结果中,我们得到了关于管理层语调作为信号作用的结论,但本课题基于此进行了进一步的思考:信息披露的语调信息在什么情况下可能作为操纵手段迎合投资人呢?

为此,本课题首先考虑了公司治理中的重中之重——代理问题。在代理问题较高的公司中,管理者出于自利性动机可能会操纵语调进行迎合。为检验代理问题是否会影响管理层语调、短视近利定价及企业创新水平之间的关系,本课题采用自由现金流量作为企业潜在代理问题的代理变量。这是因为 Jensen(1986)提出企业的自由现金流有利于管理者通过跨行业并购、投资等获得更多的控制权,谋取私利。企业的自由现金流量应该作为投资收益发放给股东,但由于管理者更多地控制公司分配权,他们更愿意将自由现金流保留在公司或进行过度投资。因此,当公司存在大量的自由现金流时,所有者和管理者的利益冲突就会尖锐,代理问题就更突出。

本课题以自由现金流量作为代理问题的代理变量,对自由现金流量进行分组。结果发现,具有高自由现金流代表公司潜在代理问题较高,低自由现金流代表公司潜在代理问题较低。对其进行分组回归后,本课题研究从代理问题视角探讨管理层语调、短视近利定价与企业创新水平间的关系。实证结果如表 6 所示。

根据表 6 内容可以发现,当公司治理问题程度不同时,管理层语调的信息涵义也有所不同。在低自由现金流量即潜在代理问题较低的组别中,管理层净语调对企业创新的影响系数为 0.586 8,短视近利定价及语调的交互项系数为 − 0.456 8,且均在 1%的水平上显著影响,与前文结果一致,说明在代理问题较低的公司中,管理层语调更多显示出信号发射的作用。而相反地,在高自由现金流量即潜在代理问题较高的组别中,管理层语调在 1%的显著性水平上负向影响企业的创新水平,这种情况下,语调更多地表现出作为一种操纵迎合手段的作用。

表 6 代理问题视角下管理层语调,短视近利定价与企业创新

| | 高自由现金流量 | 低自由现金流量 |
|---|---|---|
| *Intercept* | − 12.430 7*** <br> (− 224.40) | − 17.680 4*** <br> (− 253.43) |
| *tone* | − 0.238 9*** <br> (− 20.89) | 0.586 8*** <br> (41.59) |
| *tone * mm* | 0.127 1*** <br> (8.02) | − 0.456 8*** <br> (− 22.12) |
| *mm* | − 0.089 4*** <br> (− 9.23) | 0.195 5*** <br> (14.90) |

（续表）

| | 高自由现金流量 | 低自由现金流量 |
|---|---|---|
| *size* | 0.574 0*** | 0.790 6*** |
| | (242.65) | (294.96) |
| *lev* | 0.724 1*** | − 0.317 4*** |
| | (43.86) | (− 15.26) |
| *div* | 0.318 3*** | 0.076 0*** |
| | (36.82) | (10.98) |
| *top*1 | 0.268 7*** | − 1.100 6*** |
| | (18.34) | (− 60.02) |
| *dual* | 0.475 2*** | 0.048 9*** |
| | (86.86) | (6.78) |
| *soe* | − 0.178 5*** | − 0.082 2*** |
| | (− 32.77) | (− 12.14) |
| *anaattention* | 0.391 5*** | 0.230 0*** |
| | (106.64) | (57.24) |
| year | YES | YES |
| ind | YES | YES |
| Pseudo $R^2$ | 48.58% | 46.94% |
| N | 2 297 | 2 076 |

注：*，＊＊，＊＊＊分别代表在 10%，5%，1%的显著性水平。

（3）信息不对称问题。

除代理问题之外，本课题还考虑了信息不对称问题对管理层语调信息含量的影响。本课题选用分析师预测偏差作为信息不对称的代理变量，将样本根据分析师预测偏差的高、低分为两组，然后进行分组回归，探讨在信息不对称程度不同的情况下管理层语调的信息涵义。

表 7 列示了以分析师预测误差进行分组后管理层语调、短视近利定价及企业创新水平之间的关系。从实证结果可以看出，在信息不对称程度较低即低分析师预测误差的组别中，管理层净语调 tone 正向显著影响企业创新水平，短视近利定价负向显著调节管理层语调与企业创新水平的关系，与前文结果一致。这表明管理层语调在信息不对称程度较低的公司中更多地表现为信号作用，提供给外部信息使用者以增量信息。而在信息不对称程度较高即高分析师预测误差的组别中，管理层净语调负向影响企业的创新水平。这表明在信息不对称程度较高的公司中，管理层语调有一定迎合操纵动机。

表7　信息不对称视角下管理层语调,短视近利定价与企业创新

| | 高分析师预测误差 | 低分析师预测误差 |
|---|---|---|
| Intercept | −17.962 6***<br>(−251.62) | −13.486 8***<br>(−222.28) |
| tone | −0.135 5***<br>(−11.76) | 0.227 3***<br>(16.35) |
| tone * mm | 0.361 7***<br>(21.46) | −0.695 8***<br>(−35.82) |
| mm | −0.202 6***<br>(−19.59) | 0.251 1***<br>(20.53) |
| size | 0.810 9***<br>(319.06) | 0.631 1***<br>(243.44) |
| lev | −0.423 8***<br>(−24.79) | 0.533 6***<br>(28.60) |
| div | 0.319 8***<br>(44.09) | −0.037 1***<br>(−4.85) |
| top1 | −0.243 7***<br>(−14.43) | −0.544 7***<br>(−35.95) |
| dual | 0.299 6***<br>(49.68) | 0.233 3***<br>(37.71) |
| soe | 0.087 6***<br>(15.65) | −0.300 3***<br>(−47.39) |
| anaattention | 0.255 9***<br>(72.22) | 0.329 2***<br>(81.19) |
| year | YES | YES |
| ind | YES | YES |
| Pseudo R² | 41.76% | 48.83% |
| N | 2 678 | 1 695 |

注:*,**,***分别代表10%,5%,1%的显著性水平。

(4)高新技术行业。

本课题最后考虑了与创新活动十分密切的高新技术行业的特征,探究在高新技术行业与普通行业中,管理层语调与企业创新活动的关系是否有所不同。

对于高新技术行业的划分,本课题依照 Kile 和 Phillips(2009)根据 GICS 码对于高新技术行业的定义,对沪深两市 A 股上市公司进行划分。在进行实证回归的 4 373 个样本中,有 1 139 个样本为高新技术行业,3 234 个样本为普通行业。并以此进行分组回归,得到的结果如表8所示。

在高新技术行业公司中,管理层净语调与企业创新水平正显著相关,更多地表现出信号作用,而在其他行业公司中这种信号作用有所减弱。这可能是因为对于高新技术行业公司来说,公司的创新活动是发展的重中之重。若企业的创新水平处于领先地位,那么对于公司占领市场份额十分有利,这会使管理者对企业未来前景极其自信,以语调信息作为载体向投资者传递利好信号。而对于普通行业公司来说,创新水平对于公司的重要性相比高新技术行业公司有所减弱,所以语调的信号发射作用有所减弱也可以理解。

表8　行业特征视角下管理层语调,短视近利定价与企业创新

| | 高新技术行业 | 其他行业 |
|---|---|---|
| Intercept | -15.789 7*** (-107.94) | -15.333 2*** (-315.32) |
| tone | 0.356 7*** (18.79) | -0.018 8* (-1.86) |
| tone * mm | 0.081 5*** (2.99) | -0.194 4*** (-13.47) |
| mm | -0.083 5*** (-4.49) | 0.039 9*** (4.62) |
| size | 0.674 0*** (192.53) | 0.708 7*** (336.16) |
| lev | 0.663 1*** (27.47) | -0.059 0*** (-3.98) |
| div | -0.016 1* (-1.67) | 0.243 9*** (38.07) |
| top1 | -0.676 0*** (-27.94) | -0.297 7*** (-22.48) |
| dual | 0.172 8*** (20.35) | 0.376 2*** (72.99) |
| soe | 0.169 8*** (21.22) | -0.213 6*** (-42.89) |
| anaattention | 0.303 6*** (62.61) | 0.286 8*** (89.59) |
| year | YES | YES |
| ind | YES | YES |
| Pseudo R² | 50.40% | 44.69% |
| N | 1 139 | 3 234 |

注:*,**,***分别代表10%,5%,1%的显著性水平。

### 5. 预测

伴随着中共十九大的有关指示,我国大数据文本分析技术飞速发展,为财务领域进行信息披露的研究提供了便利。本课题基于我国沪深两市 A 股上市公司财务报告中管理层讨论与分析部分的文本信息,结合人工智能中回归分析的方法,研究管理层语调、短视近利定价及企业创新水平之间关系。实证结果表明,企业管理层讨论与分析部分所表露的管理层净语调信息与企业创新水平正相关,即管理层语调越积极,企业的创新水平越高,表明管理层语调具有一定的信号传递作用;短视近利定价负向调节语调与企业创新之间的关系,即在短视近利定价公司中,由于管理层短视对于对短期绩效的追求,企业会牺牲长期价值,减少创新活动,降低企业的创新水平,从而表现为负向调节管理层语调与企业创新的关系。

此外,为分析不同情况下管理层语调的信息含量,本课题进一步从代理问题和信息不对称问题视角出发,研究管理层语调、短视近利定价与企业创新水平之间的关系。研究发现,如果企业中存在较强的潜在代理问题,且信息不对称程度较高,管理层语调的信号作用将被削弱,而且表现为一种可以进行操纵管理的工具以配合管理层的迎合动机。而在潜在代理问题较弱或是信息不对称程度较低的企业中,得到与前文一致的结果,即管理层语调与企业创新水平正相关,作为一种信号发射手段提供给外部信息使用者以增量信息。

本课题基于对企业财务报告中管理层讨论与分析部分内容的文本分析,开创性地将人工智能与财务研究有机结合,初步实现了财务智能化,并将文本语调信息与企业创新水平联系起来,从多角度探究语调的信息涵义,丰富了管理层讨论与分析部分及信息披露领域的相关研究。以往有关管理层讨论与分析部分的研究多聚焦于文本内容的有用性上,探究管理层讨论与分析部分的信息质量。然而,管理层讨论与分析部分内容十分繁杂,相关研究尚未形成一个完整的信息评价体系。不同于一般的词频统计方法,本课题使用 CMDA 数据库提供的"词袋法"词汇统计结果进行净语调的定量分析,将其引入文本信息质量评价体系中,为信息披露研究领域提供了一个新的方向。此外,本课题还结合了市场定价理论,借鉴国外学者对于短视近利定价的衡量模型,填补国内相关研究领域的空白。本课题的研究成果对外部信息使用者也有着实际意义。外部投资者在关注企业财务报告中的财务数据的同时,也应关注非财务信息部分,因为这是对财务数据的补充。企业管理者通过文本信息表露出的情绪语调相比于枯燥的财务数字更容易被报表使用者所感知。以往研究关于文本信息语调的有用性褒贬不一。而本课题在得到语调"信号"涵义的基础上,进一步结合信息不对称问题、代理问题及不同行业等情况进行讨论,以便投资者辨别管理层语调的"信号"作用或是"迎合"行为,从而更好地对企业价值进行判断。伴随着人工智能领域的不断发展,更多先进的分析技术日益涌现,未来可以进一步探索更适合的模型和分析技术以进行财务研究和决策,从而打造多样化、智能化的研究系统,使财务预测更有效、更快捷、更准确。

### 6. 未来展望

关于智能财务的研究方兴未艾,一方面,未来研究方向可进一步扩展为构建不同的反馈策略;另一方面,本课题的研究方法可以扩展至贴吧、报纸以及新闻发布稿中的语调情绪,并通过 SAS 的可视化工具将其整理为智能图谱。

基于管理层讨论与分析部分进行的语调分析可以扩展至业绩说明会语调、业绩预告语调、年报语调等多种文本信息进行研究,了解不同信息披露方式的信息含量。

此外,目前关于语调信息与企业决策关系的研究十分匮乏,未来可以进一步探究语调信息与其他企业决策的关系,例如股利政策、融资决策等,也可以从投资者方向入手,探究语调信息是否会引起市场反应,从而从不同角度更好地了解利用语调信息。

## 参考文献

［1］曾庆生,周波,张程,陈信元.年报语调与内部人交易:"表里如一"还是"口是心非"?［J］.管理世界,2018,34(9):143-160.

［2］李秉成,苗霞,聂梓.MD＆A前瞻性信息能提升财务危机预测能力吗——基于信号传递和言语有效理论视角的实证分析［J］.山西财经大学学报,2019(5):108-124.

［3］林乐,谢德仁.投资者会听话听音吗?——基于管理层语调视角的实证研究［J］.财经研究,2016,42(7):28-39.

［4］林乐,谢德仁.分析师荐股更新利用管理层语调吗?——基于业绩说明会的文本分析［J］.管理世界,2017(11):125-145,188.

［5］谢德仁,林乐.管理层语调能预示公司未来业绩吗?——基于我国上市公司年度业绩说明会的文本分析［J］.会计研究,2015(2):20-27,93.

［6］薛爽,肖泽忠,潘妙丽.管理层讨论与分析是否提供了有用信息?——基于亏损上市公司的实证探索［J］.管理世界,2010(5):130-140.

［7］杨道广,陈汉文,刘启亮.媒体压力与企业创新［J］.经济研究,2017(8):127-141.

［8］朱朝晖,许文瀚.上市公司年报语调操纵、非效率投资与盈余管理［J］.审计与经济研究,2018,33(3):63-72.

［9］张超,肖聪,朱卫东,陈绪龙,李正西.财务智能可视化分析与文献综述［J］.财会月刊,2019(3):24-32.

［10］李闻一,李栗,曹菁,陈新巧.论智慧财务的概念框架和未来应用场景［J］.财会月刊,2018(5):40-43.

［11］谢琨,王志坚.财务管理与人工智能［J］.经济师,2003,卷缺失(6):201-205.

［12］孙蕊,操礼庆,李玉杰,等.智能财务时代管理会计的发展与突破——基于行政事业单位视角［J］.财务与会计,2017,(24):67-72.

［13］戚蓓蓓.基于人工智能视角的财务机器人流程自动化应用探析［J］.财务与会计,2018(17):58-59.

［14］陈辉.小数之美［M］.北京:中信出版社,2018.

［15］董皓.智能时代财务管理［M］.北京:电子工业出版社,2018.

［16］AJAY AGRAWAL, AVI GOLDFARB, JOSHUA GANS.AI 极简经济学［M］.闾佳,译.湖南:湖南技术出版社,2018.

［17］AGHION P, HOWITT P, PRANTL S. Patent rights, product market reforms, and innovation［J］. Journal of Economic Growth, 2015, 20.

［18］ATANASSOV J. Do Hostile Takeovers Stifle Innovation? Evidence from Antitakeover Legislation and Corporate Patenting［J］. The Journal of Finance, 2012, 68(3):1097-1131.

［19］BAKER M, GREENWOOD R, WURGLER J. Catering through Nominal Share Prices［J］. The Journal of Finance, 2009, 64(6):2559-2590.

［20］BAKER M, WURGLER J. Market Timing and Capital Structure［J］. The Journal of Finance, 2000,57(1):1-32.

［21］BAKER M P, WURGLER J, STEIN J C. When Does the Market Matter? Stock Prices and the Investment of Equity-Dependent Firms［J］. Quarterly Journal of Economics, 2003, 118(3), 969-1005.

［22］BAKER M, GREENWOOD R, WURGLER J. Catering through Nominal Share Prices［J］. Journal of

Finance，2009，64(6)：2559-2590.

[23] BAKER M，WURGLER J. Appearing and Disappearing Dividends：The Link to Catering Incentives[J]. Journal of Financial Economics，2004a，73(2)，271-288.

[24] BAKER M，WURGLER J. A catering theory of dividends[J]. The Journal of Finance，2004b，59(3)：1125-1165.

[25] BOCHKAY K，LEVINE C. Using MD & A to Improve Earnings Forecasts[J]. Journal of Accounting，Auditing & Finance，2013.

[26] DAVIS A K，PIGER J M，SEDOR L M. Beyond the Numbers：Measuring the Information Content of Earnings Press Release Language[J]. Contemporary Accounting Research，2012，29(3)：0-0.

[27] DAVIS A K，TRAN N. Earnings Quality，Proprietary Disclosure Costs and Managers' Use of Disclosure Tone to Signal Future Performance[R]. Working Paper，2012.

[28] DEMERS E，VEGA C. Linguistic Tone in Earnings Announcements：News or Noise？[R]. FRB International Finance Discussion Paper No.951，2011.

[29] DERRIEN F，KECSKÉS，AMBRUS，THESMAR D. Investor Horizons and Corporate Policies[J]. Journal of Financial and Quantitative Analysis，2013，48(6)：1755-1780.

[30] FANG V W，TIAN X，TICE S. Does Stock Liquidity Enhance or Impede Firm Innovation？[J]. Journal of Finance，2014，69：2085-2125.

[31] FERRIS S P，HAO，(GRACE) QING，& LIAO，(STELLA) MIN-YU. The Effect of Issuer Conservatism on IPO Pricing and Performance[J]. Review of Finance，2013，17(3)：993-1027.

[32] GAREL A. Myopic market pricing and managerial myopia[J]. Journal of Business Finance & Accounting，2017，44：1194-1213.

[33] HALL E T. Beyond culture[J]. Chicago，1976，43(7)：4-20.

[34] HENRY E，LEONE A J. Measuring Qualitative Information in Capital Markets Research[R].SSRN Working Paper No.1470807，2009.

[35] HOU K，DIJK M A V，ZHANG Y. The implied cost of capital：A new approach[J]. Journal of Accounting & Economics，2012，53(3)：0-526.

[36] PUANG X，TEOH S H，ZHANG Y. Tone Management[J]. Accounting Review，2014，89(3)：1083-1113.

[37] JENSEN M. Agency Costs of Free Cash Flow，Corporate Financeand Takeover[J]. American Economic Review，1999，76(2)：323-329.

[38] KILE C O，PHILLIPS M E. Using Industry Classification Codes to Sample High-Technology Firms：Analysis and Recommendations[J]. Journal of Accounting Auditing & Finance，2009，24(1)：35-58.

[39] KOH P S，REEB D M. Missing R & D[J]. Journal of Accounting & Economics，2015，60(1)：73-94.

[40] LI F. The Determinants and Information Content of the Forward-looking Statements in Corporate Filings — A Naive Bayesian Machine Learning Approach[J]. Journal of Accounting Research，2010，48(5)：1049-1102.

[41] LOUGHRAN T，MCDONALD B. When is a Liability not a Liability？ Textual Analysis，Dictionaries，and 10-Ks[J]. Journal of Finance，2011，66(1)：35-65.

[42] MUSLU V，RADHAKRISHNAN S，SUBRAMANYAM K R，et al. Forward-looking MD & A disclosures and the information environment[J].Management Science，2015，61(5)：931-948.

[43] POLK C，SAPIENZA P. The Stock Market and Corporate Investment：A Test of Catering Theory[J].

Review of Financial Studies，2009，22(1)：187-217.

[44] PRICE M K，DORAN J S，PETERSON D R，et al. Earnings conference calls and stock returns：The incremental informativeness of textual tone[J]. Journal of Banking & Finance，2012，36(4)：992-1011.

[45] SHILLER R J. From Efficient Markets Theory to Behavioral Finance[J]. Journal of Economic Perspectives，2003，17(17)：83-104.

[46] TETLOCK P C，SAAR-TSECHANSKY M，MACSKASSY S. More Than Words：Quantifying Language to Measure Firms' Fundamentals[J]. The Journal of Finance，2008，63(3)：1437-1467.

**课题负责人**：林煜恩

**课题组成员**：陈守乐、孙巍、随建利、印重、徐德财

**所在单位**：吉林大学商学院

# 基于大数据技术的企业智能财务分析与决策

【摘要】 在大数据与人工智能环境下,企业财务面临着数字化转型,如何运用数据挖掘技术提取有效信息,并进行财务智能预测、洞察、对标和风控,对提升企业价值具有重要意义。课题组通过对 50 家企业进行实地访谈和对访谈文本结果处理,发现财务智能需求集中于数据分析、行业对标、智能财务分析报告、人工智能建模和风险预警等方面,基本可以对应财务智能预测、洞察、对标及风控。从典型案例企业江苏农垦智能财务分析与决策系统构建及应用看,财务智能预测、洞察、对标和风控在系统功能模块上对应为智能驾驶舱、智慧报表、智能财务分析报告与智能交互、智能对标、风险预警与管控以及财务预测,系统应用大大提高了财务分析效率和质量。最后,课题组从数据源、智能化程度、对标标准、财务动量与动力分析、自助式服务等角度对未来系统设计进行了思考和展望。

【关键词】 大数据;财务智能;预测;对标;洞察;风控

## 一、引言

### (一) 研究背景与研究意义

随着大数据时代的到来,数据信息呈现爆炸式增长趋势,大数据正以迅猛之势席卷国民经济的各行各业,给许多行业带来了机遇。与此同时,大数据也给提升会计信息质量和智能财务分析带来了契机,企业日常经营的每一笔业务都将产生大量的数据,既包括用于传统财务决策的结构化数据,也包括对利益相关者经济决策影响同样巨大的非结构化数据,运用数据挖掘技术提取有效信息并进行智能分析与决策,对提升企业价值具有重要意义。

大数据与人工智能环境下,企业财务面临数字化转型,核心内涵主要包括:①数字是企业的核心资产,数据创造资产,数字化转型是指从流程驱动到数据驱动,实现数据资产创新与数据价值。②运用人工智能技术可高效地完成多维度的数据计算,挖掘隐藏在数据中有价值的信息,为企业管理提供决策辅助。③智能财务可以看作是大数据与人工智能在财务领域的应用,在数据、流程和管理模式三个层面真正意义上的实现业财融合和价值创造,最有价值的领域是智能分析、智能预测与智能决策,智能财务是技术创新驱动的,但其影响不仅在技术层面,而更是使财务、管理模式、思维模式、技能需求发生革命性变化。

大数据智能技术在财务分析与决策方面的应用也适应了国家政策的监督要求,国务院国资委《关于加强中央企业财务信息化工作的通知》(国资发评价〔2011〕99 号)中指出,财务分析与决策支持系统主要指通过对业务部门和各级子企业财务信息的跨账簿、跨区域、跨年度等多维度的穿透查询和数据钻取,实现财务分析、行业对标、风险预警、趋势预测、绩效评价等决策支持功能,并以"仪表盘""驾驶舱"等图文并茂的方式进行数据展现和分析报告,而风险管控系统主要指根据职责分离和风险控制的要求,实现在线审计、内部控制与评价、风险防范与评估等功能。其中在风险管控方面,国家政策层面从 2006 年的《中央企业全面风险管理指引》到 2018 年的《中央企业合规管理指引(试行)》再到 2019 年 10 月国资委最新印发的《关于加强中央企业内部控制体系建设与监督工作的实施意见》都对构建智能化风险管控系统提出了要求。

课题组依托安徽经邦技术有限公司,从 2018 年 5 月到 2019 年 10 月对客户大数据在智能环境下的智能财务分析与决策需求进行实地调研和访谈。调研发现,目前集团公司智能财务分析与决策存在以下难点:①数据分析难,大数据环境下数据来源多,数据类型多样,非结构数据处理难且利用效率低,数据安全性存在很大隐患。②财务分析工作效率较低,重复性劳动耗时较多,且财务分析人员提供数据与领导管理层所需要数据之间存在差异和矛盾。③管理者缺乏及时决策支持数据,集团公司现有的业务系统、办公系统、财务系统较多,版本也较多,各系统之间还是存在着信息孤岛、数据标准不统一的问题,且外部数据较少,无法将所有数据集成到一起,管理者决策往往因为数据的不完整不能够做到精准决策,更多地依靠经验,而非数据与经验相结合。④风险管控未达到预期效果,无法对现有的风险管控工作进行流程化和标准化,无法形成完整的全面风险管理体系,缺乏在线系统进行全面风险智能管控。而集团公司信息化建设存在的问题可以概括为内部孤岛多、数据整合难,外部数据少、分析评价难,模型算法少、信息转化难,管理层级多、协同决策难,经营风险多、常态管控难。

在大数据智能财务分析与决策应用层面,江苏省农垦集团有限公司走在了时代的前列,凭借"智能财务决策支持系统"管理会计创新实践成果,荣获"CGMA(Chartered Global Management Accountant)全球管理会计 2018 年度中国大奖——最佳管理会计实践"。其所应用的智能财务分析与决策系统可以通过指标异常预警、同期对比、预算对比和同行业对标发现企业存在的问题,通过指标预警自动排查风险等级、影响程度和发生概率等,通过智能交互可以实时跟踪风险处理过程、问题原因分析、措施解决进程等。

综上所述,本课题聚焦于融合大数据的财务智能预测、洞察、对标与风控等方面的应用研究,具有重要的现实意义;课题将大数据与动量会计相融合,构建动态多源异构会计信息决策模型,运用聚类、分类、优化等大数据智能算法实现对过去、现在和未来事项的静态与动态分析,为利益相关者决策服务,对大数据财务智能分析和利益相关者决策具有极大的理论研究和应用价值;本课题基于 50 家企业大数据智能财务分析与决策需求调研结果进行文本分析,基于江苏农垦进行典型案例分析,从中发现问题和进行经验总结,以期大数据智能技术在企业财务智能预测、洞察、对标与风控中更好地应用和落地。

**(二)国内外研究现状**

**1. 大数据技术对会计的影响**

Syed 等(2013)指出大数据由结构化和非结构数据(90% 为非结构化数据)组成,包含网络信息,如邮件信息、社会媒介信息(微博等)、通讯信息、网站流量和视频量信息等。Moffitt 和 Vasarhelyi(2013)指出大数据环境下出现了各种新型数据来源,如扫描的数据、网络数据、移动数据、视频数据和录音数据,可以集成到企业系统的大数据源包括网络日志数据、社交媒体数据、传感器日志数据、通信网络数据和企业内外网数据等,这些很多是文本类数据,即非结构化数据,对企业未来发展非常重要。M. Alles 等(2013)指出会计人员在大数据环境下收集、分析、管理和报告对企业决策有用的信息。Elbashir 等(2013)指出商业智能系统吸引了高层管理人员和顾问的重大兴趣,他们有能力利用组织数据,并通过改进的管理控制系统提供业务和战略决策。J. Donald Warren 等(2015)指出企业可以运用大数据技术进行数据分析,为决策提供有用的大量的数据信息,如随着视频和图像存储、处理和分析技术的成熟,运用这些数据来增强会计记录正迅速成为现实;与业务活动相关的音频数据可以提高财务记录和财务信息的质量;来源于社交媒体、网络中的文本数据有助于评估和改善企业的业务表现。Esperanza Huerta 等(2017)指出大数据对会计的挑战主要表现在对财务与管理会计的挑战(战略伙伴、大数据货币化、数据分析利处等),对服务和保证的挑战(审计风险、服务组织控制、合规审计等),对所有领域的挑战(技术分析、隐私与安全和自动化威胁等)等。袁振兴等(2014)指出大数据既有结构化数据也有非结构化数据,且非结构化数据占绝大部分,但目前被排除在传统财务报告体系之外;大数据环境下计量属性和货币计量可以呈现多元化;会计数据的大数据化将提高会计信息的相关性;大数据使得财务报告内容得以扩展,原来不能量化的资源变得易于可靠地取得。Greg Richins 等(2017)认为大数据前的数据分析主要是针对问题的结构化数据分析,大数据后的数据分析主要是对非结构化数据进行问题分析、结构化与非结构化数据的探索性分析。

**2. 大数据融合的财务智能分析与决策**

对现有的国内外文献进行分析可以得出,出现较多的关键词主要集中在两大类,一是大数据智能技术与方法类,如数据挖掘、数据仓库、神经网络、商务智能、报告语言与实例文档XBRL、支持向量机、遗传算法;二是财务智能应用类,如财务分析、数据分析、财务风险预警、企业财务危机、预警模型、财务管理和经营决策等。

1)大数据财务智能关键技术及应用研究

在大数据智能技术方面,田歆、汪寿阳等学者(2017)认为大数据环境下的商务智能系统关键技术包括数据仓库、数据抽取工具、多维数据库、数据仓库管理和信息发布等。财务智能作为商务智能的核心模块,其关键技术与商务智能系统相一致。谢壹(2006)将财务智能概括为通过 ETL、数据仓库、OLAP、数据挖掘等技术对企业财务数据进行分析,实现数据的经济价值。其中,ETL 技术影响着财务决策分析结果的质量(毕锟,2010),可以识别和抽取多源异构数据,并对相关财务数据进行清洗后,装载到数据仓库(廖林伟,2012);张琦(2011)认为财务数据仓库能够及时提供企业管理者需要的决策信息,企业得以在全面的数据分析的背景下做出科学决策,这是传统决策方式所不能比拟的,而大数据环境下的 Hadoop 技术框架和数据仓库可以共同合作进行数据管理,由传统数据仓库工具对结构化数据进行处理,由 Hadoop 对更大规模的非结构化数据进行预处理,并将两者处理后的数据存储至结构化数据库中,以便于后续的分析和展示(John Kreisa,2013);杨春华(2002)认为,将 OLAP 技术应用于财务决策是有必要的,不仅可以提升企业决策财务信息使用效率以及财务决策的准确性,而且其高效性解决了企业数据噪音问题。丁宝剑(2012)认为 OLAP 技术使得用户可以从多维视角对目标数据进行查询分析,帮助使用者更深一步地理解数据的价值;在财务智能系统的实施过程中,报表技术是其中关键点,同时也是难点,难点在于灵活复杂的报表定义、报表变化频繁、最终用户的自定义和维护、是否支持 Web、是否可发布成 XLS、PDF、XBRL

等标准格式文档、是否支持现有的分布式应用技术环境、是否支持与现有数据资源的集成。

2）大数据财务智能应用及实施效果

从前一节的综述中可以看出，大数据财务智能与财务会计的融合主要集中在财务的多维度分析、财务数据挖掘或高级财务分析、智能报表与报告等方面。而大数据财务智能与管理会计的融合主要体现在财务智能与管理会计功能的融合。甘卫平（2006）从价值链、顾客管理、投资决策、产品与市场等方面，全方位地分析了财务智能技术对于管理会计所带来的冲击，呼吁企业重视管理会计信息化进程。孟岩等（2010）将数据挖掘技术应用在战略管理会计领域，实现经营环境分析、竞争能力分析、价值链分析、成本动因分析等。韩向东（2014）谈到，海尔的管理会计信息化以全面预算管理为指导，包括年度预算、滚动预测、场景分析等内容，推动了海尔公司的全面预算管控。王舰（2008）指出将数据挖掘（data Mining）应用于管理会计中，可以预测到企业的财务风险，构建智能财务预警系统。

财务智能系统的实施不仅可以在数据挖掘与分析、业务功能模块方面提升会计信息化水平，而且最终会体现在经营管理效率、业绩绩效等具体的实施效果上。Elbashir M Z（2008）通过总结以往研究，基于对商务智能的系统特性，验证了会计业绩和管理绩效之间的关系，结果发现不同行业之间呈现显著的差异。Anandarajan M（2010）将商业智能技术引入到财务会计和金融领域，不仅加强了企业投资计划管理，提高了企业管理效能，平衡了投资与效益、管理与效率、规划与计划关系，而且使企业投融资决策程序进行实时灵活的数据分析，极大地提高了项目的投资回报率。

综上所述，从研究主题看，财务智能研究偏向于商务智能关键技术在财务领域的应用，而相关理论模型构建相比较少；从研究内容看，财务智能与财务会计领域的融合研究成果较多，主要集中于多维度分析、高级分析及智能报告，相比财务智能与管理会计领域的融合研究成果较少，目前研究集中于风险管控、预算、业绩评价等领域，但在其他领域研究方向和领域还相对成果较少；从财务智能应用研究看，主要集中于财务主题的多维度分析，相比而言，财务数据挖掘的高级分析研究相对较少，特别是最新的深度学习等大数据智能技术与财务融合研究成果较少，且集中于财务预警领域，其他领域有待进一步研究。

**（三）研究方法**

本文将理论研究、案例研究与实地调研相结合，在理论研究的基础上，依托安徽经邦软件有限公司调研平台，进行案例研究和实地调研，最终形成融合大数据的智能财务预测、洞察、对标和风控应用方案。

（1）通过对商业智能等相关理论文献的系统梳理，在传统财务智能功能的基础上，融合人工智能学习能力和动态适应能力两大特征，形成具有 AI 特征的大数据财务智能分析与决策理论研究框架。

（2）在对传统财务智能功能拓展之前需要进行系统需求分析，课题组一方面通过对Gartner 近年来所发布的商业智能报告进行梳理，总结出商业智能的层次框架、系统架构和核心功能，为财务智能决策支持系统构建建立基础；二是选取 50 家各类型企业进行实地走访和调研，通过与技术人员、销售人员的沟通交流，识别问题和用户需求，分析如何扩展现有系统中的智能财务预测、洞察、对标和风控模块，使其更好地适应当前技术的发展。

### (四) 课题主要工作及创新点

(1) 基于一手调研数据的企业财务智能预测、洞察、对标及风控的需求画像。通过实地客户走访,运用文本挖掘对调查资料进行分析,得出大数据财务智能预测、洞察、对标和风控等应用领域的客户需求画像,并选取江苏农垦集团的智能财务分析与决策系统进行典型案例研究,挖掘客户需求和解决方案。

(2) 大数据智能财务分析与决策应用模型与系统架构构建。在运用大数据智能技术实现智能预测、洞察、对标和风控的功能之前,将大数据智能技术与动量会计相融合,智能分析企业的过去、现在和未来事项,形成智能的财务分析与决策应用模型,进而形成整体的智能财务分析与决策的系统应用架构。

### (五) 技术路线图(见图 1)

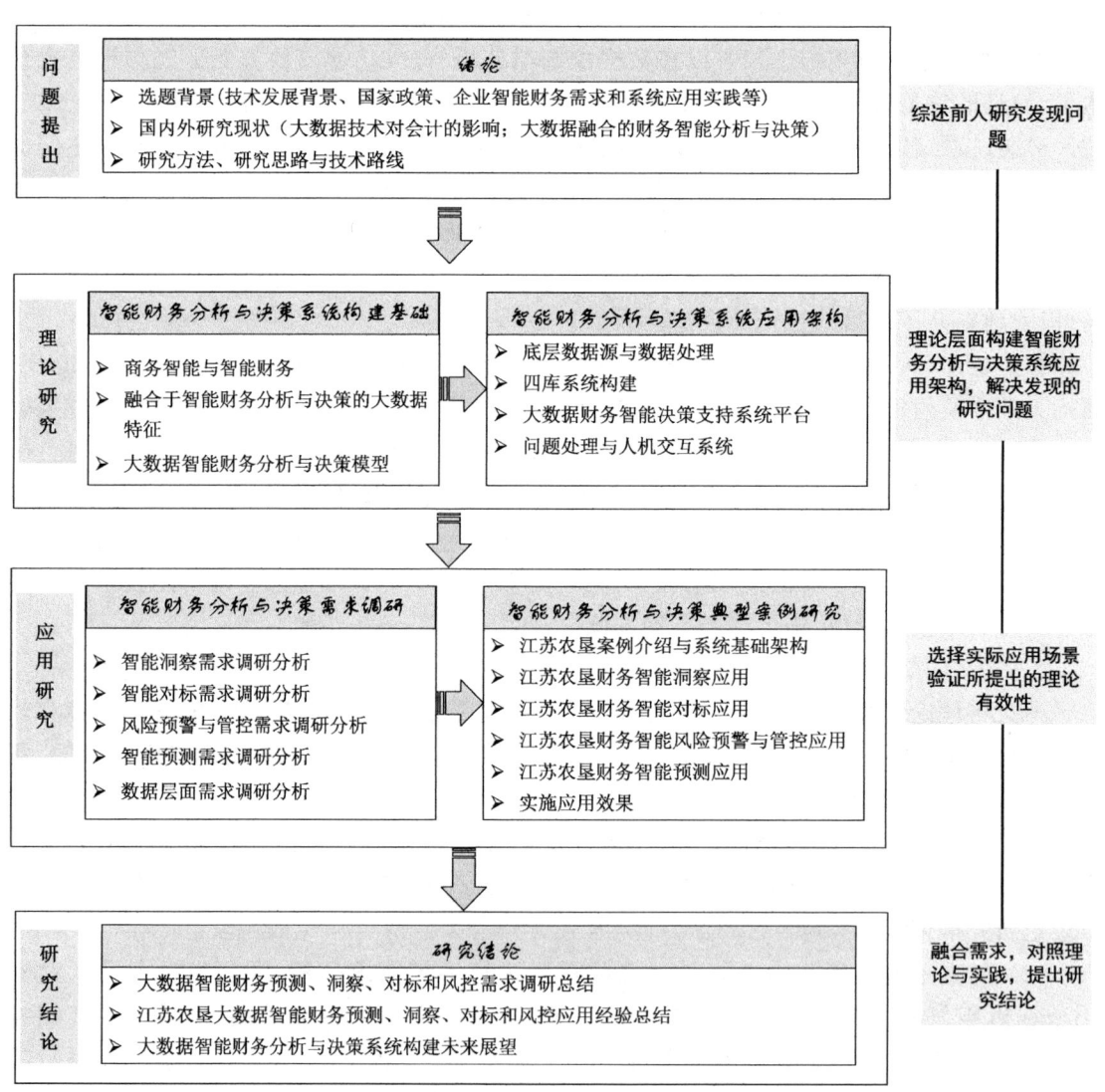

**图 1　课题研究技术路线**

## 二、大数据智能财务分析与决策理论与应用架构

### （一）商业智能与智能财务

商业智能又名商务智能，英文为 Business Intelligence，简写为 BI。商业智能这个概念最早由 Gartner 机构在 1996 年提出。商业智能是个综合的概念，不同的人从不同的角度，会得出不同的见解，主要的概念界定总结为以下几个方面：

（1）从技术角度看，商业智能是以企业中的数据仓库为基础，经由联机分析处理工具、数据挖掘工具以及决策人员的专业知识，帮助企业把运营数据转化成为高价值的可以获取的信息（或者知识）。因此，商业智能不是什么新技术，它只是数据仓库、联机分析处理和数据挖掘等技术的综合运用。

（2）从数据分析的角度看，商业智能是通过获取与各个主题相关的高质量和有意义的商业信息，来帮助人们分析信息、得出结论和形成假设的过程。目的是使企业的各级决策者获得知识或洞察力，促使他们做出对企业更有利的决策。

（3）从应用的角度看，商业智能帮助用户对商业数据进行联机分析处理和数据分析，帮助用户解决商业问题、预测发展趋势、辅助决策，对客户分类、挖掘潜在客户等，以便更好地实现商业目的，商业智能的实现涉及软件、硬件、咨询服务及应用等多个方面。因此，把商业智能看成是一种解决方案应该比较恰当。

人工智能最基本两个特征是动态适应能力和学习能力，人工智能希望让机器拥有智能，也需要以大数据作为学习的素材。将人工智能的两大基本特征与 BI 相融合，对 BI 概念进行界定如下：商业智能的关键是从企业内外部和网络等多源异构数据中提取出有用的数据并进行分析，以保证数据的正确性；然后经过抽取（Extraction）、转换（Transformation）和加载（Load），即 ETL 过程或经过大数据抓取、清洗和整理，合并到一个企业级的数据仓库，从而得到企业数据的一个全局视图；在此基础上运用模型库和方法库中合适的查询和分析工具、数据挖掘工具、联机分析处理工具等对其进行分析和处理，并融合深度学习、机器学习等人工智能技术，将信息形成知识并呈现给管理者，为管理者的决策过程提供支持；最后通过可视化或用户自助式方式实现多维度分析、动态监控与调整决策。

智能财务是未来发展的趋势，其实智能财务功能已经融合在整个商务智能系统内，可以实现部分功能。Gartner 在 2017 年的相关报告中列出了 5 个主要的用例和 15 个关键功能，其中五个主要用例包括敏捷集中地配置 BI（含数据自助管理）、分散式分析、可控的数据的挖掘分析、嵌入式 BI 以及外网部署。Gartner 提出的十五个关键功能涵盖基础模块、数据管理、分析和内容创建、分享结果和平台综合能力。其中，基础模块包括 BI 平台管理、安全和架构，云 BI，数据源连接和提取；数据管理包括元数据管理，ETL 与数据存储，自助数据准备；分析和内容创建包括嵌入式高级分析、分析仪表板、互动视觉探索、智能数据挖掘分析和支持移动端展现；分享结果包括嵌入式分析，发布、共享和协作分析；平台综合能力包括平台功能和工作流，易于使用和可视化。目前企业智能化处于商业智能与算法模型的过渡地带，以 OLAP 多维度展现为核心的传统 BI 无法满足管理决策需求，逐步走向大数据、智能化和自助式。而智能财务的需求不仅仅局限于传统 BI 的结构化数据展现、数据下钻和穿透，而应该从管理的角度分析问题产生原因、问题或风险的解决方案，并对问题或风险的解决过程

管控,即大数据智能预测、洞察、对标及风控。

**（二）融合于智能财务分析与决策的大数据特征**

目前纳入企业智能财务分析与决策系统中的多源异构数据应符合大数据的基本特征,即数据体量大（Volume）、数据类型繁多（Variety）、价值密度低（Value）、处理速度快（Velocity）等,具体而言,应呈现出以下特征（见图2）：

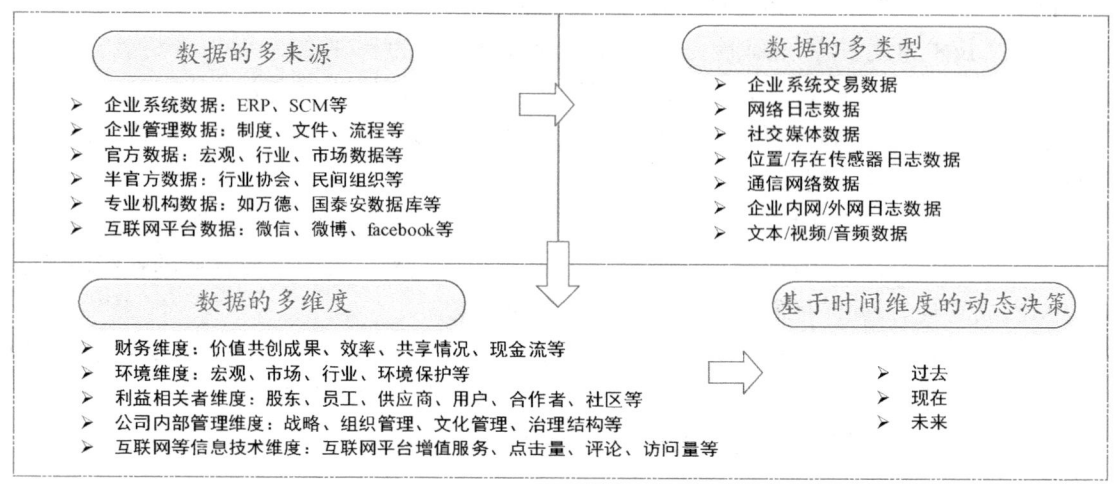

**图2 融合于智能财务分析与决策的大数据特征**

（1）数据的多来源。多源异构会计数据的来源主要包括企业系统数据、企业管理数据、官方数据、半官方数据、专业机构数据和互联网平台数据,这些数据可以融合到统一的数据仓库中,同时在融合的过程中,通过来源识别,可以为后期进行不同程度的数据应用和赋予不同等级的数据可靠性权重提供依据,进而提升财务报告信息应用的精准程度。

（2）数据的多类型。基于数据的多来源,数据呈现出多形式展现,包括企业系统交易数据、网络日志数据、社交媒体数据、位置/存在传感器日志数据、通信网络数据、企业内网/外网日志数据和文本/视频/音频数据等,这些数据可以作为传统环境下交易数据（来自企业ERP、OA、SCM、CRM等）的有力补充,可以为利益相关者决策提供更为丰富的用户体验、员工与用户交互、互联网增值服务、整条供应链互联互通的信息,可以完整地反映利益相关者价值共创与共享过程。

（3）数据的多维度。根据集成报告、可持续性发展报告、CSR等相关内容,可以对多源异构数据按照财务维度（反映企业价值共创成果、效率、价值分享以及现金流等）、环境维度（反映宏观环境、市场环境、行业环境等）、利益相关者维度（反映企业对股东、员工、债权人、供应商、客户、社区等利益相关者的社会责任履行情况）、公司内部管理维度（反映与价值共创商业模式相适应的战略、组织管理、企业文化、治理机构等相关信息）、互联网等信息技术维度（互联网平台增值成果、点击量、访问量、评论等新型大数据）等五个维度进行归类和分析。

（4）基于时间维度的动态决策。对REA底层多源异构会计数据基于时间维度从过去、现在、未来进行动态分析和决策,能够解决财务报告流程重组问题,提供动态的、按需生成的报告,满足大数据背景下投资者欲求达到的及时、全面了解企业经营动态的目标,在进行面向未来的动态信息决策模型设计过程中,应基于整个价值链过程,融合动量会计,运用大数据智能技术,实现数据的层层下钻,进而在价值存量分析的基础上得到价值增值的动量、动力分析,找到价值增值的真实原因和关键业务环节。

**(三)大数据智能财务分析与决策模型**

明确了应该纳入智能财务分析与决策系统中的大数据类型、来源和维度后,接下来就应该明确大数据智能技术应用于财务分析与决策的总体思路,即大数据智能财务分析与决策模型。而模型的构建将融合动量会计理论,根据井尻雄士动量会计的描述,基本方程式可以写为"财富=收益(资本)=动力",动力引起收益的变化,而收益又引起财富的变化,收益虽然不是财富变化的唯一理由,却是它变化的主要理由。从公式中也可以看出,资本是财富的微分,动力是资本的微分,或者说,财富的导数即为动量,即在任何一时点赢得收益的获利能力,也就是财富的一阶差分代表了收益,可以看作是两个时间点之间所实现的动量;而动量的导数即为动力,可以看作是动量的变动率,是引起动量变动的根本动力,同时,动量会计或三式会计也从时间角度揭示了过去、现在和未来的关系,即"过去=现在=未来",可以用来完整反映业务活动过程。

图3给出了大数据智能财务分析与决策模型,目的在于实现将大数据智能技术与会计反映和决策的融合与落地,主要包括以下几个内容:

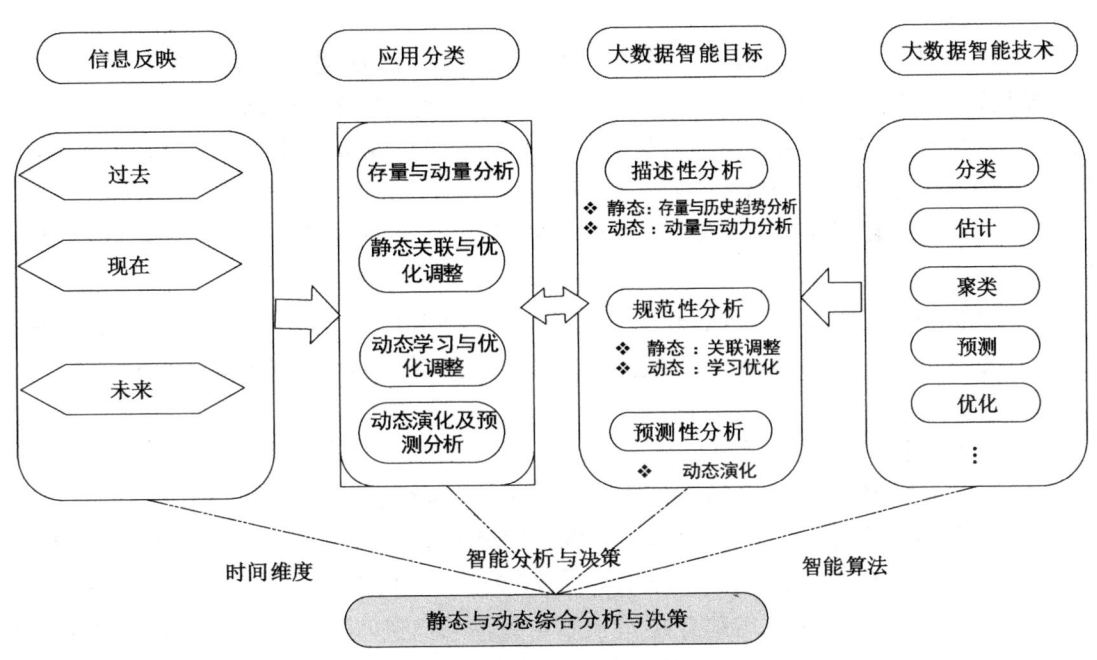

**图3　大数据智能财务分析与决策模型**

(1)过去/现在事项的描述分析(存量与动量分析),是运用数据理解过去和现在,通过大数据智能技术对多源异构会计数据进行分类、鉴定、聚类、下钻和可视化等,并将其转换成更好的数据和对经济业务的理解。从静态角度看,通过 OLAP 多维度展现分析企业财务表现,即存量和历史趋势分析;从动态角度看,可以使利益相关者能够识别趋势,从中发现业务活动的动量、动力和价值增值的原因,或者寻找问题以及问题的原因,即动量和动力分析。

(2)现在事项的规范性分析(静态关联与优化调整),主要是运用大数据智能的优化算法和技术基于历史数据确定目标函数最大化或最小化的替代变量,进而实现资源的优化配置。即从静态的视角寻求某一事物的关联因素并对其进行优化,主要应用领域包括库存优化、最低库存成本分析、存货优化系统构建、资源分配(包括资金、人力资源等)和报表欺诈等。

(3)未来事项的规范性分析(动态学习与优化调整),主要是运用大数据智能的优化算法和技术从历史数据出发,对决策支持系统进行修正和优化,进而实现资源的优化配置。即从动态的视角寻求某一事物的关联因素,对其学习和优化,主要应用领域包括库存需求预测、开发决策支持工具对库存政策进行修订和优化、存货订货点估计、库存批量的动态分析、资源选择的最佳方案等。

(4)未来事项的预测分析(动态演化及预测分析),主要运用大数据智能技术通过考察历史数据,检测在这些数据中的模式或关系,然后通过这些关系模型进行动态演化并预测未来,即面向未来的决策,其应用领域比较广泛,主要包括存货分类、风险因素分类、财务风险预警、收入利润预测、成本预测、资金预测和盈余管理等。

基于大数据智能财务分析与决策模型可以知道大数据智能技术与会计的融合主要是运用大数据智能技术对会计进行过去、现在和未来进行分析,即运用大数据智能技术在智能财务分析与决策方面整体应用的思路为:

(1)明确过去发生了什么,首先通过各种固定的业务报表、各种丰富的图标图形、直观的仪表盘等形式进行多维度分析,告诉管理者企业已经发生什么事情,结果如何。

(2)分析过去结果产生的原因,运用多维分析、数据挖掘模型进行原因分析,并同时运用智能交互技术实现原因分析和上报,并采用何种策略进行解决。

(3)明确企业在同行业中的位置,运用行业对标分析企业与同行业相比差距,即企业的竞争性。

(4)分析企业发展过程的成效并识别风险点,其将实时通知管理者现在完成的进度如何,是否跟企业既定战略目标相一致,是否需要及时调整策略将发生偏差的事情调整到正确的轨道上来。

**(四)智能财务分析与决策系统应用架构**

现有的 BI 智能财务决策支持系统在实现传统 BI 的 OLAP 多维度分析功能的基础上,向更深一步的智能化决策演进。本文对 BI 概念的界定实际上可称为具有 AI 特征的 BI,与经邦智能决策支持系统中 BI 的概念应用相一致(见江苏农垦案例),但 BI 过程的实现、与会计信息系统功能模块的融合、智能化决策水平更复杂和高级,可以实现 BI 的高级功能。在大数据智能财务分析与决策需求调研和典型案例分析的基础上,课题组先从大数据智能特别是 BI 视角构建财务智能分析与决策支持系统的理论应用架构(见图4),该架构主要包括以下几个部分:

(1)底层多源异构数据的集成。多源异构会计数据已经在图2详细论述,接下来是多源异构数据的采集,主要针对不同来源数据采用两种不同的方式:一是采用 BI 的 ETL 过程,与财务业务数据库、OA 系统数据库、SCM、政府部门数据库等相连接,对数据进行抽取、

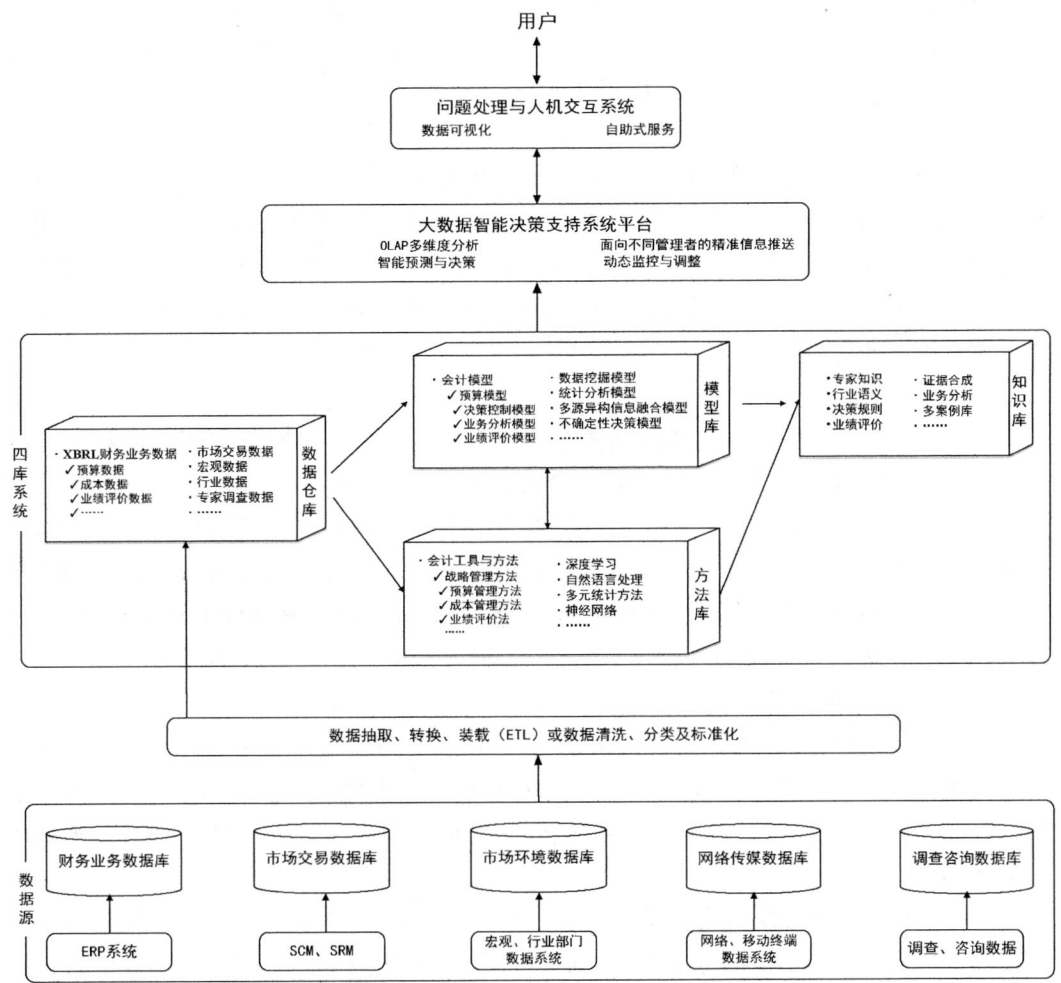

**图4　大数据财务智能分析与决策支持系统平台体系架构**

转换和装载；二是运用大数据的爬虫技术，抓取来自互联网的数据，对数据进行清洗，将非结构化数据（文本、图像和音频等）转化为结构化数据。

（2）数据的处理。其过程可以统一被描述为数据访问、清洗、转换和装载，其中数据访问在于从各种存储介质中访问数据，并识别各种格式的数据；数据清洗主要是数据的校验、过滤、一致性比对、去噪、不全和错误剔除等；数据集成转换是指数据转换映射、数据拆分与合并、字典表关联查找、标准化处理和错误异常处理等；数据装载是指将数据装载到目标存储库中，并保证数据的准确性和可靠性。经过这四步数据处理，最终形成数据仓库，其内部包含不同的数据集市。

在大数据集成与挖掘过程中，大数据环境下的数据标准化处理和数据的可理解性是数据集成和挖掘的关键，而 XBRL 技术为该问题的解决提供了思路：①在数据抽取过程中，XBRL 技术除可以将结构化数据标准化外，还可以将大数据环境中的文本数据等非结构化数据（如财务报告附注、微博等社会媒体数据）进行抽取，然后标准化，将传统环境下无法利用的数据变成可分析和利用的数据，由于 XBRL 数据的规范性和标准化，使数据可理解和可读。②由于 XBRL 数据的规范性,可以在大数据环境下统一数据格式进行存储和检索,利于行业数据的可比较性,便于分析同行业领域公司间的差异性及公司所处的位置,挖掘出更有用的信息。③由于 XBRL 标准的可扩展性,信息使用者或者第三方数据分析公司可以根据信息使用者需求自行定义财务信息元素,扩展个性化需求的功能,比如关注财政补贴或税收优惠在促进企业创新发展方面的信息,企业可以自行或者委托第三方数据公司扩展 XBRL 标准,设计相应的元数据规范,然后进行读取和信息挖掘。④目前 XBRL 主要集中在报告层面的数据标准化,在大数据环境下可充分发挥 XBRL GL 功能,将 XBRL 标准化扩展到整个商务业务活动中,也可以将收集的市场交易数据、网络社会媒体数据、市场环境数据等进行 XBRL 格式的标准化,建立一套完整的 XBRL 元数据资源库,方便多源数据的分类、读取、检索及查询。

（3）四库系统。四库系统主要包括数据仓库系统、模型库系统、方法库系统和知识库系统,其中模型库和方法库主要包括:①管理会计经营决策的所有模型、管理会计应用领域主要的工具与方法,如财务分析模型、财务预测模型、财务预警模型、业绩评价模型和战略分析工具等。②数据挖掘模型与方法,如神经网络、聚类分析和主成分分析法等。③机器学习与深度学习等人工智能工具与算法,如蚁群算法、遗传算法、分形技术和深度堆叠网络算法等。④多源异构信息融合算法,如证据理论等。⑤多种方法的融合。具有 AI 特征的 BI 区别于传统 BI 的地方在于模型库和方法库包含了大量的人工智能模型和方法,使 BI 具备了智能的两大特征,即具有学习能力和动态适应能力。与传统 BI 相比,具有 AI 特征的 BI 构建关键在于建立知识库,使 BI 由一般的分析和决策上升到知识领域。知识库包含专家知识、决策规则等,而基于知识库所形成的专家系统包括基础数据库、专家知识库、推理机、解释器和人机交互界面。

（4）大数据财务智能决策支持系统平台。它主要包括业务层、大数据智能层、分析层和决策层四个层次,实现的功能包括 OLAP 多维度分析、面向不同管理者的精准信息推送、智能化预测与决策和动态性监控与调整等。

（5）问题处理与人机交互系统。它是系统用户与计算机系统交互的接口,交互是为决策者提供进一步解决决策问题的过程,并让决策者控制决策支持系统的运行,使大数据智能平台适应新的决策问题与环境。人机交互系统主要实现两大功能,即数据的可视化和自助式数据管理。其中,数据的可视化功能承接现有 BI 系统的界面设计,运用图、表、文字、仪表盘和指标等进行数据展示,并实现相互穿透和数据下钻。自助式数据管理目的在于满足用户个性化需求,大多数业务人员和分析师都通过自助式 BI 工具来准备数据,进行分析数据,使"人人都是数据分析师"成为现实。自助式数据管理方式可参考帆软的"SPA 螺旋式分析"模式,即将数据处理的权限下放到业务层和管理层用户,使其具备 ETL 能力并可视化地处理数据,用户可以通过筛选字段、建立表连接以及建立视图等方式自助式地从数据仓库中取数,自由创建不同主题的业务数据分析模型,并实现协同共享。

## 三、企业财务智能预测、洞察、对标和风控需求分析

课题组以安徽经邦技术有限公司为依托,从 2018 年 5 月到 2019 年 10 月对其客户进行实地调研和访谈,并选择其中的 50 家进行分析,客户类型主要涉及集团公司(35 家)、股份单

体公司、集团财务公司、行政事业单位和银行,具体如表1所示。访谈对象主要是公司的财务部部长或负责人、信息中心负责人等。部分企业访谈中有财务副总、总会计师参与。访谈内容包括大数据智能环境下的智能财务分析与决策需求,公司现有的信息化建设、公司内部数据状况和公司运用大数据和人工智能的疑虑等。最后形成了大数据智能财务分析与决策需求调研文档,文档包括调研公司、调研时间、公司类型和访谈的内容,并运用文本挖掘软件Nvivo12.0对访谈的文本进行编码和频数统计。

**表 1　调研研究对象**

| 公司类型 | 数量 | 公司类型 | 数量 |
|---|---|---|---|
| 集团 | 35 | 行政事业单位 | 3 |
| 股份/单体 | 8 | 银行 | 2 |
| 集团财务公司 | 2 | | |

自动编码主题包括报告、财务、分析、风险、关注、行业、数据和系统。其中,根据软件编码统计结果,关注主题中,关注数据34次、关注风险出现24次、关注分析出现21次、关注行业18次。结合访谈内容,发现50家调查公司对大数据智能财务分析与决策方面的需求主要集中在数据分析(13家)、行业对标(11家)、智能财务分析报告(11家)、外部大数据(9家)、人工智能建模(9家)、风险预警(8家)、智能交互(6家)和自助式服务(4家),如表2所示。

**表 2　大数据智能财务分析与决策需求功能**

| 模块/功能 | 数量 | 模块/功能 | 数量 |
|---|---|---|---|
| 数据分析 | 13 | 智能财务分析报告 | 11 |
| 行业对标 | 11 | 智能交互 | 6 |
| 风险预警 | 8 | 自助式服务 | 4 |
| 外部大数据 | 9 | 人工智能建模 | 9 |

智能预测、洞察、对标和风控需求与表2中可以建立对应关系,洞察主要为多维度分析、展现与原因分析,包括数据分析、智能财务报告;对标应该对应数据分析中的历史对标、预算对标以及行业对标;风控主要是风险预警及管控,对应风险预警;预测主要是运用人工智能技术进行财务预测,对应人工智能建模。而智能预测、洞察、对标和风控需求需要数据支撑、智能交互以及自助式服务。

**(一) 智能洞察需求调研分析**

智能洞察需求调研分析主要从数据分析和智能财务报告两个方面进行。

**1. 数据分析**

从自动编码主题分析中我们可以看到关注点主要集中在两个方面:一方面是财务分析的演变,另一方面是分析的主题。其中,根据软件编码统计结果,在财务分析的演变方面,从手工财务分析(31次)到智能财务分析(31次)最后到自定义财务指标(7次),访谈中有的公司负责人表示"我们目前财务工作基本还是以手工财务分析为主"(某市交通投资集团,2019年4月),但希望"未来的智能财务分析中可以有指标的自定义功能"。某省海外企业集团公司表示"财务分析比较简单,都是 word、excel 等传统方式一级级汇报"(2018年11月),在向领导汇报财务分析成果时表示"目前给领导图文展现的财务分析主要依赖手工"(某控股集团,2018 年 6 月),公司负责人认为"财务分析现在工作量大、效率低"(某省交通控股,2018 年 5 月)。进而,有的银行财务负责人认为"运用智能手段对客户财务数据进行分析是信贷的关键"(某农商银行,2019 年 3 月);而某省钢铁集团也表示"现阶段对智能数据分析的需求不足"(2019 年 3 月),有的公司在智能数据分析上提出了更高要求,如某电源股份有限公司希望"可以进行财务指标的自定义设置、展现和分析"(2018 年 7 月)。

另一方面,数据分析主题的关注点集中在业务分析(编码出现 10 次)、经营数据分析(编码出现 7 次)、成本分析(编码出现 4 次),可见现在集团企业数据分析的关注点不仅仅局限于财务数据分析,而是将需求延伸到经营和业务分析。访谈中,某省机场管理集团表示目前正在进行企业内部管理大数据分析、公共数据挖掘及数据分析(2018 年 5 月);某市国信集团认为经营数据分析是关键(2018 年 5 月);某省医药公司表示"业务分析还是存在需求,如采购、销售、物流、门店等大数据分析现在都没有做"(2018 年 9 月)。

**2. 智能财务报告**

根据软件编码统计结果,智能财务报告的关注点集中于智能财务分析报告(27 次)和智能财务预警报告(24 次)两种类型的智能财务报告,并且部分集团公司要求可以实现自定义报告功能(5 次),而且部分集团公司明确提出智能财务报告应该更关注报告异常指标的原因以及财务指标背后的反应(6 次)。访谈中,某电源股份有限公司认为智能财务分析报告可以大量减少工作量(2018 年 7 月);某城改投资建设集团有限公司关注运用专家模型生成智能财务分析报告(2019 年 4 月);某省国信资产管理集团有限公司的需求就是提供一个季度三张报表的 excel 导入和自动出财务分析报告或财务预警报告类型的系统(2018 年 11 月);某市旅游集团有限公司表示"如果预算完成有偏差,填写的原因领导觉得不对或者有问题,就可以通过智能交互功能找到对应的人"(2018 年 10 月);某证券股份有限公司则表示"不希望看到的是就财务数据论财务,希望财务分析做到财务数据背后的业务产生原因"(2018 年 5 月),而这需要智能交互实现。而在自助式报告方面,某生物科技股份有限公司表示可以搭建好数据分析主体(自定义报表),使用比较灵活,可以自由的添加表格,改变表格格式和添加表格项目内容(2018 年 10 月)。

**(二)智能对标需求调研分析**

调研中发现,有超过一半以上的企业在智能对标方面主要集中关注行业对标。访谈中,某省广电传媒产业集团有限责任公司表示"企业对标数据不容易获得"(2019 年 2 月);某钢铁集团有限公司也表示"非常关注行业的对标数据源问题"(2019 年 4 月);某省医药有限公司表示"医药行业的案例和业务对标数据难以获取"(2018 年 9 月);某省交通控股集团公司则希望可以从上海清算所发债企业中抽取交通运输行业的集团公司的数据,与他们进行对标(2018 年 5 月)。多家公司表示"智能对标的目的在于明确企业所处的位置",某交通控股企业则提出了更高的需求,希望选取指定的典型企业进行全方位对标,而不仅仅局限于关键财务数据和财务指标的对标,应该详细分析对标企业的规模、行业和主营业务等,剔除一些干扰因素使其对标更具有参考性。

**(三)风险预警与管控需求调研分析**

根据软件编码统计结果,风险预警与管控的关注包括风险识别(25 次)、风险报告(17

次)、风险预警(10次)、风险判断(8次)、风险排查(5次)和风险控制(3次)。从编码的关键词可以看出,风险预警与管控的需求中的风险识别、排查、判断等实际是风险管控流程中的核心环节。访谈中,某省粮食集团审计与风险部部长表示"建设风险管理系统一方是国资委的硬性要求,这方面没有从企业实际出发,用不用的起来要打个问号,另一方面是从企业实际来建设风险管理系统,第一步就是怎么把风险给排查出来"(2018年9月);某省国信资产管理集团有限公司侧重于对贸易板块企业和参股企业的财务风险进行识别和排查(2018年11月);而某省投资集团有限公司最为关注风险识别和排查的智能化(2019年1月);某环保股份有限公司财务部领导则表示"我们更为关注风险预警模型,系统设定标准,自动排查风险,而不是传统手工上报风险的简单信息化"(2019年4月)。调研公司大多数基本都认识到风险预警和管控的重要性,但是还没有思路和方法进行实践操作,如某省苏豪控股集团有限公司财务负责人表示"风险是集团很关注的话题,经常讲,但是各部门的内控和风险管理的梳理、流程图、制度与职责等都没有很好的思路和方法开展来做"(2018年8月)。另外,在调研座谈中发现,集团公司中负责风险管理的责任部门有所不同,有的集团设有专门的审计风控部,有的集团由财务部负责,有的集团由法务部负责,有的集团由审计部负责。

**(四)智能预测的需求调研分析**

调研中发现,大多数企业负责人对人工智能算法应用于预测产生了浓厚的兴趣,但担心模型或者算法的实用性和适用性,因此,真正想用于落地的智能预测需求较少,有智能预测需求的主要集中在如何将人工智能算法应用于企业利润、资金结构等方面的预测。访谈中,某酒类股份有限公司需要建立基于业务的预测模型,包括白酒工艺优酒率与出酒率模型,探究白酒工艺的主要影响因素,基于供应链的库存控制模型,得到白酒库存的最优值,成本管理方面使本量利模型系统化等(2018年8月);某家电集团公司财务负责人则表示"财务不再聚焦社会报告历史,而是聚焦到前端的事前预测,事中的控制……"(2018年9月);某旅游集团则关注对旅游的业务预测数据的来源问题(2018年10月)。

**(五)数据层面的需求调研分析**

在访谈过程中,明显感觉到各企业负责人都非常关注数据问题,从交谈记录来看,有15家企业关注数据整合,接下来依次是数据接口、数据获取、数据安全、数据可视化和数据及时性(见图5)。

根据软件编码统计结果,运用文本挖掘方法对访谈文本处理后,出现频率比较高的为数据准确性(24次)、数据整合(14次)、数据安全(8次)、数据接口(6次)、数据抽取(6次)和数据标准化(4次)。访谈中,某水泥股份有限公司财务负责人表示"信息化建设比较杂乱,各子公司运用的ERP软件较多,没有形成统一的数据接口"(2018年10月);某钢铁集团也表示"ERP系统较多,没有统一的数据标准,接口标准化问题"(2019年4月);某市国信集团财务负责人表示"公司建有业务系统,但数据标准化差,数据整合难度大"(2018年5月);某证券股份有限公司负责人表示"集团系统多,数据分散在各个系统,共享数据难,怎么保证数据的唯一性和准确性……互联网爬虫的数据很多是来源于pdf格式,如何保证数据的准确性,如果他们提供不了目标数据来源网站,是否可以自行抓取形成独有的数据仓库"(2018年5月);某旅游集团关注了不同系统的数据如何抓取,同时关注了旅游相关的外部数据如何获取的问题(2018年10月);而某市国资委管理部门则关注了集团企业如何整合二级企业信息化系统数据,涉及多行业的集团企业该如何去整合分析,并关注企业数据的安全性问题(2019 年 3 月)。

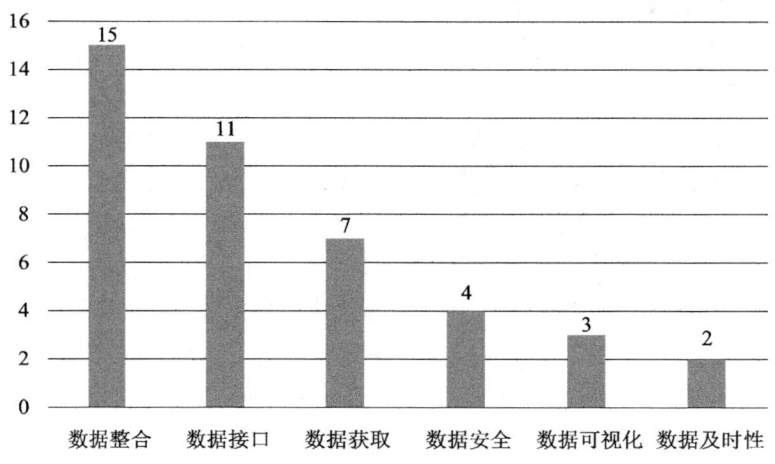

**图 5    在数据方面调查企业的主要关注点**

根据软件统码统计结果,数据的另一方面是关注何种数据,文本挖掘显示的编码结果是内部数据(经营、生产和业务数据)出现 36 次,外部数据(涵盖行业、工商、税务、诉讼、舆情)出现 32 次,以及企业的预算数据出现 7 次。访谈中,某钢铁集团公司表示"行业大数据库比较关注工商诉讼大数据"(2019 年 3 月);某柴动力控股集团有限公司关注了行业大数据的来源,以及数据的准确性和可靠性(2018 年 11 月);某能源集团有限公司则关注了工商、税务、法院等外部数据(2019 年 3 月)。

## 四、企业财务智能预测、洞察、对标和风控典型案例研究

### (一)江苏农垦案例介绍

江苏农垦集团有限公司(以下简称为"江苏农垦")诞生于 1952 年 2 月,前身是由中国人民解放军原步兵第 102 师整建制转为的农建四师。1996 年 11 月,经江苏省政府批准,改制为江苏省农垦集团有限公司,同时挂"江苏省农垦事业管理办公室"牌子。集团总部设在六朝古都南京。经过六十多年的改革发展,江苏农垦集团形成了农林牧渔及食品加工、医药制造、贸易物流及相关服务、投资及房地产和通用设备制造等五个产业板块,成为农、工、商综合经营的大型国有企业。

江苏农垦形成了以现代农业为核心,以医药健康、城镇开发和金融投资为支撑的产业体系,主要经济指标连续多年位列全国农垦系统、江苏省属企业前列。目前,集团注册资本 33 亿元,拥有直属企事业单位 44 个,其中由国有农场改制的农场公司 18 个,垦区总人口 18.93 万人,其中:在职职工 5.35 万人,离退休职工 5.79 万人。2017 年,集团实现营业收入 233 亿元、利润总额 44 亿元、总资产 341 亿元、资产负债率 43%、资产证券化率逾 40%、净资产收益率 19.5%。

江苏农垦财务信息化起步于 2008 年,首先 2008—2011 年建设了资金系统,2009 年开始进行用友财务系统建设,花费 4 年,实现了业财一体化(业财融合或业务驱动财务),2014 年

开始着手智能财务建设,全部智能化财务分析报告上线后又停滞,单纯的智能化财务数据分析不能够满足管理需求,2015 年后开始建设智能财务分析与决策系统,实现决策支持和风险管控,目前应用情况良好,比较突出的功能是智能报告和智能风控。

2018 年,江苏农垦集团凭借"智能财务决策支持系统"管理会计创新实践成果,荣获"CGMA(Chartered Global Management Accountant )全球管理会计 2018 年度中国大奖——最佳管理会计实践"。该奖项的授予是对江苏农垦自 2015 年上线以来的智能财务决策支持系统的肯定,其实践经验和做法值得其他企业进行学习。因此,课题组对江苏农垦在财务智能预测、洞察、对标和风控等方面的做法进行了总结,并且融合了江苏农垦集团财务部杨炳生部长的访谈实录,来分析系统设计的初衷和在实际运行中会出现的问题。

**(二)江苏农垦智能财务分析与决策系统应用架构**

从图 6 中可以看出,江苏农垦智能财务分析与决策支持系统基础架构主要由以下几个方面构成:

(1)数据源,涵盖企业内部财务业务系统数据、OA 办公数据、行业数据、供应链市场交易数据(SCM、CRM),并且可以实现与多种软件产品进行数据转换(如用友、金蝶、浪潮等)。

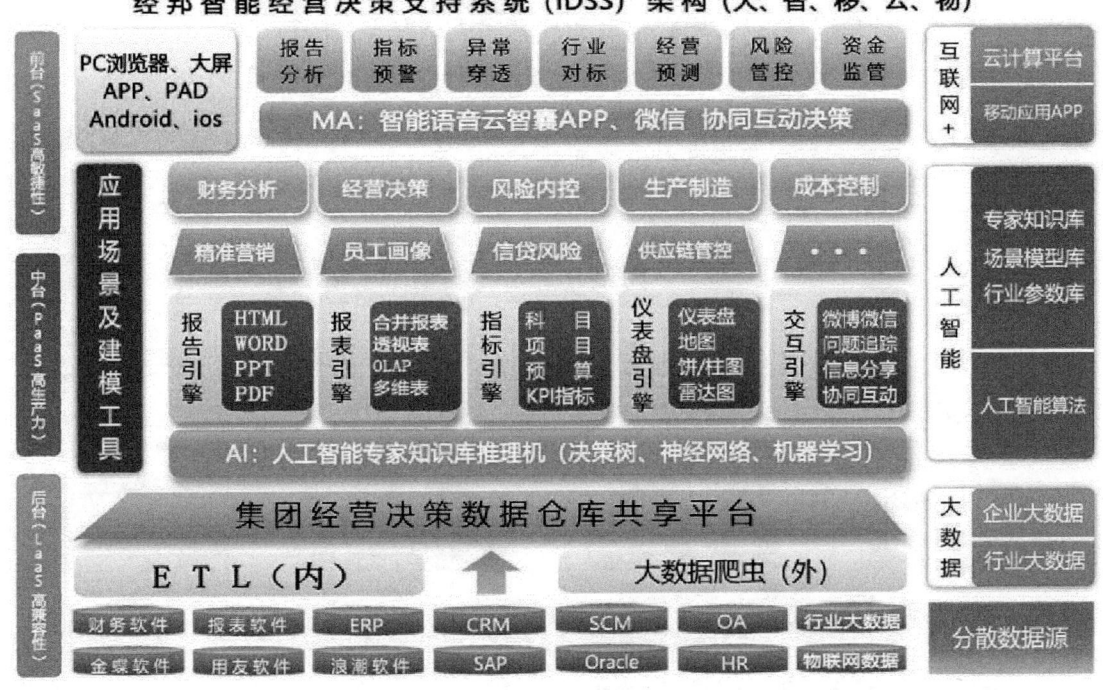

**图 6 江苏农垦集团智能财务分析与决策支持系统基础架构**

(2)决策大数据平台,在数据源的基础上,通过数据抽取、清洗、转换和装载(或 ETL)过程,构建数据仓库共享云平台,即将数据集成到数据仓库中,并存储于云平台,然后运用专家知识库推理机(决策树算法),智能得出结果,辅助决策。

(3)智能决策建模平台或称 BI 经营决策平台,主要包括建模工具、建模主题两大部分,其中建模工具包括报告引擎、报表引擎、指标引擎、仪表盘引擎和交互引擎等,建模主题涉及财务分析、供应链分析、成本分析、生产分析和人力资源分析等。

（4）用户交互端,通过智能语音 APP、微信、PC、PAD 等终端与用户交互,实现报告分析、指标预警、异常穿透、行业对标、经营预测、风险管控和资金监管等功能。

### (三)江苏农垦财务智能洞察应用

智能洞察包括智能驾驶舱(多维度分析)、智慧报表以及智能财务分析报告。

#### 1. 智能驾驶舱

智能驾驶舱主要是运用 OLAP 技术进行多维度数据分析,功能包括:①通过柱状图展现公司的核心指标,如收入、利润、净资产收益率、归属母公司净利润、应收账款和存货等企业重点关注的 KPI 指标以及同比情况。②通过仪表盘展现公司主要指标的预算完成情况。③通过下钻、穿透建立数据与数据之间的关联,柱状图和仪表盘都支持一键下钻功能,可以按公司层级层层下钻,也可以按板块、区域进行下钻,利于企业管理者实现对财务数据和数据背后异动原因的联动查询。例如,图 7 运用智能驾驶舱展现了某集团企业 9 月的营业收入、利润总额和净资产收益率等关键财务指标以及预算执行率,点击柱状图可以进去查看到集团下属五大板块的情况;图 8 的左侧给出的是几大板块主营业务收入的占比情况,图 8 的右侧给出的是每个板块下属企业的基本情况,包括本年度和上年度营业收入的数额、增减额与增减率、预测完成情况等,点击增减幅度和预算完成情况异常的值,则可以查看造成异常情况的原因,图 8 的下方则给出的是各大板块主营业务收入变化的趋势图。

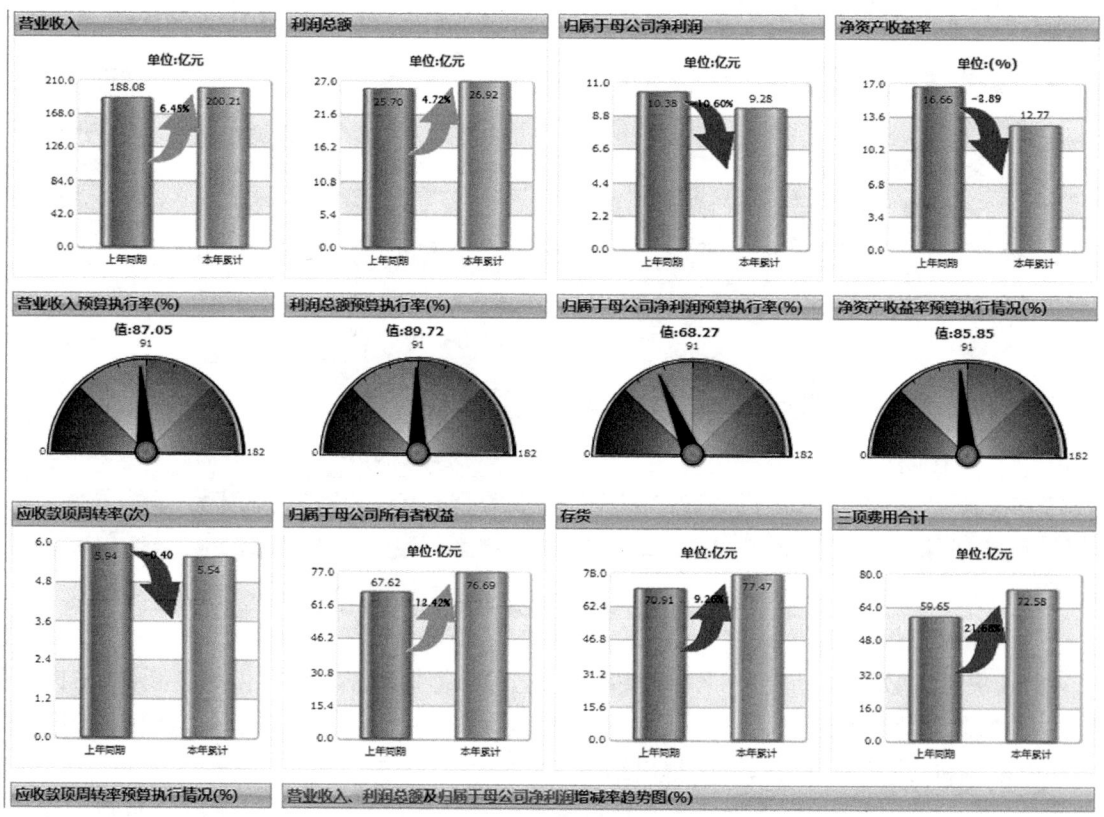

图 7　江苏农垦集团智能驾驶舱主界面

### 2. 智慧报表

智慧报表其实包含两大功能,一是作为多维度分析的另一个数据穿透路径,即按照公司层级层层穿透,即集团公司数据可以下钻到二级集团,二级集团还可以下钻到三级乃至最终的单体公司,这个层层下钻的过程是基于三大报表层级的数据进行的,即在智能驾驶舱下钻每个财务数据或指标时看到的是财务报表的界面,里面包括某一层级公司的当期和同期数据,增减变化情况,预算的完成情况等,对于异常性的指标,以不同的颜色展现并可点击查看原因。

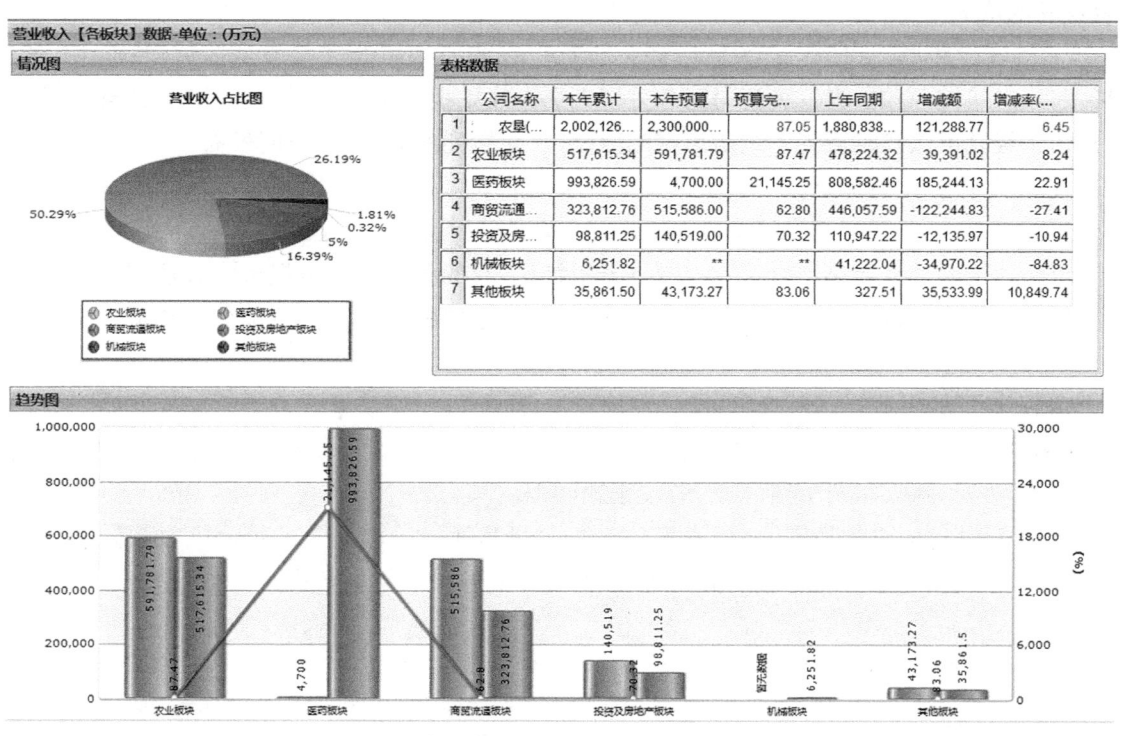

**图 8　江苏农垦集团穿透到各板块界面**

智慧报表的另一个功能是能够帮助财务分析岗位工作人员对财务和业务数据的查找、计算,自定义报表制作等,可节省大量重复性数据处理工作。报表的种类主要包括管理会计报表、业务运营报表以及财务汇总报表。比如二级企业利润总额分段统计表,当报表数据抽取后,后台会按照系统内置的报表格式自动生成相关内容,该表展现的是二级企业的利润亏损情况,从表中可以明显看出本期集团在二级企业层面亏损情况的分段情况,以及每个分段上的户数、占比、金额,以及上年同期的基本情况,直观且对比性较强。

### 3. 智能财务分析报告

智慧财务分析报告的主要特征包括以下几个方面:

(1)问题导向的智能化模板,设置指标阈值,对指标异常变动进行数据分析和原因交互。

(2)报告模板化、标准化,集团同板块、同类型企业采用标准化的分析报告。

(3)"普通话 + 方言"相结合的分析报告,意思是指相同模块的设置、必须要分析的指标、专家模型结论即为"普通话",具有标准化的特点,而"方言"是指不同行业、不同规模的企业在分析模块、分析指标、指标阈值和原因分析等方面具有个性化的特点。

（4）在线互动分析,引入智能交互功能,进行多岗位上下左右配合,是指上下级、不同部门之间进行协同。

（5）上级报告智能参照,引用下级分析。

（6）智能检查漏报项目,对必须填而未填的项目进行提醒财务人员填写。

（7）报告质量智能评价,内置评价指标,对财务分析师进行智能评价,评价结果作为绩效考核的依据。

（8）实时共享、及时发布,智能财务分析报告在各级集团合并报表生成后,智能生成分析报告,时间快,同时,当下级公司财务分析人员在线填报数据时,系统会每隔2秒自动保存一次,上级就可以实时看到下级所填报的原因,进而做到实时共享、及时发布。

图9给出的是智能财务分析报告的智能生成后的界面显示,从图的右侧可以看出分析报告的内容包括主要财务指标变动分析、经营情况分析、预算完成及对标分析、存在问题及建议、需要说明的重要事项以及专家模型分析结论,有的子公司分析报告内容还包括运营特点、项目投资及完成情况等自定义模块部分。其中,主要财务指标分析部分主要从以下几点进行:

（1）设置各财务指标的阈值,即异常预警值,同期数据变动率或者预算完成率高于或低于阈值,则进行提醒,财务分析人员必须进行原因分析,有些指标则将阈值设置为0,即无论是否发生变动,都要进行分析,必然应收账款。

（2）以其他应收款为例,云台农场(合并,二级集团)2016年3月其他应收款同期下降35.21%,较大幅度下降的原因分析方面,首先对各下属单位指标数据进行排序,将影响总额

**图9  江苏农垦集团智能分析报告界面**

较大的排在前面,并且引用相应下属公司上报的其他应收款变动的原因。

（3）系统设置智能交互功能,可以查看或引用下级单位其他应收款的原因,上面清晰的记录着每家下属公司的状态、上报人、上报时间和填报的原因等。

（4）上一级财务分析人员在查看原因时,如果发现下级人员上报的原因不完整时,则选定下级财务人员进行相应内容的补充,比如"请用实物量变动补充分析"等。

智能财务分析报告中包含预算完成及对标分析(见图10),该部分列示了主要财务数据(如营业收入、利润总额、归属母公司所有的净利润、EVA 等)的本年累计数、预算数和预算完成度,主要财务指标(如销售收入增长率、存货周转率、资产负债率、已获利息倍数和净资产收益率等)的实际值、行业优秀值以及差距,以及分析预算完成偏差的原因和与行业优秀值的对比情况。

五、预算完成及对标分析

（一）主要指标分析表

| 预算指标 | 本年累计 | 预算数 | 预算完成（%） | 对标指标 | 实际值 | 行业优秀值 | 差距 |
|---|---|---|---|---|---|---|---|
| 营业收入 | 2,334,577.44 | 2,396,200.00 | 97.43 | 销售（营业）收入增长率(%) | 0.63 | 31.90 | -31.27 |
| 利润总额 | 437,286.05 | 398,600.00 | 109.71 | 存货周转率(次) | 1.11 | 7.50 | -6.39 |
| 归属于母公司所有者的净利润 | 154,209.88 | 135,200.00 | 114.06 | 资产负债率(%) | 43.43 | 55.00 | -11.57 |
| EVA(万元) | 450,733.04 | 245,000.00 | 183.97 | 已获利息倍数(倍) | 34.87 | 6.60 | 28.27 |
| 净资产收益率(%) | 13.35 | 12.40 | 107.66 | 净资产收益率(%) | 13.35 | 11.18 | 2.17 |
| 应收款项周转率(次) | 8.74 | 7.22 | 121.00 | 应收账款周转率(次) | 13.40 | 28.90 | -15.50 |

（二）预算完成及对标分析

2017年1-12月实现营业收入2,334,577.44万元,完成了年度预算2,396,200.00万元的97.43%;实现利润总额437,286.05万元,完成了年度预算398,600.00万元的109.71%;实现归属于母公司所有者的净利润154,209.88万元,完成了年度预算135,200.00万元的114.06%;实现EVA450,733.04万元,完成了年度预算245,000.00万元的183.97%;实现净资产收益率13.35%,完成了年度预算12.40%的107.66%;实现应收款项周转率8.74次,完成了年度预算7.22次的121.00%。

预算完成偏差的原因:

1、企业业务能力有所下降,企业制定的预算没有结合实际情况来考虑,高估或低估企业现有的盈利水平

（三）对标分析（所属行业:【(A)农、林、牧、渔业】;行业规模:【大型企业】)

销售(营业)收入增长率为0.63%,处于行业较低水平,与行业优秀值相比少31.27个百分点;存货周转率为1.11次,处于行业较差水平,与行业优秀值相比少6.39次;资产负债率为43.43%,处于行业优秀水平,与行业优秀值相比少11.57个百分点;已获利息倍数为34.87倍,处于行业优秀水平,与行业优秀值相比多28.27倍;净资产收益率为13.35%,处于行业优秀水平,与行业优秀值相比多2.17个百分点;应收账款周转率为13.40次,处于行业平均水平,与行业优秀值相比少15.50次。

**图 10　江苏农垦集团智能分析报告预算完成与对标分析界面**

江苏农垦智能财务决策支持系统自动分析财务数据生成近 75% 的格式化财务报告,即图 9 给出了系统智能为 72.04%,团队分析为 27.96% 的分析报告结果,同时,系统会智能提醒财务分析师"本期财务报告经检查有 1 处应填写而未填写,这些指标对领导决策非常重要,也影响报告的评分,请慎重提交",并且系统可以自动筛选有异动指标生成人工分析要点。总的来说,智能财务分析报告提升报告质量的同时提升了财务分析的效率,解决了财务人员盲目、忙碌和工作被动等困扰。

**（四）江苏农垦财务智能对标应用**

从财务智能分析报告的论述,我们可以看到智能对标应用的三个情景,分别是行业对标、预算对标、历史对标。预算对标是指与预算完成度比,用于检查企业主要财务指标的预算完成情况,为企业下一年度制定预算提供依据。历史对标是指将当期财务指标值与同期指标值相比,历史对标可以明确公司是否在同等发展情景下主要财务指标的变化情况,如差异较大,就会查找到底是经营的问题还是宏观和行业变化的原因造成的。另一个是行业对

标,系统内置近十年的不同行业、不同规模的行业指标参数。按国民经济行业划分标准分类的同时分全行业、大型企业、中型企业、小型企业四个规模等级,内容涉及盈利能力状况指标、资产质量状况指标、债务风险状况指标、经营增长状况指标及补充指标等五大类近30个行业指标。江苏农垦行业对标功能不仅在智能财务分析报告中有所体现、还充分体现在与同为农垦局管理的其他省份农垦企业的对标,指标主要包括利润总额、营业总收入、资产总额、负债总额、所有者权益、资产负债率、流动比率和速动比率等,从图11中可以看出,江苏农垦的利润总额在行业排名第3名。与此同时,江苏农垦还进行了与同属于江苏国资委主管的企业进行省内对标,对标指标即为江苏国资委的年终考核指标。最后,智能对标还充分体现江苏农垦将其作为风险预警的重要组成部分,即对标预警。

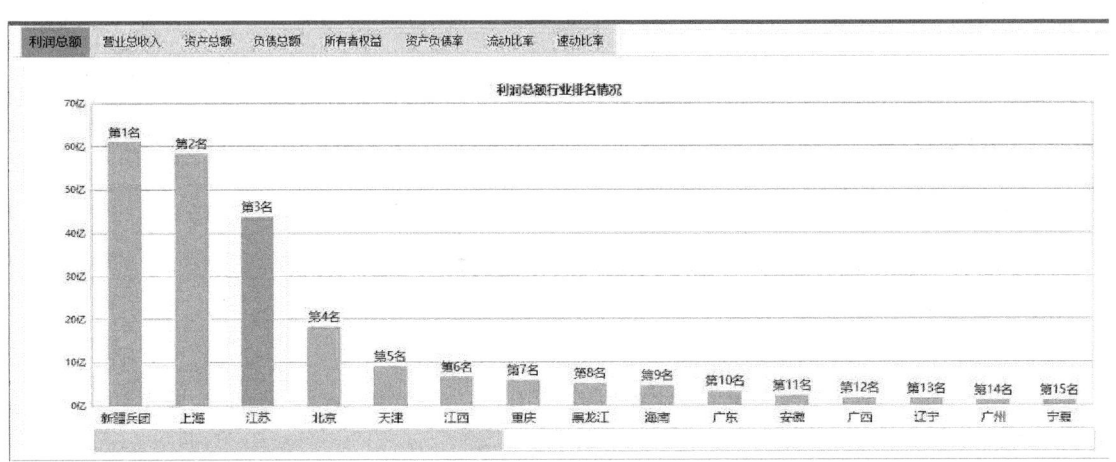

**图11　江苏农垦集团农垦局行业对标排名界面**

### (五)江苏农垦财务风险预警与管控应用

江苏农垦财务风险预警体系通过收集相关的资料信息,监控风险因素的变动趋势,并评价各种风险状态偏离预警线的强弱程度,向决策层发出预警信号,并提前采取预控对策。财务风险预警机制首先构建了对标预警评价指标体系,并对指标类别加以分析处理,对标预警指标体系包括净资产收益率、应收账款周转率、存货周转率、营业收入增长率和净利润增长率等,即从盈利能力、发展能力、运营质量和债务风险等四个方面对比优秀值、良好值、平均值、较低值和较差值做综合分析,最终给出企业经营总体评价及得分(见图12);其次,根据每年公布的国资委绩效指标确定对标预警的标准和等级,即相应的对标预警值是显示各指标值排名及与最好值差距,与行业平均值比较,并根据专家意见赋予指标不同的权重,对评价指标体系进行综合评判,并能根据决策者的疑问可层层钻取任意指标和指标公式的二级、三级构成及趋势情况,直至数据最底层;最后,智能生成风险预警报告,并采取相应对策,集团公司各风险归口部门和所属单位应跟踪关键风险指标,判断和预测各类风险指标的变化,分析风险发展的趋势,风险限额的突破应上报至集团公司总经理办公会,由其决定是否可以突破预警和制定应对措施。

图12给出的是企业对标预警后的整体评价和得分情况,点击公司名称,可实现对标下钻,通过仪表盘和雷达图综合展现本公司的对标运营情况。点击公司之后就可以看到如图

13 中所示的四大能力的得分和等级分布情况。以盈利能力评价为例，通过与同行业、同等规模的企业盈利能力 KPI 指标的比较，最终给出企业盈利能力的综合评级及得分，并能根据决策者的疑问继续钻取盈利能力指标，进而进入到如图 14 所示的盈利能力指标界面，上面显示了净资产收益率、总资产报酬率、成本费用利润率等 6 个盈利能力指标情况，继续点击页面净资产收益率指标，可以继续下钻至此指标 24 个月趋势图及组成的参数情况（见图 15）。

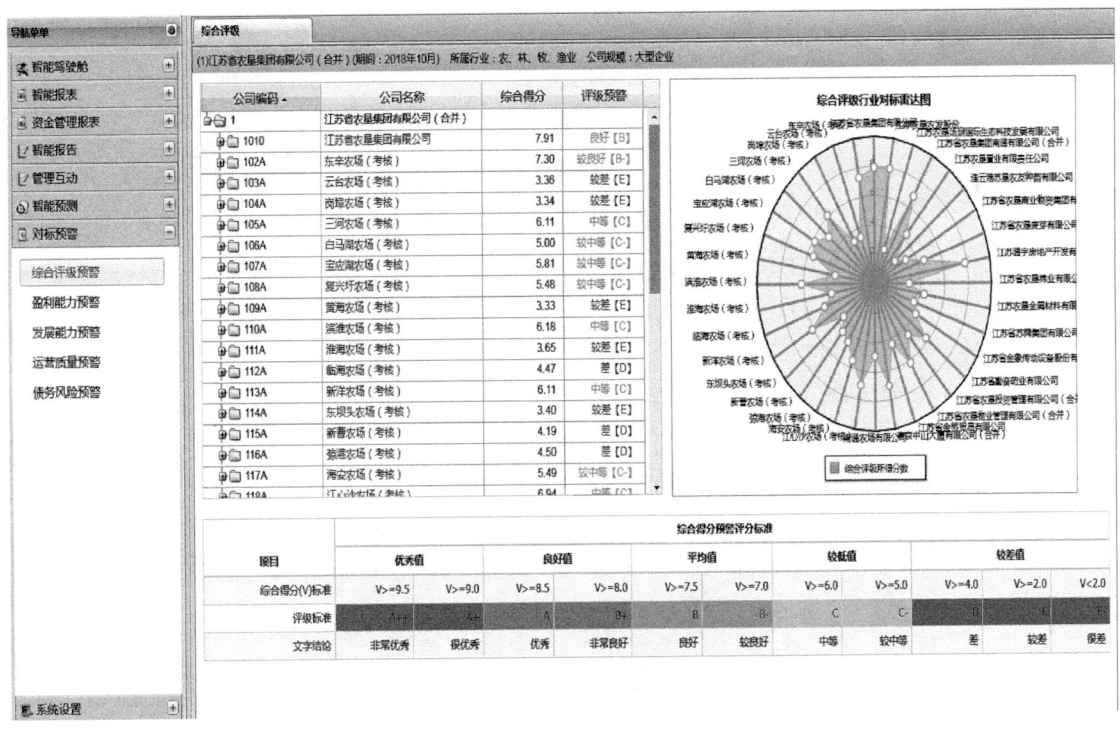

**图 12　江苏农垦集团内部企业对标预警的整体评价界面**

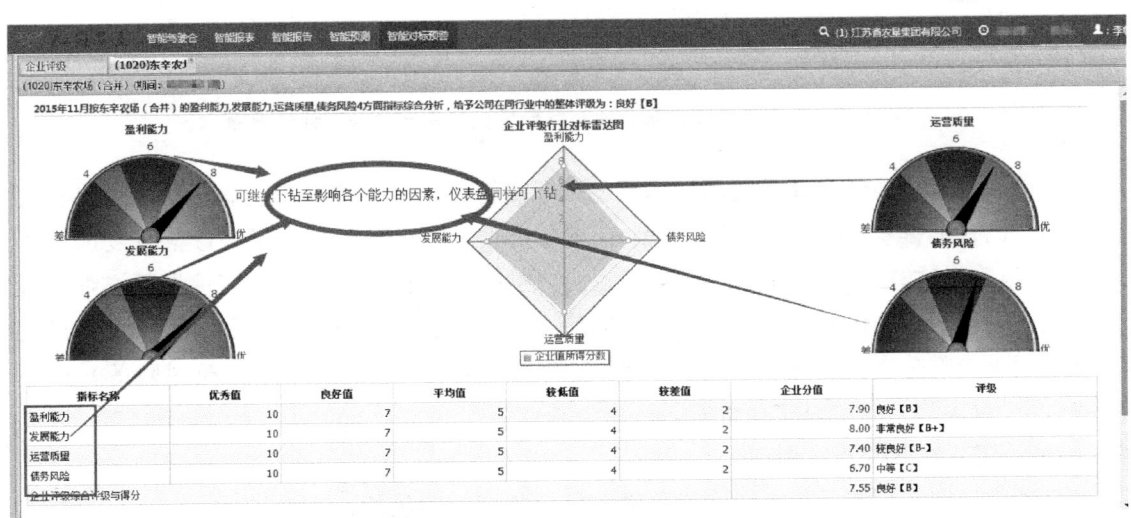

**图 13　江苏农垦集团内部企业对标预警的四大能力对标界面**

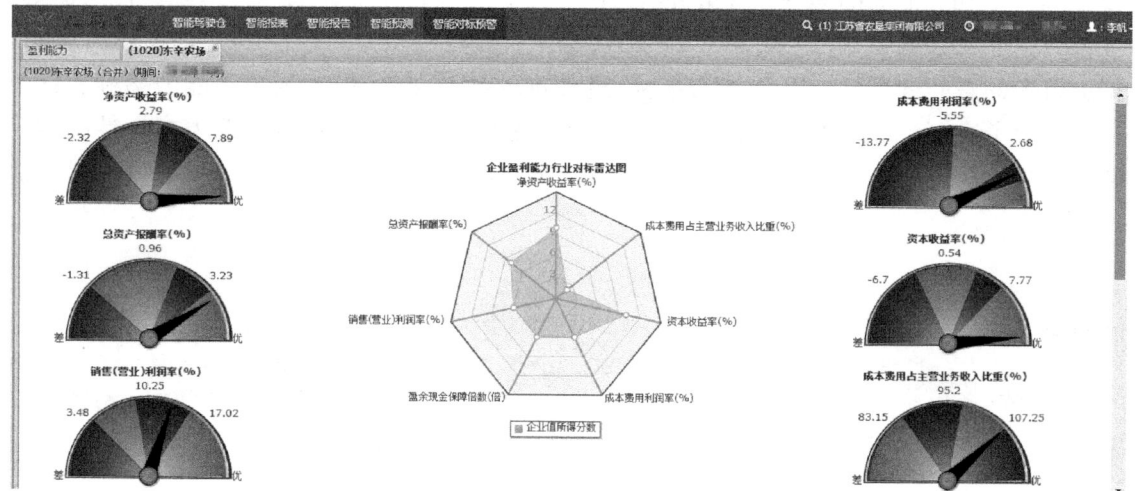

**图 14  江苏农垦集团内部企业对标预警的盈利能力评价界面**

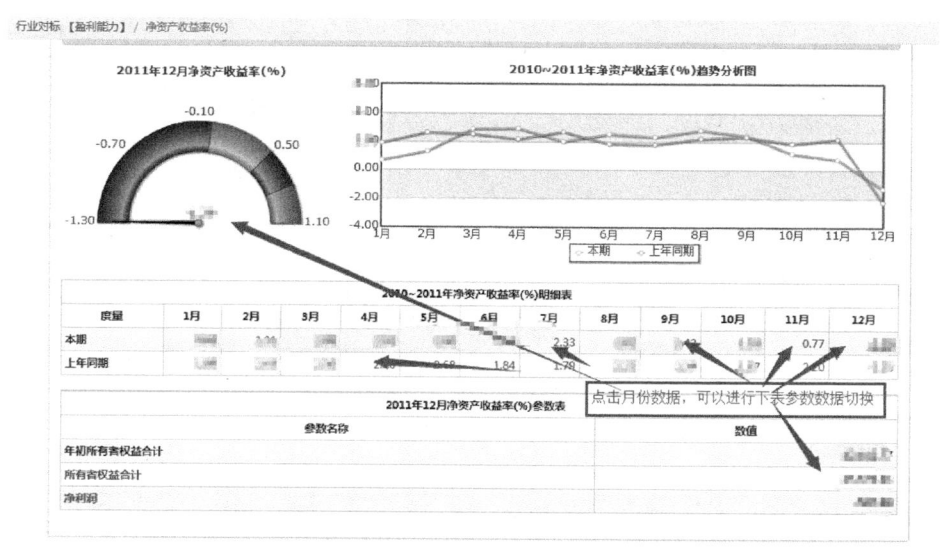

**图 15  江苏农垦集团内部企业对标预警的净资产收益率评价界面**

智能财务分析报告中异常变动指标以及对标预警指标所反映出的企业预警值可以实现财务风险的智能排查,可以看出风险类型、风险影响额、风险发生概率、风险影响程度以及风险等级,风险描述、已采取的措施和应对建议。风险智能排查后可在风险管控界面详细地看到风险识别与处理的内容,包括风险级别、风险类别、风险内容、风险报告和时间日志。最终在智能驾驶舱部分直观展现风险分析结果,包括风险类别(如财务风险、战略风险等)、风险级别(高中低风险),并可以实现智能下钻和穿透。

**(六) 江苏农垦智能预测**

江苏农垦智能预测是指系统内置可供选择的预测模型包括:

(1) 财务预测模型(利润预测模型、成本费用预测模型、资产结构预测模型、偿债能力预测模型、资金链预测与融资模型、现金流量预测模型、杜邦预测模型、量本利盈亏平衡预测模型、信贷风险分析和税务评估分析）。

（2）经营预测模型（存货预测模型、应收款预测模型、成本习性分析预测模型、量本利盈亏平衡预测模型、营业安全水平预测模型、敏感性预测模型、资金流预测模型）。

（3）综合预警模型（综合经济指数模型、定量风险模型、范霍恩模型、希金斯模型、综合预警模型）。

（4）评价分析模型（阿塔曼模型、切斯尔模型、骆驼评级模型、卡普兰-厄威茨模型、沃斯顿企业价值评估模型、沃尔信用能力指数模型、帕利普财务分析模型、财务指标雷达图分析模型）。

（5）综合分析模型（主成分分析模型、熵值分析模型、灰关联分析模型、灰色 GM 模型、Logistic 回归模型、状态空间分析模型、马尔可夫模型、温特斯模型、可拓集合分析模型、评分与评级分析模型）。

（6）经济增加值（EVA）模型、平衡计分卡（BSC）模型等。图 16 给出的是江苏农垦集团资产结构模型，界面展示了资产结构的主要构成要素或部分，核心主要指标值、行业等级以及资产结构状况等。

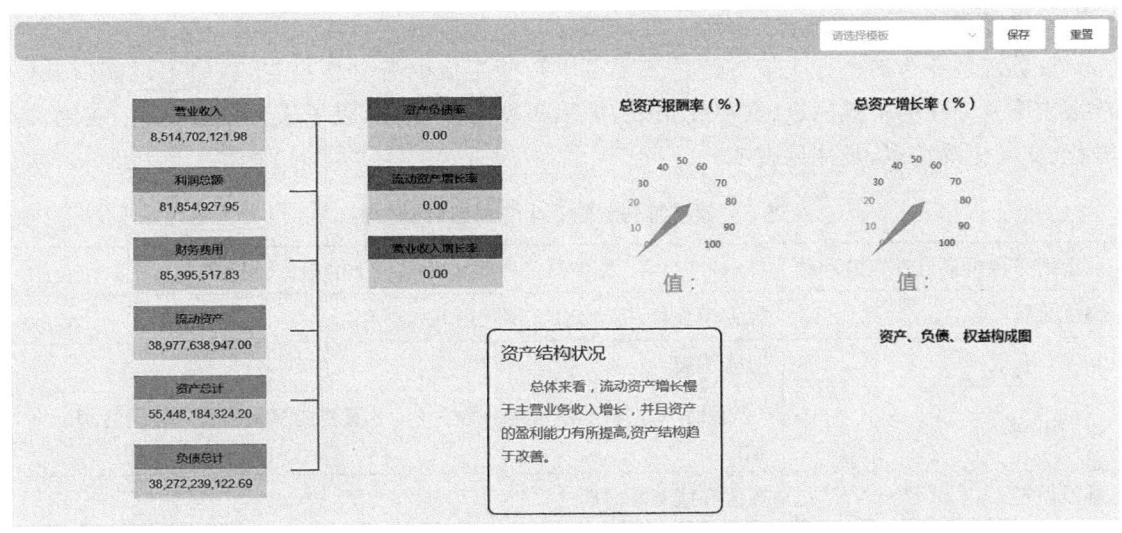

**图 16　江苏农垦集团智能预测（资产结构模型）界面**

### （七）江苏农垦智能财务分析与决策实施效果

#### 1. 整体实施效果

（1）系统以分析为中心，对数据进行全方位、立体式分析，初步实现了核算、分析、预测和管控四位一体，把握了财务会计的精髓职能——"如何为决策者提供支持"，为领导决策提供了可靠依据。该系统实时性、交互性、可视性和操作性较强，体现了穿透、联动、集成、高效等特点，为大数据应用管理奠定了良好的基础。

（2）系统不仅大大降低了财务分析的工作量，而且较好地解决了信息不对称问题，便于集团及时、便捷、全面、准确地掌握下属企业的财务状况,夯实了财务管理的基础,有利于提升集团管控力。尤其是通过对主要异动指标及趋势分析,不仅发挥了其预警或警示作用,而且有利于集团及时把握存在问题,动态确定或调整管理重点,及时采取调整、干预、纠偏等行动,促进集团持续健康发展。

（3）解决了长期困扰财会人员的分析难的问题,进一步提高了财务分析的质量和速度;同时,解决了企业管理者对财务数据和数据背后异动原因实时联查的需求,提高了决策针对性和时效性,为集团型企业形成立体管控能力提供了财务信息支持。

（4）该系统创立了集团型企业智能财务决策支持的领先模式——报告标准化、信息网络化和决策智能化,提高了集团型企业财务分析智能化水平。

**2. 具体实施效果**

1）财务战略得以很好地贯彻执行

解决了长期困扰财会人员的分析难的问题,进一步提高了财务分析的质量和速度;同时,解决了企业管理者对财务数据和数据背后异动原因实时联查需求,提高了决策针对性和时效性,为集团型企业形成立体管控能力提供财务信息支持。该系统创立了集团型企业智能化财务决策支持的领先模式——报告标准化、信息网络化和决策智能化,提高了集团型企业财务分析智能化水平。

2）财务报告可以智能化生成

江苏农垦在智能财务决策支持系统下可以智能生成财务分析报告,克服了以前财务分析报告中所存在的格式呆板、文字化报表、原因不明等问题,形成了报告模块化、标准化、智能化、交互化等特点,具体见表3。

表3　财务报告智能化生成前后对比分析

| 以前财务分析报告存在的问题 | 智能财务决策支持系统下的财务分析报告 |
|---|---|
| 格式呆板 | 报告模板化、标准化(文字化报表智能化) |
| 文字化报表 | 智能图表 |
| 原因不明 | "普通话＋方言"相结合的报告分析(专家智能模型分析＋公司管理团队分析) |
| 避重就轻 | 智能在线互动分析 |
| 时间滞后 | 上级报告智能参照下级报告,实时共享、及时发布 |
| 决策参考作用不大 | 智能化问题导向模板 |

3）智能化财务可以优化企业管理水平

江苏农垦能财务决策支持系统自动分析财务数据生成75%的格式化财务报告,并且自动筛选有异动指标生成人工分析要点,提升报告质量的同时提升了财务分析的效率,解决了财务人员盲目、忙碌和工作被动等困扰。系统以图、表、文字及相互钻取等多种方式实时共享财务分析成果,解决了管理人员对财务信息了解不全面、不准确、不及时等困扰。同时,财务指标和经营预算、行业对标、实物量指标等数据的对照,实现了数据关联协同。财务人员进行分析的同时,上级主管部门实时介入,财务信息提交之后,高级管理人员的实时介入,实现了岗位互动协同。

4）智能化财务可以提升管理决策有用性

通过智能财务决策支持系统的建设，江苏农垦解决了财务信息化的"最后一公里"的问题，从业务对接、资金付款、凭证录入、报表生成到最终的财务分析全部在线完成，业务人员生产信息，系统自动加工信息，财务管理人员完善信息，管理层、决策层的实时共享并反馈信息，实现了集团总部对所有下级单位实时的监控，提升了集团管控力。

通过智能风险排查，总监对风险进行识别，提出应对措施，形成风险专项报告、综合报告，由集团实时反馈，对风险事项进行互动管控，全程追踪风险管控过程，从而实现务实高效的风险管控。

## 五、总结与展望

### （一）大数据智能财务预测、洞察、对标和风控需求调研总结

通过调研和走访客户，可以总结出目前企业在智能财务分析与决策需求方面的几点心得：

（1）目前大多数企业对智能化财务分析与决策系统构建的意识和动力不足，特别是财务部门人员对智能化财务分析认识不足，没有充分认识到精准分析和决策的意义和必要性。

（2）目前大多数企业对智能化财务分析与决策的需求主要集中在集团层面，单体公司的需求较弱。

（3）所走访的客户对智能财务分析与决策系统如何对接原有 ERP 系统、获取多源异构数据进而保证完整数据分析的疑虑最大。

（4）所走访客户在智能财务分析方面，对穿透数据、查找原因、上下级原因交互和业绩考核等功能性需求较大或者更感兴趣；大多数客户在四大财务能力分析和对标预警方面也提出了需求，但是对如何获取行业大数据和进行有效的行业对标尚存在较大的疑虑。

（5）所走访的部分客户相比多维财务分析，更关注经营业务的大数据分析上，比如一家主要从事火腿生产的企业更加关注车间的生产以及销售情况，一家从事宠物食品的企业更加关键集团内部生产与销售企业间的业务往来、同批产品的成本问题，还有的企业更希望做销售方面的多维度大数据分析，反而对传统财务分析的需求降低；但在业务数据方面，用友 NC 或金蝶 EAS 等 ERP 系统业务数据不足，需要进行额外的 Excel 数据作为补充。

（6）从走访的对智能化风险管控感兴趣的客户中可以感受到，这方面的需求主要是由于政策环境的影响驱动的，而非内在驱动的，由于中央、国资委等相关政策规定或业绩考核的要求，所以很多企业提出了智能化风险管控的需求。

（7）从走访的客户需求看出，智能化财务分析与决策的需求除受到外部监管部门影响外，也和内部考核、高层管理者关注点密切相关，而非企业发展到某一阶段自然驱动而产生的决策分析需求。

### （二）江苏农垦大数据智能财务预测、洞察、对标和风控应用经验总结

从江苏农垦智能财务分析与决策支持系统的基础架构、产品功能、应用效果得出以下几点经验总结：

（1）Gartner 提出商业智能层次框架包括原始数据层、基础设施层、功能层、组织层和战

略层 5 个层面,江苏农垦智能财务分析与决策支持系统涵盖了这 5 个层次,但在组织层和战略层需进一步深化。

(2) 对照 Gartner 建议的 5 个用例和 15 个关键功能,江苏农垦智能财务分析与决策支持系统基本涵盖了 BI 的关键能力,但在自助数据管理、BI 平台安全架构、嵌入式高级分析和智能数据挖掘等方面需要进一步升级与优化。

(3) 从产品的研发和应用背景看,基于 BI 的智能经营决策支持系统满足了企业领导层的决策需求和对业务活动深入了解的信息需求,满足了国家相关管理部门对企业的监管要求,适应了当前"互联网+"、移动应用、大数据和智能技术的变革环境,特别是人工智能技术以及财务知识模型的快速发展,使得商业智能应将经营数据转换为对管理层决策有用的知识。

(4) 从产品功能层级看,相比传统的 BI 仪表盘展现和 OLAP 多维度分析,江苏农垦智能财务分析与决策支持系统运用 BI 核心工具和方法分析数据、查找问题、排查风险的同时,还可以结合企业基层管理人员(协同交互)找到问题产生的原因,即百分百的智能化虽然可以充分利用决策树规则,但是离微观经营分析较远,具有套路化反而没有实际应用的价值,只有加上管理团队的微观分析,才能对经营决策和管控有针对性地纠偏。

### (三) 大数据智能财务分析与决策系统构建未来展望

第二章是从理论层面构建大数据智能财务分析与决策支持系统,第三章是需求调研,第四章分析了江苏农垦智能财务分析与决策支持系统现有基础架构、产品功能和应用情况。融合企业需求,对照理论架构与实际应用状况,在未来系统设计中可进行以下几点思考:

(1) 数据源应进行扩展,现有系统主要集成的是企业内部财务业务数据和 OA 办公数据,外部环境数据主要涉及的是 SCM、CRM 的市场交易数据,未来应扩展到宏观、行业等详尽的市场环境数据、互联网环境下的网络传媒数据,以及管理会计内部调查数据和第三方咨询数据等,使智能决策结果更加精确。

(2) 数据下钻环节,目前系统应用中,各单位要求不同,有的可钻取到财务报告层,有的可钻取到记账凭证层,未来可以钻取到业务层,或对接到企业的业务系统,真正实现财务业务数据的一体化。

(3) 现有系统中 BI 与财务功能模块的融合功能中,财务分析、业务分析部分已很完备,风险管控、业绩评价、财务预算等功能可以解决企业当前需求,这些可在模型设计上予以借鉴。

(4) 专家知识库推理机在财务决策分析方面已较为完备,未来可将推理机设计扩展到管理会计经营决策层。

(5) 未来的智能洞察和数据分析层面可以融合动量会计理论,除了分析财务存量外,还可以分析业务所带来的动量和产生企业价值增量的动力原因。

(6) 智能对标方面,目前江苏农垦对标标准主要是国资委绩效值,未来的对标应是多方位的,可以通过与同行业上市公司对标解决国资对标的不及时和特殊指标标准的不可获取,可以通过与自身历史数据对标解决行业的小众性问题。

(7) 目前系统中的风险管控功能主要是基于历史数据和出现的问题进行的,下一步可将功能扩展到未来风险的预测、预防和控制方面。

（8）现有系统中较少将机器学习、深度学习等人工智能技术运用到智能决策中，未来系统智能预测和风险预警中应运用人工智能算法进行优化，强化系统的学习能力和动态适应能力。

（9）现有系统在智能决策环节，除可以向管理层推送固定的决策信息外，管理层还可以自助式地下钻和挖掘信息并辅助决策，未来系统设计中可进一步丰富自助式信息服务。

## 参考文献

［1］LARSON D, CHANG V. A review and future direction of agile, business intelligence, analytics and data science［J］.International Journal of Information Management，2016，36(5)：700-710.

［2］田歆,汪寿阳,鄂尔江,等.零售大数据与商业智能系统的设计、实现与应用［J］.系统工程理论与实践，2017,37(05):1282-1293.

［3］谢壹.商业智能在互联网业务分析中的研究与应用［J］.微计算机信息,2006(12):197-200.

［4］SIVAGANESH K, SRINIVASU P, STAPATHY D S C. Optimization of ETL work flow in data warehouse［J］. International Journal of Applied Ceramic Technology , 2012,4(9):940-946.

［5］FREITAS A, KAMPGEN B, OLIVERIRA J G, et al. Representing interoperable provenance descriptions for ETL workflows［J］. Lecture Notes in Computer Science, 2015,7540(1):43-57.

［6］SYED A, GILLELA K, VENUGOPAL C. The future revolution on Big Data International［J］. Journal of Advanced Research in Computer and Communication Engineering 2013,2 (6): 2446-2451.

［7］杨春华.数据挖掘、OLAP 在财务决策中的应用［J］.财会通讯,2002(10):39-40.

［8］丁保剑,黄举荣,张少文.基于 OLAP 的商业智能分析方法［J］.电脑知识与技术,2012,8(17):4199-4201.

［9］孙婧豪,刘吉成,颜苏莉.OLAP 技术在电力上市公司财务分析中的应用研究［J］.时代金融,2015(24):235-236,240.

［10］谢梦怡.基于 OLAP 的零售业商业智能管理解决方案［J］.黑龙江科技信息,2016,(02):278-279.

［11］SPANGLER W E, PETERS J M. A Plan Induction System for Monitoring and Interpreting Operator Interventions in Process Control Environments Running Title: A Plan Induction System［J］. 1999 (Working Paper).

［12］WEBER, C M. Getting It Right the First Time: Accounting, Auditing, Financial Systems and the Federal Government［J］. Journal of Government Financial Management, 2002, 51(6).

［13］WARREN J D, MOFFITT C, BYRNES P. How Big Data Will Chang e Accounting［J］.Accounting Horizons,2015,29(2):397-407.

［14］甘卫平.数据挖掘技术在管理会计中的应用［J］.财会通讯,2006(01):34.

［15］吕橙,易艳红.数据挖掘在财务分析中应用的理性思考［J］.商场现代化,2006(18):37-38.

［16］胡俊俊,孙静. 一种新型的计算机审计模型［J］.计算机应用研究, 2008, 25(3):782-785.

［17］宋强,李春雨.数据挖掘在商业智能中的应用［J］.软件导刊,2008(08):12-13.

［18］彭江平.财务智能系统关键技术研究［J］.统计与决策,2005(12):93-94.

［19］ALLES M, KOGAN A, KYUNGHEE Y, et al.AIS in an Age of Big Data［J］.Journal of Information Systems,2013,27(2):1-19.

［20］袁振兴,张青娜,张晓琳,等.大数据对会计的挑战及其应对［J］.会计之友,2014(32):89-92.

［21］俞红梅,吴启高.大数据时代财务报告及其未来模式研究［J］.商场现代化,2016(6):232-233.

［22］孟岩,武文龙.数据挖掘在战略管理会计中的应用——以 AB 公司为实例［J］.会计之友(下旬刊),2010

(06):54-57.

[23] 韩向东.管理会计信息化的应用现状和成功实践[J].会计之友,2014(32):85-88.

[24] 王舰,孙凤娥,高绍伟.财务智能,你准备好了吗?[J].中国管理信息化,2008(15):38-43.

[25] 李玉华,侯彦波.商业智能技术在企业财务管理中的应用探讨[J].商业时代,2012(36):77-78.

[26] NIKOOMARAM H, MAHMOODI M. An Assessment Effect OF Management Accounting Information System Based on Decision Support And Business Intelligence In Stock Exchange Companies[J]. Management Accounting, 2012,5(13):47-65.

[27] 王小龙.商业智能(BI)在财务管理中的应用与思考[J].信息与电脑(理论版),2017(16):149-151.

[28] SCHRYEN G. Revisiting IS business value research:what we already know, what we still need to know, and how we can get there[J]. European Journal of information system, 2013, 22(2):139-169.

[29] ELBASHIR M Z, COLLIER P A, SUTTON S G. Business intelligence systems use to leverage enterprise-wide accounting information in shared data environments[C]// 5th International Conference on Enterprise Systems, Accounting and Logistics (ICESAL). Elsevier, 2008:1-53.

[30] ANANDARAJAN M, ANANDARAJAN A, SRINIVASAN C A. Business Intelligence Techniques:A Perspective from Accounting and Finance[M]. Berlin Germany, 2010.

[31] ROODPOSHTI F R, NIKOOMARAM H, MAHMOODI M. Management Accounting Information System based on Decision Support and Business Intelligence on ROI and ROE[J]. International Journal of Asian Social Science, 2012, 2(5):730-738.

课题负责人:张超[1]

课题组成员:朱卫东[1]、吴勇[1]、陈绪龙[2]

所在单位 1:合肥工业大学管理学院

所在单位 2:安徽经邦技术有限公司

# 共享模式下增值税纳税筹划智能应用研究

**【摘要】** 本课题研究基于增值税纳税筹划相关理论,对财务共享模式下开展增值税纳税筹划展开了思考,采用了文献研究、实地调查、对比分析、归纳总结等研究方法,以 X 石油集团公司为实际案例,面对大型集团公司上、下游产业链长,结构庞杂,业务繁多等情况,在开展共享模式的先决条件下,对实施增值税纳税筹划的智能化应用进行了系统研究,以期对 X 石油集团公司相关纳税筹划经营管理方式起到开拓思路的促进作用,并丰富共享模式下增值税纳税筹划智能应用研究的理论内容及实践指导。

**【关键词】** 共享服务;纳税筹划;智能应用研究

## 一、引言

### (一)研究背景及意义

伴随着我国经济的快速持续发展,企业的发展也逐步进入扩张、壮大的阶段。在企业发展中,税务管理已经逐渐变成企业日常经营管理活动中的一项重要内容,而增值税作为在企业税负中占比较大的重要税种,增值税纳税筹划研究对企业财务具有深远影响和重大意义。所谓纳税筹划,即企业在各项法律法规所规定的范围内,通过科学有效地安排日常采购、生产及销售活动,在投资、经营等经济环节进行全面筹划,尽管理者最大的可能为企业获取节税所带来的利益。在"转变方式、调整结构、高速发展"的今天,为了确保在当前形势下占据长远发展的有利高地,企业必须深刻认识增值税纳税筹划的趋势以及所处行业的相关税收管理政策。

我国自 2016 年 5 月起开始全面推广实行"营改增",目的在于真正意义上帮助企业减少重复纳税,使上、下游产业能够达到有效的衔接,形成完整的抵扣链条,道道征收、环环抵扣,从实处降低企业税负。2018 年的《政府工作报告》明确减税降费目标高达 1.1 万亿,财政政策主打减税降费,力度空前。2019 年 9 月,财政部部长刘昆在庆祝中华人民共和国成立 70 周年活动新闻中心举办的新闻发布会上指出,当年 1～7 月,全国累计新增减税降费 1.35 亿元。

与此同时,随着税制的逐步发展和变革,纳税环境的不断变化,作为石油行业生产链完整的 X 石油集团公司由于涉税环节较多,增值税以及附加税对 X 石油集团公司的生产经营有着较大影响,增值税纳税筹划工作需不断与现行税收政策相对称,与当前纳税环境相适应,开展合法合理的纳税筹划设计。因此,选取 X 石油集团公司的纳税筹划开展研究极具意义,但考虑到石油行业上、下游产业链长,结构庞杂,业务繁多,公司所处地域点多面广,在财务共享模式不断建设、纵向延伸的前提下,如何通过智能应用进行增值税纳税筹划就成了亟待解决的重要难题。

因此,本课题研究考虑在财务共享模式下,以搭建增值税智能管理平台为抓手,通过"共享服务智能化税务平台"建设以及开展"共享服务财税机器人"研究等方式,大幅降低增值税管理工作量;控制风险点,提高增值税管理信息化程度,建立增值税智能化管理体系,便于 X 石油集团公司纳税筹划方案设计,从而有效降低 X 石油集团公司税负成本,提高企业经济效益。

### (二) 国内外研究现状

对于纳税筹划,国外研究学者开展较早,研究表明在 20 世纪 30 年代就已提出纳税筹划的理念,直至 20 世纪 80 年代,国外研究学者将纳税筹划的研究从理论向实操进行转换,公司管理者也开始对纳税筹划进行关注。1992 年,诺贝尔经济学奖获得者 Scholes 和 Wlofson 在《税收与企业战略》中提出纳税筹划的概念,并在书中系统分析了纳税筹划对企业的影响,并提出筹划框架及内容。在现阶段,国内外研究学者的纳税筹划研究不断发展,许多学者也从多方面开展了相关研究工作。

在我国,经济高速发展,企业的生产与经营活动开始呈现出复杂化、多样化的趋势。为了更好促进企业的可持续发展,我国的税制开始不断改革和完善。由于市场竞争力的加大和税收法制意识的提高,企业由以前的被动纳税逐渐转向主动纳税,对税后利益最大化越来越关注,同时各企业也意识到了主动进行纳税筹划对降低税收成本的重要性。Alan A. Tait (1988)认为增值税的纳税筹划应该根据本国的增值税制度进行筹划。张立洁(2018)认为想保证税负实现合理的降低,一定要采取有效的措施对目前的收入额以及扣除项目金额进行合理的调整。

此外,当今世界已经迈入"互联网 + "时代,大数据、云计算等现代信息技术使共享服务变成现实。共享服务是一种创新理念和一个协助企业成长的平台,而财务共享服务是结构清晰、独立的新型管理模式,为企业集团各分、子公司的组织调控能力和管理能力起到强大的支持作用。近年,中国平安自主设计、研发的 iTAX 智能税务平台顺利上线,汇集全集团公司纳税申报、税收优惠、税务局稽查和税务档案等信息,大大提升了企业的全流程税务管理水平。随着中国国际能源公司深化企业改革、推进管理转型发展,X 石油集团公司成立了财务共享服务中心,并于 2018 年 11 月在共享运营平台启动进项税发票平台,将进项税管理全部纳入其中。该平台销项税管理、增值税纳税申报平台的逐步筹建,力求为企业提供从增值税进项税发票的取得、销项税发票的开具等直至纳税申报的全流程闭环式智能化服务。

综上所述,受我国国情、国企的特殊性质影响,加之增值税在中国经济活动和税收体系的重要地位,本课题研究聚焦于共享服务模式下的增值税纳税筹划智能应用研究。

### (三) 研究内容和方法

本课题研究内容主要是在 X 石油集团公司共享服务运营的背景下,根据 X 石油集团公司主要生产链上具有代表性的勘探生产、炼油化工、销售三家公司的增值税管理现状,运用纳税筹划理论和方法,通过分析 X 石油集团公司目前的经营管理现状和纳税状况,构建纳税筹划相关的应用智能化税务平台,制定相应的可选增值税纳税筹划方案,对纳税筹划的方法选择进行探究,以便企业进行合理的纳税筹划,实现降低企业税务管理成本、提高管理效率、降低企业涉税风险的目标。本课题研究方法如下：

（1）对比 X 石油集团公司主要生产链上勘探生产、炼油化工、销售三家公司的增值税管理现状，分析不同企业的管理现状及管理需求、查找风险要素。

（2）通过搭建"增值税智能化管理中心"，建立共享服务模式下的增值税全生命周期大数据链，应用平台中的"大数据"对增值税发票进行全生命过程管理，从增值税票的领取、开具、收存、认证等多方面进行集中化电子运营管理，搭建共享服务模式下的增值税智能生命体系。

（3）在增值税智能生命体系建设的基础上，探索性研究"共享服务财税机器人"的可行性，通过"共享服务财税机器人"实现发票大数据分析、财税风险管控及预警、税收优惠政策推送、增值税税务服务等功能，促使税务信息从"被动接受"向"主动选择"跨越。

（4）在共享服务模式下税务智能管理平台应用的基础上，形成税务分析报告，提供切实可行的增值税纳税筹划方法选择。

## 二、相关概念及基础理论

### （一）纳税筹划相关理论

1935 年，英国发生"税务局长诉温斯特大公"案。当时参与此案的英国上议院议员汤姆林爵士对税收筹划作了这样的表述："任何一个人都有权安排自己的事业，如果依据法律所做的某些安排可以少缴税，那就不能强迫他多缴税收。"这一观点得到了法律界的认同。之后，在英国、澳大利亚、美国的税收判例中经常引用这一原则精神。随着社会经济的发展，纳税筹划日益成为企业在经营管理过程中不可缺少的重要组成部分，尤其是近年来，纳税筹划在许多国家蓬勃发展。

不难发现，企业通过纳税筹划可以有效地增加可支配收入、获得延期纳税、正确开展投资及生产经营决策、减少或避免税务处罚，从而获得最大化的税收利益，增强企业的核心竞争能力。同时，纳税筹划有利于国家税收政策法规的落实，增加国家外汇收入，有利于税收代理业的发展、实现国家税法的立法意图，充分发挥税收财政政策的调整作用。

通过研究可以看出，纳税筹划是在国家立法机关、税务机关及纳税义务人（本课题研究指"企业"）三者之间充分考虑筹划过程中的相关因素，在合规合法的前提下，达到企业整体利益的最大化。因此，纳税筹划具有以下四个固有特征。一是合法性，即纳税筹划是在合法条件下进行的，是在对国家制定的税法进行比较分析研究后，进行纳税优化选择。二是政策导向性。由于税收是国家控制的一项重要经济杠杆，国家可以通过税收优惠政策，多征或减征税收，引导纳税人采取符合政策导向的行为，以实现国家宏观经济调整或治理社会的目的。三是专业性。由于纳税筹划是纳税人对税法的有效能动运用，是一项专业技术性很强的策划活动，要求筹划者要精通国家税收法律、法规，熟悉财务会计制度，清楚如何在既定的纳税环境下，节约税收成本。四是时效性。随着国家经济环境的变化，税收法律也会不断修正和完善，税收政策必然根据一定时期的宏观经济政策的需要而制定，当国家税收政策变动时，纳税筹划的做法也应及时进行调整。

此外，根据纳税筹划的性质和特点，企业在开展纳税筹划工作时，应当遵循事前筹划、保护性、经济性和适时调整的原则。这就意味着企业在进行纳税筹划的时候，必须是在经营业务未发生时、收入未取得时提前根据实际情况做好安排。在纳税筹划后,企业需巩固已取得的成果,妥善保管好账目、记账凭证等有关会计原始资料,确保其完整无缺,且保管期不得短于税收政策规定的补缴期和追征期。相应地,纳税筹划与其他管理决策一样,必须遵循成本效益的原则,只有当筹划方案的所得大于支出时,该项纳税筹划才是成功的筹划。任何纳税筹划方案都是在一定的地区、一定的时间、一定的法律法规环境条件下,以一定的企业的经济活动为背景制定的,具有针对性和时效性。因此,企业需根据国家税收法律环境的变化及时修订或调整纳税筹划方式及方法,使之能够符合国家税收政策法令的规定,保证企业经济效益的健康发展。

### (二)增值税纳税筹划主要技术方法

在增值税不断深化改革的背景下,企业需在增值税纳税筹划实际运用过程中,主动适应税制政策、合理利用税收优惠政策,探索纳税筹划技术方法,实现纳税筹划的重要经济价值,为企业降低税负负担,帮助企业实现高效的经营目标。在通常情况下,企业为了做好增值税纳税筹划工作,主要可以采取如下技术方法:

(1)降低税率法。该方法通过利用分解销售合同、企业地址选择和先进生产应用技术等优惠政策,有效降低企业增值税税率。根据税法规定,纳税人兼营不同税率的项目,应该分别按各自适用税率核算增值税,否则按较高税率核算增值税。因此,当纳税人兼营不同税率项目的时候,在获得收入之后,应该分开记账,核算出各自售额,这样可以防止多交税款。

(2)调整销售额。该方法通过转变为小规模纳税人、改变销售折扣方式和采取代销代购等方式,调整企业销售额。比如,采取现金折扣方式出售货品,其折扣额发生时应计入财务费用,不得从出售额中扣除;选用商业折扣办法出售,若是折扣额和出售额在同一张发票列示,可按折扣后的余额作为出售额核算交纳增值税。因此,选用商业折扣出售比选用现金折扣办法更合算。

(3)增加进项税抵扣。企业在购进产品或服务时,尽量选择信用良好的增值税一般纳税人作为供应商,及时取得增值税专用发票。在资产设备、不动产等固定资产使用方面,企业应充分考虑税收规定,采取改造法、混合法,尽可能全部抵扣进项税额。

(4)增加退税。该方法通过设立独立的研发机构、增加出口、利用地方优惠政策等增加退税。其中,充分利用增值税相关税收优惠政策包括增值税的减免税、即征即退、先征后退、先征后返等。企业只有充分利用这些优惠政策,才能够真正达到节税的目的。

(5)延迟纳税法。该方法通过改变结算方式等方法,将实际缴纳税款的时间滞后于纳税义务发生的时间,以达到延迟纳税的目的。比如根据税法对增值税纳税义务发生时间的规定,采取直接收款方式销售货物,不论货物是否发出,纳税义务发生时间均为收到销售款或者取得索取销售款凭据的当天,而选用赊销和分期收款方式销售货物,纳税义务发生时间为书面合同约定的收款日期的当天。若是纳税人可以精确估计客户的付款时刻,选用签订合同赊销或分期收款办法销售货品,那么尽管最终纳税金额一样,但可以合理规划纳税义务发生时间。

### (三)财务共享模式

随着互联网的发展、大数据时代的到来,共享模式已逐步渗入企业日常经营管理。共享单车、共享汽车以及共享住房都可以借助互联网平台,让线下闲散的资源整合起来,通过共享达到资源重新分配。共享服务是指将分布于不同组织、从事相同活动的公司资源整合起来，以较低成本为多个内部合作伙伴提供较高水平的服务，进而提升外部客户满意度，提升公司价值。财务共享就是一种将分散于各业务单元的财务职能进行整合，由独立的财务共享服务中心统一进行处理的作业管理模式。

财务共享起源于二十世纪七八十年代，由美国通用、福特等大型制造业企业集团提出。目前，共享模式已广泛应用于世界各地的企业集团，是一种有效的职能运营模式。世界 500 强企业中近 90% 的企业不同程度实施了共享服务，国内大型企业集团都已经或正在实施共享服务。根据埃森哲公司在欧洲的调查，三十多家在欧洲建立财务共享服务中心的跨国公司平均降低了 30% 的财务运作成本。美国《财富》杂志统计，世界 500 强企业中 86% 的企业及欧洲半数以上的跨国公司都已经或正在建设财务共享中心。

财务共享作为一种新型的管理模式，以"服务交付、客户体验、价值创造"为三大基石，利用自动化消除异常情况、减少人工干预，完善客户体验，为企业创造价值，受到集团企业的大力推崇。一般来说，财务共享主要有以下 6 个基本特征和优势：

（1）通过整合各业务单元的财务职能，集中提供服务，能够实现规模经济，减少工作量不饱和的情况，降低运营成本。

（2）通过流程再造和标准化，将不同业务单元的不同财务流程、标准进行统一，操作更加规范，结果更具有可比性，还能以最小的成本支持企业扩张。

（3）财务部门不再隶属于业务单元，而是独立由企业管理层领导，与各业务单元并列。这能够增强财务共享服务中心的独立性，有利于加强对业务的监控，客观反映经营情况。

（4）财务共享服务模式需要企业具备高效率、与业务高度集成的 ERP 软件系统和网络通讯技术，而好的软硬件和丰富的经营数据又可以进一步推动企业经营效率的提高。

（5）将财务人员集中，更有利于探讨研究和交流经验，为提高财务人员专业水平和财务服务质量创造有利条件。

（6）从理念上将业务处理转变为提供服务，并制定明确的服务标准。这有利于财务共享服务中心改进工作流程和方式，不断提高效率和业务单元的满意度。

**（四）智能化相关理论**

智能化是随着 20 世纪 40 年代计算机的发明，从最初的科学数学计算演变到了现代的各种应用领域，如计算机辅助设计、数据库、数据通信、自动控制等，并推动了智能化技术应用研究发展。而企业通过网络、大数据、物联网和人工智能等技术的支持，目标性地创造了智能化载体来满足企业经营管理需求。

智能化技术是现代社会的代表性技术，属于科技发展、创新中的高新产物，是计算机技术的重要分支。智能化技术融合了多种现代技术，包括经济传感技术、模拟计算技术等。在融合相关技术后，智能化有了巨大的使用价值。企业可以通过智能系统完成信息搜集、整理与分析，最后结合人工智能的规则梳理与效益判断，及时存储所感知到的外部信息，并对有效信息做出筛选；及时作出应激反应，为管理决策提供有效支撑；并针对问题提出高效、直接的解决思路，解决企业在日常经营管理过程中的难题。与常规技术不一样的是，智能化技术可直接将结果转为数据。在某种程度上，它属于效率突出的数据转化技术，在处理数据过程中，智能化技术不会消耗过多的时间，具有极高的精准性，且可以通过语言文字、图像、动画等多种模式选择展示数据结果,使原本无法看懂的数据变得具体与形象。同时,智能化技术可以有效提高运算精度与运行效率,以便于企业经营管理。

共享服务在智能化建设上的核心就是建设智能共享信息化的平台,伴随着电子发票、移动通讯技术应用、电商平台、人工智能和云计算等新技术的综合应用。财务数据的前端化、会计核算处理自动化等方面都有了飞跃式发展。增值税纳税筹划在此前提下,可以搭乘共享服务的顺风车,有效提升纳税筹划智能化应用水平。比如,在增值税纳税筹划方面,企业可以在增值税税收优惠政策的采集上,利用人工智能网络爬虫技术定时从指定网站抓取税收优惠政策信息,形成税收优惠政策信息池,保障纳税筹划在相关税收政策的应用上合法、合规。在进项税额管理方面,共享模式下企业的进项税票可以通过共享服务平台查重验真后进行发票认证,由此形成一个增值税专用发票、单据、凭证相匹配的电子库。通过 Pandas 纳入标准数据分析模型,依据增值税进项税发票上填列的"货物或应税劳务、服务名称"及"税率"进行分类,利用大数据分析工具 Pandas 对比分析大型数据集。

## 三、X 石油集团公司共享模式下纳税筹划现状及智能化应用研究分析

### (一) 共享建设情况

X 石油集团公司是产、炼、运、销、储、贸一体化的综合性国际能源公司,主要业务包括石油天然气勘探开发、炼油化工、油气销售、管道运输、国际贸易、工程技术服务、工程建设、装备制造、新能源开发等。近年来,在企业不断开拓国内外市场领域、市场竞争日益激烈的背景下,X 石油集团公司从企业规模、管理模式、企业战略发展等多方面情况分析,发现集团公司需要积极挖掘自身财务管理潜力,寻求创新管理的突破口。因此,以财务共享为引导的战略决策、价值管理、财务分析、风险管理等财务管理新模式应运而生。共享模式也在 X 石油集团公司企业转型升级、增强价值创造力、提高整体管理水平等方面发挥积极作用。

自 2016 年起,X 石油集团公司通过前期调研,综合考虑产业分布、人员储备、人才吸引力等多方面因素,在组织机构上按照"1 + 2 + N"的架构进行共享中心设置,即 1 个管理中心、2 个区域中心、N 个服务部。其中,管理中心设置在北京,承担共享管理职能和总部、专业公司、海外、科研、金融、国际贸易的相关共享业务运营职能;2 个区域中心(西安、成都)承担共享运营交付职能,按照属地就近原则承接相关业务,在区域中心原有职能基础上赋予专项职能,如发票管理、票据清算、财务数据分析等,面向全集团公司承接业务。

2017 年,X 石油集团公司首先在西安设置共享服务西安中心,并按照"先易后难、逐步推进"的原则在集团公司内 7 家驻陕企业公司全面推行财务共享模式,将涉及财务核算的各个方面都高效整合到一起,将采购至付款、销售至付款、总账至报表等职能统统纳入财务共享服务中心,并通过重塑流程框架,将由分散处理的交易活动转变为集中统一处理,且对其进一步标准化,逐步消除集团公司内同类经济业务的处理差异。财务共享采取标准化作业,各项业务严格按照相应操作手册处理,凭证制作准确率高达 99.98%,资金支付准确率达到 100%,大大提升了公司整体的运营效率。同时,在共享模式下,X 石油集团公司积极探索智能化应用,通过梳理在共享运营过程中的痛点、难点,对执行重复的、基于规则的手工财务活动,创新式地采用基于计算机编码以规则的"共享财务机器人"进行自动化操作。"共享财务机器人"分为 A(automatic)系列和 I(intelligence)系列。其中,A 系列是基于流程自动化

(RPA)的机器人,主要实现了财务业务流程管理,用于解决财务流程中高度重复的手工操作、手工处理存在较高差错率,以及受困于人力效率等问题,它有助于让企业营运更有效率以及更节省成本;I系列是基于人工智能的高端财务信息处理工具机器人,它结合机器学习的先进技术,建立模型,制造出能快速"阅读"大量复杂文件,并从中攫取和构建文本信息,以更好地做出数据分析的智能机器人。通过智能机器人在共享业务中的使用,我们可以看出智能化应用研究在共享模式下的运营效果非凡。比如,2017年年末上线运行A系列机器人A-1,主要负责对私支付业务凭证审核工作,审核效率高达为2.75秒/笔,截至2018年年初累计审核凭证58 608笔,审核效率为同口径业务人员的11倍。而A系列机器人A-2,主要负责对私付款方凭证的制作,平均制作凭证效率为1.7秒/笔,工作效率为同口径业务人员的35倍。

**(二) 纳税筹划现状**

X石油集团作为综合性能源独资公司,企业设立非独立核算的内设机构及独立核算的分公司,集团公司核算的税费种类主要有二十类,主要种类有增值税、企业所得税、消费税、车辆购置税、文化事业建设费、个人所得税、城市维护建设税、教育费附加、房产税、资源税、车船使用税、耕地占用税、印花税、契税、城镇土地使用税、地方教育费附加等;其他种类有石油特别收益金、水资源(税)费等。增值税作为X石油集团体量较大的税种之一,由于集团产业链内的各分公司地域广、涉税业务繁杂,增值税管理模式也不尽相同,申报模式包括独立申报模式、汇总申报模式、预缴申报模式等,而缴款方式也分为线上申报线上缴纳、线上申报线下缴纳、线下申报线下缴纳三种方式。

**1. 纳税筹划的内部环境**

1) 纳税筹划是企业经营管理的内在需求

现今随着市场经济体制的不断完善,企业为享有更高的经济利益,充分享受国家税收支持政策,企业需要实施纳税筹划。目前X石油集团公司通过共享模式的逐步推进,亟需建立健全企业经营管理制度及模式,对现有经营管理制度予以改革,纳税筹划也变成了企业经营管理的内在源动力。

2) 企业组织类型为实施纳税筹划提供可能

X石油集团公司具有庞大的组织规模,自身经营广泛,收支结构繁杂,业务涉及石油天然气勘探开发、炼油化工、油气销售、管道运输、国际贸易、工程技术服务、工程建设、装备制造、新能源开发等,日常经营范围巨大,分支单位更是遍布全国各地。该企业自身所具有的企业集团经营模式,以及关联方交易、集团内部联合并购、投资地点选择等都为纳税筹划工作提供可能。

**2. 纳税筹划的外部环境**

从企业自身外部层面来看,相关国家税法制度、内外部经济环境等都会促使企业开展纳税筹划。

1) 较重税负促使纳税筹划势在必行

X石油集团公司目前面临着较重的增值税纳税负担,绝大多数采用的是13%的消费型增值税,企业大量的流动资金被增值税占用,企业税负逐年加重。

2）行业竞争促使纳税筹划大势所趋

随着能源行业勘探、生产、开发等权限的逐步放开，资源的竞争日渐激烈。X 石油集团公司作为能源公司，想要与同类企业竞争，必须将低成本战略作为经济管理手段之一，依靠纳税筹划从而最大程度降低 X 石油集团公司的税费支出，可以有效增强企业竞争力。

3）税法掌握及优惠政策选用促使纳税筹划合法合理

国家在制定税法时因为地区经济发展差异的不平衡性及复杂性，遵照税收效益和公平原则，制定相适宜的税法，同时，针对一些特定行业或是地区给予适当的税收优惠以及政策倾斜，X 石油集团公司分布地域广、业务链长，可利用这些优惠差异，给予企业一定的纳税筹划空间。

**3. 增值税纳税实际情况**

X 石油集团公司主要经济业务涉及产、炼、运、销、储、贸的上、中、下游，增值税票据量大、单笔金额大，有些税务人员是财务人员兼岗，人员素质不一。在未采用财务共享模式之前，集团公司增值税管理中涉及的发票管理、纳税申报、税费缴纳、纳税评估等环节主要依靠岗位人员手工操作，尚无统一的信息化数据管理平台，缺乏构建完整的增值税管理体系。同时，由于集团公司内各所属单位，没有形成统一的数据中心，对同地区、同业务对税收政策的掌握和应用程度均存在差异，X 石油集团公司亟需建立政策统一、标准统一的税收筹划体系。201×年度，通过查阅 X 石油集团公司的驻陕产业链极具代表性的三家分公司(勘探生产分公司、炼油化工分公司、销售分公司)涉税账务，我们总结其纳税情况如下。

1）X 石油集团陕西勘探生产分公司

如表 1 所示，该公司 201×年度发生增值税销项税额 537 865 万元，发生抵扣进项税额 618 767 万元，年底增值税实际纳税留抵80 901 万元。

2）X 石油集团陕西炼油化工分公司

如表 2 所示，该公司 201×年度发生增值税销项税额 448 664 万元，发生抵扣进项税额 302 513 万元，年底增值税实际纳税 146 151 万元。

3）X 石油集团陕西销售分公司

如表 3 所示，该公司 201×年度发生增值税销项税额 479 260 万元，发生抵扣进项税额 454 979 万元，年底增值税实际纳税 24 284 万元。

通过上述数据，我们不难发现，作为 X 石油集团产业链中同一地区的三家分公司，并未将增值税纳税筹划统一管理，业务相对较为孤立，集团公司整体税负并未有所缓解，税负压力并未得到有效疏导，有必要通过一定的技术手段进行纳税管理，统一开展有效的纳税筹划工作。

**(三) 共享模式下实施纳税筹划的必要性**

当 X 石油集团公司采取财务共享模式来进行税务管理时，整个企业对于增值税方面的各项管理工作得到集中，通过 X 石油集团公司行业上、下游产业链中勘探、炼化、销售三家单位的财务共享达到税务信息共享，使得 X 石油集团公司的增值税纳税筹划更加整体、更加灵活。并且，凭借现代化高效率的信息化系统，财务共享可以对公司的增值税纳税筹划给予有力的支持，二者可以相互协调、相互促进、共同发展。除此之外，这种新的模式为企业提供了一个很好增值税纳税信息平台。它使工作更加标准化、流程化、系统化，把企业之前

**表 1　勘探分公司纳税情况**

单位：万元

| | | 1月 | 2月 | 3月 | 4月 | 5月 | 6月 | 7月 | 8月 | 9月 | 10月 | 11月 | 12月 | 全年 |
|---|---|---|---|---|---|---|---|---|---|---|---|---|---|---|
| 一 | 销售收入 | 285 762 | 263 149 | 277 942 | 275 559 | 302 681 | 305 349 | 298 006 | 311 140 | 330 281 | 338 983 | 337 200 | 331 082 | 3 657 134 |
| 二 | 销项税额 | 43 146 | 40 116 | 41 859 | 42 010 | 43 345 | 44 323 | 43 392 | 45 299 | 48 554 | 49 894 | 49 227 | 46 700 | 537 866 |
| 三 | 减:实际抵扣进项税额 | 18 743 | 23 756 | 32 091 | 65 122 | 69 371 | 82 182 | 69 084 | 60 881 | 65 707 | 58 379 | 74 862 | 108 861 | 618 767 |
| 四 | 实际缴纳税数 | 24 403 | 16 360 | 9 768 | -23 112 | -26 026 | -37 859 | -25 692 | -15 582 | -17 154 | -8 485 | -25 635 | -62 160 | -80 901 |
| 五 | 税负率 | 8.54% | 6.22% | 3.51% | -8.39% | -8.60% | -12.40% | -8.62% | -5.01% | -5.19% | -2.50% | -7.60% | -18.77% | -2.21% |

**表 2　炼油分公司纳税情况**

单位：万元

| | | 1月 | 2月 | 3月 | 4月 | 5月 | 6月 | 7月 | 8月 | 9月 | 10月 | 11月 | 12月 | 全年 |
|---|---|---|---|---|---|---|---|---|---|---|---|---|---|---|
| 一 | 销售收入 | 212 604 | 186 274 | 212 752 | 215 106 | 230 509 | 233 914 | 248 472 | 233 076 | 260 133 | 275 498 | 250 927 | 215 876 | 2 775 141 |
| 二 | 销项税额 | 35 824 | 31 390 | 35 868 | 36 250 | 36 559 | 37 026 | 39 404 | 36 967 | 41 342 | 43 778 | 39 920 | 34 336 | 448 664 |
| 三 | 减:实际抵扣进项税额 | 22 803 | 20 613 | 21 600 | 18 598 | 18 284 | 23 295 | 25 940 | 24 264 | 28 626 | 35 667 | 35 686 | 27 137 | 302 513 |
| 四 | 实际缴纳税数 | 13 021 | 10 777 | 14 268 | 17 652 | 18 275 | 13 731 | 13 464 | 12 703 | 12 716 | 8 111 | 4 234 | 7 199 | 146 151 |
| 五 | 税负率 | 6.12% | 5.79% | 6.71% | 8.21% | 7.93% | 5.87% | 5.42% | 5.45% | 4.89% | 2.94% | 1.69% | 3.33% | 5.27% |

注：1. 如果当月有留抵的增值税,税负率为 0 正常
2. 留抵数可以看"应交税费——未交增值税"科目,借方余额即为留抵扣数

**表 3　销售分公司纳税情况**

单位：万元

| | | 1月 | 2月 | 3月 | 4月 | 5月 | 6月 | 7月 | 8月 | 9月 | 10月 | 11月 | 12月 | 全年 |
|---|---|---|---|---|---|---|---|---|---|---|---|---|---|---|
| 一 | 销售收入 | 190 648.72 | 207 581.91 | 238 775.17 | 268 747.43 | 258 415.49 | 263 760.12 | 246 009.71 | 272 736.08 | 249 379.41 | 287 776.49 | 223 018.19 | 197 649.98 | 2 904 498.69 |
| 二 | 销项税额 | 32 605.60 | 35 675.35 | 41 239.66 | 46 176.90 | 41 754.99 | 42 466.00 | 39 750.82 | 44 036.00 | 40 249.80 | 46 599.22 | 36 209.39 | 32 496.64 | 479 260.38 |
| 三 | 减:实际抵扣进项税额 | 26 685.10 | 24 598.55 | 44 235.37 | 45 622.26 | 44 212.18 | 44 674.73 | 36 033.80 | 30 760.29 | 36 138.64 | 37 904.03 | 42 725.54 | 41 388.60 | 454 979.07 |
| 四 | 实际缴纳税数 | 5 920.50 | 11 076.81 | -2 995.71 | 554.64 | -2 457.19 | -2 208.73 | 3 717.02 | 13 275.71 | 4 111.16 | 8 695.19 | -6 516.15 | -8 891.96 | 24 281.30 |
| 五 | 税负率 | 3.11% | 5.34% | -1.25% | 0.21% | -0.95% | -0.84% | 1.51% | 4.87% | 1.65% | 3.02% | -2.92% | -4.50% | 0.84% |

注：1. 如果当月有留抵的增值税,税负率为 0 正常
2. 留抵数可以看"应交税费——未交增值税"科目,借方余额即为留抵扣数

分散的各种资源进行整理,进而较好地进行管理,帮助企业提高纳税筹划整体的工作效率和工作质量。同时,在此条件下,纳税筹划在企业中的重要作用逐步凸显。

**1. 有效提高企业的经济效益**

税金作为 X 石油集团公司的必要支出,为了实现公司的经济利益有效提升,税金的有效降低,合情合理。通过纳税筹划在其中发挥有效作用,以及政策把握、财务信息共享等实际工作,企业可以避免出现多缴纳税费的情况,减少税费成本,降低 X 石油集团公司资金压力。

**2. 有效提高企业财务管理水平**

通过财务共享,达到税务共享,X 石油集团公司在充分掌握基本税收制度和法律法规的同时,也对国家出台的相应政策进行 X 石油集团公司内部共享。通过纳税筹划达到真正分析公司的财务状况,平稳促进企业的财务管理水平的提升,X 石油集团公司得到更高效、更完善的发展。

**3. 帮助企业实现资源的合理匹配**

在共享模式下,通过 X 石油集团公司纳税筹划工作发现,在生产链环节中,上、中、下游的不同领域具有不同的税费压力。根据纳税筹划,X 石油集团公司通过分析比对税收政策倾向、延迟纳税等方式,对内部资源进行实时调整、实时规整,以达到资源合理配置的需求。

## 四、搭建税务智能管理平台

在大力推动建设财务共享的契机下,X 石油集团公司实现财务管理转型升级,充分利用智能化科技技术,融合现代科学管理理念,打通业财税整体流程,搭建一个符合集团公司自身税务发展需求的税务智能管理平台,在平台内嵌入"增值税智能化管理中心"及"共享服务财税机器人"两大功能体系,建立 X 石油集团公司共享服务模式下的增值税全生命周期大数据链,并将两大功能体系进行智能化对接,实现虚拟板式发票和实际发票开具、纳税申报、税务报告等数据信息传递的无缝衔接。

### (一) 共享税务组织架构建设

随着 X 石油集团公司共享模式的不断深入,为进一步提升集团公司整体税务管理水平,保证纳税筹划效果,X 石油集团公司总部及地区公司在设置财税部门的基础上,在共享服务中心设立共享服务税务部门,将集团公司总部税务人员、地区公司税务人员、共享服务税务人员有机结合在"税务智能管理平台"中,更好地为 X 石油集团公司税务管理工作服务(见图1)。

### 1. 打造专业化税务团队

纳税筹划管理属于企业经营管理中一项较高的增值活动,这项活动要求税务人员涉及面广、专业要求高。并且,纳税筹划需要税收管理人员对税收的各项政策和法规熟练掌握,结合企业自身的技术、资金等因素找到实施纳税筹

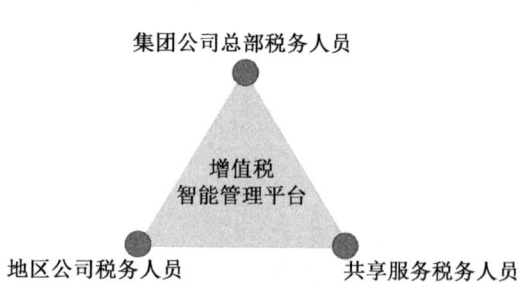

**图 1 组织架构图:X 石油集团公司
税务人员分布及构成**

划的合理空间。所以,X 石油集团公司人事部门通过摸底调查、人员筛选、调岗意愿,在集团各级公司的现有财务人员中进行税务岗位聘任,然后扩充至区域中心共享服务税务部门,打造一支专业化的税务服务团队,改变 X 石油集团各公司中的纳税筹划工作大部分有内部的财务人员兼职的现状。这打破了原人员自身知识、能力及利益等因素的制约,为 X 石油集团公司能够合法、有效开展税务管理提供内在原动力。

**2. 提供区域化专业服务**

X 石油集团公司作为综合性能源独资公司,其业务范围遍及全国,乃至全球。X 石油集团公司共享服务税务部门在人员扩充完成的前提下,按照业务涉及区域进行部门分组,对同一区域内各类业务所涉及的税收方面的法律、法规、条例和通知以及优惠政策集中统一执行,灵活应用;并按照时间阶段性编制税务手册,指导 X 石油集团公司各个区域内分公司开展各项税务业务;并将税务管理逐渐渗入 X 石油集团公司生产、销售、研发等环节,提供各类税务专业化服务。X 石油集团公司从战略和全局的高度对集团公司的投融资决策和生产经营管理等方面提出筹划建议,体现了经营管理过程中纳税管理的重要性。

**3. 选聘税务经理加强与税务机关的联系沟通**

在我国,企业与税务机关之间的沟通交流非常频繁,自开始经营就必须同国家税务机关建立联系。由于税务机关的专业性较高,X 石油集团公司在共享服务税务部门优先考虑注册会计师、注册税务师、税务律师等专业人才,按照区域选聘为税务经理。税务经理主要负责与税务机关就企业会计政策、会计估计调整以及税收相关法律的更新进行沟通。特别是在我国税收监管力度逐渐加强,增值税等相关税法持续改革的背景下,税务经理需及时与各区域税务机关展开联系,领会改革精神。并且,配合完成 X 石油集团公司各个区域公司在税务稽查、税务检查等方面的专项检查,保证税务管理工作的合法性、合理性和有效性。

**(二)建立"增值税智能化管理中心"**

在 X 石油集团公司共享服务平台建设过程中,集团公司为其国内外分、子公司的会计核算建立了统一的信息数据平台,财务所有信息均通过信息系统来采集和传递,实现数据一点录入、信息全程共享。而发票作为企业经营活动中的重要业务凭证,也是企业进行会计核算和税务申报的关键依据。在共享服务模式下,X 石油集团公司利用数据共享规模优势来加强发票管理,实现发票管理数字化、自动化及智能化,最终从集团公司整体考虑,进行增值税纳税筹划和风险管控。

为了实现税务管理在集团公司纳税筹划中应有的作用,X 石油集团公司融入人工智能技术以建立一代"增值税智能化管理中心"。"增值税智能化管理中心"主要将发票采集、开具、认证、查验、纳税申报等功能进行全面整合,省时省力且及时准确;在"增值税智能化管理中心"中创建两个模块和两项主要功能。所谓"两个模块",一个是进项发票模块,实现 X 石油集团公司进项税发票采集、验真、查重、认证等功能;另一个是销项发票模块,实现 X 石油集团公司销项税发票开具、票据电子化管理等功能。通过两个模块形成相应的增值税发票信息池,以增值税发票信息池相关数据为依据,X 石油集团公司完成纳税申报工作,并形成不同主体所需求的税收报告。

如图 2 所示,"增值税智能化管理中心"的建立有效实现了增值税发票 X 石油集团公司全生命周期管理,实现了增值税进项发票的取得、录入、认证、记账全流程跟踪。通过第三方

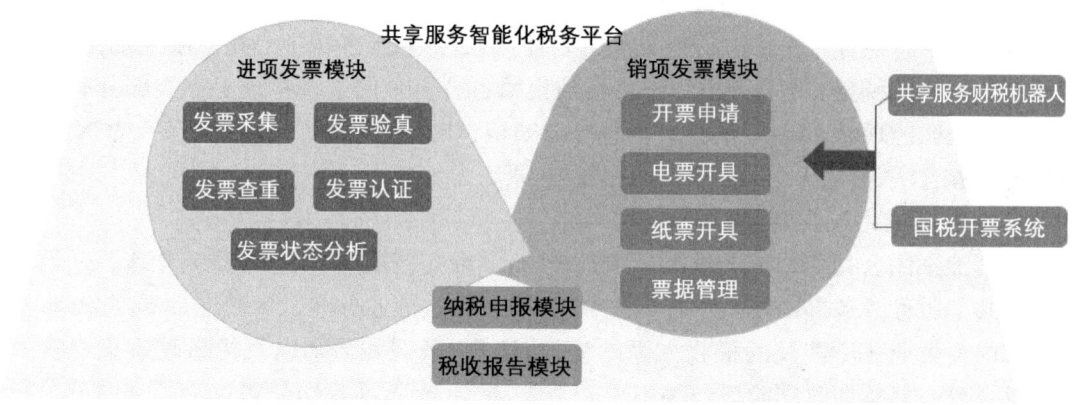

图 2　共享服务智能化税务平台:承载 X 石油集团公司税务智能化应用

预先搭建的税务数据通道,X 石油集团公司实现了与税务局数据库中的适用数据传输,并将原先在国家税务局平台中检验发票(登录查验网站)、认证发票(登录认证平台)等分散的功能,集成到共享服务智能化税务平台中;实现了增值税销项发票从发票入库、分发、领用到开具、红冲、作废全流程管理,与金税开票系统集成;实现了按照"共享服务财税机器人"提供板式发票信息自动开票,或通过数据接口,可以将销售系统、合同系统等业务模块中的业务数据、财务数据自动生产为增值税开票信息,实现了自动化开具发票。同时,在"共享服务智能化税务平台"中建立了全流程化的审批平台,从开票申请、批准开票、发票打印到快递邮寄,便于 X 石油集团公司各级税务人员"一站式"税务操作。

**1. 传统发票管理现状分析**

对 X 石油集团公司各层级之间增值税票据管理方面的调查发现,集团公司在传统发票的管理上存在一定的弊端,各类操作主要由各级税务人员手工完成,存在一定的涉税风险。

1)识别查重工作

X 石油集团公司填制会计凭证、财务共享单据时,仍需要各级税务人员人工识别、录入及核对发票信息,时间成本高且出错概率大。同时,增值税电子发票可重复打印、无需额外加盖专用章的特性,带来了重复报销的风险。X 石油集团公司仍然采取人工查重手段,即通过各级税务人员手工建立 Excel 台账进行管理,通过 Excel 搜索电子发票编号,进行核销登记,这既增加了税务人员工作量,也影响业务处理效率。

2)验真工作

X 石油集团公司增值税进项税发票体量巨大。集团公司取得的进项税发票需要在税务局的发票查验平台输入发票代码、发票号码和开票金额或者通过税票查验 App 直接扫描发票二维码,验证发票真伪,严重影响发票验真效率。

3)认证工作

企业收到的增值税专用发票是增值税抵扣的重要凭证。企业每月需在国税网上传相应发票进行进项认证,认证通过的发票才可作为次月销项的抵扣。目前,除 D 级纳税人以外的纳税人都可以在网上方便地进行勾选认证。对于 X 石油集团公司而言,认证工作较为分散,缺乏统一管理,存在认证期与账务处理期不一致的风险。

4）纳税申报工作

虽然 X 石油集团公司的申报方式及缴纳方式存在差异，但由于并无纳税申报所需的智能化信息数据源，申报内容主要由各级税务人员手工填写，且 X 石油集团公司税务人员部分是由企业内部财务人员兼职，公司存在申报内容解读差异化等各类问题，在一定程度上未达到企业纳税筹划的要求。

**2. "增值税智能化管理中心"主要功能**

随着新财税政策实施和金税三期系统的上线，X 石油集团公司基于共享模式，对公司传统财税流程进行重塑与再造，进一步打通"业财税"管理流程，通过搭建增值税智能化管理中心，创新打造该平台内的四大模块：进项发票模块、销项发票模块、纳税申报模块、税务报告模块，最大化地实现了 X 石油集团公司的增值税税务集中管理。在纵向上，这充分体现企业、客户、供应商、税务机构之间的交易连接；在横向上，智能化技术手段将增值税进、销项发票数据自然沉淀，形成增值税发票的数据资源池，并将税务信息与业务信息、财务信息整体联动，自动生成纳税申报表、实现一键批量算税、报税，最终实现从发票管理、纳税申报、税务报告的全面数字化管理，有效驱动前端业务的标准化和后端财务的效率提升，帮助 X 石油集团公司进一步提高公司的资金安全和风险管控能力。

1）进项发票模块

通过增值税智能化管理中心与共享服务平台对接，及时获取发票信息，形成进项税发票电子库，智能化分析发票状态，避免税务损失和风险；在模块内通过发票信息自动进行单据合规性检查；对发票电子库中未抵扣数据进行预警，降低企业预期风险；简化流程提高效率，节省人工降低成本。

（1）发票采集。

支持手工录入、拍照扫描、PDF 识别、清单导入等多样的进项发票快速采集途径，随时根据发票电子库中的对应税号中的发票信息，自动采集供应商开具给本企业的增值税专用发票，及时获取与本公司相关的发票状态、发票信息等内容。相关人员可以通过不同归类，对发票信息进行多维度查询汇总，全面了解一段时期各个行政维度的发票情况。

（2）发票验真。

业务人员填写共享平台填制表单的时候，通过上传发票影像（通过扫描发票或扫描发票二维码或上传电子发票等）、调用税务局电子抵账库信息，在平台中自动实现验真功能。查询结果自动显示在影像资料上，对于通过验真的发票，系统自动获取发票票面信息并回填到报销单上，然后通过系统整体链接，可以实现流转、报销、入账的无缝衔接，无需人工介入就可以将发票数据传递至公司财务系统，进入报销审批环节、支付环节。

（3）发票查重。

业务人员通过共享服务平台上传发票影像，系统可根据发票号码、报销金额，对重复报销的发票进行自动校验，实现自动查重功能。其主要是在进项税发票电子库中记录发票报销状态。电子库会自动记录发票号码、发票代码、报销人、报销单号、报销日期、会计制证信息等，若重复发票再次被扫描报销，及时进行警示。

（4）发票认证。

共享平台中进项税相关单据经过审核通过、付款完毕后，电子库的专用发票将自动标识为未认证状态,经过与账务数据自动比对、达到自动认证条件后,专用发票则将自动标识为需认证状态,确认后统一实时传输至挂接税务局认证通道的增值税智能化管理中心,在平台中进行自动认证。财务结账后,生成对账模块,将记账凭证中的进项税与认证通过的发票通过发票号码、发票代码进行自动匹配,并完成对账,最终生成对账报表。

(5)发票状态分析。

在增值税智能化管理中心的发票电子库中对各类进项税发票状态进行分析,按照票据流转实时状态、需认证、已认证、需转出等类别进行多维度组合查询,便于维度下数据分析。并与共享平台中的相关单据进行对比,对业务单据使用范围、填写习惯、关联性等进行数据信息记录,通过进项税票状态记录对 X 石油集团公司业务单据填报及账务检查进行约束。

2)销项发票模块

该模块内嵌于增值税智能化管理中心,通过共享服务财税机器人提供数据接口,获取开票数据,实现自动开票,并实现电子(纸票)票据管理等,彻底消除发票流程中的重复工作,保证数据的一致性,将数据的效用最大化。

(1)销项发票的领取、开具。

利用增值税智能化管理中心,保证 X 石油集团公司共享上线企业的销项税发票开具能力,由共享服务中心税务人员根据 X 石油集团公司各类统建系统反馈信息,通过"共享服务财税机器人"提供虚拟板式发票,达到统一开票,及时记录票据信息,各分、子公司根据虚拟板式发票实现在线开票、在线抄报等功能,也可按照同类业务、同类合同实现批量开票,统一交付,实时进行动态跟踪。

(2)销项发票的电子化管理。

借助增值税智能化管理中心信息技术,充分发挥平台高度信息化的优势,解决纸质发票寄送和审批的效率低、周期长、整理和管理的成本高的问题,电子信息扫描技术等将发票以影像资料的形式保存至增值税智能化管理中心,便于后期会计资料查档、税务稽查等,减少潜在的风险点。

(3)销项发票票据管理。

将增值税智能化管理中心销项税模块挂接 X 石油集团公司各级公司国税开票系统,将本期所开发票自动导入该模块销项数据池。此外,定额发票等可通过添加发票功能手动添加进系统中,并对销项数据池未自动识别出应税项目的发票可通过发票信息补录功能手动修改,确保后续纳税申报表数据准确。

3)纳税申报模块

纳税申报模块数据来源主要依靠增值税智能化管理中心中进项发票模块与销项发票模块中的发票数据池,由共享服务税务人员按照 X 石油集团公司不同的核算主体在纳税申报模块中进行数据导入操作,通过"一键式"操作完成纳税申报表填报,并在纳税申报表中按照 X 石油集团公司各级核算主体需求进行调整。纳税申报表点击完成后,增值税智能化管理中心自动向 X 石油集团公司各级核算主体发送填制完成信息,待各公司审定完成后,根据纳税申报模块所挂接的税局端完成纳税申报,并由 X 石油集团公司共享服务人员根据纳税申报数据自动生成付款单,对应缴税额进行支付。该模块在极大程度上按照 X 石油集团公司的纳税现状,通过建立标准化申报流程,通过信息化数据库、自动生成纳税申报表,高效解决了 X 石油集团公司手工填写纳税申报数据的种种弊端。

4）税务报告模块

税务报告模块可以整合所能收集到的所有数据源。该模块主要依托于"增值税智能化管理中心"挂接 X 石油集团公司各类集成统建系统,按照 X 石油集团公司整体需求设定综合报告、专题报告两种模式,集团公司各级税务人员可通过不同的报告使用对象,对可选择数据源进行自由组合,形成报告内容。该报告可客观、真实及时反映 X 石油集团公司税务情况,可用于税务自查、税务稽查、税务申请等各项工作。

**（三）打造"共享服务财税机器人"**

"共享服务财税机器人"作为增值税智能管理平台第二大功能体系,在 X 石油集团公司共享模式下的纳税筹划过程中承载着最为核心的作用。该机器人可以准确高效地提升 X 石油集团公司纳税筹划效果,将 X 石油集团公司的生产系统、销售系统、合同系统、人事系统和基建系统智能连接、内通外联,将纳税筹划做到真正意义上的"一站式"服务。将纳税筹划过程标准流程化管理,便于 X 石油集团公司改变原纳税筹划模式,在整个税务信息共享的前提下,实现从"个体"到"全局"的智能化转变,加强全局控制的思想和力度,并充分引入可视化的纳税筹划效果监控工具,用于实时分析纳税筹划效果。X 石油集团公司通过"共享服务财税机器人"显著提高了公司在纳税筹划上的精度、速度、敏捷度,将纳税筹划有效转化为企业竞争力。

**图3  共享服务财税机器人**

X 石油集团公司结合共享模式在公司内部的不断推行,为"共享服务财税机器人"的功能实现变为可能,税务共享后所有基础工作更加统一化、标准化、规范化,为纳税筹划体系搭建、数据输出内容等提供系统载体,为纳税筹划方案的制定提供数据支撑,通过既定的业务逻辑准确高效提高 X 石油集团公司的纳税筹划效率。"共享服务财税机器人"主要承载"发票大数据分析""税收风险管控""税收优惠政策提取使用""增值税纳税筹划管家"等功能(见图3)。在此类功能项上通过添加增值税税务运算逻辑、税务知识图谱构建、纳税筹划模式演化与推理、税务业务智能描述等技术,为企业构建纳税筹划模拟效果数据库,通过对运算逻辑、税务关系、纳税规则等方面的混合存储,颠覆 X 石油集团公司传统纳税筹划的"个体"数据存储架构,用智能化数据辅助集团公司各级纳税主体的税务决策和判断。

共享服务财税机器人承载功能的具体内容如下。

### 1. 发票大数据分析

该功能主要与"共享服务智能化税务平台"相联系,对平台中的增值税税务数据库中的大量票据进行 X 石油集团公司"客选化"的服务,按照 X 石油集团公司的财务管理需求,通过调用"共享服务智能化税务平台"税务数据库,对增值税票据所涉及的相关经济业务进行分析,将智能数据分析技术全面应用与"共享服务财税机器人"功能。

1)进项发票大数据分析

对增值税税务数据库中的进项税发票归类汇总,增加票据描述性分析及判断性分析,抓取结构性数据,通过"共享服务财税机器人"对进项税票所涉及经济内容进行分析。通过对进项税发票中涉及的供应商进行信息提取和记录,形成供应商数据链,在供应商数据链内添加资质、交易评分等功能,建立优选供应商和供应商黑名单,在 X 石油集团公司采购同类商品或使用同类服务室推荐优选供应商,向企业经营管理邮寄延伸,同时,在该功能模式下,X 石油集团公司可通过自主匹配查询信息,对"单个"或者"多项"购买业务进行购买价格、购买类别等同比、环比分析,进行产品报价调价管控,给 X 石油集团公司各级购买业务发生时提供集采建议,并通过票据关联库存信息,对库存进行实时监控,及时调配库存购进,进行 X 石油集团公司内的可用资源调配,避免资金占用及资源浪费。

2)销项发票大数据分析

对增值税税务数据库中的销项税发票归类汇总,按着不同维度交叉查询企业的销项税信息,通过提取销项税票相关信息,充分向客户信息延伸,给客户描绘动态画像,建立客户数据库;将客户信息纳入整个 X 石油集团公司的生态链,极大促进与生态链内企业的协同能力。根据客户特性及购买习惯,采用智能客户关联数据推送技术,向客户预留联系方式精准推送 X 石油集团公司各个分公司的产品、服务等信息。对于产品、服务优惠政策进行精准客户定向推送;同时根据销项税发票大数据信息,对库存信息进行关联分析,为 X 石油集团公司各级管理及决策人员提供库存资金占用情况、物资积压情况、短缺/超储情况等不同的统计分析信息,并结合内外部运输部门,进行业务关联协同,从 X 石油集团公司整体进行物资调运,协调仓储能力,区域化上从根本上实现降低 X 石油集团公司库存积压率。

### 2. 税收风险管控(预警)

税收风险管控(预警)主要用于"增值税智能化管理中心"风险管控及"增值税纳税筹划服务"风险预警。该功能主要对 X 石油集团公司实现发票管理风险管控、税费计算风险管控、纳税申报风险管控、风险预警机制管控,从源头规范纳税筹划操作,降低纳税申报风险。

1)发票管理风险管控

通过对接"增值税智能纳税筹划平台",对增值税发票进行"全场景、全票种、全周期、全集成"管理,进而实现了 X 石油集团公司从发票申领到抄报的全生命周期管理,有效防范虚开、套开发票行为,降低了 X 石油集团公司税务风险。根据设置增值税发票信息关联性风险点,有效识别不合规发票,及时进行预警提示,对 X 石油集团公司接收的异常发票及时提示。在开具发票时,根据商品名称和业务事项进行比对分析,及时向 X 石油集团公司税务开票人员及时反馈,辅助检查所开发票商品编码、使用税率、备注事项是否完整准确。

2)税费计算风险管控

"营改增"后,由于 X 石油集团公司涉及经济业务较为繁杂,"共享服务财税机器人"可根据不同业务场景寻找相应的增值税计算方法依据,通过拖拽税务局信息,内嵌税率运算逻辑,针对多种税率的综合运用以及同一业务在不同时期使用不同税率的现象等各种情况。对于 X 石油集团公司区域化统一经济事项,自动核对匹配所对应计算的税率,大大降低 X 石油集团公司税费计算风险。

3) 纳税申报风险管控

在增值税政策频繁调整的大环境下,为应对 X 石油集团公司增值税纳税申报表格式不断变化,设置申报表项目关联信息,对"增值税智能纳税筹划平台"中纳税申报表的增值税视同销售、简易计税、混合销售、兼营业务和差额计税等特殊情况进行数据关联检查。同时,在"增值税纳税筹划服务"中,对于增值税模拟纳税申报数据进行全过程、全方位税收风险管控,将纳税申报所涉及经济业务前置化,保证 X 石油集团公司纳税筹划的合理性。

4) 风险预警机制管控

充分发挥 X 石油集团公司共享中心大数据资产优势,建立 X 石油集团公司不同地区、不同行业、不同规模及发展阶段的企业增值税税负率历时数据库,通过对 X 石油集团公司各分公司的历史数据,并分析出合理的税负率区间,对比分析出异常情况进行不同等级的风险预警。针对 X 石油集团公司企业重组改制、不动产转让等特殊业务,及时进行对应政策推荐和风险提示。

**3. 税收优惠政策提取使用**

X 石油集团公司通过"共享服务财税机器人",与财政部、国家税务总局、各地方税务总局网页中的税收政策发布网站有效对接起来,第一时间收集各级财税管理部门发布的税收政策,并将优惠政策按 X 石油集团公司的业务类型、适用范围、适用时间等方面进行分类整理,结合 X 石油集团公司具体经济业务特性对税收政策做出智能解读,建立增值税税收优惠政策库。

1) 优惠政策适用智能提示

将 X 石油集团公司的"共享服务财税机器人"的增值税税收优惠政策库与销售系统、合同系统等各类统建系统对接,当企业人员在进行合同签订、销售订单录入等业务处理时,"共享服务财税机器人"根据经济业务事项描述进行业务判断,自动匹配相应的税收优惠政策并提示企业选用,X 石油集团公司内部人员也可利用"共享服务财税机器人"搜索增值税税收优惠政策库直接进行选用。

2) 优惠政策适用智能指导

当 X 石油集团公司各级税务人员对相关业务所享受的优惠政策不了解时,通过智能搜索引擎,输入简单的业务描述,便可获取全面可靠的税收优惠政策指导方案,引导 X 石油集团公司税务人员完成税务录入及管理工作。

3) 优惠政策适用智能学习

通过加强与税务培训机构或者各省市指定会计人员继续教育平台的合作,按照 X 石油集团公司税务培训需求,定期上传相关优惠政策培训电子课件及视频课件,便于 X 石油集团公司各级税务人员素质提升,为纳税筹划工作提供有力保障。

**4. 增值税税务管家**

X 石油集团公司通过将本企业生产系统、销售系统、合同系统和人事系统等统建系统端口挂接至"共享服务财税机器人",将 X 石油集团公司的各类统建系统与"共享服务财税机器人"实现交互式智能化,通过模拟增值税发票申报数据导入模拟发票信息从前端建立 X 石油集团公司增值税发票的全业务统一视图。

同时,X 石油集团公司将前期纳税筹划方案导入增值税税务管家,形成重点信息记录,便于 X 石油集团公司纳税筹划时自动进行方案干预,让 X 石油集团公司各级税务人员的纳税筹划工作更加"前瞻化""智能化""原子化",实现纳税筹划智能管理。进一步使"共享服务财税机器人"增值税纳税筹划结果更具合理,并将纳税筹划信息及时反馈给 X 石油集团公司各类统建系统,充分保证 X 石油集团公司的后期纳税申报结果更契合纳税筹划思路。

进一步实现由 X 石油集团公司共享服务中心税务部门统一开票,通过"增值税税务管家"挂接本企业生产系统、销售系统等统建系统,按照销售信息实时进行发票信息登记,经过系统判别达到开票条件后,通过"管家"开具虚拟板式发票,及时记录票据信息,并通过"管家"及时反馈给"增值税智能化管理中心",X 石油集团公司各分、子公司可直接调用虚拟板式发票信息通过各级公司国税开票系统实现在线开票,充分解决票据信息在传递过程中存在时间差的诟病。

### (四) 构建共享模式下智能化纳税筹划方案

#### 1. 构建纳税筹划模型

X 石油集团公司开展纳税筹划的初衷是提升集团公司税务管理水平,通过合理的纳税筹划,帮助企业节约经营成本,降低税负,有效提高企业的盈利能力和市场竞争力。在 X 石油集团公司共享模式不断延伸、持续深入的情况下,通过搭建"税务智能管理平台",充分智能化应用"增值税智能化管理中心"和"共享服务财税机器人"两大功能体系,开创性构建了"伞式"纳税筹划模型(见图 4),将纳税筹划与 X 石油集团公司增值税产生的主要环节充分结合起来,保证 X 石油集团公司能够更加灵活地顺应增值税纳税形势,进一步保证集团公司的税务效果。

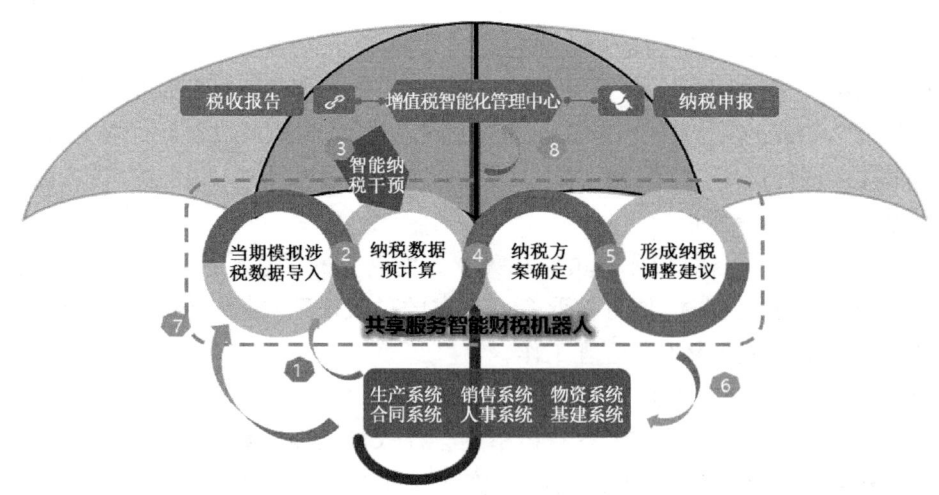

**图 4 纳税筹划模型**

根据 X 石油集团公司纳税现状分析,集团公司整体税负较高,纳税筹划应该结合集团公司实际经营情况全局考虑，依靠共享服务税务部门的专业化团队力量，秉持企业价值最大化原则，综合考虑，全面权衡，在区域化合法合规的前提下，利用好税收政策，减少纳税，同时充分考虑 X 石油集团公司的综合成本和效益，避免一味忽略企业经营状况和风险。对于纳税筹划方案的设计，主要充分利用好增值税税收优惠政策，通过分散税基利用税法弹性进行 X 石油集团公司的纳税筹划工作。

1) 统建系统模拟涉税数据导入

通过 X 石油集团公司"共享服务财税机器人"挂接集团公司"生产系统、销售系统、物资系统、合同系统、人事系统、基建系统"端口，由 X 石油集团公司共享服务税务部门人员按照集团公司纳税申报要求对当期增值税纳税所需数据在统建系统中进行智能提取，对提取数据进行有效性判断，并增加各个系统间的逻辑检查，确保纳税筹划方案基础数据的可采用性。

2) 纳税数据预算

"共享服务财税机器人"根据提取的数据进行纳税数据预计算，按照纳税申报项目，预制纳税申报表，通过在机器人中内置 X 石油集团公司各级纳税申报方式，预计算各层级当期需缴纳的税额，计算集团公司整体税负及各分公司税负情况，通过可视化影像进行税负展示，对留抵较大或税负对比分析较重的公司进行临界值预警，重点关注当期重点关注企业的涉税项目。

3) 纳税智能干预

按照纳税数据的预计算，"共享服务财税机器人"根据预计算结果进行涉税数据信息提取，直接调取区域化"增值税税收优惠政策库"及"前期纳税筹划方案"，按照涉税经济业务描述进行智能大数据分析，对区域化减免政策、减免商品与涉税经济事项进行自动匹配；对涉税经济内容相似度进行比对，相似度达到 95% 以上，自动匹配前期纳税筹划方案，实现纳税申报的智能化干预。同时，共享服务税务部门人员通过"税负可视化影像"，有的放矢的联同区域税务经理，通过转移定价模型、库存结构调整、人员组织结构调整等纳税方案选择进行纳税筹划试算，最终形成纳税筹划初步方案。

4) 形成纳税调整建议

对于"共享服务财税机器人"形成的纳税筹划初步方案，X 石油集团公司共享服务税务部门人员通过调用风险管控（预警）数据库，对纳税筹划初步方案中的数据进行监控、监察和预警。按照风险种类、可能性、影响程度进行分级，增加可视化展示，共享服务税务部门人员根据风险等级提示确定解决方案，调整纳税筹划调整方案，调整方案形成后提报区域税务经理进行审批，并联合 X 石油集团公司各级税务机构对本企业纳税筹划方案进行核定，保证纳税筹划方案的可行性。

5) 向各系统模块进行反馈

按照 X 石油集团公司各级税务机构对纳税筹划结果的确认，由"共享服务财税机器人"向集团公司"生产系统、销售系统、物资系统、合同系统、人事系统、基建系统"的端口进行涉税信息反馈，对各端口的材料采购、劳务雇佣、收入确认等原始数据进行纳税筹划智能化提醒，X 石油集团公司可按照智能化提醒开展产能分配、合同更改、资源调配等工作，从源头保证纳税筹划成果。

6) 涉税基础数据回传"共享服务财税机器人"

X 石油集团公司将"生产系统、销售系统、物资系统、合同系统、人事系统、基建系统"等统建系统本期确定后,将涉税基础数据传输至"共享服务财税机器人",由共享服务税务部门人员按照相关涉税基础数据对 X 石油集团公司进行业务源、数据源和信息源登记,并为实现"共享服务智能化税务平台"发票开具统一,提供预制板式发票。

7) 票面信息至"增值税智能化管理中心"

"共享服务财税机器人"将业务源、数据源和信息源同步推送到"增值税智能化管理中心",同时,X 石油集团公司各级公司按"增值税智能化管理中心"接受的预制板式发票的相关信息,从开票端进行发票开具。

**2. 纳税筹划方案选择及效果分析**

增值税作为 X 石油集团公司最重要的税种之一,在集团公司内部具有征收范围广、抵扣链完整、减免条件宽泛和筹划空间较广等特点。因此,充分把握好增值税的纳税筹划,将会为企业的全面可持续发展创造更多的有利条件。同时,也必须通过落实增值税纳税筹划方案保证纳税筹划效果,方案一旦进入执行环节,就要加强控制与监督,发现问题及时施策加以解决,待成功后,更易于形成规模效应。目前,对 X 石油集团公司目前的经营状况,我们主要可以通过以下方式进行纳税筹划。

1) 内部价格转移

内部价格转移一般指关联企业之间在销售货物、提供劳务、转让无形资产等时制定的价格。通过内部价格制定,从而在集团公司达到最大限度减轻其税负的目的。随着 X 石油集团的业务扩张和发展,通过对集团公司涉税账务进行分析,我们发现,例如驻陕产业链上的陕西勘探生产分公司增值税期末留抵税额较大,而其余公司都存在税负较重的情况。这种情况在 X 石油集团较为普遍,所以通过内部价格转移来降低集团整体税负,同时,充分考虑集团公司内部交易商品出厂价格、购买方所在地市场价格和集团公司内部定价等情况,在价格上、下限内合理选择,避免形成税务争议,造成税务稽查风险。

以 201× 年度 10 月陕西勘探生产分公司向陕西炼油化工分公司销售原油为例,考虑国际原油价格、地区贴水等情况,采用 X 石油集团公司内部定价模式,以当月销售量达到 100 万吨为例,假设销售价格增加 100 元/吨。陕西勘探生产分公司销项税 $= Q \cdot P \cdot 13\% = 100$ 万吨 $\cdot 100$ 元/吨 $\cdot 13\% = 1\,300$ 万元;截至 201× 年度 10 月末,该分公司进项税留抵 $-8\,485$ 万元,因价格调整销项税增加 $1\,300$ 万元,进项税留抵减少 15%。陕西炼油化工分公司进项税 $= Q \cdot P \cdot 13\% = 100$ 万吨 $\cdot 100$ 元/吨 $\cdot 13\% = 1\,300$ 万元;截至 201× 年度 10 月末,该分公司实际缴纳数为 $8\,111$ 万元,因价格调整进项税增加 $1\,300$ 万元,税负率 2.47%,较未进行纳税筹划减少了 15.98%。

X 石油集团公司通过增值税智能管理平台大数据比对,对集团公司内各分公司的科技创新、新技术应用和新工艺推广及时进行成果转化,采用专利注册、著作权注册等方式在增值税智能管理平台进行权利备案,建立特许使用权备案库,在 X 石油集团公司内进行推广使用。X 石油集团共享服务税务部门在进行纳税筹划智能干预时,监测到其他关联企业使用特许使用权备案库中数据信息时,按照特许权使用费所得应纳税额计算模型依法纳税,依照《中华人民共和国增值税暂行条例》第二条增值税税率规定,因使用权利、或如信息、服务等无形财产而支付的款项,需使用 6% 的税率,这为 X 石油集团中税负较高企业提供了节税依据。

遵照《财政部国家税务总局关于全面推开营业税改征增值税试点的通知》(财税〔2016〕36 号)营改增后,企业之间的借款利息属于贷款服务,贷款服务适用的增值税税率为 6%。X 石油集团公司由于业务庞杂,资金借款属于企业内部资金流动正常业务,按照税法规定,关联企业间的资金占用或借款,出借方是需要根据同期同类贷款利率计算出借方的利息收入缴纳增值税,但需要注意的是由于规定中"下列项目的进项税额不得从销项税额中抵扣:(六)购进的旅客运输服务、贷款服务、餐饮服务、居民日常服务和娱乐服务"。而公司间的借款利息贷款服务,无法进行抵扣。所以根据此规定可在增值税留抵较大的公司形成增值税纳税筹划利好因素。营改增后,存在借款的一般纳税人非常关注借款利息是否能够抵扣的问题,如果借款利息能够抵扣进项税额,则对存在借款人来说一般纳税人是一项利好。

2)销售信用选择

鉴于 X 石油集团公司共享模式下的管理模式,以及"增值税智能管理平台"的高效建设,可以通过合同系统对接智能管理平台,应用共享服务税务部门的监管和智能平台的大数据分析,对合同内容进行动态跟踪。X 石油集团公司通过调用"增值税智能管理平台"优质客户数据库,优先在合同系统中推荐"商业折扣销售",通过在增值税发票上进行折扣注明,可将商业折扣直接从销售收入中扣减。对于 X 石油集团公司这种兼具销售业务的企业而言,既能有效降低计税基数,进而达到降低 X 石油集团公司综合税负和分公司个体税负的目的,又能够通过"增值税智能管理平台"选取的优质客户,及时收回货款,提高 X 石油集团公司整体的资金流动性。

3)销售合同签订

全面营改增以后,不同业务与行业,适用税率的差异比较大。X 石油集团公司在未采用共享模式运营时,开展具体业务或签订合同时,人工判断签订适用的税率或开具不同税率的发票,认为是从集团公司层面进行全面考虑,殊不知,增值税税收的缴纳不仅与行业有关,同时也与相应的特殊政策有关,是需要综合考虑的。X 石油集团公司在目前的共享模式下可充分借助"增值税智能管理平台",对合同经济事项进行分析,提供合同签订背书式服务,为增值税纳税筹划提供基础服务,从根本上解决纳税筹划所面对的前期缺乏预判性、结果偏差性较大的问题。比如 X 石油集团公司存在装备制造及物资销售业务,从事该业务的公司作为一般纳税人销售外购机器设备的同时提供安装服务,按照国家税务总局公告(2018 年第 42 号)相关兼营的规定,对于机器设备和安装服务的相关销售额,安装服务选择适用简易计税方法计税。比如 X 石油集团公司 X 装备制造企业在开具销售发票时,在"货物或应税劳务、服务名称"中分别罗列了销售金额与安装金额:①机器设备,金额:100 万元,税金:13 万元(100×13%),合计 113 万元。②设备安装费,金额:20 万元,税金:0.60 万元(20×3%),合计 20.60 万元,税金合计 13.60 万元,较之原处理模式税金合计 15.6 万元〔(100 + 20)×13%〕,税金减少了 2 万元。从上述分析可以看出,企业的纳税筹划应与会计制度相结合,在掌握增值税政策的基础上,合法、合理地减小计税依据是企业进行纳税筹划的有效手段之一。

4）实现劳务外包

由于 X 石油集团公司共享服务税务部门的成立,在专业化团队进行纳税筹划过程中,发现人工成本也可以成为纳税筹划的关键,特别 X 石油集团公司作为综合性能源型公司,大多数分公司属于对生产(制造)型企业,例如 X 石油集团公司生产(制造)型企业的单位产品成本为 1 500 元,销售单价为 2 000 元,该产品的增值额为 500 元,从理论数据上增值税就只是对这 500 元征税。但实际做法并非如此,因为在这 1 500 元的产品成本中,如果其中的人工成本主要来自企业自行签订用工合同的用工类型的话,那么这部分人工成本最终会被纳入增值额,如此一来,等于在某种程度上变相扩大了增值税的计税基础。

所以,通过人工成本核算进项税才能使 X 石油集团公司有效解决这类问题。通过采用劳务外包,与具有服务资质的劳务公司签订劳务外包合同,来增加 X 石油集团公司的增值税进项税源。

从 X 石油集团公司"增值税智能管理平台"中挂接人事系统及合同系统汇集的数据上分析,人工成本在 X 石油集团公司的服务性企业约占总成本的 65%,而在 X 石油集团公司的生产(制造)型企业约占总成本的 37%。如果考虑人工成本能纳入进项 X 石油集团公司的进项税抵扣,那么纳税筹划的降税效果将十分明显。

5）运输费用结算模式调整

X 石油集团公司企业规模较大,采购工程物资设备必然会涉及运输费用,X 石油集团公司增值税智能管理平台挂接国家税务局,增值税税率库中现行物资设备采购适用税率 13%,运费适用税率 9%。这样,购货支付运费是否包含在采购价格内结算,在极大程度上会直接影响到进项税额抵扣差异。在 X 石油集团公司纳税筹划过程中,运费结算和开具发票可以选择"一票制"和"两票制"两种模式。一票制是指货物和运费在一张发票结算,是按照按销售设备、物资和运费总额的"到货价格"结算,并开具增值税专票;两票制指的是货物和运费分开结算,分两张发票开具,按销售设备或物资价格和运输费用结算,并分开具增值税专票和运输业专用专票。通过增值税智能管理平台数据比对分析,X 石油集团公司各公司在处理一般纳税人采购大型设备或大量材料时,在一般情况下,普遍采用"一票制"结算,可使运输费用多抵扣 4% 的进项税额(13% - 9%);如果处理小规模纳税人采购,则应按"提货价"交易,运费单付,普遍采用"两票制"结算,确保运费正常按 9% 税率抵扣。

例如 201× 年度 5 月,X 石油集团公司采购工程物资,北京市 X 丰顺公司作为增值税智能管理平台主动推荐的一般纳税人为此次工程物资的供应商,不含税报价均为 1 000 万元(含运费为 100 万元)。如果运费采用"一票制",公司可抵扣进项税额 115 万元[1 000/(1 + 13%)×13%];采用"两票制",则可以抵扣进项税额 111 万元[900/(1 + 13%)×13% + 100/(1 + 9%)×9%]。显然,采用一票制结算可多抵扣进项税额 4 万元(115 - 111),通过纳税筹划,节税效果明显。

## 五、面临的困难与挑战

在企业实际经营过程中,会出现诸多与增值税业务相关的业务,稍有不慎就会出现较为严重的涉税风险,所以在进行纳税筹划时,避免以获取税收利益为前提条件,才能从根本上更好地规避涉税风险。同时,税务数据的共享在纳税筹划工作中的地位非凡,通过税务数据共享,纳税筹划方案设计才能够掌握基础财务数据,及时转换纳税筹划的方向。使用相关共享数据才能够将纳税筹划点落到实处,以最大的程度上保证企业的经济利益得到最大化。

(1)涉税数据来源渠道繁杂。确保根据实际业务获取的数据的准确性、完整性,以及充分整合数据的信息化程度。由于涉税数据渠道多种多样,包括业务系统的基础数据、核算系统的发票数据、政府税务系统的认证数据等,确保各渠道数据完整、准确地被获取,自动流转至下一节点,为业务自动处理提供基础保障,并最终到达整合数据,出具纳税申报报表阶段。

(2)企业税务智能化、信息化水平较为落后。实现税收政策的获取和了解速度与税法的变更速度同步,降低信息不对称程度,降低企业涉税风险,实现企业税收资源的合理配置。就现阶段税务管理体系来看,纳税人与税务机关之间信息不对称的矛盾比较突出。信息难以联通共享。需要通过税务智能应用提高政策执行率,采取事前、事中和事后的有效防控,建立有效的税务风控预警机制,完善组织、制度和流程,最终实现资源的合理配置。

(3)纳税筹划缺乏更丰富的智能化方式方法。努力提升纳税筹划在企业中的重要作用,通过智能化的大数据分析、风险管控、纳税模式选择等应用有效提升企业的管理水平。纳税筹划方式由"被动"逐渐转为"主动",建立查纳税筹划智能化选择机制,从而使得税务管理水平从广度和深度上有扩大的可能。

## 六、结论

### (一)研究结论

随着"共享模式"不断深化的实施,各个大型企业对财务共享的理解和应用不断升级,对公司整体的纳税管理、税负分析和财务模式等方面产生了重大影响。石油行业作为国家的支柱产业之一,关联诸多产业,石油行业内部实施增值税纳税管理对其上、下游相关行业也有重大影响。所以 X 石油集团公司在面临财务共享这种新机遇的同时,也应当积极面对财务共享模式下增值税管理所带来的新挑战,实现从"专管员"管税到"数字"管税和"信息"管税的跨越。研究表明,在共享模式下,通过开展增值税纳税筹划可以有效释放巨大的节税效益,为企业创效、优化管理和规避风险提供有力支撑。

综上,可得出以下结论:

(1)共享模式下的增值税纳税筹划有助于 X 石油集团公司降低税收成本、提高核心竞争力。通过比对 X 石油集团公司共享上线前后的纳税筹划状况,得出现模式下通过智能应用进行纳税筹划的必要性。X 石油集团公司将纳税筹划通过"伞式"纳税筹划模型,将共享模式下的纳税筹划进行前置,进一步厘清企业的财税思路,根据 X 石油集团公司的经营特点,利用共享上线后的各类信息化手段,制定降低企业纳税成本的方案,在极大程度上实现了节税效益的最大化,提高了 X 石油集团公司的管理水平和核心竞争力。

(2)共享模式下的增值税纳税筹划有助于企业掌控税收风险,提高安全防范能力。由于 X 石油集团公司所涉及的行业是对安全要求极高的重点行业之一,不仅对人员、设备管理有安全要求,也有对经营数据、税务风险的安全要求。依托纳税筹划,根据企业依法纳税原则,通过对共享服务税务部门的集中化管理及增值税智能管理平台的维护和建设,对税收政策进行充分研究和使用,使 X 石油集团公司可以有效把控企业税收风险,提高安全防范能力。

(3)共享模式下的增值税纳税筹划可以丰富企业管理手段,促进企业高效管理。纳税筹划的实施和应用使得 X 石油集团公司在探索纳税筹划可能性的同时,发现共享模式下进行增值税纳税筹划智能应用研究的必要性,尤其是资源整合、专业化人才团队建设等都可以对 X 石油集团公司的纳税筹划提供帮助。因此,X 石油集团公司在涉税业务发生前通过对增值税智能管理平台的充分调用,探索有助于保证公司纳税筹划效果的有效途径,能够丰富 X 石油集团公司的管理手段,促进企业进行高效管理。

**(二)展望**

随着我国税制改革的不断完善,企业纳税筹划的空间势必需要被积极思考,而筹划成本和风险也会增加。但随着共享模式在企业中的不断延伸,智能化技术的飞速发展,纳税筹划受到了广泛关注,未来可以在以下几个方面继续展开研究:

(1)纳税筹划方案的制定和选择,需进一步借助智能化大数据分析,使得纳税筹划作为一种更科学、更合理的措施在企业有效应用。无论企业处于国内,还是跨国经营,必将不但需要面对同行业、其他能源行业的竞争,也会受到国与国之间贸易战的影响。所以基于不同财务活动,企业都需要学习和引进先进的财务管理理念和手段,寻求更适合企业自身发展的纳税筹划方法,在此后的纳税筹划研究中我们不仅要关注具体业务筹划方案的实施效果,更需要注重筹划对企业的管理和发展是否起到了促进和完善作用。

(2)结合区块链技术,提升与政府合作力度,降低融资成本。区块链作为一种先进的互联网底层技术,属于新一轮的科技革命和产业变革,《中国区块链发展报告》(2019)让我们看到了区块链作为分布式数据库系统,因其不易篡改、可追索、全交易信息记录等特点更适用于在共享模式下开展纳税筹划工作。但此领域需要国家政策推动、政府落地实施推动,比如:我们的全票据电子化以及电子账簿的推动,充分利用这种可实现的数据化改革,无疑会推动共享模式下纳税筹划的飞速发展。特别是跨境贸易的区块链技术应用,将各个关键环节的核心单据进行数字化,对贸易流程中的合同签订、货款汇兑、提单流转和海关监管等交易信息进行了全程记录,大大提高了合同执行、检验、货物通关、结算和货物交付等各个环节效率,降低了交易风险。相比传统方式,区块链的应用能整体提高流程时间效率 50% 以上,同时降低融资成本 30% 以上,这些都可以有效借鉴于共享模式下的纳税筹划工作。

(3)继续扩大金融交易中进项税抵扣的范围,将纳税筹划方式和效果进一步提升。将金融交易中的贷款利息对应的进项税额也纳入增值税抵扣范围,打通这一环节的增值税抵扣链条。2019 年两会,全国政协委员、无锡市副市长高亚光向大会提交了《关于把贷款利息纳入增值税进抵扣范围的建议》。她认为,根据现有营改增政策规定,抵扣链条中未能纳入纳税人购进的贷款服务所对应的进项税额,使企业隐性融资成本增加的现状未能得到有效缓解。虽然根据财政部公布的《2018 年金融机构贷款投向统计报告》分析,考虑目前全国范围贷款利息对应的进项税额较大,财政可能一时无法承受,但在未来我们相信贷款利息进项税额按固定比例进行抵扣的政策可以逐步实现,这对于纳税筹划又会带来新的思考和筹划研究方向,也可以从实际上进一步降低企业融资成本,释放国家税收制度"红利",支持企业更快更好地发展。

## 参考文献

［1］ALAN A. TAIT. Value－added tax：international practice and problem［M］. International Monetary Fund，1988.

［2］张立洁. 房地产开发项目土地增值税纳税筹划浅析［J］.财会学习，2018(27)：152-153.

［3］陈新立，陶燕. 营改增背景下企业运费的纳税筹划［J］.会计之友，2018(9)：83-86.

［4］谭映忠，潘虹. 煤炭行业税负浅析［J］.中国总会计师，2018(5)：107-109.

［5］徐丽.增值税纳税筹划的探讨［J］.会计师，2016(12)：30-31.

［6］张琳琳.企业纳税人税收遵从成本研究［J］.中国经贸，2015(16)：160.

［7］程阿力.我国企业境外税务筹划体系研究［J］.商业会计，2015(7)：90-91.

［8］杨爱景.巧用纳税筹划技术［J］.统计与管理，2016(6)：77-78.

［9］蔺玲玲.浅议企业纳税筹划［J］.中国乡镇企业会计，2016(1)：37-38.

［10］张现英.企业财务合理避税问题探析［J］.财会学习，2015(10)：40-41.

**课题负责人：**夜明

**课题组成员：**苏飞鹏、刘双涛、杜蕊朱、李丹琪、张卫青、卢丽滟、冶光廉、苗露润

**所在单位：**中国石油集团共享运营有限公司西安中心

# 智能财务研究中心合作机构和研究人员名单

## （截至 2020 年 11 月）

合作机构名单（按加入顺序排序）

上海国家会计学院 ＊

中国石油集团共享运营有限公司 ＊

金蝶软件（中国）有限公司 ＊

元年科技股份有限公司 ＊

美国管理会计师协会（IMA）

上海艺赛旗软件股份有限公司

深圳市中兴新云服务有限公司

科大讯飞股份有限公司

用友网络科技股份有限公司

浪潮集团有限公司

经邦软件技术有限公司

特许公认会计师公会（ACCA）

注：其中，带 ＊ 号的为中心发起机构。

### 研究人员名单（按拼音顺序）

| 序号 | 姓 名 | 研究专长 | 工作单位 | 批次 |
|---|---|---|---|---|
| 1 | 陈 佐 | 数据分析 | 南京同仁堂医药营销有限公司 | 第 1 批 |
| 2 | 邓龙兵 | 财务信息化 | 中国石油集团共享运营有限公司西安中心 | 第 1 批 |
| 3 | 范海敏 | 财税管理与研究 | 江苏旅游职业学院 | 第 1 批 |
| 4 | 方 宗 | 管理会计 | 上海大学 | 第 1 批 |
| 5 | 冯兴登 | 企业收并购、企业预算、智能财务 | 山东省环保产业投资发展有限公司 | 第 1 批 |
| 6 | 郭 瑞 | 企业预算成本/医院经济运行 | 上海市胸科医院 | 第 1 批 |
| 7 | 何连峰 | 管理会计 | 西京学院会计学院 | 第 1 批 |
| 8 | 贺 娜 | 财务共享运营 | 中国石油集团共享运营有限公司西安中心 | 第 1 批 |
| 9 | 侯 勇 | 成本/预算 | 上海展华电子有限公司 | 第 1 批 |

（续表）

| 序号 | 姓名 | 研究专长 | 工作单位 | 批次 |
|---|---|---|---|---|
| 10 | 胡玉叶 | 成本管理 | 蚌埠市江淮粮油有限公司 | 第1批 |
| 11 | 黄长胤 | 智能财务 | 上海国家会计学院 | 第1批 |
| 12 | 金源 | 管理会计、智能财务、财务数字化转型 | 汇付天下有限公司 | 第1批 |
| 13 | 李憨劼 | 管理会计信息化、CFO能力框架 | 中国兵器装备集团有限公司 | 第1批 |
| 14 | 李颖琦 | 风险管理、内部控制 | 上海国家会计学院 | 第1批 |
| 15 | 李跃 | 财税政策实务 | 上海宝冶集团有限公司 | 第1批 |
| 16 | 廉松义 | 财税 | 中油上海销售有限公司 | 第1批 |
| 17 | 林煜恩 | 行为金融、投资组合、公司治理 | 吉林大学商学院/吉林大学数量经济研究中心 | 第1批 |
| 18 | 刘丹彤 | 财务信息化 | 金蝶软件（中国）有限公司 | 第1批 |
| 19 | 刘梅玲 | 智能财务 | 上海国家会计学院 | 第1批 |
| 20 | 刘勤 | 智能财务 | 上海国家会计学院 | 第1批 |
| 21 | 吕晓雷 | 专业调查 | 上海国家会计学院 | 第1批 |
| 22 | 浦江 | 财务管理 | 成都全亿医药有限公司 | 第1批 |
| 23 | 屈伊春 | 管理信息系统 | 上海国家会计学院 | 第1批 |
| 24 | 尚玮 | 管理会计信息化与企业数字化转型 | 复星高科技（集团）有限公司 | 第1批 |
| 25 | 舒文存 | 企业成本/财务管理 | 安徽工商职业学院 | 第1批 |
| 26 | 苏天国 | 财务管理、共享服务 | 中国石油集团共享运营有限公司西安中心 | 第1批 |
| 27 | 王纪平 | 管理会计 | 上海国家会计学院 | 第1批 |
| 28 | 王玥 | 财务信息化/财务机器人 | 天职国际会计师事务所（特殊普通合伙） | 第1批 |
| 29 | 魏婧 | 电商企业盈利模型 | 传音控股 | 第1批 |
| 30 | 翁骏 | 税收 | 江苏通税律师事务所 | 第1批 |
| 31 | 吴忠生 | 智能财务 | 上海国家会计学院 | 第1批 |
| 32 | 徐彬 | 审计与信息化 | 上海稽信信息科技有限公司 | 第1批 |
| 33 | 杨添 | 智能财务 | 湖南纳雷科技有限公司 | 第1批 |
| 34 | 杨寅 | 智能财务 | 上海国家会计学院 | 第1批 |
| 35 | 殷成龙 | 财务信息化建设 | 江苏雷利电机股份有限公司 | 第1批 |
| 36 | 虞丽明 | 企业内控税务实务 | 绿城电子商务有限公司 | 第1批 |

(续表)

| 序号 | 姓　名 | 研究专长 | 工作单位 | 批次 |
|---|---|---|---|---|
| 37 | 袁美芬 | 成本管理 | 立讯精密 | 第1批 |
| 38 | 张　超 | 智能财务 | 合肥工业大学 | 第1批 |
| 39 | 张鄂豫 | 智能财务/共享中心运营管理/财务数字化转型 | 金蝶软件(中国)有限公司 | 第1批 |
| 40 | 张　瑞 | 财务信息化 | 中国石油集团共享运营有限公司西安中心 | 第1批 |
| 41 | 张　原 | 财务学 | 西京学院 | 第1批 |
| 42 | 赵　健 | 数据分析 | 上海国家会计学院 | 第1批 |
| 43 | 朱　灏 | 财务、金融、AI | 德勤华永会计师事务所 | 第1批 |
| 44 | 朱　胤 | 医院财务管理、内控管理、绩效管理 | 中山大学孙逸仙纪念医院 | 第1批 |
| 45 | 朱泽锋 | 人工智能、大数据等技术在财务管理领域的应用 | 北京国双科技有限公司工业互联网事业部 | 第1批 |
| 46 | 庄学敏 | 管理会计 | 广东财经大学 | 第1批 |
| 47 | 蔡志伟 | 公司金融 | 晋能控股集团资本运营部 | 第2批 |
| 48 | 曹正凤 | 大数据、人工智能 | 用友网络科技股份有限公司 | 第2批 |
| 49 | 程　超 | 智能财务 | 金蝶软件(中国)有限公司 | 第2批 |
| 50 | 丁美芬 | 智能管理会计报表体系设计及应用 | 中集物流发展有限公司 | 第2批 |
| 51 | 丁淑颖 | 信息技术、共享服务 | 中国石油集团共享运营有限公司 | 第2批 |
| 52 | 付建华 | 企业财务数智化转型、财务共享、管理会计、财务信息化 | 用友网络科技股份有限公司 | 第2批 |
| 53 | 顾　宇 | 财务管理 | 迈威(上海)生物科技股份有限公司 | 第2批 |
| 54 | 郭延峰 | 财务共享 | 中国石油集团共享运营有限公司成都中心 | 第2批 |
| 55 | 郭　奕 | 全球财务共享服务、财务转型、财务数字化 | 中兴新云服务有限公司 | 第2批 |
| 56 | 郭泽晋 | 财务管理、宏观经济 | 中国石油集团共享运营有限公司成都中心 | 第2批 |
| 57 | 韩向东 | 财务管理、管理会计、经营管理 | 北京元年科技股份有限公司 | 第2批 |
| 58 | 郝宇晓 | 管理会计、财务共享与数字化转型 | 北京元年科技股份有限公司 | 第2批 |
| 59 | 黄永康 | 内部控制及信息化建设 | 中审华会计师事务所 | 第2批 |
| 60 | 贾小强 | 企业财务转型、全面预算管理、财务报表分析、成本管理等 | 北京元年科技股份有限公司 | 第2批 |

（续表）

| 序号 | 姓　名 | 研究专长 | 工作单位 | 批次 |
|---|---|---|---|---|
| 61 | 姜　徽 | 财务管控 | 中国石油集团共享运营有限公司大庆中心 | 第2批 |
| 62 | 蒋平立 | 智能财务 | 金蝶软件（中国）有限公司 | 第2批 |
| 63 | 李　斐 | 会计学 | 济南经发基金管理有限公司 | 第2批 |
| 64 | 李立群 | 内控、财务管理 | 深圳市东方富海投资管理股份有限公司 | 第2批 |
| 65 | 李　彤 | 财务信息化、平台软件设计、智能技术应用 | 北京元年科技股份有限公司 | 第2批 |
| 66 | 李晓敏 | 财税 | 深圳航空有限责任公司 | 第2批 |
| 67 | 刘凤山 | 财税 | 上海德直教育科技中心 | 第2批 |
| 68 | 吕洪伟 | 财务管理与信息系统融合 | 中国石油集团共享运营有限公司成都中心 | 第2批 |
| 69 | 孟高栋 | 管理会计 | 山东惠发食品股份有限公司 | 第2批 |
| 70 | 闵广富 | 财务信息化 | 中国石油集团共享运营有限公司 | 第2批 |
| 71 | 乔鹏程 | 区块链会计 | 西藏民族大学 | 第2批 |
| 72 | 秦云华 | 信息系统应用 | 嘉兴金格电器科技有限公司 | 第2批 |
| 73 | 石　悦 | 财务共享销售至收款业务 | 中国石油集团共享运营公司大庆中心 | 第2批 |
| 74 | 宋　亮 | 智能财税共享服务、集团管控专业财务融合 | 天瑞集团股份有限公司 | 第2批 |
| 75 | 宋迎春 | 财务与审计 | 湖北工业大学 | 第2批 |
| 76 | 孙　健 | 智能财务系统集成 | 临沂文化旅游发展集团有限公司/临沂城投思索技术有限公司 | 第2批 |
| 77 | 孙彦丛 | 全面预算管理、内控管理、全球财务共享服务、财务数字化 | 中兴新云服务有限公司 | 第2批 |
| 78 | 谭　瑾 | 信息技术、共享服务 | 中国石油集团共享运营有限公司 | 第2批 |
| 79 | 汤洁泉 | 会计信息化 | 科大讯飞股份有限公司 | 第2批 |
| 80 | 田　野 | 信息化建设、财务共享 | 中国石油集团共享运营有限公司成都中心 | 第2批 |
| 81 | 王得利 | RPA/AI | 上海艺赛旗软件股份有限公司 | 第2批 |
| 82 | 王宏星 | 企业信息化、人工智能 | 科大讯飞股份有限公司 | 第2批 |
| 83 | 王玲琳 | 财务信息化 | 广州南永会计师事务所 | 第2批 |
| 84 | 王书伟 | 管理会计 | 深圳长盈精密技术股份有限公司 | 第2批 |
| 85 | 吴梦玮 | 财务管理 | 金蝶软件（中国）有限公司 | 第2批 |

（续表）

| 序号 | 姓 名 | 研究专长 | 工作单位 | 批次 |
|---|---|---|---|---|
| 86 | 肖瑞民 | 财务信息化 | 中国石油集团共享运营公司大庆中心 | 第2批 |
| 87 | 谢 力 | 风控、管理会计 | 天职国际会计师事务所(特殊普通合伙人) | 第2批 |
| 88 | 熊 英 | 信息技术、共享服务 | 中国石油集团共享运营有限公司 | 第2批 |
| 89 | 许金叶 | 管理会计与信息化 | 上海大学 | 第2批 |
| 90 | 叶 桦 | 集团资金 | 金蝶软件(中国)有限公司 | 第2批 |
| 91 | 俞彦诚 | 经济学 | 上海中亿科技投资集团有限公司 | 第2批 |
| 92 | 张 敏 | 会计信息化 | 中国人民大学 | 第2批 |
| 93 | 张 茜 | 财务、融资 | 昆山交通发展控股集团有限公司 | 第2批 |
| 94 | 赵天才 | 智慧财务、客户洞察、公司治理 | 深圳香江控股股份有限公司 | 第2批 |
| 95 | 赵 伟 | 会计信息化 | 沈阳理工大学经济管理学院 | 第2批 |
| 96 | 赵旖旎 | 财务信息化与智能化、全球财务共享服务 | 中兴新云服务有限公司 | 第2批 |
| 97 | 周钢战 | 管理会计 | 用友网络科技股份有限公司 | 第2批 |
| 98 | 朱晓敏 | 会计信息化 | 吉致汽车金融有限公司 | 第2批 |
| 99 | 陈 婧 | 信息技术、金融科技 | 三井住友海上火灾保险(中国)有限公司 | 第3批 |
| 100 | 陈绪龙 | 智能决策支持 | 安徽经邦软件技术有限公司 | 第3批 |
| 101 | 邓春梅 | 财务共享、智能财务、内部控制 | 重庆大学经济与工商管理学院 | 第3批 |
| 102 | 冯 涛 | 管理会计 | 北京首都创业集团有限公司 | 第3批 |
| 103 | 郭金鹏 | 财务共享 | 河南投资集团有限公司 | 第3批 |
| 104 | 郭胜青 | 财务管理人才培养 | 云南经济管理学院 | 第3批 |
| 105 | 胡立军 | AI/RPA | 上海艺赛旗软件股份有限公司 | 第3批 |
| 106 | 胡履璋 | 财务信息化 | 梧州市红十字会医院 | 第3批 |
| 107 | 黄 虹 | 财务金融 | 上海师范大学 | 第3批 |
| 108 | 姜 勇 | 财务与金融 | 四川民族学院经济与管理学院 | 第3批 |
| 109 | 解 飞 | AI行业应用 | 科大讯飞股份有限公司 | 第3批 |
| 110 | 康 杰 | 财务风险防控 | 天津食品集团有限公司 | 第3批 |
| 111 | 李永明 | 管理科学与工程 | 江苏省农垦集团有限公司 | 第3批 |
| 112 | 李志杰 | 金融科技、财会 | 智安链云科技(北京)有限公司 | 第3批 |
| 113 | 林宓卿 | 财务管理会计、医院内部审计 | 复旦大学附属妇产科医院(上海市红房子妇产科医院) | 第3批 |
| 114 | 刘嘉丽 | 智能财务应用与研究 | 山东高速信息集团有限公司 | 第3批 |

（续表）

| 序号 | 姓 名 | 研究专长 | 工作单位 | 批次 |
|---|---|---|---|---|
| 115 | 陆远 | 财务管理信息化 | 星威国际家居股份有限公司 | 第3批 |
| 116 | 罗敏 | 财务信息化 | 北京首都创业集团有限公司 | 第3批 |
| 117 | 钱臻浩 | 财务审计、成本管理 | 江苏日盈电子股份有限公司 | 第3批 |
| 118 | 任晓慧 | 智能财务 | 用友网络科技股份有限公司 | 第3批 |
| 119 | 施伟 | 非营利性组织财务管理 | 南通大学 | 第3批 |
| 120 | 汪明 | 财务管理 | 科大讯飞股份有限公司 | 第3批 |
| 121 | 王晓光 | 财务会计 | 北京首都创业集团有限公司 | 第3批 |
| 122 | 王振源 | 人力资源管理：智能化与人才培养 | 华东师范大学经济与管理学部工商管理学院 | 第3批 |
| 123 | 吴龙庭 | 会计信息化 | 中南财经政法大学 | 第3批 |
| 124 | 谢天意 | 财务、计算机、AI | 德勤华永会计师事务所（特殊普通合伙） | 第3批 |
| 125 | 徐晓音 | 财务共享、会计信息化 | 浪潮集团有限公司 | 第3批 |
| 126 | 许汉友 | 会计信息化 | 南京审计大学 | 第3批 |
| 127 | 续慧泓 | 会计信息化 | 山西财经大学实验教学中心 | 第3批 |
| 128 | 薛增风 | 财务管理、财税、内部控制 | 青岛德铸特钢有限公司 | 第3批 |
| 129 | 杨骏 | 财务共享、业财融合、全面预算管理 | 江苏九洲投资集团有限公司 | 第3批 |
| 130 | 叶文晖 | 智能财务 | 广东财经大学会计学院 | 第3批 |
| 131 | 张开元 | 并购、行为金融与问询函 | 中车产业投资有限公司 | 第3批 |
| 132 | 张颂珍 | 数学建模 | 德勤华永会计师事务所（特殊普通合伙） | 第3批 |
| 133 | 张志国 | 公司金融 | 中国太平人寿保险有限公司（烟台） | 第3批 |
| 134 | 赵乾 | 认知技术及应用 | 科大讯飞股份有限公司 | 第3批 |
| 135 | 郑永强 | 财务管理、金融科技 | 三井住友海上火灾保险（中国）有限公司 | 第3批 |
| 136 | 周麟 | 财务数字化转型 | 德勤华永会计师事务所（特殊普通合伙） | 第3批 |
| 137 | 朱会俊 | 财务信息化、集团化企业管控 | 天奇自动化工程股份有限公司 | 第3批 |
| 138 | 陈明灿 | 管理信息化 | 郑州财经学院 | 第4批 |
| 139 | 杭洁 | 财务信息化 | 广西广投新材料集团有限公司 | 第4批 |
| 140 | 何晓宇 | 财务会计、内部审计 | 上海中医药大学附属普陀医院 | 第4批 |
| 141 | 孔令一 | 大数据云会计 | 烟台大学文经学院会计系 | 第4批 |
| 142 | 励贺林 | 管理会计理论与实务 | 天津商业大学会计学院 | 第4批 |

（续表）

| 序号 | 姓　名 | 研究专长 | 工作单位 | 批次 |
|------|--------|----------|----------|------|
| 143 | 刘春华 | 数据分析 | 赣州富尔特电子股份有限公司 | 第 4 批 |
| 144 | 刘　东 | 智能财务，企业价值评估 | 华北科技学院 | 第 4 批 |
| 145 | 牛艳芳 | 大数据审计、智能会计 | 山东财经大学会计学院 | 第 4 批 |
| 146 | 任　娟 | 科研经费管理 | 新疆畜牧科学院 | 第 4 批 |
| 147 | 王运陈 | 公司金融与财务决策分析 | 四川农业大学管理学院 | 第 4 批 |
| 148 | 夏恩纲 | 财务信息化 | 宁波诺丁汉大学 | 第 4 批 |
| 149 | 张　吉 | Oracle 技术 | 上海云简软件科技有限公司 | 第 4 批 |
| 150 | 张　宇 | 经济分析、社会保险 | 迈格钠磁动力股份有限公司 | 第 4 批 |
| 151 | 赵鹏飞 | 建筑财务管理 | 中国建筑第八工程局有限公司 | 第 4 批 |
| 152 | 周建军 | 财务会计 | 申康中心委派上海市第六人民医院 | 第 4 批 |

# 本项目由以下机构共同支持